主 编：廖晓飞

副主编：夏飞凤 丁 瑛

绍兴图书馆馆藏现当代地方文献书目提要

国家图书馆出版社

图书在版编目（CIP）数据

绍兴图书馆馆藏现当代地方文献书目提要 / 廖晓飞主编. —
北京 : 国家图书馆出版社, 2019.12
ISBN 978-7-5013-6899-0

Ⅰ . ①绍… Ⅱ . ①廖… Ⅲ . ①地方文献—图书目录—绍兴
Ⅳ . ①Z812.255.3

中国版本图书馆CIP数据核字 (2019) 第256848号

国家图书馆出版社官方微信

书　　名	**绍兴图书馆馆藏现当代地方文献书目提要**	
著　　者	廖晓飞　主编	
	夏飞凤　丁　瑛　副主编	
责任编辑	王燕来　黄　鑫	

出版发行　**国家图书馆出版社**（北京市西城区文津街7号　　100034 ）
　　　　　　（原书目文献出版社　北京图书馆出版社）
　　　　　　010–66114536　63802249　nlcpress@nlc.cn（邮购 ）

网　　址	http://www.nlcpress.com	
排　　版	爱图工作室	
印　　装	北京中华儿女印刷厂	
版次印次	2019年12月第1版　2019年12月第1次印刷	

开　　本	787×1092（毫米）　1/16	
印　　张	38.25	
书　　号	ISBN 978-7-5013-6899-0	
定　　价	380.00元	

《绍兴图书馆馆藏现当代地方文献书目提要》
编撰人员

主　　编：廖晓飞

副 主 编：夏飞凤　丁　瑛

编　　撰（以姓氏拼音为序）：

戴晓红　韩如凤　倪海青　吴春宏

许武智　张玲琳　赵伟达

序　言

　　绍兴，稽山钟灵，鉴水毓秀，名人辈出，文化厚重。从古至今，在这块土地上涌现了一大批反映绍兴政治经济、历史人文、民风民俗、物产资源、文化艺术等方面的文献，这些文献或为文人雅士的著书立说，或为政府部门的政务汇编，或为民间机构的研究成果，我们把这些文献称为"绍兴地方文献"。

　　唐代诗人元稹在绍兴游历时，曾以"会稽天下本无俦"来赞誉绍兴，那么对于绍兴的地方文献，这句名诗亦有同样的意境。在历代的乡邦文献中不乏经典之作，如东汉先贤袁康、吴平撰写的《越绝书》开方志范例，成为我国现存最早的一部地方史志；其姊妹篇《吴越春秋》，由东汉先贤赵晔所撰，是一部记录春秋战国时期吴、越两国史事为主的史学著作；宋孔延之手订的《会稽掇英总集》，成为绍兴本地今存最早的诗文总集，以精博著称，收集了大量的地方诗文，才使得遗篇获传，文脉得承。

　　收集、保存和整理地方文献是公共图书馆一项非常重要的职能。绍兴图书馆自2000年成立地方文献室以来，致力于地方文献的搜集与整理。馆藏地方文献已有1万余种2万余册，近年来，按照"藏用并重"的方针，不仅设立了单独的历史文献馆加以保存，还在文献整理上不断探索，先后出版了《绍兴图书馆馆藏古籍地方文献书目提要》《绍兴家谱总目提要》等工具书，为读者利用馆藏地方文献指引门径，方便学人治学研究。呈现在读者面前的这部《绍兴图书馆馆藏现当代地方文献书目提要》是《绍兴图书馆馆藏古籍地方文献书目提要》的姊妹篇，收入了馆藏现当代地方文献567种。因篇幅有限，我们只是挑选了部分版本较好、史料价值较高的地方文献，馆藏还有很多优秀的地方文献未能收入。附录部分为馆藏当代地方文献专题书目。通过这部书目提要，读者可以大致了解绍兴图书馆地方文献的基本馆藏情况，"窥一斑而见全豹"。

　　集腋成裘，聚沙成塔，积水成渊。地方文献收集工作需要我们图书馆工作人员有"集腋""聚沙""积水"的耐力和恒心，使绍兴地方文献积少成多，真正发挥其存史资政的作用。

王以俭

2019年12月于绍兴

【作者系绍兴图书馆党总支书记、馆长，研究馆员。】

凡　例

一、本书正文收录绍兴图书馆馆藏现当代地方文献书目提要 567 种，附录收录绍兴图书馆藏当代地方文献专题书目 5209 种。

二、本书收录的"地方文献"，地域范围包括浙江省绍兴市辖区范围内的越城区、柯桥区、上虞区、诸暨市、嵊州市、新昌县，1949 年以前还包括原属于绍兴行政区划的萧山、余姚、慈溪一带。凡内容与地方有关，根据文献内容、文献价值、文献的代表性等因素精选收入，因篇幅所限，只能收罗馆藏一二。

三、本书收录的文献书目提要按出版时间先后分现代（1919 年五四运动 ~ 1949 年中华人民共和国成立）、当代（1949 年中华人民共和国成立 ~ 2019 年）两个部分。每一部分按《中国图书馆图书分类法》先后顺序编排。个别丛书按文献特点进行适当调整。

四、现代部分书目提要采用图文形式编排，所配书影以封面、目录或内页为主；当代部分不再配图，只列文字提要。

五、每条书目提要由著录项、提要项、编著者项组成。著录项大致依照原书著录，著以序号、书名、索书号、著者、出版者、出版年月、页数、册次、国际标准书号等，非正式出版物，部分项目不予著录；提要项著以书籍内容概况、主要特点或章节框架等；编著者项，包括人物生卒年、字号、籍贯、研究方向、从事行业、著述成果等；编著者为单位则省略该项。部分现代的书目提要由于依据原书整理，可能与现今语言习惯有一定差异。

六、编著者项列于首次出现的著述之后，再次出现，该项省略。编著者信息由本书编纂人员根据文献资源获取，未经编著者本人审阅，存在信息陈旧或失误之处。部分编著者信息查无所踪，也不再单列。

七、附录部分所收馆藏当代地方文献专题书目共分 19 个文献专题，专题以下大致按书名首字拼音排序，部分丛书各分册依据各册编号顺序排列。该书目也包含非绍兴地域范围的专题文献，以方便读者研究某一专题。

八、为方便检索，文末附有正文提要的书名索引，以书名首字笔画为序。

目　录

附　录

现代部分

1919 年五四运动 ～ 1949 年中华人民共和国成立

001
阳明学
B248.25/1051

贾丰臻著。上海商务印书馆民国十九年十一月 [1930.11] 初版，100页，1册，大洋四角。

《国学小丛书》之一。本书分六章：阳明略传、学说、哲学的思想、修为论、杂篇、王学诸子，概述王阳明之生平、学说、师承关系，以及王学的主要代表人物徐爱、王艮、王畿、钱德洪、邹守益等人的简历和思想。

王守仁（1472-1529），字伯安，别号阳明，余姚（今属宁波）人。因曾筑室于会稽山阳明洞，自号阳明子，学者称之为阳明先生，亦称王阳明。明代著名的哲学家、教育家，陆王心学之集大成者，精通儒家、道家、佛家。谥文成，故后人又称王文成公。与孔子、孟子、朱熹并称为"孔孟朱王"。其学说思想王学（阳明学），是明代影响最大的哲学思想，由中国传至日本、朝鲜半岛以及东南亚，立德、立言于一身，成就冠绝有明一代。弟子极众，世称姚江学派。

著者贾丰臻，清末民国时人，生平不详。

002
王阳明学说及其事功
B248.25/7425

陈健夫著。上海大东书局1946年第2版，168页，1册，国币1800元。

全书分阳明学说的渊源、阳明学说的中心、阳明的人生哲学、阳明的事功四章。阳明学说的四大基本即理、致良知、知行合一、万物一体。作者认为，阳明生平主张将学问与事业融为一体：讲文治，他改造政治，改进社会，治理边政，建设乡村；讲武功，他剿平匪乱，戡定叛变，消除边患，安定地方。首有作者《自序》以及《再版序》。

陈健夫（1913-？），江西奉新县人。曾任南京《救国日报》总主笔，改造通讯社社长、南京市参议员、台港"新儒学"创立者。1947年12月在南京创立中国新社会党，是当时第一个合法成立的反对党。赴台后停止了活动，于1988年3月1日再次筹建该党，并任主席。该党主张以和平协商方式达成两岸统一。

王阳明学说及其事功

著 夫健陈

大东书局印行

1946

第一章 陽明學說的淵源

一 陽明學說創立的經過

我們要明瞭陽明學說的源流，首先應該知道陽明創立學說的詳細經過，進對於我們全部的認識上幇大有裨助的。陽明創立他的學說，可以分爲下面幾個時期來講：

（一）思想的苦悶 陽明的天才發露很早，年幼的時候對於社會有種敏鋭的感覺，他八歲就好佛老之說，十一歲賦詩金山寺，十五歲出塞遠遊，已充分表現他的特殊卓越的天才。年齡稍長，目覩天下國家大勢，慨然以天下大事爲己任。陽明秉性豪爽，真是「年少不知世事艱，俠氣縱，彙習各種兵法戰術，初時學習武藝，騎馬射箭，無一不精，抱負極大，有任中原北望氣如山」，志向很大，意識又强，常常有完成自己志願的決心。陽明既然是一手就可轉移天下國家大勢，就在這個時期，我們可以發現他總想去努力實幹。可是，陽明的抱負志願，由來已非一朝一夕，認之甚深，持之最堅，而待之最堅，儘管在苦悶中打出路，而我們應該知道這末大的一個決心，一心想做個聖賢，於是不得不去研究宋儒格物之學，費了很大的功夫去窮研討究，雖覺蒋不着一些頭腦起。陽明嘗自述道：

第一章 陽明學說的淵源
一

003
王守仁
B248.25/8320

钱穆著。上海商务印书馆民国三十六年三月 [1947.3] 第 4 版，128 页，1 册，国币二元五角。

《新中学文库》之一。初版于 1933 年 11 月。本书分宋学里面留下的几个问题、明学的一般趋势和在王学以前及同时几个有关系的学者、阳明成学前的一番经历、王学三变、王学大纲、阳明的晚年思想、王学的流传、阳明年谱八章。钱穆先生把王阳明置于理学发展史中加以考察，以精炼的笔法，勾勒王学之大纲与流变，指出阳明思想的价值在于他以一种全新的方式解决了宋儒留下的"万物一体"和"变化气质"的问题，贡献了独特的"良知"理论。

钱穆（1895-1990），字宾四，晚号素书老人、七房桥人。江苏无锡人。中国现代著名历史学家、思想家、教育家，台北"中央研究院"院士，台北"故宫博物院"特聘研究员。专著多达 80 种以上，代表作有《先秦诸子系年》《中国近三百年学术史》《国史大纲》等。此外还结集出版多种论文集，如《中国学术思想史论丛》《中国文化丛谈》等。

朱舜水

B248.995/0740

郭垣编著。南京正中书局 1937 年出版，107 页，1 册，国币三角五分。

《国学丛刊》之一。介绍朱舜水的生平事迹、学术思想及著作。全书分为舜水先生文集版本、本传、年谱、先生之人格及其生活、明季之社会及先生奔走国事之经过、先生之学术及其思想、先生对于日本学术界上之影响、弟子记等。书后附《中原阳九述略》《安南供役记》《女高传》《遗迹》。

朱之瑜（1600–1682），字楚屿，号舜水，余姚（今属宁波）人。明清之际学者。清兵入关后，流亡在外参加抗清复明活动。南明亡后，东渡定居日本，传播儒家思想，很受日本朝野人士推重，著有《朱舜水集》。其学术特点是提倡"实理实学、学以致用"，他的思想在日本有一定的影响。与黄宗羲、王夫之、顾炎武、颜元一起被称为"明末清初中国五大学者"，与王守仁、黄宗羲、严子陵称为"余姚四先贤"。

郭垣，生卒年不详，民国时期经济学家。

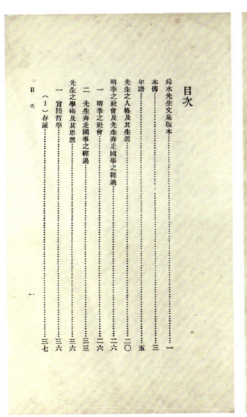

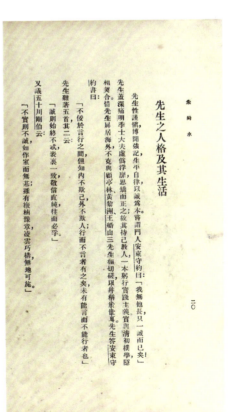

005
黄梨洲学谱
B249.35/3464

谢国桢编。上海商务印书馆民国二十一年十二月 [1932.12] 初版，176 页，1 册，大洋五角。

《国学小丛书》之一。本书叙述黄宗羲之生平、学术思想、著述，并对《明儒学案》《南雷文集》等书进行了扼要的分析。作者认为，少年时代黄氏的政治思想与东林党人并无二致，仅要求改良政治。时局变化后，方摆脱唯心论而倾向于唯物主义。全书分传纂、学术述略、著述考、学侣考、梨洲家学、梨洲弟子和梨洲私淑。书末附《彭茗斋先生著述考》。

黄宗羲（1610-1695），字太冲，号南雷，别号梨洲老人、梨洲山人等，浙江余姚人。明末清初思想家、史学家。一生著述多至 50 余种 300 多卷，其中最为重要的有《明儒学案》《宋元学案》《明夷待访录》《孟子师说》《四明山志》等。

谢国桢（1901-1982），字刚主，晚号瓜蒂庵主，河南省安阳人。著名历史学家、文献学家、版本目录学家、金石学家、藏书家。其一生在明清史、文献学、金石学和汉代社会等领域都取得了令人瞩目的业绩，撰写了《明季奴变考》《清初东北流人考》《南明史略》等著作。

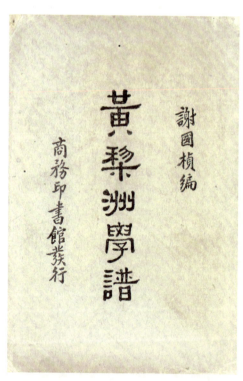

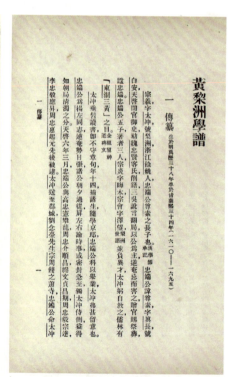

006
章实斋先生年谱
B249.75/4730

胡适编著。上海商务印书馆民国十四年十一月[1925.11]第3版，116页，1册，大洋三角。

本书是胡适在史学方面的代表作，在日本内藤虎次郎编《章实斋先生年谱》的基础上充实而成。以近代的学术眼光和新的视角，总结出章学诚学术思想的发展脉络及其精华所在，而且突破一般年谱往往对谱主多加隐讳粉饰的做法，不但记谱主的长处，也指出他的不足。该谱革新了传统的年谱体例，创立了新的典范。除分年列出事实外，还分年编入章学诚的著作中反映思想变迁的摘录。

章学诚（1738-1801），字实斋，号少岩，会稽（今浙江绍兴）人。清代史学家、思想家，有"浙东史学殿军"之誉。先后主修《和州志》《永清县志》《亳州志》《湖北通志》等十多部志书，创立了一套完整的修志义例。撰写了《文史通义》《校雠通义》《史籍考》等论著。

胡适（1891-1962），字适之，安徽绩溪人。思想家、文学家、哲学家。以倡导白话文、领导新文化运动闻名于世。主要著作有《中国哲学史大纲》（上卷）《尝试集》《白话文学史》和《胡适文存》等。

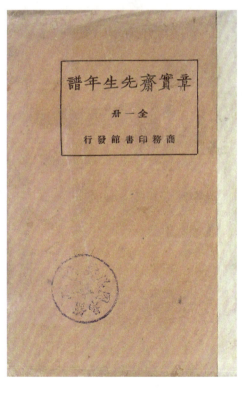

007

绍兴佛学研究会莲社临终正念团团约

B947/2792

绍兴佛学研究会 1923 年编。第 1 版，40 页，1 册。

　　本团约包括缘起序、正念团章程、新增条约、印光法师鉴定临终舟楫、印光老人临终助念发隐、印光法师示周孟由群铮二居士法语、白普仁法师说中阴身、王莲台居士生西纪实、单寄芗居士往生事略、吴乾元居士事略、记方居士柏青和团友录等内容。

　　绍兴佛学研究会成立于民国十九年（1930）。陶冶公、朱仲华等慕道皈依，深信佛学，研习佛教理论，成为绍兴佛教重要支柱。抗战时期，绍兴佛教会募缘集资大米百余石，声援抗日救亡运动。绍兴沦陷时，日军图谋劫持维卫尊佛造像，经佛门居士适时转移，其阴谋被挫败，使该文物得以保存。其时，绍兴寺院倍遭日军蹂躏，寺毁僧散。至 1949 年前夕，绍兴僧侣已为数甚少。县市分设后，1989 年绍兴县佛教协会建立。

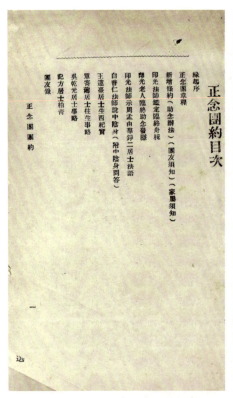

008
精神建设论
C955.2/0840

许焘著。绍兴县抗日自卫委员会教育文化事业委员会民国二十八年六月[1939.6]初版发行，140页，1册，国币四角。

《前线丛书》第一种。本书包括绪论（精神与物质、精神与精神建设）、精神建设的基本理论（精神建设的重要、知难行易与笃信力行、民族精神与道德智能）、精神建设与新生活运动（生活革新的意义、新生活的体与用、四维与十二守则、新生活在战时）、精神建设与精神动员等四章，每章下分数小节。附录有《抗战期中应有的人生观》《抗战心理的分析》《教文蜀应负起动员国民精神的责任》。

绍兴县抗日自卫委员会，于民国二十七年（1938）二月由抗敌后援会改组而成，以联合党、政各方，集中地方人才，增进抗敌自卫力量，为战时动员民众最高机关。设执行委员41人，主任委员由县长兼任，下设政训、军事、经济、财务、总务5组及经济、财务、文化3个委员会。柯桥、安昌、东关、南池、皋埠等区设分会，募集资金，用于慰劳、招待前线将士、伤兵和战地政治工作队、宣传队等。

许焘，生平不详。

009

钱江血潮：第二辑

D693.62/0017

方元民、胡云翼、赵祥麟主编，绍兴战旗社编纂委员会编纂。民国二十七年十二月一日
[1938.12.1]初版，136页，1册。刊物。

　　本刊是抗战宣传刊物，反映在抗战期间，以抗日为己任的群众团体以文艺形式宣传抗日救国。记录了以钱江为天堑的浙东抗战史，意在让人们牢记抗战中的艰苦历程。文中的每一行每一字，都充盈着斑斑的血痕和反抗的精神。绍兴图书馆藏第二辑为集体论著，全书分政略进攻与军略防守、浙东历史文化与民族抗战、明末鲁王在绍兴的复国运动、越王子孙的新评价等十二篇章，前有题记、序等，附录《蒋委员长告沦陷区民众书》《浙江省第二区抗日锄奸行动纲领》《沦陷区的政治宣传大纲》。

　　绍兴战旗社，抗战期间绍兴出现的以唤醒民众抗日为己任的群众团体，以文艺形式宣传抗日救国。出版《战旗》及《钱江血潮》刊物。

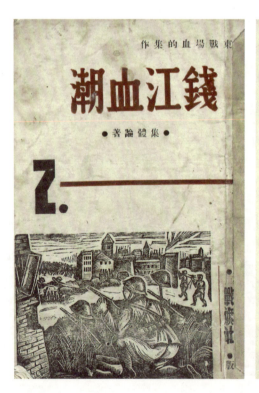

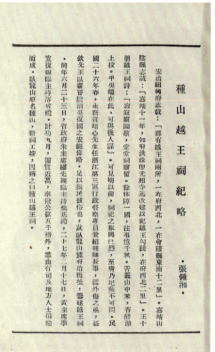

绍兴县临时参议会第一届临时大会会刊

D693.62/2797

绍兴县临时参议会编。民国三十五年四月[1946.4]出版，180页，1册。刊物。

　　1945年4月绍兴县政府召开临时参议会暨第一届第一次大会。全刊分开会词、贺电、报告、会议记录、决议案全文、询问案、休会词、大会宣言八项。末附第十一至十七次驻会委员会议纪录、绍兴县临时参议会职员录。

　　绍兴县参议会共有132名参议员，绝大多数是地方士绅，也有少数政客、官僚、民族工商业者和知识分子。其参议员是由职业团体选举产生的，除了县商会产生的都是名副其实的工商业者以外，其他如县工会、县农会产生的，则多与这些团体无大关系。

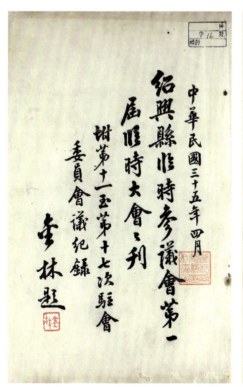

011

绍兴县参议会大会会刊

D693.62/2797

绍兴县参议会秘书处编。民国三十五年六月至三十八年一月[1946.6-1949.1]编印，8册。刊物。

绍兴图书馆藏有绍兴县参议会第一届第一至八次大会会刊。每次大会会刊皆包括演词、宣言、文电、会议记录、决议案、询问书等内容。

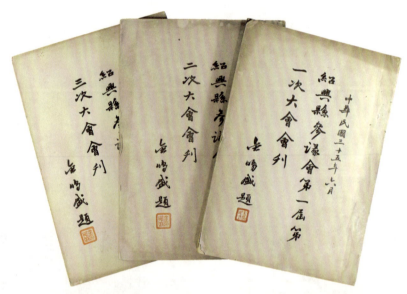

012
绍兴县耕地总调查手册
D693.79/2797

绍兴县田赋粮食管理处编。民国三十六年六月[1947.3]出版，16页，1册。

　　本书分举办耕地总调查之意义、调查耕地人员应负之使命、调查耕地须详实准确、匿报耕地应得之处罚、检举匿报耕地之奖励、调查耕地必须解说实施各点、耕地总调查办法、耕地总调查册表格式及说明、佃户代缴赋谷办法、标语等十节，介绍绍兴县耕地概况。书前附《绍兴县调查耕地分区地域表》。

　　绍兴县田赋粮食管理处简介：抗日战争前，全地区有粮行、米店800多家，其中，绍兴400家左右、诸暨125家、上虞98家、嵊县40多家、新昌139家。民国二十七年（1938），各县始建粮政机构，成立粮食调节委员会，次年改为粮食管理委员会，隶属于省战时粮食管理委员会。三十年（1941），田赋征实，各县成立田赋管理处，并设置粮政科，分别负责田赋经征和现粮征收。三十二年（1943）年，合并成立县田赋粮食管理处。

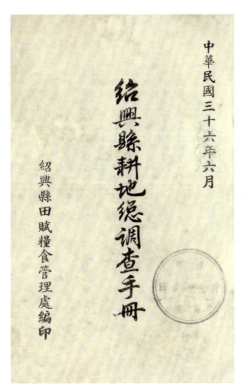

013
绍兴生活
D693/2103

何竞业编。浙江省立五中附小 1932 年出版，70 页，1 册，一角。

《常识丛刊》之二。全书收录《我们的故乡》《暑天喝热茶》《勤苦的姨母》《初秋的木莲戏》《热闹的街市》《赴乡访谒我的舅公》《家家户户过年忙》《从贺年的老嬷讲到三堵街》《万人登临的龙山》《爸爸我毕业了》十篇文章，讲述了作者从上海回到故乡绍兴的生活。

浙江省立五中为今绍兴一中的前身。1897 年，山阴乡绅、维新人士徐树兰捐银一千两，并筹得山阴县沙租及绍郡茶业公所捐款四千余元，仿盛宣怀所创天津中西学堂，以二等学堂（相当于中学）规制创办绍郡中西学堂，并由浙江巡抚廖寿丰奏明清廷备案。1912 年改名为浙江省立第五中学。

何竞业，生平不详。

绍兴县现行教育法规汇编

D922.1609/2797

绍兴县政府教育科编辑。绍兴印刷局民国二十七年十一月[1938.11]代印，316页，1册，印刷费国币三角。

　　本书将绍兴县现行的教育法规条文汇总，分门别类划入教育行政及辅导、学校教育、社会教育、义务教育、教育经费、私塾教育类六大类。

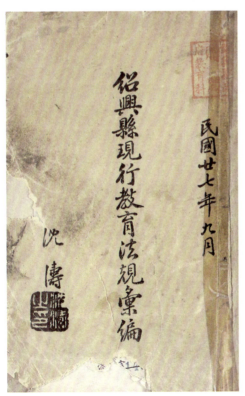

015
绍兴县现行建设法规汇编
D929.6/0000

著者、出版信息皆不详，430页，1册。

绍兴图书馆藏初编一册，本书汇总农林、合作、工艺、商业四部门的现行建设法规，自上而下，依次将中央、本省（浙江省）、本县（绍兴县）的法规细则一一收录。

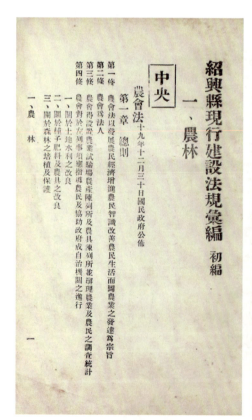

016
绍兴大明电气股份有限公司营业章程
F426.61/2795

绍兴大明电器股份有限公司编。民国二十四年[1935]出版，20页，1册。

　　本章程分总则、电灯、路灯、电力、电表、抄表六章及收费、过户停火一章及复电、检查一章及修理、附则一章等共9章，收录绍兴大明电气公司对外经营的办事规则。末附《出租马达章程》。本书经中央建设委员会核准，自民国二十四年（1935）1月起施行。

中央建設委員會核准

紹興大明電氣股份有限公司營業章程
附出租馬達章程
中華民國二十四年一月施行

紹興大明電氣股份有限公司營業章程
第一章　總則
第一條　本公司（以下簡稱公司）供給電氣分電燈電力二程
第二條　供電電壓分下列二項
（甲）電燈　用電單相二百二十伏而脫在五十安培以上者可用三相四線於登記時由公司指定之
（乙）電力　一匹馬力以下單相雙線二百二十伏而脫五十週波
一匹馬力以上三相三線三百八十伏而脫五十週波
一百匹馬力以上得兼用二千二百伏而脫五十週波登記時由電燈及
第三條　用戶接用電氣以低壓桿線所及者為限其未經架設桿線之區而欲接電者除臨時電燈及

一

017
绍兴县县政概况表

F812.96/2797

绍兴县政府秘书处编。绍兴县政府公报处民国二十二年七月 [1933.7] 印行，30 页，1 册。

本书收录有绍兴县政府及所属各局概况表、户口概况表、土地面积统计表、风俗概况表、最近自治概况表、最近救济概况表、保卫团最近概况表、警务概况表、财政局最近征收国省县税概况表、最近教育概况表、最近建设概况表等 11 张表格。

民国元年（1912）绍兴府被废，原山阴、会稽两县改为绍兴县，隶属浙江军政府。三年（1914）设会稽道于省县间，绍兴县隶属之。十六年（1927）废会稽道，绍兴县区属省。二十四年（1935）设绍兴行政督察区于省县间，绍兴县隶属之。翌年（1936）以数字名区，绍兴县隶属第三行政督察区。2018 年撤销绍兴县，设立绍兴市柯桥区。

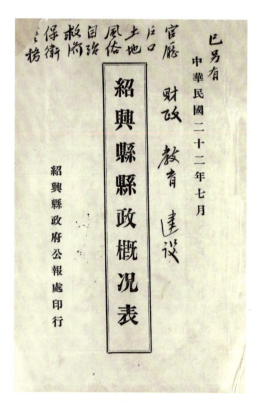

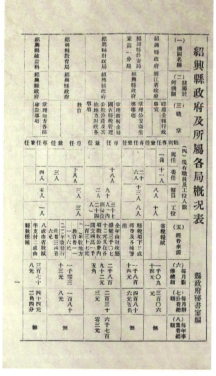

018
绍兴县政府廿四年度岁出入决算报告书
F812.96/2797

绍兴县政府编。民国二十六年六月 [1937.6] 第 1 版，1 册。

　　浙江省第三区行政督察专员公署、绍兴县政府《财政丛书》之五。本书是依经费费别编制，各种经费收入与支出皆以表格的形式出现。前有《弁言》《例言》。据《弁言》，编写此报告书的原因在于："……惟详核各种决算，以数字之欠准确，编制方法之不合理，均不能表示其在财政上之作用……鉴于决自乃一年度中收支之总结，以阐明执行预算所得之结果，在财务行政上与预算实有同等之重要性，爰嘱本府第二科科长刘能超第二股主任黄密两君决定编制原则及方法，督饬所属职员，先行编制廿四年度总分决非算。"

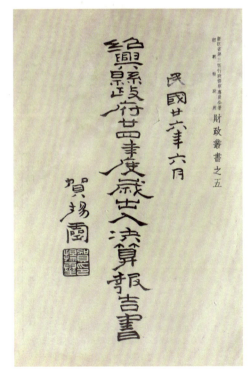

019
绍兴县第二届小学毕业联合测验汇刊

G449/2797

绍兴县教育局编辑。民国二十年十月 [1931.10] 出版，70 页，1 册。刊物。

　　《教育小丛刊》之八。本刊包括绍兴县第二届小学毕业联合测验经过报告，关于本届测验重要公文、章则及用表，测验题材（附标准答案），测验成绩统计，看了统计表以后，看了毕业测验成绩后的希望，本届小学毕业联合测验学生个人得分最多者前五名，本届小学毕业联合测验各小学得分最多者姓名一览，本届全县毕业生姓名一览共九章，旨在提高小学毕业学生的文化程度和促进教育的成效。

020
小学健康教育研究报告
G449/2797

绍兴县教育局编辑。民国二十二年九月 [1933.9] 出版，158 页，1 册。

《教育小丛刊》第三十四种。本书又名《绍兴县小学健康教育研究报告》。据编者介绍，每学期结束，教育局都要编一份研究报告。本报告为民国二十一年度（1932）第二学期的研究内容，以健康教育为中心，包括整洁活动应如何举行、小医院怎样组织、怎样教学卫生、学校卫生设备的调查研究等 21 节。首有《前词》《第二学期各学区辅导研究问题参考》，末有《勘误表》。

021

绍兴全县小学国语科成绩展览会会刊

G465/2797

绍兴县教育局民国二十一年九月 [1932.9] 出版发行，292 页，1 册。刊物。

　　《教育小丛刊》第十七种。本刊分弁言、出品研究报告、各校出品选录、各校出品统计、编辑后记五章。从《弁言》中可知，绍兴教育局举办国语科成绩展览会之举，是因当时 "中国教育发展的不平衡，影响到各地方的社会情况。与意识形态上，都有十分差异的分野。教育在这样场合下，绝对要不得 '盲从' 与 '因袭'。要创立一个合于地方情况的教育理法的体系……综合和积累各个人的研究心得，便迫切的需要着。本会的举行，正是体验了这意义"。

022
绍兴县教育概况统计
G527.554/2797

绍兴县教育局编。民国二十二年三月 [1933.3] 出版，94 页，1 册。

《教育小丛刊》第二十七种。本书是根据民国二十一年度（1932）第一学期各种调查视导报告编印而成，主要是采用标的形式来详细分析整理。全书包括绍兴县教育行政机关组织系统、最近全县教育概况、各区最近教育概况、中等教育概况、幼稚教育概况、二十年度县教育经费岁入预算、中学师资比较、四年来全县社教经费比较、第三届小学毕业测验成绩统计等 21 节。

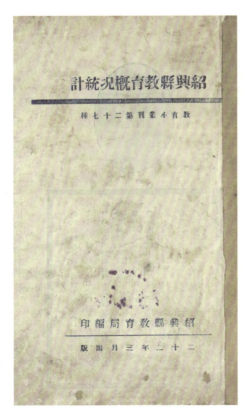

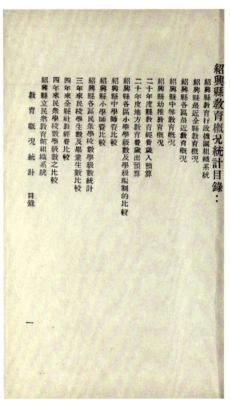

023
绍兴县教育机关一览（二十三年度第二学期）
G527.554/2797

绍兴县教育局第二课编。浙江绍兴县教育局收发处民国二十四年四月 [1935.4] 出版发行，绍兴印刷局承印，32 页，1 册，二角。

　　本书主要是以表格的形式展现了民国二十三年（1934）第二学期绍兴县教育机关的信息一览，包括中学、小学、民众教育馆等。中小学的表格包括区别、立别、名称、学级数、学生数（男、女、合计）、每年经费、校址、所在乡镇、校长姓名、教员职数、通讯方法及备注等。民众教育馆的表格包括区别、立别、名称、每年经费、馆址、所在乡镇、馆长姓名、职员数、通讯方法及备注等。

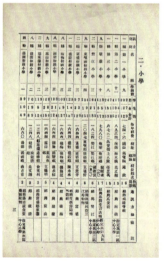

024
浙江省第五中学区教育行政人员联席会议议事录
G529.6/0000

出版信息不详。封面题"十六年十二月"[1927.12]，22页，1册。

本书分原案经本会议修正完全成立者共十二件、指定之工作大纲共七项、附原案经本会议议决合并讨论及保留或打消者共十八条三部分。

绍兴图书馆藏另有《第二届浙江省第五中学区教育行政人员联席会议记录》（1928）《浙江省第五中学区第三届教育行政人员联席会议记录》（1928）、《浙江省第五中学区第四届教育行政人员联席会议记录》（1929），介绍概况、会议记录、上届工作报告、本届工作大纲、联席会议修正简章、议决案一览等信息。

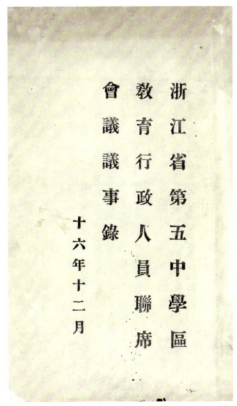

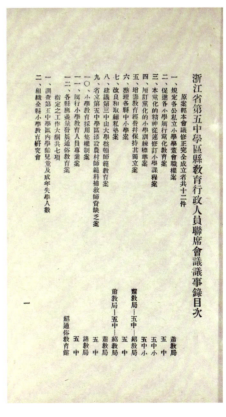

025
新学制小学课程纲要

G622.3/0000

绍兴新学制实施研究会民国十二年七月 [1923.7] 印行，40 页，1 册。

　　本书将课程的步骤分成两层，一层是种类，即科目（国语科、算术科、社会科、卫生科、公民科、历史科、常识科、自然科、园艺科）；一层是分量，即节数与每节时间。又根据绍兴各学校的编制，把学科报告、新学制小学课程的学科，分为十三种。且对乡村小学的各科目也作出了适当的调整，但其认为国语、算术是不能减少的。首附小学校课表、课程简明表。

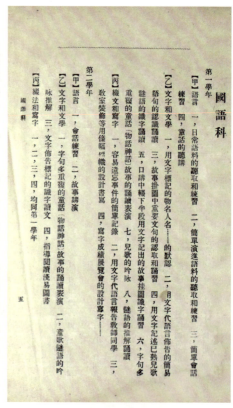

026
成章小学乡土教材
G624.4/2205

私立成章小学编印，民国二十五年二月 [1936.2] 出版，84 页，1 册。

本书是成章小学教授学生们认识家乡绍兴的教材。该教材介绍了绍兴的由来、地形及位置、山系、水系、气候、历史、交通、特产、特产、民俗、名胜、名人以及农工商业，共 57 课。

绍兴市成章小学是以辛亥革命先烈陶成章的名字命名的一所市属小学。1912 年创办，初为成年女子学校，1914 年起改办女子小学。1927 年起男女生兼收，改名为私立成章小学。1950 年改称私立南街小学。1952 年转为公立，改称塔山区中心小学，并迁新建南路今址。1957 年改称绍兴师范学校附属小学。1962 年祭陶 50 周年之际，改称成章小学。"文革"期间又两改校名，1980 年起恢复原名成章小学。2011 年停止招收新生，并入绍兴市塔山中心小学。2016 年以蕺山中心小学迪荡校区为新址重启校名，延续其百年历史。

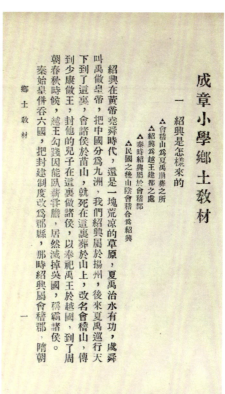

027

二十一年度弍年来之研究（第二集）

G629.285.53/3239

浙江省立绍兴初级中学附属小学 1933 年 10 月编印，1 册。

　　本书将绍兴初级中学附属小学民国二十一年度（1932）这一年来的研究工作，汇印成一册。第一集为民国二十年的研究工作，此为续辑第二集。内收《小学阅读速率常模的研究》《小学书写速率常模的研究》《国语科说话新课程标准的研究》《国语科写字新课程标准之研究》《小学算术应用题教学法之研究》五篇研究报告。首有前言、致力于本书五项研究工作的人员名单，末有附录及本年度各种研究专篇一览。

028

明强刊物

G629.285.54/2126

上虞明强小学 1928 年 1 月出版，111 页，1 册。刊物。

本刊介绍上虞明强小学的设施状况、教育实施概况（高级国语教学、高级部的算术、初级珠算教学）、艺术研究、各科方针（教学、训育、养护、秩序训练标准、卫生常识）、各种规程（组织法，总务科、教务科、训育科的会议规程及各科主任服务规程，早会、谈话会、训导团、卫生局规程等）、学生会情况、宣传部和纠察部的工作报告，并收有《今后的学生运动》《张献忠与英帝国》《崭新的双十节》《秋底乐园》等 25 篇儿童作品。首有序、组织系统表、现任职员表等。

清光绪三十三年（1907），乡绅金卧云筹建金氏私立明强小学。到 20 世纪 40 年代，学校已经拥有 10 个班级。1949 年以后，明强小学先后改名为河东小学、娥江乡中心小学、前江大队小学，后来又重新恢复为娥江乡中心小学。直到 2010 年并入城北实验小学而停办，前后历时 103 年。

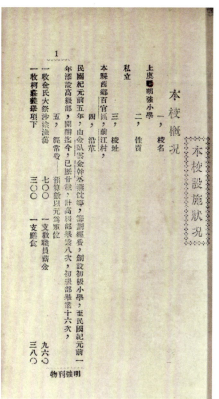

029
绍兴县立女子师范附属小学校概况
G629.285.54/2797

绍兴县立女子师范附属小学校1924年10月编印，36页，1册。

本书介绍了绍兴县立女子师范附属小学校在1924年的办理概况，包括该校校务系统表、校务组织大纲、校务分任表、学级编制、教学概要、训练概要、训练标准、学历、各级各科所占节数、振铃时间表、学则、职教员一览等，附录学生自治事业。

清光绪二十九年（1903），绍兴有史以来第一所女子学校——私立明道女校诞生（今绍兴市北海小学的前身）。学校原址位于府城东街，后迁到新河弄万安桥畔的大觉林寺内。宣统三年（1911），更名为"绍兴女子明道师范学校"。民国四年（1915），更名为绍兴县立女子师范学校，附设小学部，简称"绍兴县立女师附小"。十七年（1928）改名为"绍兴县立第三小学"，实行男女同校。二十九年（1940）改名秋瑾镇中心民国学校。三十三年（1944）4月，改县立简师附小。1949年以后更名绍兴市立万安桥小学。1952年正式命名为"绍兴市北海中心校"。

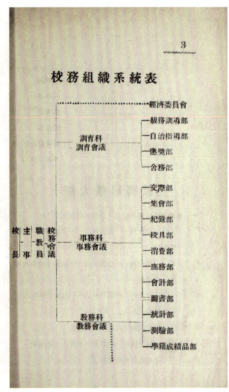

绍兴县立第一高等小学校第十七次毕业纪念录

G629.285.54/2797

绍兴县立第一高等小学校编。民国十一年 [1922] 出版，1 册。

    本书是绍兴县立第一高等小学校民国十一年（1922）的毕业纪念录，分论说、喻言、杂记、卫生、书信、小说、随感录等七章，每章收多篇文章来展示主题。首有校长沈光煦照片、教职员毕业生摄影、绍兴县知事顾尹圻等题辞、学生赠言，末有职教员表、毕业同学录，附录学校简章、办理概况、学生自治会简章。

    绍兴县立第一高等小学，即今蕺山中心小学。蕺山中心小学原名蕺山书院，明刘宗周讲学处。清光绪二十八年（1902）冬改建为山阴县学堂。陈建功、范文澜为该校第一届毕业生。宣统元年（1909），与会稽县学堂合并，易名绍兴府山会官立高等小学堂。民国元年（1912），更名绍兴县立高等小学校。后称县立第一小学。二十九年（1940）1月，改称县立元培镇中心国民学校。绍兴沦陷期间，设分校于稽东山区裘村。抗战胜利后返城复校。后改县立越王镇第一中心国民学校。1949年以后又多次改名，1979年改用今名。

校长沈光煦

031
绍兴七县旅沪同乡会第一小学十五周年纪念特刊
G629.29/2794

绍兴七县旅沪同乡会第一小学 1933 年编，上海印刷所印刷，76 页，1 册。刊物。

本刊为绍兴七县旅沪同乡会第一小学成立十五周年之纪念特刊。以表格的形式展示现任校董、教职员、历届学生人数，并介绍学校行政组织系统、办理方针、学校现况、教学概况及训育概况、学生成绩。首有序言，同时收有主席、副主席、各校董、校长、全体学生、实验室、图书室等摄影照片。

绍兴旅沪同乡会为适应上海近代化需要，开办了教育事业。同乡会设立不久即于 1912 年设商业补习学校，专招旅沪习商的同乡子弟补授普通学科及商业专门知识（包括专修英文课）。1917 年同乡会募集基本金 3 万元，依民国政府颁布的初等、高等小学章程创办同乡公学（后改称第一小学）。1920 年又在南市创设第二小学，在闸北创立第三小学。1938 年又创设绍兴七邑旅沪中学。

032
绍兴县立第一小学同学录
G629.29/2797

绍兴县立第一小学编。民国二十一年七月 [1932.7] 出版，绍兴印刷局印刷，16 页，1 册。

本书分教师之部、学生之部，记录现任教师、学生的姓名、籍贯、住址、通讯处等情况。其中四到六年级的学生情况详细记录，一到三年级的学生只记录姓名及性别。

绍兴县立第一高等小学简介见 030。

033
越材校刊
G639.29/2792

越材中学校刊社编辑。浙江绍兴越材中学民国二十三年六月二十日 [1934.6.20] 出版发行，杭州正则印书馆印刷，1 册。刊物。

  绍兴图书馆藏第三期，依次收录有"编者的几句话"（姚寿翀）、中小两部全体师生欢送校长顾琢人先生赴美留学纪念摄影、本刊职员、创办人及历任校长玉照暨小史、捐助本校思魏堂之美国魏夫人玉照暨小史、校景、中小部教职员、中学部毕业班（附小史）、级次（中学部民二四级和二五级，附小部民二三级至二八级）、杂俎（中学部添建校舍举行落成典礼来宾暨全体教职员摄影、中学部添建礼堂复兴膳厅举行落成典礼摄影、中学部参加第二区第二届运动会田径赛队），来介绍越材中学的创办人及历任校长、校景、教职员、毕业班、中小学部报告等。封面为王世杰题字。

  绍兴私立越材中学由马雄波等一批热心于教育救国的知名人士于 1915 年创立。1936年与创办于 1921 年的私立浚德女中合并，易名为绍兴越光初级中学。1941 年绍兴沦陷，学校停办。1945 年抗战胜利，校董事会主席罗四维、校长王起莘，四处募集资金，修建校舍，并增办高中，使越光中学成为当时绍兴三所完全中学之一。1953 年停办高中，改为绍兴县第三初级中学。1981 年发展为完全中学，更名为绍兴县第五中学。2002 年与创办于1996 年的绍兴市建功中学合并，定名为建功中学。

034
越光中学师生通讯录
G649.29/2794

绍兴越光中学编印。出版时间不详，56 页，1 册。

本书无目次，不分章节，依次收录：1. 越光中学现任教职员信息一览（姓名、别号、职别、籍贯、最近通讯处）；2. 初春一至三、初秋一至三、高春一至三、高秋一至三学生信息一览（姓名、性别、籍贯、最近通讯处）；3. 教职员通讯录（姓名、性别、年龄、籍贯、通讯处）；4. 上海、杭州、南京、重庆、绍兴五部之校友录（姓名、通讯处）；5. 中学部同学通讯录（初秋一年级至三年级、初春一年级至三年级、高春一年级至三年级、高秋一至二年级之姓名、性别、年龄、籍贯、通讯处）；6. 附小部园通讯录（一至六年级之姓名、性别、年龄、籍贯、通讯处）、幼稚园通讯录（姓名、性别、年龄、籍贯、住址）。

绍兴越光中学前身为越材中学，简介见 033。

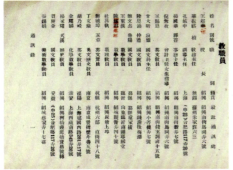

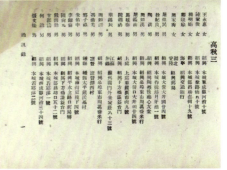

035
绍兴县立初级中学师生通讯录

G649.29/2797

绍兴县立初级中学 1948 年编印，32 页，1 册。

本书为绍兴县立初级中学民国三十七年度（1948）第一学期师生通讯录，收录有现任教职员的姓名、性别、年龄、籍贯、担任职务、通讯处等信息，以及在校学生的姓名、性别、年龄、籍贯、最近通讯处、家长或监护人姓名等信息。首有《绍兴县立初级中学校歌》（五线谱及歌词）。

绍兴县立初级中学前身为舜阳中学。抗战时期，绍兴城区原有的省立绍中（现绍兴一中）和稽山中学等，皆因战乱流亡到了别处继续办学，因而有志青年求学无门。舜阳中学就是在 1943 年会稽山敌后根据地汤浦九莲寺创办起来的一所初级中学，由施伯侯出任校长。1945 年秋日寇投降，舜阳中学迁入绍兴城，改名绍兴县立中学，以大通学堂为校址，继续教书育人。1947 年与省立绍兴中学（现绍兴一中）合并，仍由施伯侯出任校长。舜中虽只存在了短短 4 年，但它填补了战乱期间城区中学的空白，在绍兴的教育史上留下了光辉的一页。

036
光风（绍师三六秋级毕业纪念刊）

G659.29/9072

《光风》纪念刊筹备会编辑。浙江绍师三六秋级级会民国三十七年六月[1948.6]出版，1册。刊物。

　　本书为绍师三六秋级毕业纪念刊。由宋孟君先生题序，首有级友留影，正文收录陶随锡《级史》、王介政《舟夫》、王竹琴《思》等38名同学的作品，及俊臣、尘息等3名学生的木刻作品，并附现任教职员和三六秋级级友的通讯录（姓名、字别、性虽、年龄、籍贯、通讯等信息）、编者后记。

　　绍师前身为山会初级师范学堂，于清宣统元年（1909）由浙江省咨议局议员、山阴劝学所总董事杜海生等人发起创办。之后多次易名：绍兴初级师范学校、浙江省立第五师范学校（绍兴五师）、龙山师范学校。1943年定名为绍兴县立简易师范学校，后升格为绍兴县立师范学校。1949年以后由绍兴军管会接管，短期停办。1956年，绍兴中等师范学校建立，校址在今延安路西端南北两侧，北侧则包含原山会师范校址。1970年绍兴中等师范学校改名为绍兴地区师范学校。1980年经国务院批准在绍兴师范学校的基础上建立了绍兴师范专科学校。组建于1996年的绍兴文理学院最初便是由原绍兴师范专科学校与原绍兴高等专科学校合并而成的。

037

绍兴县私立福安培童院五周纪念特刊

G693.66/2797

绍兴县私立福安培童院 1946 年编印，20 页，1 册。刊物。

本书为该院成立五周年纪念特刊，从院史、组织、设备、经济、膳食、认养小孩、教育、健康、工艺、农事、董事、教职员、儿童、追思、将来计划等方面介绍绍兴县私立福安培童院的概况。首有创办此院的邬福安夫妇合影、蒋德恩《序言》，末附致谢辞、全体儿童摄影。

绍兴县私立福安培童院成立于民国三十年(1941)九月十七日。前身为美国基督教会"真神堂"牧师所办孤儿院，后改为福安培童院，院舍分设于大坊口原私立越光中学附小校舍和观音弄周宅。1946 年改称绍兴县私立福安培童院，大坊口院舍改办哲庆托儿所。

五中学生
I216.1/2232

任宝华等编。浙江省立第五中学自治会民国二十二年六月 [1933.6] 出版，79 页，1 册。刊物。

　　本书收五中学生作品，包括《有志竟成》《一致起来对日决一死战》等论著 4 篇，《伤兵泪》《二个难民》等文艺作品 31 篇，《雨》《日记二则》等杂俎 5 篇。封面为李鸿梁先生作画，首有编者的《志谢》和蔡丏因先生作《发刊词》，末有任宝华《编辑后记》。

　　浙江省立五中为今绍兴一中的前身。1897 年创办，1912 年改名为浙江省立第五中学。1933 年 7 月改名为浙江省立绍兴初级中学。1942 年 2 月复名为浙江省立绍兴中学。1954 年被确定为浙江省重点中学。1955 年 4 月改称为浙江省绍兴中学。1956 年，各地中学一律以序号命名，学校改称浙江省绍兴第一中学。

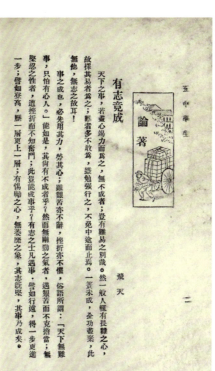

039
千人针
I236.41/3064

宋晶如编。浙江余姚县抗日自卫委员会抗建出版社民国二十八年三月 [1939.3] 出版，35 页，1 册。

　　《战时民众读物丛刊》之一。此书为绍兴文戏剧本，根据通俗抗战秦曲写成，讲述倭寇入侵，家乡沦陷，带着妻女四处逃亡的乡民薛师训，与落难的大学生一起，奋起将数名日寇毒死杀光的故事。"千人针"是日本文化中的一种护身符，被薛老在日寇身上发现，撕作两半将其作为庆祝抗战胜利的纪念和女儿与大学生的定情之物。绍兴文戏是越剧的旧称，其吸收了绍剧的许多传统剧目、表演艺术和唱腔，采用了绍剧的板胡、笛子、斗子等乐器，对腔调也作了一定改革。

　　宋晶如（1904-1982），原名宋崇鉴，绍兴宋家店人。1933 到上海世界书局任职，从事古文注译的工作。上海沦陷后，世界书局被日寇接管，宋晶如拒绝高薪诱惑毅然离职，离沪到浙江余姚上塘镇其岳母家落脚，并在当地办学从教，同时从事抗日救亡工作，自编绍剧《英烈传》在当地演出，鼓动宣传抗日。抗战胜利后，由余姚名人杜天勉推荐，受聘于余姚长河草帽业小学任校长。1949 年以后在余姚一中任语文教师。

040
绍兴师爷轶事

I246.8/2852

徐哲身著。上海文业书局民国廿六年三月 [1937.3] 第 2 版，130 页，1 册，国币一元四角。

本书收录有关绍兴师爷的趣闻和传说，包括《妻无貂蝉之美》《翁庄而鳏叔大未娶》《万寿无疆》《夜航船》《偷画》《原来如此》《小小教训》《文王卦》《好在今天落雨》《只要一张状子》《少女怀春讼师害讼师》等 30 余篇。绍兴师爷是明清时期封建官制与绍兴人文背景相结合的产物，肇始于明，盛行于清，没落于辛亥革命前后，活跃了三四百年，声名扬及国内外，成为中国封建官衙幕僚阶层的重要组成部分。

徐哲身（1884- ？），谱名积馀，号浙生，浙江嵊县人。从事文学创作后改名哲身，又号"养花轩主"。晚清小说家，"鸳鸯蝴蝶派"文学早期代表人物之一。他与张恨水是同一流派的文友。一生中写下了大量的言情小说，有武侠、侦探，也有宫闱、历史，下笔非无病呻吟，而是真情流露。代表作有《汉宫二十八朝演义》《曾左彭》《春江新潮》《巾帼英雄》《溥仪春梦记》《峨嵋剑侠》《啼笑风月》《大清风云人物》等。

041
巽社丛刊（第一集）
I246/0014

高天栖编辑。浙江绍兴巽社民国十五年四月 [1926.4] 出版，84 页，1 册，大洋二角。

　　本书收巽社社章、社员录、社长小影、社员字画以及社员文字作品，包括《火车中》《醉盦吟草》《如此》《兰亭游记》《西湖杂诗》《读诗小识》《那里去的》《春郊》《浣冰室吟稿》《潇湘笔记》《映红仙馆吟草》《南镇游记》等 36 篇，末附《编辑剩墨》。

　　高天栖，后改名高锡钧，浙江绍兴人。曾任《儿童时报》（由绍兴县教育局督学田锡安发起创办）主任编辑。1933 年进入影坛，任影片《飘零》编剧。1935 年编写了影片《艰苦的奋斗》。后任影片《芸兰姑娘》的插曲《燕双飞》的曲作者。1939 年任影片《碧云宫》编剧。

042
蠡城凌霄社二十周纪念特刊
I266.1/4920

赵肃良编辑,祁步青、施叙彝、周子炎校对。绍兴建业印书馆民国三十三年十二月 [1944.12] 出版,108页,1册。刊物。

本书分摄影、图表、鸾谕全录、鸾诗杂集、论著、章则、社务沿革、谈谈佛学、杂纂等章节,概述了蠡城凌霄社组织大纲、圆通法会组织总则、蠡城凌霄社创立廿年大事记等内容。首有赵崇作"蠡城凌霄社二十周纪念歌"和陈光道《弁言》、骆印雄题辞。

凌霄社,最初为在绍兴中国银行任职的潘觉、孙尘、冯善、陆勉行等人设立的私人佛教团体。这些人信奉佛教,工余之暇,"为参乘大道,时诣诚一坛开乩,叩示训语,以启觉悟之门"。该社作为一个宗教机构,亦是一个慈善机构,因绍兴古称蠡城,故名"蠡城凌霄社"。其"以救济困苦,显扬佛教,不涉及党派政治为宗旨",分总务、经济、医药、赈务、慈济五部。

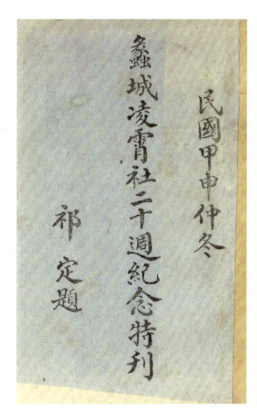

043
越歌百曲
I276.255.3/9017

娄子匡编。上海儿童书局民国廿一年七月 [1932.7] 再版，132 页，1 册，三角。

《民间文学丛书》之一。绍兴等地民歌集，分儿歌五十曲、生活歌四十五曲、滑稽歌五曲三部分，共收一百曲。首有赵景深先生和孙席珍先生两人的序。

娄子匡（1907–2005），浙江绍兴人，著名民俗学家、民间文艺学家、俗文学家。早年搜录《绍兴歌谣》《绍兴故事》2 册，收入《国立中山大学民俗丛书》。后又为国立北京大学《歌谣周刊》、中山大学《民俗周刊》、上海文学研究会《文学周刊》等刊物著述民间文学作品。1932 年与顾颉刚、周作人、江绍原、钟敬文等人在杭州创办了中国民俗学会，编辑《民俗周刊》《民间月刊》《孟姜女月刊》《民俗学集镌》等多种民俗学、民间文学学术刊物。

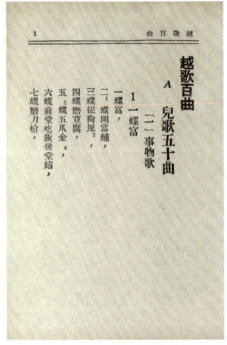

044
民间谜语（第一集至三集）
I276.8/7740

陶茂康编。1931 年出版，3 册。

　　这三集谜书，均为横 32 开本，无版权页。每集收谜数量都是 200 条，前为谜面、后为谜底，均对外征集所得。第一集皆为徐东昇投稿，第二集为毛关勇、韩扑卿投稿，第三集皆为沈耀廷投稿。每一集后附征稿条例、启事。

　　陶茂康（1901−1971），别名乃璠，绍兴汤浦（今属上虞）人。民国时期民俗学家、出版家、谜家。1930 年起出资编辑出版《民间》月刊，大量收集整理当时的民歌童谣、传说故事、谜语童话、联语俗谚等，还出版了《民间歌谣集》《民间谜语集》《民间故事集》《中国新年风俗志》等。

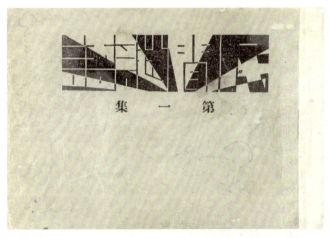

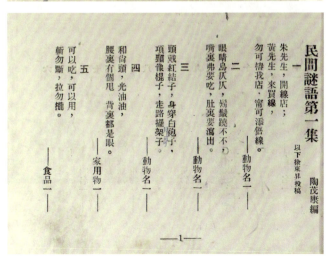

045
姚水娟专集
J825.55/4630

娟社编辑。上海姚水娟专集出版社民国二十八年二月十九日 [1939.2.19] 出版，37 页，1 册，三角。

　　本专集内容包括多位先生关于姚水娟的文字：《初见越后》《从播音想到姚水娟女士的戏剧》《余对姚水娟之印象》《姚水娟才是真正的皇后》《谈男装戏之难而及姚水娟之男装戏》《姚水娟主演燕子笺》《姚水娟小传》等内容。正文前附姚水娟照相、插画、娟影四十一幅、题诗及绘画等。

　　姚水娟（1916–1976），原名姚文贤，越剧杰出表演艺术家。嵊县后山村人。如其墓志铭所题："……1938 年 1 月率团赴沪，一鸣惊人轰动上海……首先建立正规编导制，倡导排演新戏……奠定越剧改革发展之基础，从此越剧正式定名，扎根上海……历任浙江省首届政协委员、人民代表、戏剧家协会副主席。1976 年病逝杭州，寿满花甲。"

046
越国复兴史略
K235/8500

钟歆编著，贺扬灵审阅。绍兴战旗社民国二十八年三月 [1939.3] 初版，由绍兴战旗书店总发行，54 页，1 册。

本书得绍兴区图书杂志审查委员会书字第四十一号审查证，将越王勾践复兴古越国的历史一一道来。其从《左传》《国语》《史记》《吴越春秋》《越绝书》中择取素材，重新取舍、组合安排，共包括《世祚》《拒吴》《被围》《行成》《信贤》《臣辱》《悲奋》《生教》《谋敌》《待时》《问战》《发师》《恤士》《厉兵》《灭吴》《定霸》十六篇，"于所谓生聚教训之事，展会稽之旧史，述先民之轶闻"。首有越王勾践、越大夫范蠡和文种之像，还有《种山越王祠图》《种山越王祠记》及其释文。

绍兴战旗社是抗战期间以唤醒民众抗日为己任的群众团体之一，其以文艺形式宣传抗日救国，出版有《战旗》周刊及《钱江血潮》刊物。

钟歆，浙江上虞人，生平不详。

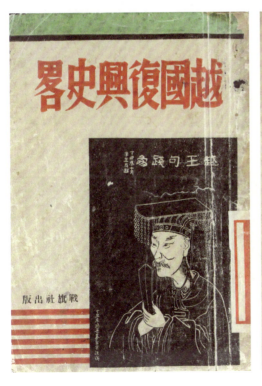

047
绍兴概况调查
K295.53SX/2790

绍兴市军事管制委员会一九四九年六月二十日 [1949.6.20] 编印，200 页，2 册。

封面印有"参考材料·不作根据·保持机密·不得外传"。本书是绍兴刚解放后，绍兴市军事管制委员会将调查得来的绍兴概况汇编成册，内容包括绍兴概况、自然环境、人口、交通、农业、特产、工业手工业及资源、金融商业、风俗习惯、教育文化机构、伪社团及地方机构、名胜古迹、反动组织及残余势力、地方势力等十五章。

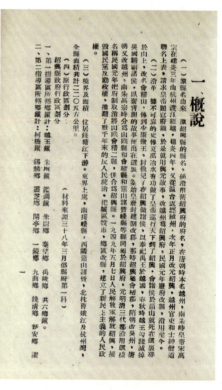

048
绍兴商报（第三周年纪念特刊）
K295.53SX/2790

《绍兴商报》年刊编辑部。绍兴商报社民国二十五年十月十日 [1936.10.10] 出版，1 册。刊物。

　　《绍兴商报》创刊于民国二十二年（1933）九月十五日，此后"每逢九月十五日，例出纪念特刊一册，随报附送，以酬各界人士之厚爱，第一二两期收集材料，侧重地方行政建设教育各种状况之统计，以及社会问题之探讨等"。此第三周年纪念特刊，"因值革新印刷之初，限于人事上种种困难，以致未能如期出版……于国庆日问世，象征于国家民族复兴"。本书收"在非常时期中教育者最应注意的两件事情""国民经济建设运动与商业登记""赣米与绍酒""绍兴金融业与商业衰落症结"等内容。

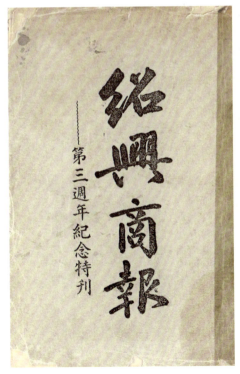

049

祀禹录

K295.53SX/2797

贺扬灵著。出版信息不详。69 页，1 册。

　　本书系1935年所著，记载了历代祭禹的祭典议程、祭祀工具、碑文等。分图影、弁言、祀典、考证及附录，有大禹塑像、陵庙全景、陵庙平面图、祀禹全体人员摄影、窆石亭等图影，亦有黄绍竑主席祀禹碑记、祭品图说、祭祀人员、会议记录及政府文件，以及《会册大禹陵庙考略》《绍兴大禹后裔姒氏世系表》等。

　　贺扬灵（1901-1947），原名高志，字培心，江西省永新县龙田乡龙田村人。1933年初到内政部任编审内政部长。黄绍竑调任浙江省政府主席，贺扬灵随黄之浙，先后任民政厅主任秘书、绍兴县长、第三区行政督察专员。

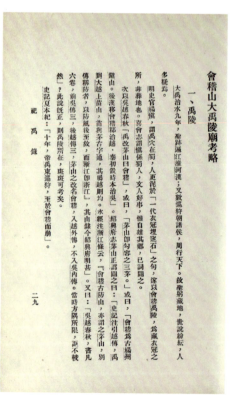

050
假定绍兴县志采访类目及编纂大意

K295.54SX/2797

绍兴县修志委员会编。出版信息不详。28页，1册。

　　本书包括绍兴县志采访类目及编纂大意。《绍兴县志资料第二辑》即依照本书按类汇编资料，分通纪、地理、民族、建置、财政、教育、交通、司法、军警、食货、职官、选举、宗教、人物、列女、书籍、金石、文征十八类。

051

六六私乘

K820/2930

秋宗章著。出版信息不详。72 页，1 册，油印本。

本文是作者为纪念大姊秋瑾就义二十七周年而作。"六六"指清光绪丁未年（1907）阴历六月六日秋瑾在绍兴轩亭口英勇就义的日子；"私乘"意为家史。原稿在 1934 年写成，后又写了《六六私乘补遗》作为补充。抗日战争之前，曾在杭州《东南日报·吴越春秋》副刊连载。后经作者亲属加以校阅订正后，重新发表。

秋瑾（1875-1907），原名秋闺瑾，字璿卿（璇卿），又字竞雄；号旦吾，又号鉴湖女侠，浙江绍兴人。中国女权和女学思想的倡导者，近代民主革命志士，为妇女解放运动的发展起到了巨大的推动作用。1907 年从容就义于绍兴轩亭口。

秋宗章（1896-1955），浙江绍兴人。秋瑾的异母弟，生平不详。

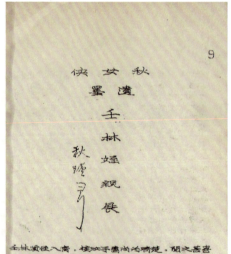

052
刘宗周年谱
K825.1=48/4223

姚名达著。上海商务印书馆民国二十三年十月 [1934.10] 出版，361 页，1 册，大洋一元二角。

《中国史学丛书》（何炳松主编）之一。本书又名《刘蕺山先生年谱》。全书分三部分：前编包括名字、遗像、先世、生活环境、学术渊源、大事提纲；正编为年谱、学术思想、政治事业；后编包括遗响、逸事、品评。

刘宗周（1578–1645），字起东，别号念台，绍兴府山阴人。因讲学于山阴蕺山，学者称蕺山先生。他是明代最后一位儒学大师，也是宋明理学（心学）的殿军。著作甚多，内容复杂而晦涩。其开创的蕺山学派，在中国思想史特别是儒学史上影响巨大。清初大儒黄宗羲、陈确、张履祥等都是这一学派的传人。

姚名达（1905–1942），字达人，号显微，江西兴国人。毕业于清华大学，中国近代史上著名的史学家、目录学家，史理学创始人。著有《目录学》等书 16 部。1942 年在新干县与日寇搏斗中英勇牺牲。

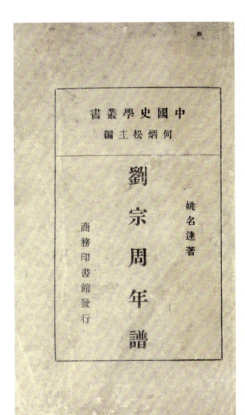

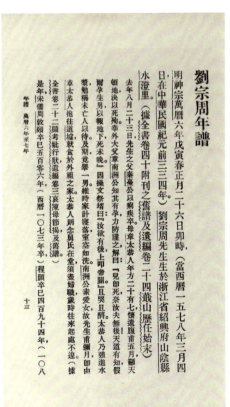

053

鲁迅传

K825.6/2730

（日本）小田岳夫著，范泉译。上海开明书店民国三十六年十二月 [1947.12] 第 4 版，118 页，1 册，国币一元三角。

本书分从幼年及少年时代、日本留学、乡里生活、北京·沉默、呐喊、彷徨、厦门行、广东受难、上海生活、从万国殡仪馆到万国公墓等 12 章，叙述鲁迅的生平与创作活动。卷首有译者《关于〈鲁迅传〉》。后附《鲁迅著作年表》及译者附记。

鲁迅（1881–1936），原名周树人，浙江绍兴人。著名文学家、思想家，五四新文化运动的重要参与者，中国现代文学的奠基人。其一生在文学创作、文学批评、思想研究、文学史研究、翻译、美术理论引进、基础科学介绍和古籍校勘与研究等多个领域具有重大贡献。作品甚多，主要收录在《鲁迅全集》中。被誉为"二十世纪东亚文化地图上占最大领土的作家"。

范泉（生卒年不详），原名徐炜。江苏金山（今属上海）人。曾任上海《中美日报》副刊主编，上海永祥印书馆编辑部主任，复旦大学、新中国艺术学院讲师。仅 20 世纪三四十年代就出版有小说集《浪花》以及译著《鲁迅传》《鲁宾逊漂流记》等 30 多部。主编的《中国现代文学社团流派词典》于 1993 年出版，影响很大。

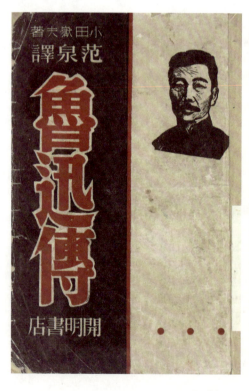

054
鲁迅事迹考

K825.6/2730

林辰著。上海开明书店民国三十七年七月 [1948.7] 初版发行，三十八年一月 [1949.1] 再版，105 页，1 册，定价 0.45。

本书收鲁迅与有关人士、社团，以及事件的考证文章 10 篇，包括《鲁迅曾入光复会之考证》《鲁迅与章太炎及其同门诸子》《鲁迅归国的年代问题》《鲁迅赴陕始末》《鲁迅北京避难考》《鲁迅与文艺会社》《鲁迅与狂飙社》《论〈红星佚史〉非鲁迅所译》《鲁迅的婚姻生活》《鲁迅演讲系年》等。首有孙伏园作序，末有林辰后记。绍兴图书馆藏有初版及再版 2 种。

林辰（生卒年不详），原名王诗农，贵州郎岱人。1938 年开始发表作品，著有专著《鲁迅事迹考》《鲁迅述林》等。1949 年以后历任重庆大学教授、西南师院中文系教授、系主任，重庆文协筹委会副主任，人民文学出版社编审。

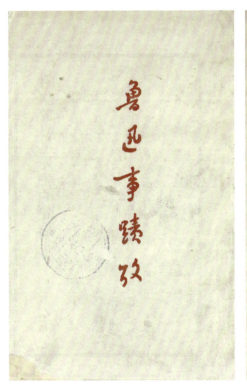

055

鲁迅先生轶事

K825.6/2730

千秋出版社编辑部编纂。上海千秋出版社民国廿六年四月 [1937.4] 再版，164 页，1 册，国币二角八分。

　　本书收未署名的文章 38 篇，鲁迅给曹聚仁、李秉中的信共 6 封，此外还附有钦文、黄源等 11 位作家写的纪念鲁迅的文章 11 篇，如《郭沫若推崇鲁迅》《徐懋庸挽鲁迅》《鲁迅贴一百元　周作人斤斤于此而竟忘兄弟之情》等。其中所收文章，大都未收入其他纪念鲁迅的文集中。

056
诗巢香火证因录
K82-63/0000

（清）沈复粲编辑。出版信息不详。90 页，1 册。

本书收唐、宋、元、明四代诗巢诸贤生平事迹，详述诗巢建立过程和越中文人活动事件。原书存世极少，1934 年王子余见到徐以孙的抄本，如获至宝立刻付印。

元代会稽大文豪杨维桢在山阴府山西麓官府游苑"西园"故址飞盖堂结庐，前半部分辟为仓帝祠，后半部分创设龙山诗巢。诗巢文人辈出，诗才咸集，一直为越中诗人吟咏唱和之处，先后有西园吟社、泊鸥吟社、诗巢壬社等组织，风雅相继，绵延不绝。直到近代战事频起，社会动荡，诗巢活动才告停止，屋舍也倾倒不存。

沈复粲（1779–1850），字霞西，清山阴东浦人。其喜读书，更珍藏书，收藏书籍数万卷，尤爱收藏大儒、大忠孝之卷帙；残文只字获收，惜如异珍。家辟鸣野山房藏书阁。与同乡邻里杜尺庄（杜煦）、杜丙杰、杜春生三兄弟为友，辑成《蕺山刘子全书》四十卷，又自补辑《刘子书补遗》二十四卷。自撰《霞西过眼录》《鸣野山房汇刻帖目》，对检阅书画颇为便利。著有《康熙朝书家姓纂》《越中金石广记》《朱太守事实》《于越事系》《娥江诗辑》《沈氏古今人表》《山阴道上集》等。

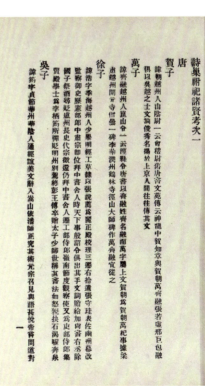

057
# 复兴越国的勾践
K827=25/3020

宗秉新编著，叶楚伧、陈立夫主编，张炯、徐逸樵校订。南京正中书局民国二十五年四月[1936.4]初版，38页，1册，国币一角。

《国民说部》第四集"国民名人传记集"之二。本书分十回讲述越王勾践复国的故事，第一回：动干戈邻国成世仇，第二回：战樵李阖闾痛阵亡，第三回：复父仇夫差败勾践，第四回：明大义妇孺知裘国，第五回：履和约肉袒见吴王，第六回：忍大辱国王充仆役，第七回：尝粪秽猛虎出樊龙，第八回：念国耻且卧薪尝胆，第九回：伐强齐吴王解鲁难，第十回：伺机缘勾践复深仇。

越王勾践（约前520年－前465年），姒姓，本名鸠浅，古时华夏文字不同，音译成了勾践，又名菼执，夏禹后裔，越王允常之子，春秋末年越国国君。公元前496年即位，同年在樵李大败吴师。后被吴军败于夫椒，被迫向吴求和。3年后被释放回越国，返国后重用范蠡、文种，卧薪尝胆使越国国力渐渐恢复起来。耗时10年灭吴称霸，成为春秋时期最后一位霸主。因其"卧薪尝胆"的典故，勾践如今已经成为中华民族不惧怕失败与屈辱，敢于拼搏的楷模形象。

编著者宗秉新，生平不详。

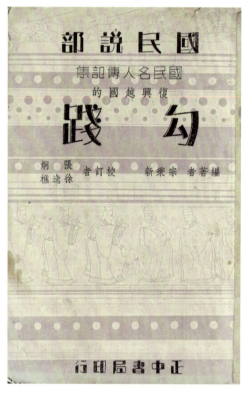

058
徐锡麟
K827=5/2880

著者、出版信息不详。58 页，1 册。

本书虽题"徐锡麟"，实则为徐锡麟、秋瑾二人之合辑。前从徐锡麟世系、创办大通学校、捐纳道员、恩新帅莅堂考验、行刺不法、供词等讲述徐锡麟生平、革命及其牺牲的事迹，正文前有其影。后从秋瑾女士正法、绍兴府安民心之示谕、绍兴府安慰学界之示谕、绍兴府致省台电绍绅告急之实据、绍兴府宣布秋瑾之供状等记录秋瑾牺牲及当时绍兴府相关告示，首有秋瑾插画。

徐锡麟（1873–1907），字伯荪，号光汉子，绍兴府山阴东浦镇人。中国近代民主革命家。在绍兴创设书局，传播新译书报，宣传反清革命。在上海加入光复会后，在绍兴创立体育会，后又创立大通学堂。1907 年，在安庆刺杀安徽巡抚恩铭，率领学生军起义，攻占军械所，激战 4 小时，失败被捕，慷慨就义。

059
# 鉴湖女侠秋君墓表
K827=52/2822

徐自华撰，吴芝瑛书。上海大众书局，出版时间不详，1册，大洋五角。

《古今碑帖集成》第120帖。封面题"吴芝瑛书秋君墓表"。该墓志铭全文722字，记录了女中豪杰秋瑾碧血报中华的一生。

徐自华（1873-1935），字寄尘，号忏慧，浙江桐乡人。南社女诗人、女侠秋瑾的挚友。吴芝瑛（1867-1933），字紫英，别号万柳夫人，桐城县高甸人，曾是曾国藩的入室弟子。吴居京时，与秋瑾成至交，同抒报国情怀。后秋瑾于绍兴被害，尸体在绍兴街头曝晒数日，吴冒死将秋瑾尸体"偷"回，并埋葬在西湖湖畔，悲撰《秋女士传》《秋女士遗事》，书中详记秋瑾平日行事、报国壮心及视死如归之大义，为后人研究秋瑾留下史料。又与徐自华营葬秋瑾于杭州西泠桥畔，作《西泠吊秋》七绝四首，并亲笔为墓碑题"鉴湖女侠秋瑾之墓"。徐自华撰写墓表，吴芝瑛书写碑文，勒之于石，并将其石印成册，分赠友好。数位志士相约成立秋社，共推徐自华为社长，决定每年农历六月初六秋瑾殉难日举行纪念活动。

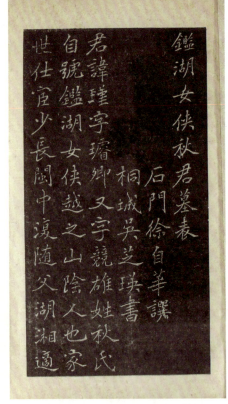

060

中国新年风俗志

K892.18/5017

娄子匡编著。中国民俗学会编审。绍兴民间出版社民国二十一年九月 [1932.9] 初版发行，154 页，1 册，大洋六角。

《中国民俗学会丛书》之一。记述浙江（绍兴、宁波、湖州）、江苏（苏州、淮安）、安徽（寿春）、福建（厦门、漳州、闽南）、湖南（长沙）、湖北（武昌、黄陂）、河南（开封）、广东（广州、阳江、海丰、东莞、潮州、翁源）、四川（成都）、甘肃（兰州）等地过新年的风俗。首有周作人、顾颉刚、杨堃作序及编者自序，引《川滇蛮子新年歌》一阕，图影六幅；末附余音"广州元旦盲妹叫化歌"一曲及编者后记。

正文开篇便是浙江绍兴元旦的风俗，详述这一天的风俗习惯，如行动、吃食、嬉戏、玩艺、张贴、预兆、忌讳、丐役等。

娄子匡简介见 043。

061
新年风俗志
K892.18/9017

娄子匡编纂。上海商务印书馆民国二十四年五月 [1935.5] 再版，147 页，1 册，大洋三角五分。

记述了江苏（苏州、无锡、淮安）、浙江（宁波、湖州、绍兴）、安徽（寿春）、福建（厦门、漳州、南部）、湖南（长沙）、湖北（武昌、黄陂）、河南（开封）、甘肃（兰州）、广东（广州、海丰、翁源、潮州、阳江、东莞、海南岛）、广西（柳州）、四川（成都）、云南（车里）、贵州（赤水、贵阳）等地过新年的风俗。首有周作人、顾颉刚、爱堡哈特作序及编者自序，引《川滇蛮子新年歌》一首，图影 26 幅；末附余音"广州元旦盲妹叫化歌"一曲。

与编者在 1932 年出版的《中国新年风俗志》相比，本书图文在保留原来内容的基础上，均作了一定程度的增加、顺序亦作了调整，条理更加清晰，每篇前面先列要点，再具体展开。像在介绍绍兴元旦的风俗时，在"嬉戏"节加入了"游工和"。

娄子匡简介见 043。

062
越游便览
K928.855.3SX/4424

萧绍、绍曹蒿、蒿新长途汽车公司编著。民国二十三年八月 [1934.8] 初版发行，汉文正楷印书局印刷，132 页，1 册，实价三角。

  本书是为"导引来越旅客游览为目的"，内容分沿线交通（以明水陆）、沿线城镇（以纪里程）、名胜古迹（以快游览）、著名物产（以供需要）、旅客须知（以利往来）、食宿娱乐（以便行止）六部分介绍绍兴的概况。附录章则（如客车、包车价目表）及各机关所在地址表以备查考。书名为民国时期浙江省省长张载阳署。

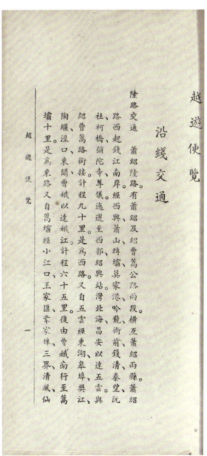

063

绍兴县编造丘地图册章则辑要

K992.255.45/2797

绍兴县政府民国二十二年三月[1933.3]编印，52页，1册。

　　本书辑录了编造丘地图册涉及的章则:《修正各县土地陈报后分年实施查丈办法请核议案》《修正各县土地陈报后分年实施查丈办法》《各县编造旧都图丘图册应行注意事项》《某县（都图或庄墟）丘地编号图说例》《浙江省民政财政厅训令第四五号》《某县（都图或庄墟）丘地清册式》《丘地清册说明（民国二十年十二月修正）》《浙江省民政财政厅训令第三三二一号》《亩分总结数》《绍兴县某都某图寄粮附册》《绍兴县试办编造旧都图丘地图册补充办法》《补查旧都图户粮单式》《电陈补查户粮困难情形文》《省颁检查丘地图册须知》《绍兴县编造旧都图丘地图册实施计画大纲》《绍兴县编造丘地图册编查须知》《绍兴县编造丘地图册办事处办事细则附奖惩规则》《承办员按亩领费标准及办理程序》《绍兴县编造丘地图册疑义的解释》等。

064
绍兴县中医公会会员录
R2-262/2797

绍兴县中医公会民国廿六年 [1937] 编印分发，1 册。

　　本书为绍兴中医公会第二届会员名册，将 360 名会员的姓名、性别、年龄、籍贯和住址一一登记，如遇信息更改，用红字在原信息旁追加。会员来自绍兴、诸暨、鄞县、兰溪、萧山、余姚、上虞、杭县、杭州、富阳、嵊县、泰兴、海盐等地。末附中医审查规则十七条。

民國廿六年

紹興縣中醫公會會員錄

中醫審查規則

第一條　本規則依中醫條例第二項之規定制定之

第二條　中醫條例第一條第二款所稱考試或甄別凡考試甄別檢定審查等具有測驗學識經驗意義之事皆屬之項

第三條　中醫條例第一條第三款所稱中醫學校指經教育部備案或各地方教育主管機關立案者

第四條　中醫條例第一條第四款所稱五年以上應有執業地上管官署之證明

第五條　依照中醫條例第一條第一項之規定請領中醫證書者應繕具左列文件費款呈送執業所在地或原籍所仕地市縣政府核轉呈政府或省衛生行政機關轉送衛生署審查

一、履歷書三份

一

065

绍兴酒酿造法之研究

TS262.4/7730

周清编著。上海新学会社民国十七年八月 [1928.8] 发行，62 页，1 册，大洋二角五分。

本书从绍兴酒成分及优点、原料、酿造法、酿造区域并产出量及价格等、蒸馏烧酒法等六章对绍兴酒的成分，优点及各道酿酒工艺都做了科学分析，附成本预算表、原料配合表、成酒数量表、酒具置备表、赴赛物品表、绍兴酒业痛史、绍兴酒业痛言。

周清（1876–1940），绍兴东浦镇人。出生于酿酒世家，祖上于清乾隆开办云集酒坊。就读北京大学生物系期间兼作绍酒推销员，开辟了一条绍酒船载沿京杭运河至北京定点销售的新路线。1915 年，云集信记酒坊将其亲手酿制的"周清酒"送往巴拿马太平洋万国博览会上展出，获金牌奖。周清著有《蔬菜园艺学》等书。平生性善好义，先后资助创办绍兴成章小学和东浦热诚学堂。晚年在绍兴稽山中学任教数年。

066
修筑绍兴三江闸工程报告
TV632/4410

董开章编。出版者不详,民国二十二年七月[1933.7]印,18页,1册。

　　本报告从三江闸之形势、创筑、从前修理方法之略述、现在罅漏情形、此次修理之经过、今后之管理六方面,图表并举,历数三江闸之重要性、明清五次修闸方式,重点报告本次修闸的前期调研、方案及修理过程。

　　三江闸,古代大型挡潮排水闸,位于绍兴城北16公里三江所城西,地处钱塘、曹娥、钱清三江交汇口而得名。绍兴知府汤绍恩在明嘉靖为排山阴、会稽、萧山三县之内涝和防御海潮倒灌而建。直至1981年建成新三江闸的400多年间,它一直是萧绍平原排涝拒咸、蓄淡灌溉的水利枢纽工程,为确立绍兴鱼米之乡和经济社会发展奠定基础。至今闸主体仍屹立不动,大部保持完好,闸门已废,仅起桥梁作用。1963年列为浙江省重点文物保护单位。

　　董开章,生平不详。

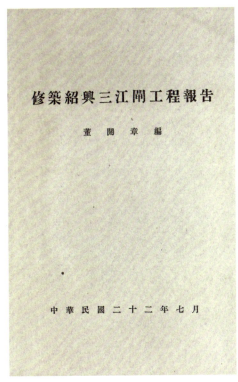

067

绍兴交通

U13/4425

董先振编。浙江省立五中附属小学 1932 年出版，24 页，1 册，实价四分。

《常识丛刊》为小学生读物，介绍绍兴、萧山、诸暨、新嵊四地的名胜、生活、交通，均由省立五中附小出版。本书为丛刊第 4 种，分省道上晚步、城里的街道和河流、汽车通行后的轮船、山乡的轿子、水乡的埠船、竹簰和渡船、电话和电报七节介绍绍兴的水陆交通，附绍兴全县分区简图、绍兴街市图。

董先振，生平不详。

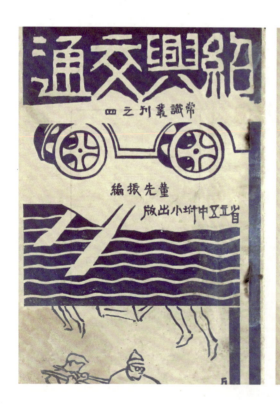
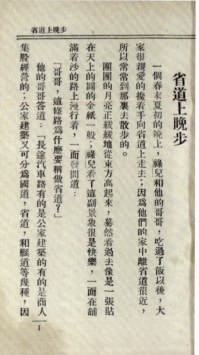

当代部分

1949 年中华人民共和国成立～2019 年

001
越地学术思想论
B2/3330

梁涌著。人民出版社 2010 年 9 月第 1 版，267 页，1 册，978-7-01-009077-1，CNY35.00。

　　《越文化研究丛书》之一。本书分析了越地经史之学的源流及成就，越地学者的治经传统，即从"经即史"到"六经皆史"的经史观。对南宋浙东学派与清代浙东学派的学术渊源关系作了新的阐述，探讨于越民族的原始宗教信仰，着重分析越地文人在儒释道合流中的地位和作用、越地教育思想的演变主线、越地学术思想的传播方式和途径，在分析越地学术思维的文化背景和学术依据的基础上，概括提炼出越地学术思维中表现突出的务实性思维、一贯的包容性思维、强烈的批判性思维等特点。首有丛书主编王建华先生前言。

　　梁涌（1965- ），浙江嵊州人，绍兴文理学院党委宣传部长、统战部长、社科部主任、教授。多年来从事马克思主义中国化和越文化研究，已出版《社会转型期忠诚问题研究》《马克思主义中国化的新篇章——江泽民理论创新十五论》等专著多部，发表论文 50 余篇，其中多篇被《中国人民大学复印报刊资料》等全文转载。

002
绍兴王阳明
B248.25/1032

绍兴市政协文史资料委员会编，张炎兴等著。中国文史出版社 2017 年 2 月第 1 版，272 页，1 册，978-7-5034-8799-6，CNY78.00。

　　本书侧重于对王阳明的"在越"经历、绍兴现存的王阳明史迹遗存、王阳明的绍籍弟子和学术传承等内容进行系统地考证与梳理，厘清阳明心学在绍兴的形成发展和传承脉络，展现王阳明与绍兴相关的历史图轴。首有绍兴市第七届政协主席陈长兴先生序，本书主要作者张炎兴先生绪言。

　　张炎兴（1963- ），浙江诸暨人，曾任绍兴文理学院图书馆馆长、党总支书记，浙江师范大学硕士生导师，浙江省中青年学科带头人。编写教材《会计学原理》《会计学》等。

003
王阳明绍兴事迹考·亲属编
B248.25/1032

绍兴市柯桥区政协文史资料委员会、绍兴市柯桥区史志办公室、天泉山房编著。浙江古籍出版社 2016 年 11 月第 1 版，349 页，1 册，978-7-5540-0912-3，CNY48.00。

本书共十七章，分为直系亲属、旁系亲属、姻亲亲属三类。首先对王阳明的先世作了溯源，即余姚秘图山王氏系乌衣大房王导后裔，非王羲之后裔，从而论及直系亲属；然后对"克彰太叔"的姓氏辨析以及兄弟排行作了论证；最后对姻亲亲属（祖母岑氏、母亲郑氏、岳父诸氏、表亲闻人氏、姻亲谢迁等家族）作了梳理。

004
王阳明年谱长编
B248.25/5064

束景南著。上海古籍出版社 2017 年 11 月第 1 版，2190 页，4 册，978-7-5325-8643-1，CNY298.00。

本书作者查阅数万种古籍，搜辑了大量阳明佚诗佚文和与阳明有关之重要新资料，考辨真伪，考明史实，为阳明全部诗文重新编年，并考定阳明五百余篇佚诗佚文，新考出二百余名阳明门人弟子，基本探明阳明同朝内外达官名臣、文士诗友（如前七子、茶陵派）学者名人、门人弟子、禅僧道士交游唱酬、论政讲学、仕宦著述之一生行事，全面展现了王阳明一生的思想发展演变历程。末有束景南后跋。

束景南（1945- ），江苏丹阳人。浙江大学古籍研究所、中外文化交流中心、宋学研究中心教授、博士生导师。从事文史哲多学科的研究。发表专著《朱子大传》《朱熹佚文辑考》《中华太极图与太极文化》《论庄子哲学体系的骨架》《朱熹年谱长编》（上、下卷）《朱熹佚诗佚文全考》等。

当 代 部 分

71

005

蕺山学派与明清学术转型

B248.99/1214

张天杰著。中国社会科学出版社 2014 年 12 月第 1 版，534 页，1 册，978-7-5161-4508-1，CNY88.00。

本书以蕺山学派作为切入点对明清学术的转型进行全面、深入、细致的研究。着重于蕺山学派的思想学术与明清之际的政治、社会、文化之间互动关系的研究。同时对学派与学者进行了比较研究，梳理了蕺山学派与东林学派、姚江书院派这三大学派之间错综复杂的关系，以及刘宗周与高攀龙、陶奭龄这三位学者之间的关系。首有湖南大学岳麓书院国学研究院院长朱汉民总序，何俊序一，肖永民序二，末有作者后记。

张天杰（1975- ），浙江桐乡人。杭州师范大学副教授。湖南大学岳麓书院历史学博士，复旦大学哲学学院博士后。研究方向：宋明理学、明清思想文化、浙学。出版《蕺山学派与明清学术转型》《张履祥与清初学术》等多部学术专著。

006

刘宗周研究

B248.995/4481

黄锡云、傅振照著。中华书局 2012 年 12 月第 1 版，461 页，1 册，978-7-101-07251-8，CNY76.00。

本书对刘宗周的生平和思想进行了深入的研究，系统展示刘宗周哲学思想的渊源和影响。明末的刘宗周，因讲学蕺山，主"气一元，倡慎独、诚敬"之说，史称蕺山学派，尊为"蕺山先生"，是宋明理学的殿军。全书分为环境篇、人生篇、思想篇、渊源篇、影响篇五个部分。首有前言，书后附有年谱，末有傅振照先生后记。

黄锡云（1963- ），浙江诸暨人。曾任绍兴县史志办主任，绍兴县委宣传部副部长，县文联党组书记、主席。著有《绍兴方志史略》《浮生旅痕》等。

傅振照（1937- ），浙江绍兴人。副研究员，历任区校教导、中学校长、区团委书记。主编《绍兴县志》及多种地方文献，著有《王阳明哲学通论》《绍兴史纲》《绍兴思想史》等。在省级以上报刊发表学术论文 80 余篇，先后 7 次参加国际学术活动，并提交论文或讲演。

007
章学诚评传
B249.75/8023

仓修良、叶建华著。南京大学出版社1996年3月第1版，492页，1册，7-305-02837-1，CNY30.00。

本书系国内第一部全面系统地论述章学诚的生平事迹和学术思想成就的专著。全书共分11章，分别阐述了章学诚生活的时代背景、生平事迹和著述、社会政治思想、哲学思想、史学理论、方志学理论、校雠学理论、谱牒学理论、文学理论、教育思想以及与浙东学派的关系等等。对章学诚在中国古代学术文化史上的地位和影响作出了实事求是的评价。本书为《中国思想家评传丛书》之一，首有主编匡亚明序，末有作者仓修良后记。

仓修良（1933- ），江苏泗阳县人。杭州大学历史系教授，中国历史文献研究会副会长、浙江省地方志学会副会长、常务理事。华中师范大学历史文献研究所兼职教授、华东师范大学中国史学研究所兼职教授等。主要著作有《中国古代史学史简编》《章学诚和〈文史通义〉》《汉书辞典》等。

叶建华，浙江富阳人。浙江省社会科学院副研究员、《浙江学刊》杂志编辑，参与编写《中国史学名著评介》《史记辞典》等。

008
章学诚国际学术研讨会论文集
B249.75-53/5067

中国历史文献研究会编。北京图书馆出版社2004年9月第1版，482页，1册，7-5013-2458-1，CNY36.00。

本书收录了2003年由中国历史文献研究会和绍兴市人民政府共同主办的"章学诚国际学术研讨会"的与会国内及日本、韩国诸研究学者撰写的论文40余篇，对章学诚生平、思想及其学术的方方面面进行了深入探讨，首有时任绍兴市市长王永昌先生的序，后附1801-2003年章学诚研究论文著作索引。

009
蔡元培哲学思想研究

B261/7720

陶侃著。中国科学文化出版社 2004 年 3 月第 1 版，304 页，1 册，978-962-8467-32-7，CNY60.00。

    这是一本全面评价蔡元培哲学思想的著作。首先论述了蔡元培所处的时代，介绍了他光辉的一生，接着论述了蔡元培二元论世界观与折中调和之方法论、唯物主义的认识论和实践观、进化发展的社会历史观、渐进中改良的政治观、宽容而矛盾的宗教观、普遍又超脱的美学思想、平等与亲爱的伦理思想，最后作者对蔡元培作出简短的评价。

    陶侃（1955- ），浙江绍兴人，陶成章后裔。绍兴文理学院副院长、绍兴广播电视大学校长。研究中国哲学史，出版专著二部，参编教材四部。获全国优秀教育奖、曾宪梓教师基金三等奖。

010
一代儒宗——马一浮传

B261/7980

滕复著。杭州出版社 2004 年 3 月第 1 版，332 页，1 册，7-80633-660-5，CNY22.00。

    《浙江文化名人传记》丛书之一，本书分生平传和思想传两篇对这位毕生追求儒家文化、思想、道德和精神的著名学者进行介绍，记述其西方留学、隐居佛寺、任教大学等生平经历及学术思想。尤其从专研六艺、儒学教育、哲学思想等方面做了系统的研究。首有主编万斌先生总序，后附录马一浮年表。

    滕复（1952- ），浙江绍兴人。曾任中国近现代哲学史研究会理事、浙江省哲学学会常务理事；曾受邀赴美，任休斯敦大学访问教授。著有《浙江文化史》《马一浮思想研究》《严复与西方》等专著。

011
绍兴宗教：地方宗教文化研究
B928.2/2585

朱关甫编著。天津社会科学院出版社 1999 年 1 月第 1 版，276 页，1 册，7-80563-639-7，CNY18.00。

本书描述了绍兴历史上佛教、道教、天主教、基督教的兴衰过程，以及地理环境、古迹文物、建筑特色、雕塑艺术、重要人物、所办事业、民间信仰等在中国宗教史上的地位和影响。从一个侧面反映了绍兴社会在历史长河中的巨大变化。着重选入了绍兴宗教史上具有绍兴籍、在绍兴活动多年，且有一定影响的历代著名人物，以及在宗教的影响下，于哲学、文化、艺术等方面有所成就的士大夫和学者。原中国佛教协会会长赵朴初为该书题写书名。首有作者撰前言。

朱关甫（1951- ），浙江绍兴人。参加过援老抗美战争，曾在绍兴县政府宗教管理部门工作十余年，在海内外报纸杂志发表学术论文多篇，并多次参加全国性宗教理论学术研讨会。《绍兴县志·宗教篇》任主笔，并参与编撰《浙江寺院巡礼》。

012
炉峰禅寺：［摄影集］
B947.255.3/7912

滕建华主编，林永乐、陈晓华、钟建华摄影。炎黄文化出版社 2006 年 11 月第 1 版，83 页，1 册，978-9889-9221-1-5，CNY260.00。

本画册收照片一百六十余帧，列分五目：殿宇宏伟、妙相庄严、弘法利生、瀚墨润山、炉峰蕴秀，全面真实地反映了炉峰禅寺宗教政策落实后，古刹重光、佛子云集、中外檀越、倾心皈向、十方护法、广种福田等各个方面发展的历史。

滕建华（1957- ），浙江绍兴人。曾任绍兴市统战部副部长、民族宗教事务局局长。

013

教学参考资料（1974 年合订本）

C42/3239

———————

浙江省绍兴地区师范学校 1974 年 12 月编。441 页，1 册。刊物。

　　本书是绍兴地区师范学校编的教学参考资料，为 1974 年第一至十二期合订本，收录了 1974 年批林批孔运动中的许多相关文章和言论。1974 年 1 月 18 日，经毛泽东批准，中共中央转发由江青主持选编的《林彪与孔孟之道》，批林批孔运动遂在全国开展起来。批林批孔运动是"文化大革命"的产物，江青等人借批林批孔之机，掀起"反潮流"，到处煽风点火，大搞"影射史学"，大肆攻击周恩来，严重冲击了各个领域，造成了恶劣的影响。在这种形势下，绍兴地区师范学校编印这本书，全年十二期都是围绕批林批孔运动展开，包括发扬反潮流的革命精神、学习鲁迅革命精神、批林批孔词语解释、正确评价秦始皇历史作用、正确评价《红楼梦》、文字改革、法家人物小传、大批判资料、让学生在学校里学到更多的本事等专辑，宛如一部批林批孔论义集。

014

杨维桢研究

C52/4460

———————

楚默著。上海三联书店 2010 年 6 月第 1 版，432 页，1 册，978-7-5426-3266-1，CNY29.34。

　　本书将杨维桢放在诗歌史和书法史发展的背景中对其生平事迹、艺术风格、思想内容、情感品质进行考辨，力图还其本来面目。并通过叙述其思想经历、剖析其诗歌的艺术魅力、考鉴其书法的真伪及特色，还原了一个具有奇崛的个性和狂妄不羁的灵魂的杨维桢。首有作者自序，后附杨维桢年表及跋。

　　楚默（1944- ），原名盛东涛，上海人。当代文化学者，书画理论家，著名的诗学、美学、美术史论学者。撰写发表文艺学、古典诗论研究、美学、书画理论研究等文章四百万字。著有《楚默文集》《楚默画集》等。

015
天放楼文存
C52/7746

陶存煦遗稿，陶维墀 1993 年编订。740 页，2 册。

本书为陶存煦先生遗稿。存煦逝世后，日记及文集等著述由夫人陈氏（平步青之外孙女）细心保存。然时移事易，大半或遗失，或被焚。直至二十世纪九十年代，余稿方由其哲嗣陶维墀先生加以编订，名为《天放楼文存》，庋藏于绍兴图书馆。主要内容包括《庚午日记》《辛未日记》《姚海槎先生年谱》《最低限度国学入门书目》《〈文史通义〉读法》《章学诚别传》《刘承干校刻的〈章氏遗书〉的评说》《家书选》《读史札记》《关于胡适的〈吴敬梓年谱〉》《近三十年中国学术之变迁》等。首有陶维墀所撰《出版说明》（实并未公开出版）、陈训慈所撰《陶存煦传》、张能耿所撰《陶存煦生平及其学术成就》，后附陶维墀撰《陶存煦年谱》。

陶存煦（1913-1933），别号天放，绍兴陶堰镇人。高祖为绍兴布业巨商。祖父陶守次，自幼喜读书，好藏书，藏书达四五万卷。存煦幼颖悟，八岁入"爱吾庐"就读。十四岁考入越材中学。十七岁时考入无锡国学专修学校，从唐文治、钱基博等国内名家受学。尤以浙东史学及章学诚研究为己任，深得钱基博先生赏识。1932 年考入上海光华大学。1933 年，因患胸膜炎病逝，年仅二十岁。

016
剡溪蕴秀异
C53/2236

嵊州图书馆编著。中国文史出版社 2012 年 4 月第 1 版，196 页，1 册。978-7-5034-3339-9，CNY128.00。

本书为嵊州图书馆编印的集三届嵊籍人士著作展的专辑，收录的著作和作者以近现代为主。内容涉及政治、哲学、经济、科技、社会、文化、教育、艺术等方面。除著作较多并影响较大的作者外，一般仅注明著作目录和作者简介。首有嵊州市文化广电新闻出版局局长黄皎昀代序，嵊州市图书馆馆长高月英作前言，后附人名索引。

017
绍兴市统计资料汇编 1949-1988
C832.553/2790

绍兴市统计局 1989 年 8 月编。474 页，1 册。

　　本书搜集了绍兴市自 1949 年以来历年的社会、经济主要统计资料，包括综合、人口劳动力、农业、工业、运输邮电、投资、商业、财政金融、文化教育卫生、人民生活等十个方面。数据基本以 1987 年统计年报和行政区域为准。首有时任市委书记、人大常委会主任、市长、政协主席等诸位领导题词。

018
统计年鉴
C832.553-54/0000

　　该系列年鉴是全面反映本地区经济和社会发展的资料性年刊。收录了本地区各部门上一年度经济和社会各方面大量的统计数据，有的还摘录了历史重要年份和近几年的主要统计数据以及周边市、县、区主要经济指标。资料大部分来自年度统计报表，部分来自抽样调查。是有关部门研究本地区市情、制定经济发展战略的工具书，也是了解投资环境的指南性资料书。绍兴图书馆目前收藏有绍兴市本级及下属市、县、区历年统计年鉴若干。详细列表如下：

书名	索书号	起止年份
绍兴市统计年鉴	C832.553-54/2790	1995–2018
越城区统计年鉴	C832.553-54/4347	2004–2017
绍兴县（柯桥区）统计年鉴	C832.553-54/2797	1990–2015
上虞市（上虞区）统计年鉴	C832.553-54/2120	2000–2015
诸暨统计年鉴	C832.553-54/3470	2010–2015
嵊州市（嵊县）统计年鉴	C832.553-54/2272	2002–2016
新昌县统计年鉴	C832.553-54/5339	2007–2015
袍江工业区统计年鉴	C832.553-54/2793	2010–2015

019
浙江省上虞市单位名录

C832.554/8013

上虞市统计局、上虞市基本单位普查办公室 1997 年 7 月编。344 页，1 册。

本书根据 1996 年末上虞市第一次基本普查资料编制，收录了上虞市全部法人单位，每一单位刊登单位名称、地址、电话、邮政编码、法人代表（负责人）及主要产品、产业活动范围等基本信息资料。按农林牧渔业、工业、建筑业、交通运输业和邮电业、批发零售贸易和饮食业、服务业、机关事业单位和社团共七大类分编，附录有按经济类型划分法人单位、产业活动单位数，按行业划分法人单位、产业活动单位数、国民经济行业分类与代码表、经济类型与代码四部分。

020
绍兴辉煌六十年

C832.554-54/2790

绍兴市统计局、国家统计局绍兴调查队 2009 年编。399 页，1 册。

这是一部全面反映自 1949 年至 2009 年建国六十年来绍兴社会发展的书籍。通过全市经济社会发展的不同视角，运用大量生动鲜活的图表，以丰富翔实的统计数据，客观地展示回顾 60 年来绍兴经济社会发展取得的巨大成就。全册共分为"综合""人口和劳动工资""农业""工业""交通邮电及电力""固定资产投资和建筑业""国内贸易和对外经济""财政、金融、保险""物价及人民生活""文化、教育、科技和卫生事业""其它""横向"十一大篇章，展现了绍兴在经济发展、转型升级、创新驱动、民生保障、生态文明、区域发展等方面取得的发展成就。

021

绍兴县国民经济统计资料 1949-1979

C832.554-54/2797

绍兴县统计局 1980 年 11 月编。280 页，1 册。

本书系统地反映绍兴县解放三十年来国民经济发展和变化的情况，资料涉及全县国民经济各方面，包括"综合""农业""工业""交通邮电""基本建设""物资、商业""财政、金融""文教卫生""劳动工资"九大篇章。编印初期属绝密资料，仅供领导和有关部门参考。

022

创业创新六十年

C832.554-54/2797

绍兴县人民政府办公室、绍兴县统计局、国家统计局绍兴县调查队 2009 年 11 月编。703 页，1 册。

这是一部以图表、文字和数据客观记录绍兴县六十年经济社会发展历程的史料书籍。分"统计图表篇""文字资料篇""数字资料篇""历史的足迹"四大篇幅。数据翔实、图文并茂、既客观记录了绍兴县从新中国成立到改革开放三十年间国民经济迅速恢复和曲折发展的历史，又全面展示了改革开放三十年以来绍兴县人民埋头苦干、开拓创新、奋勇争先，实现从计划经济向市场经济、从农业大县向经济强县、从城乡分割向统筹发展、从基本温饱向全面小康的历史性跨越进程。

023
绍兴城市人口研究
C924.24/1031

王富更著。西泠印社出版社 2007 年 12 月第 1 版，411 页，1 册，978-7-80735-283-9，CNY78.00。

这是一部以人口为经，以地理空间为纬，阐述绍兴人口发展的自然历史基础，以城市变迁为表，以人口发展为里，多角度分析绍兴城市建设与人口发展的相互关系及问题的著述。清晰地展示了绍兴人口、聚落、城镇发展的地理背景和历史轨迹，对绍兴人口发展的历史、城市演变的过程及由人口增加而产生的有关问题作了详细的分析研究，对现今人口与未来发展也进行了探讨。首有王嗣均序，末有作者后记。

王富更（1952-　），浙江绍兴人。任绍兴城市规划设计研究院副院长，教授级高级工程师。为绍兴城市规划行业的知名专家。早在八十年代初期，他就提出了"保护古城，开辟新区"的城市建设战略。先后被评选为绍兴市劳动模范，浙江省劳动模范，获全国"五一劳动奖章"，绍兴市专业技术拔尖人才。撰写学术论文一百余篇，被国务院授予 2006 年度享受政府特殊津贴专家荣誉称号。

024
浙江省绍兴市 1990 年人口普查资料：电子计算机汇总
C924.255.53/2790

绍兴市人民政府人口普查领导小组办公室 1992 年 6 月编。1490 页，2 册。

本书是从当年人口普查资料的电子计算机汇总表中选出的一些主要表种汇编而成，是一本全面反映绍兴市人口市情市力现状的珍贵资料。上册包括"概要""人口城乡分布""民族""年龄""文化程度""行业、职业"六卷，下册分为"婚姻""家庭""生育""死亡人口""外出人口""户籍管理人口"六卷。主要反映人口的各种结构等基本情况，附录部分主要是普查办法、填写说明及各种登记表。

025
浙江省新昌县第三次人口普查资料汇编
C924.255.54/3239

浙江省新昌县人口普查办公室 1983 年 7 月编。199 页，1 册。

  本汇编资料以 1982 年新昌县常住人口为普查对象。共分"提要""民族""年龄""文化程度""行业、职业""家庭、婚姻、生育"六部分，准确反映了属地人口的详细情况。

026
中国共产党浙江省绍兴市组织史资料
D235.553/5042

中共绍兴市委组织部等编。

  本书编录了共产党组织在绍兴历年的发展变化，以党的系统为主编，政权、军事、统战、群众团体和部分企事业五大系统为附编。采用文字叙述、机构和领导人名录相结合的编纂体制形式。绍兴图书馆藏有第一至五卷，详细列表如下：

卷数	出版社	出版详情	页数	ISBN	价格
第一卷：1923.7–1987.12	浙江大学出版社	1992 年 11 月第 1 版	712	7–308–01090–2	45.00
第二卷：1988.1–1994.6	人民日报出版社	1994 年 12 月第 1 版	609	7–80002–682–5	60.00
第三卷：1994.6–1999.5	中共党史出版社	2001 年 12 月第 1 版	660	7–80136–700–6	98.00
第四卷：1999.5–2003.10	中共党史出版社	2007 年 2 月第 1 版	581	978–7–80199–613–8	99.00
第五卷：2003.10–2012.4	浙江人民出版社	2016 年 8 月第 1 版	1243	978–7–213–07178–2	300.00

027
新昌革命历史文献选编
D235.554/5040

中共新昌县委党史研究室 2001 年 7 月编。282 页，1 册。

　　本书收录民主革命时期，与新昌党组织及其革命斗争有关的文件、书信及少量报刊资料。第一部分为第一、第二次国内革命战争时期，第二部分为抗日战争时期，第三部分为全国解放战争时期。也适当收录在新昌境内形成的上级党组织文件。最后节录了张瑞昌1948 年末至 1949 年初的日记，记录了马坑战斗等，以及此后经临天仙地区到达嵊新东地区，准备回山会师的这一段历史。

028
中共上虞地方史
D235.554/5042

中共上虞市委党史研究室编。浙江人民出版社 1997 年 10 月第 1 版，234 页，1 册，7-213-01600-8，CNY14.00。

　　本书以翔实的史料，全面、系统地记叙了中国共产党上虞地方组织的建立、发展、壮大以及上虞人民艰苦卓绝的斗争历程，记载了革命前辈和先烈们可歌可泣的光辉业绩。全书共分五四运动和上虞地方党组织的建立、工农革命运动的高涨和大革命在上虞的失败、土地革命在上虞的兴起、中共上虞县工委建立和抗日救亡运动、战胜严重困难坚持隐藏斗争、抗日根据地的建立、抗日根据地的巩固、北撤和坚持原地斗争、重建武装和开辟根据地、上虞解放与新政权诞生十个章节。首有时任上虞市委书记姚作汀序，末有附录及后记。

029

中共嵊州地方史

D235.554/5042

中共嵊州市委党史研究室编写。杭州大学出版社 1998 年 7 月第 1 版，264 页，1 册，7-81035-522-8，CNY15.00。

本书翔实而生动地记述了嵊州党组织的建立、发展及领导人民进行新民主主义革命的战斗历程，记载了革命前辈、革命先烈在党的领导下，前仆后继、英勇斗争的可歌可泣的光辉业绩。全书分为共产党组织的建立和工农运动的兴起、土地革命时期嵊县的革命活动、中共县级组织的建立和抗日救亡运动的高涨、党的统战工作和秘密斗争、嵊县沦陷和抗日武装斗争的开展、北撤和坚持原地斗争、开展游击战争、嵊县的解放共八章。首有时任嵊州市委书记楼志浪作序，末有附录及编者后记。

030

中国共产党诸暨历史

D235.554/5043

中共诸暨市委党史研究室编。中共党史出版社 2001 年 1 月第 1 版，720 页，2 册。

本书分两卷，第一卷记载了中国共产党在诸暨建立地方组织，并不断发展壮大，领导人民为赢得新民主主义革命的胜利而进行奋斗的史实，再现了革命前辈和革命先烈的战斗风貌和光辉业绩。第二卷记述了诸暨人民在党的领导下进行社会主义革命和建设的不平凡历程，记载了诸暨党组织加强自身建设、经受各种考验而不断发展壮大的光辉历史，客观总结了诸暨社会主义革命和建设正反两方面的经验教训，热情讴歌了诸暨共产党人和广大人民群众矢志不渝、励精图治建设美好家园的崇高精神。

031
诸暨革命历史文献选编
D235.554/5043

中共诸暨市委党史研究室 2002 年 9 月编。260 页，1 册。

本书收录的资料为 1925 年 3 月至 1949 年 5 月期间与诸暨党组织及革命斗争有关的文件、工作计划、会议记录、书信及少量报刊资料。诸暨党组织不仅在领导人民斗争时，留下了宝贵的历史资料，特别是在减租减息、赋税征收等方面关心老百姓的疾苦，制订出许多适应当时形势的政策法规。全书共分第一、二次国内革命战争时期、抗日战争时期、解放战争时期三个篇章。

032
红色印记：上虞党史回眸
D235.554SY-64/1047

中共上虞市委党史研究室编。浙江人民出版社 2011 年 6 月第 1 版，91 页，1 册，978-7-213-04604-9，CNY68.00。

本画册内容上溯 1919 年五四运动，下迄 2010 年 12 月，分为新民主主义革命时期、社会主义革命和建设时期、改革开放新时期三个部分，每一部分按专题和条目展开，以图片展示为主，配以简要文字说明，展示党领导上虞人民进行新民主主义革命、社会主义革命和建设，尤其是改革开放以来取得光辉成就的历程。

033
绍兴党史文献集
D239/1008

中共绍兴县委党史办公室编于 1991 年 7 月。169 页，1 册。

本书收录 1923 年至 1949 年绍兴党、团通信原件和宣言、布告等党史资料八十件。生动再现了中国共产党在绍兴的历史进程。曾任中国人民解放军华东军区绍兴市警备司令部政治部主任诸敏同志为本书题名，时任绍兴市委书记陈礼安先生、时任绍兴县委书记纪根立先生、时任绍兴县县长陈敏尔先生为本书题词。

034

绍兴百年妇女运动史

D442.855.3/4424

绍兴市妇女联合会 2001 年 8 月编。676 页，1 册。

　　本书记述自辛亥革命时期至 2000 年末绍兴市区及各县（市）区基层妇女组织活动情况，全书分上、下两编，上编按时间顺序记述了近代、国内革命战争时期、抗日战争时期、解放战争时期、社会主义改造时期、全面建设社会主义时期、"文化大革命"时期以及改革开放以后等各个历史时期绍兴妇女运动情况，下编收录了各个历史时期的妇女组织以及全国、省历届妇女代表大会的绍兴代表，绍兴女性参政情况，市妇联系统各类先进个人、集体等。附录《绍兴市女烈士英名录》。

035

绍兴改革开放 30 年

D619.553/1734

尹永杰主编。浙江人民出版社 2008 年 12 月第 1 版，308 页，1 册，978-7-213-03913-3，CNY41.00。

　　本书分经济建设、社会建设、文化建设和政治建设四部分，每一部分都清楚地梳理了改革开放 30 年来绍兴在该领域的重大变迁，总结和提炼了绍兴在企业技术创新、历史文化名城保护、"枫桥经验"、服务流动人口等方面独特的发展经验，同时还对一些重要问题进行了前瞻性分析。

　　尹永杰（1957-　），浙江嵊州人，曾任绍兴市人民政府副市长，中共绍兴市委常委、市委宣传部长、中共绍兴市委副书记等职。

036
腾飞的绍兴：绍兴 20 年：1983-2003
D619.553/2790

绍兴市人民政府办公室 2003 年 4 月编。215 页，1 册。

    本书展示 1983 年至 2003 年绍兴市各行各业、各县、市、区国民经济、社会发展和科技进步的宣传画册，全书分全市篇、县市区篇、统计资料篇，以文字、图表、数据、图片方式介绍绍兴在综合实力、工业经济、现代农业、商贸旅游、城市建设、社会事业等方面的发展历程。

037
解读诸暨
D619.553/4410

黄平、徐友龙著。浙江人民出版社 2008 年 11 月第 1 版，246 页，1 册，978-7-213-03879-2，CNY32.00。

    本书以记者的视野、以新闻素描的方式来解读诸暨改革开放三十年的经典历史场景及其背后的新闻故事，通过典型的创业创新故事和一些鲜为人知的历史真相，解析诸暨经济社会发展的全貌，是一部诸暨改革开放的"创业史"，是对诸暨人民演绎"创富神话"的一份完整解读。

    黄平，经济日报社高级记者，长期以来派驻浙江工作，跟踪报道浙江改革与发展的重大事件，对浙江经济社会发展情况非常熟悉。

038

辉煌的历程：绍兴改革开放纪事：1978.12-1998.6

D619.553/4412

中共绍兴市委党史研究室、绍兴市档案局 1998 年 10 月编。305 页，1 册。

本书记述绍兴改革开放中的大事要事，起止时间为 1978 年 12 月至 1998 年 6 月，以市本级为主，兼述市属各县市区，收录内容以经济建设为中心，兼录政治、科技、教育、文化和对外关系等，以年、月、旬、日为单位，按事件发生先后顺序记述、编列条目。

039

绍兴四十年：1949-1989

D619.553/5042

中共绍兴市委宣传部、绍兴市人民政府办公室 1989 年 8 月编。317 页，1 册。

本书比较全面、系统地介绍了中华人民共和国成立后，特别是党的十一届三中全会以来，绍兴经济、社会发展的全过程，翔实地反映了绍兴政治、经济、教育、文化、科技、城建等各条战线所发生的翻天覆地的变化，充分展示了绍兴在改革开放中出现的新面貌。

040

辉煌的历程：绍兴市建国五十年国民经济和社会发展成就：1949-1998

D619.553/9792

《辉煌的历程》编委会编。中国统计出版社 1999 年 9 月第 1 版，351 页，1 册，7-5037-3126-5，CNY180.00。

本书以丰富、翔实的统计数据为依据，全面记录了中华人民共和国成立以后五十年来绍兴在国民经济、生产总值、人口、劳动工资、农业、工业、交通、邮电、电力、固定资产投资、建筑业、国内贸易、对外经济、财政、金融、物价和人民生活、文教科卫体等方面的发展变化情况。

041
嵊州改革开放十六年（统计年鉴资料）
D619.554/2230

嵊州市统计局 1995 年编。363 页，1 册。

　　本书为庆祝嵊州撤县设市而特意整理编辑，全面系统地记载了改革开放 16 年来嵊州市社会经济发展进程和成就。全书分综合、人口和劳动力、原材料和能源、人民生活、农业、工业、固定资产投资和建筑业、交通运输和邮电通信业、批发零售贸易和餐饮业、财政金融保险业、文化教育及卫生、各乡镇社会经济主要指标、绍兴市各县（市）社会经济主要指标 13 个部分。

042
伟大的十年——绍兴县经济和文化建设成就的统计
D619.554/2797

绍兴县计划委员会 1959 年 10 月编。176 页，1 册。

　　本资料罗列了绍兴县解放十年来国民经济和文教卫生事业的发展变化情况。内容分综合、土地改革和社会主义改造、农业、工业、基本建设、交通邮电、商业、财政金融、文教卫生、劳动工资等方面，附《绍兴县水系图》《绍兴县行政区域图》《绍兴县矿藏分布图》。

043
民政 30 年·绍兴（县）卷：1978-2008
D632/4444

赵志根主编。中国社会出版社 2008 年 11 月第 1 版，190 页，1 册，978-7-5087-2357-0，CNY42.50。

　　本书作为《民政 30 年》丛书的分卷，比较系统、科学、真实地记载了改革开放 30 年来绍兴县民政工作的历史变迁和社会功绩。内容分灾害与救济、城乡社会救助、基层民主政治建设、民间组织管理、拥军优抚安置、社会福利、社会事务、行政区划与地名管理、移民安置与对口帮扶、政务公开与法制建设及机构沿革 10 篇，是一份存世、资治、教化、交流的详尽资料。

044

绍兴华侨捐赠三十年

D634/2790

绍兴市人民政府外事与侨务办公室、绍兴市归国华侨联合会 2008 年 12 月编。134 页，1 册。

本画册以图文并茂的形式记录了改革开放 30 年来绍兴华侨捐赠工作的丰硕成果。内容分概述、捐赠分布、爱乡楷模、捐赠 100-1000 万元者、教育篇、文化篇、卫生篇、公益篇、宣传篇、荣誉篇等，彰显海外乡贤情系桑梓、无私奉献的品质风貌。

045

"枫桥经验" 50 年大事记

D651.7/2790

绍兴市纪念"枫桥经验"50 周年活动领导小组办公室 2013 年 12 月编。91 页，1 册。

20 世纪 60 年代，诸暨枫桥的干部群众在社会主义教育运动中创造了"发动和依靠群众，坚持矛盾不上交，就地解决，实现捕人少、治安好"的"枫桥经验"。1963 年 11 月 22 日，毛泽东同志亲自批示"要各地仿效，经过试点，推广去做"。"枫桥经验"从此成为全国政法综治战线的一面旗帜。本书记录了 1963 年 5 月至 2013 年 12 月，诸暨"枫桥经验"50 年来的大事。

046

绍兴职官志：1949.5-2000.12

D675.53/8014

余一苗编著。中共党史出版社 2002 年 12 月第 1 版，1157 页，1 册，7-80136-700-6，CNY298.00。

本书是一部收录自 1949 年 5 月中国共产党在绍兴执政后至 2000 年 12 月绍兴市、县、乡镇三级党、政机构沿革和领导人更迭的大型工具书，收录范围为全市所属乡（镇）以上的党、政正、副级和县以上的军事、统战、群团组织正、副级领导人，并注明每一领导人任职时间段。

余一苗（1940-　），浙江绍兴人。助理研究员，1963 年应征入伍，在铁道兵政治部任秘书、干事、编辑。转业后任职于绍兴地委组织部、中共绍兴市委办公室，著有《绍兴职官志》，主编《绍兴人民革命史》《中共绍兴组织史》《绍兴党史大事记》等书籍。获首届蔡元培基金奖和绍兴社科著作一等奖。

047
辉煌二十年：绍兴县改革开放纪事：1979.1-1998.12
D675.54/5042

中共绍兴县委党史办公室、绍兴县档案馆1999年8月编。224页，1册。

　　本书记述1979年1月至1998年12月绍兴县改革开放中的大事要事。记录内容包括：县委、县府的重大决策及其实施情况，县各套班子的重大活动、重要会议，群众团体和民主党派的重要会议活动，与国内外的友好往来，在全县范围内有影响的重大事件，行政区域的变动，县党政工作机构的设立与沿革，副县级以上领导干部的变动，在改革开放和社会主义现代化建设中取得的重大成就，以及各条战线涌现出来的先进集体和英雄模范等，在每年年末附有一组国民经济的统计资料。

048
幕友师爷秘书
D691.2/8593

钟小安编著。中国科学技术出版社2007年10月第1版，351页，1册，978-7-5046-4500-5，CNY29.80。

　　本书从秘书的角度探讨绍兴师爷的社会地位和历史意义，从文化的角度探讨绍兴师爷的越文化传承特征，从生存的角度探讨绍兴师爷的职场交际艺术，从管理的角度探讨绍兴师爷的民本意识。全书分上下两篇，上篇分古越崛起、幕府发轫、秦汉幕府、唐宋元幕府、明代幕府、清代幕府、幕府余韵等章节，下篇分越地名幕、唐宋元名幕、明代名幕、清代名幕、民国名幕、绍兴师爷馆、绍兴师爷故事等章节。

　　钟小安（1958-　），江西兴国人。绍兴文理学院上虞分院副教授，中国高教秘书协会会员，获市政府社科奖、省级学会奖多项，出版专著《幕友师爷秘书》《许寿裳评传》等。

049

绍兴师爷与中国幕府文化

D691.42/2541

朱志勇、李永鑫主编。人民出版社2007年6月第1版，373页，1册，978-7-01-006165-8，CNY26.00。

　　本书从绍兴师爷群体研究上，揭示了绍兴师爷群体人格特点，从越文化视角解读了"无绍不成衙"的成因，探讨了绍兴师爷的区域特色、师爷的办案方法和法治精神，并且对他们在法律语言上、学术上和政治上的历史作用分别作了研究，同时探讨了绍兴师爷文化的当代意义；在个案研究上，分析了汪辉祖等名幕的幕学观。同时探讨了唐、宋、清直到民国的幕府制度演变过程。

　　朱志勇（1956- ），江苏南京人。绍兴文理学院教授，主要从事逻辑学、哲学和文化人类学等学科的教学工作。发表学术论文30余篇，出版著作多部。

　　李永鑫（1958- ），浙江绍兴人，长期在市级宣传、文化部门工作。热衷地方历史文化研究，主编《绍兴通史》《中国对联集成·绍兴卷》《三看绍兴》《越地奇才徐文长》《绍兴名士》《绍兴名人评传》等地方优秀传统文化作品，著有《王阳明》《绍兴大师爷》等。

050

绍兴堕民田野调查报告：三埠街往事

D691.71/7425

陈顺泰、周春香、谢一彪著。金城出版社2019年1月第1版，356页，1册，978-7-5155-1725-4，CNY88.00。

　　堕民是宋以来聚居江浙沪地区的贱民称谓，以宁绍地区最为集中。绍兴越城区有"E"字形三条小街，名曰前街、中街、后街。清末改称学士街、唐皇街、永福街，通称"三埠街"。本书以调查报告的形式向大家展示绍兴地区堕民以及其聚集地三埠街。书中用大量的图片、资料数据和事实还原堕民的历史、生活以及习俗，平民对堕民的歧视与侮辱以及堕民的解放。

　　陈顺泰（1941-2017），浙江绍兴人。生于绍剧世家，从艺50余年，对绍剧音乐掌握颇深，创作有《百岁挂帅》等40多部大戏，著有《中国绍剧音乐》，编写《绍兴清乐班》《绍兴喧卷》《绍剧音乐初探》等。

　　周春香（1944- ），陈顺泰夫人。生于绍兴三埠街乐户世家。从小酷爱读书，平时喜欢看书学习，此次是老两口第一次合作撰写有关绍兴三埠街往事。

　　谢一彪（1964- ），江西南康人，历史学博士，绍兴文理学院教授。主要从事中国近现代史研究，主持《中国共产党与苏区宪政建设》《毛泽东的人权思想研究》和《光复会史稿》3项省社科规划办课题，独著《中国苏维埃宪政研究》《光复会史稿》《毛泽东人权思想研究》。

051
绍兴堕民
D691.71/8041

俞婉君著。人民出版社 2008 年 5 月第 1 版，241 页，1 册，978-7-01-006986-9，CNY20.00。

绍兴是堕民历史最悠久、人口聚居最多、堕民特征最显明的地区。作者花十年之力，深入开展田野调查，较为系统地探讨了堕民的起源和形成、人口和社会结构、寄附特权、职业生活、习性、特殊信仰和习俗、地位、解放和消融九个方面的课题。

俞婉君，浙江大学历史系历史学硕士，绍兴文理学院法学院副教授、区域文化研究所所长，主要从事绍兴历史文化的研究教学，主持省厅级以上科研项目五项，已发表论文近 30 篇。

052
中古会稽士族研究
D691.9/3161

渠晓云著。中国社会科学出版社 2018 年 9 月第 1 版，366 页，1 册，978-7-5203-2630-8，CNY99.00。

本书以文化为主体，主要考察会稽士族在中国文化中到底做出了怎样的贡献。总论部分讨论东汉会稽文化的儒学化和会稽士人的兴起，以及东吴会稽士族的文化生态传承；分析侨姓南迁后会稽文化生态的演变以及南朝会稽文化的发展；考察中古会稽士族的学术著述及贡献。分论部分分别从会稽余姚虞氏、山阴孔氏、山阴贺氏三大家族的发展历程，梳理各个家族在不同时期做出的文化贡献，探究家族中的个体士人在中华文化长流中的价值。

渠晓云（1974-　），山西临县人。曾任教于绍兴文理学院人文学院，现为浙江工商大学人文学院副教授，硕士生导师。主要致力于先秦汉魏晋南北朝文学和传统文化的研究，著有《魏晋散文研究》《六朝文学与越地文化》等。近年来主持省部级项目 3 项，发表论文 20 多篇。

053
绍兴国际友城 30 年 1978-2008
D822.2/1292

绍兴市人民政府外事与侨务办公室、绍兴市人民对外友好协会 2008 年 12 月编。292 页，1 册。

本书为纪念画册，以文字和照片的形式记述了绍兴市 1978 年至 2008 年对外友好交流的工作足迹，全书分结好友谊篇、经济合作篇、文化体育篇、教育医卫篇、各县（市、区）篇及大事记要六部分。

054
永恒的丰碑·纪念援越抗美五十周年
E297.53/3470

诸暨市援越抗美文化研究会 2013 年 8 月编。240 页，1 册。

本书为援越抗美五十周年纪念册，分领导核心、群星璀璨、雄壮出关、架天梯、站天狼、红河边、军魂曲、生活照、故地游、援越功臣等篇章，详尽地还原了当年中国人民解放军建筑工程兵第 144 团在援越抗美三年中的历程，收录诸暨籍援越抗美指战员 695 名，另外也收录了几十名一起参加战斗的老领导、高射炮兵战友、上虞籍和温州籍援越抗美战友等。

055
转折跨越提升：绍兴改革开放 30 年的实践与启示 1978-2008
F127.553/0213

绍兴市委党校编著。中央文献出版社 2008 年 11 月第 1 版，325 页，1 册，978-7-5073-2661-1，CNY38.00。

本书为《绍兴市纪念改革开放 30 周年》系列丛书之一，以中国改革开放 30 年为广阔背景，以绍兴经济社会的发展为线索，以历届市委、市政府及广大人民群众所关注的社会热点为指向，分总论、经济建设篇、社会建设篇、文化建设篇、政治建设篇、结束语等篇章，全面总结、系统回顾和理性反思绍兴 1978 年至 2008 年改革开放 30 年的主要历程、历史地位、基本特点和主要经验。

056
绍兴市经济普查资料汇编
F127.553/2790

绍兴市第一次经济普查领导小组办公室 2006 年 10 月编。2585 页，4 册。

本书为绍兴市第一次经济普查汇报资料，全书共三卷四册，即综合卷、第二产业卷（上、下册）和第三产业卷。综合卷为单位基本情况资料，分"综合""企业""事业、机关、社团、其他及民办非企业"三篇。第二产业卷分"工业""工业企业科技活动"和"建筑业"三篇。第三产业卷分"交通运输、仓储和邮政业""批发和零售业""住宿和餐饮业""房地产业""其他第三产业""行政事业单位"六篇，收录统计资料表 344 份。

057
绍兴市资本主义工商业的社会主义改造
F127.553/3415

中共绍兴市委统一战线工作部、中共绍兴市委党史资料征集研究委员会、绍兴市工商业联合会 1990 年 11 月编。181 页，1 册。

本书为绍兴市资本主义工商业进行社会主义改造的史料汇编，系统又有重点地反映了这场改造在绍兴市的全过程。内容包括改造综述，绍兴市委关于加速社会主义改造的决议，绍兴市人民委员会的批复、临时规定等政策文件，绍兴市资本主义工商业社会主义改造情况的回顾、大事记，同时也罗列了绍兴老酒酿造业、锡箔业、大明电气公司、茶业、永安瓷庄、酱园业、棉布业、南北货业、手工业等行业在社会主义改造的案例。本汇编也列入了诸暨、嵊县、上虞、新昌等县市工商业社会主义改造情况综述。

058

接轨大上海　融入长三角：绍兴的时代走向

F127.553/3417

沈建乐、赵泽良等著。陕西人民出版社 2003 年 12 月第 1 版，238 页，1 册，7-224-06780-6，CNY35.00。

　　本书运用社会学、区域经济学等有关理论，通过对当今全球化进程中区域发展趋势和绍兴经济发展变化的分析研究，得出绍兴接轨大上海的可能性和必要性，并提出相应的领域内容、战略措施和战术路径。同时说明社会发展变迁、经济互补融合的必然性。全书分绪论、接轨融入的理性审视、现实性、战略性、农业接轨融入的现状与思路、制造业及建筑业的接轨融入、商品流通业与旅游业的接轨融入、生产要素的接轨融入、吴越文化的现代融合、人才资源整合提升中的接轨融合、政府管理创新与接轨融入、聚焦绍兴：正在崛起的大城市十三个篇章。

　　沈建乐（1949-　），浙江嵊州人。曾任绍兴市委党校副教授、《绍兴研究》副主编、绍兴市情研究中心副主任。中国人才研究会理事，浙江省政治学会理事。主持和参与《政府部门人才资源优化组合》等省、市课题多项，撰写学术论文 50 多篇，著有《环境人才学概论》等 5 部，合著《绍兴的时代走向》等 12 部。

059

绍兴市社会主义市场经济运行机制研究

F127.553/4480

赵锋主编。广州出版社 1993 年 12 月第 1 版，424 页，1 册，7-80592-159-8，CNY15.00。

　　1993 年上半年，绍兴市委宣传部、绍兴市体改办、绍兴市社科联三家联合，组织了全市 68 个部门和单位，分五大专题对绍兴市如何加快社会主义市场经济运行机制建立，进行了研讨，并撰写论文。市委宣传部组织人员对研讨论文进行修改，对研讨成果进行综述，并汇编成书，供绍兴市各级领导和部门在实际工作中决策参考。

　　赵锋（1943-　），浙江绍兴人。曾任绍兴市人大常委会委员、办公室主任等职。长期从事宣传理论和农业、农村经济的研究和实践。撰有《走现代农村产业结构的新路子》等论文 150 余篇。主编出版《股份合作之路》等书 9 部。

绍兴市非物质文化遗产普查汇编本

F127.553-F127.555

绍兴市本级及各县市（区）文化主管部门及文化馆 2008 年 8 月编，121 册。

    2007 年至 2008 年，绍兴市在全市范围内开展了全面、深入的非物质文化遗产普查工作。这批汇编本为本次普查的成果汇编，汇编内容包括市本级及各县市（区）非物质文化遗产普查工作方案、工作总结、相关文件、重点项目调查表、普查分类一览表、镇（街道）统计表、普查类别一览表编制说明、重点和分期保护项目名录、普查人员登记表等。收录了全市各地民间文学、音乐、舞蹈、戏曲、曲艺、杂技、美术、手工技艺、生产商贸习俗、人生礼仪、岁时节令、民间信仰、游艺、传统医药等各种非遗类别的普查登记情况，资料翔实。

地区	册数	单独成册的乡镇（街道）
绍兴市本级及越城区	11	皋埠、鉴湖、马山、灵芝、东湖、斗门、东浦
绍兴县	18	王坛、福全、安昌、钱清、孙端、平水、齐贤、陶堰、马鞍、杨汛桥、富盛、漓渚、兰亭、华舍、稽东、湖塘、柯岩
诸暨市	31	牌头、东和、浣东、暨阳、直埠、璜山、岭北、浬浦、马剑、东白、赵家、街亭、阮市、次坞、陶朱、江藻、山下湖、大唐、暨阳、陈宅、枫桥、草塔、王家井、安华、应店、店口、五泄
上虞市	23	崧厦、百官、岭南、盖北、汤浦、沥海、上浦、永和、曹娥、东关、丰惠、陈溪、谢塘、长塘、小越、道墟
嵊州市	20	北漳、甘霖、剡湖、长乐、三江、三界、黄泽、石璜、崇仁、里南、雅璜、竹溪、浦口、通源、贵门、王院、鹿山、仙岩、金庭
新昌县	18	沙溪、镜岭、大市聚、梅渚、东茗、南明、七星、巧英、新林、回山、羽林、澄潭、儒岙、小将、城南

061
奋进的四十年：1949-1988：绍兴县国民经济统计资料汇编
F127.554/2797

绍兴县统计局 1989 年 5 月编。225 页，1 册。

　　本书是反映绍兴县 1949 年至 1988 年国民经济和社会发展情况的数据资料汇编。全书内容分绍兴概况、行政区域和土地面积、人口和劳动力、综合、农业、工业、交通、固定资产投资、商业物资和外贸、财政金融、文教卫生科技、劳动工资和三次人口普查和工业、商业普查资料十三个部分。

062
奋进的四十年：绍兴县各区、乡、镇统计历史资料汇编
F127.554/2797

绍兴县统计局 1989 年 6 月编。1988 页，3 册。

　　本书所列内容有绍兴各区、乡镇自 1949 年至 1988 年四十年来的人口、劳动力、耕地、主要农产品产量、农机具年末拥有量、工农业总产值、农村经济收益分配、乡镇企业职工人数、主要财务成果指标共二十五个主要经济统计指标数据。

063
上虞：百名记者聚焦上虞
F127.554/5042

中共上虞市委外宣办、上虞市人民政府新闻办 2007 年 1 月编。206 页，1 册。

　　本书汇编了新闻记者记录上虞经济社会发展的 82 篇新闻报道，分经济活力、希望田野、高效服务、绿色家园、文明乡风、灿烂文化六个篇章，从不同层面生动展现了上虞经济社会各项事业发展中所取得的卓越成就。

064
强县之路：改革开放在绍兴县的实践（1978-2008）

F127.554/5042

中共绍兴县委宣传部 2008 年 10 月编。253 页，1 册。

　　本书内容是对改革开放 30 年来绍兴县改革实践和宝贵经验的回顾总结，由中国轻纺城建管委、绍兴县发改局、农业局、建设局、教育局、文广局等部门单位分别撰写各行各业的改革实践，全书分经济篇、社会篇、文化篇、政治篇、数字篇。30 年来，绍兴县实现了从农业大县、资源小县到工业大县、经济强县的"漂亮"转身；中国轻纺城经历了从"马路布街"到"世界布市"的凤凰涅槃；全县教育、文化、卫生等各项事业都取得了惊人的业绩，形成了博采众长、兼收并蓄、自成一家的经济发展模式。

065
解读绍兴县

F127.554/8574

钟朋荣等编。经济日报出版社 2005 年 9 月第 1 版，252 页，1 册，7-80180-487-2，CNY22.00。

　　2004 年上半年，绍兴县委、县政府委托北京视野咨询中心组织以钟朋荣教授为首的专家组对绍兴县的经济发展状况进行深入系统的调查研究。在深入调研的基础上，就区域经济发展、城市发展、纺织业发展、农业发展等若干方面，分别制定了战略方案。本书编入了战略规划中的部分内容，并经绍兴县委、县政府有关专家的审改，对绍兴县的城镇发展、县域经济发展、纺织业等产业发展方面进行了解读。

　　钟朋荣（1954-　　），湖北浠水人，著名经济学家，北京视野咨询中心主任，兼任西北大学、中央财经大学、中南财经大学等多所大学教授，在《人民日报》《经济日报》《光明日报》等报刊发表经济论文 300 余篇。著有《百条治国大计》《宏观经济论》《中国通货膨胀研究》等。

066
绍兴市经济地图集
F129.955.3/2191

绍兴市地理学会、绍兴市工商行政管理局、杭州大学地理系编。西安地图出版社 1994 年 9 月第 1 版，139 页，1 册，7-80545-330-6，CNY30.00。

本书是一部全面、直观、形象反映绍兴市自然地理特征和社会经济发展的综合性地图集，包括绍兴市城区图、越城区、绍兴县、上虞市、嵊县、新昌县、诸暨市地图、绍兴市地形图、气候图、主要矿产资源分布图、土地利用现状图、农业名优特产品分布图、名胜古迹图以及主要乡镇的企业分布图等。附录部分罗列了绍兴市部分工商企业一览表、1949 年以来部分重大建设项目简表、绍兴市主要农作物生产发展表等表格或名录。本图集资料统计截止时间为 1993 年 6 月。

067
绍兴市国土资源
F129.955.3/2790

绍兴市国土规划办公室编。浙江教育出版社 1990 年 12 月第 1 版，220 页，1 册，7-5338-0716-2，CNY15.00。

本书系统反映全市主要国土资源的数量、质量、分布特点、开发利用现状以及存在的问题等方面情况，书中统计数据主要引用绍兴市统计局和各有关部门 1986 年的数据，部分图纸引自《绍兴市综合农业区划》，全书分综论、自然环境、土地资源、气候资源、水资源、生物资源、矿产资源、旅游资源、农业、工业、商业与外贸、交通运输业、电力及邮电通讯、人口和劳动力、城镇、科学技术和文化教育、土地资源综合评价十七章。

068
绍兴东风酒厂企业管理标准
F272.9/3239

浙江省绍兴东风酒厂企业管理办公室 1991 年 1 月编。297 页，1 册。

　　本书为绍兴东风酒厂的企业管理标准汇编，收录了该厂的方针目标管理、行政管理、政工管理、工会管理、共青团管理、人事管理、教育管理、治安保卫管理、定额管理、计划管理、物资管理、销售服务管理、财务管理、劳动定额、安全生产管理、总务后勤管理、技术管理、标准化管理、产品质量监督制度、计量管理、设备管理、能源管理、全面质量管理、信息管理、文件档案管理等方面的标准、办法、制度、细则等 145 则。

069
绍兴酒缸酱缸老字号
F279.275.53/3414

沈子林、俞之光 2005 年 2 月编。233 页，1 册。

　　本书收集了绍兴酒缸的老字号 15 个，包括绍兴东风酒厂的前身"云集酒坊"等，绍兴酱缸的老字号 20 个，包括通美酱园、咸亨酱园等。每家老字号均介绍创立时间、发展历程，并附上旧照、旧物、老票据等图片。附录《全市黄酒 QS 获证企业名单》《绍兴酒缸大事记》《酒缸老照片》《酱园业有关档案查询目录》《目前绍兴酱园食醋生产企业名单》《话说绍兴地区酱缸大事记》等资料。

　　沈子林（1945– ），浙江绍兴人。酿造技师、省级品评师。中国微生物学会酿造学会会员，绍兴市食协调味品分会副秘书长，先后在《中国酿造》《中国黄酒》等刊物上发表学术论文和其他文章 175 余篇。

070

绍兴老字号

F279.275.53/4344

───────

裘士雄主编。西泠印社出版社 2012 年 12 月第 1 版，234 页，1 册，978-7-5508-0670-2，CNY60.00。

　　本书是绍兴老字号史料汇编，按行业、年代编录。收入了酒坊、酱园、酒店、茶食店、药店、笔庄、书苑、茶室、毡帽店、布店、锡箔业、扇庄等行业的老字号，书中配图为珍贵的老照片或老物件，图文并茂，反映了绍兴传统商业和手工业文化的精华。

　　裘士雄（1943-　　），浙江嵊州人。研究馆员，曾任绍兴鲁迅纪念馆馆长。致力于研究鲁迅、地方史和民间文学、民俗学等。出版《鲁海拾贝》等著作，参编和主编《鲁迅在绍兴》《鲁迅笔下的绍兴风情》等书。另有数十篇研究论文在国内外发表。

071

上虞老字号

F279.275.54/2584

───────

朱金根主编。西泠印社出版社 2017 年 3 月第 1 版，390 页，1 册，978-7-5508-2027-2，CNY68.00。

　　本书共分四篇，全面介绍了上虞区近百年来的老字号、老店铺、老土产、老街市。每一个老字号（老店铺）尽量收集齐全与之相关的传说故事、歌曲等资料，每篇文后单列"传承谱系"，一目了然，全书内容涵盖百货、中药、餐饮、服装、调味品、酒、茶叶、烘焙食品、肉制品、民间工艺品和其他商业、服务行业，均囊括在内，史料翔实、体例独到、文字朴实。

　　朱金根，上虞区档案局局长，主编《上虞镇村地名图集》《上虞记忆名录·曲艺作品篇：吴宝炎曲艺作品选》《上虞地方文化丛书》等书。

072

百年咸亨

F279.297/1085

———————

《百年咸亨》编委会编。西泠印社出版社 2010 年 4 月第 1 版，224 页，1 册，978-7-80735-738-4，CNY570.00。

本书是反映绍兴咸亨集团股份有限公司企业文化的一本画册。书中内容包括该公司董事长宋金才先生的访谈录、绍兴酒与咸亨、今日咸亨、乡贤与咸亨、名家与咸亨、寄语咸亨、咸亨大事记等内容，收录 200 多张老照片，内容涉及历史上绍兴的政治、经济、文化、民俗等领域，大部分照片都是首次面世，以越文化作为大背景，把百年咸亨放进历史时段，展现咸亨的发展画卷和企业文化。

073

包产到户文存：政协文史资料第八期

F321.41/7403

———————

新昌县政协文史资料委员会 2002 年 10 月编。205 页，1 册。

本书为新昌县历届政协委员、离休干部陈新宇先生关于包产到户所撰写文章的文史专辑。二十世纪六十年代初，陈新宇先生积极倡导"包产到户"，写了不少文章，产生过重大影响，并因此受到批判处理。到二十世纪八十年代得以平反，之后他继续关注农村改革，又写了不少文章。这两个时间段共计十四篇文存分上下编，书中也收录了"文革"时期的小报、改革开放后出版的农业合作化史料、党史汇编、有关论述包产到户的专著论文等。

074

浙江省上虞市第一次农业普查资料汇编

F327.55/4022

浙江省上虞市第一次农业普查办公室 1998 年 10 月编。671 页，1 册。

本书收录了上虞市第一次农业普查的主要数据，反映了上虞市农村住户、农业生产单位和非农企业的规模、布局及农业行业的现状，村、镇（乡）的土地和社会区域环境等情况。全书分概况、农村住户篇、农业篇、非农乡镇企业篇、建制镇篇、社区（乡村）篇六篇。

075

浙江省绍兴综合农业区划

F327.553/3239

浙江省绍兴市农业区划办公室 1986 年 6 月编。200 页，1 册。

绍兴市农业资源调查和农业区划工作始于 1982 年，曾一度停顿，1984 年 1 月重新启动。通过四年的调查和区划，完成市、县两级农业区划的阶段性工作，本书是在吸收县级区划成果的基础上，开展补充调查和专题调查，综合分析后汇编成册，书中内容分农业资源及其评价、农业发展方向、结构调整及途径措施和综合农业分区论述三章，客观地反映了农业自然资源的数量、质量和时空分布规律，对农村经济和社会技术条件进行论证，进一步分析了农业资源的优势和制约因素，为合理利用农业资源、趋利避害指导农业生产提供科学依据。

076

嵊县农业自然资源和区划资料

F327.644/3239

浙江省嵊县农业区划委员会办公室 1986 年 7 月编。258 页，1 册。

本书根据全县农业自然资源调查、专业区划（调查）报告和《嵊县国民经济统计资料》综合编制。全书分概况、农业自然资源、社会经济技术条件、发展预测、农业分区五部分。社会经济技术条件为显示其历史发展进程，采用图标结合，农业分区划分到乡镇、村一级。

077
浙江省绍兴市农业资源数据汇编
F329.955/2790

绍兴市农业区划办公室 1986 年 8 月编。299 页，1 册。

本书是根据浙江省农业区划办公室制定的要求编制而成。自然资源部分包括土地资源、气候资源、水资源、矿产资源及农村能源资源；社会经济资源部分包括人口情况、农业机械情况、水利情况、交通情况等。

078
绍钢志
F426.3/2798

绍兴钢铁厂《绍钢志》编纂委员会 1987 年 12 月编于。624 页，1 册。

本书以具体史实为依据，实事求是地记述了绍兴钢铁厂从 1957 年建厂到 1985 年这个阶段的曲折发展过程。全书共分六编，依次为概述、建设、生产、管理、党群工作、大事记。这是绍兴市出版的第一部工厂企业志书，为研究浙江省和绍兴市的现代冶金工业发展史，提供了第一手资料。

079
震元堂史话
F426.7/3231

浙江震元股份有限公司 2012 年 12 月编。224 页，1 册。

绍兴的震元堂药店，为国家商务部第一批确认的"中华老字号"之一，始创于清乾隆十七年（1752）。本书是有关震元发展史的第一部专著，对史料的收集、考证，厥功甚伟。此书以史话形式，试图勾勒震元堂药店的一个大致历史轮廓，有助世人更好地认识震元、了解震元和研究震元文化，同时也为弘扬老字号文化，振兴和发展我国老字号企业，为现代企业的发展提供一些具有借鉴意义的思考。

080

袜子战争：大唐袜业成长史

F426.86/0220

刘华著。浙江人民出版社 2008 年 11 月第 1 版，237 页，1 册，978-7-213-03877-8，CNY32.00。

　　本书通过追溯整个袜业的历史由来，为我们揭示了诸暨市大唐镇作为一个袜业生产集散地，其生成、壮大以及在全球范围内崛起的过程。在自由贸易的美好愿景下，一双普通而简单的袜子就是检验自由贸易的坐标。30 年来，大唐以袜为刃参战全球化，最终成长为新的国际袜都。

　　刘华，《21 世纪经济报道》记者，浙商研究会发起人之一。关注区域经济，研究浙商文化。已发表《温州模式与习俗转型》《浙江"股票田"研究》等多篇论文。出版有《出轨——娃哈哈与达能的中国式"离婚"》等专著。

081

稽山鉴水文化旅游丛书

F592.755.3

鲁锡堂等编著。九州出版社 2004 年出版，5 册，7-80195-116-6。

　　本套丛书是由旅游普查报告改编后形成的正式出版物。它收集、整理、抢救了柯桥区内大量的文化旅游资源，为今后的保护、开发、建设提出了依据和坐标。

题名	著者	出版社	出版年份	页数	ISBN	价格
鲁迅故乡——鉴湖风情	鲁锡堂等编著	九州出版社	2004	326 页	7-80195-116-6	32.00
鲁迅故乡——鲁镇风俗	鲁锡堂等编著	九州出版社	2004	272 页	7-80195-116-6	32.00
鲁迅故乡——镜湖风月	鲁锡堂等编著	九州出版社	2004	279 页	7-80195-116-6	32.00
鲁迅故乡——柯岩风光	鲁锡堂等编著	九州出版社	2004	230 页	7-80195-116-6	32.00
鲁迅故乡——会稽风景	鲁锡堂等编著	九州出版社	2004	284 页	7-80195-116-6	32.00

　　鲁锡堂（1966-　），浙江绍兴人，绍兴市政协社科界委员，市政协协商智库成员，浙江杭州湾海上花田旅游开发有限公司董事长、绍兴市越文化研究会会长。

绍兴市旅游资源分类调查与评价

F592.755.3/1040

　　这套报告是绍兴市旅游普查工作的成果总结与资料汇编。内容包括：绍兴市旅游资源普查工作概况、调查区域旅游环境、旅游资源总体评价、旅游资源分类评价、旅游资源分区评价、旅游资源保护与开发等。绍兴市旅游资源普查是浙江省旅游资源普查的一部分，由杭州商学院（今浙江工商大学）旅游学院负责整个普查项目。该工作从 2003 年 8 月开始，实地调查工作覆盖了全市 6 个区县、市的乡镇和街道。本套资料摸清了绍兴市旅游资源的家底，为绍兴市及其乡镇、街道建设旅游资源数据库和今后旅游业发展总体规划编制提供了基础资料。

题名	著者	出版年份	页数
绍兴市旅游资源分类调查与评价：绍兴市总报告	绍兴市旅游局 杭州市商学院旅游学院	2003	524 页
绍兴市旅游资源分类调查与评价：绍兴县报告	绍兴市旅游局 杭州市商学院旅游学院	2003	202 页
绍兴市旅游资源分类调查与评价：越城区报告	绍兴市旅游局 杭州市商学院旅游学院	2003	266 页
绍兴市旅游资源分类调查与评价：上虞市报告	绍兴市旅游局 杭州市商学院旅游学院	2003	174 页
绍兴市旅游资源分类调查与评价：诸暨市报告	绍兴市旅游局 杭州市商学院旅游学院	2003	175 页
绍兴市旅游资源分类调查与评价：嵊州市报告	绍兴市旅游局 杭州市商学院旅游学院	2003	136 页
绍兴市旅游资源分类调查与评价：新昌县报告	绍兴市旅游局 杭州市商学院旅游学院	2003	219 页
绍兴市旅游资源分类调查与评价：专题报告上	绍兴市旅游局 杭州市商学院旅游学院	2003	219 页
绍兴市旅游资源分类调查与评价：专题报告下	绍兴市旅游局 杭州市商学院旅游学院	2003	158 页

083

新昌旅游 ABC

F592.755.4/1042

王樟华编著。广州旅游出版社 2007 年出版，329 页，1 册，978-7-80653-932-3，CNY28.00。

　　本书作者见证了新昌旅游从起步到发展的过程，他将自己在实践中积累的真知灼见，通过"新昌古今""山水胜迹""乡土特产""游踪旅痕"四个栏目，采用设问的形式，选取一百多个问题，自问自答，对新昌旅游的吃、住、行、游、购、娱六要素进行了全面的勾勒。

084

财贸战线上的红旗

F72/5042

中共绍兴县委财贸部 1958 年编印。214 页，1 册，CNY1.00。

　　本书记录在 1950 年代的"大跃进"运动中，绍兴县财贸战线上涌现出来的先进人物和先进事迹。1958 年 5 月中共八大二次会议正式通过了"鼓足干劲、力争上游、多快好省地建设社会主义"的总路线，提出了"超英赶美"的奋斗目标。会后，全国各条战线迅速掀起了"大跃进"的高潮。据该书描述，随着工农业生产的"大跃进"，绍兴财贸系统的广大职工在社会主义总路线的指引下，鼓足干劲，努力拼搏，在思想和工作上都取得了很大的成绩。财贸战线的职工积极响应党的号召，大力支援生产，热诚服务群众，由此涌现出了许多先进人物和事迹。为了表扬和宣传先进，高举"大跃进"的红旗，激励广大职工学习先进，吸取经验，鼓足干劲，为"大跃进"努力奋斗，中共绍兴县委财贸部从中选择了一部分表现比较突出的先进单位、人物、事迹和经验，加以编印成册。从书中可以窥视"大跃进"时期各界干部职工积极奋进的精神面貌。

085
绍兴地区主要商品历年价格资料汇编：1950-1980

F726.2/2794

绍兴地区物价委员会1980年编。274页，1册。

　　本资料由绍兴地区各县物（计）委汇总整理上报，并经地区有关局社和公司的物价人员，进行多次核对而成，具有一定的权威性。主要内容包括农产品收购价格、各类主要商品市场零售（批发、供应）价格、非商品收费标准以及其他。

086
天下越商

F729-53/2790

《绍兴文理学院学报》编辑部、绍兴文理学院越商研究中心编。中国社会科学出版社2013年出版，321页，1册，978-7-5161-2899-2，CNY68.00。

　　本书汇集了绍兴文理学院学报近年来发表的越商研究成果，从人文特性和经济视角研究了越商的起源、精神气质、传承和未来发展趋势，特别对越商的精神特质、商帮文化、经营模式、企业传承作了初步的探索性研究。

087
绍兴品牌图册

F760.5-64/4424

绍兴市工商行政管理局编。科学技术文献出版社2003年12月第一版，167页，1册，7-5023-4512-4，CNY30.00。

　　本图册选编了绍兴市147家企业"中国驰名、省（市）著名商标"155件。其中市区26件，绍兴县29件，诸暨市40件，上虞市14件，新昌县20件，嵊州市26件。时任绍兴市长王永昌为该书作序。

088

绍兴市农业名优特产品集

F762.7/2790

绍兴市农业区划办公室主编。浙江科学技术出版社 1991 年 8 月第 1 版，179 页，1 册。K7-5341-0354-1，CNY30.00。

本书由 14 万字、117 幅彩色照片及有关图表组成。全书按生产分门别类，将产品分为种植类、养殖类、加工类、采矿类四大部分。对这些产品的历史和现状、分布区域、产品特色、生产技术、经济效益和发展前景等方面都做了比较详细的阐述，同时提出了今后开发的设想和建议。

089

绍兴酒文化

G122 : TS971/2790

绍兴市政协文史资料委员会编。中国大百科全书出版社上海分社 1990 年 11 月第 1 版，204 页，7-5000-0306-4，CNY5.50。

本书讲述绍兴古城和绍兴酒的历史；绍兴酒的品类和酿造方法，饮用和贮藏知识，营养成分和独特风格；流传在绍兴的酒具、酒谚、酒俗和酒史佳话；绍兴酿酒工业和绍兴酒店的今昔。

090

中国绍兴酒文化

G122 : TS971/6061

吴国群、王致涌等编著。浙江摄影出版社 1990 年 10 月第 1 版，359 页，1 册，7-80536-077-4，CNY8.90。

本书全面探讨了绍兴酒的巨大文化内涵，尽考证、搜集、比较、点化、论述之能。既从酒技源流、酒业兴衰、酒俗特色等侧面发掘其深广的、历史的、科技的民俗价值；又从优异的酒格、丰厚的酒趣、迷人的酒美等侧面揭示其生理心理学、文艺学、美学的价值。

吴国群（1939-　），绍兴师专（现绍兴文理学院）副教授、学报主编，鲁迅研究会、茅盾研究会和现当代文学研究会会员。

王致涌（1950-　），曾任绍兴市方志办主任，现为绍兴市陆游研究会副会长。

091
中国绍兴水文化
G122 : TV-092/3024

宋行标著。中华书局 2001 年 3 月第 1 版，308 页，1 册，7-101-02727-X，CNY50.00。

　　本书作者对资料的搜集非常丰富，上起远古时代，下止当代社会。而且运用多种研究方法，撷取典型材料，从"说水""水乡绍兴""治水""水效应""水文化"五个章节来透视绍兴水文化的特色。

　　宋行标（1957-　），浙江绍兴人。助理研究员、经济师。曾任绍兴市社会科学院副院长，绍兴市经济研究所所长。

092
绍兴与中国电影
G127.553/1734

绍兴市文化广电新闻出版局编写。中国电影出版社 2012 年 9 月第 1 版，170 页，1 册，978-7-106-03558-7，CNY50.00。

　　2012 年，绍兴举办了第 21 届中国金鸡百花电影节。本书正是通过追溯、定格、古城绍兴与百年中国电影的渊源和交集，形象生动地展现了绍兴的电影机缘、绍兴人的电影情结以及绍兴与中国电影的不懈追求，共荣共享的辉煌历程。

093
嵊州文脉律韵
G127.553/4426

黄皎昀主编。中国文史出版社 2012 年 10 月第 1 版，339 页，1 册，978-7-5034-3521-8，CNY298.00。

　　本书分为万年文脉、越艺流芳、金色名片、一线风景、遗产传承、越乡盛典、剡水流芳、文化嵊州八个章节，对其脉络进行系统梳理，通过图文并茂的手法，力图形象的解读嵊州文化。

094
绍兴文史论丛
G127.553/8348

钱茂竹著。中国戏剧出版社 2011 年 9 月第 1 版，316 页，1 册，978-7-104-03563-3，CNY75.00。

本书由作者 30 年来发表于报纸杂志上的研究地方文史的部分文稿所编成，内容涵盖大禹、兰亭、鉴湖、绍兴师爷、王阳明等绍兴地方文化的各方面。

钱茂竹（1938-   ），曾任绍兴师范专科学校副校长、绍兴文理学院管理系党支部书记、人文学院副教授、越文化研究院专职研究员。长期从事中国古代文学和地方文史的教学、科研工作，出版《辛亥革命研究文集》《绍兴酒文化》等专著十余部。

095
绍兴新闻事业九十年
G219.275.53/1744

邵梦龙编。海天出版社 1994 年 12 月第 1 版，350 页，1 册，7-80615-114-1，CNY13.50。

本专著详细地勾画了 90 年来绍兴地区新闻事业发展的历史轨迹，既有史实的考订，也有对各时期重点报刊、重点通讯社、重点广播电台、电视台和著名报人的介绍和分析。本书由柯灵先生题写书名，后附新闻媒体机构以及作品的详细表格。

邵梦龙（1932-2015），原绍兴日报社总编办主任、编委，曾任绍兴市记协副主席，退休后研究邵氏家谱，编成《余杭邵氏家谱》。

096
绍兴市新华书店大事记 1975.10-1996.12
G239.23/2790

绍兴市新华书店、绍兴市图协 1997 年 6 月编印。120 页，1 册。

本册资料集中体现绍兴市新华书店建立以来沿革发展的历史进程和优良传统，如实记载在改革开放中各种重大活动，取得业绩和干部职工队伍素质的变化等情况。大事记采用编年体体例。

097
歌声永恒：2010 年中国绍兴·第六届世界合唱比赛记录与启示
G249.1/2790

绍兴市文化广电新闻出版局编。西泠印社出版社 2011 年 1 月第 1 版，238 页，978-7-80735-976-0，CNY365.00。

本书是官方编订的第六届世界合唱比赛的影像集。全书共分继往开来、定格瞬间、超越歌声三大板块，以图文并茂的方式采用中英文两种语言，将世界合唱比赛在绍兴的举办的精彩瞬间留存下来。

098
绍兴市群众文化史料简编：1949-1987（征求意见稿）
G249.275.53/2790

绍兴市群众文化史编写小组 1988 年 7 月编写。249 页，1 册。

本资料以编年体的体例，按日期将自绍兴首个县城解放开始，到 1987 年底的绍兴文化事业所发生的大事一一罗列，是本比较翔实的内部资料。

099
古越藏书楼研究资料集
G259.275.53/4421

绍兴图书馆编。广陵书社 2012 年 11 月第 1 版，447 页，1 册，978-7-80694-880-4，CNY180.00。

本书全面收录了古越藏书楼建成前后的各种公文政令和当时编制实施的各类业务规程，同时还对各个时代有关机构和个人对古越藏书楼的介绍与评论文字进行了系统整理。全书分为史料文献、章程和书目、遗存、人物、研究汇编五个部分。

100
一木一石：绍兴鲁迅纪念馆建馆六十周年纪念集
G269.261/7400

绍兴鲁迅纪念馆编。西泠印社出版社2013年9月第1版，225页，1册，978-7-5508-0911-6，CNY60.00。

　　本书由文章、图片、大事记三部分组成，从不同视角记录绍兴鲁迅纪念馆六十年来的风雨历程和守望者的心香情愫。其中有对征集、保护鲁迅文物及建馆的回忆，有对陈列变迁的叙述，有对为鲁迅事业默默奉献者的追念，有对时代激变中纪念馆走向的关切，更多的是工作中点点滴滴的体会。

101
绍兴市文博大事记：1949-1989
G269.275.53/2790

绍兴市文物管理处1990年编。224页，1册。

　　本书收集了40年间绍兴文物保护维修、考古发掘、文物法规的宣传贯彻、打击文物走私、流散文物的征集，文物古迹的开发利用，以及文物管理机构、人事的变更、有关部门的指导，各界人士的支持，学术活动和外事活动等方面的资料，罗列成册。从中可以看到绍兴文物事业的发展轨迹。

102
绍兴鲁迅纪念馆大事记：1949-1988
G269.275.53/2792

绍兴鲁迅纪念馆1988年9月编。208页，1册。

　　本书主要记载了绍兴鲁迅纪念馆三十多年来鲁迅文物资料的收集保护、鲁迅生平事迹的陈列展览、宣传接待、鲁迅思想、作品的学习研究以及绍兴纪念鲁迅活动和鲁迅研究学术交流等重大事项。

103
新昌县档案馆馆藏珍品荟萃
G272/0267

新昌县档案局（馆）2005 年 8 月编。94 页，1 册。

本书采用文字介绍和原件影印相结合，图文并茂的介绍了馆藏资源中的一批珍贵档案、资料，包括地契、方志、家谱、书画、照片、报纸、调腔剧本。

104
上虞市档案馆指南
G279.275.54/2120

上虞市档案局（馆）2009 年 8 月编。480 页，1 册。

本书依据行业标准规范和工作实际情况编写，由照片、正文、附录三部分构成。照片包括领导人题词、档案馆外景与内部设施、馆藏珍品等；正文包括档案馆概况，馆藏清代和民国档案、革命历史档案、1949 年以后档案等数量、内容和特点的介绍；附录是与正文有关文字、表册的补充。这是一部介绍上虞市档案馆基本情况、馆藏档案和资料内容，指导使用者查阅利用档案资料的工具书。

105
绍兴名校名师
G527.553/2792

《绍兴名校名师》编委会编。浙江科学技术出版社 2000 年 7 月第 1 版，421 页，1 册，7-5341-1379-2，CNY25.00。

本书分为上下两卷，上卷为名校篇，下卷为名师篇。学校按创办年份先后为序排列，教师按姓氏笔画为序排列。书后附有绍兴籍两院院士名录、绍兴市中小学特级教师名录和绍兴市学校名录。

106
绍兴县教育大事记：1949-1989
G527.554/3239

浙江省绍兴县教育委员会 1990 年 9 月编。123 页，1 册。

本书以大事记的形式，从绍兴解放开始，按日期记录了绍兴县 50 年来教育领域的大事要闻。

107
存古开新：从绍郡中西学堂到绍兴市第一中学（1897-2017）
G529/7791

马学强、朱雯主编。商务印书馆 2017 年 9 月第 1 版，367 页，1 册，978-7-100-15188-7，CNY189.70。

本书以绍兴一中校史为主线，按时间顺序分八个章节，叙述了绍兴市第一中学的百年发展历史，同时在编写中注意把握这所名校与绍兴这座江南文化名城发展之间的关系。正文前有两篇序言，分别为一中校友、两院院士徐扬生和上海社科院原副院长熊月之所作。

马学强（1967－　），祖籍浙江绍兴，出生于嘉兴。毕业于华东师范大学，历史学博士。现为上海社会科学院历史研究所研究员，上海史研究室主任。主要从事明清史、中国社会经济史研究。

朱雯（1961－　），浙江松阳人，高级教师，历任浙江省绍兴市稽山中学党委书记、校长等职，现任绍兴市第一中学校长。

108

绍兴乡土语文读本

G634.303/2126

何信恩主编。浙江大学出版社 2012 年 11 月第 1 版，285 页，1 册，978-7-308-10813-3，CNY35.00。

本书是编者精选历代描写绍兴（包括所属市县）或绍籍人士撰写的大量名家诗文的精品读物，具有浓郁的地域性、知识性、趣味性和可读性。编注者皆为本地乡土文化的研究人员与资深教育工作者，具有丰富的知识积累与实践经验。

何信恩（1949-　），浙江绍兴人。1968 年起在街道、农村、学校工作 20 余年。业余时间致力于地方文史研究，1988 年起专职从事地方志编纂工作，任《绍兴市志》副总纂。已出版《绍兴名人评述》《绍兴文史漫笔》《与鲁迅看社戏》《与周作人乘乌篷船》等专著 8 部。主编《修志文存》《绍兴名人辞典》《绍兴石文化》《绍兴茶文化》《绍兴旧影》《辛亥革命与绍兴》等文史类书籍 50 多部，约 1500 多万字。

109

绍兴市稽山中学校志：1932-2012

G639.285.53/2790

《稽中校志》编委会 2012 年编。309 页，1 册。

本书共分为校史篇、教育篇、教师篇、学生篇、成果篇、校友情怀六章，比较全面地反映了稽山中学八十年来的发展历程。

110

绍兴市建功中学校志：1915-2015

G639.285.53/2790

绍兴市建功中学 2015 年 5 月编。295 页，1 册。

本书分为序言、校史篇、办学篇、园丁篇、桃李篇、特色篇、成果篇、感恩篇、附录。详尽地记录了建功中学从越材起航，经越光、三初、五中，一百年间的历史变迁和发展。

111
浙江省新昌中学 90 年 1925-2015
G639.285.54/3299

浙江省新昌中学 2015 年 6 月编。651 页，1 册。

　　本书是在《浙江省新昌中学 80 年》一书基础上修订而成，全书分为历程篇、桃李篇、重任篇三大部分。客观真实地反映了该校九十年的发展历程，对历任校长、书记、教职工、部分知名校友等进行了简要介绍。

112
诸暨中学校友录
G639.285.54/3475

诸暨中学一百周年校庆筹备委员会 2012 年 9 月编。183 页，1 册。

　　本资料是在九十周年校庆编撰校友录的基础上修订增补百年校友录。内容包含两大部分：一是百年历任教职工名录，二是百年历届毕业生、在校生或新生名录，还收录了二十世纪七十年代至 2012 年历届毕业班的毕业合照。

113
柯中六十年：柯桥中学六十周年校庆纪念：1951-2011
G639.285.54/4150

《柯中六十年》编委会 2011 年 9 月编。559 页，1 册。

　　本书是为纪念柯桥中学建校六十周年而做，包括学校简史、名录汇编、校友通讯录、校庆文稿、后记等。简洁地记录了柯中的足迹，概括了柯中的精神，描述了各届校友的柯中情缘。

114
百年春晖
G639.285.54/5065

严禄标编著。西泠印社出版社 2011 年 4 月第 1 版，343 页，1 册，978-7-80735-993-7，CNY98.00。

本书以时间为经，以人物和事件为纬，真实客观地反映了春晖中学百年历程。

严禄标，春晖中学退休教师，退休后在春晖文化研究室工作。

115
绍兴文理学院史稿
G649.285.53/2790

《绍兴文理学院史稿》编纂委员会编。浙江人民出版社 2009 年 10 月第 1 版，372 页，1 册，978-7-213-04168-6，CNY60.00。

本书是为庆祝绍兴文理学院办学 100 周年（1909-2009）而编写。史稿以时间为序，按照学校发展的不同阶段，分"渊源片""承源片""汇源片"三大部分，全面反映学校创建、发展的过程，再现学校百年来的曲折经历和辉煌业绩，总结经验，存史资治。全书由徐阳春同志负责编写纲目和统稿工作，由宋培基、许学刚同志最后审定。

116
绍兴县体育大事记（初稿）
G812.755.4/3841

绍兴县体委体育文史编写组 1985 年编写初稿。278 页，1 册。

本书是一部记录绍兴县三十六年（1949-1984）体育大事，在这段时间内在绍兴举行的各级运动比赛、绍兴开展的体育运动比赛、绍兴人在各比赛中的优秀成绩以及破市级以上的记录。全书由许燕耿同志负责汇编。

117
篮球百年——诸暨篮球运动 100 年纪事

G841.9/724

诸暨市体育局、诸暨市文联编，周解荣、石坚钢主编，文化艺术出版社 2011 年 11 月第 1 版，261 页，1 册，978-988-15551-1-3，CNY58.00。

  本书是一部弥足珍贵的诸暨篮球史料，全书共分为诸暨篮球简史、新闻、故事、草根以及史料五大部分，把篮球在诸暨发展的历史作了细致的归纳和梳理，许多史料极富有地方特色和史料价值。作为一本让人"悦读"的文学作品，作者以深入细致的采访，勾画出一群在诸暨土生土长的草根篮球英雄群像，让人印象深刻，读后更油然而生对这些草根篮球爱好者的敬意，也正是这些视篮球为生命的人，才铸就诸暨篮球的百年辉煌。

118
上虞武术

G852.092/435

胡富春主编。光明日报出版社 2011 年 12 月第 1 版，389 页，1 册，978-7-5112-2112-4，CNY150.00。

  本书虽然不是一部志书，但渗透着上虞武术历史、武林人物、武术团体、武术活动、武术传说故事和拳谚拳歌等武文化的诸多元素，从不同的角度反映了上虞武术历史的源流和沿革，折射着上虞武术兴衰的历程。作为一部参考性的资料书，可供学习、研究和借鉴。

  胡富春（1959-　），浙江上虞人。曾任上虞区残联理事长、上虞区武术协会第五、第六届理事会主席。致力于武术技艺培训、武术论文撰写、武术著作编写等，主编《武学拾微》，填补了上虞武术资料、史料的空白。

119
嵊州围棋
G891.392/156

张哲嗣编著。中国文史出版社 2017 年 3 月第 1 版，261 页，1 册，978-7-5034-8808-5，CNY68.00。

本书反映地方围棋运动，记述了嵊州围棋的过去和现在，以及在嵊州市举行的全国性重大围棋赛事和全市性的大型围棋活动；记载学校围棋教育，收录名人名家和业余棋手的围棋业绩。前有马晓春作序言。

张哲嗣（1951- ），浙江嵊州人。曾供职于嵊县体育运动委员会、嵊州市教育体育局，曾任嵊州体委办公室主任，兼任嵊州市第二届围棋协会秘书长、嵊州市第一届体育总会副秘书长，是《嵊县志》《嵊州市志》之"体育编"主笔，嵊州市第十一届至十三届政协委员。

120
绍兴方言研究
H173/1039

王福堂著，语文出版社 2015 年 12 月第 1 版，300 页，1 册，978-7-80241-845-5，CNY55.00。

本书从声韵调、连读变调、音韵比较、同音字汇、词汇特点、分类词汇等方面介绍了绍兴方言。本书论述和分析绍兴话的内容很少，绝大部分内容是语料，包括音系和变调的介绍，同音字表和词汇表。每条词汇都有国际音标注音，作者还用心地标出了本调和变调，方便读者全面了解绍兴话的读音和词汇，也为后人研究分析绍兴话提供了全面的资料。

王福堂（1934- ），原籍浙江绍兴。北京大学中文系现代汉语教研室教授，现代汉语博士点汉语方言学方向博士生导师，全国汉语方言学会理事，《语言学论丛》编委。致力于汉语方言学研究（着重比较研究）。专著有《汉语方音字汇》《汉语方言词汇》等。

121
越中乡音漫录
H173/1942

孙旭升著。南京大学出版社 2015 年 7 月第 1 版，467 页，1 册，978-7-305-15489-8，
CNY35.00。

本书将鲁迅、周作人等浙江籍越中著名作家作品中的方言词语进行摘录、注释、编排
成集，能有效地帮助读者理解这些越中著名作家的作品。通过本书辑录的形象生动的吴越
地区方言词汇，以及简明扼要的诠释，有益于语言学者对吴越方言的研究及其他读者对越
地风俗文化的了解。而书后所附作者与周作人在二十世纪五十年代的交往记录和周作人 50
多封回信显得弥足珍贵。

孙旭升（1928- ），浙江萧山（今属杭州市）人，1954 年毕业于南京大学中文系，从
事教学工作。著作有《我的积木》《远去的背景》《晚明小品名篇译注》《书画家轶事》《笔
记小说名篇译注》等。

122
越语趣谈：鲁迅故乡的方言"炼话"
H173/2581

朱锡三、杨葳著。云南美术出版社 2004 年 9 月第 1 版，254 页，1 册，7-80695-162-8，
CNY15.00。

本书属于语言学领域中的方言研究，包括俚言诠释、旧说记闻、俗谚撷趣、音义琐
拾、联珠赏析、余韵碎锦等内容，具有搜罗宏富，释义精到，涉笔成趣等特点。尤其是讲
到鲁迅在塑造农村孩童形象时，采用大量来自农村通俗直白的"炼话"，简洁明了又意味
深长，这个语言特点以及塑造的闰土和双喜身上的人物个性，给读者留下了深刻印象。前
有陈桥驿先生、朱馥生先生序言。

朱锡山（1923- ），浙江绍兴人。曾任中小学教师、校长，发表有《试论"倭越同源"
源自"于越"》及《小寄傲轩诗稿》等文章。

杨葳（1926- ），浙江绍兴人。曾任中小学教师，著有《越语趣谈》《绍兴方言》，曾
参与编写《绍兴县志》和《东湖镇志》的方言篇。

123
诸暨方言
H173/433

黄河清、黄钰锋编著。浙江古籍出版社 2016 年 12 月第 1 版，168 页，1 册，880715·360，CNY25.00。

诸暨方言词汇丰富，语音动听，内容广泛。作者用 10 年的时间，收集与整理诸暨方言，从编集家乡话到出书，只为传承那倍感亲切的乡音，更为心中那无法冲淡的浓浓乡情。本书用文字和漫画形象地记录诸暨方言的一些词汇与语法、特殊词、熟语、民谣等。诸暨人吐出来的字有棱有角，方方正正，这特殊的语音和腔调，映射着一群特殊的诸暨人特有的性情。

黄河清（1937- ），浙江诸暨人。身在外地工作，却一直心系家乡，研究诸暨方言及其应用。

黄钰锋，诸暨市牌头中学任教。研究方向为诸暨方言及其应用。

124
绍兴方言
H173/4740

杨葳、杨乃浚编著。国际文化出版公司 2000 年 2 月第 1 版，550 页，1 册，7-80105-849-6，CNY29.80。

本书是一部研究和记录绍兴方言的专著，按体例上分成方言语音、方言语法、方言词汇、方言谚语四篇，其中特别重要的是方言词汇、方言谚语二篇。前者分成天时、地理、植物、动物等 30 类，共列词汇 3600 余条；后者分成经济、自然、生活、乡土等 8 类，共列谚语 3194 条，内容远远超过同类文献。此书编著由浙江省政协委员、香港浙江省同乡会联合会会长兼秘书长、绍兴旅港同乡会永远名誉会长车越乔先生提议，直至出版发行的一切所需费用，都由先生资助。前有陈桥驿先生作序言。

杨葳，见 122。

杨乃浚（1929- ），浙江绍兴人，1949-1978 年在绍兴马山斗门教书，1979 年至 1989 年在绍兴县文化馆工作。退休后开始地方文献研究，参与《绍兴县志》《福全镇志》《绍兴县民间故事集成》等编纂，其挖掘、整理的《王羲之传说》经国务院批准列入第三批国家级非物质文化遗产名录。

125
新昌方言录
H173/4773

杨眉良著。艺术与人文科学出版社 2008 年 5 月第 1 版，362 页，1 册，926-8696-99-1，CNY32.80。

新昌方言是吴方言中的一个成员，语言丰富多彩，是研究古汉语的活化石。本书为1949 年以来首部有关新昌方言的学术专著，其内容翔实，资料丰富，语言通俗，以独特的视角，系统地揭示了吴语新昌方言的特点。大量例句都是地道的新昌土语，读来"如闻其声"，展示出新昌方言独特的风貌。

杨眉良（1930- ），浙江新昌人。新昌县退休教师，新昌县文化馆创始人之一，致力于新昌地方史研究。创作剧本《泣血山花》《新昌风情录》《新昌方言录》《新昌地方戏曲文集》等十余种，参与了《新昌县志》编辑工作，负责风情民俗资料整理。

126
吴越文化视野中的绍兴方言研究
H173/6015

吴子慧著。浙江大学出版社 2007 年 8 月第 1 版，288 页，1 册，978-7-308-05515-4，CNY36.00。

本书通过对绍兴方言的调查、搜集、整理、研究，对其进行了详尽的描写和研究，是一部研究绍兴方言的专著。全书分为五章，内容包括绍兴方言语言研究、绍兴方言词汇研究、绍兴方言语法研究、吴越文化与绍兴方言、绍兴方言字。此书系浙江省哲学社会科学规划课题研究成果，获得浙江教育学院学术著作出版资金资助和浙江省重点学科浙江教育学院汉语言文字学学科组资助。

吴子慧（1955- ），浙江绍兴人，硕士。浙江师范大学人文学院兼职硕士生导师，致力于语言研究，参与国家语委"十五"规划课题："信息时代媒体语言的跟踪研究"和浙江省哲学社会科学规划常规性项目 3 项。参与撰写《信息化时代报刊语言的跟踪研究》《新编大学生口语交际教程》《普通话水平测试实施纲要》等书，在期刊多次发表论文。

127
陆游与越中山水
I206.2/5067

———————

中国陆游研究会编。人民出版社 2006 年 11 月第 1 版，566 页，1 册，7-01-005570-X，CNY30.00。

　　本书是中国陆游研究会成立后出版的第一部学术成果。收录的是关于陆游及越中山水文化的研究文章，既收有王水照、王钟陵、莫砺锋、蒋寅、蔡厚示等知名学者的文章，也收有台湾地区学者及韩国和日本学者的文章。众多专家学者从多层次多角度对陆游进行了研究。书中共收录了《读陆游〈入蜀记〉札记》《陆游的爱国思想和人格力量》《矛盾心态中的极致追求》《读陆游诗札记》《陆游在日本》等对陆游作品、其人其事及越中山水文化研究的论文 49 篇。

128
谢灵运山居赋诗文考释
I207.22/8083

———————

金午江、金向银著。中国文史出版社 2009 年 3 月第 1 版，311 页，1 册，978-7-5034-2398-7，CNY50.00。

　　本书是以研究谢灵运《山居赋》和山居诗为主要内容的专集。本书作者经过对《山居赋》描写的三洲、石室、石壁、回江岑、常石矶、大小巫湖、石门瀑布等特殊地貌的野外考察，论证了始宁墅和石壁精舍的地理位置，对其庄园的四界范围、房屋道路、农田水利、经济物产和地形地貌进行详细描述，并用示意图的形式将其表示出来，填补了《山居赋》研究中的一个空白。作者也考证了谢灵运山居诗的创作地点和纪游过程，为研究谢灵运的专家学者提供大量野外考察的地情资料。

　　金午江（1965- ），浙江嵊州人，长期从事地方志工作，主编《嵊州市志》《嵊州年鉴》《中国共产党嵊州历史》，著有《王羲之金庭岁月》等，发表论文多篇。

129

稽山镜水欢游地——唐诗咏名城（绍兴卷）

I207.227.42/4395

裴学耕编著。2010 年 4 月第 1 版，299 页，1 册，CNY20.00。

本书通过查阅《四库全书》《续四库全书》涉及诗词的全部内容，以及《先秦汉魏晋南北朝诗》《全唐诗》《全宋诗》《全宋词》《全明诗》《全明词》《清代诗文集汇编》等诗词总集，从咏及越州的九百余首唐诗中，以史迹、景观、民俗风景为观点，同时顾及诗人和地域，选取二百余首，作了注释评述。书中附录两篇资料，一是唐代越州诗人名录；二是唐诗中咏及越州的诗目一览，供爱好唐诗和越州的读者参阅。

裴学耕，原籍浙江嵊州。1968 年北京大学中文系毕业，编写《唐诗咏名城》系列十卷。

130

唐诗之路诸暨行

I207.227.42/6416

叶正明著。上海锦绣文章出版社 2010 年 5 月第 1 版，162 页，1 册，978-7-5452-0338-7，CNY28.00。

本书是一部研究和收录唐代诗人有关诸暨诗文的专著。以《全唐诗》所载者为主体，参以《诸暨县志》《全唐诗补编》等典籍，从"于越·诸暨·勾践""浣纱石·苎萝村·西施""范蠡""五泄"等四个方面收集了唐代诗人所作有关诸暨诗文 30 余首，并对诗词作者略有简介，对关键词汇作有注释，并且罗列了相关资料多种。

叶正明（1935－　），浙江诸暨人。1955 年参军，在南京空军司令部当兵，期间参与南京军区空军司令部教材编写工作，负责编写空军无线电通讯篇。"文革"中期因故转地方，在杭州市电仪系统工作到 1995 年底退休。浙江省硬笔书法家协会会员。著有《历代名人咏西施》等。

131
越中曲派研究
I207.365.5/8028

佘德余著。中国文联出版社 2000 年 5 月第 1 版，325 页，1 册，7-5059-3071-0，CNY26.80。

本书是一部研究晚明时期与临川派、吴江派同时存在的越中曲派的专著。把越中曲家置于曲派群体中进行整体考察分析，把越中曲家放在当时晚明到清初的特定社会文化背景之下，作全面的考察分析，研究徐渭、王骥德、车任远、单本、叶宪祖、吕天成、王思任、祁彪佳、张岱、王国遴、谢国、徐沁、孟称舜等每一个成员的生活道路、生活方式、艺术追求、审美体验和艺术风格，从而认识这一群体存在的活力。

佘德余（1942-　），浙江建德人。绍兴文理学院中文系教授，从事中国古代文学教学与研究工作。曾校点出版张岱《快园道古》和中国古代小说《韩湘子全传》等三部，著有《张岱家史》《浙江文化简史》《都市文人——张岱传》《绍兴历代游记选注》等。

132
调腔抄本叙录：新昌县档案馆藏晚清民国部分
I207.365.54/8045

俞志慧、吴宗辉著。中华书局 2015 年 4 月第 1 版，675 页，1 册，978-7-101-10640-4，CNY298.00。

新昌调腔是古老的戏曲声腔之一，以新昌为中心，流布于浙东绍兴、萧山、上虞、余姚、嵊县、宁海等地。它被认为是明代南戏"四大声腔"之一余姚腔的唯一遗音。2006 年，新昌调腔入选为首批国家非物质文化遗产。新昌县档案馆藏晚清民国调腔档案，有抄本（清咸丰六年）、剧本、音像资料等。本书罗列作者经眼的新昌档案馆藏晚清民国抄本剧目条目 135 条，共搜集调腔剧目 139 个，详细介绍调腔剧目类别、著录情况或作者、剧目遗存等内容，旁及昆曲、宁昆、宁海平调及相关高腔、乱弹等剧目信息。

俞志慧（1963-　），浙江新昌人。文学博士，文献学博士后，二级教授，2014 年度全国优秀教师。任绍兴文理学院人文学院教授、学术委员会委员，古典文献学学科主任，浙江省学科带头人，绍兴市第八批专业技术拔尖人才、学术技术带头人。

133

王骥德《曲律》研究

I207.37/6443

叶长海编著。中国戏剧出版社 1983 年 2 月第 1 版，118 页，1 册，8069.453，CNY0.68。

本书是我国第一部系统深入研究明代王骥德《曲律》的学术著作。作者剖析了《曲律》的主要内容创作论、作家作品评论的声律论等，探讨了王骥德及明代后期戏曲理论研究的特色、成就和是非得失及其在中国文艺理论发展史上的地位。书中提出发展中国戏曲理论和建立具有中华民族特点的戏剧美学体系，并已在这方面取得了可喜的成果。

叶长海（1944-　），浙江永嘉人，上海市重点学科"戏剧戏曲学"学科带头人。研究方向为戏剧研究。主讲课程《中国戏曲史》被评为上海市精品课程，曾获首届全国戏剧理论著作奖、首届全国高等学校人文社会科学研究优秀成果奖、首届文化部文化艺术科学优秀成果奖等。著有《中国戏剧学史稿》《中国艺术虚实论》《曲学与戏剧学》等。

134

萧鸣凤与《金瓶梅》

I207.419/5333

盛鸿郎著。百花文艺出版社 2005 年 9 月第 1 版，452 页，1 册，7-5306-4251-0，CNY33.00。

本书分综合篇、人物篇、时空篇、作者篇、流传篇、影响篇、附录篇，提出了新的研究成果——《金瓶梅》作者为萧鸣凤。作者认真发掘材料，精心考证，得出了新的结论，丰富了若干年来的研究成果，也为后人研究开阔了新的思路。前有朱一玄先生序言并题字。

盛鸿郎（1939-　），浙江新昌人。毕业于清华大学水利系，曾任绍兴市水利局局长，修建小舜江供水工程和力主兴建曹娥江口门大闸，系绍兴市首届市长奖获得者。著有《绍兴水文化》《越考录》《谢灵运与〈山居赋〉》《徐渭研究》等，并主编《鉴湖与绍兴水利》，合著《越中揽胜》。

135
梁祝研究大观
I207.7/2139

何家炜主编。大众文艺出版社 2005 年 1 月第 1 版，369 页，1 册，7-80171-568-3，CNY30.00。

《梁祝》传说的起源较晚，但是流传的地域广泛，影响巨大，可以说达到家喻户晓的地步。本书收录了蔡德亿、吴桑梓、陈德来、王恩佑等人有关研究"梁山伯与祝英台"的文章，对梁祝故事的起源、发生、演变、文化背景以及相关的问题作了全面的介绍和论述。

何家炜（1952- ），浙江上虞人，曾任职于上虞市委宣传部，后调上虞市文联工作，先后任常务副主席、主席，兼任《曹娥江》文学季刊主编。编著书籍有《上虞贤人志》《群星灿烂》《英台故里巾帼赞》等。

136
越地民间歌谣研究
I207.72/1082

王敏红编著。安徽文艺出版社 2013 年 1 月第 1 版，194 页，1 册，978-7-5396-4236-9，CNY28.00。

本书是一部研究越地民间歌谣的专著，包括越地民间歌谣的起源与发展、语言特色、思想内容、文学特色、越文化背景、历史文化价值、歌谣选录等，并附录了周作人儿歌研究。全书较为全面地呈现了越地民间歌谣全貌，是绍兴市首部民间歌谣研究专著，填补了学术空白。此书系《绍兴水文化研究丛书》之一，"浙江省文化研究工程"立项资助。

王敏红（1966- ），浙江绍兴人。绍兴文理学院教授。研究方向为古汉语和地方方言，著有《绍兴语言文化》《〈越谚〉与绍兴方俗语汇研究》《越地民间歌谣研究》等。

137
野草
I21/6740

───────

绍兴市文联主办，国际刊号：1005-1260；国内刊号：33-1038/I。期刊。

《野草》文学杂志以鲁迅同名散文集《野草》命名，创刊于 1985 年 7 月。原由中共绍兴市委宣传部主管，绍兴市文联主办，2000 年起由绍兴市文联主管、主办。系国内外公开发行的期刊，为全省三家城市文学期刊《西湖》(杭州)、《文学港》(宁波)、《野草》(绍兴)之一，是绍兴市区唯一一家公开发行的刊物。

刊物以"鲁迅故乡文学园地，文化名城对外窗口"为办刊宗旨，继承和发扬鲁迅精神，培养本地文学青年，振兴鲁迅家乡的文学事业，促进古城两个文明建设。发表各种体裁的文学作品，具有浓郁的地方色彩和时代气息。刊登了一大批反映地域文化、宣传历史名城的佳作，培养了一大批文学新人，大量优秀的小说、报告文学、散文、杂文被《小说月报》《散文选刊》《浙江日报》《报刊文摘》《文艺报》《文学报》等报刊选登和介绍，举行过 10 余次以短文学为特色的全国性征文，影响较大，堪称绍兴一张名片。绍兴图书馆收藏了该刊从创刊至今每一期杂志，共计 215 期。

138
鲁迅墨迹精选
I210.8/2730

───────

绍兴市文物管理局编。华宝斋书社 2003 年 1 月第 1 版，1 函 4 册，7-80517-609-4，CNY1380.00。

本书广泛寻觅存世于今的鲁迅手稿，并从馆藏众多的鲁迅墨迹中精心挑选出 150 件作品，编为抄稿、文章、书信、诗词四部分。本书既有鲁迅青少年时期抄录的工整如一的楷书，也有其成年后独树一帜的行书，更有晚年挥洒自如的草书，充分地展现了鲁迅在不同历史时期的墨迹特征，为人们提供了一幅内涵丰富、个性鲜明、蔚为壮观的鲁迅书法长卷。

139
五泄诗文选
I211/2510

朱再康、陆晓军著。作家出版社 2001 年 12 月第 1 版，282 页，1 册，7-5063-2154-8，CNY25.00。

本书以史实篇、散记篇、诗词篇为线，共收录历代名公巨卿的游记、词赋、诗文凡 25 万字，洋洋大观，可谓集五泄文化之大成者，并由已故书坛泰斗沙孟海题写书名。

朱再康（1932- ），浙江诸暨人。曾任诸暨村、乡、区干部及各级人大代表，获公安部三等功奖章。先后任《越中名人谱》《中华朱氏通志》《草塔镇志》《五洩山志》副主编，编著有《五泄诗文选》《五泄禅寺》《曹洞圣迹良价》《五泄导游》等专著，其作品注重实地考察，兼与文史研究相结合。

陆晓军（1970- ），浙江诸暨人，致力于诸暨旅游文化的研究，先后编纂《五泄旅游》《五泄诗文选》与人合编《五泄山志·旅游篇》及《五泄导游词》《杨家楼揽胜》《汤江岩风光》等书籍，参与五泄斗岩、汤江岩风景名胜区景点命名工作。

140
《会稽掇英总集》点校
I212.01/2740

邹志方点校。人民出版社 2006 年 6 月第 1 版，309 页，1 册，7-01-005435-5，CNY25.00。

《会稽掇英总集》为现存绍兴最早的一部文学总集，选录自秦始皇三十七年（前 210）至宋熙宁年五年(1072)诗文 805 篇。以类分编，前十五卷为诗，后五卷为文。以精博著称，在整理古籍上极有参考价值。点校本以山阴杜丙杰浣花宗塾藏、刻于清道光元年（1821）的《会稽掇英总集》为底本，以《四库全书》本为校本。

邹志方（1939- ），浙江绍兴人。绍兴文理学院人文学院教授。教学之余，从事绍兴地方文史研究，出版《稽山镜水诗选》《浙东唐诗之路》《杨维桢诗集点校》《陆游诗词浅释》等书籍 20 余部，发表《刘长卿碧涧别墅发微》等有关绍兴的文章 100 余篇。

141
秋瑾女侠遗集
I215.22/2910

王灿芝编。朝华出版社 2018 年 4 月第 1 版，206 页，1 册，978-7-5054-4239-9，CNY50.00。

本书为 1934 年中华书局刊本影印本。文前有邵元冲《邵序》、沈芝瑛《沈序》，辑录《读秋女侠遗集的感想》《读陈去病鉴湖女侠秋瑾传书后》《先烈鉴湖女侠遗集序》《秋瑾女侠遗集》等秋瑾遗稿计传记四首、诗百余首、词三十余首、歌二首、杂文八首、译著一首，此外还有补遗、秋侠遗诗和秋侠遗文各一。后有《附小侠诗文草》，包含王灿芝小传及其诗词杂文。

王灿芝（1901–1967），革命家秋瑾之女。6 岁时母亲秋瑾在绍兴就义，8 岁时又失去了父亲王廷钧。王灿芝 15 岁时，即学文有成，文章写得很漂亮；又极爱书法，笔法奔放。对于武术也特别有研究，曾拜名师学习太极、八卦诸拳，以及青萍剑，功力很深。她继承了母亲任侠尚义的性格，豪爽慷慨，别号"小侠"。

142
平步青
I216.1/1025

娄国忠编。天马出版有限公司 2009 年 1 月第 1 版，277 页，1 册，962-450-625-6/D.49306，CNY48.00。

本书介绍了晚清文史大家平步青和《栋山樵传》注释评，并选编平步青代表作之一《霞旬捃屑》。全书共十卷，内涉经考辨、诗文评论、朝野掌故、里巷稗史、方言俗谚等内容，广搜遗闻，博采众说，精心考证，多有创见，为后人研究史学、经学、文字等，特别是研究晚清历史文化，提供了不可多得的重要资料。

平步青（1832–1896），字景孙，浙江山阴（今绍兴）人。咸丰乙卯（1855）举人，同治元年（1862）赐进士出身，历任翰林院编修、侍读、江西粮道并署布政使等职，同治十一年（1872）弃官归里，此后一直居家读书，研治学术。他治学态度严谨，导源浙东，又独具慧心，所作以考辨疏证为多。

娄国忠（1967–   ），浙江绍兴人。喜爱文史，编著出版《高中语段阅读训练》《绍兴文史琐话》《绍兴历代才女诗文赏析》等。

143
孙越崎

I216.1/1942

娄国忠编。天马出版有限公司 2010 年 11 月第 1 版，305 页，1 册，978-962-450-785-0/D.53168，CNY58.00。

本书为纪念孙越崎逝世十五周年而编写。选编了孙越崎艰苦奋斗、为中国煤炭、石油事业的开发建设和人民革命解放事业作出了卓越贡献的十七篇文章和相关人士对孙越崎的怀念文章。

孙越崎（1893-1995），原名毓麒，浙江绍兴平水铜坑（今平水镇同康村）人。著名的爱国主义者、实业家和社会活动家，是中国现代能源工业的创办人和奠基人之一，被尊称为"工矿泰斗"。他领导开发了中国大陆第一个油矿——延长油矿，领导创建了中国第一座较具规模的石油城——玉门油矿，为祖国的石油工业的飞速发展奠定了基础。

娄国忠，见 142。

144
许寿裳

I216.1/3859

娄国忠编。天马出版有限公司 2008 年 1 月第 1 版，287 页，1 册，962-450-556-X，CNY58.00。

本书为纪念许寿裳先生诞辰 125 周年，逝世 60 周年而编写的，汇集了许寿裳先生 50 余篇诗文，其诗与文描写入神，巨细毕现，能产生如见其人、如闻其声的艺术效果，可以帮助读者了解时代和人物的相互影响。

许寿裳（1883-1948），浙江绍兴人。现代著名教育家和传记作家。曾就读于绍郡中西学堂和杭州求是书院。1902 年以官费赴日本留学，与鲁迅相识，结成挚友。曾任北京大学、北京高等师范学校教授，江西教育厅厅长等职。著有《章炳麟传》《俞樾传》等。

娄国忠，见 142。

145
许思湄

I216.1/3863

娄国忠编。天马出版有限公司 2009 年 12 月第 1 版，229 页，1 册，962-450-625-6/D.49306，CNY38.00。

　　本书介绍著名绍兴师爷许思湄和相关人员对许思湄及作品评价。许思湄《秋水轩尺牍》为"清代三大尺牍"之一，浓缩了他游幕生活的点点滴滴，再现了晚清底层文人的艰难命运，成为后人品读的精品。其文字融合着人性的灵韵，婉转秀丽而决不矫饰，清新脱俗而倍觉雅致，读来琅琅上口，如饮清泉，初而不食其味，顿而觉回甘在舌，清爽悠然，神怡心畅，直至痛快淋漓，有很高的文学价值和社会价值。

　　许思湄（约 1769-1856），字葭村，浙江山阴（今绍兴）县人。出生于读书人家，自幼天资聪慧，文学修养良好，有志于走科举取士的道路，但因家贫无以为生，只好舍弃孔孟之学，转而研习申韩法家之术，最后走上从幕之路。一生从幕 54 年，一直都洁身自好，谨言慎行，竭诚办事，以成主官之美。

　　娄国忠，见 142。

146
绍兴近现代名人诗文选

I216.1/4014

李延根、娄国忠主编。西泠印社出版社 2006 年 9 月第 1 版，884 页，1 册，7-80735-131-4，CNY88.00。

　　本书编录了蔡元培、经亨颐、刘大白、鲁迅、邵力子、马寅初、许寿裳、周作人、夏丏尊等 34 位绍兴籍近现代名人的诗文作品 204 篇，文字优美，结构精美、感情挚美的优秀之作。既是一本质量上乘的近现代文学名作读本，也是一本不可多得的绍兴地方文献资料，可供广大中小学生及文学爱好者阅读和欣赏，对从事绍兴地方史志的专业研究者和工作者也有一定的参考价值，外籍人士更可借此感受绍兴名人的文采风流，了解绍兴名城的历史文化。

　　李延根（1958-　　），浙江绍兴人。曾任初、高中政治、历史、社会等科教师及学科教研组长、绍兴县平水中学校团委书记、政教主任、分中校长等职，系中学高级教师，绍兴县首届教坛新秀、学科带头人，多篇教学教育论文在省级以上报刊发表。

　　娄国忠，见 142。

147
李恩绩

I216.1/4062

_____

娄国忠编。天马出版有限公司 2009 年 12 月第 1 版，288 页，1 册，962-450-625-6/D.49306，CNY48.00。

本书收集了柯灵等二十一位专家学者关于李恩绩及爱俪园的文章，并收入了李恩绩写的"爱俪园——海上的迷宫""爱俪园梦影录"两个系列的短文 119 篇。前者是透过李恩绩个人的角度，用回忆录的形式描写他在爱俪园的所见所闻、所述所感；后者是客观的叙述爱俪园的前尘影事，历历如绘。透过这些文章，可领略当时的时代氛围、社会风貌、人情世态。爱俪园是上海在中华民国时期最大的私家花园，由犹太人富商哈同及夫人罗迦陵兴建。

李恩绩（1908-1976），绍兴安昌人。14 岁进爱俪园，从父学画。曾被送到常熟一家典当铺做小郎谋生，后典当铺倒闭失业，重回爱俪园，在文海阁编藏书目录。擅长书画，懂得词章和文字学，还通甲骨文，但多才多艺也无补于他的潦倒。后期在爱俪园的主要工作是写字作画。

娄国忠，见 142。

148
董秋芳

I216.1/4424

_____

董秋芳著，裘士雄、娄国忠编。天马出版有限公司 2009 年 7 月第 1 版，293 页，1 册，978-962-450-214-5，CNY58.00。

董秋芳是一位值得绍兴人骄傲的爱国、进步、勤奋、乐教的教育家、著作家、翻译家和鲁迅研究专家。本书收集了董秋芳的杂文、散文和诗词联类为主的 80 篇作品和 30 余篇翻译作品。

董秋芳（1898-1977），浙江绍兴人。先后在绍兴稽山中学、绍兴简易师范学校、杭州高级中学、宁波第二中学、浙江师范学院担任教员或领导。1953 年调入人民教育出版社工作，1971 年退休回绍兴定居，1977 年 2 月 11 日病逝。

裘士雄，见 070。

娄国忠，见 142。

149
陶亢德文存

I217.61/7702

陶亢德著，祝淳翔编。中国博学出版社 2018 年 8 月第 1 版，1508 页，4 册，978-988-8563-54-6，CNY480.00。

本书收录了编者所搜集到的陶氏除译文外的所有作品，读此书可以大致窥见其人所经历的坎坷一生及所思所想。这是陶亢德作品在其去世后首次整理出版，可为相关研究者及文学爱好者提供参考。本书题签敬集陶亢德先生手迹。封面底图采自陶亢德先生《知堂与鼎堂》一文书影。封底"唯有读书高"朱文印辑自民国时期亢德书房出版物。

陶亢德（1908-1983），浙江绍兴人。是中国现代著名的编辑家、出版家，也有不少小说、散文、杂文等创作和翻译作品。早年参与新文学期刊的编辑工作，主编了《论语》《人间世》《宇宙风》《宇宙风乙刊》等重要刊物，是上世纪三四十年代负有盛名的编辑家。

祝淳翔，籍贯绍兴。毕业于上海大学文学院，上海图书馆阅览部参考馆员。

150
人文嵊州丛书

中共嵊州市委、嵊州市人民政府编，何国英主编。浙江古籍出版社 2008 年 3 月第 1 版，10 册，978-7-80715-356-6，CNY450.00。

本丛书是嵊州市委、市政府的一项文化工程，组织五十多位专家、艺术家、学者和文史工作者，历经五载搜集、整理、研究、编写和创作，内容涉及嵊州历史、文学、民间文化、山水资源等多个方面，是对嵊州文化的一次全方位扫描、多维度整理和深层次挖掘。这既是对嵊州市优秀传统文化去伪存真、去粗求精的一次梳理与盘点，又是对优秀传统文化的一次传承弘扬和宣传展示。丛书由嵊籍当代著名哲学家、原中共中央党校副校长、《求是》杂志总编辑邢贲思作序。

书名	索书号	提要	备注
《历代咏剡诗选》	I222/2863	自晋至清，共有数百名诗人游历嵊州，留下各种类型的诗歌近千首。本书精选李白、杜甫等510位诗人的近900首咏剡诗，结集成册。辑录所有入选诗人的小传及其与嵊地的渊源。	编注：徐国兆
《历代咏剡文选》	I218.554/2863	选录历代55位作者的60篇文章，其中包括经典名篇《山居赋》等，加以简略的注释和解读，为《历代咏剡诗选》的姐妹篇，对嵊州的山水人文作古典的解读与审美。	译注：徐国兆、求达人、董苗生、吴孝琰
《典故嵊州》	K295.54/2164	从大禹治水毕功了溪，到王子猷雪夜访戴；从谢灵运开凿古驿道，到越剧的横空出世，二千多年来，剡溪两岸一次又一次地上演着精彩纷呈的"文化事件"。本书细数嵊州历史上的这些大大小小的"事件"，用文学语言再现当时的文化盛况。	主编：何国英、马炜
《乡土嵊州》	K892.455.4SZ /0889	本书以剡中独特的民俗和风土人情为考察对象，全面搜集和整理其中的文化信息，用文字和图片的形式再现。既抒发乡情、慰抚乡思，又古为今用、推陈出新。	作者：施钰兴 编审：何国英、徐忠良、马炜
《嵊州人物传略》	K820.855.4/2828	本书筛选影响较大的著名嵊州历史人物，用简练的笔墨勾勒轮廓，记述生平，重点突出其"亮点"，读来亲切感人，如与乡贤晤谈。	主编：徐华锴 编审：马鹏军、周乃光
《嵊州民间工艺》	J528/2828	本书详细介绍嵊州民间工艺的种类、代表作品、杰出工匠及其艺术特色，配以精美图片，既可作资料，也可供赏析。	主编：徐华锴
《嵊州民间演艺》	J825.55/4443	本书着重介绍嵊州形式多样的民间演艺，既是对散落民间的非物质文化遗产的挖掘整理，又充分展示了嵊州民间演艺的无穷魅力。	编著：黄士波、吴维珍、卢芹娟
《嵊州方言辞典》	H173–61/4338	本书对嵊州方言进行了盘点，使大量濒临灭绝的"土话"、"俚语"起死回生，也使多姿多彩的嵊州乡土文化以另一种形式跃然纸上，成为非物质文化遗产必不可少的补充。	编著：求达人 编审：何国英
《越剧志》	J892.55/4443	本志对越剧的诞生、艺术特点和发展沿革等进行了全方位的挖掘与记述，再现了越剧从诞生到鼎盛的一百年间波澜壮阔的发展历史。全书包括大事记、越剧发展沿革、剧目、越剧音乐、演员、舞台美术、编剧导演、嵊州越剧建设、附录等几个章节，由著名越剧表演艺术家袁雪芬担纲顾问，内容翔实，叙述客观，图文并茂，不失为介绍中国第二大剧种的权威版本。	主编：何国英 副主编：马鹏军、黄皎昀 编著：黄士波、钱永林、俞伟
《行走剡溪》	K295.54/0870	本书以第一人称讲述母亲河的来龙去脉，以大写意的手法勾勒出剡溪流域壮美的全貌，讴歌了发生在她身边的感人故事。既跨越时空纵横捭阖，又信手拈花娓娓道来，读罢令人倍感亲切。	策划：何国英 作者：施展 编审：周乃光、尹文欣

151
浣水流韵——诸暨历代诗词作品选
I22/1256

张尧国主编。浙江人民出版社 2008 年 9 月第 1 版，244 页，1 册，978-7-213-03860-0，CNY120.00。

本诗词集收录了诸暨自唐至今 161 位诗词作者的 1280 首作品，选编时间跨度长达 1200 多年，堪称诸暨人诗词集之最。作品凝聚着诸暨历代诗词作者创造的智慧，精进的足音，宽阔的视野，昂扬的锐气，由此让我们体味到诗人的思想积累、精神积累和文化积累。封面由当代文学大家王蒙题字。

152
越中竹枝词
I22/4344

裘士雄、吕山编注。西泠印社出版社 2008 年 9 月第 1 版，306 页，1 册，978-7-80735-396-6，CNY56.80。

本书收录的 1200 多首竹枝词由两位绍兴人裘士雄和吕山花费十余年心血披阅古籍搜集而来。这些散发着浓郁生活气息的竹枝词，构成了一幅绍兴"清明上河图"，艺术地再现了绍兴水乡的历史风情。

裘士雄，见 070。

吕山（1938-　），浙江绍兴人，擅长研究绍兴地方文史，著有《俞明震研究》《斗门怀想》《乡行集》等，主编《越问》刊物。

153
上虞历代诗文选
I222/2014

王雨岐选编。浙江人民出版社 2014 年 11 月第 1 版，230 页，1 册，978-7-213-06100-4，CNY45.00。

《上虞史志文化丛书》之一。共收录历代与上虞相关的诗文 443 首（篇），涉及作者270 位。按所涉内容共分十个篇目：一、禹舜与百官卷，二、曹娥江与曹娥庙卷，三、东关与嵩坝卷，四、道墟与称山卷，五、谢安与东山卷，六、始宁墅与石壁精舍卷，七、达溪与太平山、覆卮山卷，八、丰惠与通明堰卷，九、兰芎山与皂李湖、白马湖卷，十、华盖山与夏盖湖卷，另有名居、名物、风物、应酬四篇。书前有二篇序文分别由上虞区地方志办公室与邹志方所撰。

王雨岐（1935-2013），浙江上虞人。上虞退休教师。

154
历代诗人咏兰亭
I222/2740

邹志方、车越乔编。新华出版社 2002 年 10 月第 1 版，280 页，1 册，7-5011-4871-6/I·252，CNY15.80。

《历代绍兴诗人咏绍兴》之一。全书上自六朝、下迄现代，收录绍兴"兰亭"相关诗词 500 余首，其内容多为歌咏兰亭的自然风光和历史风貌。书前有陈桥驿序文和兰亭照片四幅，书末载有附录和后记。

邹志方，见 140。

车越乔（1932-　），浙江绍兴人。历任绍兴旅港同乡会副会长兼秘书长、会长、永远名誉会长，香港浙江省同乡会联合会副会长兼秘书长，绍兴市政协委员、浙江省政协委员等职。合著有《绍兴历史地理》。

155

历代诗人咏若耶溪

I222/2740

邹志方、庞宝根、魏法林编。新华出版社 2003 年 10 月第 1 版，308 页，1 册，7-5011-4871-6，CNY15.80。

《历代绍兴诗人咏绍兴》之一。全书上自南北朝、下迄当代，选取有关绍兴若耶溪诗词 520 余首，其内容多反映若耶溪独特的文化内涵和自然风光。前有陈桥驿序文和若耶溪相关照片 10 幅，书末载有附录和后记。

邹志方，见 140。

庞宝根（1957-　　），浙江绍兴人。任浙江报业建工集团公司董事长兼总经理。

156

历代诗人咏禹陵

I222/2740

邹志方、高军编。新华出版社 2004 年 2 月第 1 版，273 页，1 册，7-5011-4871-6，CNY15.80。

《历代绍兴诗人咏绍兴》之一。全书以史为序，上自周朝、下迄当代，选取有关描写大禹和禹陵、禹庙的诗作 510 余首。前有陈桥驿序文和插图 4 幅，书末载有附录和后记。

邹志方，见 140。

高军（1963-　　），浙江绍兴人。文博研究馆员，绍兴文理学院客座教授。著有《守望者说》《绍兴古戏台》（合著）等，主编有《兰亭》《绍兴市考古学会论文集》《绍兴文物精华》（上、下卷）等，参与编撰《绍兴市志》《越国文化》等。

157
历代诗人咏柯岩
I222/2740

邹志方、李越明、鲁新潮编。新华出版社 2000 年 4 月第 1 版，239 页，1 册，7-5011-4871-6，CNY12.80。

　　《历代绍兴诗人咏绍兴》之一。由柯岩自然风光、柯岩梅市村（梅墅）和寓园凭吊怀古三部分组成。柯岩梅市村系祁彪佳出生地，而寓园则为祁彪佳生前所建之私家园林，在明清更替之际，清廷欲请他当"贰臣"，他不愿为，自沉于寓园池送殉节，《明史》有传，书中也多有涉及。此书前有陈桥驿序文和相关照片、钤印，并有插图 7 页，书末有附录和后记。

　　邹志方，见 140。

158
历代诗人咏会稽山
I222/2740

邹志方、冯张法、张金军编。新华出版社 2002 年 11 月第 1 版，305 页，1 册，7-5011-4871-6，CNY15.00。

　　本书是历代诗人咏"会稽山"的诗歌集。诗篇依会稽山相对独立的十三个景点分类，具体分：望秦山、会稽山（专指会稽山中心地域）、香炉峰、南镇、石屋、九里、宛委山、禹穴、阳明洞、龙瑞宫、石伞峰、葛仙井、石帆山十三个篇目。内容多反映会稽山的自然风光和它独特的文化内涵。书前有陈桥驿序文和插图 5 幅，书末有附录和后记。

　　邹志方，见 140。

　　冯张法，绍兴东风酒厂董事长。

159
上虞达溪古诗文集
I222.72/1031

王冠群主编。718 页，1 册。

本书收录了东晋至清末历代文人描写达溪山水的古诗文 40 余篇，从这些诗文中可知悉先贤们在达溪隐居、修炼、讲学、垂钓、觅胜、赋诗、作文的经历。

160
唐宋诗人咏鉴湖
I222.742/2740

邹志方编注，绍兴县史志办公室编。中华书局 2011 年 3 月第 1 版，261 页，1 册，978-7-101-07082-8，CNY30.00。

本书是唐宋诗（词）人描写鉴湖的合集。全书共收录诗（词）134 首，作品由原诗（词）、注释、解读三部分组成，其内容着力展示了绍兴旖旎的水乡风情和鉴湖独特的文化魅力。书前有绍兴县史志办公室序文，文中有插图。

邹志方，见 140。

161
浙东唐诗之路
I222.742/2740

邹志方著。浙江古籍出版社 1995 年 12 月第 1 版，316 页， 1 册，17-80518-315-5，CNY15.00。

本书按浙东唐诗之路的 41 个旅游景点选诗，共精选诗歌 207 首。诗歌内容广泛翔实，有关于诗作的作者、写作时间、典故成语以及一些风土人情、物类出产等，一般予以注释或注明出处。前有吴熊和序文。

邹志方，见 140。

162
绍兴三诗集笺注：初盛唐文化名人
I222.742/7494

陈耀东著。光明日报出版社 2010 年 3 月第 1 版，300 页，1 册，7-5011-4871-6，CNY23.80。

本集以初唐、盛唐时期绍兴籍诗人孔德安、孔绍安、崔国辅三人为研究对象，分别依前言、诗作注释、文献汇编的体例加以编排。本书具有较强的地域性，也为后人研究提供了有效的途径。

陈耀东（1937- ），浙江临海人。浙江师范大学人文学院教授、古文献研究所所长。著有《唐代文史考辨录》《唐代诗文丛考》《方苞刘大櫆姚鼐散文选》《陆游诗话》《王枞诗话》《徐宪忠诗话》《历史上的宋江及其故事流传》《浙籍文化名人评传》（主编唐五代卷）等。

163
绍兴诗歌选：1949-1999
I227/4030

东方浩主编。中国文联出版社 1999 年 12 月第 1 版，332 页，1 册，7-5059-3559-3，CNY23.00。

　　本书是 1949-1999 年五十年间绍兴地方诗歌选编。它汇集了老中青三代 60 余人，260 首诗，是 1949 年以来绍兴五十年文艺创作发展的一个缩影。诗集集中展示了绍兴诗人的创作阵容和实力，体现了绍兴独特的地域文化。

　　东方浩（1963-　　），本名蔡人灏，浙江嵊州人。中国作家协会会员，绍兴市作协副主席。著有《大地的宴席》《桃花失眠》等 6 部诗集，主编《绍兴散文选》等诗文集。

164
钢铁之歌
I227/5042

中共绍兴县委宣传部 1958 年 12 月编印。18 页，1 册。

　　本书主要歌颂 1958 年掀起的全民大炼钢铁运动。在绍兴，引领这场浪潮的是绍兴钢铁厂。绍兴钢铁厂兴建于 1957 年 4 月，原名"浙江钢铁厂绍兴分厂"，俗称"绍钢"。20 世纪末改制为绍兴市钢铁集团有限公司，之后转型失败。2001 年，"绍钢"停产歇业，"绍钢"时代宣告结束。

　　"绍钢"是浙江省第一家钢铁企业，曾经是绍兴最大的国有企业，承载着一代绍兴人的记忆。"大跃进"时期，绍兴人民积极响应号召，鼓足干劲，为钢铁而战，创造了许多神话和奇迹。广大干部群众激情澎湃，热情歌颂绍兴钢铁工业"大跃进"，创作了许多慷慨激昂的诗篇。绍兴县委宣传部为此发起搜集歌谣，前后共收到了 300 多件稿子，从中挑选了 86 篇，归为六大类，予以编辑出版，于是就有了这本《钢铁之歌》。本书深刻反映了时代生活，足以窥视绍兴钢铁工业"大跃进"的全貌，是"大跃进"的缩影。

165
越剧：祥林嫂
I236.55/2730

鲁迅原著，吴琛、庄志、袁雪芬、张桂凤改编。上海文艺出版社 1978 年 4 月第 2 版, 122 页,
1 册。

本书是根据鲁迅先生的短篇小说《祝福》改编的越剧剧本，由人物表、分场台词、唱
词选曲等组成。剧本形象体现封建社会的腐朽本质，对封建社会的宗法制度和封建礼教进
行了有力的抨击和鞭笞。首有黑白剧照插页 2 页，末有袁雪芬重演《祥林嫂》及吴琛后记。

鲁迅，见现代 053。

166
新昌调腔目连戏（杨眉良整理本）
I236.55/4773

杨眉良整理。艺术与人文科学出版社 2010 年 10 月第 1 版, 313 页, 1 册, 926-8696-99-
1, CNY28.00。

目连戏是我国传统戏曲中的一种，已有数百年的历史，在中国戏曲史上独树一帜。
新昌是目连戏之乡，每年"七月半"有演目连戏的传统。1949 年以后目连戏绝演，脚本
残缺散失，剧目濒临失传。感于此，作者在参考前人遗存《胡卜抄本》《前梁抄本》和明
皖人郑之珍的《新编目连救母劝善戏文》的基础上，重新对《新昌调腔目连戏》剧本进
行了加工整理。整理本依据"修旧像旧"的原则，基本保持了剧本的原来风貌，许多新
昌的风土人情、地方方言戏也予一一保留。新编剧本更好地满足了"目连戏"舞台演出
的需要。

杨眉良，见 125。

167

浙江戏曲传统剧目汇编：绍剧

I236.55/5061

中国戏剧家协会浙江分会绍兴县绍剧搜集小组编。259 页，1 册。

本书是系列丛书《浙江戏曲传统剧目汇编》之一——《绍剧》。该丛书陆续编印于 1961 年之后，为保留剧目的原来面貌，作品基本上未加修改，为内部发行读物。绍兴图书馆藏有汇编之绍剧分卷第 1-8 册、第 11 册，共 9 册。全书内容包括：剧目剧情介绍、分场台词、音乐曲牌等。该丛书是一部研究浙江早期地方戏曲的重要资料。

《浙江戏曲传统剧目汇编：绍剧》分册剧目：

1. 石朱砂·五美图·龙凤锁

2. 双合桃·双龙会·斩貂·和番·节孝图·玉麒麟·调女吊

3. 打登州·赐皇袍·梳妆楼·长坂坡·贵妃醉酒·香罗带·岳传·嬉凤·芦花记·磨房串戏·虹霓关·八美图

4. 龙虎斗·双贵图·千秋鉴·凤凰图·取龙胆·紫金鞭

5. 玉蝴蝶·潞安洲·视仇若亲

6. 郑恩打殿·南唐·千忠会·通天箫

7. 追狄·三奏本·卧龙岗·前朱砂·轩辕镜·雌雄鞭·巧姻缘·要离刺庆忌

8. 救母记

11. 鸳鸯带·紫霞杯·瑞香球·孟姜女

168
血泪荡
I236.557/2797

绍兴县《血泪荡》创作小组集体创作，沈祖安等修改。上海文艺出版社 1963 年 12 月第 1 版，92 页，1 册，CNY0.32。

《血泪荡》，绍剧、越剧曲目，系根据 1949 年以前浙江绍兴任家畈所发生的真实故事改编而成。主要讲述中华人民共和国成立前夕的绍兴任家畈，恶霸任应福、任应禄等人勾结官府，横行乡里。为控制水流、霸占贫民，任腊梅在荡口的两亩良田逼死其夫，抓走其子，挖去其父双眼。村民奋起反抗，又遭武装镇压。适逢绍兴解放，斗倒恶霸，重见天日。

"六老虎"迫害农民的故事在绍兴影响较大，曾作为"反霸土改"的宣传材料。1961 年绍兴县文化馆将其整理展出，随后改编成戏曲《六老虎》。因演出反响较好，同兴绍剧团将其修改排演成现代剧，于 1962 年赴杭州汇报演出。之后省委宣传部林辰夫与沈祖安等人继续修改，易名《血泪荡》，并赴上海公演。1963 年沈祖安改编成越剧本，由浙江越剧一团在杭州演出。越剧本由沈祖安收藏，绍剧本由上海文艺出版社出版。

169
绍兴剧目资料汇编
I236.557/3202

潘文德等编，绍兴县文化局 1980 年编印。

本书是内部编印油印刊物。共收有绍剧剧目七个：一《斩魏征》，潘文德、王云根编创；二、《双阳与狄青》，顾锡东改编；三、《阿 Q 正传》，潘文德、王云根改编；四、《阿 Q 正传》，徐淦改编；五、《血馒头》，徐淦改编；六、《明天》，徐淦改编；七、《孔乙己》，徐淦改编。以上每剧均有场序、人物表和分场台词等。该汇编具有一定的资料性。

170

绍兴莲花落优秀作品选

I239.6/2018

季承人、王云根主编。中国文联出版社 2015 年 12 月第 1 版，1192 页，4 册，978-7-5190-0930-4，CNY228.00。

本书凡四册，共收录绍兴地方曲艺"莲花落"作品 129 篇。全书开篇收录改革开放初期绍兴城乡家喻户晓的《回娘家》，继而收录了 30 多年来不同时期的莲花落作品。其篇幅多以短篇为主，个别收有中篇。莲花落作为一个曲种在绍兴已有百余年历史，也代有老百姓喜欢的曲目面世，但能成为文本留下来的并不多见。可以说这部绍兴莲花落作品集的问世，是当代绍兴莲花落文本创作的一次集中展示和有益尝试。

季承人，浙江绍兴人。任绍兴市柯桥区文化发展中心主任。

王云根（1952- ），浙江绍兴人。曾任绍兴县文化广播电视局副局长，绍兴县文联主席。著有长篇小说《超界》，戏曲剧本集《王云根戏曲集》，中短篇小说集《王云根中篇小说选》《第二时间隧道》，曲艺作品集《花开花落》，影视剧本集《王云根电影电视剧本选》，散文集《当兵三日》等。

171

八把山锄闹革命

I239.97/2797

绍兴县《八把山锄闹革命》创作组编。浙江人民出版社 1965 年 12 月第 1 版，92 页，1 册，CNY0.13。

本书为戏曲唱本，包括三篇唱词。第一篇《八把山锄闹革命》，反映绍兴县文山公社上旺大队的干部和社员，在党的领导下，自力更生，艰苦奋斗的创业过程，歌颂了上旺人穷不夺志、富不变色的革命精神。第二篇《老贫农潘大毛》、第三篇《潘阿荷冒火救粮》，歌唱文山公社上旺大队潘大毛、潘阿荷两位贫农社员热爱集体、舍己为公的高贵品质。这些作品思想性强，生活气息浓厚，文字通俗易懂，既可供农村俱乐部演唱，又适合工农群众阅读。

1958 年，上旺大队的社员们冒着寒冬风雪，在艰苦的条件下，在党支部书记王金友的带领下，不畏艰难，艰苦奋斗，靠着手中的八把山锄开垦荒地，开办茶厂，大大改变了这个小山村的面貌。上旺大队也因此被评为浙江省农业先进集体单位。此书即为歌颂和铭记这段峥嵘岁月而出版。

172
六陵花园香：一个绍兴人的故事

I247.53/2180

————

毛尔著。中国电影出版社2016年7月第1版，354页，1册，978-7-106-04491-6，CNY45.00。

本书讲述中华人民共和国成立后，在江南水乡绍兴城，以南下干部为主组成的县政府领导班子，经过几年的运作，在当地培养起来的副县长田运友同志的主要事迹，真实地描述了他身为社会主义建设的奋斗者和忠诚的人民公仆的经历。

毛尔（1963— ），本名卢钰，浙江绍兴人。先后在鉴湖中学、绍兴五中、绍兴建功中学等学校任教。著有长篇小说《止战》和散文集《闲人说梦》。

173
范蠡

I247.53/2522

————

朱顺佐著。天马图书有限公司2004年2月第1版，284页，1册，962-450-799-6，CNY18.00。

本书以春秋战国的大时代为背景，以具体生动的笔触，真实地再现范蠡传奇色彩的一生。较为详尽地论述了他在越国辅佐越王勾践奋发图强，十年生聚、十年教训，兴越灭吴称霸的光辉历程。

朱顺佐（1936— ），浙江义乌人。曾任杭州大学历史系教师，绍兴师专教务处长，绍兴市委党校副校长，市社科联副主席、党组副书记，社科院副院长等职。著有《邵力子传》《胡愈之传》《光复会群体思想研究》《江南人物春秋——东浦》《绍兴贤人志》《中共党史教学问答》《江南人才名镇——陶堰》（合著）等。主编《绍兴名人辞典》。

174
越王勾践
I247.53/4792

杨小白著。浙江文艺出版社 1997 年 12 月第 1 版，405 页，1 册，978-7-80173-613-0，CNY18.00。

作者以勾践的传奇一生为蓝本，讲述其卧薪尝胆，历经"十年生聚，十年教训"，使一个被斥之为"越之水重浊而汩，故其民愚极而垢"的弱小国家，成为一个国富民强、东南称雄的故事。

杨小白（1952- ），浙江诸暨人。曾任绍兴市作家协会副主席，绍兴市女作家协会会长，中国作家协会会员，浙江省戏剧家协会会员。著有长篇历史小说二部、长篇报告文学二部、戏剧剧本一部、电影剧本一部，另著有散文、诗词、中篇小说等。

175
台门
I247.57/3639

祝兆炬著。宁波出版社 2011 年 9 月第 1 版，418 页，1 册，978-7-80743-834-2，CNY32.00。

该书是以辛亥革命为时代背景的长篇小说。主要以绍兴的传统台门为故事架构，以秀才陆发及"稽、英、芬、芳、水、山、云、梦"诸女子的遭际为核心内容，还原了清末绍兴的社会现状，在揭示世态、生态、心态种种无奈中，探索人性的正负两方面因素，展示疗救人世无奈的药方，暗示了辛亥革命的必然。

祝兆炬，绍兴文理学院人文学院教授。

176
花红花火
I247.57/3810

海飞著。红旗出版社 2015 年 1 月第 1 版，352 页，1 册，978-7-5051-3319-8，CNY35.00。

本书讲述了乱世中一个女酿酒师花红与四个男人的恩怨情仇，是一部民国版的"乱世佳人"。女酿酒师花红被养父故意许给田树根，田树才代兄迎亲，新婚之夜，土匪陈三炮打劫田家，抢走新娘花红。花红以心智御敌，解决一个个难关，后在新四军的协助下平定匪帮之乱，又在日军"C 计划"即将执行之际，在新四军的领导下带兄弟们出奇制胜，在危机重重中配合新四军成功狙击日军。经历了战火洗礼、情感纠葛的花红终于成长为一名真正的革命者。

海飞（1971-　），浙江诸暨人。作家、编剧，著有《童书海论》《闪光的胡琴》《像老子一样生活》《向延安》《捕风者》《惊蛰如此美好》等。曾担任《大西南剿匪记》《雨伞斑斓》《女管家》《麻雀》电视电影的编剧。

177
国酿
I247.57/4792

杨小白著。国际文化出版公司 2007 年 1 月第 1 版，473 页，1 册，978-7-80173-603-1，CNY32.00。

本书讲述了从明末清初到中华人民共和国成立前夕，绍兴酒业长达三百多年可歌可泣的发展历史。小说刻画了以周家子孙为主要代表的绍兴酒业人物群像，将他们在历史的重大关头因酒而生的爱恨情仇描绘得淋漓尽致，是一部关于绍兴酒的长篇小说。

杨小白，见 174。

178
绍兴往事

I247.57/7404

陈文超著。浙江文艺出版社 2012 年 12 月第 1 版，275 页，1 册，978-7-104-04187-0，CNY27.00。

    小说围绕两个家庭，主要讲述一对文化背景不同、性格迥异的夫妻之间几十年的情感战争。作者以绍兴著名古镇之一的东浦镇为背景，用第一人称的叙事手法，在人物故事中展现浓郁的绍兴风俗民情，同时又将绍兴的历史文化故事、方言、俚语巧妙地融入，是一本颇具地域文化特色的文学作品。

    陈文超（1960- ），浙江绍兴人。中学教师，曾发表多篇散文、随笔和小说，参与编著有《古往今来说绍兴》《中学语文新概念教学设计集》《创新学案》等。

179
绍兴名人对联故事

I247.8/1717

邓政阳编著。西泠印社出版社 2008 年 9 月第 1 版，235 页，1 册，978-7-80735-396-6，CNY36.00。

    本书为《越文化丛书·第一辑录》之一，是收集有关绍兴名人名胜对联以及对联故事的合集。文中收录以时间为顺序，上自东晋，下至当代。所选对联作者与内容均和绍兴有关，其中不乏为名人名联，书中附名人画像或照片，且有较详细的人物介绍，是一本很好的乡土课外读物。

    邓政阳（1980- ），四川人，柯桥区中学语文教师，柯桥区史志学会会员，绍兴文史研究者。致力于绍兴乡土语文教育和绍兴楹联。著有《越缦堂联话辑注》，有多篇论文在省级以上学术刊物发表。

180
绍兴乱弹从艺录
I251/1054

王振芳著。中国戏剧出版社 2007 年 1 月第 1 版，280 页，1 册，978-7-104-02514-6，
CNY580.00。

　　本书是《浙江省当代戏曲剧作家丛书·第二辑》之一，是王振芳先生从事绍剧艺术 60
余年的自我回忆录。作者回忆了在曲折坎坷的艺术人生道路上走过的漫长历程，同时还就
乱弹流派的传承及地方剧种的弘扬等问题，作了较为深入的研究和探讨。

　　王振芳（1933-2016），艺名十三龄童，浙江绍兴人。著名绍剧表演艺术家，国家一级
演员，中国戏剧家协会会员，首批绍兴市非物质文化遗产（绍剧）代表性传承人。他出身
戏曲世家，七岁从艺，十三岁领衔主演，擅演老生，享有"绍剧独一无二"之美誉。

181
光荣民兵连
I253/2127

上虞县《光荣民兵连》编写组编写。浙江人民出版社 1972 年 6 月第 1 版，30 页，1 册，
CNY0.07。

　　本书记录了上虞县三汇公社光荣大队及光荣民兵连的故事。封面为民兵连画像，内
封有毛主席语录，分读书、顶风、围歼、造闸四部分，主要讲述二十世纪五十至七十年
代上虞县光荣民兵连的诞生与发展历程，介绍了光荣民兵连在"三大革命运动"，开发沿
海滩涂，建造海塘海闸，促进当地生产建设过程发挥的带头作用和骨干作用。受限于当
时的形势，书中难免存在有失偏颇、过激甚至错误观点，但毕竟也反映了中华人民共和
国成立初至"文革"期间的那段真实历史，对于认识和研究上虞海涂开发历程具有一定
的价值和意义。

182
百名记者感受绍兴
I253/3144

谭志桂主编，中共绍兴市委宣传部 2005 年 12 月编。270 页，1 册，浙内图准字（2005）第 176 号。

2000 年之际，绍兴市相继举办了"百名新闻界老总看绍兴""百名卫视记者聚焦绍兴""百名晚报记者感受绍兴""百名网络记者连线绍兴"等百字系列主题外宣活动，刊发了一大批有分量的稿件。本书辑录了其中的一部分，包括古城新貌篇、活力绍兴篇、和谐绍兴篇、经济亮点篇、城乡统筹篇。

谭志桂（1962– ），浙江上虞人。曾任嵊州市市长、市委书记、中共市委常委、宣传部长、诸暨市委书记，绍兴市委副书记等职，现任绍兴市人大常委会主任。

183
鉴湖长歌
I253/4483

蒋鑫福、徐志耕著。作家出版社 2003 年 8 月第 1 版，426 页，1 册，7-5063-2632-9，CNY30.00。

本书以绍兴发展变化为创作主题，较好地展现了古越大地的改革历程。书中讲述了 100 个工作生活在绍兴的人在二十五年中的故事。他们或本地或外地，有的甚至是外国人，他们不同年龄、不同职业、不同经历，是他们构成了绍兴新时代的人物群像。

蒋鑫福，浙江绍兴人。历任绍兴市作协理事，绍兴县作协主席。著有报告文学集《穿过硝烟》、小说散文集《乡情》、长篇报告文学《鉴湖长歌》，共出版和编辑文学作品 10 余部。

徐志耕，浙江绍兴人。曾任《解放军报》记者，《人民前线报》编辑，南京军区政治部文艺创作室创作员、副主任。著有报告文学集《两用人才的开发者们》（合作）《南京大屠杀》（译有日、英、法等国外文版本）《情海望不断》等。

184
大围涂纪实
I253/7144

顾志坤、郑志勋、姜林坤著。作家出版社 2012 年 4 月第 1 版，271 页，1 册，978-7-5063-6315-0，CNY18.00。

本书以纪实文学的形式，再现了四十年前上虞人民众志成城、艰苦奋斗围垦滩涂的史实。他们筑海堤、堵海潮、抗坍江、战台风，在当时极度艰难困苦的条件下，花了 40 年的漫长时间，先后出动百万民工之众，终于成功地围田 30 余万亩，保障了一方水土的长治久安和沿海百姓的安居乐业。可以说这是一部围涂史上的重要的史志。

顾志坤（1952-　　），浙江上虞人，中国作协会员、国家一级作家。1969 年投笔从戎，1982 年转业回乡。主要作品有：长篇小说《东山再起》《梁山伯与祝英台》《竹林七贤之嵇康传》，中篇小说《冲出死海》《皇后号上的魔影》及散文集《白马湖畔一支柳》等。

郑志勋，浙江在线记者。

姜林坤，浙江上虞人。从 1969 年 12 月开始，参与了历次围涂。2008 年开始，带领作家顾志坤先后拜访了 100 多位围涂工作者，历时 3 年，完成了 33 万文字创作。曾任上虞县政府办公室副主任。

185
珍珠帝国
I253.3/1050

王丰著。浙江人民出版社 2008 年 11 月第 1 版，256 页，1 册，978-7-213-03878-5，CNY34.00。

本书讲述了诸暨山下湖镇珍珠业的传奇创业故事，故事的主角是最普通不过的浙江农民，是他们创造出了通往"全球珍珠时尚工业中心"的最大可能。书中也呈现了山下湖镇由珍珠串成的整个人文历史和经济脉络。

王丰，曾任《南方周末》记者、《第一财经日报》特稿部主任、《南风窗》总编助理、《财经》杂志奖学金获得者，现为《东方企业家》总编。

186

中国第一河口大闸：曹娥江大闸建设纪实

I253.6/6087

吕益民主编。中国水利水电出版社 2011 年第 1 版，275 页，1 册，978-7-5084-8640-6，CNY58.00。

本书以纪实的手法，分十部分，全面记录了曹娥江大闸枢纽的建设成就和建设者的精神面貌，更重要的是从酝酿决策到科技创新、重要节点、阶段推进、规范管理等诸多方面系统总结了钱塘江河口强涌段建设水闸枢纽工程的成功经验。本书可供河口水闸枢纽工程决策者、建设者和管理者参考使用。有序文和后记，并有插图 8 页。

187

绍兴文化杂识

I267/0013

章玉安著。中华书局 2003 年 5 月第 2 版，292 页，1 册，7-101-02871-3，CNY18.00。

本书收入文章 89 篇，图 81 幅，分别从史事掌故、古迹文物、园林名胜、民居建筑、学校教育、文学艺术、士子学人、风情习俗等侧面折射出若干有关绍兴历史文化现象。

章玉安（1943-2016），浙江绍兴人。曾供职于绍兴一中，业余喜好文学创作、社科研究，编著《龙山诗草》《绍兴市教育志》《绍兴名校名师》《绍兴教育史话》等著作，参编《绍兴百贤图赞》《绍兴百景图赞》等，发表论文数 10 篇。

188

百名作家品味绍兴

I267/3144

谭志桂主编，中共绍兴市委宣传部 2006 年 1 月编。232 页，1 册，浙内图准字（2005）第 177 号。

2000 年之际，绍兴市相继举办了"百名新闻界老总看绍兴""百名卫视记者聚焦绍兴""百名晚报记者感受绍兴""百名网络记者连线绍兴"等百字系列主题外宣活动，刊发了一大批有分量的稿件。本书辑录了其中的一部分，包括晋圣咏叹、文脉流韵、斟酌山水、谛听社鼓、故园新枝等篇章。

谭志桂，见 182。

189
新昌风光散记
I267/6041

———

吕士君著。哈尔滨地图出版社 1996 年第 1 版，299 页，1 册，7-80529-288-4，CNY10.80。

本书是作者记录新昌的散文随笔，内容分：一、新昌山水胜迹，二、新昌的风物特产，三、新昌的乡贤，四、新昌风光的文艺习作。有序文和后记，并附插页 4 幅。

吕士君（1939- ）浙江省作家协会会员，绍兴市乡土文化研究会会员，擅于新昌山水文化、村落文化和赏石文化研究，著有《刹东山村》等。

190
聊遣集：沃洲风物谈
I267/7417

———

陈百刚著。中国文联出版社 2012 年 10 月第 1 版，294 页，1 册，978-7-5059-7861-4，CNY35.00。

本书是著者关于新昌的散文随笔，分为山水篇、人物篇、序跋篇、方志篇、宗谱篇、碑记篇六个部分。有序文和后记。

陈百刚（1937- ），浙江新昌人，毕业于华东师范大学历史系。先后在儒岙中学和新昌县教师进修学校任教。曾任市人大常委、县政府副县长、县人大副主任、县政协文史委主任、省第八届人大代表等。从政期间，同时从事地方史志资料的发掘、整理和编写工作，先后主编和撰写了《新昌县志》《新昌乡村文化研究》《可爱的新昌》《大佛寺志》等多种；在各级报刊发表论文、散文及书评 100 多篇。

191
家乡戏文
I267.1/0889

———

施钰兴著。大连出版社 2003 年 12 月第 1 版，184 页，1 册，7-80684-062-1，CNY18.80。

本书是作者的自选散文集，分为刹中八记、风俗拾遗、世事感悟、人物散记、山水随想等。文章乡土气息厚重，对嵊州的民俗、名胜也多有涉及。

施钰兴（1959- ），浙江嵊州人。著有《王羲之的传说》一书，现为浙江省历史学会会员、省民间文艺协会会员。

192
老家杨家楼
I267.1/4761

杨国驹著。中国国际广播出版社 2017 年 4 月第 1 版，227 页，1 册，978-7-5078-3937-1，CNY48.00。

杨家楼是诸暨市下辖的一个村，本书不是严格意义上的一部村史、家族史，但又胜似村史、家族史。作者通过反复走访村中老人，查阅方志、族谱等大量史料，在可用史料不甚完整的情况下，尽可能地还原了"杨家楼村"的历史。诚如作者所言：很想把"杨家楼"作为江南村落演变的典型来考察研究。这或许也是我们读这本书的价值所在。

杨国驹（1966- ），浙江诸暨人。绍兴资深地理教师，中国地理学会会员，多年从事越文化研究。著有《乡土诸暨》一书。

193
斗门怀想
I267.1/6020

吕山著。天马出版有限公司 2009 年第 1 版，185 页，1 册，978-962-450-097-4，CNY29.00。

本书收录作者各时期曾发表的小品文大约 50 篇，文章内容多与绍兴斗门相关，具体分为：斗门风情、斗门人物、斗门文史和传记等部分。前有序和后有跋。

吕山，见 152。

194
绍兴物产文化
I267.1/8348

钱茂竹著。中国文联出版社 2003 年 11 月第 1 版，314 页，1 册，978-7-5059-7907-9，
CNY18.80。

绍兴物产文化是越文化的重要部分，研究越文化不能忽视这些历经千年而愈发灿烂的
物产文化。本书从文化层面铺写绍兴物产的历史、性能、品类、特征及其影响，对于研究
越文化和当今名产文化的探求具有一定的参考价值。

钱茂竹，见 094。

195
嵊州民间故事
I267.3/3239

嵊县征文办公室、嵊县文化馆编。嵊县印刷厂 1979 年第 1 版，202 页，1 册。

本书选编收录了嵊州域内民间故事共 50 则，包括歌颂劳动人民聪明智慧的故事、爱
情传说、寓言神话等。文中涉及大量的地方方言和相关民俗。

196
走读绍兴
I267.4/8722

郑休白著。浙江摄影出版社 2013 年 1 月第 1 版，198 页，1 册，978-7-5514-0176-0，
CNY29.00。

本书是作者的散文随笔，从历史、文化、生活、现实等多角度视野描绘了绍兴的名胜
古迹。

郑休白，浙江绍兴人。历任绍兴日报社记者、编辑、专刊部副主任。著有散文集《访
谈世界》《文化圣旅》，散文《宁静的祝家庄》《智慧东山》等。

197
越城区、绍兴县对联集成

李永鑫主编。西泠印社出版社 2012 年 3 月第 1 版，647 页，2 册，978-7-5508-0410-4，CNY76.00。

本书是《中国对联集成·绍兴卷》之一，分上下二册。本分册内容可分：情理篇、景观篇、节令篇、行业篇、庆吊篇、居室篇、宗教篇、谐趣篇、集联篇、历史名人篇等。有序文、后记和附录。该丛书另有《诸暨市对联集成》《上虞市对联集成》《嵊州市对联集成》《新昌县对联集成》等分卷。

李永鑫，见 049。

198
浙江省民间文学集成·绍兴市故事卷

阮庆祥主编。中国民间文艺出版社 1989 年 12 月第 1 版，1234 页，2 册，7-5040-0369-7，CNY16.00。

本书共选编民间故事 531 篇，分上下两册。上册是神话、传说，下册为故事。它不仅是研究绍兴政治史、经济史、思想文化史的好材料，同样也是研究社会学、历史学、民俗学、宗教学、语言学、美学和中外文化比较研究的好教材。另有序文和插图 8 页。

阮庆祥（1932-2008），浙江绍兴人。曾任绍兴市民间文学集成办公室主任，绍兴市政协常委、副秘书长。主编有《绍兴兰文化》《绍兴风俗简志》（合编）等多部。

199
浙江省民间文学集成·绍兴市谚语卷
I277/2790

阮庆祥主编。中国民间文艺出版社 1989 年 12 月第 1 版，322 页，1 册，7-5040-0369-7，CNY4.90。

本书共收编谚语 5767 条，这些谚语几乎在政治生活、经济生活、文化生活、人际交往、世态炎凉、风俗习惯、自然现象等方面无所不及，表达了人民群众丰富的想象力和创造力。

阮庆祥，见 198。

200
越歌百曲
I277.25.3SX/4344

裘士雄编注。天马图书有限公司 2001 年 1 月第 1 版，136 页，1 册，962-450-948-4，CNY9.00。

本书收录绍兴歌谣和越中竹枝条词百余首。这些歌谣曲子既有反映儿童游戏的内容，也有成人务农、读书等生产生活的侧面，是研究绍兴民俗风貌的文献资料。

裘士雄，见 070。

201
西施传说
I277.3/1256

张尧国主编。中国美术学院出版社 2006 年 3 月第 1 版，231 页，1 册，7-81083-481-9，CNY180.00。

西施传说是浙江省地方民间文学，国家级非物质文化遗产之一。全书内容十分丰富，涉及人物传说、地方传说、物产传说、风俗传说等，几乎涵盖民间文学的所有领域，同时在文学、史学、美学上也显现了独特价值。本书有序文、后记，另有插图 60 幅包含西施殿相关照片 4 幅。

202
诸暨木柁
I277.3/1716

孟琼晖主编。光明日报出版社 2014 年 11 月第 1 版，450 页，1 册，978-7-5112-5737-6，CNY36.00。

本书是诸暨域内民间文学故事的合集。全书以故事所涉年代为序，按内容分为五辑：一、静水留深，二、真有其人，三、越女也木，四、确有其事，五、古风不绝。前有序文，末有后记。

孟琼晖（1977–　），浙江诸暨人。曾任诸暨图书馆馆长。

203
上虞民间故事集
I277.3/2127

上虞县文学艺术界联合会、上虞县文化馆 1986 年编。142 页，工本费 1.20。

本书收集了上虞民间故事 63 篇，内容分：人杰篇、地灵篇、雅风篇、拾遗篇四部分。这些故事反映了劳动人民的聪明才智和优秀品质，从一个角度映照了上虞的历史沿革。首有谢晋撰写的序文，书末附后编。

204
柯桥地名故事
I277.3/2790

绍兴市柯桥区民政局 2016 年编。238 页，1 册。

本书编录柯桥区十五个街道有关地名传说故事 177 篇。这些流传于民间的地名故事不但体现了柯桥区的历史变革，同时还反映了人们的生产、生活经历。随着时代的推进，一些老的地名逐渐消失，记录和整理它们，变得更为迫切。书前有插图 12 页，末有后记。

205

诸暨风物故事

I277.3/2849

———

徐志光编著。浙江工商大学出版社 2017 年 1 月第 1 版，314 页，1 册，978-7-5178-1904-2，CNY32.00。

本书是诸暨的民间文学故事集，收录有关诸暨的山水故事、桥亭故事、物产传说等 60 余篇。

徐志光（1958-   ），浙江诸暨人。从 1983 年开始，注重民间文学的收集、整理。参与《中国民间文学集成·浙江省诸暨县故事卷》《诸暨市非物质文化遗产系列丛书·民间文学》的编写，独立编著《木囡婿》《诸暨山水》《能工巧匠》等。

206

绍兴胜迹民间故事传说

I277.3/3145

———

汪志成著。华龄出版社 2017 年 4 月第 1 版，362 页，1 册，978-7-5169-0956-0，CNY38.00。

这是一本描写绍兴名胜古迹的故事集，以民间传说为线索，用文学的手法对这些故事进行了二次创作。故事的可读性与趣味性较强。

汪志成，中国民间文艺家协会会员，浙江省作家协会会员，著有小说集《拐点》《豁然一瞬间》，散文集《山水人缘》，故事集《绍兴酒典故事》等。

207

越地俗语典故

I277.3/4038

———

李永鑫主编。西泠印社出版社 2011 年 1 月第 1 版，333 页，1 册，978-7-80735-9，CNY29.00。

《绍兴民间文化丛书》之一，共收录俗语与典故故事 163 则，内容分为"越地典故""越语故事""越语拾零"三辑。

本丛书另有《越地奇才徐文长》《越地名人轶事》《越地名胜古迹》《越地风情习俗》《越地民俗工艺（百图）》《越地童谣游戏》《越地民间谜语》《越地特产名点》等分卷。

李永鑫，见 049。

208
香榧传说

I277.3/6013

吴双涛主编。西泠印社出版社2013年第1版，307页，2册，978-7-5508-0778-5，CNY50.00。

　　书中收集了绍兴会稽山地区周边一带的广大榧农民众，一代一代口耳相传，创作和传播的种种有关于香榧的传说故事。故事既包括了带有某种神圣的物种起源传说，又有越文化区域的著名历史人物传说、地方风物传说。该书共分"香榧传说""香榧歌谣"和"香榧传说讲述人小传"三部分。书中有插图和后记。

　　吴双涛（1964-　），浙江上虞人。曾任绍兴文化馆馆长。

209
东浦古镇神韵

I277.3/8064

俞国英主编，《东浦古镇神韵》编委会编。浙江大学出版社2005年12月第1版，304页，1册，7-89490-186-5，CNY4.90。

　　本书是描写东浦镇的民间故事合编。其内容分九类：名人小传、古迹遗韵、酒乡神曲、山水佳话、乡桥俚谣、村落话古、民俗采风、古镇聊斋、诗情画意等。前有陈桥驿、阮坚勇序文，末有后记。

210
陈半丁

J212.052/2502

朱京生著。河北教育出版社 2002 年 12 月第 1 版，272 页，1 册，7-5434-4865-3，CNY58.00。

本书为《中国名画家全书》之一，辑录陈半丁 180 余幅传世绘画、书法及篆刻作品，并通过生平传略、艺术思想与画理、书画印论评、论艺摘选、名家评论摘录及年表简编六部分，对其生平事迹、艺术历程、画论理念、技法特点等作详尽的介绍。同时收录了表现陈半丁本人艺术思想及画理的一些论艺文章，以及陈半丁的生平年表和各家对其绘画作品的评论摘录，全面展现这位命运多舛的伟大艺术家的艺术魅力及其个人风范。

朱京生（1962-　），北京人。从事 20 世纪中国画及书法、篆刻的研究与批评。专著《陈半丁》获文化部第二届文化艺术优秀科研成果三等奖，《京派大家陈半丁》获 2002 年中国艺术研究院优秀科研成果三等奖，参与陈半丁纪念馆的建设，组织策划"陈半丁与 20 世纪北京中国画坛"学术研讨会。

211
赵之谦著作与研究

J212-53/4416

赵而昌编著、张钰霖整理。西泠印社出版社 2007 年 7 月第 1 版，189 页，1 册，978-7-80735-239-6，CNY120.00。

本书以赵而昌先生撰述文字为主要内容，辑录了其遗稿中比较完整的"赵之谦年谱"，以及多方面研究赵之谦的专文，包括生平概述、地域文化背景研究、艺术创作研究、家世与交游等多个层面。并且收录了清末至当代海内外名家关于赵之谦艺术成就的评述文字，赵而昌先生整理的诗文、序跋、函札、书画印章款识，关于会稽赵氏族系的一些流传极罕、甚至从未公开面世的珍贵文献史料。书末附整理后记。

赵而昌（1921-2005），浙江绍兴人，赵之谦族裔，旅居上海。毕业于上海光华大学，先后任职于上海人民美术出版社、上海古籍出版社，长期从事编辑出版工作，曾任西泠印社社员、上海文史馆馆员。生前曾整理标点《章安杂说》《赵之谦尺牍》，对赵之谦研究用力甚勤。

212
老绍兴风情
J224.2/6040

罗枫绘画并撰文。学苑出版社 2016 年 12 月第 1 版，112 页，1 册，978-7-5077-5142-0，CNY45.00。

　　本书为"故园画忆系列"中的一本，作者以钢笔画的手法描绘了古城绍兴的历史建筑、乡土民居、民风民俗，生动细致地描绘了绍兴的历史文化遗存和生活场景，细微具体地表达历史的沧桑感和生活细节的真实性。同时，本书配有简短的中英两种文字，对每一幅图画进行解读，使中外读者能在欣赏精美绘画的同时了解更多的历史文化信息和当地的风土民情。首有作者自序。

　　罗枫（1945- ），浙江宁波慈溪人。自幼喜欢画画，供职于宁波海曙区文化馆，从事绘画工作，后入宁波电视台总编室美术编辑工作。为中国美术家协会会员。

213
王羲之书法全集（上、下）
J292.23/1083

江吟主编。西泠印社出版社 2009 年 4 月第 1 版，2 册，849 页，978-7-80735-499-4，CNY760.00。

　　本书按照字体序列来编写王羲之书法作品。先为小楷，其次为行书，复次为草书，最后为集王字书法作品。全部作品之后附以各帖之简要文字说明。本书将传世王羲之书法作品之墨迹（摹本）归为一类，旨在突显墨迹（摹本）对于研究王书之重要，并且将墨迹（摹本）与刻本并观，意在体现二者之差异。依据之底本主要为宋刻法帖。少量作品取自明清所刻法帖。首有中国书法家协会副主席、西泠印社副社长朱关田序。

　　江吟（1963- ），浙江淳安人。西泠印社出版社社长、总编辑，西泠印社理事、中国书法家协会会员、浙江省书法家协会主席团成员。

214
上虞罗雪堂先生遗墨
J292.27/6019

罗怀祖 2012 年编。100 页，1 册。

　　本书从雪堂先生遗存中遴选了包括中堂、横幅、斗方、四条屏、册页、扇面在内的多种形式的书法作品，其作品取材博、涉境宽，书体丰富多样，包括篆书二种、甲骨文十四种、石鼓文一种、金文一种、隶书五种、楷书一种、行书六种、扇面法书七种，另有画作二种、印章七种、法书款印十种。每幅作品均有释文，有的还有款识和钤印，是鉴赏罗振玉书法篆刻不可多得的一本佳作。

　　罗怀祖，祖籍绍兴上虞。为雪堂罗振玉之第九孙，罗福葆之子，一生以数学教育为业。退休后，专注于对罗雪堂的研究。

215
绍兴书画史
J292-09/7564

陆景林主编。西泠印社出版社 2007 年 10 月第 1 版，371 页，1 册，978-7-80735-251-8，CNY228.00。

　　本书分为上编"绍兴书法史"、下编"绍兴绘画史"和"附录"三部分，内有彩照、插图近 200 幅。详尽记载了古越先秦至民国时期绍兴籍书画家及其作品在中国书画史上的重要地位，厘清了绍兴书画史的发展脉络，全面反映了当代绍兴籍书画家的创作、获奖及著书立说的现状。首有时任绍兴市委书记王永昌作序，后附编者后记。

　　陆景林（1946-　），浙江上虞人，长期从事化工生产，曾获国家化学工业部表彰。业余从事诗文书画创作，著述颇丰，为中国作家协会会员、中国书法家协会会员、中国美术家协会理事，出版《熙春楼》《迷人的蝴蝶》等专著 6 部，书画作品多次在全国性展览获奖。曾系浙江省政协委员，绍兴市政协副主席，九三学社绍兴市主委。

216
绍兴石文化
J314.3/2126

绍兴市政协文史资料委员会编。远方出版社 2003 年 3 月第 1 版，267 页，1 册，7-80595-803-3，CNY20.00。

　　本书通过对绍兴岩石资源的探究，追溯绍兴石文化的开端，例举了江南著名石盆景——东湖，江南第一大石佛——新昌大佛寺，中国第一奇石和石佛造像——柯岩，残山剩水话云石——吼山，石窟洞中见大佛——羊山等先人为后世留下的琳琅满目、美不胜收的奇石景观，展示了绍兴石文化的博大精深。同时收集了历代主客籍文人墨客在越中大地寄情山水，抒发心灵，歌咏绍兴奇山异石留下的许多不朽诗篇，以及围绕名山奇石胜景众多美丽的传说与故事。首有绍兴市政协副主席陈雪樵序，后附编者后记。

217
越塑遗韵
J321/2883

徐复沛著。西泠印社出版社 2017 年 11 月第 1 版，133 页，1 册，978-7-5508-2207-8，CNY78.00。

　　本书收集了作者创作的越塑作品 100 余件，从历史的角度，挖掘了丰富的越地文化。这些作品大多立足越地传统故事文化，以绍兴本土题材为创作对象，如《励精图治》《鉴湖春秋图》《大禹颂》《徐渭创意足千秋》均取材绍兴人物、风貌。其中，《励精图治》获浙江省工艺美术创作优秀奖，《大禹颂》获得浙江省工艺美术双年展金奖。

　　徐复沛（1946- ），浙江绍兴人。1965 年进绍兴酒厂随师学艺花雕。设计花雕新品种 28 件，创作作品 2000 多幅，有 32 次获国内外专业评比金奖、大奖、优秀奖。全国高级工艺美术大师，第八届全国人大代表，绍兴市优秀拔尖专业人才，学术带头人。中国民间文艺家协会会员，浙江省民间美术家协会副主席，非遗保护项目"绍兴花雕"代表性传承人。

218
岁月流痕：杨乃燕镜头下的绍兴旧影
J421.553/4714

杨乃燕著。西泠印社出版社2013年7月第1版，199页，1册，978-7-5508-0865-2，CNY280.00。

本书收录了200余幅摄影作品，以摄影艺术的独特视角，记录了从二十世纪六十年代到九十年代三十余年间，绍兴在政治、经济、文化、社会等领域的变迁。每幅画面都记录和定格了时代发展、城市变迁、移风易俗的历史瞬间，都是时代性与艺术性的完美结合。影集分为《峥嵘岁月》《城市印记》《经济万象》《文化掠影》《生活百态》五部分，为后人留下了极为珍贵的影像资料。

杨乃燕（1933—   ），浙江绍兴人。副研究馆员，高级摄影师，1969年起从事摄影艺术工作，曾受文化部表彰，获第六届《大众摄影》全国少儿摄影比赛优秀指导奖，第二届中国摄影家协会"金烛奖"，绍兴市鲁迅文学艺术奖，荣获绍兴市首届"德艺双馨"文艺家称号。

219
绍兴工艺美术
J509.2/8799

绍兴市二轻集团公司、绍兴市工艺美术行业协会编纂。浙江人民美术出版社2015年4月第1版，326页，1册，978-7-5340-4117-4，CNY220.00。

本书展示了上自新石器时代、下至2013年绍兴工艺美术的发展历程。全书设三编共二十章及附录，并配有大量精美的彩色照片。第一编为历史沿革，以时为经，以事为纬；第二编为品类，共分九类四十多个品种；第三编为人物，记载了国家、浙江省、绍兴市工艺美术大师等。附录包括获奖情况、协会要情等。首有时任绍兴市委书记钱建民序。

220
传统手工技艺
J528/2124

诸暨市文化广电新闻出版局编。西泠印社出版社 2011 年 7 月第 1 版，238 页，1 册，978-7-5508-0178-3，CNY288.00。

《诸暨市非物质文化遗产系列丛书》之一。内容涵盖近百个项目，既有与饮食起居相关的制作技艺，又有跟地方民俗密切关联的编织扎制、剪刻画绘的制作技艺；既有文房用具如笔、纸等制作技艺，又有五金錾锻、雕镂塑作的制作技艺；还有直接应用于农业生产劳作和日常生活的工具物品制作技艺等，涵盖了当地人民群众生产和生活的各个领域，构架起较为完整的民间手工技艺体系，体现出诸暨传统手工技艺的民间性、丰富性和实用性的文化特征和人文价值。

221
中国民族民间器乐曲集成（浙江卷绍兴分卷）
J648/7470

绍兴"乐器集成"分卷编委会 1986 年 5 月编印。手刻油印本，455 页，2 册。

本书收录了绍兴市境内流存过的各类民间器乐曲九十余首。既有独奏乐曲，又有合奏乐，包括丝弦乐、丝竹乐、丝竹锣鼓乐、吹打乐、锣鼓乐等。并追忆了孙文明、魏淇园等优秀的民间音乐家，对上虞县"韶韵轩"十番班、新昌县黄坛十番班、嵊县白泥坎民间乐队、上虞县大敲班、绍兴清音班等民间器乐团历史渊源进行追溯、对各自的演奏技巧也分别作了详细的阐述。在弘扬中华传统文化的大背景下，挖掘和保护了民间的灿烂文化。后附"绍兴市民族民间器乐曲总目录"。

222
绍兴目连戏
J825.55/1045

王东惠著。中国文联出版社 2012 年 7 月第 1 版，280 页，1 册，978-7-5059-7677-1，
CNY38.00。

全书分为目连戏与绍兴目连戏、流布在绍兴县的目连戏、流布在诸暨的目连戏、流
布在上虞的哑目连、流布在嵊州的目连戏、流布在新昌的目连戏、绍兴目连戏的精彩出
目、绍兴人心中的目连戏八章，介绍了目连戏的历史演变、目连戏在各地的发展及精彩
曲目等。

王东惠（1967-　），浙江新昌人。毕业于杭州大学历史系，任《新昌年鉴》副主编，
出版的专著《新昌乡村文化》列入《纪念新昌建县 1100 周年新昌文史丛书》，《彩烟下宅
和天姥南山》列入《浙江古村落系列研究文库》。

223
绍兴戏曲资料汇编
J825.55/2791

《绍兴戏曲志》编辑部 1985 年 5 月始编印。10 册。

《绍兴戏曲志》编辑部在编纂《中国戏曲志·浙江卷》绍兴部分条目的过程中，对所
积累的本地戏曲资料，不定期加以编印。本汇编共十辑，主要刊载戏曲条目释文，并载有
关回忆文章、研究资料。对各地的演出机构、演出场所均有详细的记载，对不同的演出习
俗、表演特技、舞台美术及文物古迹也有一定的解读和研究，展示了绍兴作为戏曲之乡的
深厚底蕴。

224

袁雪芬文集

J825.55/4014

———————

袁雪芬著，上海越剧艺术研究中心、上海越剧院艺术研究室主编。中国戏剧出版社 2003 年 12 月第 1 版，609 页，1 册，7-104-01284-2，CNY50.00。

　　本书编选了袁雪芬从 1945 年到 2003 年近 60 年来发表的文章、讲话和有关对她的评论报道，共计 192 篇。包括表演艺术谈、回忆、随笔·杂谈、诗歌，附录部分是各种访谈、报道和评论以及她的文章存目。越剧各个历史时期的发展或重大事件等，在书中都有反映。全书既有作者对越剧改革实践和参政议政方面的论述，又有在表演和人物塑造等方面的阐述，还有新闻舆论、社会各界人士，在各个时期对作者的论述报道。

　　袁雪芬（1922-2011），浙江嵊县人。越剧演员，工正旦。1933 年开始学艺，先后在杭州、上海等地演出。她认真唱戏，洁身自励，持斋茹素，不唱堂会，不屈服于社会上恶势力的威逼利诱，保持了作为艺人的尊严。1949 年以后曾任上海越剧院院长、白玉兰戏剧奖评委会主任，享受国务院有突出贡献专家的政府特殊津贴。

225

绍剧发展史

J825.55/6040

———————

罗萍著。中国戏剧出版社 1996 年 5 月第 1 版，339 页，1 册。7-104-00753-9，CNY18.80。

　　《中国戏曲种史丛书》之一。本书是第一部绍剧史论的学术专著，作者从绍剧艺术的"本体"出发，运用珍贵的历史文献，把绍剧置于浙江、全国戏曲历史的长河中，进行纵向的考察，横向的联系。按照绍剧艺术自身发展的四个阶段，从剧作、音乐、场上艺术等戏曲构成的各个方面，深入浅出地探讨和阐述绍剧艺术的渊源、呈现、生成、发展的历史进程，揭示了绍剧艺术发展的客观规律和我国乱弹戏曲的发展脉络。

　　罗萍（1939-2018），浙江绍兴人。戏剧理论家、音乐家、文化部"文华音乐创作奖"获得者、绍剧首位专职作曲家，《中国戏曲音乐集成·浙江卷》副主编，为绍剧《孙悟空三打白骨精》作曲，为绍剧《大禹治水》《葫芦案》《咫尺灵山》《真假悟空》等数 10 部大小剧作谱曲。

226
绍兴古戏台
J825.553.3/3433

谢涌涛、高军著。上海社会科学院出版社 2000 年 5 月第 1 版,77 页,1 册,7-80618-676-X,
CNY88.00。

本书在编写万年台、戏场、祭台、草台、红氍毹、街台等十多种名目繁多的演出场所
后，着重研究了富有绍兴地方特色的水乡戏台，还对城市、乡镇、水乡到山村里各种不同
的戏台名称、造型、建筑年代、建筑结构、特点、功能，分门别类作地了详细分析介绍，
反映出绍兴民间戏曲艺术的丰富多样，从剧（曲）种、剧（曲）目、演出时间、地点到戏
班子、艺人、名角儿演出的活动盛况，从中折射出当时当地社会经济状况、乡土民俗。

谢涌涛（1934-　），浙江绍兴人，绍兴市艺术研究所一级舞美设计师，编有《中国戏
曲志·浙江卷》《越国文化》等。

高军，见 156。

227
曲艺天地
J826/6039

吴宝炎编著。西泠印社出版社 2011 年 4 月第 1 版，383 页，1 册，978-7-80735-993-7，
CNY98.00。

本书主要记述绍兴莲花落、小热昏、大书、宣卷等四个曲种在上虞的生存、发展、繁
荣情况及其艺术特点。虽然没有以上虞命名的曲种，但在百官、崧厦、虞南地区的上浦、
章镇等城乡，莲花落、宣卷等都非常活跃。作者以专题的形式撰写，详细介绍了上虞的曲
艺文化，从中说明虞绍地区的风俗习惯及人文景观是一脉相传的。最后选取辑录了四大曲
种的部分作品选段。

吴宝炎（1945-　），浙江上虞人，上虞市曲艺团团长，市政协常委、市戏曲家协会常
务副主席兼秘书长，中国曲艺家协会会员，浙江省曲艺家协会会员。他从事曲艺创作表演
20 多年来，足迹遍及上海、杭州、余姚等地，有 400 多万群众直接观看过他表演的曲艺节
目。曾获浙江省"德艺双馨曲艺家"称号。

228
绍兴宣卷研究
J826/8593

钟小安著。中国社会科学出版社 2014 年 6 月第 1 版，317 页，1 册，978-7-5161-4443-5，CNY59.00。

本书介绍了绍兴"五大地方曲种"之一——绍兴宣卷的历史渊源和人文背景。从起源发轫到成熟全盛的发展沿革入手，对文本的保存概况、演唱音乐、宣卷仪式、艺术特征等从学术的角度作了全面细致的阐述，对民间艺人及代表性传承人也稍作传略，并提出了保护传承的措施。

钟小安，见 048。

229
绍兴莲花落一百年
J826.6/3431

沈祖卫主编。中国文史出版社 2008 年 10 月第 1 版，199 页，1 册，978-7-5034-2192-1，CNY128.00。

本书图文并茂地展示了绍兴五大传统地方曲艺之一绍兴莲花落一百年来走过的不凡历程，追溯了曲种的演变发展历史，列举了从清末民初到当代较有名望的主创人员。莲花落从最初清末时期的"跑街卖唱"，到民国初期的"草台演唱"，再到中华人民共和国成立以后，绍兴莲花落在表演、唱腔、音乐等艺术特点的演变、曲目概况作了系统的介绍。最后一部分是活动纪要和文本选录。通过本书，读者可以进一步了解绍兴莲花落的历史，欣赏其精彩的艺术瞬间。

沈祖卫（1966-   ），浙江绍兴人。中央党校大学学历。曾任绍兴县文广局书记、局长、广播电视台台长、体育局局长等职。

230
绍兴电影纪事
J909.2/7425

陈华忠主编。浙江古籍出版社 1996 年 12 月第 1 版，345 页，1 册，7-80518-347-3，CNY38.60。

本书记述了自民国二年（1913），电影传入绍兴有放映活动起至 1993 年，八十年间绍兴电影大事记，并附录了历年电影发行放映业务统计数据、历年电影系统获奖的单位和个人、历任领导人名单等，详细地介绍了绍兴籍的电影制片、教育、编导、导演等电影人。

陈华忠（1954–　），浙江诸暨人。高级经济师，曾任绍兴市电影公司总经理、党总支书记、集团公司董事长，绍兴市文化局副局长等。主编出版了《绍兴籍电影家列传》《绍兴文艺》等。

231
诸暨电影——百年印记
J909.2-64/1024

诸暨市影业有限公司 2014 年 10 月编印。217 页，1 册。

本画册通过一些诸暨老照片，讲述电影的历史故事，欣赏电影艺术之美，从而展示诸暨电影厚重的人文内涵。全书第一部分为电影追溯；第二部分为人民电影事业，用大量的老照片记录了诸暨电影发展的历程；第三部分为诸暨电影人物选录。附录部分记录了各种荣誉、机构沿革及诸暨电影之最。

232
越国史稿
K225.07/1708

孟文镛著。中国社会科学出版社 2010 年 3 月第 1 版，715 页，1 册，978-7-5004-8062-4，CNY68.00。

　　这是一部比较完整、系统的越国史专著。本书充分运用文献记载和新发现的考古资料及学者的研究成果，全方位审视越国历史的发展进程。总体结构采取以时间为序的论述和专题研究相结合的方法，集中对史事作深入的探讨和研究，全书涵盖了越国的政治军事、经济、文化、对外关系、社会生活与习俗等方面的内容。

　　孟文镛（1938-　　），浙江绍兴人。曾任绍兴文理学院历史系主任、绍兴市历史学会会长。著有《绍兴越文化》《越国历史与越文化探秘》《越国文化》等。

233
绍兴县馆藏清代档案集萃
K249.063/4442

绍兴县档案馆编。天马图书有限公司 2002 年 12 月第 1 版，287 页，1 册，962-450-505-5，CNY20.00。

　　本书选编了绍兴县档案馆收藏的清乾隆至宣统年间的朱批奏折、诰命文书、兵部翎照、吏部执照、宪牌照会等清代历史档案，内容不仅事关绍兴，更有远涉全省、全国者，并对许多难懂文字掌故，逐一点评介绍。对土地买卖形式、清末商会的作用和田产过户凭单等数量与形式较多的档案，亦用专题的形式介绍。

234
太平天国在诸暨——以包村为中心
K254.06/7114

阮建根、郦勇编。九州出版社 2013 年 3 月第 1 版，352 页，1 册，978-7-5108-1977-3，
CNY58.00。

本书以史书和方志为主，辅以笔记、诗词、报刊、谱牒等记载，系统地整理了太平天
国在诸暨，以包村为中心的相关史料，完善和充实了诸暨市太平天国时期特别是以阮市包
村包立身为首的地方民团的真实史料，为读者还原出这一时期诸暨境内发生的民众抗争事
件。首有作者序，书后附有民谣、包村忠义祠对联、后续史事等。

阮建根（1968- ），浙江诸暨人，注重对地方文史、民俗、谱牒的研究，另合编出版
《诸暨摩崖碑刻集成》，主编《暨阳盛墅阮氏宗谱》《暨阳俞氏宗谱》等。

郦勇（1975- ），浙江诸暨人，主要研究方向为地方历史以及会道门研究。合著有《诸
暨摩崖碑刻集成》等。

235
嵊州辛亥革命史料选辑
K257.06/5042

中共嵊州市委党史研究室、嵊州市地方志办公室 2011 年编印。199 页，1 册。

本书为《嵊州春秋》纪念辛亥革命一百周年专刊，全书共分七篇，首篇为嵊籍辛亥志
士事略、行传、墓志铭等。第二篇记述了谢飞麟、王逸等人的反清革命言论。第三篇是姚
麟、谢飞麟等关于教育改革的演说和书信。第四篇是关于改良戏曲的两篇论述。第五篇为
谢飞麟等人所作书序、发刊辞。第六篇为《绍兴公报》《东方杂志》等所刊辛亥革命兵事。
第七篇为姚麟、谢飞麟、钱家楣等辛亥志士唱行诗选。首附徐锡麟、汤寿潜等手稿影印件。

236
绍兴与辛亥革命

K257.2/2790

绍兴市档案馆编。凤凰出版社 2011 年 9 月第 1 版，318 页，1 册，978-7-5506-0820-7，CNY56.00。

本书精心遴选光复会、绍兴籍辛亥志士珍贵档案资料，内容涵盖思想言论、人物传记、革命团体、革命活动等，汇集大量海内罕见的资料，选用十余件海外珍贵档案资料，以及蔡元培、汤寿潜、蒋尊簋、王金发等电文二十余件。图文并茂，选取的一百余幅珍贵历史照片，生动、直观地展示了 19 世纪末、20 世纪初绍兴的政治、经济、社会、文化、民生等，其中 60 余幅照片来自海外，为国内所罕见。

237
光复会

K257.106/2522

朱顺佐、李永鑫著。云南人民出版社 2005 年 12 月出版，337 页，1 册，7-222-03834-5，CNY20.00。

本书分"立会结盟　矢志光复""谋握兵权　皖浙义举""光复东南　战果辉煌"等 12 章，概述了光复会成立、皖浙起义以及光复东南的简史，阐述了光复会的政治思想、经济思想、哲学思想、史学思想、教育思想、新闻思想，客观分析了光复会思想的历史局限性。对光复会在浙江的革命活动，作了较详细的描述。内容尤偏重光复会中绍兴籍的人和事，特别是反映领袖人物德才兼备、文武双全、为革命制造舆论和武装起义方面占很大比例。

朱顺佐，见 173。

238
光复会史稿
K257.106/3412

谢一彪著。人民出版社2009年5月第1版，478页，1册，978-7-01-007873-1，CNY32.00。

本书充分肯定了光复会在辛亥革命中的历史地位。就章太炎和陶成章等光复会领导人与孙中山等同盟会领导人的意见分歧，进行了较为深入的剖析。对光复会领导人重组光复会乃"分裂"之说，提出了不同意见。同时对光复会消亡的问题，也作了较为深入的分析。

谢一彪，见050。

239
绍兴军政分府文件辑存：纪念辛亥革命一百周年
K257.2/3638

祝安钧、汪林茂主编。浙江古籍出版社2011年10月第1版，265页，1册，978-7-80715-763-2，CNY100.00。

本书是绍兴县档案馆藏清末民初历史档案文件选编，收入了91份档案文件。这些文件是绍兴光复后，以王金发为首的军政府处理政务的政府文件，省军政府下发地方的公函，商会等民间团体以及省、府、县革命政策、统筹财政和税收、解决民生问题等文件，真实反映了辛亥光复后新生革命政权维护革命成果、建设共和政治的努力，反映了辛亥革命时期绍兴资产阶级革命派的路线、方针、政策。

祝安钧（1962-　），浙江绍兴人，绍兴县档案局局长。

汪林茂（1949-　），浙江开化人，浙江大学历史系教授，博士生导师。

240

上虞八年抗战

K265.06/1714

中共上虞市委党史研究室、上虞市新四军研究会 1995 年 5 月编印。537 页，1 册。

    本书全面、系统地记述了抗日战争时期中共上虞地方党的斗争历史和中共浙东区委、新四军浙东游击纵队在上虞的重大革命活动。全书由峥嵘岁月、烽火当年、历史传真、英雄业绩、浴血奋战、抗战大事记六个部分组成。选辑了 41 名老同志当年在上虞身历其境、出生入死、与敌斗争的革命回忆，汇集了抗战时期上虞党史上的重大事件，择录了与上述内容有关的报刊文献资料，简要介绍了上虞籍著名烈士在上虞英勇斗争的生平事迹，记述了革命先辈和先烈们与敌伪顽强斗争的生动故事，如实记载了上虞八年抗战的主要战斗历程。

241

嵊州抗日史

K265.06/8083

中共嵊州市委党史研究室、嵊州市社会科学界联合会、嵊州市新四军研究会编。中国时代经济出版社 2015 年 8 月第 1 版，405 页，1 册，978-7-5119-2439-1，CNY80.00。

    本书如实记述日军侵嵊历史，分"概述""大事记""日军侵嵊罪行""抗日组织""嵊州儿女的抗日斗争""健在的抗战老兵忆抗战""名录"等篇章，详述日军空袭、侵袭、占领嵊境的过程及其犯下的滔天罪行，嵊州儿女奋起抗日的英雄事迹，是更好地了解认识嵊州人民抗战历史的优秀读本。

242
绍兴抗战图志

K265.06-64/2112

中共绍兴市委党史研究室编。浙江人民出版社 2015 年 8 月第 1 版，137 页，1 册，978-7-213-06812-6，CNY40.00。

　　本书分为"救亡浪潮""铁证如山""奋勇抗敌""抗战胜利"四个板块，共收录 200 余幅老旧照片，以图片展示为主，辅之以文字说明。吸收了近年来绍兴市开展抗战损失调研时所获得的最新图片资料和统计数据，部分老旧照片资料来自抗战期间或战后日本编印出版的战争画报、《浙赣战记》等书刊。全面、完整、准确地揭露了日军侵略绍兴时犯下的罪行，歌颂绍兴军民前仆后继、不屈不挠反抗侵略的英勇事迹。

243
诸暨抗战时期人口与财产损失资料汇编

K265.07/3840

中共诸暨市委党史研究室编。中共党史出版社 2010 年 12 月第 1 版，309 页，1 册，978-7-5098-0859-7，CNY25.00。

　　本书是中共诸暨市委党史研究室在对抗战时期诸暨人口伤亡和财产损失调研基础上，编辑出版的一本反映诸暨抗战时期人口财产损失、日军侵略诸暨所犯暴行的专题资料汇编。分"调研专题""文献档案""口述资料""伤亡名录""大事记"五部分，记录了诸暨人民在抗战时期遭受日军烧杀抢掠、无恶不作、惨绝人寰的凌辱，如实客观地记录了抗战时期诸暨人口与财产损失情况等。

244
"文化大革命"绍兴纪事：1966-1976
K273.553/8014

余一苗著。天马出版有限公司 2016 年 5 月第 1 版，259 页，1 册，978-962-450-487-3，CNY35.00。

本书共分 9 章，主要记述了绍兴"文化大革命"四个时期所发生的各种事件：第一时期的发动、夺权阶段，第二时期的斗、批、改阶段，第三时期的批林整风和批林批孔阶段，第四时期为"文化大革命"后期。最后是下属各县市"文革"期间各机构的"革命委员会"名录。后附作者所作后记。

余一苗，见 046。

245
绍兴工人运动史
K295.53/0014

绍兴市总工会编。浙江人民出版社 1999 年 12 月第 1 版，466 页，1 册，7-213-02002-1，CNY75.00。

本书全面、系统地记述了 100 多年来绍兴工人运动的发展历史，展示了绍兴工人阶级在革命、建设和改革中的运动和实践。全书分十二章，按时间先后记述，从绍兴近代工人阶级的产生和早期斗争开篇，分章叙述了五四运动和党创建时期、第一次国内革命战争时期、第二次国内革命战争时期、抗日战争时期、解放战争时期、国民经济恢复时期、基本完成社会主义改造时期、全面建设社会主义时期、"文化大革命"时期、新的历史时期、深化改革时期等不同阶段的绍兴工人运动情况。附录绍兴市及下辖各县市（区）总工会历届代表大会情况。

246
（南宋）会稽二志点校

K295.53/0830

（南宋）施宿、（南宋）张淏撰，李能成点校。安徽文艺出版社 2012 年 12 月第 1 版，499 页，1 册，978-7-5396-3832-4，CNY55.00。

嘉泰《会稽志》、宝庆《会稽续志》是南宋时期两部记述绍兴历史和现状的志书，是中国方志史上成型时期的著作，对后世方志均有一定的影响。此点校本以绍兴县地方志办公室影印的民国时期采菊轩藏版本为底本，参考国家图书馆藏正德五年（1510）本。

施宿（1164-1222），字武子，长兴人。宋绍熙四年（1193）进士。曾任余姚县令，后任绍兴府通判。

张淏，字清源，河南开封人，初侨居婺州，官至奉议郎，后卜居会稽。

李能成，毕业于浙江师范大学历史专业，任职于绍兴市地方志办公室编研处。

247
绍兴古今谈

K295.53/1185

项竹成著。浙江大学出版社 1993 年 3 月第 1 版，202 页，1 册，7-308-01180-1，CNY5.80。

本书共分四个部分，第一部分介绍了绍兴历史沿革，按时间顺序从原始社会时期的绍兴讲到社会主义建设时期的绍兴，其中还分别介绍了绍兴市水泥厂、沈永和酒厂、丝绸印花厂、自行车总厂、咸亨食品厂、钢铁厂、瓷厂等绍兴企业；第二部分以"全国历史文化名城"绍兴的视角，收录了国家第一批历史文化名城名单、绍兴三处第三批全国重点文物保护单位、浙江省重点文物保护单位及绍兴市重点文物保护单位；第三部分介绍绍兴的世界之最；第四部分古城拾贝，记述了山阴、越州、会稽、绍兴由来，绍兴师爷、三乌文化、绍兴特产等情况。附《绍兴历史大事记年表》。

项竹成（1930-　），浙江杭州临安人，毕业于浙江师范学院历史科，先后在报刊发表文章近 40 篇，从事历史教学与地方史的探索研究工作。

248
绍兴建置区划沿革与地名溯源
K295.53/1740

本书编委会组编。研究出版社 2011 年 3 月第 1 版，204 页，1 册，978-7-80168-634-3，CNY25.00。

　　本书根据全市 2010 年行政区划与地名资料及文献汇编而成，内容包括绍兴市 118 个乡镇（街道）以上政区地名产生年代、地名含义、历史沿革和隶属关系等，还介绍了 2600 多个村（居、社区）地名的分布状况，是一本史料性、实用性的区划、地名典籍资料工具书。

249
绍兴图经
K295.53/2161

何鸣雷、傅振照、应海珉编。浙江人民出版社 2019 年 1 月第 1 版，1820 页，6 册，978-7-213-08675-5，CNY989.00。

　　本书是绍兴首部以史为"经"、以图为"纬"，集政治、经济、文化、社会于一体的普及性历史文化读物。全书分于越先人、越国、会稽郡、越州、绍兴府、绍兴县六卷，共 23 章 101 节。以古今绘图、照片和影像资料，铺陈于遗址遗迹、遗俗遗风和名宦名士之间，把原本艰涩烦冗的文字记载，化作通俗易懂的绘图，将纷繁复杂的历史人物和文化遗存，以大事年表的形式串联成线，并依时为序，图文并茂，展示越地文化之演变，尽现绍兴历史之精要。

　　何鸣雷（1967-　），浙江绍兴人。绍兴市柯桥区史志办公室主任。

　　傅振照，见 006。

250

绍兴城市史（先秦至北宋卷）

K295.53/2248

任桂全著。中国社会科学出版社 2017 年 7 月第 1 版，691 页，1 册，978-7-5203-0156-5，CNY188.00。

本书从绍兴城的个体经历出发，把握绍兴作为传统城市、文化名城的主要特点，以探索城市文化的创造、积累、延续和城市文明进步及其规律。作为绍兴城市史研究的主线，将绍兴城两千五百年的经历划分为越国都城时期、会稽郡城时期、越州州城时期、绍兴府城时期、绍兴地区中心城时期、绍兴市时期等几大历史时期，力图接近绍兴城市发展的本质规律。

任桂全（1945-　），浙江绍兴人。研究员，享受国务院政府特殊津贴专家，浙江省地方志专家委员会成员，绍兴文理学院越文化研究院特约研究员。总纂《绍兴市志》。

251

绍兴市志

K295.53/2790

任桂全总纂，绍兴市地方志编纂委员会编著。浙江人民出版社 1996 年 11 月第 1 版，3818 页，6 册，978-7-80735-202-0，CNY480.00。

本志书是一部资料性的地情实录和地方性的百科全书，既对当代社会飞速发展之势作了系统翔实的记录，又对绍兴几千年的历史发展轨迹作了真实而扼要的追述，在篇章设置上，突出文化、经济两类。全书分 45 卷 247 章 747 节，计 540 万字，卷首彩色照片 98 幅、彩色地图 34 幅、随文黑白照片 834 幅，正文 16 开分装 5 册。除正文外，还编制了"目与子目""人名""地名""著述书目""图照""表格"六种索引，并单独成册。该书获中国地方志指导小组、中国社会科学院全国地方志奖一等奖。

任桂全，见 250。

252

绍兴戏曲史

K295.53/2313

罗萍著。中华书局 2004 年 9 月第 1 版，269 页，1 册，7-101-04448-4/K·1896，CNY20.00。

《绍兴历史文化丛书》之一。本书按照绍兴戏剧的历史记载和实际存在，叙述了 1949 年之前绍兴地区曾经存在和至今尚存的绍兴戏剧。全书分"唐、宋、元代的绍兴戏剧""明代的绍兴戏剧""绍兴调腔""绍兴乱弹""诸暨西路乱弹""绍兴鹦哥戏""越剧"七章。

罗萍，见 225。

253

绍兴古桥文化

K295.53/2313

罗关洲著。中华书局 2004 年 9 月第 1 版，215 页，1 册，7-101-04448-4/K·1896，CNY20.00。

《绍兴历史文化丛书》之一。本书从绍兴古桥史略、名桥风采、古桥科技、古桥美学、古桥命名拾趣、古桥诗文拾掇、古桥景观设计、古桥文化资源开发八方面阐述绍兴古桥文化。书中收录了本地区部分古桥照片。

罗关洲（1945- ），浙江桐庐人。曾任绍兴市公路管理处副处长、绍兴市交通监理处副处长、绍兴市运输管理处副处长、绍兴市运输管理处总经济师等职。擅长道路运输管理和古桥研究。编著《公路运输行业管理基础知识问答》《公路运输行业管理教程》《交通行业管理干部岗位规范》《运管所工作实务》《绍兴市交通志》《绍兴桥文化》《公路旅客运输》等。

254
绍兴农业史
K295.53/2313

卓贵德、赵水阳、周永亮著。中华书局 2004 年 9 月第 1 版，247 页，1 册，7-101-04448-4/K·1896，CNY20.00。

《绍兴历史文化丛书》之一。本书记述了绍兴地区农业发展的历史，时间上限为公元前五千年的河姆渡文化，下限为民国时期，跨度七千年，按时间顺序分为六章。叙述了包括农、林、牧、渔、副以及农业生产发展条件、农副产品流通和农村生产关系等方面的历史轨迹。

255
绍兴思想史
K295.53/2313

傅振照著。中华书局 2004 年 9 月第 1 版，293 页，1 册，7-101-04448-4/K·1896，CNY20.00。

《绍兴历史文化丛书》之一。本书上自先秦，下迄清代中叶十九世纪四十年代，按时间先后顺序分为"越国的先秦子学""秦汉经学和王充的唯物论""两汉会稽的经史之学""魏晋时嵇康的心声二元论""六朝会稽的经学家族""道教和上虞魏伯阳""王叔文集团与永贞革新""隋唐的佛学思想""宋明理学和阳明心学""刘宗周与蕺山学派""明清之际黄宗羲的梨洲学派""浙东史学和会稽的章学诚"十二章。

傅振照，见 006。

256

绍兴绘画史

K295.53/2313

李敬仕、娄国明著。中华书局 2004 年 9 月第 1 版，203 页，1 册，7-101-04448-4/K·1896，CNY20.00。

《绍兴历史文化丛书》之一。本书时间跨度上自新石器时期，下迄二十世纪近现代时期，按时间先后叙述。对元王冕、明徐渭、陈洪绶、赵之谦、任伯年等绍兴知名画家单独列章节进行阐述。

李敬仕（1943- ），上海人，1966 年毕业于浙江美术学院中国画系，师从潘天寿、吴茀之、诸乐三等先生。现为中国美术家协会会员，中国文艺评论家协会会员，绍兴文理学院美术学院教授。作品参加全国第七届美展、全国第四届和第五届年画展。编著《古画解读——宋人花卉》《古画解读——宋人翎毛》等。

257

绍兴名产

K295.53/2313

邵治中、谢尧铭、洪惠良著。中华书局 2004 年 9 月第 1 版，191 页，1 册，7-101-04448-4/K·1896，CNY20.00。

《绍兴历史文化丛书》之一。本书分"历史名产""加工物产""种养特产""优势矿产"四个章节，记述了绍兴茶叶、越瓷、竹编、乌干菜、乌毡帽、香榧、珍珠等近 40 种地方名产。

258
绍兴文物
K295.53/2313

钟越宝、罗海笛著。中华书局 2004 年 9 月第 1 版，187 页，1 册，7-101-04448-4/K·1896，CNY20.00。

《绍兴历史文化丛书》之一。本书编录了绍兴市境内 270 处国家级、省级和市（县）级文物保护单位的介绍，以及全市文物藏品中一级文物的器物说明，并分门别类分十个章节分别介绍，包括古迹遗址、名人墓、陶坊瓷窑、名人故居、桥闸河塘、古塔牌坊、石刻造像、近代史迹、文物藏品等，图文并茂，可使读者充分了解绍兴地上、地下文物现状。

259
绍兴越窑
K295.53/2313

周燕儿、沈作霖、周乃复著。中华书局 2004 年 9 月第 1 版，189 页，1 册，7-101-04448-4/K·1896，CNY20.00。

《绍兴历史文化丛书》之一。本书以时间为线索，叙述越窑的发展史，详细记述了越窑的渊源、创始、演进与成熟、发展、鼎盛及衰落等几个重要时期。

周燕儿，曾任绍兴县文保所副所长、柯桥区博物馆馆长，长期从事考古研究，资深文物专家。

沈作霖，绍兴文理学院元培学院党委委员、副院长。

周乃复（1935-　），浙江嵊州人。曾任锦堂师范学校高级讲师、副校长。主编《达蓬之路》等。参与《慈溪县志》《宁波市志》等。

260
绍兴越文化
K295.53/2313

孟文镛著。中华书局 2004 年 9 月第 1 版，269 页，1 册，7-101-04448-4/K·1896，CNY20.00。

《绍兴历史文化丛书》之一。全书分八章，从越文化探源、历史概述、物质文化特征、精神文化特征、文学艺术、对中华民族的贡献、与台湾地区的关系及其海外影响八方面，全面论述了于越文化的内容、特征及影响。

孟文镛，见 232。

261
绍兴师爷
K295.53/2313

项文惠、钱国莲著。中华书局 2004 年 9 月第 1 版，167 页，1 册，7-101-04448-4/K·1896，CNY20.00。

《绍兴历史文化丛书》之一。全书分六章，从"佐官为治：绍兴师爷的缘起""古越文化：绍兴师爷的土壤""岁月沧桑：绍兴师爷的兴衰""幕业概说：绍兴师爷的要义""幕不可为：绍兴师爷的生活""是是非非：绍兴师爷的评判"六方面，全面论述了绍兴师爷的历史、个性特征、作吏传统、习文风尚等。

项文惠（1964- ），浙江杭州人，浙江工业大学教授，主要从事旅游文化研究，著有《杭州人文旅游资源的开发与利用》等，发表学术论文 40 余篇。

钱国莲（1964- ），浙江淳安人。浙江工业大学教授，主要从事古代文学研究，著有《于谦年谱》《风孰与高——于谦传》等，发表论文 20 余篇。

262
绍兴水文化
K295.53/2313

盛鸿郎著。中华书局 2004 年 9 月第 1 版，251 页，1 册，7-101-04448-4/K·1896，CNY20.00。

《绍兴历史文化丛书》之一。全书分十二章，以时间为序，以水利发展为主线，以航海为辅线，记述了从远古至中华人民共和国成立后绍兴水文化的诞生、崛起、转折发展和新生的过程，史料丰富，考辨细致，是对绍兴水文化一次全面、系统、历史的记述。

盛鸿郎，见 134。

263
绍兴堕民
K295.53/2313

俞婉君著。中华书局 2004 年 9 月第 1 版，181 页，1 册，7-101-04448-4/K·1896，CNY20.00。

《绍兴历史文化丛书》之一。全书分九章，叙述了绍兴堕民的起源和形成、人口和社会结构、寄附特权、职业生活、习性、特有信仰与习俗、地位、近代绍兴堕民的解放以及堕民的翻身、与平民的融合等。

俞婉君，051。

264
绍兴建筑文化
K295.53/2313

沈福煦、沈燮葵著。中华书局 2004 年 9 月第 1 版，189 页，1 册，7-101-04448-4/K·1896，CNY20.00。

《绍兴历史文化丛书》之一。全书分绍兴建筑文化总说、绍兴文化与绍兴建筑、绍兴民居、名人与绍兴建筑、绍兴的商业建筑、宗教建筑、名胜古迹、民间故事与建筑、绍兴习俗与建筑、绍兴传统建筑艺术十章。

沈福煦（1936-　），浙江绍兴人。毕业于同济大学建筑系，并留校任教。长期从事美学、艺术文化和建筑理论研究。著有《建筑艺术文化经纬录》《人与建筑》《建筑概论》《水乡绍兴》等。

沈燮葵为沈福煦夫人，协助完成著书。

265
绍兴山文化
K295.53/2313

周幼涛、张观达著。中华书局 2004 年 9 月第 1 版，215 页，1 册，7-101-04448-4/K·1896，CNY20.00。

《绍兴历史文化丛书》之一。全书分"越中诸山　首推会稽""陆地孤丘　人文荟萃""诸暨众山　峭壁奇岩""上虞东山　越中名山""三大山脉　相拥嵊州""东南眉目　新昌天姥""余姚、萧山诸山"七个章节，对旧属绍兴府范围的名山历史、文化加以叙述。

周幼涛（1950-2015），浙江绍兴人。曾任绍兴市社会科学院副院长，主要从事历史、文化、民俗、旅游等方面研究，编著有《大禹研究》《绍兴山水》《绍兴历史文化》《兰亭学研究概览》等，发表学术论文数十篇，小品数百则。

266
绍兴名士文化
K295.53/2313

何信恩、陈国富著。中华书局 2004 年 9 月第 1 版，245 页，1 册，7-101-04448-4/K·1896，CNY20.00。

《绍兴历史文化丛书》之一。本书从名士点评、名士研究、名士故居、名士纪念场所、名士墓葬、名士遗迹遗址、名士后裔等方面对绍兴名士文化进行阐述，附录绍兴名士学校、名士品牌、名人纪念品。

何信恩，见 108。

267
绍兴宗教文化
K295.53/2313

李能成著。中华书局 2004 年 9 月第 1 版，197 页，1 册，7-101-04448-4/K·1896，CNY20.00。

《绍兴历史文化丛书》之一。本书记述了绍兴的原始宗教、民间信仰、绍兴佛教史略、佛教与文化、绍兴道教史略、道教文化、绍兴基督教史略、基督教与社会事业，附录绍兴宗教大事记。

李能成，见 246。

268
绍兴医药文化
K295.53/2313

沈钦荣著。中华书局 2004 年 9 月第 1 版，187 页，1 册，7-101-04448-4/K·1896，CNY20.00。

《绍兴历史文化丛书》之一。全书分十三章，以专题形式，对绍兴医学的起源、特色专科、本草方剂学成就、医学理论、医学团体及学术刊物做了详尽介绍，同时又涉及绍兴早期中西医汇通的情况，选介了著名医家、绍籍御医及越医轶事，雅俗共赏，使读者能大致认识绍兴医学发展轨迹。

沈钦荣（1963- ），浙江绍兴人，长期从事中医骨伤科工作。绍兴市首届名中医，绍兴市中医院主任中医师，浙江省中医药重点学科骨伤科学科带头人，浙江省非物质文化遗产越医文化传承人。主编《灸疗法》，参编《绍兴市卫生志》《中国医药大成》等，在省级及以上专业杂志发表论文 50 余篇。

269
绍兴语言文化
K295.53/2313

寿永明、王敏红著。中华书局 2004 年 9 月第 1 版，213 页，1 册，7-101-04448-4/K·1896，CNY20.00。

《绍兴历史文化丛书》之一。本书收录绍兴方言词汇表、绍兴方言特殊语词举例、绍兴方言词汇特点分析、句法特点分析、绍兴方言的构词理据、绍兴方言俗语的文化特征等。

寿永明（1963- ），浙江诸暨人。绍兴文理学院教授、副校长，党委委员。主要从事语言研究和地方文化研究，发表相关论文 40 余篇。著作有《语文教学视野中的鲁迅》《鲁迅与社戏》《绍兴方言研究》《三味书屋与寿氏家族》《越地民俗文化论》等。

王敏红，见 136。

270
绍兴教育史
K295.53/2313

———————

章玉安著。中华书局 2004 年 9 月第 1 版，205 页，1 册，7-101-04448-4/K·1896，CNY20.00。

《绍兴历史文化丛书》之一。全书分绍兴古代教育、绍兴近现代教育两篇，上篇阐述古代旧教育制度在绍兴实施，古代绍兴的官学、学塾、书院、科举制度、绍兴籍著名教育家；下篇阐述近现代教育制度在绍兴的实施、中小学教育、职业教育、师范教育、社会教育、著名学校、教育行政机构、教育团体、教育报刊、近现代绍兴籍著名教育家等。

章玉安，见 187。

271
绍兴旅游文化
K295.53/2313

———————

金泽民、傅建祥著。中华书局 2004 年 9 月第 1 版，187 页，1 册，7-101-04448-4/K·1896，CNY20.00。

《绍兴历史文化丛书》之一。全书分绍兴旅游的历史、资源及其特征、绍兴旅游景观的空间分布、主题之旅、旅游文学、绍兴旅游业的基础条件和发展前景展望七章，史志结合，不仅描述了绍兴旅游发展的内在规律，同时通过具体叙述，充分展示了绍兴旅游的丰富资源、特色和发展的潜质。

傅建祥（1959-　），浙江绍兴人。曾任绍兴县副县长、上虞市常务副市长、绍兴市旅游局局长等职。著有《鲁迅作品的教与学》《鲁迅故乡的文化人》《绍兴旅游的世纪话题》《茅家岭纪事》《二十一世纪的绍兴》等。

272
绍兴钱币文化
K295.53/2313

———————

边光华著。中华书局 2004 年 9 月第 1 版，213 页，1 册，7-101-04448-4/K·1896，CNY20.00。

《绍兴历史文化丛书》之一。全书分越国早期的原始货币、商周时期的金属称量货币、越国青铜铸币、汉代至清代的绍兴钱币、民国时期的绍兴货币、绍兴当铺、绍兴钱庄、绍兴旧时银行、越地钱币轶事与风俗、绍兴泉家小传十章。

边光华（1948-   ），曾就职于绍兴日报社医务室。1989 年起收藏古钱币，擅长古钱币研究，特别是越国钱币的研究。撰写了有关钱币研究的论文及文章 50 余篇，发现和提出了越国青铜铸币——戈币，填补了国内越国货币研究的空白。学术论文《绍兴发现越国青铜铸币——戈币》发表在《中国钱币》，引起国内钱币界的广泛关注。

273
绍兴简史
K295.53/2313

———————

陈桥驿、颜越虎著。中华书局 2004 年 9 月第 1 版，191 页，1 册，7-101-04448-4/K·1896，CNY20.00。

《绍兴历史文化丛书》之一。全书七章，以时间为序，用专题形式记述了绍兴的史前时期、如何进入历史时期以及绍兴的历史沿革、自然环境、人口与聚落、区域经济和文化人物等，极具科学性和可读性。

陈桥驿（1923-2015），浙江绍兴人，历史地理学家，浙江大学终身教授。勤于著述，一生笔耕不辍，正式出版各类著述 70 余部，公开发表论文和各类文字数百篇。在郦学研究领域与以绍兴为中心的吴越史地研究方面，有精深的造诣。在历史地理学理论、城市研究与古都学、地方志和地名学等方面，亦取得卓著成就。

颜越虎（1962-   ），浙江绍兴人，从事地方志工作多年。

274

会稽方志集成

K295.53/2356

傅振照、王志邦、王志涌辑注。团结出版社 1992 年 8 月第 1 版，128 页，1 册，7-80061-660-2，CNY4.50。

　　本书系《六朝地域社会丛书》的一个专辑，分十卷辑录成册，分别为：《会稽先贤传》、《会稽先贤（像）赞》、《会稽后贤（传）记》、虞预《会稽典录》、《会稽土地志》、贺循《会稽记》、孔灵符《会稽记》、孔晔《会稽记》、夏侯曾先《会稽地志》、附录。

　　傅振照，见 006。

　　王志邦（1961-　），浙江武义人，山东大学历史系毕业。曾任浙江省社科院省地方志编纂室副主任，致力于地域社会研究，著有《六朝江东史论》，主编《二十五史中的浙江人》等。

　　王志涌（1951-　），浙江杭州人。浙江师范大学中文系毕业，曾任绍兴市地方志编纂办公室主任，合著《中国绍兴酒文化》等书。

275

绍兴史纲

K295.53/2356V1

傅振照著。第一、二册：百家出版社 2002 年 10 月第 1 版，741 页，2 册，7-80656-675-9，CNY40.00。第三册：西泠印社出版社 2008 年 9 月第 1 版，352 页，1 册，978-7-80735-396-6，CNY70.00。

　　本书分三册，第一册为越国部分，第二册为秦至清代，第三册为近代部分。第一册主要介绍越国时期的历史情况，阐述了于越系年、于越先人、于越立国、越国的兴衰，以及越国的水利、农业、手工业等状况；第二册主要介绍绍兴秦代至清代的历史状况，依照朝代划分，介绍了其政治制度、社会经济、文化与科学技术等情况；第三册主要介绍绍兴近代的状况，反映了绍兴人民的反英斗争、辛亥革命、国共两党的斗争等。

　　傅振照，见 006。

276

桑梓之光：近代绍兴旅沪同乡团体史料

K295.53/2713

绍兴市地方志办公室编。宁波出版社 2011 年 3 月第 1 版，310 页，1 册，978-7-80743-707-9，CNY58.00。

本书辑录了两部分史料，上篇收入了 1911-1947 年期间发表在《申报》中关于绍兴七县旅沪同乡会、浙绍公所的报道，按时间先后排序；下篇收入了若干届绍兴七县旅沪同乡会会务报告。本书可为了解与研究近代绍兴人及其团队在上海的历史提供基本史料。

277

稽山长歌：纪念新中国成立暨绍兴解放 60 周年档案文献图集

K295.53/2790

绍兴市档案局（馆）2009 年 8 月编。150 页，1 册。

本画册综合反映绍兴解放 60 年来社会各个方面发生的巨大变化和建设成就。分上下两篇：上篇分"古城解放，万象更新""全面建设，探索发展""十年内乱，遭受挫折"三章，下篇分"改革开放，快速发展""创业创新，科学发展""统筹兼顾，和谐发展""走向富裕，率先发展"四章。

278

绍兴文史资料选辑

K295.53/2797

绍兴县政协文史资料工作委员会编。

绍兴县政协文史委于 1983 年起组织文史专家搜集整理各方面新风、亲历、亲闻的史实，经选择、整理，将其中一部分编写成《绍兴文史资料选辑》（共 21 辑）。其中"徐锡麟史料"（第四辑）、"陶成章史料"（第六辑）、"绍兴解放四十周年纪念专辑"（第八辑）、"纪念辛亥革命八十周年专辑"（第十一集）、"孙伏园怀思录"（第十三辑）、"爱国老人孙越崎"（第十五辑）、"朱庆澜"（第十七辑）、"永远的柯灵"（第十八辑）、"水乡古镇　纺织新城"（第十九辑）、"沧海桑田——绍兴县围垦海涂史料"（第二十辑）、"绍兴师爷"（第二十一辑）单独成册编成专辑。

279
绍兴丛书
K295.53/2798

绍兴市政协文史资料工作委员会编。共 30 辑。

本套丛书是乡邦文献的集成之作，在编纂上体现全面收录、分类合理、史料版本并重的原则，由绍兴县委、县政府与国家图书馆、中华书局共同合作出版，计划共三十辑，已完成三辑。

第一辑《地方志丛编》，10 册，收录绍兴历代府、县、镇、村等综合志书 21 种，大小兼收，系统完整，全书按纂修年代进行编辑，后附索引以便查检。

第二辑《史迹汇纂》，12 册，收书 150 余种，涉及历史、地理、人物、语言、风俗、教育、文化等诸多方面，全部影印出版。

第三辑《先贤文存》，5 册，收录绍兴先贤如王羲之、陆游等人的代表性的经典著述，选择精善版本，按四库分类法编排，书前撰有提要或叙录，综述内容版本特色。

280
绍兴文史资料
K295.53/2970

绍兴市政协文史资料工作委员会编。

自 1983 年绍兴市政协文史工作委员会成立以来，着手开始收集整理文史资料，组织文史专家搜集整理各方面新风、亲历、亲闻的史实，经选择、整理，于 1985 年起将其中一部分编写成《绍兴文史资料》（共 30 辑）。其中"绍兴解放纪实"（第五辑）、"许寿裳纪念集"（第七辑）、"抗战八年在绍兴"（第九辑）、"血脉情深忆总理"（第十一辑）、"我与人民政协"（第二十八辑）、"绍兴古街 古镇 古村"（第三十辑）单独成册编成专辑。

281
绍兴市非物质文化遗产读本
K295.53/4038

李永鑫主编。西泠印社出版社 2007 年 6 月第 1 版，148 页，1 册，978-7-80735-202-0，
CNY80.00。

本书图文并茂、通俗易懂，较为生动地介绍绍兴市已经列入国家级和省级名录的 33
个项目的基本情况，共分民间文学、民间音乐、民间舞蹈、传统戏剧、曲艺、杂技与竞
技、民间美术、传统手工技艺、传统医药、民俗等十篇。

李永鑫，见 049。

282
绍兴通史
K295.53/4038

李永鑫主编。浙江人民出版社 2012 年 10 月第 1 版，2788 页，5 册，978-7-213-05164-7，
CNY500.00。

本书对绍兴从远古到中华民国的历史作了深入研究和系统梳理，展示了绍兴人、绍兴
古城、绍兴文化、绍兴文明的发展轨迹。全书分五卷，第一卷：史前、夏商西周、春秋，
第二卷：战国、秦汉、六朝，第三卷：隋唐、五代、宋代，第四卷：元代，明代、清代前
期，第五卷：清代晚期、民国。

李永鑫，见 049。

283
绍兴话旧
K295.53/4344

裘士雄著。中国戏剧出版社 2011 年 9 月第 1 版，216 页，1 册，978-7-104-03563-3，
CNY62.00。

本书收入了裘士雄先生曾发表在《绍兴文史资料》《绍兴史志》《绍兴越文化研究通信》
等刊物的文章 45 篇，包括绍兴的同乡会馆、砖雕、行业会馆、私塾以及有关罗家伦、陶
浚宣、徐树兰、寿孝天等绍兴名人的文章。

裘士雄，见 070。

284
万历《绍兴府志》点校本
K295.53/4431

（明）萧良幹修，（明）张元忭、（明）孙镶纂，李能成点校。宁波出版社 2012 年 7 月第 1 版，929 页，1 册，978-7-5526-0329-3，CNY360.00。

本书采用中华书局 2006 年 12 月出版的《绍兴丛书》第一辑《地方志丛编》第一册之万历《绍兴府志》为蓝本，其原书为浙江图书馆藏本，点校吸收前人及近现代学者的研究成果，尤其是中华书局出版的点校和注释的各种正史以及各类地方古籍的点校本。

萧良幹（1534-1602），泾县人（今安徽宣城），明隆庆五年（1571）进士，万历十一年至十五年（1583-1587）任绍兴知府，兴修三江闸、筑海塘、修复稽山书院等。

张元忭（1538-1588），山阴人（今浙江绍兴）。隆庆五年状元，授翰林院修撰，著有《云门志略》《翰林诸书选粹》《不二斋文选》等。

孙镶（1543-1613），余姚人。隆庆举人，万历二年（1574）会试第一，殿试成二甲第四名进士。一生著作宏富，多达四十余种七百余卷。

李能成，见 246。

285
若耶集：越文化与宋六陵述论
K295.53/4460

葛国庆著。北京艺术与科学电子出版社 2013 年 5 月第 1 版，319 页，1 册，978-7-89429-227-8，CNY36.00。

本书是作者 10 余年来陆续发表的论文结集。全书分越文化和宋六陵上下两编。上编根据越文化内涵，又分为三个层面，即以越立国前内容视为越族文化；越立国期间定为越国文化，越国消亡后其地域内文化的延续与嬗变从属为越地文化。书中收录越族文化论文3 篇，越国文化论文 6 篇，越地文化论文 12 篇，并依次排序。下编收文 8 篇，大致以陵穴位次研究、遗物遗迹、史事沿革为序。

葛国庆（1954-　），浙江绍兴人，曾任绍兴县文物保护管理所副所长，研究馆员。致力于文物考古和越文化、宋六陵研究。发表专文 50 余篇，践履《越国迁都琅琊城址地考古调查与研究》等国家级课题 3 项。

286

绍兴六十年纪事

K295.53/5042

中共绍兴市委党史研究室、绍兴市地方志办公室编著。中共党史出版社 2009 年 8 月第 1 版，226 页，1 册，978-7-5098-0375-2，CNY68.00。

  本书以编年体结合纪事本末体的方式，记述了 1949 年 5 月至 2009 年 5 月发生在绍兴的重大历史事实。范围涉及政治、经济、文化、教育、科技、卫生、体育、军事、民生和党的建设等各个方面，突出反映具有绍兴特点与首创意义的大事、要事。书中所记史实，主要依据文献、档案及报刊资料，还插入了部分历史照片。

287

绍兴革命文化史料汇编：1919-1949

K295.53/5042

绍兴市文化局、中共绍兴市委党史办公室编。团结出版社 1992 年 5 月第 1 版，590 页，1 册，7-80061-603-7，CNY9.80。

  本书收录了 1919-1949 年有关绍兴的革命文化史料，包括手稿、文物、文献、诗歌和美术作品等。全书分十一个部分，包括绍兴革命文化大事记、绍兴革命（进步）文化名人传略、革命历史文献、革命烈士著作、回忆录、文化艺术理论漫谈、重大文化活动、文艺作品、绍兴市革命文化社团一览表、绍兴革命报刊一览表、绍兴革命文化史料藏品目录一览表等。

288

绍兴名士

K295.53/7122

李永鑫主编。文化艺术出版社 1998 年 12 月第 1 版，272 页，1 册，7-5039-1839-X，CNY15.00。

《绍兴文化丛书》之一。本书精选了范蠡、王充、王羲之、谢安、贺知章、陆游、杨维桢、王阳明、徐渭、刘宗周、张岱、章学诚、秋瑾、鲁迅、蔡元培十五位绍兴历史名人，对每位名人单列传记，记述其生平、思想、成就等。

李永鑫，见 049。

289

绍兴山水

K295.53/7122

周幼涛主编。文化艺术出版社 1998 年 12 月第 1 版，272 页，1 册，7-5039-1839-X，CNY15.00。

本书收录了绍兴知名的山水历史文化，分越有神山冠中华、水乡田园出镜湖、西施故里浣沙溪、东南眉目沃洲湖、风景独秀澄潭江、自爱名山入剡中、娥江日夜向沧溟、林园无处不胜春、水乡总是赖桥名、缵禹之绪越有光十章，对绍兴市包括其所辖各县市区知名山水的历史和文化作了详细的阐述，既有对山水景观白描式的叙述，又引经据典，深挖山水景观背后的人文元素。

周幼涛，见 265。

290

绍兴文艺

K295.53/7122

陈华忠主编。文化艺术出版社 2001 年 8 月第 1 版，269 页，1 册，7-5039-1839-X，CNY15.00。

《绍兴文化丛书》之一。本书共分八章：诗歌、散文、小说、戏曲、音乐、舞蹈、美术、书法，记述了历史上绍兴荟萃的文学名人、璀璨的文学艺术。

陈华忠，见 230。

291

绍兴物产

K295.53/7122

李文龙主编。文化艺术出版社 2000 年 11 月第 1 版，251 页，1 册，7-5039-1839-X，CNY15.00。

《绍兴文化丛书》之一。本书共分九章：水稻、水产、禽畜、果蔬、花卉、黄酒、茶叶、丝绸、陶瓷，记述了绍兴传统物产的历史缘起、名优特产和新兴物产的发展及前景。

292

绍兴史话

K295.53/7441

陈桥驿著。上海人民出版社 1982 年 9 月第 1 版，134 页，1 册，11074-521，CNY0.37。

本书以"史话"形式记述绍兴地区历史上的一些特色，包括远古时期绍兴的优越自然环境，生动的历史传说，绍兴行政区划的古今沿革，历代水利工程的修建和水利整治情况，还叙述了绍兴历史上剑、镜、越纸、越窑、丝、茶、绍兴酒等物产情况，以及文种、范蠡、王羲之、谢灵运、贺知章、陆游、徐锡麟、秋瑾、鲁迅等绍兴名人的情况。

陈桥驿，见 273。

293
绍兴人民革命史
K295.53/8014

中共绍兴市委党史研究室编。上海社会科学院出版社 1994 年 5 月第 1 版，410 页，1 册，7-80515-986-6，CNY8.00。

本书系绍兴地方革命史的研究文献。全书分十七章，记述了太平军入绍、绍兴人民的反清斗争、资产阶级民主革命在绍兴的兴起、反对军阀统治和新文化运动、五四爱国运动、工农运动及绍兴地方党组织的建立、第一次国共合作在绍兴形成、北伐军进军绍兴及大革命在绍兴失败、土地革命战争、抗日民族统一战线、周恩来来绍和绍兴党组织的进一步发展、绍兴沦陷及各县抗日武装斗争的兴起、绍兴敌后抗日游击战争的开展、抗日武装的北撤和坚持原地斗争、绍兴地区的解放等情况。

294
越中杂识
K295.53/9894

（清）徐承烈著。浙江人民出版社 1983 年 1 月第 1 版，228 页，1 册，7-213-00850-1/k，CNY4.00。

清乾隆抄本《越中杂识》，收藏于美国国会图书馆。1980 年，美国斯坦福大学人类学系教授施坚雅将复制本寄赠陈桥驿先生。本书是根据复制本标点排印。清乾隆年间，作者徐承烈客寓绍兴西郭，参考了康熙三十年（1691）的《绍兴府志》，又走遍绍兴全境，实地考察，并以"昔所流览见闻极真者参记其间"，因而保存了许多珍贵的资料。

徐承烈（1534-1602），字绍家，一字悔堂，晚号清凉道人，浙江德清人。清代笔记小说家，著有笔记体小说《听雨轩笔记》、地方志《越中杂识》、诗文有《德辉堂集》、杂著则有《山庄丛话》《委巷丛谈》《耄馀闲笔》《病馀偶识》《听雨轩清言》等。

295
绍兴百珍图赞
K295.53SX/2790

绍兴市文联编。百花文艺出版社 1996 年 9 月第 1 版，306 页，1 册，7-5306-2370-2，CNY15.00。

本书以图文并茂的形式介绍了 100 件从史前到当代长达五千年绍兴的珍品，包含文物古器、工艺品、书诗纸砚、珍稀农产和美点佳肴等，均为珍美、珍异、珍稀、珍贵、珍宝之物。每一珍品，书中引文出典介绍其来龙去脉，所及年代、尺幅短长，配以插图，反映了绍兴悠久的历史、博大精深的古越文化。

296
绍兴旧影：1949-1978
K295.53-64/2126

绍兴市政协文史资料委员会编。浙江摄影出版社 2005 年 3 月第 1 版，239 页，1 册，7-80686-353-2，CNY80.00。

本影集收录了 1949 年绍兴解放至 1978 年党的十一届三中全会召开近三十年中与绍兴有关的各类历史照片近 500 幅，每幅照片配文字说明及照片提供者，图文互证，浓缩了绍兴三十年的风雨历程以及在政治、经济、文化、社会等领域的变迁。

297
绍兴人民革命史画册：1915.5-1949.6
K295.53-64/5042

中共绍兴市委党史研究室、绍兴市新四军研究会 2000 年 12 月编。169 页，1 册。

本书上溯 1919 年五四运动，下迄 1949 年 6 月绍兴各级人民政权建立，主要反映绍兴人民在党的领导下同帝国主义、封建主义、官僚资本主义英勇斗争的历程。全书分中国共产党的创立和大革命时期、土地革命战争时期、抗日战争时期、解放战争时期、革命烈士永垂不朽五个部分，设 24 个专题，共收录图片 390 幅，图表 10 张，以时为经，以事为纬。

298
绍兴老照片

K295.53SX-64/7785

绍兴市建设局、绍兴市政协文史资料委员会、绍兴市城市建设档案馆编。西泠印社出版社
2010 年 11 月第 1 版，238 页，1 册，978-7-80735-898-5，CNY180.00。

　　本书收录了从清朝光绪初年至中华人民共和国成立之前这一时期反映绍兴政治、经
济、文化、教育、卫生及城市建筑、民情风俗等方面的历史照片 478 张。全书分"烽火岁
月""经济管窥""文教掠影""社会万象""名胜古迹"等五章，每幅照片配文字说明。

299
新昌文史工作通讯

K295.54

新昌县政协文史资料工作委员会编。

　　本书是由新昌政协文史工作组广泛收集和撰写地方文史资料，俾有价值的乡邦文献，
资料范围自 1919 年以来真实可靠、言必有据的材料，将其中一部分编写成《新昌文史工
作通讯》（共 10 辑），自第三辑起改为《新昌文史资料》。其中将"沃州专辑"（第三辑）、"人
物资料专辑"（第四辑）、"石城·穿岩专辑"（第五辑）、"抗日战争胜利五十周年纪念专辑"（第
六辑）、"新昌大佛寺"（第七辑）、"陈新宇包产到户文存"（第八辑）、"新昌乡村文化研究——
百姓寻根路"、"大佛寺历史知识问答"单独成册编成专辑。

300

新昌县志

K295.54/0267

新昌县志编纂委员会编。上海书店 1994 年 5 月第 1 版，770 页，1 册，7-80569-923-2，CNY48.00。

本志自 1984 年起，共计收集资料 1500 万字，撰写分志稿 300 万字，召开各种评审会 60 多次，调查采访知情人士百余人次。本书首设概述、大事记，为全志纲要，次列分志 14 编：政区建置、自然环境、经济综述、财税 金融、农工商业、基础设施建设、政党 社团、政权 政协、军事、教育 科技、卫生 体育、文化、居民、人物、文存，编后设人名索引。另附有"新昌县政区图""新昌县城关镇现状图""新昌县地貌水系图""新昌县水利电力图"。陈桥驿先生作序。

301

民国新昌县志

K295.54/0267

新昌县地方志编纂委员会办公室 2015 年印制。1924 页，4 册。

本书共二十卷，分别为"舆图 建置""山川 水利""食货""物产""礼制""氏族 祠墓坊附""大事记""职官表""选举表""人物（循吏、名宦）""人物（以姓为次）""理学 忠节 文苑 武功 义行 方技""列女""寓贤 仙释""艺文""金石 古迹""寺观""杂记""轶闻""原始 沃洲诗文存"，并附《新昌农事调查》一卷。新昌县知事金城（字汤侯）修，象山县陈畬等纂，民国七年（1918）重修，民国八年（1919）铅印出版。本书以该版重印，版式悉仍其旧，惟于每页底部加注页码并加总目录，以便阅览。

302
人文嵊州丛书
K295.54/0870

中共嵊州市委、嵊州市人民政府编。浙江古籍出版社 2008 年 3 月第 1 版，2761 页，10 册，978-7-80715-356-6，CNY450.00。

　　本套丛书分《行走剡溪》《越剧志》《嵊州方言辞典》《嵊州民间演艺》《嵊州民间工艺》《嵊州人物传略》《乡土嵊州》《典故嵊州》《历代咏剡文选》《历代咏剡诗选》10 册，从历史、文学、民间文化、山水资源等各个角度对嵊州的人文历史进行了全方位解读、多维度整理和深层次挖掘。

303
绍兴村落文化全书
K295.54/114

王云根主编。中国文联出版社 2010 年 10 月第 1 版，23289 页，20 册，978-7-5059-6844-8，CNY1200.00。

　　从 2007 年开始，该书编委会先后组织 30 多位专家和资深作者投入编辑总纂工作，对村落普查资料进行认真梳理、归类。本书以柯桥卷、陶堰卷、柯岩卷、孙端卷、华舍卷、夏履卷、湖塘卷、漓渚卷、齐贤卷、兰亭卷、马鞍卷、平水卷、钱清卷、富盛卷、杨汛桥卷、王坛卷、福全卷、稽东卷、安昌卷 19 个镇街为基本单位，每个镇街单独成书，再加上一册概括性的综合卷。镇街卷分镇街历史、故事传说、文献轶稿三个大类。综合卷则放眼全县，统述村落文化，收录绍兴中心地域流传的有关文献轶稿。全书图文并茂，是一套越中民俗风情的画图，更是一部绍兴乡土人文的史诗。

　　王云根，见 170。

304
嵊州文明形迹

K295.54/1290

嵊州市文物管理处编。西泠印社出版社 2010 年 12 月第 1 版，2 册，978-7-80735-950-0，CNY580.00。

　　本书记录嵊州现存有价值的不可移动文物，以物证史，展示嵊地万年文明形迹。全书约 15 万字，一千多幅彩照，分上下册，以图文并茂的形式介绍了嵊州历史文化概况和嵊州第三次全国文物普查成果。本书图片、文字都非常精美，囊括了嵊州历史上现在可见的所有文明古迹，分篇详述：遗址墓葬、摩崖石刻、坛庙祠堂、牌坊影壁、亭台塔楼、民居建筑、桥梁道路、池井渠堰、工商农建、历史事件等内容。另载有"嵊州市第三次全国文物普查登记点、信息资料点名录"等。

305
上虞五千年

K295.54/1742

马志坚著。西泠印社出版社 2013 年 4 月第 1 版，308 页，1 册，978-7-5508-0732-7，CNY48.00。

　　本书时间跨度五千年以上，从新石器时代至晚清民国。全书以时代特征为导向，分"洪水时代""龙山时代""运河时代"和"曹娥江时代"四个部分。内容涵盖人口迁移、社会变迁、县级建置、风俗习惯、宗教信仰、商业贸易、水利交通、文教科技等。书中对上虞历史上形成的有关地名和一部分文化现象的来龙去脉，作了入情入理的考证和解读。

　　马志坚（1957-　），浙江上虞人，研究员。主要从事越窑青瓷、孝文化和地方史研究。编著《曹娥庙》《娥江笔存》《人伦之光》《曹娥庙志》《上虞记忆》《上虞文化古迹》等书。

306
影像诸暨 60 年
K295.54/1843

中国人民政治协商会议诸暨市委员会编。2011 年 1 月第 1 版，201 页，1 册，CNY100.00。

本书以图叙事，反映诸暨 1949 年至 2010 年，特别是改革开放以来全市经济社会发生的巨大变化，分领导关怀、组织建设、城市变迁、经济腾飞、交通发展、水利保障、新农村建设、社会和谐等篇章，史料翔实可信，既具有史实性，又具一定的艺术感染力，是一部不可多得的诸暨档案典籍，更是国内外人士认识诸暨、了解诸暨的珍贵历史文化资料。

307
嵊县志（修订本）
K295.54/2274

邬福民主编，嵊县志编纂委员会编。方志出版社 2007 年 8 月第 1 版，426 页，1 册，978-7-80238-096-7，CNY200.00。

本志是 1989 年 8 月由浙江人民出版社出版的《嵊县志》修订本。首设概述、大事记，后列建置、自然地理、经济总情、农业、水利·电力、工业、商业、交通·邮电、城乡建设、财税·金融、政党、人大·政府·政协、社团、军事、司法、民政·劳动·人事、教育、科技、文化、越剧、卫生、体育、社会、人物 24 编，末为杂录，并附有"嵊县政区图""嵊县城关镇图"。

邬福民（1928-1992），浙江桐庐人。1949 年参加革命，曾任乡长、县委宣传干事，《嵊县报》编辑，1957 年被错判为右派，1978 年平反任嵊县县志办副主任、《嵊县志》主编。

308
越国古都诸暨

K295.54/2510

朱再康主编。西泠印社出版社 2010 年 4 月第 1 版，421 页，1 册，978-7-80735-726-1，CNY160.00。

本书从越国源流、建都诸暨、越都遗存、吴越争霸、越国君臣、古越遗风、诗词选录、文献辑存八个篇章着重论述越国三度建都诸暨的历史史实和越国在诸暨的历史文化遗存，同时介绍越国群臣传略、西施传记、吴越争霸简史，历代文人有关越国诗词选编等。陈桥驿先生担任总顾问，并题写书名。

朱再康，见 139。

309
民国绍兴县志资料

K295.54/2796

民国绍兴县修志委员会编，绍兴图书馆整理。广陵书社 2011 年 1 月第 1 版，15 函 85 册，978-7-80694-771-5，CNY29800.00。

全书共计二辑，500 余万字。本书体例完整、内容丰富，是一部资料性的地情实录和地方性的百科全书，为绍兴旧志的殿后之作，具有极其珍贵的史料价值。其中第二辑系民国绍兴县志委员会遗存的未刊稿本，类分科学，计有通纪、地理、民族、建置、财政、教育、交通、司法、军警、食货、职官、选举、宗教、人物、列女、书籍、金石、文征十八类，所收资料年代下限为民国二十九年（1940）。

310

绍兴县志

K295.54/2797

傅振照主编，绍兴县地方志编纂委员会编。中华书局 1999 年第 1 版，4 册，7-101-01664-2，CNY105.00。

本次修志始自 1981 年，历十余载，收集、整理、印行绍兴著名的旧志，以及其他大量相关的书籍、资料，分四册四十二编：第一册共十一编为地域、社会，第二册共十一编为经济、政治，第三册共九编为文化、人物，第四册为丛录、索引。内容完备，信息全面，体例严谨，尤可独步志林，特别是对于越地方文献和山、会二县旧志的搜集整理，予以高度重视，认真对待。另附有绍兴县交通图、新昌县城关镇现状图、绍兴县气候区分布图、绍兴县土壤图、绍兴县水系图、绍兴县地质矿产图、绍兴县土地利用现状图。

傅振照，见 006。

311

诸暨县志

K295.54/3477

诸暨县地方志编纂委员会编。浙江人民出版社 1993 年 12 月第 1 版，1091 页，1 册，7-213-00923-0/K.243，CNY60.00。

《诸暨县志》始修于宋代，其后，元代修纂 1 次，明代修纂 6 次，清代修纂 4 次。本志自清光绪刊行《诸暨县志》至 80 余年后所修，本志上限因事而异，下限讫于 1987 年，重点记述中华人民共和国成立之后。本志横排门类，纵述史实，分篇、章、节、目 4 个层次，于概述、大事记后，设自然环境、建置、人口、农业、水利、林业、工业、交通、邮电、贸易、工商管理、财政·税务、金融、城乡建设、政党·社团、县政机构、人事、民政、军事、司法、教育、文化、文物·胜迹、科学技术、卫生、体育、风俗·宗教、方言、人物、丛编 30 篇，135 章，413 节。并有诸暨县政区图、诸暨县地势图、诸暨县土壤图、明万历《经野规略》古诸暨县城图、明崇祯《苎萝志》复制古苎萝山图、清乾隆《诸暨县志》复制古五洩山图。由书法家沙孟海题书名。

312
绍兴水利文献丛集

K295.54/3714

冯建荣主编。广陵书社 2014 年 9 月第 1 版，977 页，2 册，978-7-5554-0151-3，CNY208.00。

　　本书为绍兴市水利局所编汇的有关绍兴地区近代以前（截止清末民初）的地方水利文献，分为上下二集各一册。上集是前人汇编水利工程记录，辑录《闸务全书》（标点者：邹志方），《塘闸汇记》（标点者：吕山），民国《绍兴县志资料·第二辑·第二类·地理》（标点者：谢炳武）3 部分；下集是从元代到民国各朝经修水利的实录文献，辑录《经野规略》《麻溪改坝为桥始末记》（标点者：方俞明），《上虞五乡水利本末》《上虞五乡水利纪实》《上虞塘工纪要》和《上虞塘工纪实》（标点者：应志铨）6 部文献，附《咸丰元年起捐修柴土塘并石塘各工案》。

　　冯建荣（1963-　），浙江上虞人，工商管理硕士。历任越城区副书记、副区长，绍兴县委副书记、县长，绍兴市副市长、绍兴市政协副主席。独著《越语》。

313
嵊州市非物质文化遗产大观

K295.54/4426

嵊州市文化广电新闻出版局编。西泠印社出版社 2007 年 10 月第 1 版，324 页，1 册，978-7-80735-257-0，CNY298.00。

　　本书包括民族语言、民间文学、民间音乐、民间舞蹈、戏曲、曲艺、民间杂技、民间美术、民间手工技艺、生产商贸习俗、消费习俗、人生礼仪、岁时节会、民间信仰、民间知识、游艺和传统体育与竞技、传统医药、其他 18 个方面。首设概述和已公布的嵊州市非物质文化遗产名录，后列民族语言（嵊州方言）、民间文学（口头文学）、民间表演艺术、民间造型艺术、民俗与民俗事象五编。其资料来自档案、旧志、家谱、报刊、图书以及编写人员调查寻访录等。

314
吴越春秋

K295.54/4460

――――――――

（汉）赵晔著，（元）徐天祜音注。江苏古籍出版社1992年4月第2版，162页，1册，7-80519-369-X，CNY2.50。

本书是一部记述春秋时期吴、越两国史事为主的史学著作。原为十二卷，隋以后缺佚二卷。《宋史·艺文志》记为十卷，前五篇为吴事，起于吴太伯，迄于夫差；后五篇为越事，记越国自无余以至勾践，注重吴越争霸的史实。元徐天祜《音注》本六卷，考辨了原书中一些记事错误之处。本书据元大德本校订排印。

赵晔，字长君，东汉学者。会稽山阴（浙江绍兴）人。著有《诗细》《历神渊》《吴越春秋》。

徐天祜，字受之，南宋学者。会稽山阴（浙江绍兴）人。为《吴越春秋》作注。

315
千年新昌

K295.54/5040

――――――――

中共新昌县委宣传部、新昌县档案局编。中国文化艺术出版社2008年10月第1版，143页，1册，978-988-17226-7-6，CNY200.00。

本书分卷首语、千年历史史话、千年存史真迹、千年名山增辉、千年历史名人、千年文化积淀、千年县城变迁、千年古村纵赏、千年百姓创业等章节，以事实为依据，图文并茂地记载了新昌建县1100周年、改革开放30周年的历史轨迹和社会变迁，记述了新昌人民和谐相处、团结奋斗、开拓创新、与时俱进的优良传统。

316
上虞大事记
K295.54/5042

中共上虞市委党史办公室、上虞市档案馆编著。当代中国出版社 1995 年 7 月第 1 版，298 页，1 册，CNY12.00。

　　本书记录了 1949 年 6 月至 1994 年 5 月期间，以上虞市（县）委重大活动为主线，经济建设为重点，并兼录市（县）级政、军、统、群的重大活动，要事突出，比较全面、系统地反映政治经济、文化教育、科技卫生、军事体育、交通邮电等各个领域、各条战线的大事以及英雄模范人物等。附有上虞市（县）党、政、军、统、群和市（县）委工作部门、市（县）政府办公室领导人名录和《上虞市（县）社会主义建设成就一览表》。

317
上虞文史资料
K295.54/5068

上虞政协文史资料工作委员会编。

　　上虞市政协文史委于 1986 年起组织文史专家搜集整理各方面史实，经选择、整理，将其中一部分编写成《上虞文史资料》（共九辑）。其中将"纪念夏丏尊专辑"（第一辑）、"陈鹤琴专辑"（第三辑）、"一代师表——纪念经亨颐诞辰一百一十周年"（第二辑）、"纪念胡愈之专辑"（第六辑）、"白马湖文集""虞舜文化""曹娥庙专辑"单独成册编成专辑。

318
诸暨文史
K295.54/5068

诸暨政协文史资料工作委员会编。

　　诸暨市政协文史委于 1984 年组编《诸暨文史》（共八辑），自第三辑起改为《诸暨文史资料》。本刊以记述诸暨的人、地、事、物为主，广征博采，求实存真，内容广泛，题材丰富，其中"教育史料专辑"（第五辑）、"西施故里揽胜"（第六辑）、"西施故里名人谱"（第七辑）、"秀松长青——中国共产主义事业前驱俞秀松"（第八集）单独成册编成专辑。

319
嵊县文史资料
K295.54/5068

嵊县政协文史资料工作委员会编。

嵊县政协文史委于 1985 年起组织文史专家搜集整理各方面亲身经历、亲眼目睹、亲耳所闻的史实，经选择、整理，编写成《嵊县文史资料》（共二十五辑），自第十二辑起改为《嵊州文史资料》。其中"王金发学术讨论会暨殉难七十周年纪念会"（第二辑）、"抗日战争胜利纪念专辑"（第三辑）、"辛亥革命史料专辑"（第五辑）、"嵊县风物"（第六辑）、"越剧溯源"（第七辑）、"辛亥革命史料续辑"（第八辑）、"马寅初在故乡"（第九辑）、"嵊州史话"（第十辑）、"中国领带"（第十一辑）、"嵊州茶叶"（第十三辑）、"统战政协工作专辑"（第十四辑）、"参政议政　建言献策"（第十五辑）、"嵊州竹文化"（第十六辑）、"天南海北嵊州人"（第十七辑）、"嵊州·文物之邦"（第十八辑）、"光辉的历程——纪念嵊州政协成立五十周年"（第十九辑）、"嵊州寺庙"（第二十辑）、"人口和计划生育三十年回顾"（第二十二辑）、"史地专辑"（第二十三辑）、"嵊商"（第二十四辑）、"嵊州水文化"（第二十五辑）单独成册编成专辑。

320
六朝剡东文化
K295.54/7417

陈百刚主编。上海书店出版社 1995 年 9 月第 1 版，292 页，1 册，7-80622-008-9，CNY12.00。

《六朝地域社会丛书》之一。六朝时期，新昌尚未建县，地属会稽剡县东鄙，称剡东。剡东地区，因其山水清奇秀丽，衣冠大族萃聚，名士高僧栖隐，六朝时期文化遗产丰厚。本书分"居民·文物""剡东诸山""高僧·佛寺""名士行踪""大佛造像""文献选注"六个主题收录文章 38 篇。附录《六朝剡东大事纪年》。

陈百刚，见 190。

321

诸暨县志

K295.54/7434

陈遹声、蒋鸿藻修纂。浙江古籍出版社 2016 年 4 月第 1 版，3 函 18 册，978-7-5540-0816-49，CNY3800.00。

本书是由诸暨图书馆再版的古籍珍本，原志是 1910 年出版的地方志类图书。全志分图经、建置、山水、水利、学校、兵备、田赋、风俗、灾异、物产、职官表、名宦表、科第表、列传、方技、列女、流寓、方外、坊宅、金石、经籍、文征、杂志等六十卷。

陈遹声（1846-1920），字毓骏，号骏公，浙江诸暨人。早年师从著名学者俞樾。清光绪十二年（1886）中进士，改翰林院庶吉士，授编修，出为松江知府。著有《玉溪生诗类编》《历代题画丛录》《逸民诗选》《畸庐稗说》《畸园老人诗集》《鉴藏要略》等。

蒋鸿藻（1839-   ）。

322

绍兴水利文化丛书

K295.54/7472

绍兴水利文化丛书编纂委员会编。中华书局 2011 年 10 月第 1 版，956 页，3 册，978-7-101-08114-5，CNY218.00。

本套丛书分《鉴湖史》（陈鹏儿著）《绍兴治水人物》（傅振照著）《绍兴水利诗选》（邹志方选注）三册，既各自独立、自具特色，又紧密关联，构成一个完整的整体。其中，《鉴湖史》对绍兴水利文化的核心——鉴湖的开发利用史进行了全面梳理；《绍兴治水人物》对绍兴水利文化的主体——历代治水功臣的水利业绩进行或翔实具体或言简意赅的记载；《绍兴水利诗选》对绍兴水利文化中最富有人文精神的"纯文化"成分——绍兴水利文学（诗歌）遗产进行了整理。

323
上虞文化史
K295.54/8710

郑建庆、方新德主编。浙江人民出版社2012年10月第1版，364页，1册，978-7-213-04953-8，CNY58.00。

本书介绍了上虞的士族、隐逸、宗教、爱情、仕宦、师爷、堕民、民俗、教育文化，以及国学研究和书画、诗词创作等。主要内容包括：文明初露（上古先秦时期）、亦史非史舜传说、中原文化与地方土著文化的融合创新（秦汉魏晋南北朝时期）、王充与儒家文化、精英文化与民间文化的合奏共鸣（隋唐五代宋元明清时期）、上虞士大夫的仕宦文化、转型与发展，上虞近代文化的变迁（晚清民国时期）等。

郑建庆（1961-　），浙江上虞人。曾任上虞区街道领导干部、上虞区副区长、区委常委、宣传部部长。

方新德，浙江大学历史学系副主任、总支书记、副教授。研究领域：中国近现代史、浙江地方史、档案学基础理论，承担浙江大学211项目"中国传统文化与江南地域文化研究：国民政府时期浙江县政研究"课题。

324
历史的瞬间——改革开放前上虞的老照片
K295.54-64/0061

上虞市档案局、上虞市委党史研究室、上虞博物馆编。浙江摄影出版社2010年1月第1版，232页，1册，978-7-80686-834-8，CNY128.00。

本书收集了清朝末年到改革开放之前有关上虞的老照片486张。分为四篇：清代与中华民国时期、新民主主义向社会主义过渡时期、社会主义探索发展时期、"十年动乱"和"拨乱反正"时期。

325

上虞县志

K295.54SY/2127

上虞县志编纂委员会编。浙江人民出版社 1990 年 12 月第 1 版,875 页,1 册,7-213-00512-X,CNY39.00。

该志由上虞县志编纂委员会于 1985 年至 1989 年间编修,由胡愈之先生题名,章天祥、王润生、吴觉农作序。全志由概述、大事记、27 篇专志、人物、附录五部分组成,记述重点为 1949 年 5 月上虞解放至 1985 年,特设围耕、乡镇工业、越窑陶瓷 3 篇,历次政治运动和"文化大革命"在大事记和各专志中分别记述。

马志坚,见 305。

326

上虞乡镇(街道)历史文化丛书

K295.55

上虞乡镇(街道)历史文化丛书编委会编写。第一辑:上海交通大学出版社 2015 年 4 月出版,8 册,978-7-313-12721-1,CNY200.00。第二辑:大众文艺出版社 2013 年 7 月出版,4 册,978-7-5172-0133-5,CNY140.00。

本套历史文化丛书,全面系统地介绍上虞每个乡镇(街道)的基本概况、名胜古迹、民俗风情、特色文化、乡贤名人、风物特产和经济社会发展情况,是一套全面系统梳理总结上虞乡镇(街道)历史文化发展脉络的著作,具有较高的学术价值、历史价值和实用价值。丛书包括《柔山玉水小天地(丁宅卷)》《杭州湾畔的明珠(盖北卷)》《嵇康故里 状元之乡(长塘卷)》《千年县城 英台故里(丰惠卷)》《竺可桢故里(东关卷)》《名邑古地 璀璨新镇(驿亭卷)》《人文之乡 生态之镇(梁湖卷)》《山乡古市 绿色新镇(永和卷)》《孝女故里曹娥(曹娥卷)》《江南水乡 有道之墟(道墟卷)》《千年古镇 生态下管(下管卷)》《老渡口 新商都(百官卷)》12 册。

327
新昌县非物质文化遗产普查成果选编
K295.54XC/026

新昌县文化广电新闻出版局、童黎明主编。中国文化艺术出版社 2009 年 12 月第 1 版，278 页，1 册，978-988-17226-0-8，CNY100.00。

本书系统、完整、翔实地反映新昌县非物质文化遗产概况，展示新昌绚丽多彩的传统文化底蕴和独特的艺术魅力，全书分为新昌调腔、唐诗之路、传统音乐、传统舞蹈、民间传统美术、民族语言、民间文学、民间传统戏剧、民间传统杂技、民间手工技艺、生产商贸习俗、消费习俗、人生礼仪、岁时节令、民间知识、民间信仰、游艺、传统体育与竞技、新昌风味小吃等十八篇，罗列了新昌县国家级、省级、市级、县级非物质文化遗产名录与传承人名单。

328
斗门地名
K295.55/6020

吕山、傅儒根主编。天马出版有限公司 2011 年 5 月第 1 版，241 页，1 册，978-962-450-438-5，CNY44.00。

本书分为六辑：一、地名叙录，二、地名史话，三、地名诗说，四、地名小品，五、地名文萃，六、地名诗词。前三辑着重于觅踪寻源、考古证今、追溯考证，材料或从历史资料中获得，或从民间传闻听到，后三辑多属作者领悟，带有浓郁的感性色彩。

吕山，见 152。

傅儒根，绍兴越城区斗门街道办事处退休干部。

329
会稽古村冢斜
K295.55/8019

余雅堂编著。天马出版有限公司 2013 年 2 月第 1 版，159 页，1 册，978-962-450-468-2，CNY30.00。

　　本书讲述了千百年来冢斜人民的文明史，包含了建筑、风俗、人居等方面内容，也包含了冢斜村人民的思想、道德、知识、智慧的结晶。这些结晶是在特定的历史时期、历史领域、社会变革中形成的，传承着后代生生不息、永不熄灭的光辉。前有冯建荣先生为本书作序言。

　　余雅堂（1933- ），浙江绍兴人。长期从事教育文化及地方史志挖掘、整理工作，曾任乡、社、区校校长，公社教育干部等职，绍兴市越文化研究会、绍兴市名人文化研究会、绍兴市乡土文化研究会、李显忠名将历史文化研究会、绍兴县史志学会等研究会会员。

330
山阴道人：域外名人与绍兴
K82/2713

绍兴市委党史研究室、绍兴市地方志办公室编著，鲁孟河主编。中央文献出版社 2010 年 12 月第 1 版，219 页，1 册，978-7-5073-3152-3，CNY78.00。

　　本书收录了秦始皇、司马迁、严助、第五伦、刘宠、支遁、杨素、吉藏、孟浩然、李北海、李白、远祖、空海、方千、范仲淹、曾巩、程师孟、秦观、王十朋、朱熹、辛弃疾、姜夔、吴文英、汪纲、刘基、汤绍恩、袁宏道、黄汝亨、陈子龙、魏耕、屈大均、朱彝尊、俞卿、全祖望、袁枚、蒋士铨、风千仞 37 位绍兴域外的名人，这些来自天南地北的域外名人在绍兴或长或短逗留过、生活过，在"山阴道上"留下深深的足迹，与绍兴结下了殊缘，他们的籍贯虽不在绍兴，而气质、心灵上却已打上绍兴的烙印。前有胡国枢先生作序。

　　鲁孟河（1960- ），浙江建德人。曾任绍兴党史办主任。

331
宦游集：域外名人与绍兴
K820.2/8028

佘德余著。浙江人民出版社 2013 年 9 月第 1 版，276 页，1 册，978-7-213-05768-7，CNY38.00。

《越地春秋丛书》之一。本书从地域的视角，讲述了 36 位外籍人士或做官或旅游或探亲进入绍兴，如古越的大禹，越国的范蠡、文种，会稽时期的秦始皇、司马迁、蔡邕、马臻、王羲之、谢安、干宝、顾恺之等，越州时期的杨素、李白、孟浩然、元稹、刘长卿、柳永、范仲淹、曾巩、秦观等，绍兴府时期王十朋、朱熹、辛弃疾、姜夔、吴文英、汪元量、戴表元、刘基、戴琥、南大吉、汤绍恩、袁宏道、吴成器、黄汝亨、陈子友、魏耕、朱彝尊、屈大均、俞卿、袁枚、蒋士铨等，由于他们的努力，为绍兴留下了无比丰富、令人可歌可泣的华章和史料。

佘德余，见 131。

332
民国时期新昌名流
K820.6/4440

老乜著。华夏出版社 2013 年 8 月第 1 版，256 页，1 册，978-7-5080-7968-4，CNY30.00。

本书介绍了 30 多位民国时期新昌历史人物，新昌人与在新昌本地担任职务的名人及工商、教育、科研、文化艺术界的一些重要人士，以人物传记或传略及简历形式书写。本书主要是通过知情人的撰写，还有的则是从历史档案、政协文史资料、志书、网络等渠道收集。

333
绍兴艺文杂典
K820.855.3/0049

应梅堂编著。绍兴市财税印刷厂 1997 年印，252 页，1 册。

本书收录了绍兴地区历代文艺家（作家、诗人、书画家、名伶、音乐家、乐师和文艺理论家）的生平和作品目录，在世人物只介绍作品，不介绍生平。书中为客籍旅越文人及被禁之书设了专章。同时收录了绍兴地区历代文艺社团的活动资料，并收录了一些趣闻逸事。1949 年前萧山、余姚两地的知名文人亦收录在内。

334

绍兴党史人物传

K820.855.3/1008

中共绍兴县委党史办公室 1989 年 12 月编印。250 页，1 册。

本书为纪念绍兴解放和建国 40 周年而编纂，记录了自 1922 年绍兴有共产党的活动以来涌现出的 32 位革命志士。他们在这块越都故地上前赴后继、抛头颅、洒热血，进行艰苦卓绝、英勇顽强的斗争，谱写了一曲又一曲的悲壮诗篇，生动地反映出在许多重大历史事件发生过程中中国共产党的活动和所起的关键作用，勾画出绍兴地区党的发展史。

335

越中名人谱

K820.855.3

这是一套比较全面反映绍兴古今人物概况的大型人物工具书，先后出版发行了四卷，共收录绍兴地区有史以来各方面人物 7980 余人。以本籍人物为主，兼收了一部分与绍兴关系密切的客籍人物。按政治军事、经济贸易、社会科学、自然科学、工程技术、教育体育、文学艺术、书画篆刻、戏剧曲艺、新闻出版、医疗卫生、宗教及民间名人等项目分类。遵循"详今略古""求实存真""述而不评"的原则，书前有分类目录，书后有姓氏笔画索引，查阅比较方便。

书名	主编	出版社	出版时间	索书号	页码	ISBN:	价格
越中名人谱	何信恩 高军	研究出版社	2003 年 2 月第 1 版	K820.855.3/2126	480	7-80168-075-8	86
越中名人谱续编	何信恩	杭州出版社	2006 年 4 月第 1 版	K820.855.3/2126	383	7-80633-859-4	120
越中名人谱第三卷	杨旭 张文博	杭州出版社	2009 年 9 月第 1 版	K820.855.3/4740	346	978-7-80758-267-0	180
越中名人谱第四卷	杨旭	杭州出版社	2015 年 2 月第 1 版	K820.855.3/4740	330	978-7-5565-0336-0	180

336

江南人物春秋——绍兴东浦

K820.855.3/2522

朱顺佐著。广州出版社 1993 年 12 月第 1 版，401 页，1 册，7-80592-161-X，CNY12.00。

　　本书收入了 167 位东浦名人，把各方面符合条件的人物都分别列传入书，既突出了重点人物，又真实反映了东浦人物群体的各种形象，融思想性、学术性、知识性于一体。全书重点兼顾、材料丰富翔实、描述生动具体、结构合理严谨、文字浅显流畅、论述精辟透彻。对东浦善生俊异，代不乏人，从地理条件、于越文化熏陶与浸润等因素作了深层次的分析和认证。首有陈桥驿、纪根立、章生建序。

　　朱顺佐，见 173。

337

绍兴贤人志

K820.855.3/2522

朱顺佐著，绍兴师专地方史研究室 1984 年印。2 册。

　　本书分为二册，共选录了绍兴历史上 116 位贤人。所选都是著名的政治家、思想家、军事家、文学家、艺术家和科学家等，他们各自从不同的角度为中华民族的文明史谱写了光辉的一页。为了褒扬他们的高尚品质，发扬他们的爱国精神，作者以短小精悍的篇幅，为他们树碑立传。著名方志学家陈桥驿先生为该书作序。

　　朱顺佐，见 173。

338

感动中国的绍兴名人

K820.855.3/2713

鲁孟河主编。中央文献出版社 2009 年 6 月第 1 版，304 页，1 册，978-7-5073-2793-9，CNY78.00。

    全书以"感动中国"为主题，收录了上起东汉，下至当代的 67 位绍兴名人。涵盖历史上在绍兴出生的名人；祖籍为绍兴的名人；不在绍兴出生，祖籍也不是绍兴，但在绍兴居住工作的名人。不但收录了历史上的绍兴名人，也收录了部分仍然活跃在当今中国舞台上的绍兴名人。他们的影响所及都已超出绍兴和浙江，身份不同，地位不同，从事的工作不同，贡献的大小也不同，但都是以各种形式推动历史进步，并有利于民生。首有祖籍绍兴的复旦大学教授葛剑雄序。

    鲁孟河，见 330。

339

影响中国的绍兴名人

K820.855.3/2713

中共绍兴市委党史研究室编著。中央文献出版社 2007 年 3 月第 1 版，309 页，1 册，978-7-5073-2253-8，CNY68.00。

    本书选录的绍兴名人，上起夏禹，下至当代，摒弃生平式、故事式的人物记述传统，以宽广的视野，把绍兴名人放在中国历史发展的舞台上，多角度、全方位地展示了他们对中国乃至国际的影响。按照历史唯物主义观点，对在历史上被判定为负面人物但确实影响过中国的绍兴名人，也予以选录。

340
越兰与名人
K820.855.3/2790

绍兴市兰花协会编。上海科学出版社 2004 年 1 月第 1 版，323 页，1 册，7-80681-315-2，CNY25.00。

　　本书介绍了兰花在绍兴深厚的文化底蕴，生活在绍兴的各个历史阶段名人的生平事迹、名人与兰的逸事、以绘兰闻名的艺术家、国外人士与兰的情谊、兰界人物等。这些名人都对绍兴的兰花喜爱有加，他们在自己的人格修养和事业奋斗中又从兰花身上得到了许多启示，而绍兴兰花因为有这些名人的关注和培育，更加气韵生辉，代复一代，长传不息。越兰与名人这种紧密又亲密的关系，是兰文化研究中一个重要课题，本书试图从这一角度提供一些历史信息和现实内容，以引起人们更大的兴趣。

341
绍兴百贤图赞
K820.855.3/2790

绍兴市文联编。百花文艺出版社 1994 年 9 月第 1 版，304 页，1 册，7-5306-1726-5，CNY15.00。

　　《绍兴图赞》丛书之一。编者集几千年之大贤，择上万人之菁英，精选了桑梓百贤。远起夏禹，近至钱三强，均系推动社会进步、促进民族繁荣之精英。以先贤言行事迹显而感人者为赞，行文信达有据。每篇起首一段总述，以俾读者对传主生平有概要性的了解。

342

二十五史中的绍兴人

K820.855.3/2797

绍兴县地方志编纂委员会编。中华书局 2017 年 12 月第 1 版,347 页,6 册,7-101-04153-1,CNY860.00。

本书共收录二十五史和《清史稿》中列传的绍兴籍人士,包括传主和单独设行的附传传主。一部分虽为客籍但已定居山阴、会稽,死葬山阴、会稽者也一并收入。全书共收录 262 人,其中重复收录者 35 人,实际收录 227 人。前有冯建荣先生为本书作序言。

343

绍兴籍院士风采

K820.855.3/2798

绍兴图书馆编纂。浙江人民出版社 2002 年 10 月第 1 版,505 页,1 册,7-213-02482-5,CNY82.0。

《绍兴图书馆建馆一百周年纪念丛书》之一。本书收录中华人民共和国成立后至 2001 年止的中国科学院、中国工程院两院院士绍兴籍(包括原学部委员)54 人,其中女院士 2 名,双院士 1 名。着重记述院士的科学技术成就,并多层面、多角度勾画其人生轨迹,展示他们的世界观、人生观和价值观。序一为时任绍兴市市长王永昌所作,序二为中科院、工程院双院士潘家铮所作。

344
绍兴历代名人
K820.855.3/3417

沈建乐编著。上海社会科学院出版社 1992 年 4 月第 1 版，305 页，1 册，7-80515-798-7，CNY4.80。

本书选录中国历史上特别是在绍兴历史上起过一定作用和有一定影响的历代绍兴人物 450 名。渊源追溯到中华民族人文初祖之一的大禹、春秋时期越王勾践，自此系统梳理了秦汉时期、魏晋南北朝时期、唐宋元明清时期的名人英才，以及近代涌现出一批杰出的英雄俊贤、仁人志士、民主先驱和共产党人，对他们卓越的贡献、业绩、创造和对历史产生深远和永恒的影响进行了评述。

沈建乐，见 058。

345
绍兴师爷书信选
K820.855.3/3844

许葭村、龚未斋著。华龄出版社 2002 年 7 月第 1 版，571 页，2 册，7-80082-989-8，CNY148.00。

本书共二册。第一册为山阴许葭村著《秋水轩尺牍》，由山阴娄氏及吴县管氏将往来书信分为候叙类、庆吊类、慰劝类、请托类、辞谢类、索借类、允诺类和戏谑类八大类进行分类注释。第二册为一代名幕会稽龚未斋著《广注雪鸿轩尺牍》，杭县朱诗隐及吴县徐慎几注释。这二种尺牍与袁枚《小仓山房尺牍》被认为是清代三大尺牍经典之一，尤为民国雅士所推重，以为文辞简洁雅丽，雍容有致，尽显文言书信特质。

许葭村，见 145。

龚未斋（1738-1811），字尊，号雪鸿，浙江山阴县（今绍兴）人。终身以幕为业，善诗，善书札，著身《雪鸿轩尺牍》，与许葭村《秋水轩尺牍》为双璧，流传至今。

346

绍兴六百师爷

K820.855.3/4344

裴士雄、娄国忠编著。中国电影出版社 2012 年 8 月第 1 版，308 页，1 册，978-7-106-03537-2，CNY156.00。

本书是编者从地方志书、谱牒、野史笔记和绍籍师爷后裔的口碑中整理出的绍兴师爷名录，收录了籍贯为绍兴府属山阴、会稽、诸暨、上虞、嵊县、新昌、萧山和余姚八县的642 名师爷。幕游时间以清朝为主，少数为民国期间，极少数为宋元明朝代。全书对绍兴师爷代表性人物的资料进行了集中系统的整理与研究，为绍兴师爷树碑立传，开辟了一个绍兴师爷研究的全新领域。首有冯建荣先生序。

裴士雄，见 070。

娄国忠，见 142。

347

绍兴英烈传

K820.855.3/5042

中共绍兴市委党史资料征集研究委员会 1988 年 5 月编印。214 页，1 册。

本书收录了 18 位绍兴籍的革命烈士，按牺牲时间前后排列。他们有的是党的高级领导人，有的是工人运动领袖，有的是战斗在基层的普通党员，也有的是音乐家、新闻工作者。他们的共同特点是：有远大的理想和坚定的信念，有崇高的生活目标、强烈的使命感和责任感。他们出生入死、前赴后继，为革命战斗到最后一息。首附有烈士遗照、手迹等。

348
绍兴名人辞典
K820.855.3-61/2522

朱顺佐等著。国际文化出版社 1994 年 6 月第 1 版，378 页，1 册，7-80105-153-X，CNY40.00。

本书收录绍兴市属各市县的历史人物和现代人物 2700 余人，是一部完整、系统、多角度、全方位地介绍古今绍兴名人，尤其是当今活跃在本市和海内外政治、经济、科技、文化舞台上的绍籍各界精英（包括改革开放以来为振兴绍兴经济作出巨大贡献的企业界人士）的名人辞典。

朱顺佐，见 173。

349
新昌古今人物小传
K820.855.4/0044

唐樟荣 2016 年 5 月编著。242 页，1 册。

本书以时代为脉络，择要介绍了 61 位与新昌密切相关的人物，从新昌大佛寺开山祖师昙禅师、千古"书圣"王羲之，到诗仙李白、诗圣杜甫多有涉猎，民国时期浙江省长张载阳、人民司法的开拓者梁柏台、"越剧王后"尹桂芳等名人记载得更为详细。后记从佛教般若学及唐诗之路的演变发展进一步阐述了新昌山水名胜与名人的关系。

唐樟荣（1961– ），浙江嵊州人。1983 年 7 月杭州大学历史系本科毕业，供职于新昌县机关及新闻媒体，业余从事新昌地方文史研究，著有《雨窗集》《新昌名士文化》《新昌诗话》《新昌史话》。

350
上虞贤人志集
K820.855.4/2139

上虞市文学艺术界联合会 1993 年编著。239 页，1 册。

　　本书收录彪炳史册的 42 位上虞籍名人传略，包含东汉伟大思想家王充、一代名相谢安、方志学的奠基人章学诚、近代中国地理学和气象学的奠基人竺可桢、中华民族的脊梁胡愈之、当代茶圣吴觉农等贤人志士，他们为上虞悠久的历史增添了光辉的篇章。附录部分为舜的传说及祝英台其人其事考。

351
上虞名人录
K820.855.4/2215

中共上虞市委党史研究室编。大连出版社 1999 年 8 月第 1 版，554 页，1 册，7-806-12654-6，CNY32.60。

　　本书收录上虞市（县）有史以来各方面的代表人物 1645 人，其中列传 1175 人，资料截止期为 1998 年 12 月。收录人物重本籍、重正面、重现当代，酌收少量在虞工作时间长、影响大的客籍人物。人物介绍以客观直陈为主，一般不作评论，力求科学准确，公正精当。首有当代虞籍名人题字，时任上虞市委书记姚作汀作序，后附历代进士名录、在虞副高级以上科技人员名录。

352
西施故里名人谱
K820.855.4/3470

诸暨市政协文史委员会 1997 年 2 月编。299 页，1 册。

　　本书是在诸暨这块古老土地上涌现出的无数风流人物的传记。收录自春秋越国允常、勾践、西施至当代体坛健将楼云等共 108 位诸暨籍人物传记。传主以现当代为主，既有中国共产党的早期活动家，也有杰出的科技界精英，按出生年月先后为序，每个传主配以相应插图。首有时任诸暨市委书记周惠良、市长何国梁题词，市政协主席马礼畏作序。

353
江南人才名镇：陶堰
K820.855.5/2522

朱顺佐，张能耿著。浙江大学出版社 1993 年 5 月第 1 版，435 页，1 册，7-308-01218-2，CNY8.80。

　　本书以简短精悍的篇幅，有重点、多层次地为 247 位陶堰籍乡贤写了小传。内容丰富，材料翔实，生动具体，可读性强。以小见大，充分展示了明清社会的百态、辛亥革命和五四运动的烽火、民国诸大事的内幕、当代儒林的业绩。从中可窥五百年文坛轶事、可寻五百年名人足迹。首有陈桥驿序一，陈敏尔序二，俞耀根序三。后附陶堰地区工厂介绍。

　　朱顺佐，见 173。

　　张能耿（1934-　　），浙江诸暨人。先后求学于诸暨同文中学和暨阳中学。参加绍兴鲁迅纪念馆的筹建，曾任该馆领导多年，长期从事鲁迅研究工作，著有《鲁迅亲友谈鲁迅》《鲁迅的青少年时代》《鲁迅家世》等多部。中国作家协会、中国鲁迅研究学会会员。

354
绍兴名士家世丛书
K820.9

谢善骁、李永鑫、李月免主编。北京出版社 2004 年 12 月第 1 版，10 册，7-200-05025-3，CNY280.00。

　　本丛书记述了十位绍兴名士诞生和成长的社会家庭背景，并且从"家世"的角度出发，寻找每个人所走过的独特人生道路，探索他们各自所经历的不同心路历程。首有时任中国文联主席周巍、浙江省委常委、宣传部长梁平波题词，主编谢善骁、李永鑫序。

书名	作者	索书号	页码	作者备注
句践家世	刘亦冰	K820.9/0203	287	浙江上虞人
王羲之家世	王云根（1952- ）	K820.9/1014	337	浙江绍兴人
谢安家世	王春灿（1943- ） 陈秋强（1943- ）	K820.9/1059	316	浙江诸暨人 浙江上虞人
陆游家世	邹志方（1939- ）	K820.9/2740	434	浙江绍兴人
王阳明家世	傅振照（1937- ）	K820.9/2356	272	浙江绍兴人
祁承爜家世	张能耿（1934-2017）			浙江诸暨人
陈洪绶家世	杨士安（1948- ）	K820.9/4743	310	浙江诸暨人
张岱家世	佘德余（1943- ）	K820.9/8028	309	浙江建德人
赵之谦家世	胡文炜	K820.9/4709	290	浙江绍兴人
徐锡麟家世	陆菊仙（1964- ） 陈云德（1938- ）	K820.9/7542	334	浙江绍兴人 浙江绍兴人

355
新昌乡村文化研究：百姓寻根录
K820.9/0260

政协新昌县文史委员会编。民主与建设出版社 1998 年 5 月第 1 版，372 页，1 册，7-80112-165-1，CNY16.00。

　　本书重点对王氏、张氏、陈氏、潘氏等 20 多个具有典型意义的姓氏家庭史详加考证，走进历史隧道去探识这些家庭的源头和流变，对它们的渊源、兴衰荣枯及对新昌社会发展的影响作了详细的论述。魏桥、王斯德作序。

356
绍兴家谱总目提要
K820.9/2790

———————

绍兴市档案馆、绍兴图书馆、绍兴市家谱协会编。西泠印社出版社 2015 年 9 月第 1 版，441 页，1 册，978-7-5508-1601-5，CNY168.00。

　　本书收录绍兴市境内单位和个人收藏的家谱以及外地收藏的谱籍为绍兴的家谱。以提要目录为主体，其中本地收藏家谱提要目录依据原谱编制；外地收藏家谱提要目录依据有关资料编制。条目著录项依次为：谱籍、谱名、卷数、纂修者、版本（出版年份和版本形态）、堂号、装订形式、册数、附注、内容提要及收藏者。

357
中国国民党诸暨籍百卅将领录
K825.2/3142

———————

汪木伦、王苗夫主编。团结出版社 2006 年 5 月第 1 版，391 页，1 册，7-80214-147-8，CNY48.00。

　　本书收集与整理了二十世纪中国国民党诸暨籍少将以上将军的生平资料。共收入 130 余位，主要介绍其生平简历，并附录相关历史事件。首有时任中国国民党革命委员会中央委员会宣传部部长吴先宁、诸暨市政协主席黄灿荣序。

　　汪木伦（1956-　　），浙江诸暨人。曾任诸暨枫桥区、牌头区区长，诸暨市土地管理局局长、党组书记等，多次被评为诸暨市先进工作者、绍兴市优秀共产党员，并获"全国土地管理系统先进工作者"称号。曾主编《诸暨市土地志》《诸暨市民政志》。

358
马寅初年谱长编

K825.31=74/1733

徐斌、马大成编著。商务印书馆 2012 年 5 月第 1 版，672 页，1 册，978-7-100-08925-8，CNY98.00。

本书按编年体例，详细记述马寅初的家世、出生、读书求学、家庭婚姻、品格情操、成长道路、学术成就、社会活动、人际交往等，展示马寅初在中国近现代史中的特殊地位及作用。徐爱光总序，序一刘鸿儒，序二毛昭晰。

徐斌（1972- ），浙江天台人。浙江工商大学教授，马寅初纪念馆特约研究员，浙江省马寅初研究会副会长。

马大成，马寅初侄孙，马寅初纪念馆办公室主任、浙江省马寅初研究会常务理事。

359
新越商

K825.38=76/3630

《新越商》编委会编。学习出版社 2008 年 12 月第 1 版，360 页，1 册，978-7-80116-707-1，CNY40.00。

此书是绍兴日报社为纪念中国改革开放 30 周年推出的"创业创新 30 年，百名风云越商"系列活动撷取部分代表人物结集而成。记录的虽只是新越商群体中的部分优秀人士的创业事迹，但从中能窥一斑见全豹，展示新越商成长路上的艰辛、奋斗路上的业绩和对未来的矢志追求，以鲜活的案例诠释了越商精神。

360
蔡元培先生手迹
K825.4/4414

蔡元培书，启功、牟小东编。北京大学出版社 1988 年 4 月第 1 版，105 页，1 册，7-301-00251-3，CNY24.00。

本书为纪念蔡元培先生诞辰一百二十周年而编，选辑了蔡元培先生的诗词题跋楹联、书札、文稿手迹近二百件。从不同方面或某一片断反映蔡先生的业绩和思想。书中大部分珍贵手迹是蔡夫人周养浩在战争年代里冒着生命危险从香港抢救出来的。本书以书法为主，必为书法爱好者和研究蔡元培先生的人士所欢迎。所选诸篇基本上以写作时间先后为序，少量略有调整，年月不详者均列在该类之后。首有启功、牟小东前言。

蔡元培（1868-1940），浙江绍兴人。革命家、教育家、政治家。民主进步人士，国民党中央执委、国民政府委员兼监察院院长。中华民国首任教育总长。1916 年至 1927 年任北京大学校长，革新北大开"学术"与"自由"之风；1928 年至 1940 年专任中央研究院院长，贯彻对学术研究的主张。致力于改革封建教育，奠定思想理论基础。

361
# 李慈铭年谱
K825.4=52/4088

傅振照编著。中华书局 2016 年 3 月第 1 版，526 页，1 册，978-7-101-09793-1，CNY48.00。

本书完整梳理李慈铭及其同时代人著述，考证其生平部分公案，充分运用李慈铭日记及同时代人相关诗文日记等材料，展现谱主人生轨迹与性格思想之复杂及变化。本谱首次考察其婚恋、交游、著述之散佚、藏书积聚与归宿、学术成长历程、诗歌创作与主张之变化等，并搜辑李慈铭佚札百余通、诗文数十篇，已将部分篇章纳入谱内。

傅振照，见 006。

362
罗振玉自述

K825.4=6/6051

罗振玉著，文明国编。安徽文艺出版社 2013 年 12 月第 1 版，265 页，1 册，978-7-5396-4544-5，CNY35.00。

"二十世纪名人自述系列"之一。全书共分三编，分别为"自述与回忆""序与跋""学术主张"，包含了其对自己生平经历的概述、为多部作品撰写的序跋、以及他的学术主张等。展现了罗振玉学贯古今的深厚学术功底、严谨的治学态度，对读者了解当时古文字研究的学术状况，具有较高的史料价值。

罗振玉（1866-1940），祖籍浙江上虞，出生于江苏淮安。清末奉召入京，补参事官，兼京师大学堂农科监督。辛亥革命后逃亡日本，后曾参与制造伪满洲国活动。书法善篆、隶、楷、行，是创以甲骨文入书者之一。曾搜集和整理甲骨，铜器、简牍、明器、佚书等考古资料，均有专集刊行。

363
陶行知词典

K825.46=6/7728

金林祥、胡国枢主编。上海百家出版社 2009 年 6 月第 1 版，514 页，1 册，978-7-80703-517-6，CNY128.00。

本词典是一部专业工具书，设置词目近 2000 个。正文分为"陶行知生平""陶行知著作""陶行知思想""陶行知研究"四编，在各编之下又分设数量不等的类别和子目，均按照一定的规则科学地编排。除文字外，还精心挑选和印制了 100 余幅照片。其中有的照片是首次公开发表。

金林祥，上海人，华东师范大学教授，教育学博士。享受国务院特殊津贴。曾任华东师范大学教育学科博士后科研流动站站长等职。

胡国枢（1928-2015），浙江上虞人。浙江省社会科学院研究员，曾任历史研究所所长，著有《蔡元培评传》《生活教育理论——陶行知教育思想研究》。在国内外报刊发表论文与其他文章 200 余篇。

364
蔡元培研究文集
K825.46-53/4414

李永鑫主编。中华书局 2001 年 3 月第 1 版，303 页，1 册，7-101-02871-3，CNY18.00。

本书为纪念蔡元培先生逝世 60 周年学术讨论会的论文集结。共收录论文 27 篇，作者来自国内各地及东邻日本。论文对蔡元培的文化背景、教育思想、教育实践、对中国近代教育的贡献、蔡元培与中国共产党的建立、蔡元培与社会主义以及蔡元培与毛泽东、鲁迅、蒋梦麟、许寿裳的关系等不同方面进行论述。

李永鑫，见 049。

365
鲁迅在绍兴
K825.6/2730

朱忞、谢德铣、王德林、裘士雄编著。浙江文艺出版社 1997 年 12 月第 1 版，227 页，1 册，7-5339-0827-9，CNY0.85。

本书吸收了国内外鲁迅研究界对鲁迅在绍兴期间的生活、学习、工作、思想、创作以及家庭、婚姻等方面的研究成果，故乡的鲁迅研究工作者经过多年调查、采访、探索和研究，也发掘出许多第一手珍贵的新资料，提供了过去为研究者所讳言的许多新史实。全书有 20 多幅照片、插图和表格。首由原北京鲁迅博物馆馆长、著名鲁迅研究专家王士菁作序。

朱忞（1928- ？），浙江遂昌人，曾任绍兴鲁迅纪念馆馆长。

谢德铣（1936- ），浙江绍兴人，绍兴文理学院鲁迅研究室主任。

王德林（1940- ），浙江杭州人，绍兴文理学院中文系副教授。

裘士雄，见 070。

366

乡土忆录：鲁迅亲友忆鲁迅

K825.6/2730

周芾棠著。陕西人民出版社 1983 年 4 月第 1 版，335 页，1 册，CNY1.35。

本书是作者访问鲁迅先生在绍兴、杭州、萧山、南京等地的许多当时还健在的亲友和学生后，将调查所得，参照《鲁迅全集》《鲁迅日记》和有关史料，作了多次修改和整理写成的。被访者包括鲁迅故家的老工友、鲁迅的堂叔、表弟、鲁迅在三味书屋及南京读书时的同学、鲁迅在绍兴府中及杭州浙江两级师范的同事、辛亥革命前后接触过鲁迅的相关人员等第一手资料，翔实可信。书末附鲁迅在绍兴年表。

周芾棠，浙江绍兴人。曾任绍兴鲁迅纪念馆馆长。

367

亘古男儿——陆游传

K825.6=442/7530

高利华著。浙江人民出版社 2007 年第 1 版，322 页，1 册，978-7-213-03602-6，CNY20.00。

万斌主编的《浙江文化名人传记丛书》之一。本书记录了陆游的传奇一生，包括生长兵间、青年时的两大变故，初入仕途、趣召东归后的日子，报恩欲死无战场、但悲不见九州同等。作者在对有关研究论著上持重严谨的态度，在内容上勇于拓展，理念有所创新，彰显出与传主异代相感的乡谊知音和独特的地域优势。首有主编万斌总序，书后附陆游大事年表。

高利华（1964-   ），浙江绍兴人。绍兴文理学院教授，越文化研究院常务副院长，中国陆游研究会副会长兼秘书长。主要致力于中国古代文学教学和研究，对古代诗学和越地文化名人的研究尉力尤深，著有《但悲不见九州同·陆游卷》等。近年来主持省市级重点课题 7 项。

368
刘大白评传

K825.6=5/0242

刘家思著。中国社会科学出版社 2013 年 2 月第 1 版，487 页，1 册，978-7-5161-2149-8，CNY85.00。

本书详细介绍刘大白的生平经历，内容涉及绍兴从教、感应革命、亡命与归来、教育行政等，对他在各个方面取得的成就作了公正的评价。作者凭借翔实的史料、精到的论述，还原了刘大白真实的人生面貌，通过展现其卓越的文学成就，展示了刘大白被严重低估的文学史价值，填补了以往刘大白研究不足所留下的空白。

刘家思（1963- ），浙江省高校中青年学科带头人，绍兴市专业技术拔尖人才，绍兴文理学院首届教授委员会委员。主要从事曹禺研究和鲁迅研究。主要有《论绍兴目连戏对鲁迅艺术审美的影响》《论曹禺戏剧的深层剧场性取向》，获得省、市级科研成果奖 10 余项。

369
夏丏尊年谱

K825.6=6/1018

葛晓燕、何家炜编著。中国文史出版社 2012 年 11 月第 1 版，237 页，1 册，978-7-5034-3639-0，CNY68.00。

本书按时间顺序罗列目前所能搜集到的谱主生平活动的全部资料。凡有自传、自述、日记、书信等原始材料可征引者，尽量罗列。凡谱主之作品可供年谱采用的，与谱主相关人物之诗文、日记、书信中载有谱主生平活动者，均择要辑录。本谱包括正谱和附录两部分，谱主自出生到归葬白马湖的生平活动为正谱。附录分两部分，第一部分为谱主毕生之著译目录，第二部分列出涉及年谱内容的相关文献目录。

葛晓燕（1965- ），浙江上虞人。大学本科学历，图书资料研究馆员。曾供职于上虞公安局、上虞丰惠中学。后调上虞市图书馆工作，先后任副馆长、党支部书记等职。

何家炜，见 135。

370
越文化视野中的鲁迅

K825.6=6/2730

———————

绍兴文理学院人文学院、浙江省鲁迅研究会编。百花洲文艺出版社 2004 年 12 月第 1 版，471 页，1 册，7-80647-746-2，CNY42.00。

　　越文化与鲁迅，一直是鲁迅研究领域的一个重要课题。许多研究者在发掘和梳理大量有关鲁迅在故乡越地生活史料的基础上，不约而同地选择从越文化视野来观照鲁迅，使得越文化视野成为鲁迅研究中一个不可或缺的维度。围绕"鲁迅与越文化"，学界取得了比较丰硕的研究成果。本书收录"越文化视野中的鲁迅"学术研讨会论文四十余篇，从"越文化"视角切入透视鲁迅，在宏大的视野中梳理与提炼了鲁迅相关的越文化传统与背景。

371
早年鲁迅

K825.6=6/2730

———————

张能耿著。中华书局 2001 年 4 月第 1 版，275 页，1 册，7-101-02871-3，CNY20.00。

　　本书是一本鲁迅早年传记，内容以鲁迅自己的回忆，鲁迅兄弟和夫人的有关记述为依据。作者曾访问过一百多位鲁迅的亲友、同学、同事和学生等，获得大量鲜为人知的材料，辑成此书，提供一本较为详细的鲁迅前半生的传记。

　　张能耿，见 353。

372
鲁迅传

K825.6=6/2730

许寿裳著。东方出版社 2009 年 3 月第 1 版，235 页，1 册，978-7-5060-3394-7，CNY32.80。

本书由《亡友鲁迅印象记》和《我所认识的鲁迅》两部著作合辑而成。时间跨度长，内容翔实、范围广博。作者是鲁迅相交三十五年的挚友，他不仅刻画了鲁迅作为一个普通人的音容笑貌，对其人品、文风、境界的把握，对鲁迅思想的分析，对其作品的理解，都有自己独到的见解，论述言简意赅，切中肯綮。

许寿裳，见 144。

373
马蹄疾纪念集

K825.6=7/1760

陈漱渝主编。四川人民出版社 1998 年 9 月第 1 版，543 页，1 册，7-220-04196-9，CNY19.96。

本书为马蹄疾逝世后其亲友为纪念他编纂而成的文集。全书共分二辑。第一辑收录了友人、同事、故乡人民的怀念文章一百余篇，从他坎坷的人生之路追忆其平生的点点滴滴。有邓友梅的"治学路上马蹄疾"、王士菁的"悼念马蹄疾同志"、江小蕙的"春蚕丝未尽，何以赋秋风"、陈梦熊的"读遗札 忆往事 敬悼马兄"等，所辑文章无不为马蹄疾的人格魅力所感染。第二辑为唁电、慰问信等。

陈漱渝（1941- ），出生于四川重庆，祖籍湖南长沙。曾任北京鲁迅博物馆鲁迅研究室研究馆员，鲁迅博物馆副馆长兼鲁迅研究室主任。参加了 1981 年版《鲁迅全集》、2005 版《鲁迅全集》及 1992 年版《郭沫若文集》的编注工作。

374
孙伏园评传

K825.6=72/1926

吕晓英著。中国社会科学出版社 2011 年 11 月第 1 版，270 页，1 册，978-7-5161-0299-2，CNY38.00。

《越文化研究丛书》之一。本书记述孙伏园的人生历程，重点评述他的文学创作、编辑活动、文化实践，涉及许多孙伏园先生参与其间的中国现代文学、文化史中的现象和事件，对此作出了科学理性的解释和评价。首有丛书主编王建华序，后附孙伏园年谱简编。

吕晓英（1963- ），浙江嵊州人。绍兴文理学院教授，研究方向为中国现当代文学与文化研究，另著有《听音寻路者——王朔论》。

375
徐懋庸评传

K825.6=73/2840

李先国著。中国社会科学出版社 2012 年 11 月第 1 版，312 页，1 册，978-7-5161-1703-3，CNY55.00。

《越文化研究丛书》之一。本书以"评传"的形式进行徐懋庸研究。纵的方面，依徐懋庸生平，叙述徐懋庸走出管溪（1910-1926）、上海成名（1927-1937）、革命岁月（1937-1949）、运动风云（1949-1958）、闲居北京（1958-1966）、孤鹜落霞（1966-1977）的一生。横的方面，总结徐懋庸的人生经验，探究其文学创作特色与文艺观点、探讨其翻译成就、编辑成就与学术成就。首有丛书主编王建华序，末附作者后记。

李先国(1971-)，湖南省常宁市人。文学博士，绍兴文理学院副教授。在《文学评论》等海内外各级刊物发表论文 30 余篇，出版《化俗从雅文学观的建立——朱自清与西方文学思想关系研究》和《批评想象的理论与实践》专著二部。

376
# 孙大雨评传
K825.6=75/1941

黄健、雷水莲著。中国社会科学出版社 2012 年 3 月第 1 版，287 页，1 册，978-7-5161-0637-2，CNY45.00。

《越文化研究丛书》之一。本书按照孙大雨人生成长线索，结合他的诗歌创作、诗歌理论创建和翻译工作，以及曲折的人生，对其一生进行全面评述，揭示出时代与个人之间的相互关联及其人生遭遇的内在缘由，以期能给人一种可感知和思考的素材，并从中获得深刻的历史与人生的启示。首有丛书主编王建华序。后有附录及作者后记。

黄健（1956- ），江西九江人。文学博士，浙江大学人文学院中文系教授、博士生导师，中国鲁迅研究会理事，《鲁迅大全集》编委，多次承担国家和省市社科课题的研究。

雷水莲（1970- ），浙江衢州人。文学硕士，丽水学院人文学院副教授，浙江大学访问学者。浙江省中国当代文学研究会常务理事，浙江省鲁迅研究会会员，主要从事《中国现当代文学》等课题的教学与科研工作。

377
绍兴籍电影家列传
K825.7/7425

绍兴市电影公司、绍兴市影视评论学会 1992 年 8 月编印。143 页，1 册。

本书辑录了任光、柯灵、钟敬之、韩尚义、谢晋、阙文、陈澈、许世玮、杨佩瑾、金复载等 10 位绍兴籍著名电影艺术家的生平和业绩。尽管他们在电影这门综合艺术里分别从事编剧、导演、教育、理论、音乐、美术等等不同的专业，但绍兴这块土地的生活经历对他们一生的思想发展和艺术创作都有着十分重大的影响。不论从亲缘上或情缘上，甚至点滴的生活习俗，都不期而然地同故乡结下了难分难解的缘份，绍兴是他们梦萦魂绕的故土和发轫之地。

378

近百年绍兴书画家传

K825.72/3430

沈定庵著。西泠印社出版社 2011 年 3 月第 1 版，274 页，1 册，978-7-5508-0009-0，CNY60.00。

　　本书是作者将 2007 至 2009 年间在"绍兴日报"文艺画刊"山阴道"上连载的近百年绍兴已故的书画家小传五十篇（传主五十三位）结集而成。所写人物，涉及政界、教育界、文化艺术界等，有家喻户晓的罗振玉、蔡元培、鲁迅、马一浮、陈半丁等书画名家，更多笔墨倾注于名囿于越，有真才实学而在社会动荡和变革时期而被社会忽略了的艺术家身上，他们都是绍兴文化的功臣。本书给关注绍兴书画历史的人们提供了重要的导引，详尽地呈现了一段绍兴地区的艺术史。

　　沈定庵（1927- ），浙江绍兴人。早年事师冯凌云、林众可诸人，后又得徐生翁指授学书编临汉魏诸碑。擅多种书体尤以隶书见长。作品曾参加全国第一届书法篆刻展，国际书法展，西泠印社展等国内外重大书法展并被收入专集，在多家专业报刊发表或被博物馆、艺术馆收藏及碑刻。著有《沈定庵书法作品选》《沈定庵隶书二种》《定庵随笔》等。

379

徐渭研究

K825.72=48/2830

盛鸿郎著。浙江人民出版社 2016 年 1 月第 1 版，343 页，1 册，978-7-213-07129-4，CNY46.00。

　　本书由年谱篇、考证篇、交往篇（或称索引篇）、附录篇组成。年谱篇（含传）按年记其事迹；考证篇对其平生重大事件，疑惑不解者进行考证；交往篇将徐渭与亲朋之间文字往来，择其要者，按地域和人物（或家族）分类；附录篇将徐渭别称、绍城迁居，及《徐渭集》有关事宜，一并附于此。全书约 30 万字。

　　盛鸿郎，见 134。

380
陈洪绶

K825.72=48/7432

葛焕标、骆焉名、楼长君著。海潮摄影艺术出版社 2005 年 11 月第 1 版，245 页，1 册，7-80691-219-3，CNY28.00。

本书记述了明末清初著名画家陈洪绶在绘画上的成就，爱国为民的政治理想和高尚的道德情操，以及曲折的人生经历。除介绍传主生平经历、成就，还有针对性的撰编了：陈洪绶一生热爱游览越水吴山形之于诗画、婚姻与家庭生活，和具有鲜明特色的书法诗文等章。首有何浩天序一、葛焕标序二，书末有陈洪绶年谱、陈洪绶画目等附录。

葛焕标（1936- ），浙江诸暨人。曾在酒泉卫星发射中心、西安卫星测控中心工作多年，国防科工委副政委兼书记，中将军衔。

骆焉名（1929- ），浙江诸暨人。福建师范大学教授、硕士生导师，享受国务院政府特殊津贴。

楼长君（1941- ），浙江诸暨人。主任记者。参军复员后到浙江电视台工作，浙江省工业记者协会常务副会长，浙江大学世界华文文学研究中心研究员。

381
绍剧名伶录

K825.78/1007

严新民、陈顺泰编著。中国戏剧出版社 2016 年 1 月第 1 版，459 页，1 册，978-7-104-04355-3，CNY68.00。

本书着力搜集了历代绍剧各行当艺术家艺术与人生的故事，总结他们的艺术风格、表演特色、技艺绝活，推崇他们的艺德人品、艺术成就，同时收录了其他作者对绍剧老艺术家的介绍文章，按历史年代、艺术行当等内容进行分类，是第一部系统介绍历代绍剧名家的艺术专著。

严新民（1936- ），浙江绍兴人。1953 年考入"绍兴市绍剧训练班"学习绍剧音乐伴奏。从艺 40 余年间，先后担任 20 多部大戏的作曲和唱腔设计，参与编纂《中国戏曲音乐·绍兴本》、《绍剧保护与发展工程系列丛书》（1-6 册），另著有《乱弹杂咏》。

陈顺泰，见 050。

382
# 大师谢晋
K825.78=76/3410

顾志坤著。重庆出版社 2008 年 12 月第 1 版，279 页，1 册，978-7-229-00396-8，CNY36.00。

作为谢晋生前好友，作者揭开了寻常人所不知的大师谢晋在影坛燃烧五十年的情感和心路历程，还原了一个完整的最真实的谢晋，娓娓讲述谢晋如何从一个喜爱读"闲书"的懵懂少年，到叱咤国际影坛的一代宗师，如何成长为一个电影时代的典型代表，树立了中国知识分子的精神标本。

顾志坤，见 184。

383
大禹学研究概览
K825.81/7723

周幼涛、李永鑫主编。绍兴市社会科学院 2007 年 4 月第 1 版，220 页，1 册。

本书分总论、大禹精神研究、大禹生平事功研究、文明与国家起源研究、夏史与夏文化研究、大禹古迹研究、大禹神话研究七个篇章，收集了二十一位专家学者对大禹生平、古迹、神话、精神以及夏文化的研究。

周幼涛，见 265。

李永鑫，见 049。

384
范文澜传

K825.81=72/4403

谢一彪著。中国社会科学出版社 2015 年 11 月第 1 版，791 页，2 册，978-7-5161-7079-3，CNY148.00。

《越文化研究丛书》之一。范文澜是老一辈无产阶级革命家，杰出的马克思主义史学大师，他撰写的《中国通史简编》和《中国近代史》，被誉为革命时代的"资治通鉴"。本书为范文澜的传记，分上下两卷讲述其一生。内容包括：古越少年、求知若渴、走向革命、延安岁月、培养人才、开拓创新、同心协力等共 23 章。

谢一彪，见 050。

385
孙越崎传

K826.1=75/1942

孙越崎科技教育基金委员会编。石油工业出版社 1994 年 10 月第 1 版，326 页，1 册，7-5021-1348-7，CNY10.00。

本书描写了孙越崎怎样从一个山村少年，成长为著名实业家，之后担任国民政府政务委员、经济部长兼资源委员会主任委员，以及之后的经历。内容包括：山村少年、学生时代、穆棱初创业、不要学位的留学生、陕北的石油之光、整理焦作中福煤矿、抗战内迁、迎难而上的油矿总经理、戈壁滩上的石油城、工业梦的破灭、投奔光明、与企业共存、风雨不移强国志、暮年壮举。另附有孙越崎年表。首有中国人民政治协商委员会副主席谷牧先生序言。

386
竺可桢年谱简编
K826.14=73/8814

李玉海编。气象出版社 2010 年 3 月第 1 版，230 页，1 册，978-7-5029-4943-3，CNY38.00。

本书是为纪念竺可桢先生诞辰 120 周年编写，主要包括反映谱主一生的全貌和人生轨迹，包括科学成就、社会贡献、重要经历；在现代科学发展中的地位；科学精神、社会责任感；重大科学、科研组织和社会活动；深邃的思想、深刻的见解；高尚品格、风范的形成与变化；与著名人物的友谊与交往；其家庭、亲友、师生、社会人脉。

李玉海，黑龙江省哈尔滨人，1962 年毕业于南京大学气象气候专业，分配到中科院地理报工作，期间有三年多时间在竺可桢先生身边工作，也给竺可桢先生做过秘书，后又参与《竺可桢全集》的编纂工作。

387
茶者圣：吴觉农传
K826.3=74/6094

王旭烽著。浙江人民出版社 2003 年 11 月第 1 版，260 页，1 册，7-213-02532-5，CNY20.00。

吴觉农（1897-1989），浙江上虞人。毕生从事茶事，是当代中国的茶圣。本书通过查阅吴觉农一生活动的大量资料，走访吴觉农生前友朋、家人、学生，掌握了许多第一手资料，通过文学家的语言，对吴觉农的一生作了较为生动细致的描述，较为完整地刻画出了当代茶圣的精神风貌、生平阅历及历史贡献。此部传记共 21 章近 20 万字，被列入《浙江文化名人传记》丛书首批 10 卷本之一。

王旭烽（1955-　），女，祖籍江苏徐州，出生地浙江平湖，求学于浙江大学历史系。曾供职于中国茶叶博物馆，多年来投身研究茶文化，为浙江省作家协会驻会副主席，国家一级作家，中国杭州国际茶文化研究会理事，著《茶人三部曲》，其中前二卷《南方有嘉木》及《不夜之侯》，获第五届茅盾文学奖。

388

和平老人邵力子

K827.7/1741

中国人民政治协商会议全国委员会文史资料研究委员会办公室编。文史资料出版社 1985
年 10 月第 1 版，254 页，1 册，11224-178，CNY1.70。

　　邵力子（1882-1967），浙江绍兴人。中国近代著名民主人士，社会活动家，政治家、
教育家。复旦大学杰出校友，早年加入同盟会，并与柳亚子发起组织南社，提倡革新文学。
民国九年（1920）加入中国共产党。主持上海《民国日报》，任总编辑，是我国现代历史
上一位反帝、反封建的民族民主战士。为中华民族的团结统一、繁荣昌盛，促进国共两党
的团结合作，曾不遗余力地奔走呼吁。本书所辑录的文章，大部分是邵力子生前好友、学
生、亲朋故旧撰写的。这些文章从各个角度回顾了邵力子毕业后所从事的主要活动，从中
可以看到他在几十年风风雨雨所走过的道路。前有胡耀邦先生为本书题词。

389

大禹史料汇集

K827=22/2000

中国人民政治协商会议绵阳市委员会、中国人民政治协商会议北川县委会、大禹文化研究
所等编。巴蜀书社 1991 年 5 月第 1 版，250 页，1 册，7-80523-425-6，CNY45.00。

　　本书辑录了大量古文献中有关大禹的资料和赞颂大禹的诗、词、歌、赋和文章，同
时也收集了流传在民间的神话和传说故事等，客观地介绍了神禹故里的风景名胜和文物古
迹。从古代经、史、子、集的 130 多种文献中辑录出有关大禹的史料 10 万字，为大禹和
华夏民族的起源地研究提供了翔实的基础材料。

390

绍兴师爷汪辉祖研究

K827=49/3193

鲍永军著。人民出版社 2006 年 7 月第 1 版，512 页，1 册，7-01-005614-5，CNY29.00。

汪辉祖（1730-1807），浙江萧山瓜沥原云英乡大义村人，是清代乾嘉时期影响比较大的良吏和学者，一生在州县佐治为官达四十年之久，因而吏治经验非常丰富，且勤于总结，留下了多部关于幕学与吏治的著作。这些著作成为幕友们必读之书，更是学幕者必读课本，被誉为"宦海舟楫""佐治津梁"。本书对汪辉祖作了全面的研究和评述，既揭示了汪辉祖的人生轨迹、政治思想、为官之道、幕学影响、人生哲学，又论述了其学术贡献、历史地位与影响。

鲍永军（1970- ），浙江临安人。浙江大学历史系副教授，党支部书记兼副主任，研究方向：中国古代史、中国史学史、方志学、历史文献学，出版专著三种，发表论文 40 余篇。

391

精卫石之殒：秋氏亲人记秋瑾

K827=5/2910

秋经武编著，远方出版社 2003 年 1 月第 1 版，433 页，1 册，7-80595-803-3，CNY50.00。

《绍兴名人文化丛书》之一。本书分上下二篇。上篇收集了秋瑾的兄长秋誉章，同父异母弟秋宗章，幼侄秋高，二侄孙秋仲英等人的二十一篇文著，附有绍兴市妇联鲍华记录的秋瑾庶母和秋壬林先生口述介绍秋瑾的二篇文章。下篇收录编著者自 60 年代初期至今，断断续续所撰写的三十六篇文章。前有毛昭晰先生作序。

秋经武（1937- ），浙江宁波人。1957 年毕业于沈阳机电学院，1964 年开始从事教育工作，在中学物理教学岗位耕耘至退休。

392
徐锡麟评传
K827=52/2880

谢一彪著。人民出版社 2011 年 7 月第 1 版，280 页，1 册，978-7-01-009758-9，CNY36.00。

《越文化丛书》之一。本书是一部客观、公正评价徐锡麟一生的长篇历史传记。全书分十一章，讲述了徐锡麟少怀壮志、忧国忧民、教育救国、创办大通学堂、赴日学军、安庆起义、英勇就义等生平事迹。

谢一彪，见 050。

393
秋瑾评传
K827=52/2910

欧阳云梓著。中国社会科学出版社 2011 年 4 月第 1 版，286 页，1 册，978-7-5004-6394-8，CNY43.00。

《越文化丛书》之一。本书论述了秋瑾一生经历和她的思想历程，资料扎实，文笔流畅、生动，不仅是一部质量上乘的学术著作，而且是一部具有可读性的传记作品。

欧阳云梓（1969- ），祖籍江苏淮安，生于新疆伊犁，史学博士。主要研究方向为中国近现代史、中苏关系史、越文化。主持省规划办课题和市厅级课题 6 项，公开发表论文 20 多篇，独著《秋瑾评传》和《绍兴民国史》。

394

梁柏台遗墨

K827=6/3342

中共新昌县委党史研究室、新昌县档案局（馆）编。2007 年 7 月第 1 版，193 页，1 册，CNY30.00。

本书收录了中国共产党建党初期的党员，中华苏维埃共和国中央政府重要领导人、中国人民法制和人民司法的开拓者、革命烈士梁柏台（浙江新昌人）在 1915 年至 1920 年写的日记、作文、信稿。其中梁柏台学生时代日记 63 篇，包括就读于新昌知新中学的 24 篇，浙江第一师范学校的 39 篇；作文 58 篇，包括就读于新昌知新中学的 42 篇，浙江第一师范学校的 16 篇；书信 91 篇，均是梁柏台在浙江第一师范学校读书时给父母亲友、老师同学的信函底稿。

395

人民司法开拓者——梁柏台传

K827=6/3342

陈刚著。中共党史出版社 2012 年 5 月第 1 版，391 页，1 册，978-7-5098-1580-9，CNY55.00。

本书作者通过历时三十年的艰难查访研究，走访了浙、赣、闽、粤、沪、京、晋、湘八省 60 多家单位、130 余人，行程 3 万余里，40 余万字。从梁柏台在新昌县新林乡查林村出生写起，以翔实、准确的史料，对梁柏台生平事迹、法制思想和革命精神作了记叙、概括和提炼，全面客观地反映他短暂而光辉的一生，并昭告了梁柏台夫人周月林的历史冤案，还原了历史真相。

陈刚（1944- ），浙江新昌人，副研究员。长期在新昌从事地方党史的资料征集、整理、编写、研究和宣传教育工作。著有《梁柏台传》《从回山会师到陈蔡会师》等，主编《中国共产党浙江省新昌县组织史资料》第一卷、《中共新昌地方史》《中国共产党新昌历史大事记（1949-2000）》等，参编《新昌县志》，主撰和策划电视纪录片《梁柏台》《光辉的一页》，发表论文 50 余篇。

396
陶成章传

K827=6/7750

谢一彪、陶侃著。人民出版社 2009 年 5 月第 1 版，474 页，1 册，978-7-01-007874-8，CNY32.00。

本书分求知若渴、东瀛拒俄、联络会党、组建光复、创办大通、策划起义、风波乍起、南洋筹款、兄弟阋墙、重组光复、光复东南、萁豆相煎、血色疑案、气壮河山十四章，把陶成章成长、革命经历按时间先后顺序进行阐述。本书系浙江省文化研究工程课题成果之一，入藏越文化研究文库。前有习近平总书记为浙江省文化研究工程课题成果作序。

谢一彪，见 050。

陶侃，见 009。

397
俞秀松

K827=6/8024

朱顺佐著。大连出版社 2000 年 8 月第 1 版，210 页，1 册，97-80612-745-3，CNY25.00。

本书以历史事实为骨架，以文学艺术的联想功能为血肉，构思和描绘革命烈士俞秀松（浙江诸暨人）爱国反帝、大义凛然、无私奉献的一生，融历史科学性、文学艺术性、通俗可读性于一体，本书入选《新世纪文丛》。

朱顺佐，见 173。

398
周恩来与故乡绍兴

K827=7/7765

杜世嘉、朱顺佐著。浙江人民出版社 1997 年 8 月第 1 版，247 页，1 册，7-213-01319-X，CNY15.00。

本书介绍了周恩来世家、在绍的表亲以及他与故乡绍兴特殊的感情。周恩来不仅从绍兴悠久的历史文化中吸取了丰富的营养以铸造自己伟大的人格，而且非常热爱故乡绍兴，关怀故乡人民的革命斗争、工农业生产和人民群众的生活，努力推动故乡的进步和发展。同时本书还介绍了周恩来与绍兴名人，以及故乡人怀念周恩来的文章。前有原中共中央政治局常委、组织部长宋平同志为本书题写书名，周恩来总理办公室副主任、国务院副秘书长罗青长作序。本书系浙江省哲学社会科学"八五"规划重点课题。

杜世嘉（1947-　），浙江绍兴人。高级经济师，绍兴市房地产开发有限公司总经理、总经济师。

朱顺佐，见 173。

399
大道之行——胡愈之传

K827=74/4783

陈荣力著。浙江人民出版社 2005 年 10 月第 1 版，349 页，1 册，7-213-01319-X，CNY15.00。

本书通过对胡愈之留下的近 300 万文字和亲朋好友提供了大量珍贵的史料研究整理、撰写而成。分为受泽故乡、发愤商务、翘楚"五四"、搏击风暴、游历欧洲、励志救国、致力抗日、奋战孤岛、击浪洪波、转战南洋、流亡印尼、南侨喉舌、擎领新旗、肝胆昆仑、懿行晚年十五篇章。

陈荣力（1963-　），浙江上虞人。上虞市文联主席。发表散文、传记作品 80 余万字，有《夜色如水》《麦子》等作品集出版。

400
中国农民王金友

K828.1=76/1084

沈建乐、陈文丽、沈朝宁著。浙江人民出版社 2014 年 9 月第 1 版，220 页，1 册，978-7-213-06292-6，CNY36.00。

本书记述了王金友数十年间亦农亦政的奋斗历程和对社会主义新农村建设的艰辛探索，也是一份有关中国南方 20 世纪 40 年代以来乡村社会史的田野调查。读者据此可对中国乡村建设现实问题加以剖析并进行深入思考。

沈建乐，见 058。

401
绍兴名媛传略

K828.5=3/7463

陈国治编著。宁夏人民出版社 2008 年 7 月第 1 版，631 页，1 册，978-7-227-03800-9，CNY58.00。

全书共收录二百四十多位历代女性，上至远古时代，下至民国时代。古代知名的后妃、侠女、贤妻、良母、孝女、美女、才女、情女、烈妇及近现代的英烈、英模、专家、教授、医生、作家、演员、革命干部等均有选录。所记载的人物，有很高或较高的知名度，她们或在弘扬传统文化、推动历史前进等方面作出过积极的贡献；或她们的德行情操对今人尚有一定的借鉴作用。其中大多数为已故人物，兼收少量中华人民共和国成立前出生的有较大影响的在世人物。

陈国治（1938- ），浙江绍兴人。长期从事宣传教育工作。先后任职于绍兴市越城区党、政、工部门和市总工会。主编出版《越城画册》《越城工会志》。编著出版《绍兴名人的青少年时代》《绍兴名人的晚年情怀》等。

402

剡地物华：嵊州国有文物藏品图录

K872.553/1742

嵊州市文物管理处编。中国文史出版社 2016 年 11 月第 1 版，207 页，1 册，978-7-5034-8465-0，CNY278.00。

　　本书是嵊州市第一次全国可移动文物普查的成果。嵊州历史悠久，人文敦厚，蕴含着丰富的历史文化积淀。全书选取了 18 家国有文物收藏单位的 500 余件藏品，分农耕饮食、陈设鉴赏、越音雅韵、民国拾遗四大块内容，全方位展示了嵊州先民的生产劳作、日常起居、风俗礼仪、文化传承以及艺术创造。

403

绍兴文物精华

K872.553/2790

绍兴市文物管理局编。浙江人民美术出版社 2000 年 10 月第 1 版，426 页，1 册，7-5340-1131-0，CNY160.00。

　　本书由文物工作者通过现场实地踏勘，认真查考史籍、资料，用专业的眼光，精炼的文字，客观、准确地考证，选取绍兴地上和库藏文物的精品，以图文并茂的形式编印了上、下二册。上册分名人史迹、古建筑、石刻　造像、近代史迹四个篇章，记录了 50 处文保单位的历史沿革和现存情况，真实揭示了各个文保单位的文化内涵。下册分玉石、陶瓷、金属、书画、革命文物五个篇章，精选 162 件藏品汇编而成。毛昭晰为本书题名，鲍贤伦为本书写序。

404

绍兴文物志

K872.553/2790

绍兴市文物管理局编。中华书局 2006 年 6 月第 1 版，401 页，1 册，7-101-05148-0，CNY220.00。

本书是绍兴市首部全面揭示文物内涵、完整反映文物面貌、客观阐述文物工作情况的集大成之作。通过专业文物工作者对散落在乡村田野、街坊里弄的文物遗存，实地逐一踏勘，对"藏在深闺人未识"的文物珍品，精心梳理，好中选优，认真考证，用精炼、独到的语言，对绍兴文物作了全景式的记录。全书分古遗址、古窑址、古今墓葬、名胜古迹、古代建筑、历史街区、古戏台、碑碣造像、文物收藏和附录 10 章，计 36 节 1350 多条词目，合 58 万多字，并附有千余幅照片。前有毛昭晰题词和陈桥驿先生作序。

405

上虞记忆：上虞市第三次全国文物普查成果选编

K872.554/2120

上虞市文物管理所编。西泠印社出版社 2011 年 4 月第 1 版，271 页，1 册，978-7-80735-978-4，CNY185.00。

本书是上虞市在第三次全国文物普查中将普查成果选编出版的一部文物档案书，内容丰富、图文并茂，集史料性、知识性、科学性于一体。全书分古遗址、古墓葬、古建筑、石窟寺及石刻、近现代重要史迹及代表性建筑、其他、专题调查七个篇幅。并附了上虞市第三次全国文物普查领导小组和普查队成员名单以及普查动员会和培训班、普查野外工作、普查验收照，普查验收专家意见，上虞市二十一个乡镇街道登记文物柱状分析图，上虞市第三次全国文物普查新发现文化饼状分析图等。

406
绍兴县文物志

K872.554/2797

───────────

绍兴县文物保护管理所编。浙江古籍出版社 2002 年 11 月第 1 版，241 页，1 册，7-80518-721-5，CNY120.00。

    本书历经五年时间的筹划、资料收集、编写、修改，在深入研究的基础上，对历史上的大量文物进行了整理和分类，依"以物立志"的原则，收录具有较高历史、艺术、科学价值的文物史迹，各时代珍贵艺术品、园林名胜以及历史文化名镇。全书分古文化遗址、古窑址、古代胜迹、陵寝墓冢、古代建筑、牌坊、名人故居、石窟造像与摩崖题记和碑版石刻、革命遗址及革命纪念建筑物、文物保护及库藏文物、历史文化名镇、大事记十一篇章。首有毛昭晰为本书题词及序，陈桥驿先生序。

407
鉴湖遗珍

K872.554/2797

───────────

绍兴县文化发展中心 2006 年 4 月编印。88 页，1 册。

    本书是根据绍兴县柯岩、湖塘两街道普查掌握的各类文物，整理编纂而成的一部资料书。全书共六章，分古建筑、古桥梁、古墓葬、摩崖碑刻、砖石雕刻以及其他等。图文并茂，通过大量的图片、简洁的文字，全面系统地介绍了鉴湖文化的丰富内涵及潜在的价值。首有绍兴县文化广电新闻出版局冯健副局长序。

408
新昌文物志

K872.554/3255

潘表惠主编,新昌文物志编纂委员会编。当代中国出版社2001年10月第1版,195页,1册,7-80170-037-6,CNY48.00。

本志通过文物普查资料、墓葬清理发掘简报、文物实测及有关古籍记载的复查,按中国通史体例编写,时间跨度从新石器时代始至中华人民共和国成立止,按历史年代分编成新石器时代晚期到春秋战国、秦汉、三国两晋、南朝、隋唐、五代吴越国、两宋、元、明、清、民国十一章。各章按遗址遗存、墓群墓葬、碑石墓志、建筑、库藏文物等文物部类分述,以文物点及文物立目,简要介绍当时历史背景及主要历史事件,以加深对此时期文物的理解。附列新昌县文物保护单位一览表、新昌县古墓清理发掘概况表、新昌县地面文物点分布图和新昌县地下文物点分布图以及1983-1998年在全国报刊发表的文物考古论文。首有毛昭晰题词和陈桥驿生作序。

409
鉴影觅韵:铜镜中的文化与故事

K875.24/1234

绍兴博物馆编,张宏林著。文物出版社2015年4月第1版,204页,1册,978-7-5010-4256-2,CNY260.00。

本书用独特而别致的形式,一面铜镜讲述一个故事或一个文化点来吸引读者眼球。在一个个生动的故事中呈现会稽铜镜作为绍兴地域文化的亮点和特色,共列出了90个主题及与此相配的铜镜图片,其中有60余个与汉镜有关,其中20余个从铭文入手展开论述,兼有研究汉镜的纹饰。时代跨度从春秋时期的古越铜镜到宋代铜镜,主题内容涵盖政治、经济、思想文化、社会生活、历史人物、神话传说,通过纹饰和铭文来探讨汉镜的铸制时代、地区、工师以及汉代的历史文化等方方面面,内容丰富,涉及面广,重点突出,注重学术性。首有孔祥星、冯建荣先生作序。

张宏林(1953-),浙江绍兴人,爱好铜镜收藏并擅于研究。

410
绍兴农家传统用具鉴赏
K875.24/8084

俞谷松、叶金龙著。中国农业科学技术出版社 2010 年 1 月第 1 版，178 页，1 册，978-7-5116-0106-3，CNY38.00。

　　本书按生产与生活的不同层面与用途，分耕作、收割、运输、加工、捕捞、日常生活、喜庆、祭祀八个方面，从古到今，范围广泛，内容丰富。按照实物拍摄的照片及其简明扼要的说明文字，以图文并茂形式介绍了 400 余件绍兴各种农具的形状、功用，犹如一幅幅多姿多彩的历史画卷，徐徐展开，帮助读者形象、直观地了解绍兴的生产发展史和生活演变史。

　　俞谷松，绍兴越城区科协主席。主编《绍兴艺兰集》等。

411
名匾集粹
K875.4/3346

梁志明主编，浙江柯岩风景管理区编。辽海出版社 2005 年 4 月第 1 版，150 页，1 册，7-80711-106-2，CNY220.00。

　　本书汇集的匾额，横跨湖南、湖北、江西、安徽、江苏、浙江、福建等地而汇聚一堂，主要是明代至民国时期的作品，前后相距 500 余年，详细介绍了匾额的特征及文化内涵。其中有祝允明的"中议第"、徐渭的"兴益堂"、王守仁的"树滋堂"等匾额，都是十分珍贵的名家遗迹，是一部具有历史价值、科研价值、文学价值和美学价值的传世之作。书中收录江泽民在当时浙江省委书记习近平、省长吕祖善等陪同下视察历代名匾馆和为柯岩鲁镇历代名匾馆题词的照片。本书有毛昭晰题词。

412
越窑制瓷史
K876.34/2618

魏建钢著。中国社会科学出版社 2015 年 10 月第 1 版，385 页，1 册，978-7-5161-6866-0，CNY88.00。

《越文化丛书》之一。本书从汉前陶窑、东汉越窑、六朝越窑到唐宋越窑，详细介绍了越窑制瓷的发展，包括烧制工具的改进、制瓷技术的创新和青瓷产品的更新等方面，同时对影响和制约越窑制瓷业的当地风俗习惯和社会意识形态的发展等因素进行了深入的分析和研究。越窑既是制瓷手工作坊，也是一种物质文化，从遗存窑址、存世越瓷身上可以找到越地古代文明的精髓。本书系浙江省哲学社会科学规划重点研究基地课题成果。

魏建钢（1963 年 – ），浙江上虞人。长期从事宁绍地区历史地理研究，尤以古越国核心地历史文化研究见长，对越窑制瓷业发展演化作过比较系统的梳理和分析。主持省市级 8 个项目课题，其中《越窑形成与发展》成为浙江省首届文化研究工程项目。著有《千年越窑兴衰研究》。

413
秦会稽刻石考论
K877.4/1010

平水新城建管委编。西泠印社出版社 2011 年 11 月第 1 版，149 页，1 册，978-7-5508-0280-3，CNY128.00。

本书收录了 14 位绍兴市县的教授、专家、学者关于"秦始皇会稽刻石碑"的论述文章，包括《会稽秦皇刻石山考》《〈会稽刻石〉三题》《关于会稽刻石的研究》《刻石山在绍兴证》《"会稽刻石碑"在绍兴县平水镇》《秦刻会稽碑考释》《〈会稽刻石〉史话》《南宋的那次刻石之争》《也谈会稽刻石》《从绍兴地志秦望山刻石山记述看秦会稽刻石原址》《会稽刻石碑址考析》《秦会稽刻石考证累说》等，附有秦望山、何山、鹅鼻山（刻石山）地图。首有冯建荣先生作序。

414
绍兴摩崖碑版集成

K877.4/1010

绍兴县文物保护管理所编。中华书局 2006 年 12 月第 1 版，6 册，7-101-05069-7，CNY2180.00。

　　本书以图文结合的方式，对摩崖碑版进行拓本，附以文字介绍，加以编纂。全书分摩崖、碑版、墓志三编，共六册。辑录年代上起战国，下迄民国，共收录绍兴县和越城区辖境内，现存的具一定历史、科学和艺术价值的摩崖、碑版、墓志 235 品。其中不少石刻属首次发现，不仅是绍兴珍贵的历史档案，而且也是璀璨的书法艺术宝库。本书由陈五六先生主编，鲍贤论先生终审，冯建荣先生作序。

415
绍兴历代水利碑文纂辑

K877.42/2880

绍兴市水文化教育研究会、绍兴市鉴湖研究会编著，徐智麟主编。中国文史出版社 2017 年 3 月第 1 版，311 页，1 册，978-7-5034-8903-7，CNY58.00。

　　本书是记录绍兴从古至今有关水利工程事件的碑文合集。千百年来，沧海桑田，石碑或因天灾，或为人祸，实难久存，唯碑文借书而存留。本书共收集水利碑文 205 篇，其中越城区 54 篇，柯桥区 18 篇，上虞区 49 篇，诸暨市 41 篇，嵊州市 27 篇，新昌县 16 篇。这些碑文是从资料中查阅到，有些还经现场辨认。

416
绍兴图书馆馆藏地方碑拓选

K877.42/2880

绍兴图书馆编著，俞苗荣、龚天力主编。西泠印社出版社 2007 年 1 月第 1 版，617 页，3 册，978-7-80735-154-2，CNY360.00。

　　本书从绍兴图书馆馆藏的近三千种碑拓整理中选取绍兴地区范围内，秦汉迄至民国，兼具历史、艺术、文物价值之馆藏碑帖拓片一百四十六幅，释文约十万字，辑录成书。共分三册，页面以拓片图版与碑刻原文并举，图录部分由全拓和局部放大组成，充分展现原拓神采；碑刻原文版采用繁体字直排，文字部分按碑文完整录入，不加句读，以期更好体现文献史料价值，砖瓦、画像类拓片录文从略。此书还以存目的形式收录藏拓 339 种，较为全面地反映馆藏地献碑拓的整体全貌。

417
宋代墓志

K877.453/2790

绍兴市档案局、会稽金石博物馆编。西泠印社出版社 2018 年 10 月第 1 版，338 页，1 册，978-7-5508-2320-4，CNY288.00。

　　本书共收录会稽金石博物馆收藏的宋代墓志共 159 种、买地券 2 种，以葬地割分，其中越州（绍兴府）会稽县 47 种、山阴县 50 种、上虞县 4 种、余姚县 7 种、诸暨县 1 种，临安府临安县 3 种，明州鄞县 1 种、慈溪县 2 种，婺州武义县 1 种，湖州德清县 3 种、武康县 2 种，歙州婺源县 1 种，饶州安仁县 2 种、乐平县 1 种，信州贵溪县 3 种、铅山县 1 种，抚州临川县 2 种、崇仁县 1 种、金鸡县 3 种，建昌军邵武县 13 种、光泽县 2 种，潞州上党县 1 种，葬地不详者 6 种。

418

诸暨摩崖碑刻集成

K877.49/7114

阮建根、郦勇主编。西泠印社出版社 2017 年 1 月第 1 版，438 页，1 册，978-7-5508-1974-0，CNY200.00。

本书把分布在诸暨境域以及诸暨籍人士在外地遗存下来的诸暨现存唐代至民国时期 400 余种摩崖碑刻的存世概况、书法评价、史载释文等予以详尽的撰录，由社会历史、劝学兴教、交通水利、宗教习俗、宗族慈善、墓志碑铭六个版块组成。除"会稽刻石"拓本、"浣纱"摩崖等著名碑刻作品外，还有名不见经传的出土墓志铭，如姚舜明墓志铭等。记载了所处历史时期的社会状况及个人信息，是史学者订正古籍和补充经史的珍贵资料。附录光绪末年修撰的《国朝三修诸暨县志》之"金石志"，以达到上下贯通。

阮建根，见 234。

郦勇，见 234。

419

绍兴老屋

K878/2790

屠剑虹主编，绍兴市城市建设档案馆编。西泠印社出版社 1999 年 9 月第 1 版，442 页，1 册，7-80517-431-8，RMB90.00。

本书分小桥·流水·人家、老街·小巷·店铺、台门·府第·院落、厅堂·居室·庭园·门窗·廊檐·屋饰、寺庙·祠堂·亭台六个篇章记述了绍兴老屋，把许多正在消失和即将消失的旧貌拍摄成大量的珍贵资料，留给读者、留给后人。还介绍了明代官宦第建筑群——吕府和清代士绅家族大宅院——周家台门等，这一帧帧穿越时空的珍贵艺术品，既是对绍兴历史文化的忠实记录，也是历史文化名城的大宗遗产，通过一幅幅老屋照片，领略到绍兴的悠久历史和文化。首有柯灵先生题签，陈桥驿先生绪论。

屠剑虹（1960-　），浙江绍兴人。曾任绍兴市城建档案馆馆长。致力于地方文史及城建档案学的研究。编著《绍兴古城》《绍兴老屋》《绍兴街巷》《绍兴古桥》《绍兴历史地图考释》等著作，其作品注重实地考察，兼与文史研究相结合。

420
绍兴名人故居
K878.2/3025

宣传中主编，绍兴市文物管理局编。文物出版社 2004 年 7 月第 1 版，146 页，1 册，7-5010-1607-0，CNY28.00。

本书图文并茂地介绍了十一位绍兴名人及他们的故居："兰亭集序·冠绝古今"王羲之、"诗文盎然·映辉鉴湖"贺知章、"豪情飞纵·沈园情愁"陆游、"才华脱俗·名缠青藤"徐渭、"文史通义·奠基史学"章学诚、"创新教育·功垂百世"蔡元培、"爱民救国·英雄捐躯"徐锡麟、"读书击剑·巾帼英雄"秋瑾、"呐喊冲天·唤醒民众"鲁迅、"熟读史书·重编新史"范文澜、"修齐治平·人民总理"周恩来等。

421
上虞名人故居
K878.2/4450

赵畅主编，上虞市政协文史资料委员会、上虞市文学艺术界联合会、上虞市文化广电新闻出版局联合编。中国广播电视出版社 2009 年 12 月第 1 版，369 页，1 册，978-7-5043-5988-9，CNY35.00。

本书介绍了上虞市 27 处尚存或基本保持原貌的名人故居。包括罗万化、罗淇、王望霖、隐春澜、经元善、王佐、田沂原、经亨颐、何香凝、李叔同、马一浮、夏丏尊、陈辉、竺可桢、范寿康、胡愈之、吴觉农、杜婉容、丰子恺、王一飞、朱自清、叶天底、曹仲兰、徐懋庸、金近、严洪珠、谢晋。在重点介绍故居主人生平、成就、在故居生活印记的同时，增加了故居建筑方面的文字、图片说明和结构布局等图例。

422

瓷之源——上虞越窑

K878.54/0089

章金焕著。浙江大学出版社 2007 年 8 月第 1 版,234 页,1 册,978-7-308-05462-1,CNY30.00。

　　上虞越窑是中国瓷器的源头,本书以朝代为径,从汉时越窑的起源到宋时越窑的衰落,分别介绍了各个时代越窑的烧制工艺、器物种类、器形特征、实物鉴赏,书末还附有陶瓷小知识以及大量精美的图片,图文并茂,知识性与鉴赏性并存。

　　章金焕,浙江上虞人,副研究员。先后在上虞文物管理所、上虞博物馆从事文物考古工作 20 余年,参加多处石室文化遗存和古墓葬的考古发掘。参加《绍兴文物志》的编写。曾获绍兴市社科院优秀成果奖、全国理论创新奖。

423

南宋六陵考

K878.84/3691

祝炜平等著。浙江大学出版社 2014 年 12 月第 1 版,290 页,1 册,978-7-308-13693-8,CNY56.00。

　　本书分成四大块,即文献考、田野考、遥感考、未来考。文献考在对南宋六帝的史事进行了大致梳理后,着重介绍了与六陵建设有关的丧葬制度;田野考着重介绍明代以后六陵的变迁;遥感考从遥感的基本概念出发,介绍遥感的门类、特征、效果等,并就宋六陵总体的航测和每一个陵区的地面勘察作了记录说明;未来考从宋六陵今后向何处去的叩问中,从存废的艰难抉择中,为它选择了一个正确的、现实可行的方案。浙江省文物局副局长陈文锦作序。

　　祝炜平(1955-),杭州师范大学教授。长期从事地理学领域的教学和研究。自二十世纪九十年代中期起开展遥感考古研究,在遥感考古领域承担和参与省和国家的项目 6 项。

424

绍兴民俗风情

K892.455.3/1007

王立导著。中国文史出版社 2009 年 8 月第 1 版，225 页，1 册，978-7-5034-2468-7，
CNY38.00。

本书从"风土人情""民间工艺""旧事记史"三个方面将绍兴江南水乡浓浓的民俗
风情细致地展现出来。通过探索绍兴远古的史前信息，解析民俗事象的文化内涵，从不
同的角度反映衣食住行、岁时节令、婚育丧葬、文体技艺及日常生活中的民俗风情，概
括了绍兴民俗风情和人文历史风貌，彰显了绍兴地域文化精华，体现了绍兴水乡文化的
地域特色。

王立导（1943- ），浙江绍兴人。长期从事工艺美术和民俗文化研究，著有《中国传
统寓意图像》《吉祥图案》，为中国工艺美术学会会员，浙江省民间美术家协会常务理事、
绍兴酒文化研究会理事。

425

绍兴百俗图赞

K892.455.3/2790

绍兴市文联编。百花文艺出版社 1997 年 6 月第 1 版，318 页，1 册，7-5306-2515-2，
CNY15.00。

本书是绍兴市文联为传播乡土知识、发扬民族文化而编纂的《绍兴图赞》丛书的一
种。包括正文百篇附录三篇，内容涉及岁时节令、衣食住行、婚育丧葬、交际仪礼、生产
经贸、文体技艺、社会组织、信仰祭祀、兆卜禁忌九个方面。各篇相对独立，以叙述为主，
必要的地方稍作考据。并附有许多线条简朴的插图。首有著名民俗学家、散文家钟敬文先
生序。

426

绍兴民俗

K892.455.3/7761

屠国平主编。浙江工商大学出版社 2017 年 1 月第 1 版，131 页，1 册，978-7-5178-1911-0，CNY28.00。

本书通过对绍兴地区相关习俗的解读，探寻绍兴民俗的历史，并追溯其发展脉络。按照人的一生所经历的孕育、婚嫁、丧葬三个重要阶段的顺序，根据农历一年间对天人地事的观察与理解而逐步形成的年节习俗、时令习俗进行介绍，并兼顾到不同地方特殊风俗的比较说明、历史风俗与现当代风俗的传承与发展关系，对某些风俗的形成原因和意义也进行了多方面的探讨。通过对相关习俗的解读让民众去科学地认识自然界的现象，了解人的生老病死的基本规律，理解生命的意义。

屠国平（1965- ），浙江诸暨人。教授、研究生导师，绍兴文理学院语委办主任，教师教育技能中心主任，获"全国语言文字先进工作者""全国优秀测试工作者""浙江省推普工作先进工作者""校优秀教师"等 20 余项荣誉。

427

绍兴风俗志

K892.455.3/8068

（清）金明全撰。学苑出版社 2017 年 9 月第 1 版，5 册，978-7-5077-5333-2，CNY1800.00。

该志据清光绪稿本影印线装书，一函 5 册 319 个筒子页。未著卷数，仅按十二个月份厘分卷次，补遗分上下两卷，本书详细记录了清末绍兴地区一年之中的各种风物习俗，具有很高的地方文献价值，于研究江南地区文化及社会风俗之演变价值斐然，于文物考古、名胜古迹、骋目游览等亦有裨益，是研究绍兴的重要史料，供史学、民俗学研究者使用。

金明全，清光绪年间绍兴人。

428
诸暨民间艺术大观
K892.455.4/1256

《诸暨民间艺术大观》编纂委员会编。浙江人民出版社 2005 年 12 月第 1 版，322 页，1 册，7-213-03123-6，CNY280.00。

　　本书根据诸暨市民族民间艺术资源普查资料汇编而成，对大量蕴藏在民间的艺术和民俗事象进行了系统、完整、忠实的记录，收录诸暨西路乱弹、诸暨鹦哥调、草塔抖狮、马剑竹马、同山棕编等诸暨市民间上百个表演艺术、造型艺术和与之相关联的民俗项目，充分反映了诸暨的非物质文化遗产概况，展示了诸暨深厚的文化底蕴和独特的艺术魅力。

429
绍兴百镇图赞
K925.53/2790

绍兴市文联编。百花文艺出版社 1997 年 12 月第 1 版，325 页，1 册，7-5306-2130-0，CNY20.00。

　　本书为《绍兴图赞》丛书的压轴本，收录了绍兴全市所辖的 102 个集镇的地理位置、镇名由来、辖区人口、历史沿革、名人贤达、风景名胜、文物古迹、历史事件、名优特产、掌故传说、风土人情等基本内容。首有著名学者、国学泰斗季羡林作序，附录为绍兴市乡街道情况一览表。

430

三看绍兴

K925.53/4038

李永鑫主编。云南美术出版社 2004 年 9 月第 1 版，3 册，7-80695-162-8，CNY120.00。

本书分上中下三册。上册为周幼涛主编的《江南风情看绍兴》，介绍了绍兴源远流长的风土人情，包括风景、风物和风俗三个部分，反映了绍兴民俗中蕴含的丰富的历史文化底蕴。中册为陈华建主编的《江南古城看绍兴》，绍兴是建于春秋时期的诸侯城市，现在仍是政治、经济、文化中心，全书包括园林篇、街区篇、故居篇、桥梁篇及综合篇五部分，展示了古城绍兴的风采。下册为张仲清主编的《江南文化看绍兴》，介绍了绍兴自先秦以来的七千年的历史文化，书中的文化为狭义的文化，即精神文化，内容涉及思想、文史、艺术、科技等几个方面。主编李永鑫作总序。

李永鑫，见 049。

431

绍兴历史地理

K925.53/4042

车越乔、陈桥驿著。上海书店出版社 2001 年 6 月第 1 版，197 页，1 册，7-80622-550-1，CNY19.50。

本书从绍兴的历史发展与沿革地理入手，对绍兴城的自然地理、历史人口与城市地理、历史经济地理等问题作了深入细致的阐述，书后还附有绍兴博物馆兴建记及绍兴大学筹建记两文。内容全面，资料翔实，从不同的角度对绍兴古城的历史作了全面的综述，有助于读者更好地认识了解这座千年古城。

车越乔（1932- ），浙江绍兴人。香港科学仪器社有限公司董事长、总经理，绍兴旅港同乡会会长、终身名誉会长，浙江省政协会员。多次向省、市有关部门捐款赠物，支持家乡兴办教育、文化、卫生和公益福利事业。先后被浙江省人民政府、绍兴市人民政府授予"爱乡模范"和"绍兴市荣誉市民"称号。

陈桥驿，见 273。

432
绍兴地名典故
K925.53/7785

屠剑虹编著。中华书局 2017 年 10 月第 1 版,426 页,1 册,978-7-101-12865-9,CNY320.00。

本书是一部研究和记录绍兴地名出典的专集,按名人、教育、宗教、科举、物产等类别将地名划分为二十三类,针对绍兴古城即环城河之内的地域范围,记载了现存的道路、桥梁、河道、池井、山脉等地名及其典故。前有陈惟于先生引言,冯建荣先生序言。

屠剑虹,见 419。

433
绍兴街巷
K925.53/7785

屠剑虹著。西泠印社出版社 2006 年 2 月第 1 版,383 页,2 册,7-80735-028-8,CNY380.00。

本书将绍兴城区 150 条街巷的地名出典、历史沿革、人物故事、古景遗迹和建设状况以图文并茂的形式呈献给读者,特别是对已在地图上实际消失的 111 条老街巷也列出了名单,并说明消失的原因及现状。使大家在尽情领略这座古老城市风采的同时,对绍兴城市发展的历史有更直观的印象和更深入的了解。首有张苗根序言,陈桥驿教授绪论。

屠剑虹,见 419。

434

经野规略

K925.54/0298

（明）刘光复著，方俞明整理，诸暨市图书馆 2014 年编印。191 页，1 册。

本书为明代万历年间 3 次连任诸暨县令的刘光复亲自踏勘浦阳江流域，在治水成功后，进行实践总结，编撰的水利专著，有"治谱"和"成规"之誉，至今不失参考价值。陈洪绶的祖父陈性学曾为《经野规略》作序。此书以嘉庆癸酉活字本为底本，以同治丙寅本作参校，部分篇章校以《刘见初先生全集》本。

刘光复（1566-1623），明池州青阳人。明万历二十六年（1598）进士。二十六年至三十三年（1598-1605）3 次连任诸暨知县，颇有政绩，民众称颂他为"诸暨的夏禹"。

435

地名志

K925.54

地名志是介绍所辖地地名的工具资料书，除包括县、社（街道）、大队（委员会）、自然村的标准地名以外，还包括辖地概况、政区居民点、专业单位、名胜古迹、人工建筑物、自然实体、边界文存、地名诗文等卷，并附有地图、照片等。绍兴图书馆收藏绍兴市下属各县市区地名志若干。详列如下：

书名	分类号	页码	出版年月	编撰（发行）者
浙江省绍兴县地名志	K925.54/3239	387	1980.10 第 1 版	绍兴县革命委员会编
上虞县地名志	K925.54/3239	450	1983.04 第 1 版	上虞县地名委员会编
上虞区地名志	K925.54/3239	699	2018.12 第 1 版	中国文史出版社
嵊县地名志	K925.54/3239	540	1983.09 第 1 版	嵊县基本建设委员会编
新昌县地名志	K925.54/4052	707	2007.11 第 1 版	哈尔滨地图出版社
诸暨县地名志	K925.54/3477	505	1982.12 第 1 版	诸暨县地名委员会编

436
走进绍兴古村落
K925.55/4053

李能成、张水根主编。宁波出版社 2013 年 5 月第 1 版，193 页，1 册，978-7-5526-0802-1，CNY98.00。

　　本书分绍兴、诸暨、上虞、嵊州、新昌五个篇章，通过近 600 幅珍贵的实物照片，再现了 33 个绍兴古村落原始实物遗存，并毫无保留地展示了许多遗存年久失修、断壁残垣、荒草萋萋的破败景况，较完整地反映了绍兴地区古村落、古建筑的实物遗存，追忆了每个古村落的历史故事和名人轶事。

　　李能成，见 246。

437
中国鉴湖
K928.43-55/7744

邱志荣主编。中国文史出版社，年刊，5 册。

　　《中国鉴湖》系列丛书由绍兴市鉴湖研究会编纂出版，以收录鉴湖学术文化研究、绍兴文化研究成果为主，每年出版发行一辑，绍兴图书馆藏有 1–5 辑。详见如下：

辑数	出版信息	页数	ISBN，价格	提要
第一辑	2014 年 12 月第 1 版	270	978-7-5034-5880-4，CNY68.00	本辑共分为特稿、马臻与鉴湖、绍兴水城、三江闸、绍兴河网、水乡拾珠、研究会动态共七部分，主要内容包括：纪念马臻太守推进水城重建、"中国威尼斯"水城随感之一、祭马臻太守文等。
第二辑	2015 年 7 月第 1 版	412	978-7-5034-6502-4，CNY88.00	本辑共分为特稿、专题研究、纪念鉴湖建成 1875 周年、三江闸、浙东水利、水文化、治水名人、悼念陈桥铎先生等九个栏目，收录了《祭马臻太守文》《绍兴三江新考》等文章。

第三辑	2016 年 12 月第 1 版	420	978-7-5034-8782-8，CNY88.00	本辑为水文化专辑，共收录论文 34 篇，围绕水利史、钱塘江水利、绍兴治水、名士与与水文化和区域经济发展等几方面研讨，旨在探索解决绍兴水利现代化建设中的重大理论与实践问题，为保护利用鉴湖、重建绍兴水城，提供历史借鉴和学术支撑。
第四辑	2017 年 9 月第 1 版	436	978-7-5034-9561-8，CNY98.00	本辑为纪念国家首批历史文化名城——绍兴命名 35 周年专辑，分为特稿、越国春秋、名士之乡、水乡文化、古城保护、专题研究、研究会动态七个栏目。
第五辑	2018 年 12 月第 1 版	396	978-7-5205-0626-7，CNY98.00	该辑分设特稿、大禹文化、运河论坛、专题研究等四个栏目，收录了包括《保护三江闸遗产 弘扬三江闸文化》《〈绍兴禹迹图〉考释》《漫话浙东古运河》《北宋钱塘江下游的海塘建设》等研究文章。

邱志荣，曾任绍兴市水利局副局长，绍兴市水利局调研员，现任绍兴市水利志主编，中国水利学会水利史研究会副会长，浙江省大运河保护与申报世界文化遗产专家组成员，绍兴市鉴湖研究会会长。著有《鉴水流长》《浙江古运河——绍兴运河园》《绍兴风景园林与水》等。

438
越中揽胜
K928.705.53/1221

————————

张能耿等编著。国际文化出版公司 1995 年 12 月第 1 版，549 页，1 册，7-80105-305-2，CNY23.00。

这是一本导游性质的书，也是一本乡土教材。在本书中，将越中划为 15 个景区：越城区与绍兴县合并分为 11 个景区，其他县（市），以行政区划为界，各自独立成章。总计介绍景点近千，附照片 45 幅。较为系统地反映与介绍了越中的自然景观与人文景观，容普及性、知识性和趣味性于一体。对已经消失、但历史上比较重要的古迹亦收录在内，旨在回顾历史。

张能耿，见 353。

439
绍兴百景图赞
K928.705.53/2790

绍兴市文联编。百花文艺出版社 1995 年 11 月第 1 版，310 页，1 册，7-5306-2156-4，
CNY13.80。

　　《绍兴图赞》丛书之一，是一本介绍绍兴地区景点的书。所选"百景"系百个自然景
观与人文景观的总汇，并对曾经名扬海内的古迹如"快阁"之类仅成遗址，亦择要收列其
中。取法白描，崇尚本色，是本书文字绘画的特点，每篇附手绘图一幅。首有叶文玲序，
后附景点区域分布索引。

440
绍兴越王城
K928.705.53/7723

绍兴市政协文史资料委员会编。中国文史出版社 2009 年 11 月第 1 版，251 页，1 册，978-
7-5034-2581-3，CNY60.00。

　　本书为绍兴市政协文史资料委员会为纪念绍兴建城两千五百年而编纂出版。书中导读
部分从纵向时间轴上梳理了绍兴两千五百年从大禹治水、吴越战争、古鉴湖的围筑、六朝
风流荟萃会稽、杨素重修越州城、浙东唐诗之路、吴越国东府、南宋偏安绍兴、越王城中
的世俗文化等历史文化演进的脉络。而正篇则从绍兴的景点、街区、古迹、掌故、散文、
诗词、楹联、摩崖、碑刻等横向空间介绍了与越王城相关的内容。

441
绍兴古迹笔谭
K928.705.53/9044

娄如松著。浙江摄影出版社 1992 年 9 月第 1 版，257 页，1 册，7-80536-137-1，CNY6.75。

　　本书以绍兴城区为范围，记录了山川、城池、街坊、里弄、桥梁、第宅、园囿、官
署、学校、祠墓、塔庙等的古今变迁，并详尽地介绍了古迹的方位、地段，对现场作出
具体形象的描绘，而且对一些湮灭消亡了的古迹也作了著录。首有陈从周、王荣初、梅
重序言。

　　娄如松（1948-　　），浙江绍兴人。自幼喜爱读书，读完高中一年级后失学，当过矿工，
做过教师。对地方文献有所研究，著有《绍兴》《陶庵梦忆佐读》《徐渭评传》等。

442

新昌山石奇观

K928.705.54/6041

吕士君编著，新昌县风景旅游管理局 2003 年 9 月编印。151 页，1 册。

　　新昌地质构造复杂，岩石种类多样，岩石景观和石种丰富，一直以来有着深厚的石文化底蕴。本书着重记述了新昌与石景有关的天然奇观，典型的有潜溪石像、百丈岩、穿岩奇石、万马渡、风动石等。有关古代石雕艺术遗存也是不胜枚举，更有许多悠远的石神传说。读者还可以从多情的迷石山人、诗意的新昌石歌等内容中领略新昌石之风采。前言为新昌地理学会理事长俞仲辉所作序。

　　吕士君，见 189。

443

江南巨宅千柱屋

K928.71/7733

周迪清编著。中国文史出版社 2007 年 12 月第 1 版，194 页，1 册，978-7-5034-1972-0，CNY20.00。

　　这是一本全面系统反映斯氏古民居的历史风貌、建筑风格和东白湖生态景区的书籍。书中文稿单独成篇，分三类：一是把幸存于世的关于斯宅的文献图籍加以汇集；二是介绍斯宅及斯姓的由来和历史沿革；三是介绍古建筑的营造格局和结构概况。所用的名词、术语有较强的专业性，又带有较明显的吴越地区方言色彩。前有斯舜威、斯章梅序言。

　　周迪清(1963-　　)，浙江诸暨人。供职于诸暨市东白湖镇人民政府，任镇文化站站长。

444
嵊州古戏台
K928.715.53/1043

王荣法、王鑫君著。中国文史出版社 2014 年 5 月第 1 版，219 页，1 册，978-7-5034-4959-8，CNY128.00。

嵊州古戏台源远流长，特色鲜明，演绎出许多具体个性化的艺术形态，是传统建筑中的一朵奇葩。本书着重研究了嵊州古戏台的形成环境、历史沿革、发展状况以及与戏曲发展的关系，探析了古戏台的形态特征、建筑格局、架构装饰、价值意义等，是嵊州市文物管理处课题研究成果。首有浙江省文物考古研究所所长李小宁作献辞，末附嵊州古戏台一览表及嵊州古戏台分布图。

王荣法，嵊州市文物管理处副研究馆员。

王鑫君，嵊州市文物管理处主任、副研究馆员。

445
绍兴兰亭
K928.74/7723

绍兴市政协文史资料委员会编。中国文史出版社 2014 年 12 月第 1 版，210 页，1 册，978-7-5034-5746-3，CNY86.00。

本书分别从节会、风景、诗文、书画和人物五个方面，叙述了兰亭变迁的前世与今生，视角专精，材料翔实，文笔平和，图片优美，是绍兴本土学者近些年对兰亭所作的较为出彩的集中诠释。

446

人伦之光：江南第一庙·曹娥庙

K928.75/1742

上虞市文物管理所编著。浙江人民美术出版社 2009 年 4 月第 1 版，158 页，1 册，978-7-5340-2701-7，CNY180.00。

　　本书展示的曹娥庙是省级文物保护单位，是上虞颇具特色和影响的人文景观。全书以文导图，图文并茂地展示了曹娥庙的历史、科学、艺术价值和中华民族核心价值观。曹娥庙既以祭祀孝女著称于世，又有与之相得益彰的建筑、壁画、书法和雕刻"四绝"艺术冠盖于世，是名副其实的"江南第一庙"。

447

绍兴寺院

K928.75/1769

《绍兴寺院》编辑委员会编。西泠印社出版社 2007 年 4 月第 1 版，159 页，1 册，978-7-80735-189-4，CNY360.00。

　　本书以图文并茂的形式，记录了绍兴境内现存佛教寺院的历史与现状，包括正德院、云门寺、嘉祥寺、法华寺、宝林寺等。辑录的六十二家佛教场所，既有宏伟庄严的佛教寺院，又有古朴典雅的佛教宝塔，更有丰富多彩的佛教塑像和摩崖石刻。这些建筑造型独特，是绍兴佛教、历史、艺术、文化的融合结晶与完美的体现。首有原浙江省政协主席王家扬序，原中共浙江省委书记铁瑛题写书名。

448
大佛寺志
K928.75/7417

陈百刚主编，《大佛寺志》编纂委员会2001年3月编印发行。385页，1册。

　　大佛寺在我国佛教史上有重要的地位，是佛教南传进入浙江的肇始之地。本书为新昌大佛寺第一部志书。志凡十章，以境域、沿革、大佛、梵宇、僧团、宗系、人物、法宝、胜迹、文存为题，下再分纲立目。以史乘之体例，阐佛法之高深，述伽蓝之兴替，明法灯之传续，记先哲之懿行，歌山水之灵秀，明古而详今。

　　陈百刚，见190。

449
绍兴大禹陵
K928.76/2790

绍兴市政协文史资料委员会编。中国文史出版社2011年3月第1版，245页，1册，978-7-5034-2913-2，CNY95.00。

　　本书从古文献中摘录了大禹治水、禹葬会稽等大量的文字记载，并辑录自先秦至民国历代名人对大禹陵的诗书吟咏数十种，通过对秦会稽刻石等碑版的研究考证记述了历代帝王及民间祭祀大禹的活动，并从相关大禹的传说中歌颂了大禹治水的精神。除叙述大禹陵景区外，也把相关度较大的宛委、石帆二山及香炉峰也纳入叙述的范围。

450
嵊州桥梁图志
K928.78/4013

嵊州市交通局编。天马图书出版有限公司 2004 年 10 月第 1 版，113 页，1 册，962–450–535–7，CNY118.00。

　　本书收录了嵊州辖区内的 118 座石桥，它们分布于城市的大街小巷，农村山水间的古道上，造型别致、形态各异。最早的有晋桥遗址，也有宋、元、明代的，最多的为清代建筑。这些桥梁大多有其特殊性，可以列入中国古桥 25 个系列的有关类型中。谷来镇的玉成桥填补了国内椭圆形拱桥技术史上的空白。而浦口宋代的和尚桥，被专家列入三折边中的最早的优秀桥梁。首有嵊州市交通局长林克序言，书后附"嵊州石拱桥桥券图示"。

451
上虞古桥
K928.78/7464

陈国桢著。研究出版社 2006 年 7 月第 1 版，346 页，1 册，7–80168–260–2，CNY26.00。

　　本书根据对 1949 年前上虞古桥的实地调查，重点介绍 300 座古桥的规模、结构及始建、重建历史；并就现存古桥的造型、结构及其演进脉络作深入研究，对个别古桥通过考古断代，较全面地记述构件间的隼槽结合，对古桥造型的演变和发展提出了新观点，展示了上虞古桥文化的地域特色。

　　陈国桢（1939–　），浙江上虞人。任上虞市（县）交通局工程师，长期从事公路线路和桥梁勘测设计、施工。从 1994 年开始，调查研究上虞市现存古桥，《上虞古桥》为其处女作。

452
绍兴古桥
K928.78/7785

屠剑虹主编，绍兴市城市建设档案馆编。浙江美术学院出版社 2001 年 12 月第 1 版，525 页，2 册，7-81019-990-0，CNY190.00。

本书收入了绍兴市六个市、县、区现存的古桥 523 座。这些古桥修建年代上起东晋，下迄民国。该书图文并茂，直观展示了这些古桥的外形全貌、内部结构和桥碑、桥饰、桥联、桥亭等信息，较好地反映了绍兴丰富多彩的古桥文化。首有时任绍兴市副市长马忠序言，陈桥驿先生绪论，末附索引。

屠剑虹，见 419。

453
绍兴市区地名图册
K992.255.3/2790

绍兴市民政局、绍兴市地名委员会办公室、浙江有色测绘院编著。湖南地图出版社 2012 年 12 月第 1 版，93 页，1 册，978-7-5530-0069-5，CNY150.00。

本书是一部全面、直观、形象地反映绍兴市区地名分布的大型专业性地图集。分综述篇、专题篇、政区篇和地名文化篇四部分。综述篇从绍兴的区域位置、行政区划、城市变迁、卫星影像等方面对绍兴进行综合介绍；专题篇分水系地貌、交通、住宅建筑、旅游名胜、机关团体、文教卫体、商场酒店等类别对绍兴的自然和人文地名要素进行全面描述；政区篇以市区 14 个镇街为主体，系统介绍了辖区内各类地名现状；地名文化篇则以图文并茂的形式，对绍兴市区 20 个较有代表性的老地名作了专门解读。全书充分体现了绍兴源远流长的历史地名文化。

454
绍兴市地图集
K992.5/3434

绍兴市土地勘测规划院、浙江省第一测绘院编制。中国地图出版社 2011 年 1 月第 1 版，265 页，1 册，978-7-5031-5896-4，CNY488.00。

本书是一部全面、直观、形象反映绍兴市自然地理特征和社会经济发展的大型综合性地图集，由序图组、区域环境图组、区域地理图组、土地利用图组和越城区基准地价图组五部分组成。以市区图为中枢，分门别类，综揽全市自然与社会经济全貌；以乡镇图为主体，承载基础地理信息；以城区图为重点，扩展幅面反映城市现状与发展。同时文系图介绍乡土地理，选配景观图片，展示地域风貌。

455
绍兴历史地图考释
K992.6/7785

屠剑虹编著。中华书局 2013 年 6 月第 1 版，451 页，1 册，978-7-101-09277-6，CNY320.00。

本书是绍兴第一部历史地图集，主要收集绍兴旧方志中从先秦越国到民国时期的历史地图，特别是历代绍兴府志及会稽县志、山阴县志中所涉及的地图。既有传统意义的地理行政图，如疆域图；又有部门地图，如治署图、山水图、水利河闸图，将绍兴历史上各类地图呈现于读者之前。首有陈桥驿先生绪论。

屠剑虹，见 419。

456
绍兴二千五百年气候变迁
P468.255.3/1293

孔学祥、陈红梅等著,绍兴市气象局编。浙江大学出版社2012年7月第1版,360页,1册,978-7-308-09798-7,CNY72.00。

本书采用数值模拟等科学方法,建立了绍兴当地2000多年的温度和旱涝时间序列,并且对冷暖和旱涝的变化周期特征以及冷暖旱涝变化之间的相关性做了分析,初步给出了绍兴当地气候的总体变化规律。首有许小峰序一,冯建荣序二。附录部分为绍兴气候记录综述及条目。

孔学祥,曾任绍兴市气象局局长。

陈红梅,绍兴市气象局高级工程师。

457
绍兴两栖爬行动物
Q959.508/4480

赵锷编著。科学技术文献出版社2017年7月第1版,164页,1册,978-7-5189-3165-1,CNY168.00。

本书介绍了栖息在绍兴地区的5目17科67种两栖爬行动物的拉丁名、保护级别、地区俗名、体型特征、生活环境习性、地区分布、本地种群状态,并配以摄影照片。书中还增配了23幅两栖爬行动物的自然生态摄影作品照。首有中国国家地理杂志社《博物》杂志摄影师唐志远序一,王聿凡序二。

赵锷(1982-),浙江嵊州人。就职于绍兴市林业局森林资源处,兼任浙江省野鸟会理事、绍兴市野生动植物保护协会副秘书长、绍兴市野生动植物保护协会野鸟分会秘书长。长期从事野生动物保护工作,对野生动物资源保护工作有一定研究,擅长鸟类、两栖爬行类野生动物鉴定工作。

458
绍兴野鸟图鉴
Q959.708-64/4480

赵锷主编。科学技术文献出版社 2016 年 1 月第 1 版，362 页，1 册，978-7-5189-0919-3，CNY328.00。

  本书共选编 317 种鸟类，以 2012 年绍兴地区首次鸟类资源调查报告成果中科学观测到的 261 种鸟类为基础，并参考了 2013 年至 2015 年绍兴市野生动植物保护协会野鸟分会拍摄到的 56 种绍兴市鸟类新纪录所选编组成。本书可作为广大摄影爱好者、环保志愿者及野生动物保护者的参考工具书，为绍兴生物多样性保护和生态建设宣传教育、普及人与自然和谐相处提供科普书，为绍兴环境治理和生态城市建设科学研究提供参考。

  赵锷，见 457。

459
越医文化
R2-05/3484

沈钦荣、毛小明、方春阳主编。上海科学技术出版社 2017 年 1 月第 1 版，225 页，1 册，978-7-5478-3258-5，CNY39.00。

  绍兴中医药文化源远流长，底蕴深厚，自成一派，世称越医。本书从越医文化之渊源、越医文化之内涵、越医养生文化、传播与交流、越医名家、灵兰探宝、专科世家、奇方妙术、轶事拾遗、薪火相传十个方面，全面总结越医的文化特征。首有浙江省中医药管理局局长徐伟伟序。

  沈钦荣，见 268。

460
绍兴伤寒学派与《通俗伤寒论》今释
R222.29/3413

沈元良编著。中国中医药出版社 2009 年 11 月第 1 版，191 页，1 册，978-7-80231-736-9，CNY25.00。

本书在追溯越医文化源远流长的基础上，重点阐述了绍兴伤寒学派的起源与形成，并以其传承文脉与发展为主线，整理和阐发了"绍派伤寒"的学术思想和经验。对清代绍兴人俞根初首创的《通俗伤寒论》中的组方含义、用药特色、临床应用、随症加减等进行重点阐发，从而充分说明了越医是古越文化不可或缺的重要组成部分。

沈元良，主任中医师。毕业于浙江中医学院（今浙江中医药大学）。浙江中医药大学兼职教授。从事中西医结合内科临床工作近 30 年。具有扎实的中医理论基础和掌握一定的现代医学知识，有丰富的临床经验。编著《肾病四季疗法》《中成药医师实用手册》二部。

461
越医汇讲
R249.76/4433

董汉良、毛水泉、柴中元主编。人民卫生出版社 1994 年 8 月第 1 版，442 页，1 册，7-117-02077-6，CNY19.80。

本书系搜集、遴选绍兴医家自 1949 年以来公开发表或未发表的医药学新作编纂而成。分越医越著、医理发微、病证治略、治法要义、析方话方、说药用药、养生保健、诊余琐谈等，每类有若干篇，共计 198 篇，或揭示医理之奥，或畅发诊治之论，或商兑吴叶之方，或衡度古今之药，深究爰奥，各具卓识。末附"吴医汇讲"。

董汉良，主任中医师。毕业于浙江中医学院（今浙江中医药大学）医疗系，浙江中医药大学兼职教授，从事中医内科临床四十年。曾任浙江省中医学会中医基础理论组委员，绍兴市中医学会副秘书长，参编百万字巨著 5 部，发表医学文章 300 余篇。现为《中国社区医师》杂志社编委。

462

诸暨市地产中药精选图谱

R282-64/1723

马纪良主编。浙江科学技术出版社 2011 年 4 月第 1 版，252 页，1 册，978-7-5341-4075-4，CNY180.00。

　　本书收载的中药是从诸暨境内 100 多种中药材中精选出来的，包括正药 368 种、附药 36 种，共 404 种；彩图 737 幅，基本涵盖了主要的和常见的品种。并将相同品种不同来源的药物汇集在一起，形态项约略，附药在对应正药下。正文叙述图文结合，项目介绍包括别名、来源、形态、性味、归经、功效、主治、用量用法等，对有毒品种和需特殊用法的品种予以特别注明。

463

绍兴市精细化农业气候资源分布及利用

S162.3/9021

娄伟平、孙科编著。气象出版社 2015 年 3 月第 1 版，196 页，1 册，978-7-5029-6097-1，CNY55.00。

　　本书主要论述了以下三方面的内容：一是分析了绍兴市光、温、水农业气候资源的空间精细化分布及其对气候变化的响应；二是分析了农业气象灾害风险的空间分布及其对气候变化的响应；三是分品种论述了水稻、小麦、油菜、花生、玉米、大豆、马铃薯、番薯、白术、西瓜、油茶、茶叶、香榧、蚕桑、络麻、葡萄、猕猴桃、杨梅、毛竹、铁皮石斛、桃、李等农作物生长发育的主要气象影响因素、气候区划、气候适宜度的时空变化等内容。

　　娄伟平（1970- ），浙江新昌县人，博士，现任浙江省新昌县气象局局长，主要研究方向是农业气象。

464
胡香泉谈科学种田
S3-33/4722

胡香泉著，浙江省农学会、绍兴市科学技术协会 1983 年 7 月编印。385 页，1 册。

本书是胡香泉同志从 1952 年以来从事农业科技工作的结晶，收录了他发表的部分文章和会议讲稿。这些文字，既是经验总结，又有理论升华，精阐栽培技术，旁及农学多科。首有科协副主席杨显东题词，金善宝、朱祖祥、李炎巨、沈学年分别作序。

胡香泉（1916-2006），浙江嵊州人。高级农艺师，曾任绍兴县东湖农场场长、绍兴市农科所所长、绍兴市科协副主席、中国农学会理事，浙江省家学会副理事长。

465
新昌白术
S567.23/3223

潘秋祥主编。中国农业科学技术出版社 2015 年 12 月第 1 版，203 页，1 册，978-7-5116-2372-0，CNY58.00。

本书共七章，论述了道地药材新昌白术的形成、生物学特征及生长特性、栽培技术、健身栽培与病虫防治、加工与储存、白术应用和展望等方面的内容。结构层次清晰，理论与实践相结合，历史文献记载与现代研究相结合，内容全面，语言通俗。首有新昌县委常委、常务副县长柴理明序，浙江省中药研究所所长王志安序。末有附录。

潘秋祥（1968-　），浙江新昌人，高级农艺师，长期从事农技推广工作，现供职于新昌县农业农村局，为新昌县特经作物技术推广首席专家，在专业刊物发表专业论文 20 多篇，获得省市科技奖 10 多项，2002 年起致力于中药材产业研究，系统收集研究新昌白术，出版专著《道地药材：新昌白术》。

466
浙江绍兴会稽山古香榧群

S664.5/1000

王斌、闵庆文主编。中国农业出版社 2015 年 10 月第 1 版，170 页，1 册，978-7-109-19569-1，CNY39.00。

　　本书共六个部分、三个附录，介绍了会稽山古香榧群农业系统是农民长期适应当地自然条件情况下形成的特有的生产方式和土地利用方式。系统阐述了重要农业文化遗产的起源与演变、生态与文化特征，分析其历史与现实价值、保护与利用现状，提出可持续保护与管理对策。为其他同类地区合理利用土地，发展适应本地条件的生存方式提供了有效的借鉴。

467
绍兴白蚁

S763.330.6/0027

章凯婴主编。西泠印社出版社 2016 年 8 月第 1 版，141 页，1 册，978-7-5508-1874-3，CNY108.00。

　　本书采用图文并茂的形式，通过六个篇章系统地介绍了绍兴地区白蚁的形态特征、分布地域、滋生环境、生物生态学特征、危害情况和治理技术。同时，采用对经典案例进行剖析的方式，详细描述了白蚁的防控措施，是绍兴地域范围内权威的白蚁防治类专业书籍。

　　章凯婴，绍兴市白蚁防治研究所所长。

468
绍兴丝绸史话
TS14-092/1913

孙可为著。中国戏剧出版社 2011 年 9 月第 1 版,216 页,1 册,978-7-104-03563-3,CNY62.00。

本书分史话、史纲、专题三部分论述了绍兴丝绸的发展沿革。第一部分从古越发端、历代百姓都以农桑蚕织为主业说起,一直到民国机杼兴百业,从考古、传说、史书中论证绍兴与丝绸业的密不可分。第二部分从新石器时代的发端、春秋末年的初兴,到中华人民共和国成立后的逐步复兴,在时间轴上梳理了各个时期丝绸在绍兴的发展兴衰。第三部分以专题的形式进一步阐述了丝绸对越地的影响。

孙可为(1942-),浙江绍兴人。长期从事文史和企业管理研究,历任中学高级教师、中专教导主任,现任浙江某大型企业集团常务副总。全国先进职工老师,全国思想政治工作研究成果获得者。著有《鲁迅婚姻的四个问题》《论企业分配》等。

469
中国绍兴黄酒
TS262.4/1750

马忠主编。中国财政经济出版社 1999 年 8 月第 1 版,360 页,1 册,7-5005-4260-7,CNY28.00。

本书对绍兴黄酒从开创到当今作了全面总结,介绍了绍兴黄酒古老悠久的渊源来历,精湛独特的酿造工艺,稽山鉴湖的特异水质,风流典雅的宴饮文化,名传遐迩的酒人酒事,耐人寻味的掌故逸闻。还载及绍兴黄酒精美绝伦的包装,得天独厚的酿造条件,远景辉煌的发展前途,是绍兴酒文化研究的重要成果之一。首有陈桥驿先生序言。

470
越红工夫茶
TS272.5/4761

杨思班、陈元良编著。浙江工商大学出版社 2018 年 4 月第 1 版，195 页，1 册，978-7-5178-2633-0，CNY49.80。

本书讲述了诸暨红茶的发展历程。从成立于 1917 年的永义茶栈讲起，再到越红工夫茶诞生的时代背景、发展过程中取得的辉煌成绩和遭遇的惨痛教训，最后到近年来越红工夫茶在市场上的复兴，时间横跨百年。首有中国茶叶学会原副理事长高麟溢序一，资深茶叶专家王家斌序二，茶叶加工专家谢丰镐序三，诸暨市茶文化研究会会长孟法明序四。

杨思班，浙江诸暨人。国家级评茶师，高级茶道养生师，越红工夫非物质文化遗产第三代传承人，越红博物馆馆长，绍兴越红茶业有限公司董事长。

陈元良，浙江诸暨人。高级农艺师，1974 年参加工作，长期从事茶产业应用技术研究和适用技术推广工作。1985-1999 年任诸暨市茶叶技术推广站站长。曾执笔编著《茶的历史和文化》丛书。

471
绍兴印刷史话
TS8-092/4492

林光德著，绍兴市印刷行业协会 2007 年 12 月印刷发行。223 页，1 册。

本书辑录了唐宋元明清各代的绍兴印刷史料，撰写了 1949 年后绍兴出版印刷和包装印刷的发展历史，同时收集和记录了与印刷历史相关的绍兴古造纸坊造纸、邑人创制泥版印刷术、绍兴印刷工人的革命活动等史料，并收录了 50 余幅珍贵的照片。虽不是绍兴印刷历史的全貌，但也基本上反映了绍兴印刷文化的概况。

林光德，浙江绍兴人。绍兴市印刷行业协会顾问，另著有《九牧林氏家乘》。

472
越地民俗工艺
TS93/4038

李永鑫主编。西泠印社出版社 2011 年 1 月第 1 版，190 页，1 册，978-7-80735-977-7，CNY58.00。

《绍兴民间文化丛书》之一。本书共收录民间实用工艺制品照片 300 余张，分为木器、竹器、铜器、锡器、银器、服饰、帽、鞋、绣品、剪纸、木雕共十一个大类。极大部分系明、清时期，但也有小部分属民国时期普通百姓人家广为使用的器物，充分体现了江南水乡绍兴的地方风俗和特色。

李永鑫，见 049。

473
绍兴茶文化
TS971/8348

绍兴市政协文史委员会编。浙江文艺出版社 1999 年 12 月第 1 版，272 页，1 册，7-5339-1225-X，CNY20.00。

本书由茶史述略、茶树栽培、制茶工艺、绍兴名茶、驰名茶市、品茶雅趣、茶与名人、茶与生活、茶与文学、茶与艺术、茶与风俗、茶人小传十一个篇章组成。尤其书写了在绍兴茶文化历史上产生的一系列享有盛名的优良品种，以及涌现出的许多品茶、咏茶、写茶高手，和他们留下的脍炙人口的诗词书画和茶史佳话。首有绍兴市政协主席沈云姑作序。

474

越菜传香

TS971.2 (255.3) /4415

茅天尧著。宁波出版社 2017 年 3 月第 1 版，264 页，1 册，978-7-5526-2619-3，CNY85.00。

本书着眼于传统，挖掘越菜精髓，涵盖的面较广。内容涉及绍兴菜的历史沿革、基本特征、风味体系、制作理念、特色物产、民间食俗、典故传说、饮食越谚、越乡之传统名菜名点名宴、烹饪技艺等方面，全面展示了绍兴菜的烹饪特点、风味特色。

茅天尧（1957-　），浙江绍兴人。中国烹饪大师，绍兴越地饮食研究所所长，绍兴菜烹饪技艺代表传承人，绍兴市咸亨酒店副总经理。著有《品味绍兴》《中国绍兴菜》《人间至味菜根香》等。

475

越地茶史

TS971.21/1014

《越地茶史》编委会编。浙江古籍出版社 2018 年 10 月第 1 版，987 页，4 册，978-7-5540-1392-2，CNY360.00。

本书共四卷，前三卷着重撰写越地茶的物质演变史。第一卷内容包括：越地原始茶的溯源、汉晋南北朝时期的越茶、唐宋时期的越茶、明清时期的越茶。第二卷介绍了平水茶的兴起、兴盛、衰退、中兴和没落。第三卷包括茶业恢复发展时期、茶业快速发展时期、茶业改革发展时期、茶业转型发展时期等。第四卷着重写越地茶的文化繁荣史，内容有：历久弥新的茶诗茶词、意蕴隽永的茶文茶赋、源远流长的茶字茶画、丰富多彩的茶戏茶曲等。

476

新昌小吃

TS972.142.554/6084

吕美萍主编。中国农业科学技术出版社 2015 年 6 月第 1 版，140 页，1 册，978-7-5116-2119-1，CNY20.00。

本书为新型职业农民培育工程规划教材，介绍了春饼、大糕、镬拉头、青饺、芋饺等新昌地方特色的小吃，详细介绍了这些小吃的由来、特点以及制作方法、技术，具有较好的可操作性，对新型职业农民创业具有一定的指导意义。

477

绍兴民间传统菜谱

TS972.182.553/2797

绍兴县文联编。中国国际广播出版社 1990 年 6 月第 1 版，212 页，1 册，7-80035-507-1/G.173，CNY6.20。

本书按绍兴民间的烹饪手法分 32 类，收入较有代表性的民间菜肴 136 道，对各种菜肴的原料、佐料和烹饪方法，都作了简要说明，力求使读者一目了然，能做会用，并收集了民间流传的各种菜肴的传说故事、歌谣、民谚，既具有实用性，又具有趣味性和可读性。首有陈礼安、陈亦尧、许溶烈序。

478

越中建筑

TU-092.955.3/7763

周思源撰文，钟剑华摄影。中国建筑工业出版社 2015 年 11 月第 1 版，87 页，1 册，978-7-112-17024-1，CNY48.00。

"中国精致建筑 100"之一。本书通过江南水城、水乡集镇、伴水民舍、敬祖祠庙、循礼古台门、鬼斧神工之园、雄浑直率之风、悲怆之情、尚黑之色九个篇章，辅以简要的文字和大量精美图片，介绍了江南水乡绍兴的建筑艺术，包括它们的地理位置、建筑思想、风景民俗、建筑布局的平面构成等方面的信息。

周思源，绍兴市文物考古所副研究馆员，全省文物保护工作先进个人。

479
绍兴城市水业发展 50 年

TU991.925.53/2790

绍兴市水务集团有限公司 2011 年编印。143 页，1 册。

　　本书通过水生古城、领导关怀、创业岁月、争创一流、科学发展、文明之伍、继往开来、主要荣誉及大事记九大版块展示了绍兴城市水业从无到有，从小到大，实现跨越式发展的全过程。

480
鉴湖与绍兴水利

TV-092/5061

中国水利学会水利研究会、浙江省绍兴市水利电力局编。中国书店 1991 年 7 月第 1 版，245 页，1 册，7-80568-151-1，CNY16.30。

　　本书是纪念鉴湖建成 1850 周年暨绍兴平原古代水利研讨会的一部论文集，收集了全国数十名专家、学者撰写的论文 25 篇，涉及水利、历史、地理、地质、考古、环境等学科，全方位地研究了鉴湖的演变历史、巨大效益、湮废原因及影响，比较全面地反映了绍兴水利史的发展面貌。论文集主要分三大部分，第一部分为《鉴湖》，有论文 9 篇；第二部分为《绍兴水利》，有论文 13 篇；第三部分为《附录》收 2 篇。首有姚汉源序。

481
绍兴地区机电排灌普查汇编：1949-1979

TV53-62/2794

绍兴地区水利电力局 1980 年编。189 页，1 册。

　　绍兴水利电力局于 1979 年进行机电排灌普查工作，普查成果集中汇编成本书，包括全区分县汇总表、各县分区汇总表、排涝站基本情况表、县分公社汇总表等等。

482

三江闸务全书

TV632.553/3714

冯建荣主编。黄河水利出版社 2013 年 11 月第 1 版，266 页，1 册，978-7-5509-0563-4，CNY38.00。

本书集《闸务全书》和《闸务全书·续刻》两部。《闸务全书》成书于清康熙年间，分上下两卷，主要搜集建闸以来各种图、碑记、文记和成规等，也有一部分系编辑者之著述。程鸣九辑著，首有姚启圣、李元绅等序。《闸务全书·续刻》成书于清道光年间，记述了三江闸第四、五次大修的全过程，并对《闸务全书》作了部分补充。续刻与原《闸务全书》不可互缺、各具特色。本书首有陈桥驿作序一、冯建荣作序二。

冯建荣，见 312。

483

上虞曹娥江百桥谱

U44-12/7464

陈国桢著。南京大学出版社 2017 年 11 月第 1 版，305 页，1 册，978-7-305-19403-0，CNY265.00。

本书记录自 1949 年以来在上虞市当地政府以发展交通繁荣经济为己任，在主流曹娥江上逐年建造公路大桥、铁路大桥、特大桥和控水大闸（桥）20 余座，也记录了在五大支流上建造公路桥和各种功能的桥渡（包括碇步桥、永久性堰）等 80 余座桥梁。从桥梁演变的过程，展示上虞在经济发展大潮中的面貌变化，赞美上虞人民的拼搏精神和创造的实绩。本书中的地名沿用 1984 年上虞县地名委员会编的《上虞县地名志》中的地名。

陈国桢，见 451。

484

绍兴石桥

U44-092/7487

陈从周、潘洪萱编著。上海科学技术出版社 1986 年 4 月第 1 版，219 页，1 册，15119.2384，CNY50.00。

本书作者以桥为线索，缘水访桥，遍历市坊村落，查得大小桥梁近五千座，拍摄照片达一千余幅。遴选二百多张照片，配文字叙述成此书。不仅记录了绍兴石桥的形式与结构，同时因桥而反映了市容街景村貌。从历史、类型、结构、造型、石材、艺术风格和地理环境等方面，宣传、介绍了中国桥乡——绍兴的各种石桥。前有茅以升序。

陈从周（1918-2000），祖籍绍兴，浙江杭州人。中国著名古建筑园林艺术学家、同济大学教授。海外学者称其为现代中国轩林的鼻祖，对修复、保护我国著名园林和古建筑群作出了重大贡献。著有《讫园》《说园》《中国名园》《园林丛书》《苏州园林》《帘青集》等多部。其中《说园》被译成 10 余种语言文字。

485

平水丛书

Z122.555/1713

《平水丛书》编委会编。西泠印社出版社 2014 年 4 月第 1 版，6 册，978-7-5508-1153-9，CNY680.00。

平水是浙江绍兴的千年古镇，历史悠久，人文资源丰富、名人辈出，是会稽山之精华所在；平水是鉴水之源、越国故都、人文重镇、越中佛国。这套丛书共分山水卷、历史卷、名人卷、风物卷、诗文卷、故事卷六卷，由平水的山水自然、悠久历史、名人轶事、物产风情、诗词美文和故事传说六个单项本组成，共 80 多万字。由孟文镛、王云根、裘士雄、赵雪峰、徐金富、谢炳武六位文史专家经过一年的编纂而成。

486
夜航船

Z224/1220

（明）张岱撰，刘耀林校注。浙江古籍出版社 1987 年 2 月第 1 版，691 页，1 册，17347.3，CNY5.25。

本书分门别类，杂采经史子集各种资料，上至天文，下至地理，旁杂三教九流、诸子百家、人伦政事、礼乐科举、职官考古、草木花卉、禽兽麟豸、鬼神怪异、日用宝玩、方术技艺共二十个大类（部），一百三十个子目，四千多个条目，既是知识系统性和实用性的统一，又顾及趣味性和可读性，是一部琳琅满目的小型百科全书。校注者除了标点外，还查明核实了书中大量条目的出处，并订正和补正了一些引述差错和文字脱误，以便读者利用。首有作者小像，刘耀林作前言。

张岱（1597-1689），明山阴（今浙江绍兴）人，晚明时期的文学家、史学家。张岱崇老庄之道，喜清雅幽静，不事科举，不求仕进，著述终老。精小品文，工诗词，善散文，是公认成就最高的明代文学家之一。其最擅散文，语言清新活泼，形象生动，广览简取，著有《陶庵梦忆》《西湖梦寻》《夜航船》《琅嬛文集》《快园道古》等文学名著，史学名著《石匮书》亦为其代表作。

487
杜亚泉文存

Z426/4412

杜亚泉著，许纪霖、田建业编。上海教育出版社 2003 年 5 月第 1 版，500 页，1 册，7-5320-8453-1，CNY30.00。

本书是著名学者许纪霖和杜亚泉外孙田建业两位先生收集整理杜亚泉这位在二十一世纪初对引进西方科学文化有过重大贡献的著名学者的科学文集。书中研究了他的著述及其思想脉络，并分析了当时文化思想界的论争。该书将杜亚泉的文章分为"哲学与思想""政治与经济""教育与社会""东西文化之研究与论辩"四部分，其中"教育与社会"部分共收录教育文章 17 篇，较为全面地反映了杜亚泉的教育思想。

杜亚泉（1873-1933），会稽伧塘（今上虞长塘镇）人。他一生致力于办学校、编教材，为近代中国的教育做出了巨大的贡献。1898 年应蔡元培之聘，任绍郡中西学堂算学教员。为提倡科学，培养人才，创办亚泉学馆，同时出版《亚泉杂志》，是近代中国杰出的教育家、思想家、翻译家和科普出版家。

488

澹生堂集

Z429.48/3719

（明）祁承㸁著。国家图书馆出版社 2013 年 3 月第 1 版，3056 页，5 册，978-7-5013-4922-7，CNY3000.00。

《澹生堂集》是明代著名藏书家祁承㸁的诗文集。前六卷是诗，共计 968 首；后十五卷是文，依次为序、跋、引、题、书事后、奏疏、议、策问、记、读书志、传、墓志、墓表、行实、诔、讃、祝文、杂着、尺牍、吏牍。其中第十四卷为《藏书志》，价值很大，第十二、十三两卷均是祁氏日记。明崇祯间祁氏家刻本《澹生堂集》传世甚少，至为珍贵。此次出版，即据原国立北平图书馆藏崇祯刻本予以影印。

祁承㸁（1563-1628），浙江山阴（今绍兴）人。明藏书家，万历三十二年甲辰（1604）进士。授宁阳知县。迁兵部郎中。官至江西布政使司右参政。出身于官宦书香门第，少时喜读书，养成嗜书的癖好。做官后，每到一地都访求图书。20 年时间里，聚书达 10 万余卷。"澹生堂"藏书颇富，在江东首屈一指。为保存图书，订有《澹生堂藏书约》，编《澹生堂藏书目》14 卷，收书 9000 多种，在目录学史上颇有影响。

489

霞外捃屑

Z429.49/1025

（清）平步青著。上海古籍出版社 1982 年 4 月第 1 版，782 页，2 册，10186.331，CNY2.20。

《香雪崦丛书》之一。本书为平氏杂著巨编，为其代表作之一。书中内容涉猎甚广，经史考辨，诗文评论，记方言，释俗谚，朝野掌故，里巷稗史，无所不有，各自成卷。有对宋、明史乘的补苴，对清末时事的记述，对经书疑义的考辨，对诗文优劣的见解，对社会风俗、市民生活以及小说戏曲、民间文学甚至方言土语等一般士大夫不屑论及的方面，也有考源溯流，研究比较。

平步青，见 142。

490

年鉴

Z525.53 (Z525.54)

———————

年鉴是反映属地经济社会发展的主要面貌和基本状况的工具书，记述本行政区域内自然、经济、政治、文化、社会等方面情况的年度资料性文献，汇集农林牧渔业、制造业、城市建设等方面的统计资料，是各级党政机关、研究部门、社会各界人士以及中外投资者了解本地的重要资料。绍兴图书馆收藏了市本级及下属各市、县、区年鉴若干，详见下表：

书名	索书号	入藏年份	编纂单位
绍兴年鉴	Z525.53/2790	2001–2017	绍兴市地方志办公室
柯桥区（绍兴县）年鉴	Z525.54/2797	2001–2017	柯桥区（绍兴县）地方志编纂委员会
上虞年鉴	Z525.54/2120	2012–2017	上虞区（县）史志工作委员会
嵊州年鉴	Z525.54/2230	2002–2018	嵊州市地方志编纂委员会
新昌年鉴	Z525.54/0267	2002–2018	新昌县地方志编纂委员会
诸暨年鉴	Z525.54/3470	2002–2018	诸暨市地方志编纂委员会

491

四库全书中绍兴人著录提要

Z833/2797

———————

黄锡云主编，绍兴县地方志编纂委员会编。中华书局 2004 年 9 月第 1 版，292 页，4 册，7-101-04415-8，CNY1200.00。

本书为线装书，依据 1964 年中华书局影印的《四库全书总目》断句本，参校 1983 年上海古籍出版社影印的《四库全书》，由卷首的圣谕、馆臣的表文、在事诸臣职名、凡例和山、会两县人士的著录提要辑录而成。还辑录了明《三不朽图赞》中的有关作者图像和《中国人名大辞典》中相关作者介绍。涉一百一十二人，书五十四种，七百六十五卷；存目书一百一十种，一千零三十卷，合计共有一百六十四种，一千七百九十五卷。依经、史、子、集四部编排。

黄锡云，见 006。

492
嵊县籍人士著作展览
Z837/2274

嵊县地方文献征集工作领导小组办公室 1992 年 5 月编印。167 页,1 册。

  本书汇集"嵊县籍人士著作展览"展出的著作编排而成。个人著作以作者为条目,录作者简历和展出书目;集体著作以书名为条目,录该书简介。著作范围为古今嵊县籍人士专著、合著、校注、编著、译著和全国性报刊上发表的单篇论文、省级报刊发表的文章较有影响者、参加省级及以上部门组织的学术会议的论文以及外地人士有关嵊县的著述、有关嵊县籍人士著作的评论文章。依现代著作、古籍、志史三类顺序编排。

493
绍兴图书馆古籍普查登记目录
Z838/0061

国家图书馆出版社 2017 年 9 月第 1 版,1431 页,3 册,978-7-5013-6153-3,CNY820.00。

  本目录收录绍兴图书馆藏古籍 18327 种 104028 册,凡清宣统三年(1911)及以前的刻本、活字本、套印本、铅印本、石印本、稿钞本等皆在收录之列。著录款目有普查编号、索书号、分类、题名卷数、著者、版本、批校题跋、册数、存卷等内容。为方便读者使用,目录后附书名笔画索引。

494
澹生堂读书记　澹生堂藏书目
Z842.48/3719

(明)祁承㸁撰,郑诚整理。上海古籍出版社 2015 年 11 月第 1 版,934 页,2 册,978-7-5325-7427-8,CNY98.00。

  本书为明代藏书家祁承㸁先生的《藏书约》《藏书训》及其藏书目的整理本,《藏书约》《藏书训》集中反映了祁承㸁的目录学思想,藏书目则是祁氏目录学思想的实践体现,所收明代著作尤夥,由此可查考明代著述情况。书后附录《澹生堂藏书约》序跋题辞及祁氏传记资料。

  祁承㸁,见 488。

495
鸣野山房书目
Z842.49/3482

（清）沈复粲编。上海古典文学出版社 1958 年 1 月第 1 版，174 页，1 册，10080.179，CNY0.70。

本书目以四部分类，搜罗戏曲尤广，所收明人著作较为罕见。末附书名、作者名索引。本书出版不久即发现有差错，其内容竟与祁理孙的《奕庆藏书楼书目》相同。出版社比对研究后，随即作出以下声明：该书系根据前燕京大学图书馆所藏旧钞本加以整理付印。此旧钞本被冠以沈复粲墓表等，并题名《鸣野山房书目》，实则张冠李戴。然《奕庆藏书楼书目》从未刊印，仅北京图书馆藏有钞本。因此本书实则可作为《奕庆藏书楼书目》使用。

沈复粲（1779–1850），字霞西，山阴东浦人。喜读书，更珍藏书，收藏书籍数万卷，尤爱收藏大儒、大忠孝之卷帙；残文只字获收，惜如异珍。家辟鸣野山房藏书阁。与同乡邻里杜尺庄（杜煦）、杜丙杰、杜春生三兄弟为友，辑成《戢山刘子全书》40 卷，又自补辑《刘子书补遗》24 卷。自撰《霞西过眼录》《鸣野山房汇刻帖目》，对检阅书画颇为便利。著有《康熙朝书家姓纂》《越中金石广记》《朱太守事实》《于越事系》《娥江诗辑》《沈氏古今人表》《山阴道上集》等。

496
绍兴市党史资料目录（报省部分）
Z88 : D/5043

中共浙江省委党史办 1986 年 2 月编印。155 页，1 册。

本书为绍兴市本级及绍兴县、上虞县、嵊县、新昌县、诸暨县党史资料目录。各地区以表格的形式著录，每一地区均按资料内容分为"革命历史文献资料""革命历史回忆资料""历史书报刊物""革命历史文物、照片""敌、伪档案资料"五大部分。收录资料的成文日期在时间上从新民主主义革命早期的 1920 年起至 1985 年止。内容包括统一战线、浙东抗日游击队、解放战争以及革命回忆录等。

497
绍兴图书馆馆藏古籍地方文献书目提要
Z88 : K/4421

赵任飞主编，王燕飞等编撰。广陵书社 2009 年 8 月第 1 版，542 页，1 册，978-7-80694-476-9，CNY285.00。

本书在传统书目的基础上，以提要的形式诠释，以一图一文的形式编排。全书收录绍兴图书馆馆藏古籍地方文献 518 种，按经史子集丛五部分类，其中经部 6 种，史部 180 种，子部 81 种，集部 244 种，丛部 7 种。附录馆藏家谱书目 117 种。收书时间下限为 1949 年之前线装形式装帧之古籍。区域包括山阴、会稽、上虞、诸暨、嵊州、新昌、余姚、萧山在内的绍兴府治八邑。收录范围包括编撰内容与绍兴相关的、绍兴籍和寓居绍兴人士所编撰的以及经绍兴人点校或刊刻之书籍。编撰体例由三块组成：著录项、提要项、传录项。首有陈桥驿先生序一，时任市文广局党委书记、局长李永鑫序二。末附绍兴图书馆馆藏家谱目录及人物索引。

赵任飞（1963– ），曾任绍兴图书馆馆长，研究馆员。

王燕飞（1961– ），曾任绍兴图书馆历史文献部主任，研究馆员。

498
绍兴地方文献考录
Z88 : K295.5/7441

陈桥驿著。浙江人民出版社 1983 年 11 月第 1 版，369 页，1 册，11103.84，CNY1.31。

本书是作者在长期从事相关研究时为全面深入地掌握地方文献而做的基础工作，将获得的历史上 1200 余种绍兴地方文献书目，分作方志、水利、图说、地名、物产、人物等 18 类，逐一加以考录，从中可窥越中文献缺佚散失的情况，也使越中文献尽可能地得到了比较完整的目录。书末附录部分收录了清以后迄 1949 年之前有关绍兴的地理文献三十余种。首有作者前言。

陈桥驿，见 273。

499
鲁迅著译篇目索引
Z89：I210/2792

绍兴鲁迅纪念馆资料室 1972 年 6 月编。100 页，1 册，CNY2.00。

本书是绍兴鲁迅纪念馆为了方便读者查阅鲁迅作品而编印的目录索引。它基本照搬了 1970 年人民日报图书馆编印的《鲁迅著译篇目索引》，只是在此基础上增加了"手稿存处"一项。该索引依据的版本，是人民文学社 1958 年出版的 10 卷本《鲁迅全集》和《鲁迅译文集》。本索引包含篇名、出处、著译年月、初发表处、手稿出处、附注等六项内容。顺序首先按照著译篇目的首字笔画排列，其次按卷期次序。书信则按对象姓氏笔画排列。编者还从上海出版公司的《鲁迅全集补遗》《鲁迅全集补遗续编》、上海文艺出版社的《鲁迅研究资料编目》《中国现代文艺资料丛刊》第三辑、浙江人民出版社的《鲁迅言论辑录》等书中挑选出有关资料，作为补编，附于索引之后。由于所依据的 1958 年版全集和译文集并不完整，未收录序跋、佚文、佚信、原信等内容，因而此索引并不能反映鲁迅作品的全貌，但也足够一般读者了解之用。

500
馆藏鲁迅著译目录索引
Z89：I210.4/1204

浙江图书馆 1976 年 9 月编印。99 页，1 册，CNY2.15。

本书是浙江图书馆为了纪念鲁迅先生诞辰九十五周年、逝世四十周年而编印的目录索引。本书收集的鲁迅著译，以浙江图书馆 1976 年 6 月以前的收藏为限。内容按出版形式和著作形式分类编排，分为鲁迅全集、选集；鲁迅杂文集、小说集；鲁迅著作单行本；鲁迅日记、书信、手稿；鲁迅专题文章辑录、言论辑录；鲁迅诗歌注释；鲁迅著作的外文译本；鲁迅编录校勘的文集和选编作序、跋的木刻、版画集；鲁迅翻译的外国作品；鲁迅生平事迹图片；1949 年之前发表于报刊上的鲁迅著译；新发现的鲁迅佚著。索引依据的版本，有人民文学社 1973 年版、1956 年版全集；鲁迅全集出版社 1946 年版全集、1947 年版的《鲁迅三十年集》；上海出版公司 1949 年版的全集补遗、1952 年版的全集补遗续编。杂文集按 1973 年版全集次序排列，各种版本按出版时间由近至远排列，报刊文章按发表时间先后排列。

附　录

当代地方文献专题书目

地方志书

1　**安昌镇志**　包昌荣主编　K925.55/2764　7-101-02593-5　2000　中华书局

2　**安华镇志**　《安华镇志》编纂委员会编　K295.55/3028　2009

3　**白洋村志**　《白洋村志》编委会编　K295.55/2634　978-7-101-09654-5　2014　中华书局

4　**坂田邨志**　俞慧君、俞香法编著　K295.55/8051　978-7-5034-6061-6　2015　中国文史出版社

5　**保驾山村志：全国创建文明村工作先进村**　徐华仁主编　K295.55/2822　2010

6　**曹娥庙志：康熙版与光绪版合集**　（清）沈志礼、（清）金廷栋编　K928.75/3443　2010　炎黄出版社

7　**草塔镇志**　《草塔镇志》编纂委员会主编　K295.55/4448　2002　草塔镇志编纂委员会

8　**长乐镇志**　邢出非主编　K295.55/1721　7-213-01762-4　1999　浙江人民出版社

9　**陈溪乡志**　《陈溪乡志》编纂委员会编　K295.55/7432　978-7-5034-9101-6　2017　中国文史出版社

10　**重修浙江通志稿：标点本·第五－七册 著述考**　民国浙江省通志馆编　K295.5/3239　978-7-80238-995-3　2010　方志出版社

11　**重修浙江通志稿：标点本·第十五册 人物表传 儒学表 文征**　民国浙江省通志馆编　K295.5/3239　978-7-80238-995-3　2010　方志出版社

12　**大佛寺志**　陈百刚主编　K928.75/7417

13　**大山西村志**　大山西村民委员会编　K295.55/4021　978-7-213-07059-4　2016　方志出版社

14　**大禹陵志**　沈建中编著　K928.76/3415　7-80168-188-6　2005　研究出版社

15　**党山镇志**　《党山镇志》编审委员会编　K295.55/9028　2007

16　**道光嵊县志**　嵊州市地方志办公室 2016 年重印　K295.54/2230　2016　嵊州市地方志办公室

17　**东浦镇志**　陈云德等主编　K295.55/7412　1998　东浦镇人民政府

18　**东桃村志**　绍兴市柯桥区东桃村志编纂委员会编　K295.55/2790　978-7-5144-2266-5　2016　方志出版社

19　**法印寺志**　俞日霞著　K928.75/8061　962-450-604-3　2006　天马出版有限公司

20 **范洋江流域水利志** 范树棠编纂 TV-092/4449 1991

21 **方志发展史** 沈松平著 K290/3441 978-7-308-12710-3 2013 浙江大学出版社

22 **方志学原理** 卢万发著 K290/2112 978-7-80752-003-0 2007 巴蜀书社

23 **枫桥江水利志** 诸暨市水利水电局、诸暨市水电勘测设计所编 TV882.855.4/7743 978-7-5034-8837-5 2017 中国文史出版社

24 **枫桥史志** 陈炳荣编著 K295.55/7494 7-80122-378-0 1998 方志出版社

25 **福全镇志** 王勤主编 K295.55/1040 978-7-101-08186-2 2012 中华书局

26 **富盛镇志** 《富盛镇志》编纂委员会 K295.55/2112 978-7-101-07830-5 2013 中华书局

27 **光绪《上虞县志校续》点校本** （清）储家藻修 K295.54/2434 978-7-5034-7846-8 2016 中国文史出版社

28 **光绪诸暨县志：点校本** 《诸暨市志》编辑部编 K295.54/3470 978-7-5540-0949-9 2017 浙江古籍出版社

29 **国际村志** 柯桥区安昌镇国际村民委员会编 K295.55/4147 978-7-5144-2259-7 2016 方志出版社

30 **和门程村志** 《和门程村志》编委会编 K295.55/3492 978-7-5526-2073-3 2015 宁波出版社

31 **横河镇志** 孙礼贤主编 K295.55/1932 978-7-80238-046-2 2007 方志出版社

32 **横路村志** 吕山总纂 K295.55/6020 2005

33 **横路坑村志** 马善军编著 K295.55/1783 2009

34 **红山农场志** 《红山农场志》编纂领导小组编 F327.554XS/2124 7-213-01916-3 1999 浙江人民出版社

35 **后双盆村志** 苗明利主编 K295.55/4462 978-7-313-12292-6 2014 上海交通大学出版社

36 **浣纱：诸暨山水志** 吴旭东主编 K928.3/6044 2010

37 **黄家埠村志** 《黄家埠村志》编纂委员会编 K295.55/4434 2007

38 **稽中校志** 绍兴市稽山中学校志编写组编 G639.285.53/2790 962-8224-07-7 2002 中华文化出版有限公司

39 **嘉庆山阴县志** （清）徐元梅修 K295.54/2797v7 1992 绍兴县地方志编纂委员会

40 **嘉泰会稽志** （宋）沈作宾修 K295.54/2797v5 1992 绍兴县地方志编纂委员会

41 **精功志** 孙卫江总编 B848.4/1913 2013 《精功志》编纂委员会

42 **康熙会稽县志** （清）吕化龙修 K295.54/2797 1992 绍兴县地方志编纂委员会

43 **康熙诸暨县志：点校本** 《诸暨市志》编辑部编 K295.54/3470 978-7-5540-0949-9 2017 浙江古籍出版社

44 **会稽东关史志考略** 泊之编 K295.55/3630 9789884332896 2016 中国文化出版社

45 **（南宋）会稽二志点校** （南宋）施宿、（南宋）张淏撰 K295.53/0830 978-7-5396-3832-4 2013 安徽文艺出版社

46 **会稽山志** 胡文炜著 K928.3/4709 978-7-104-03252-6 2010 中国戏剧出版社

47 **兰亭镇志** 《兰亭镇志》编纂委员会编 K295.55/1036 978-7-101-10297-0 2015 中华书局

48 **漓铁志** 王如海总纂 F279.297/1043 1999 《漓铁志》编纂委员会

49 **漓渚镇志** 《漓渚镇志》编纂委员会编 K295.55/3038 978-7-101-09098-7 2012 中华书局

50 **梁湖镇志** 姚成夫主编 K295.55/4255 978-7-5034-9101-6 2017 中国文史出版社

51 **粮食史志资料汇编：1994-2005** 绍兴县粮食局编 F326.11/2797 2007

52 **六峰村志** 六峰村民委员会编 K295.55/0024 978-7-213-07144-7 2016 浙江人民出版社

53 **马剑镇志** 戴关土主编 K295.55/4384 962-8697-56-0 2006 中国文化出版社

54 **茅洋村志** 茅洋村民委员会编 K295.55/1084 978-7-213-06417-3 2014 浙江人民出版社

55 **梅山村志** 浙江省诸暨市草塔镇《梅山村志》编委会编 K295.55/3239 2006

56 **民国《上虞县新志稿》点校本** 干人俊纂修 K295.54/1082 978-7-5034-9773-5 2018 中国文史出版社

57 **民国绍兴县志资料：第一辑** 绍兴图书馆整理 K295.54/2796 978-7-80694-771-5 2011 广陵书社

58 **民国绍兴县志资料：第二辑** 绍兴图书馆整理 K295.54/2796 978-7-80694-771-5 2011 广陵书社

59 **民国新昌县志** 新昌县地方志编纂委员会办公室印制 K295.54/0267 2015

60 **南村志** 钮刚主编 K295.55/8770 978-7-80168-326-7 2007 研究出版社

61 **宁六村志** 俞日霞主编 K295.55/8061 978-7-213-04108-2 2009 浙江人民出版社

62　**平水铜矿志：1967—1996**　杨继友、杜宝夫总纂　F279.297/4724　1997　《平水铜矿志》编纂办公室

63　**齐贤镇志**　陈元泰主编　K295.55/7415　7-101-04583-9　2005　中华书局

64　**钱清镇志**　何鸣雷主编　K295.55/2161　978-7-5144-1862-0　2016　方志出版社

65　**乾隆诸暨县志点校本**　《诸暨市志》编辑部编　K295.54/3470　978-7-5540-0949-9　2017　浙江古籍出版社

66　**钦寸水库库区历史文化志**　新昌县档案局、新昌县钦寸水库工程建设指挥部编　G127.554/0267　991-026-17007-3-5　2010　中国文化艺术出版社

67　**上虞档案志**　《上虞档案志》编纂委员会编　G279.275.54/2584　978-7-5508-1945-0　2017　西泠印社出版社

68　**上虞民盟志**　《上虞民盟志》编纂委员会编　D665.2/7121　978-7-5340-4926-2　2016　浙江人民美术出版社

69　**上虞区地名志**　上虞区民政局地名志编纂委员会编　K925.54/2127　978-7-5205-0634-2　2018　中国文史出版社

70　**上虞市财税志·续一（1986～1995年）**　浙江省上虞县财政税务局编　F812.755.4/3239　1997

71　**上虞市规划志**　邵灿林主编　TU984.255.4/1794　978-7-5034-7892-5　2015　中国文史出版社

72　**上虞市农业场圃志**　上虞市农林水产局　F327.554/2120　2004

73　**上虞市水利志**　上虞市水利局编　TV-092/2120　7-80124-313-7　1996　中国水利出版社

74　**上虞市土地志**　上虞市土地管理局编　F321.1/2120　7-213-01742-X　1999　浙江人民出版社

75　**上虞市政协志：1982.10—2012.2**　赵畅主编　D628.555/4450　978-7-5034-3467-9　2012　中国文史出版社

76　**上虞土壤志**　叶建昌、魏仲山主编　S159.255.4/6416　978-7-110-06235-7　2008　科学普及出版社

77　**上虞县财税志**　浙江省上虞县财政税务局编　F812.755.4/3239　1989

78　**上虞县城乡建设志**　上虞县城乡建设环境保护局编　TU984.255.4/2127　1989　上虞县城乡建设环境保护局

79　**上虞县地名志**　浙江省上虞县地名委员会编　K925.54/3239　1984

80　**上虞县供销合作社志**　上虞县供销合作社联合社编纂委员会编　F721.2/2127　1988

81　**上虞县劳动人事志**　浙江省上虞县劳动人事局编　F249.275.54/3239　1988

82　**上虞县粮食志**　浙江省上虞县粮食局编　F326.11/3239　1988

83　**上虞县民政志**　黄东寿主编　D632/4445　1989

84　**上虞县志**　《上虞县志》编纂委员会编　K295.54/2127　7-213-00512-X　1990　浙江人民出版社

85　**绍钢志**　《绍钢志》编纂委员会编　F426.3/2798　1987　绍兴钢铁厂

86　**绍兴丛书：第一辑　地方志丛编**　《绍兴丛书》编辑委员会编　K295.53/2798　7-101-05435-8　2006　中华书局

87　**绍兴丛书：第二辑　史迹汇纂**　《绍兴丛书》编辑委员会编　K295.53/2798　978-7-101-06990-7　2009　中华书局

88　**绍兴丛书：第三辑　先贤文存**　《绍兴丛书》编辑委员会编　K295.53/2798　978-7-101-11697-7　2016　中华书局

89　**绍兴第二医院志**　《绍兴第二医院志》编委会编　R199.2/2798　2010

90　**绍兴佛教志**　任桂全主编　B949.2/2792　7-213-02465-5　2003　浙江人民出版社

91　**绍兴海关简志**　《绍兴海关简志》编纂委员会　F752.59/2793　2011

92　**绍兴检察志**　杜松耀主编　D927.553/3239v1　1997　绍兴市人民检察院

93　**绍兴九三志**　翁培雄主编　D665.7/8044　2013

94　**绍兴市财税志**　《绍兴市财税志》编纂委员会编　F812.755.3/2790　1995　绍兴市财税志编纂委员会

95　**绍兴市财税志·1994-2000年**　《绍兴市财税志》编纂委员会编　F812.755.3/2790　2003　《绍兴市财税志》续志编写组

96　**绍兴市第一中学校志：1897-1989**　绍兴一中校志编写组编写　G639.285.53/2791　1989　绍兴一中校志编写组

97　**绍兴市电力工业志**　《绍兴市电力工业志》编纂委员会编　F426.61/2790　1995　天津人民出版社

98　**绍兴市电力工业志：1991-2005**　陆伯生主编　F426.61/7522　978-7-213-04575-2　2011　浙江人民出版社

99　**绍兴市法院志**　《绍兴市法院志编纂委员会》编　D926.22/2790　1997

100　**绍兴市公安交通管理志**　绍兴市公安局交通警察支队编　F512.9/2790　7-308-02070-3

1998 浙江大学出版社

101 绍兴市公安志 绍兴市公安局编 D631-092/2790 7-80092-212-x 1993 当代中国出版社

102 绍兴市公安志: 1990-2014 绍兴市公安史志编纂工作委员会编 D631/3225 978-7-5540-0919-2 2016 浙江古籍出版社

103 绍兴市国土资源志: 1979-2013 孟志军主编 F129.955.3/2790 978-7-5034-9631-8 2017 中国文史出版社

104 绍兴市交通志 罗关洲主编 F512.755.3/6083 978-7-213-03568-5 2007 浙江人民出版社

105 绍兴市教育志 《绍兴市教育志》编纂委员会编 G527.553/2790 1994 上海教育出版社

106 绍兴市科学技术协会志 陈坤木主编 G322.755.3/7444 7-5341-2786-6 2006 浙江科学技术出版社

107 绍兴市劳动志 周煦友主编 F249.275.53/7764 7-80592-089-3 1993 广州出版社

108 绍兴市农村金融志 中国农业银行绍兴市分行编 F832.755.3/5064 1994 中国农业银行绍兴市分行

109 绍兴市人民医院志 郭航远、张伟阳主编 R199.2/0723 978-7-5341-5187-3 2012 浙江科学技术出版社

110 绍兴市商务志·上卷 国内贸易 Volume 1，Domestic trade 张子正主编 F729/1211 978-7-5103-2271-6 2018 中国商务出版社

111 绍兴市商务志·下卷 对外贸易经济合作 Volume 2，Foreign trade and economic co-operation 张子正主编 F729/1211 978-7-5103-2271-6 2018 中国商务出版社

112 绍兴市土地志 绍兴市土地管理局编 F321.1/2790 1993 绍兴市土地管理局

113 绍兴市卫生志 王宗标主编 R-092/2790 1994 上海科学技术出版社

114 绍兴市物资志 浙江省绍兴市物资局编 F259.275.53/3239 7-5047-0376-1 1992 中国物资出版社

115 绍兴市邮电志 绍兴市邮电局编 F632.755.3/2790 7-115-06522-5 1997 人民邮电出版社

116 绍兴市邮电续志 绍兴市电信分公司、绍兴市邮政局编 F632.755.3/2790 7-213-02325-X 2002 浙江人民出版社

117 绍兴市越城区教育简志 绍兴市越城区文化教育局编 G527.553/2790 1994

118　**绍兴市志**　绍兴市地方志编纂委员会编　K295.53/2790v2　1996　浙江人民出版社

119　**绍兴市志：1979—2010**　绍兴市地方志编纂委员会办公室编　K295.53/2790　978-7-5540-1332-8　2018　浙江古籍出版社

120　**绍兴市志述评**　张显辉主编　K295.53/1269　7-101-02871-3　2001　中华书局

121　**绍兴市质量技术监督志**　金庭钧主编　F279.23/8008　7-308-04398-3　2006　浙江大学出版社

122　**绍兴市中医院志**　《绍兴市中医院志》编纂委员会编　R199.2/2790　2011

123　**绍兴陶瓷志**　杨旭编　TQ174/4740　1995　美术学院出版社

124　**绍兴文理学院植物志**　绍兴文理学院党委宣传部编　Q948.522.5/2790　2015

125　**绍兴文物志**　宣传中主编　K872.553/2790　7-101-05148-0　2006　中华书局

126　**绍兴县财政税务志**　王炳豪主编　F812.755/1090　978-7-101-06920-4　2010　中华书局

127　**绍兴县财政税务志：2003—2013**　《绍兴县财政税务志》编纂委员会编　F812.755.4/2797　978-7-5144-2880-3　2017　方志出版社

128　**绍兴县档案志**　祝安钧主编　G279.275.5/3638　978-7-101-07250-1　2011　中华书局

129　**绍兴县地名志**　浙江省绍兴县革命委员会编　K925.54/3239　1980　浙江省绍兴县革命委员会

130　**绍兴县工商行政管理志**　王再人主编　F127.554/1018

131　**绍兴县公安志**　绍兴县公安局　D631/2797　1999

132　**绍兴县供销社志**　章培庆主编　F727.554/0040　978-7-101-06118-5　2008　中华书局

133　**绍兴县环境保护志**　《绍兴县环境保护志》编纂委员会编　X321.255.4/2797　978-7-5144-2309-9　2016　方志出版社

134　**绍兴县交通志**　绍兴县交通局编　U-092/2797　7-5000-0410-9　1993　中国大百科全书出版社

135　**绍兴县教育志**　徐易人主编　G527.554/2797　7-80122-811-1　2002　方志出版社

136　**绍兴县金融志**　陈柏寿主编　F832.755.4/7445　7-80576-734-3　1997　百家出版社

137　**绍兴县军事志**　许硕龄主编　E289.55/3812　978-7-101-06848-1　2011　中华书局

138　**绍兴县粮食志**　绍兴县粮食局编　F326.11-092/2797　7-5323-4746-X　1998　上海科学技术出版社

139　**绍兴县粮食志（续）：1990—2013**　绍兴县粮食局编　F724.721/2797　7-5323-4746-X　2015

140 **绍兴县民政志** 《绍兴县民政志》编纂委员会编　D632/2797　7-80122-379-9　1998　方志出版社

141 **绍兴县农业志** 绍兴县农业局编　S-092/2797　1995　上海科学技术出版社

142 **绍兴县人大志** 《绍兴县人大志》编纂委员会编　D624.554/2797　7-80122-269-5　1998　方志出版社

143 **绍兴县人大志：1996-2007** 《绍兴县人大志》编纂委员会编　D624.554/2797　978-7-101-05994-6　2008　中华书局

144 **绍兴县人口和计划生育志** 《绍兴县人口和计划生育志》编纂委员会编　C924.255.54/1714　978-7-5144-2589-5　2017　方志出版社

145 **绍兴县人事志** 《绍兴县人事志》编纂委员会编　D630.3/2797*　978-7-101-05571-9　2007　中华书局

146 **绍兴县市场志** 《绍兴县市场志》编纂委员会编　F727.554/2797　978-7-101-10383-0　2014　中华书局

147 **绍兴县水产志** 朱泽铨主编　S922.554/2538　978-7-101-06137-6　2008　中华书局

148 **绍兴县体育志** 蔡文明主编　G812.755.4/4406　978-7-101-06814-6　2010　中华书局

149 **绍兴县卫生志** 《绍兴县卫生志》编纂委员会编　R-092/2797　7-80518-427-5　1997　浙江古籍出版社

150 **绍兴县文物志** 绍兴县文物保护管理所编　K872.554/2797　7-80518-721-5　2002　浙江古籍出版社

151 **绍兴县政协志** 胡方荣主编　D628.553/4704　7-5068-0597-9　1996　中国书籍出版社

152 **绍兴县政协志：1994.1 ~ 2007.2** 《绍兴县政协志续志》编纂委员会编　D628.554/2797　2007

153 **绍兴县志** 傅振照主编　K295.54/2797v2　7-101-01664-2　1999　中华书局

154 **绍兴县质量技术监督志** 王世潮主编　F279.23/2797　2004

155 **绍兴职官志：1949.5 ~ 2000.12** 余一苗编著　D675.53/8014　7-80136-700-6　2002　中共党史出版社

156 **盛陵村志** 盛陵村志编纂委员会编　K295.55/5374　978-7-101-06168-0　2009　中华书局

157 **嵊县城乡建设志** 浙江嵊县城乡建设环境保护局编　F299.275.54/3232　1987

158 **嵊县地名志** 浙江省嵊县基本建设委员会编　K925.54/3239　1983

159 **嵊县二轻工业志** 嵊县二轻工业总公司编　F426.8/2271　1986　嵊县二轻工业总公司

160　**嵊县公安志**　嵊县公安局编　D631/2278　1992　浙江大学出版社

161　**嵊县供销合作社志**　浙江省嵊县供销合作社联合社组编　F717.2/3239　1987　浙江省嵊县供销合作社联合社

162　**嵊县交通志**　嵊县交通志编纂领导小组编辑　F512.9/2270　1990

163　**嵊县教育志**　浙江省嵊县教育局编纂　G527.554/3239　1991

164　**嵊县农业志**　张才云著　S-092/1241　1987

165　**嵊县剡源水库志：1958-1985**　嵊县剡源水库管理处编　TV632.554/2200

166　**嵊县商业志**　嵊县商业局商业志办公室编纂　F729/3239　1988　嵊县商业局

167　**嵊县丝厂志**　嵊县丝厂志编纂委员会编　F426.81/2272　1992

168　**嵊县卫生志**　嵊县卫生志编纂组编　R199.2/2271　1986

169　**嵊县志**　嵊州市地方志办公室重印　K295.54/2230　2008　浙江人民出版社

170　**嵊县志**　邬福民主编　K295.54/2274　978-7-80238-096-7　2007　方志出版社

171　**嵊县中学校志：1915-1995**　浙江省嵊县中学编　G639.285.54/3239　1995

172　**嵊州桥梁图志（古桥）**　袁开达主编　K928.78/4013　962-450-535-7　2004　天马图书出版有限公司

173　**嵊州市财政税务志：1986-2002**　许根水主编　F812.755.4/3841　2004

174　**嵊州市电力工业志：1919-2005**　嵊州市电力公司编著　F426.61/2230　978-7-5123-0101-6　2010　中国电力出版社

175　**嵊州市公安志：1986-2005**　嵊州市公安局编　D631/2230　978-7-213-04416-8　2010　浙江人民出版社

176　**嵊州市检察志**　嵊州市检察院编　D926.32/2230

177　**嵊州市交通志**　竺柏岳主编　F512.755.4/8842　7-900647-76-7　2003　浙江大学出版社

178　**嵊州市水利志**　《嵊州市水利志》编纂委员会编　TV-092/2230*　7-900691-57-X　2004　浙江大学出版社

179　**嵊州市屠家埠村志**　屠昌贤主编　K292.55/7762　2014

180　**嵊州市土地志**　邢荣涛主编　F321.1/1743　1999

181　**嵊州市逸夫小学校志（1998-2008）**《嵊州市逸夫小学校志》编纂委员会　G629.285.54/2230　2008

182　**嵊州市育英小学校志：建校十周年：1998-2008**　钱方法主编　G629.285.54/0049　2008

183 **嵊州市志：1986—2002** 金午江主编 K295.54/2230 978-7-80238-111-7 2007 方志出版社

184 **嵊州司法行政志** 嵊州市司法局编 D927.554.61/1264 2011 嵊州市司法局

185 **《松夏志》校续** 连光枢著 K295.55/3494 978-7-5205-0698-4 2018 中国文史出版社

186 **宋家溇村志** 卢祥耀主编 K295.55/2139 978-7-5034-9155-9 2017 中国文史出版社

187 **宋元浙江方志集成** 浙江省地方志编纂委员会编 K295.5/3239 978-7-80633-640-3 2009 杭州出版社

188 **孙家桥村志** 孙家桥村民委员会编 K295.55/1934 978-7-213-06500-2 2014 浙江人民出版社

189 **太平山村志** 金慎言主编 K295.55/8090 978-7-5034-5784-5 2015 中国文史出版社

190 **陶堰镇志** 《陶堰镇志》编纂委员会编 K295.54-51/7748 978-7-101-07593-9 2011 中华书局

191 **天乐志：1974—2009** 浙江天乐集团《天乐志》编纂委员会 F279.297/3231 2009

192 **天马学校志** 刘效柏主编 G639.285.54/3470 978-7-213-03730-6 2008 浙江人民出版社

193 **同治嵊县志** （清）严思忠修 K295.54/1065 2014 嵊州市地方志办公室

194 **统一战线人物志** 本书编写组编著 K820.7/2012 978-7-5075-1930-3 2007 华文出版社

195 **万历《绍兴府志》点校本** （明）萧良幹修 K295.53/4431 978-7-5526-0329-3 2012 宁波出版社

196 **万历《新修上虞县志》校注本** （明）徐待聘修 K295.54/2821 978-7-213-06214-8 2014 浙江人民出版社

197 **王化村志** 王化村民委员会编 K295.55/1024 978-7-213-06467-8 2015 浙江人民出版社

198 **乌石村志** 乌石村民委员会编 K295.55/2119 978-7-213-06328-2 2014 浙江人民出版社

199 **吴越文化志** 董楚平等撰 K295/4441 7-208-02268-2 1998 上海人民出版社

200 **夏盖山村志** 汪牛耿 陈绍灿主编 K295.55/3121 978-7-5034-5784-5 2015 中国文

史出版社

201 **夏履镇志** 盛继舟主编 K295.55/5322 978-7-101-06184-0 2010 中华书局

202 **萧山市水利志** 萧山市农机水利局编 TV-092/4420 1999

203 **萧山围垦志** 费黑主编 F329.554/5560 7-208-03014-6 1999 上海人民出版社

204 **萧山文化志** 沈枝根主编 G127.554/3444 7-80071-416-0 1990 中国卓越出版公司

205 **萧山县农业志** 萧山市农业局编 F329.554/4420 7-308-00348-5 1989 浙江大学出版社

206 **萧山县物价志** 钟信木主编 F726.755/8524 1987 萧山县物价委员会

207 **萧山县志** 《萧山县志》编辑部编 K295.54/4427 1987 浙江人民出版社

208 **小将村志（里）** 石小焕编 K291.555/1099 978-8-98176033-5 2010 中国文化出版社

209 **小崑村志** 马小增主编 K295.55/9024 2012 小崑村志编纂委员会

210 **小越镇志** 《小越镇志》编纂委员会编 K295.55/9048 978-7-5205-0610-6 2018 中国文史出版社

211 **新编中国优秀地方志简本丛书：绍兴市志** 任桂全主编 K295.53/2248 7-80122-511-2 1999 方志出版社

212 **新昌寺庙志** B947.255.4/0020 978-7-5144-3010-3 2018 方志出版社

213 **新昌文化志** 浙江省新昌县文化局编 G127.554/3239

214 **新昌文物志** 潘表惠主编 K872.554/3255 7-80170-037-6 2001 当代中国出版社

215 **新昌县财税志** 鲁国栋主编 F812.755.4/0267 7-81035-629-1 1994 杭州大学出版社

216 **新昌县财政税务志** 王洋海主编 F812.755.4/1033 978-7-5144-0230-8 2011 方志出版社

217 **新昌县地名志** 袁振华主编 K925.54/4052 978-7-80717-776-0 2007 哈尔滨地图出版社

218 **新昌县工业志** 《新昌县工业志》编委会编著 F427.554/0267 7-80072-800-5 1997 改革出版社

219 **新昌县公安志** 新昌县公安局编 D631/0267 7-80092-359-2 1994 当代中国出版社

220 **新昌县鼓山中学校志：1974·10-2010·12** 石上千主编 G639.285.54/0267 2011

221 **新昌县交通志** 《新昌县交通志》编审委员会编著 F512.9/0267 1991 浙江大学出

版社

222 **新昌县教育志** 浙江省新昌县教育局编 G527.554/3239 1991

223 **新昌县劳动志** 浙江省新昌县劳动局编 F249.275.54/3239 1990

224 **新昌县粮食志** 程发谦编 F326.11/2623 1991

225 **新昌县南明小学校志** 浙江省新昌县南明小学编 G629.285.54/0267 2001

226 **新昌县人民代表大会志** 丁文权主编 D624.554/1004 978-7-80238-737-9 2010 方志出版社

227 **新昌县人民医院志：1950-2010** 吕银祥主编 R199.2/6083 2010

228 **新昌县水利志** 唐佳文主编 TV-092.554/0020 978-7-5144-1281-9 2014 方志出版社

229 **新昌县水利志** 张坚主编 TV-092/1220 1989 新昌县水利志编纂委员会

230 **新昌县统战志** 新昌县统战志编纂委员会编 D613/0267 978-7-80676-206-6 2011 文汇出版社

231 **新昌县土地志** 浙江省新昌县土地管理局编 F321.1/3239 1999

232 **新昌县卫生和计划生育志** 新昌县卫生和计划生育局编 R199.2/7417 978-7-5144-2529-1 2017 方志出版社

233 **新昌县卫生志** 浙江省新昌县卫生局《新昌县卫生志》编纂办公室编 R199.2/3239 1992 同济大学出版社

234 **新昌县文化志** 浙江省新昌县文化局编 G127.554/3239 1991

235 **新昌县物资志（讨论稿）** 新昌县物资局编 F259.27/0267 1989 浙江新昌县物资局

236 **新昌县知新中学校志** 新昌县知新中学 G639.285.54/0267 2008

237 **新昌县志** 新昌县志编纂委员会编 K295.54/0267 7-80569-923-2 1994 上海书店

238 **新昌县志：水利电力分志：试写稿** 新昌县水利电力局、《水利志》编办编 TV-092/0267 1987

239 **新昌县中医院志：1982-2013** 何少锋主编 R197.4/2198 2014

240 **新昌县住房和城乡建设志** 徐金荣主编 F299.275.54/2884 2017

241 **修志实践** 萧山县地方志编纂委员会办公室编 K290/4427 7-213-00169-8 1988 浙江人民出版社

242 **修志文存：《绍兴市志》编纂实录** 何信恩主编 K290/2126 7-213-01585-0 1997 浙江人民出版社

243 **衙前镇志** 徐木兴总编 K295.55/2849 7-80192-101-1 2003 方志出版社

244 **雅张村志** 浙江省嵊州市雅张村志编纂委员会编 K295.55/3239 1999

245 **杨川村志** 俞日霞著 K295.55/8061 978-7-213-04530-1 2011 浙江人民出版社

246 **杨汛桥镇志** 《杨汛桥镇志》编纂委员会编 K295.55/4734 978-7-101-07079-8 2012 中华书局

247 **余姚市志：1988-2010** 余姚市地方志编纂委员会编 K295.54/7415 978-7-213-06980-2 2015 浙江人民出版社

248 **虞初志** 袁宏道参评 I242.7/4033 1986 中国书店

249 **越城工会志：1923.5-1994.11** 绍兴市越城区总工会编纂 D412.855.3SX/7463 7-5008-1840-8 1997 中国工人出版社

250 **越剧志** 黄士波等编著 J892.55/4443 978-7-80715-356-6 2008 浙江古籍出版社

251 **则水牌志** 王纪春、高积恭主编 K295.55/1025 978-7-5508-0673-3 2013 西泠印社出版社

252 **张市村志** 陈海龙主编 K295.55/7434 2007

253 **浙江地名简志** 浙江地名委员会编 K925.5/3234 7-213-00189-2 1988 浙江人民出版社

254 **浙江方志考** 洪焕椿编著 K295.5/3494 1984 浙江人民出版社

255 **浙江方志论坛·第四辑** 潘一平主编 K290/3211v4 1991 浙江人民出版社

256 **浙江方志论坛·第五辑** 潘一平主编 K290/3211v5 1991 浙江人民出版社

257 **浙江分县简志·上册** 浙江人民出版社编 K295.5/3238 1983 浙江人民出版社

258 **浙江分县简志·下册** 浙江人民出版社编 K295.5/3238 1984 浙江人民出版社

259 **浙江风俗简志** 浙江人民出版社编 K295.5/3238 1986 浙江人民出版社

260 **浙江风物志** 本社编 K295.5/3238 1985 浙江人民出版社

261 **浙江工商职业技术学院志：1914-2014** 蔡泽伟、姚奇富主编 G719.285.5/4432 978-7-5170-2452-1 2014 中国水利水电出版社

262 **浙江海岛志** 周航主编 K295.5/7720 7-04-006582-7 1998 高等教育出版社

263 **浙江检验检疫志** 金旭主编 R185.3/8040 7-213-02745-X 2005 浙江人民出版社

264 **浙江教育简志** 邵祖德、张彬编 K295.5/3238v8 7-213-00140-X 1988 浙江人民出版社

265 **浙江人物简志·上** 浙江人民出版社编 K295·5/3238 1985 浙江人民出版社

266　**浙江人物简志·中**　浙江人民出版社编　K295.5/3238　1986　浙江人民出版社

267　**浙江人物简志·下**　浙江人民出版社编　K295.5/3238　1984　浙江人民出版社

268　**浙江商业教育志：1973-1995**　《浙江商业教育志》编审委员会编写　F72-4/3230
7-81035-957-6　1997　杭州大学出版社

269　**浙江绍兴东亚全蝎开发中心志**　朱张海主编　S865.4/2513　1999

270　**浙江省财政税务志**　《浙江省财政税务志》编纂委员会编　F812.755/8032　7-101-
03770-4　2002　中华书局

271　**浙江省出版志**　周祖赓主编　G239.275.5/3239　978-7-213-03653-8　2007　浙江人民
出版社

272　**浙江省地质矿产志**　《浙江省地质矿产志》编纂委员会编　P562.55/3239　7-80122-
940-1　2003　方志出版社

273　**浙江省电力工业志**　本书编纂委员会编　F426.61/3239　7-120-02308-X　1995　水利
电力出版社

274　**浙江省电力工业志：1991-2005**　《浙江省电力工业志》编纂委员会编　F426.61/1242
978-7-213-04323-9　2010　浙江人民出版社

275　**浙江省电影志**　费静波主编　J909.2/3239　7-5068-0574-X　1996　中国书籍出版社

276　**浙江省电影志参考资料汇编**　费静波主编　J909.2/3239　1991　浙江省电影志编辑办
公室

277　**浙江省二轻工业志**　《浙江省二轻工业志》编纂委员会编　F426.8/3239　7-213-01584-2
1998　浙江人民出版社

278　**浙江省改革开放40年地方志成果简介：1978-2018**　浙江省人民政府地方志办公室编
K295.5/3239　2018　浙江省人民政府地方志办公室

279　**浙江省工商行政管理志**　石奎国、黄笑苹主编　F203.9/1046　7-213-02941-X　2004
浙江人民出版社

280　**浙江省供销合作社志**　《浙江省志》编纂委员会编　F717.2/3239　7-213-00325-9　1989
浙江人民出版社

281　**浙江省红十字会志**　《浙江省红十字会志》编纂委员会编　D632.1/1024　978-7-5540-
0839-3　2016　浙江古籍出版社

282　**浙江省华侨志**　周望森主编　D634/7704　978-7-80715-591-1　2010　浙江古籍出版社

283　**浙江省机构编制志**　《浙江省机构编制志》编纂委员会编　D625.55/3239　978-7-213-
05800-4　2014　浙江人民出版社

284 **浙江省计划生育志** 《浙江省计划生育志》编纂委员会编 C924.255.5/3239 7-101-04209-0 2004 中华书局

285 **浙江省建筑业志** 童炽昌总编 F426.9/0096 7-80192-411-8 2004 方志出版社

286 **浙江省交通志：远古－2010年** 《浙江省交通志》编纂委员会编 F512.755/8756 978-7-114-12829-5 2016 人民交通出版社股份有限公司

287 **浙江省教育志** 余起声主编 G527.55/8044 7-308-03652-9 2004 浙江大学出版社

288 **浙江省劳动保障志** 王国益主编 F249.275.5/1068 7-101-04469-7 2004 中华书局

289 **浙江省林业志** 毛志忠主编 F326.275.5/2045 7-101-03067-X 2001 中华书局

290 **浙江省民主党派志** 崔云溪主编 D665/2213 7-101-03325-3 2002 中华书局

291 **浙江省名镇志** 《浙江省名镇志》编纂委员会编 K295.5/3239 7-80569-398-6 1991 上海书店

292 **浙江省农业志** 《浙江省农业志》编纂委员会编 F329.55/3239 7-101-04451-4 2004 中华书局

293 **浙江省青年运动志：试行本** 《浙江省青年运动志》编纂委员会编 D432.9/3239 978-7-213-04216-4 2011 浙江人民出版社

294 **浙江省轻工业志** 《浙江省轻纺工业志》编辑委员会编 K295.5/3239 7-101-02576-5 2000 中华书局

295 **浙江省人口志** 徐八达、王嗣均主编 C924.255.5/2883 978-7-101-05974-8 2008 中华书局

296 **浙江省人民代表大会志** 《浙江省人民代表大会志》编纂委员会编 K295.5/3239 7-101-04919-2 2005 中华书局

297 **浙江省人事志** 郑才法主编 D630.3/8743 978-7-101-05475-0 2007 中华书局

298 **浙江省绍兴市对外经济贸易志** 汤正根主编 F752.855.3/3714 7-5000-0427-3 1993 中国大百科全书出版社上海分社

299 **浙江省绍兴县工会志：1922-1990** 绍兴县总工会编纂 D412.855.4/2797 1993 绍兴县总工会

300 **浙江省绍兴县土壤志** 绍兴县土壤普查办公室编 S159.255/2797 1984 绍兴县土壤普查办公室

301 **浙江省嵊州市劳动和社会保障志：2003-2007·第二卷** 《嵊州市劳动和社会保障志》编纂委员会编 D632.1/2230 2008

302 **浙江省水利志** 《浙江省水利志》编纂委员会编 TV-092.55/3239 7-101-01865-3

1998　中华书局

303　浙江省水文志　《浙江省水文志》编纂委员会编　P337.255/3239　7-101-02518-8　2000　中华书局

304　浙江省体育志　吴采森、郑志林主编　G812.755/6024　7-80122-942-8　2003　方志出版社

305　浙江省统计志　王杰主编　C829.29/3239　978-7-5037-5278-0　2007　中国统计出版社

306　浙江省图书馆志　毛昭晰主编　G259.275.5/2066　7-5068-0416-6　1994　中国书籍出版社

307　浙江省外经贸志　张钱江主编　F752.855/1283　7-101-03164-1　2001　中华书局

308　浙江省乡镇企业志　浙江省乡镇企业志编纂委员会编　F276.3/3239　978-7-101-07879-4　2011　中华书局

309　浙江省新昌县土壤志　新昌县土壤普查办公室　S159.255.4/0267　1984

310　浙江省新昌中学80年（1925-2005）　浙江省新昌中学　G639.285.54/3239　2005

311　浙江省新昌中学90年（1925-2015）　王伟勇主编　G639.285.54/3239　2015　浙江省新昌中学

312　浙江省新闻志　杜加星主编　G219.275.5/3239　978-7-213-03515-9　2007　浙江人民出版社

313　浙江省烟草志　《浙江省烟草志》编纂委员会编　F426.89/3239　7-213-01135-9　1995　浙江人民出版社

314　浙江省烟草志：1991-2010　《浙江省烟草志》编纂委员会编　F426.89/3239　978-7-5540-0526-2　2015　浙江古籍出版社

315　浙江省盐业志　陈志鹏主编　F429.55/3239　7-101-01605-7　1996　中华书局

316　浙江省医药志　《浙江省医药志》编纂委员会编　R199.2/3239　7-80122-913-4　2003　方志出版社

317　浙江省语言志　傅国通、郑张尚芳总编　H17-09/2363　978-7-213-06955-0　2015　浙江人民出版社

318　浙江省哲学社会科学志　《浙江省哲学社会科学志》编辑部编　C125.5/3239　7-213-01868-X　1999　浙江人民出版社

319　浙江省政府志　《浙江省政府志》编纂委员会编　D625.55/1238　978-7-213-05752-6　2014　浙江人民出版社

320　**浙江省中国共产党志**　周云安等总纂　D235.55/7713　978-7-213-03500-5　2007　浙江人民出版社

321　**浙江省诸暨商业志**　诸暨市商业局编　F729/1010　1992　诸暨市商业局

322　**浙江省诸暨市墨城村志**　墨城村志编纂委员会编　K295.55/6044　1997　墨城村志编纂委员会

323　**浙江省诸暨县对外经济贸易志**　赵银川主编，诸暨经贸志编纂办公室编　F752.855.4/4482　1988　诸暨县对外经济贸易公司

324　**浙江省诸暨县工商行政管理志**　《诸暨县工商行政管理志》编纂组编　F203.9/3477　1989

325　**浙江省诸暨县物资志**　赵瑞富、浙江省诸暨县物资局主编　F259.275.54/4413　1990　浙江省诸暨县物资局

326　**浙江图书馆志**　《浙江图书馆志》编纂委员会编　G259.252.1/3236　7-101-02703-2　2000　中华书局

327　**浙江土壤志**　浙江省土壤普查土地规划工作委员会编　S159.255/3239　1964　浙江人民出版社

328　**浙江新昌实验中学校志**　浙江新昌实验中学编　G639.285.53/3230　2008

329　**浙江新闻简志·1854-1990：初稿**　吴工圣编著　G219.2755/6011　1991

330　**浙江新闻简志目录**　吴工圣编著　G219.2755/6011　1991　吴工圣

331　**中宝志：1982-1998**　陆秀雅撰写　F426.44/7521　978-7-80211-825-6　2009　中央编译出版社

332　**中国地方志名家传**　林正秋编　K825.8/4412　1990　黄山书社

333　**中国方志大辞典**　《中国方志大辞典》编辑委员会编　K29-61/5060　7-213-00073-X　1988　浙江人民出版社

334　**中国共产党浙江省新昌县纪检史资料：1950.9-1993.12**　中共新昌县纪律检查委员会编　D262.6/5040　1998

335　**中国银行新昌支行行志：1985-1996**　王选宾主编　F832.755.4/1033　1996

336　**中华舞蹈志·浙江卷**　《中华舞蹈志》编辑委员会编　J709.2/5028　7-80616-736-6　1999　学林出版社

337　**中墅村志**　中墅村志编纂委员会编　K295.55/5064　978-7-5144-2268-9　2016　方志出版社

338　**冢斜村志**　余一苗主编　K820.9/8014　962-450-041-X　2003　香港天马图书有限公司

339　**诸暨村官志**　屠永生主编　K828.1=76/7732　978-75034-6338-9　2015　中国文史出版社

340　**诸暨民政志**　汪木伦主编　D632/3142　7-101-03721-6　2002　中华书局

341　**诸暨名优特产志**　吴乃侠主编　F762.7/3239　1988

342　**诸暨农业志**　应银桥主编　F329.554/0084　7-101-02912-4　2001　中华书局

343　**诸暨市财政税务志**　寿纪祥主编　F812.755.4/5023　7-101-03380-6　2002　中华书局

344　**诸暨市电力工业志：1917～2000**　赵祖汉主编　F426.61/3470　7-101-05131-6　2006　中华书局

345　**诸暨市交通志**　诸暨市交通局编　F512.9/3470　1993　团结出版社

346　**诸暨市教育志：1986-2005**　诸暨教育志编纂委员会　G527.554/4442　978-7-80735-569-4　2009　西泠印社出版社

347　**诸暨市人民代表大会志：1949-2016**　《诸暨市人民代表大会志》编纂委员会编　D624.554/5031　978-7-213-08110-1　2017　浙江人民出版社

348　**诸暨市水利志：1988-2003**　张仲透主编　TV-092.554/1223　978-7-80238-100-1　2007　方志出版社

349　**诸暨市土地志**　汪木伦主编　F321.1/3470　7-80097-347-6　1999　中国大地出版社

350　**诸暨市乡镇志·岭北镇志**　诸暨市史志办公室编　K295.55/7763　978-7-5034-9164-1　2017　中国文史出版社

351　**诸暨市质量技术监督志：1976-2012**　诸暨市质量技术监督局编　F203/3470　978-7-5178-2984-3　2018　浙江工商大学出版社

352　**诸暨市综合高级中学志**　章杰主编　G639.285.54/3470　2008

353　**诸暨统战志**　《诸暨统战志》编委会编　D613/3472　978-7-5034-4731-0　2014　中国文史出版社

354　**诸暨县财税志**　浙江省诸暨县财政税务局编　F812.755.4/3239　1992

355　**诸暨县地名志**　诸暨县地名委员会编　K925.54/3477　1982　诸暨县地名委员会

356　**诸暨县供销合作社志**　诸暨县供销合作联合社编　F721.2/3477　7-213-00775-0　1991　浙江人民出版社

357　**诸暨县水利志**　何文光主编　TV-092/3477　7-80545-311-X　1993　西安地图出版社

358　**诸暨县志**　诸暨县地方志编纂委员会编　K295.54/3477　7-213-00923-0　1993　浙江人民出版社

359 **诸暨县志·诸暨市图书馆诸暨再造古籍珍本·第一函**　陈遹声、蒋鸿藻修纂
K295.54/7434　2016　浙江古籍出版社

360 **诸暨县志·诸暨市图书馆诸暨再造古籍珍本·第二函**　陈遹声、蒋鸿藻修纂
K295.54/7434　2016　浙江古籍出版社

361 **诸暨县志·诸暨市图书馆诸暨再造古籍珍本·第三函**　陈遹声、蒋鸿藻修纂
K295.54/7434　2016　浙江古籍出版社

362 **诸暨行政管理志**　王文浩主编　D675.54/1003　1992　诸暨行政管理志编纂委员会

363 **诸暨渔橹赵家村志**　《赵家村志》编纂委员会编　K295.55/4434

364 **诸暨祝家坞村志**　冯士豪主编　K295.55/3740

365 **苎萝西施志**　陈侃章、何德康主编　K828.5=25/1000　7-81035-170-2　1991　杭州大学出版社

366 **祝家村志**　绍兴市柯桥区平水镇祝家村志编纂委员会编　K295.55/2161　978-7-5540-1471-4　2019　齐鲁书社

02
地方年鉴

1 **2007 绍兴袍江工业区统计年鉴**　绍兴袍江统计分局编　C832.554-54/2793　2007

2 **2010 绍兴袍江统计年鉴**　绍兴袍江统计分局编　C832.555-54/2793　2010　绍兴袍江统计分局

3 **2011 绍兴袍江统计年鉴**　绍兴袍江统计分局编　C832.555-54/2793　2011　绍兴袍江统计分局

4 **2012 绍兴袍江统计年鉴**　绍兴袍江统计分局编　C832.555-54/2793　2012　绍兴袍江统计分局

5 **2013 绍兴袍江统计年鉴**　绍兴袍江统计分局编　C832.555-54/2793　2013　绍兴袍江统计分局

6 **2014 绍兴袍江统计年鉴**　绍兴袍江统计分局编　C832.555-54/2793　2014　绍兴袍江统计分局

7 **2015 绍兴袍江统计年鉴**　绍兴袍江统计分局编　C832.555-54/2793　2015　绍兴袍江统计分局

8　**2016 浙江省产业竞争力发展报告**　郑一方主编　F269.275.5/8710　978-7-5178-1971-4
2016　浙江工商大学出版社

9　**柯桥区年鉴 2013**　柯桥区地方志编纂委员会编　Z525.54/2161　978-7-213-06394-7
2014　浙江人民出版社

10　**柯桥区年鉴 2014**　绍兴市柯桥区地方志编纂委员会编　Z525.54/2161　978-7-213-
07004-4　2015　浙江人民出版社

11　**柯桥区年鉴 2015**　绍兴市柯桥区地方志编纂委员会编　Z525.54/2161　978-7-5144-
2270-2　2016　方志出版社

12　**柯桥区年鉴 2016**　绍兴市柯桥区地方志编纂委员会编　Z525.54/2161　978-7-5144-
2872-8　2017　方志出版社

13　**柯桥区年鉴 2017**　绍兴市柯桥区地方志编纂委员会编　Z525.54/2161　978-7-5540-
1423-3　2018　浙江古籍出版社

14　**柯桥区统计年鉴 2014**　柯桥区统计局、国家统计局柯桥调查队编　C832.554-54/4147
2014

15　**柯桥区统计年鉴 2015**　柯桥区统计局、国家统计局柯桥调查队编　C832.554-54/4147
2015

16　**柯桥区统计年鉴 2016**　柯桥区统计局、国家统计局柯桥调查队编　C832.554-54/4147
2016

17　**柯桥区统计年鉴 2017**　柯桥区统计局、国家统计局柯桥调查队编　C832.554-54/4147
2017

18　**柯桥区统计年鉴 2018**　柯桥区统计局、国家统计局柯桥调查队编　C832.554-54/4147
2018

19　**上虞年鉴 2012**　上虞市史志工作委员会编　Z525.54/2120　978-7-213-06006-9　2014
浙江人民出版社

20　**上虞年鉴 2013**　上虞市史志工作委员会编　Z525.54/2120　978-7-5144-2919-0　2015
方志出版社

21　**上虞年鉴 2014**　上虞市史志工作委员会编　Z525.54/2120　978-7-5144-2920-6　2017
方志出版社

22　**上虞年鉴 2016**　上虞市史志工作委员会编　Z525.54/2120　978-7-5120-3653-6　2018
线装书局

23　**上虞年鉴 2017**　上虞市史志工作委员会编　Z525.54/2120　978-7-5178-3081-8　2019
浙江工商大学出版社

24 **上虞统计年鉴2000** 上虞市统计局编 C832.554-54/2120 2001 上虞市统计局

25 **上虞统计年鉴2002** 上虞市统计局编 C832.554-54/2120 2003 上虞市统计局

26 **上虞统计年鉴2003** 上虞市统计局编 C832.554-54/2120 2004 上虞市统计局

27 **上虞统计年鉴2004** 上虞市统计局编 C832.554-54/2120 2005 上虞市统计局

28 **上虞统计年鉴2005** 上虞市统计局编 C832.554-54/2120 2006 上虞市统计局

29 **上虞统计年鉴2006** 上虞市统计局编 C832.554-54/2120 2007 上虞市统计局

30 **上虞统计年鉴2007** 上虞市统计局编 C832.554-54/2120 2008 上虞市统计局

31 **上虞统计年鉴2008** 上虞市统计局编 C832.554-54/2120 2009 上虞市统计局

32 **上虞统计年鉴2009** 上虞市统计局编 C832.554-54/2120 2010 上虞市统计局

33 **上虞统计年鉴2011** 上虞市统计局、国家统计局上虞调查队编 C832.554-54/2120 2011 上虞市统计局

34 **上虞统计年鉴2013：Statistical Yearbook of Shangyu** 上虞市统计局、国家统计局上虞调查队编 C832.554-54/2120 2013 上虞市统计局

35 **上虞统计年鉴2014：Statistical Yearbook of Shangyu** 上虞市统计局、国家统计局上虞调查队编 C832.554-54/2120 2014 上虞市统计局

36 **上虞统计年鉴2015：Statistical Yearbook of Shangyu** 绍兴市上虞区统计局、国家统计局上虞调查队编 C832.554-54/2790 2015 上虞市统计局

37 **上虞统计年鉴2016：Statistical Yearbook of Shangyu** 绍兴市上虞区统计局、国家统计局上虞调查队编 C832.554-54/2120 2016 上虞市统计局

38 **上虞统计年鉴2017：Statistical Yearbook of Shangyu** 绍兴市上虞区统计局、国家统计局上虞调查队编 C832.554-54/2790 2017 上虞市统计局

39 **绍兴财政（地税）年鉴2008** 阮坚勇总编 F812.755.3/2790 978-7-80735-664-6 2009 西泠印社出版社

40 **绍兴财政（地税）年鉴2010** 阮坚勇总编 F812.755.3/7121 978-7-5508-0276-6 2011 西泠印社出版社

41 **绍兴电力2003统计年鉴** 裘新华主编 F426.61-66/4302 2004 绍兴电力局

42 **绍兴改革开放30年统计年鉴1978-2008** 中共绍兴市委宣传部、绍兴市统计局编 C832.553-54/5042 978-7-5073-2661-1 2008 中央文献出版社

43 **绍兴年鉴2000** 任桂全主编 Z525.53/2790 7-213-02129-X 2000 浙江人民出版社

44 **绍兴年鉴2001** 陈荣昌主编 Z525.53/2790 7-213-02277-6 2001 浙江人民出版社

45　**绍兴年鉴 2002**　绍兴市地方志编纂委员会编　Z525.53/2790　7-213-02460-4　2002　浙江人民出版社

46　**绍兴年鉴 2003**　绍兴市地方志编纂委员会编　Z525.53/2790　7-80192-005-8　2003　方志出版社

47　**绍兴年鉴 2004**　鲁孟河主编　Z525.53/2790　7-80192-246-8　2004　方志出版社

48　**绍兴年鉴 2005**　鲁孟河主编　Z525.53/2790　7-80192-623-4　2005　方志出版社

49　**绍兴年鉴 2006**　鲁孟河主编　Z525.53/2790　7-80192-877-6　2006　方志出版社

50　**绍兴年鉴 2007**　鲁孟河主编　Z525.53/2790　978-7-80238-168-1　2007　方志出版社

51　**绍兴年鉴 2008**　鲁孟河主编　Z525.53/2790　978-7-80238-374-6　2008　方志出版社

52　**绍兴年鉴 2009**　鲁孟河主编　Z525.53/2790　978-7-80238-601-3　2009　方志出版社

53　**绍兴年鉴 2010**　鲁孟河主编　Z525.53/2790　978-7-80238-890-1　2010　方志出版社

54　**绍兴年鉴 2011**　鲁孟河主编　Z525.53/2790　978-7-5144-0304-6　2012　方志出版社

55　**绍兴年鉴 2012**　何云伟主编　Z525.53/2112　978-7-5144-0666-5　2012　方志出版社

56　**绍兴年鉴 2013**　何云伟主编　Z525.53/2112　978-7-5144-1023-5　2013　方志出版社

57　**绍兴年鉴 2014**　何云伟主编　Z525.53/2112　978-7-5144-1410-3　2014　方志出版社

58　**绍兴年鉴 2015**　绍兴市地方志办公室编纂　Z525.53/2790　978-7-5144-1825-5　2015　方志出版社

59　**绍兴年鉴 2016**　何云伟主编　Z525.53/2112　978-7-5546-0802-9　2016　古吴轩出版社

60　**绍兴年鉴 2017**　赵玲华主编　Z525.53/2112　978-7-5546-1048-0　2017　古吴轩出版社

61　**绍兴人事年鉴 2007 年度**　绍兴市人事局　F249.2/2790　2008

62　**绍兴人事年鉴 2008 年度**　绍兴市人事局　F249.2/2790　2009

63　**绍兴十年**　绍兴县计划委员会编　D619.554/2797　1959　绍兴县计划委员会

64　**绍兴市工业统计资料 1989**　绍兴市统计局编　F427.553-66/2790　1989　绍兴市统计局

65　**绍兴市国民经济和社会发展统计资料：1989**　给兴市统计局编　C832.553/2790　1989　绍兴市统计局

66　**绍兴市国民经济和社会发展统计资料：1993**　绍兴市统计局编　C832.553/2790　1993　绍兴市统计局

67 **绍兴市基本单位资料汇编：2001** 《绍兴市基本单位资料汇编》编委会编 C832.553/2790 7-5037-3340-3 2010 中国统计出版社

68 **绍兴市基本单位资料汇编：2002** 《绍兴市基本单位资料汇编》编委会编 C832.553/2790 7-5037-3733-6 2002 中国统计出版社

69 **绍兴市基本单位资料汇编：2005** 《绍兴市基本单位资料汇编》编委会编 C832.553/2790 7-5037-4746-3 2005 中国统计出版社

70 **绍兴市社科联年鉴（2000～2005）** 绍兴市社会科学界联合会编 C54/2790 2006

71 **绍兴市统计资料汇编1949-1988** 绍兴市统计局编 C832.553/2790 1989 绍兴市统计局

72 **绍兴市乡镇企业辉煌二十年：1978-1998** 章国金主编 F279.275.53/0068 1998

73 **绍兴市乡镇企业年鉴1996** 绍兴市乡镇企业局编 F279.243-54/2790 1996

74 **绍兴市乡镇企业统计年鉴1999** 绍兴市乡镇企业局编 F279.243-54/2790 1999

75 **绍兴市一九八一年国民经济统计资料：工交、基建、财贸、文卫、劳动工资1985** 绍兴县统计局编 C832.554-54/2797 1982

76 **绍兴市一九八二年国民经济统计资料：工交、基建、财贸、文卫、劳动工资1985** 绍兴县统计局编 C832.554-54/2797 1983

77 **绍兴统计年鉴1949-1988** 赵泽良主编 C832.553-54/2790 1989 中国统计出版社

78 **绍兴统计年鉴1995** 绍兴市统计局编 C832.553-54/2790 7-5037-1612-6 1995 中国统计出版社

79 **绍兴统计年鉴1996** 曲延孟主编 C832.553-54/2790 7-5037-2161-8 1996 中国统计出版社

80 **绍兴统计年鉴1997** 绍兴市统计局编 C832.553-54/2790 7-5037-2548-6 1997 中国统计出版社

81 **绍兴统计年鉴1998** 绍兴市统计局编 C832.553-54/2790 7-5037-2747-0 1998 中国统计出版社

82 **绍兴统计年鉴1999** 绍兴市统计局编 C832.553-54/2790 7-5037-3033-1 1999 中国统计出版社

83 **绍兴统计年鉴2000** 赵国苗主编 C832.553-54/2790 7-5037-3232-6 2000 中国统计出版社

84 **绍兴统计年鉴2001** 绍兴市统计局编 C832.553-54/2790 7-5037-3534-1 2001 中国统计出版社

85 **绍兴统计年鉴2002** 绍兴市统计局编 C832.553-54/2790 7-5037-3823-5 2002 中

国统计出版社

86 **绍兴统计年鉴 2003** 绍兴市统计局编 C832.553-54/2790 7-5037-4130-9 2003 中国统计出版社

87 **绍兴统计年鉴 2004** 绍兴市统计局编 C832.553-54/2790 7-5037-4356-5 2004 中国统计出版社

88 **绍兴统计年鉴 2005** 绍兴市统计局编 C832.553-54/2790 7-5037-4679-3 2005 中国统计出版社

89 **绍兴统计年鉴 2006** 丁晓燕、赵泽良主编 C832.553-54/2790 7-5037-4965-2 2006 中国统计出版社

90 **绍兴统计年鉴 2007** 丁晓燕、赵泽良主编 C832.553-54/2790 978-7-5037-5185-1 2007 中国统计出版社

91 **绍兴统计年鉴 2008** 丁晓燕、赵泽良主编 C832.553-54/2790 978-7-5037-5435-7 2008 中国统计出版社

92 **绍兴统计年鉴 2009** 赵泽良主编 C832.553-54/2790 978-7-5037-5725-9 2009 中国统计出版社

93 **绍兴统计年鉴 2010** 赵泽良主编 C832.553-54/2790 978-7-5037-5995-6 2010 中国统计出版社

94 **绍兴统计年鉴 2011** 赵泽良主编 C832.553/4433 978-7-5037-6305-2 2011 中国统计出版社

95 **绍兴统计年鉴 2012** 赵泽良主编 C832.553-54/4433 978-7-5037-6626-8 2012 中国统计出版社

96 **绍兴统计年鉴 2013** 绍兴市统计局、国家统计局绍兴调查队编 C832.553-54/2790 978-7-5037-6853-8 2013 中国统计出版社

97 **绍兴统计年鉴 2014** 绍兴市统计局、国家统计局绍兴调查队编 C832.553-54/2790 978-7-5037-7165-1 2014 中国统计出版社

98 **绍兴统计年鉴 2015** 绍兴市统计局、国家统计局绍兴调查队编 C832.553-54/2790 978-7-5037-7629-8 2015 中国统计出版社

99 **绍兴统计年鉴 2016** 绍兴市统计局、国家统计局绍兴调查队编 C832.553-54/2790 978-7-5037-7808-7 2016 中国统计出版社

100 **绍兴统计年鉴 2017** 绍兴市统计局、国家统计局绍兴调查队编 C832.553-54/7423 978-7-5037-7808-7 2017 中国统计出版社

101 **绍兴统计年鉴 2018** 绍兴市统计局、国家统计局绍兴调查队编 C832.553-54/2790

978-7-5037-8556-6　2018　中国统计出版社

102　绍兴县国民经济统计资料 1949–1979　绍兴县统计局编　C832.554–54/2797　1980

103　绍兴县国民经济统计资料 1985　绍兴县统计局编　C832.554–54/2797　1986

104　绍兴县年鉴 2001　傅振照主编　Z525.54/2797　7–101–03149–8　2001　中华书局

105　绍兴县年鉴 2002　傅振照主编　Z525.54/2797　7–80122–832–4　2002　方志出版社

106　绍兴县年鉴 2003　傅振照主编　Z525.54/2797　7–80192–025–2　2003　方志出版社

107　绍兴县年鉴 2004　绍兴县地方志编撰委员会编　Z525.54/2797　7–101–04374–7　2004　中华书局

108　绍兴县年鉴 2005　绍兴县地方志编撰委员会编　Z525.54/2797　7–101–04778–5　2005　中华书局

109　绍兴县年鉴 2006　绍兴县地方志编撰委员会编　Z525.54/2797　7–101–05328–9　2006　中华书局

110　绍兴县年鉴 2007　黄锡云主编　Z525.54/2797　978–7–101–05937–3　2007　中华书局

111　绍兴县年鉴 2008　黄锡云主编　Z525.54/2797　978–7–101–06388–2　2008　中华书局

112　绍兴县年鉴 2009　黄锡云主编　Z525.54/2797　978–7–101–06921–1　2009　中华书局

113　绍兴县年鉴 2010　黄锡云主编　Z525.54/2797　978–7–101–07516–8　2010　中华书局

114　绍兴县年鉴 2011　黄锡云、何鸣雷主编　Z525.54/4481　978–7–101–08307–1　2011　中华书局

115　绍兴县年鉴 2012　绍兴县地方志编纂委员会编　Z525.54/2161　978–7–213–05180–7　2012　浙江人民出版社

116　绍兴县社会经济统计年鉴：1986　绍兴县统计局编　C832.554–54/2797　1987

117　绍兴县社会经济统计年鉴：1987　绍兴县统计局编　C832.554–54/2797　1988

118　绍兴县社会经济统计年鉴：1988　绍兴县统计局编　C832.554–54/2797　1989　绍兴县统计局

119　绍兴县社会经济统计年鉴：1989　绍兴县统计局编　C832.554–54/2797　1990　绍兴县统计局

120　绍兴县统计年鉴 1990　绍兴县统计局编　C832.554–54/2797　1991

121　绍兴县统计年鉴 1991　绍兴县统计局编　C832.554–54/2797　1992

122　绍兴县统计年鉴 1993　绍兴县统计局编　C832.554–54/2797　1994

123　绍兴县统计年鉴 2001　绍兴县统计局编　C832.554–54/2797　2002

124 **绍兴县统计年鉴2002** 绍兴县统计局编 C832.554–54/2797 2002

125 **绍兴县统计年鉴2003** 绍兴县统计局编 C832.554–54/2797 2003

126 **绍兴县统计年鉴2004** 绍兴县统计局编 C832.554–54/2797 2004

127 **绍兴县统计年鉴2005** 绍兴县统计局编 C832.554–54/2797 2005

128 **绍兴县统计年鉴2006** 绍兴县统计局编 C832.554–54/2797 2006

129 **绍兴县统计年鉴2007** 绍兴县统计局编 C832.554–54/2797 2007

130 **绍兴县统计年鉴2008** 绍兴县统计局编 C832.554–54/2797 2008

131 **绍兴县统计年鉴2009** 绍兴县统计局编 C832.554–54/2797 2009

132 **绍兴县统计年鉴2010** 绍兴县统计局、国家统计局绍兴县调查队编 C832.554–54/2797 2011

133 **绍兴县统计年鉴2011** 绍兴县统计局、国家统计局绍兴县调查队编 C832.554–54/2797 2012

134 **绍兴县统计年鉴2012** 绍兴县统计局、国家统计局绍兴县调查队编 C832.554–54/2797 2012

135 **绍兴县统计年鉴2013** 绍兴县统计局、国家统计局绍兴县调查队编 C832.554–54/2797 2013 绍兴县统计局

136 **绍兴县一九八三年国民经济统计资料：工交、基建、财贸、文卫、劳动工资1984** 绍兴县统计局编 C832.554–54/2797 1984

137 **绍兴县一九八四年国民经济统计资料：工交、基建、财贸、文卫、劳动工资1985** 绍兴县统计局编 C832.554–54/2797 1985

138 **嵊州经济开发区年鉴2009** 冯银水主编 Z525.54/3781 2009

139 **嵊州年鉴2002** 吕忠福主编 Z525.54/2230 7–80192–777–X 2006 方志出版社

140 **嵊州年鉴2003** 金午江总编 Z525.54/2230 7–80192–942–X 2006 方志出版社

141 **嵊州年鉴2004** 徐国兆主编 Z525.54/2230 7–80192–942–X 2006 方志出版社

142 **嵊州年鉴2005** 吕森钦主编 Z525.54/2230 978–7–80238–031–8 2007 方志出版社

143 **嵊州年鉴2006** 吕忠福主编 Z525.54/2230 978–7–80238–032–5 2007 方志出版社

144 **嵊州年鉴2007** 吕忠福主编 Z525.54/2230 978–7–80238–173–5 2007 方志出版社

145 **嵊州年鉴2008** 金午江主编 Z525.54/2230 978–7–80238–439–2 2008 方志出版社

146 **嵊州年鉴2009** 金午江主编 Z525.54/2230 978–7–5034–2491–5 2009 中国文史出

版社

147　**嵊州年鉴 2010**　嵊州市地方志编纂委员会编纂　Z525.54/2230　978-7-80238-896-3　2010　方志出版社

148　**嵊州年鉴 2011**　金午江主编　Z525.53/8083　978-7-5144-0219-3　2011　方志出版社

149　**嵊州年鉴 2012**　嵊州市地方志办公室编纂　Z525.54/8083　978-7-5144-0657-3　2012　方志出版社

150　**嵊州年鉴 2013**　嵊州市地方志办公室编　Z525.54/2230　978-7-5119-1680-8　2013　中国时代经济出版社

151　**嵊州年鉴 2014**　嵊州市地方志办公室编　Z525.54/2230　978-7-5119-1637-2　2014　中国时代经济出版社

152　**嵊州年鉴 2015**　嵊州市地方志办公室编　Z525.54/2230　978-7-5119-2466-7　2015　中国时代经济出版社

153　**嵊州年鉴 2016**　嵊州市地方志办公室编　Z525.54/8083　2016　嵊州市地方志办公室

154　**嵊州年鉴 2017**　嵊州市地方志办公室编　Z525.54/2230　978-7-5013-6279-0　2017　国家图书馆出版社

155　**嵊州年鉴 2018**　嵊州市地方志办公室编　Z525.54/2230　978-7-305-21564-3　2018　南京大学出版社

156　**嵊县统计年鉴 1987**　嵊县统计局编　C832.554-54/2272　1987

157　**嵊县统计年鉴 1989**　嵊县统计局编　C832.554-54/2272　1989

158　**嵊县统计年鉴 1991**　嵊县统计局编　C832.554-54/2272　1991

159　**嵊县统计年鉴 1992**　嵊县统计局编　C832.554-54/2272　1992

160　**嵊县统计年鉴 1993**　嵊县统计局编　C832.554-54/2272　1993

161　**嵊州统计年鉴 2002**　嵊州市统计局编　C832.554-54/2230　2002

162　**嵊州统计年鉴 2003**　嵊州市统计局编　C832.554-54/2232　2003

163　**嵊州统计年鉴 2004**　嵊州市统计局编　C832.554-54/2230　2004

164　**嵊州统计年鉴 2005**　嵊州市统计局编　C832.554-54/2230　2005

165　**嵊州统计年鉴 2006**　嵊州市统计局编　C832.554-54/2230　2006

166　**嵊州统计年鉴 2007**　嵊州市统计局编　C832.554-54/2230　2007

167　**嵊州统计年鉴 2009**　嵊州市统计局编　C832.554-54/2230　2009

168　**嵊州统计年鉴 2010**　嵊州市统计局编　C832.554-54/2230　2010

169　**嵊州统计年鉴2011**　沈益民主编　C832.554-54/3487　2011

170　**嵊州统计年鉴2012**　嵊州市统计局、国家统计局嵊州调查队编　C832.554-54/2230　2012

171　**嵊州统计年鉴2013**　嵊州市统计局、国家统计局嵊州调查队编　C832.554-54/2230　2013

172　**嵊州统计年鉴2014**　嵊州市统计局、国家统计局嵊州调查队编　C832.554-54/2230　2014

173　**嵊州统计年鉴2015**　嵊州市统计局、国家统计局嵊州调查队编　C832.554-54/2230　2015

174　**嵊州统计年鉴2016**　嵊州市统计局、国家统计局嵊州调查队编　C832.554-54/2230　2016

175　**嵊州统计年鉴2017**　嵊州市统计局、国家统计局嵊州调查队编　C832.554-54/2231　2017

176　**嵊州统计年鉴2018**　嵊州市统计局、国家统计局嵊州调查队编　C832.554-54/2230　2018

177　**伟大的十年：绍兴县经济和文化建设成就的统计**　绍兴县计划委员会编　D619.554/2797　1959　绍兴县计划委员会

178　**五十年巨变：绍兴县五十年统计历史资料汇编1949～1999**　绍兴县人民政府办公室、绍兴县统计局编　C832.554/2797　1999

179　**新昌年鉴2002**　王海洋主编　Z525.54/0267　7-80122-814-6　2002　方志出版社

180　**新昌年鉴2003**　吕今主编　Z525.54/0267　7-80192-019-8　2003　方志出版社

181　**新昌年鉴2004**　吕今主编　Z525.54/0267　7-80192-301-4　2004　方志出版社

182　**新昌年鉴2005**　金式中主编　Z525.54/0267　7-80192-607-2　2005　方志出版社

183　**新昌年鉴2006**　金式中主编　Z525.54/0267　7-80192-851-2　2006　方志出版社

184　**新昌年鉴2007**　金式中主编　Z525.54/0267　978-7-5034-1908-9　2007　中国文史出版社

185　**新昌年鉴2008**　金式中主编　Z525.54/0267　978-7-5034-2150-1　2008　中国文史出版社

186　**新昌年鉴2009**　金式中主编　Z525.54/0267　978-7-80142-925-4　2009　中国文史出版社

187　**新昌年鉴2010**　金式中主编　Z525.54/0267　978-7-5034-2688-9　2010　中国文史出

版社

188　**新昌年鉴 2011**　章月中主编　Z525.54/0267　978-988-15687-8-6　2011　中国文化艺术出版社

189　**新昌年鉴 2012**　章月中主编　Z525.54/0075　978-988-15687-8-6　2012　中国文化艺术出版社

190　**新昌年鉴 2013**　章月中主编　Z525.54/0267　978-7-5034-8998-3　2013　中国文史出版社

191　**新昌年鉴 2014**　唐樟荣主编　Z525.54/0267　2014　新昌县地方志编委会

192　**新昌年鉴 2015**　唐樟荣主编　Z525.54/0267　2015　新昌县地方志编委会

193　**新昌年鉴 2016**　唐樟荣主编　Z525.54/0267　2016　新昌县地方志编委会

194　**新昌年鉴 2017**　唐樟荣主编　Z525.54/0267　978-7-5144-2842-1　2017　方志出版社

195　**新昌年鉴 2018**　唐樟荣主编　Z525.54/0267　978-7-5194-4761-8　2018　光明日报出版社

196　**新昌统计年鉴 2002**　盛之恒主编　C832.554-54/5339　2002　新昌县青年小彩印刷厂

197　**新昌统计年鉴 2003**　盛之恒主编　C832.554-54/5339　2003

198　**新昌统计年鉴 2004**　盛之恒主编　C832.554-54/5339　2004

199　**新昌统计年鉴 2005**　盛之恒主编　C832.554-54/5339　2005

200　**新昌统计年鉴 2006**　盛之恒主编　C832.554-54/5339　2006

201　**新昌统计年鉴 2007**　王旭东主编　C832.554-54/1044　2007

202　**新昌统计年鉴 2008**　黄伟刚主编　C832.554/0267　2008

203　**新昌统计年鉴 2010**　新昌县统计局、国家统计局新昌调查队编　C832.554/0267　2010

204　**新昌统计年鉴 2011**　新昌县统计局、国家统计局新昌调查队编　C832.554/0267　2011

205　**新昌统计年鉴 2011**　新昌县统计局、国家统计局新昌调查队编　C832.554/0267　2011

206　**新昌统计年鉴 2012**　新昌县统计局、国家统计局新昌调查队编　C832.554/0267　2012

207　**新昌统计年鉴 2013**　新昌县统计局、国家统计局新昌调查队编　C832.554/0267　2013

208　**新昌统计年鉴 2015**　新昌县统计局、国家统计局新昌调查队编　C832.554-54/0267　2015

209　**新昌统计年鉴 2016**　新昌县统计局、国家统计局新昌调查队编　C832.554-54/0267　2016

210 **新昌统计年鉴 2017** 新昌县统计局、国家统计局新昌调查队编 C832.554-54/0267
2017

211 **新昌统计年鉴 2018** 新昌县统计局、国家统计局新昌调查队编 C832.554-54/0267
2018

212 **新昌县国民经济统计资料 1991** 新昌县统计局编 C832.554/0267 1992

213 **一九八九年度绍兴市乡镇企业统计年鉴** 绍兴市乡镇企业局编 F279.243-54/2790 1990

214 **越城年鉴 2018** 绍兴市越城区档案局编 Z525.54/2790 978-7-213-09325-8 2018
浙江人民出版社

215 **越城区统计年鉴 2004** 越城区统计局编 C832.554-54/4347 2004

216 **越城区统计年鉴 2005** 越城区统计局编 C832.554-54/4347 2005

217 **越城区统计年鉴 2006** 越城区统计局编 C832.554-54/4347 2006 越城区统计局

218 **越城区统计年鉴 2007** 越城区统计局编 C832.554-54/4347 2007

219 **越城区统计年鉴 2008** 越城区统计局编 C832.554-54/4347 2008 越城区统计局

220 **越城区统计年鉴 2009** 越城区统计局编 C832.554-54/4347 2010

221 **越城区统计年鉴 2010** 越城区统计局编 C832.554-54/4347 2010

222 **越城区统计年鉴 2011** 越城区统计局编 C832.554-54/4347 2011

223 **越城区统计年鉴 2012** 越城区统计局编 C832.554-54/4347 2012

224 **越城区统计年鉴 2013** 越城区统计局编 C832.554-54/4347 2013

225 **越城区统计年鉴 2014** 越城区统计局编 C832.554-54/4347 2014

226 **越城区统计年鉴 2015** 越城区统计局编 C832.554-54/4347 2015

227 **越城区统计年鉴 2016** 越城区统计局编 C832.554-54/4347 2016

228 **越城区统计年鉴 2017** 越城区统计局编 C832.554-54/4347 2017

229 **越城区统计年鉴 2018** 越城区统计局编 C832.554-54/4347 2018

230 **浙江 60 年统计资料汇编** 浙江省统计局、国家统计局浙江调查总队编 C832.55/3239
978-7-5037-5898-0 2010 中国统计出版社

231 **浙江保险年鉴 2010** 汤学斌主编 F842.755-54/3790* 978-7-5037-5939-0 2010 中
国统计出版社

232 **浙江保险年鉴 2012** 汤学斌主编 F842.755-54/3790* 978-7-5037-6748-7 2012 中
国统计出版社

233 **浙江出版年鉴1998** 《浙江出版年鉴》编辑部编辑　G239.275.5-54/3232　1998　浙江人民出版社

234 **浙江非国有经济年鉴2001**　单东主编　F121.2-54/3231　7-101-03163-3　2001　中华书局

235 **浙江非国有经济年鉴2002**　单东主编　F121.2-54/3231　7-101-03722-4　2001　中华书局

236 **浙江非国有经济年鉴2003**　单东主编　F121.2-54/3231　7-101-04122-1　2003　中华书局

237 **浙江非国有经济年鉴2004**　单东主编　F121.2-54/3231　7-101-04485-9　2004　中华书局

238 **浙江非国有经济年鉴2005**　单东主编　F121.2-54/3231　7-101-04931-1　2005　中华书局

239 **浙江非国有经济年鉴2006**　单东主编　F121.2-54/3231　7-101-05390-4　2006　中华书局

240 **浙江非国有经济年鉴2007**　单东主编　F121.2-54/3231　978-7-101-05907-6　2007　中华书局

241 **浙江非国有经济年鉴2008** 《浙江非国有经济年鉴》编辑部编　F121.2-54/3231　978-7-101-06378-3　2008　中华书局

242 **浙江非国有经济年鉴2009**　单东主编　F121.2-54/3231　978-7-101-07030-9　2009　中华书局

243 **浙江非国有经济年鉴2010**　浙江非国有经济年鉴编辑部编　F121.2-54/3231　978-7-101-07635-6　2010　中华书局

244 **浙江非国有经济年鉴2011**　浙江非国有经济年鉴编辑部编　F121.2-54/3231　978-7-101-08254-8　2011　中华书局

245 **浙江非国有经济年鉴2012**　浙江非国有经济年鉴编辑部编　F121.2-54/3231　978-7-101-08944-8　2012　中华书局

246 **浙江非国有经济年鉴2013**　浙江非国有经济年鉴编辑部编　F121.2-54/3231　978-7-101-09511-1　2013　中华书局

247 **浙江非国有经济年鉴2014**　浙江非国有经济年鉴编辑部编　F121.2-54/3231　978-7-101-10359-5　2014　中华书局

248 **浙江广播电视年鉴2001**　浙江省广播电视局《浙江广播电视年鉴》编辑委员会编　G229.275.5-54/3239　7-5043-3725-0　2001　中国广播电视出版社

249 **浙江广播电视年鉴 2004** 梁雄主编 G229.275.5-54/3340 7-5043-4425-7 2004 中国广播电视出版社

250 **浙江教育年鉴 2009** 方展画、吴永良主编 G527.55-54/0071 978-7-5338-8528-1 2010 浙江教育出版社

251 **浙江经济年鉴 1986** 中国共产党浙江省委员会政治研究室、浙江省人民政府经济技术社会发展研究中心编 F127.55-54/5064 7-213-00119-1 1988 浙江人民出版社

252 **浙江经济年鉴 1987** 中国共产党浙江省委政策研究室、浙江省人民政府经济技术社会发展研究中心编 F127.55-54/5064 7-213-00182-5 1988 浙江人民出版社

253 **浙江经济年鉴 1988** 中国共产党浙江省委员会政策研究室、浙江省人民政府经济技术社会发展研究中心编 F127.55-54/5064 7-213-00295-3 1988 浙江人民出版社

254 **浙江经济年鉴 1989** 中国共产党浙江省委员会政策研究室、浙江省人民政府经济技术社会发展研究中心编 F127.55-54/5064 7-213-00456-5 1989 浙江人民出版社

255 **浙江经济年鉴 1990** 中国共产党浙江省委员会政策研究室 F127.55-54/5064 7-213-00586-3 1990 浙江人民出版社

256 **浙江经济年鉴 1991** 中国共产党浙江省委员会政策研究室、浙江省人民政府经济技术社会发展研究中心编 F127.55-54/5064 7-213-00737-8 1991 浙江人民出版社

257 **浙江经济普查年鉴 2004·第二产业卷** 浙江省第一次经济普查领导小组办公室编 F127.55-54/3239 7-5037-4988-1 2006 中国统计出版社

258 **浙江经济普查年鉴 2004·第三产业卷** 浙江省第一次经济普查领导小组办公室编 F127.55-54/3239 7-5037-4988-1 2006 中国统计出版社

259 **浙江经济普查年鉴 2004·综合卷** 浙江省第一次经济普查领导小组办公室编 F127.55-54/3239 7-5037-4988-1 2006 中国统计出版社

260 **浙江经济普查年鉴 2008·第二产业卷** 浙江省人民政府第二次经济普查领导小组办公室编 F127.55-54/3239 978-7-5037-5982-6 2009 中国统计出版社

261 **浙江经济普查年鉴 2008·第三产业卷** 浙江省人民政府第二次经济普查领导小组办公室编 F127.55-54/3239 978-7-5037-5982-6 2009 中国统计出版社

262 **浙江经济普查年鉴 2008·综合卷** 浙江省人民政府第二次经济普查领导小组办公室编 F127.55-54/3239 978-7-5037-5982-6 2009 中国统计出版社

263 **浙江科技统计年鉴 2014** 浙江省科学技术厅、浙江省统计局编 G322.755-54/7769 978-7-308-14016-4 2014 浙江大学出版社

264 **浙江科技统计年鉴 2015** 浙江省科学技术厅、浙江省统计局编 G322.755-54/7769 978-7-308-15389-8 2015 浙江大学出版社

265 **浙江科技统计年鉴 2016**　浙江省科学技术厅、浙江省统计局编　G322.755-54/7769　978-7-308-16384-2　2016　浙江大学出版社

266 **浙江科技统计年鉴 2017**　浙江省科学技术厅、浙江省统计局编　G322.755-54/7769　978-7-308-17767-2　2017　浙江大学出版社

267 **浙江科技统计年鉴 2018**　浙江省科学技术厅、浙江省统计局编　G322.755/3239　978-7-308-18745-9　2018　浙江大学出版社

268 **浙江民营经济年鉴 2016**　浙江民营经济年鉴编纂委员会编　F121.23-54/3237　978-7-101-12124-7　2016　中华书局

269 **浙江民营经济年鉴 2017**　浙江民营经济年鉴编纂委员会编　F121.23-54/3237　978-7-101-12803-1　2017　中华书局

270 **浙江年鉴 1997**　蒋巨峰、章荣高主编　Z525.5/3238　7-213-05189-3　1998　浙江人民出版社

271 **浙江年鉴 1998**　蒋巨峰、章荣高主编　Z525.5/3238　7-213-01648-2　1998　浙江人民出版社

272 **浙江年鉴 1999**　蒋巨峰、章荣高主编　Z525.5/3238　7-213-01830-1　1999　浙江人民出版社

273 **浙江年鉴 2000**　姚民声主编　Z525.5/3238　7-213-02038-2　2000　浙江人民出版社

274 **浙江年鉴 2001**　中国共产党浙江省委员会政策研究室、浙江省人民政府经济体制改革办公室主办　Z525.5/3238　7-213-02191-5　2001　浙江人民出版社

275 **浙江年鉴 2003**　潘家玮、孙建国主编　Z525.5/3238　2003　浙江年鉴社

276 **浙江年鉴 2004**　《浙江年鉴》编辑指导委员会编　Z525.5/3238　2004　浙江年鉴社

277 **浙江年鉴 2005**　浙江省人民政府主编　Z525.5/3239　9779771671009　2006　浙江年鉴杂志社

278 **浙江年鉴 2006**　陈一新、李学忠主编　Z525.5/7410　9771671638021　2006　浙江年鉴社

279 **浙江年鉴 2007**　陈一新、李学忠主编　Z525.5/7410　9771671638021　2007　浙江年鉴社

280 **浙江年鉴 2008**　陈一新、李学忠主编　Z525.5/7410　9771671638021　2008　浙江年鉴社

281 **浙江年鉴 2009**　陈一新、李学忠主编　Z525.5/7410　9771671638090　2009　浙江年鉴社

282　浙江年鉴 2010　陈一新、李学忠主编　Z525.5/7410　9771671638106　2010　浙江年鉴社

283　浙江年鉴 2011　陈一新、李学忠主编　Z525.5/7410　9771671638113　2011　浙江年鉴社

284　浙江年鉴 2012　舒国增、沈建明主编　Z525.5/8764　9771671638120　2012　浙江年鉴社

285　浙江年鉴 2013　舒国增、沈建明主编　Z525.5/8764　9771671638137　2013　浙江年鉴社

286　浙江年鉴 2014　舒国增、沈建明主编　Z525.5/8764　9771671638144　2014　浙江年鉴社

287　浙江年鉴 2015　李火林、沈建明主编　Z525.5/4094　9771671638151　2015　浙江年鉴社

288　浙江年鉴 2016　李火林、沈建明主编　Z525.5/4094　9771671638168　2016　浙江年鉴社

289　浙江企业年鉴 2013　《浙江企业年鉴》编委会编　F279.275.5-54/4295　978-7-80187-500-6　2014　新世纪出版社

290　浙江企业年鉴 2016　《浙江企业年鉴》编委会编　F279.275.5-54/4295　978-7-50685-754-3　2016　新世纪出版社

291　浙江企业年鉴 2017　郑一方主编　F279.275.5-54/8710　978-7-5178-2346-9　2017　浙江大学出版社

292　浙江人力资源和社会保障年鉴 2012　潘伟梁主编　F249.275.5/3223*　978-7-308-10831-7　2012　浙江大学出版社

293　浙江人力资源和社会保障年鉴 2014　《浙江人力资源和社会保障年鉴》编纂委员会编　F249.275.5-54/3223　978-7-308-14075-1　2014　浙江大学出版社

294　浙江人力资源和社会保障年鉴 2017　潘伟梁主编　F249.275.5-54/3223　978-7-308-17407-7　2017　浙江大学出版社

295　浙江商务年鉴 2010　张汉东主编　F727.55-54/1234　978-7-213-04377-2　2010　浙江人民出版社

296　浙江商务年鉴 2011　张汉东主编　F727.55-54/1234　978-7-213-04669-8　2011　浙江人民出版社

297　浙江商务年鉴 2012　《浙江商务年鉴》编辑委员会编　F727.55-54/1234　978-7-213-04952-1　2012　浙江人民出版社

298 **浙江商务年鉴 2013** 《浙江商务年鉴》编辑委员会编 F727.55-54/1234 978-7-213-05767-0 2013 浙江人民出版社

299 **浙江商务年鉴 2014** 《浙江商务年鉴》编辑委员会编 F727.55-54/1234 978-7-213-06141-7 2014 浙江人民出版社

300 **浙江商务年鉴 2015** 《浙江商务年鉴》编辑委员会编 F727.55-54/1234 978-7-213-06854-6 2014 浙江人民出版社

301 **浙江商务年鉴 2016** 《浙江商务年鉴》编辑委员会编 F727.55-54/1234 978-7-213-07595-7 2016 浙江人民出版社

302 **浙江省教育事业统计资料 1949-1959 年基础数，1959 年分类情况统计数** 浙江省教育厅编 G527.55/3239 1960 浙江省教育厅

303 **浙江省粮油统计资料 1955-1979** 浙江省粮食局编 F327.64/3239 1980 浙江省粮食局

304 **浙江省粮油统计资料 1989** 浙江省粮食局编 F327.64/3239 1990 浙江省粮食局

305 **浙江省粮油统计资料 1992** 浙江省粮食局编 F327.64/3239 1993 浙江省粮食局

306 **浙江省粮油统计资料 1993** 浙江省粮食局编 F327.64/3239 1994 浙江省粮食局

307 **浙江省粮油统计资料提要 1980** 浙江省粮食局编 F327.64/3239 1981 浙江省粮食局

308 **浙江省粮油统计资料提要 1981** 浙江省粮食局编 F327.64/3239 1982 浙江省粮食局

309 **浙江省粮油统计资料提要 1981-1985** 浙江省粮食局编 F327.64/3239 1987 浙江省粮食局

310 **浙江省粮油统计资料提要 1986** 浙江省粮食局编 F327.64/3239 1987 浙江省粮食局

311 **浙江省粮油统计资料提要 1987** 浙江省粮食局编 F327.64/3239 1989 浙江省粮食局

312 **浙江省粮油统计资料提要 1988** 浙江省粮食局编 F327.64/3239 1989 浙江省粮食局

313 **浙江省绍兴地区第三次人口普查手工汇总资料汇编** 浙江省绍兴地区人口普查领导小组办公室 C924.255.53/3239 1982

314 **浙江省绍兴市农业资源数据汇编** 绍兴市农业区划办公室编 F329.955/2790 1986 绍兴市农业区划办公室

315 **浙江省文化文物统计年鉴 2012** 浙江省文化厅编 G127.55-66/3239 2012 浙江省文化厅

316 **浙江省文化文物统计年鉴 2015** 浙江省文化厅编 G127.55-66/3239 2015 浙江省文化厅

317 **浙江省文化文物统计年鉴 2016** 浙江省文化厅编 G127.55-66/3239 2016 浙江省文

化厅

318 浙江税务统计 1951·第二辑 浙江省人民政府财政厅税务局编 F812.7/3239 浙江省人民政府财政厅税务局

319 浙江统计年鉴 1988 浙江省统计局编 C832.55-54/3239 1988 中国统计出版社

320 浙江统计年鉴 1999 浙江省统计局编 C832.55-54/3239 7-5037-2980-5 1999 中国统计出版社

321 浙江统计年鉴 2000（总第 18 期）：中英文本 吴永革主编 C832.55-54/3239 7-5037-3246-6 2000 中国统计出版社

322 浙江统计年鉴 2001（总第 19 期） 吴永革主编 C832.55-54/3239 7-5037-3503-1 2001 中国统计出版社

323 浙江统计年鉴 2002（总第 20 期） 吴永革主编 C832.55-54/3239 7-5037-3758-1 2002 中国统计出版社

324 浙江统计年鉴 2005（总第 23 期）：[中英文本] 金汝斌主编 C832.55-54/3239 7-5037-4656-4 2005 中国统计出版社

325 浙江统计年鉴 2006：[中英文本] 金汝斌主编 C832.55-54/3239 7-5037-4880-X 2006 中国统计出版社

326 浙江统计年鉴：[中英文本] 2007（总第 25 期） 金汝斌主编 C832.55-54/3239 978-7-5037-5156-1 2007 中国统计出版社

327 浙江统计年鉴 2008 浙江省统计局、国家统计局浙江调查总队编 C832.55-54/3239 978-7-5037-5388-6 2008 中国统计出版社

328 浙江统计年鉴 2009 浙江省统计局、国家统计局浙江调查总队编 C832.55-54/3239 978-7-5037-5663-4 2009 中国统计出版社

329 浙江统计年鉴 2010 浙江省统计局、国家统计局浙江调查总队编 C832.55-54/3239 978-7-5037-5980-2 2010 中国统计出版社

330 浙江统计年鉴 2016 浙江省统计局、国家统计局浙江调查总队编 C832.55-54/3239 978-7-5037-7826-1 2016 中国统计出版社

331 浙江统计年鉴 2017 浙江省统计局、国家统计局浙江调查总队编 C832.55-54/3239 978-7-5037-8213-8 2017 中国统计出版社

332 浙江统一战线年鉴 2007 杨卫敏主编 D613-54/5043 978-7-80633-997-8 2007 杭州出版社

333 浙江统一战线年鉴 2008 杨卫敏主编 D613-54/5043 978-7-80758-120-8 2008 杭州出版社

334　浙江文化年鉴2007　《浙江文化年鉴》编辑委员会编　G127.55-54/3230*　978-7-101-06149-9　2008　中华书局

335　浙江文化年鉴2010　《浙江文化年鉴》编辑委员会编　G127.55-54/3230*　978-7-101-07981-4　2011　中华书局

336　浙江文化年鉴2013　《浙江文化年鉴》编纂委员会编　G127.55-54/3230　978-7-101-10589-6　2014　中华书局

337　浙江文化市场年鉴2009　田宇原主编　G124-54/6037　978-7-80758-391-2　2010　杭州出版社

338　浙江乡镇统计年鉴2004（总第1期）　浙江省统计局编　C832.55-54/3239　7-5037-4566-5　2004　中国统计出版社

339　浙江政策年鉴2007　陈一新主编　D675.5-54/7410　978-7-80168-316-8　2007　研究出版社

340　浙江制造业年鉴2004　浙江省统计局、浙江省经济贸易委员会编　F427.55-54/3239　7-5037-4577-0　2004　中国统计出版社

341　中共绍兴市委办公室年鉴2006　D225.53/5042　2007

342　中共绍兴市委办公室年鉴2007　D225.53/5042　2008

343　诸暨年鉴2002　诸暨市地方志编纂委员会编　Z525.54/3470　7-80122-870-7　2002　方志出版社

344　诸暨年鉴2003　许林章主编　Z525.54/3470　7-80192-200-X　2004　方志出版社

345　诸暨年鉴2004　许林章主编　Z525.54/3470　7-80192-370-7　2004　方志出版社

346　诸暨年鉴2005　许林章主编　Z525.54/3470　7-80192-731-1　2006　方志出版社

347　诸暨年鉴2006　许林章主编　Z525.54/3470　7-80192-956-X　2006　方志出版社

348　诸暨年鉴2007　许林章主编　Z525.54/3470　978-7-80238-237-4　2007　方志出版社

349　诸暨年鉴2008　许林章主编　Z525.54/3470　978-7-5144-0477-7　2012　方志出版社

350　诸暨年鉴2009　戚新华主编　Z525.54/3470　978-7-5144-0477-7　2013　方志出版社

351　诸暨年鉴2010　戚新华主编　Z525.54/3470　978-7-5144-0477-7　2013　方志出版社

352　诸暨年鉴2011　戚新华主编　Z525.54/3470　978-7-5144-0477-7　2012　方志出版社

353　诸暨年鉴2012　戚新华主编　Z525.54/3470　978-7-5144-0477-7　2013　方志出版社

354　诸暨年鉴2013　戚新华主编　Z525.54/3470　978-7-5144-0477-7　2014　方志出版社

355　诸暨年鉴2014　屠永生主编　Z525.54/3470　2014　诸暨市地方志编纂委员会

356 **诸暨年鉴 2015** 诸暨市地方志编纂委员会编 Z525.54/3470 978-7-5034-7683-9 2016 中国文史出版社

357 **诸暨年鉴 2016** 诸暨市地方志编纂委员会编 Z525.54/3470 978-7-5034-8662-3 2016 中国文史出版社

358 **诸暨年鉴 2017** 诸暨市地方志编纂委员会编 Z525.54/3470 978-7-5205-0212-2 2018 中国文史出版社

359 **诸暨年鉴 2018** 诸暨市地方志编纂委员会编 Z525.54/3470 978-7-5535-1480-2 2019 上海文化出版社

360 **诸暨统计年鉴 2010** 诸暨市统计局、国家统计局诸暨调查队编 C832.554-54/3470 2010

361 **诸暨统计年鉴 2011** 诸暨市统计局、国家统计局诸暨调查队编 C832.554-54/3470 2011

362 **诸暨统计年鉴 2012** 诸暨市统计局、国家统计局诸暨调查队编 C832.554-54/3470 2012

363 **诸暨统计年鉴 2013** 诸暨市统计局、国家统计局诸暨调查队编 C832.554-54/3470 2013

364 **诸暨统计年鉴 2014** 诸暨市统计局编 C832.554-54/3470 2014 诸暨市统计局

365 **诸暨统计年鉴 2015** 诸暨市统计局编 C832.554-54/3470 2015 诸暨市统计局

366 **诸暨统计年鉴 2016** 诸暨市统计局编 C832.554-54/3471 2016 诸暨市统计局

367 **诸暨统计年鉴 2017** 诸暨市统计局编 C832.554-54/3472 2017 诸暨市统计局

368 **诸暨统计年鉴 2018** 诸暨市统计局编 C832.554-54/3473 2018 诸暨市统计局

03
地方家谱

1 **白马湖詹氏宗谱：杭州（萧山、滨江）区** 詹铺安主编 K820.9/2783 2013

2 **半程张氏宗谱** 半程张氏宗谱编委会编 K820.9/9021 2018

3 **保驾山孟氏家谱** K820.9/2642 2008

4 **保驾山王氏家谱** K820.9/2642 2008

5 **保驾山竺氏家谱** K820.9/2642 2008

6 **鲍氏五思堂宗谱稿** K820.9/2748 2004

7 **北江盆地：宗族、聚落的形态与发生史研究** 钟翀著 K820.9/8510 978-7-100-08462-8 2011 商务印书馆

8 **北山晋昌郡杜氏宗谱** 北山晋昌郡杜氏宗谱编委会编 K820.9/1221 2008

9 **彩绘宗谱** 常建华、王强主编 K820.9/9012 978-7-5506-2222-7 2016 凤凰出版社

10 **彩烟杨氏** 新昌县彩烟杨氏宗谱续编委员会、新昌县彩烟杨氏文化研究会编 K820.9/0267 2013

11 **彩烟杨氏宗谱** 新昌县彩烟杨氏宗谱重修委员会编 K820.9/0267 2019

12 **柴氏新式家谱** 柴水炎编著 K820.9/2219 2018

13 **陈氏宗谱** 陈百刚主编，《陈氏宗谱》第九次重修宗谱委员会 K820.9/7417 2013

14 **陈氏宗谱撷英** 陈彬、陈钟梅著 K820.9/7440 978-7-81140-389-3 2011 浙江工商大学出版社

15 **称山阮氏家乘** 称山阮氏家乘委员会编 K820.9/2727 2018

16 **偁章齐八房家谱** 章建兴编纂 K820.9/0019 2018 偁山章氏族史编纂委员会

17 **重修崇仁义门裘氏宗谱** 崇仁义门裘氏宗谱修纂委员会编纂 K820.9/2224 2012

18 **重修崇仁义门裘氏宗谱·溪滩分卷** 崇仁义门裘氏宗谱修纂委员会编纂 K820.9/2224 2012

19 **祠堂·灵牌·家谱：中国传统血缘亲族习俗** 刘黎明著 K820.9/0226 7-220-02055-4 1993 四川人民出版社

20 **次坞俞氏** 诸暨市次坞历史文化研究会编 K820.9/3470 7-80192-087-2 2003 方志出版社

21 **次坞俞氏·续集** 诸暨市次坞历史文化研究会编 K810.2/3470 978-7-213-03761-0 2008 浙江人民出版社

22 **大董董氏宗谱** 锡类堂珍藏 K820.9/8699 2017

23 **定山朱氏宗谱** 朱明德编撰 K820.9/2562 2007

24 **东山谢氏宗谱·绍兴豆姜支·续修** 谢子康主修 K820.9/3410 2016

25 **东阳杞国楼氏宗谱·总册** 《东阳杞国楼氏宗谱》编纂委员会编 K820.9/4949 2005

26 **东园陈氏宗谱·胤昌堂·公元2014年（甲午）续修** 陈雪苗主修 K820.9/7414 2014

27 **东至周氏家传** 王忠和著 K820.9/1052 978-7-5306-4681-6 2007 百花文艺出版社

28　董氏宗谱潘家派·遗经堂珍藏　《董氏宗谱潘家派》编委会编　K820.9/4473　2017　宗谱编委会

29　斗岩钱氏宗谱　《斗岩钱氏宗谱》编修理事会编　K820.955.4/3428　2014

30　范氏历代先贤史料　景范教育基金会编纂　K82/6044　962-8236-22-9　2002　新亚洲文化基金会

31　风雅出身教　家风世代传：刘逸生家族　郭毓玲著　K820.9/0781　978-7-5623-5061-3　2016　华南理工大学出版社

32　枫桥开先堂楼氏世谱　楼锦焕主编　K820.9/4989

33　枫桥骆氏宗谱　《枫桥骆氏宗谱》续编委员会编　K820.9/4741　2006

34　富阳历代宗谱序记选编　杭州市富阳区史志办公室、杭州市富阳区档案局编　K820.9/4030　978-7-5508-1762-3　2016　西泠印社出版社

35　皋埠沈氏老六房重修宗谱　皋埠沈氏老六房重修　K820.9/2643　2012　沈氏谱局

36　高泾王氏家谱·首纂　王张明主编　K820.9/1016　2014

37　高阳许氏姚江支云柯宗汉漾山路泥桥头宗谱　许志锋主编　K820.9/3848　2012

38　高邮王氏遗书：上虞罗氏辑本　（清）王念孙等撰　K820.9/1081　7-80643-401-1　2000　江苏古籍出版社

39　古虞刘氏宗谱　刘炳耀主编　K820.9/0299　2018　古虞刘氏高房支宗谱第十四次续编委员会

40　古虞姚氏宗谱　续修姚氏宗谱理事会编修　K820.9/2424　2018

41　广东省大埔县百侯曹碓背甜竹陈氏颖川郡崇庆堂裕庆堂族谱　陈潘仪纂修　K820.9/7432　2011

42　广东阳江茹氏族谱　茹立高主修　K820.9/4400　2014　广东阳江大沟新梨新洲茹氏修谱编委会

43　桂溪陈氏宗谱　陈录堂总监　K820.9/7419　2006

44　海沧姓氏源流　廖艺聪编著　K820.9/0041　978-7-5615-5996-3　2016　厦门大学出版社

45　杭州萧山馆藏家谱图录　杭州市萧山区人民政府地方志办公室、杭州市萧山区档案馆、杭州市萧山区文化广电新闻出版局编　K820.9-64/4030　978-7-5013-5365-1　2014　国家图书馆出版社

46　河南许昌苏氏族谱：眉山系：文史影印册　苏太勋主编　K820.9/4446　2010

47　河南许昌苏氏族谱：眉山系：现代版　苏太勋主编　K820.9/4446　2010

48　**贺氏宗谱**　三修族谱编委会编　K820.9/1020　2008

49　**横路坑马氏崇嵘公支谱**　马善军编修　K820.9/1783　2011

50　**横路坑马氏克祥公支谱**　马纪源主修　K820.9/1723　2011

51　**横路坑马氏克允公支谱**　马善军主修　K820.9/1783　2011

52　**横路坑马氏克中公支谱**　马善军主修　K820.9/1783　2011

53　**胡氏宗谱**　胡氏宗谱续修理事会编　K820.9/4773　2018

54　**湖南省湘阴郭氏家族史全书**　郭道西主编　K820.9/0731　2006

55　**湖州练市周氏支谱**　周正泉编　K820.9/7712　2007

56　**浣东陶湖袁氏宗谱**　孙永根编　K820.9/1934　2011

57　**黄氏宗谱·黄墙弄**　黄氏宗谱修撰编委会编　K820.9/4473　2016

58　**黄氏祖先像传集**　黄清源主编　K820.9/4433　2006　中华闽南文化研究会

59　**黄坛茅坪石氏族谱**　石菊临主编　K820.9/1042　2006

60　**回族家谱考论**　张□著　K820.9/1200　978-7-5525-2193-1　2015　阳光出版社

61　**己亥续修横山鲍氏宗谱**　鲍志良主修　K820.9/2743　2019　横山鲍氏续修宗谱编辑委员会

62　**暨阳长澜石氏宗谱**　《暨阳长澜石氏宗谱》编纂组编纂　K820.9/7174v1　2006

63　**暨阳大部张氏宗谱**　张氏宗谱续修委员会编　K820.9/1273　2016

64　**暨阳殿前寿氏宗谱·重修**　暨阳寿氏殿前宗谱重修编委会编　K820.9/7175　2014

65　**暨阳东安潘氏宗谱**　潘丹主修　K820.9/3270　2014

66　**暨阳范家坞石氏宗谱**　暨阳范家坞石氏宗谱续修领导小组编　K820.9/7174　2005

67　**暨阳郭氏秉诚宗谱**　郭氏秉诚宗谱续修理事会　K820.9/0772　978-7-80715-651-2　2011　浙江古籍出版社

68　**暨阳郭氏秉诚宗谱：义井派**　郭氏秉诚宗谱续修理事会　K820.9/0772　2015

69　**暨阳黄氏志**　黄震主编　K820.9/4410　978-7-5508-0876-8　2013　西泠印社出版社

70　**暨阳绩棠公家谱**　暨阳绩棠公家谱委员会编　K820.9/7172　2004

71　**暨阳佳树湾汪氏宗谱**　《暨阳佳树湾汪氏宗谱》编委会、浙江省百姓家谱研究会编　K820.9/7172　2017

72　**暨阳嵊屿张氏宗谱**　培侃主编　K820.9/4020　2017

73　**暨阳梅溪周氏宗谱**　周清校主编　K820.9/7734　2006

74 **暨阳孟氏宗谱** 暨阳孟氏宗谱续修研究会编 K820.9/7171 2004

75 **暨阳南门赵氏宗谱** 暨阳南门赵氏宗谱编纂委员会编 K820.9/7174 2013

76 **暨阳倪氏宗谱** 暨阳石门倪氏理事会编 K820.9/7171 2017

77 **暨阳全堂汤氏宗谱** 汤洁仁主编 K820.9/3732 2004

78 **暨阳全堂杨氏宗谱：2008 年续修** 陈顺昌主编 K820.9/7426 2008

79 **暨阳阮坞俞氏宗谱** 暨阳阮坞俞氏宗谱重修理事会修撰 K820.9/7177 2012

80 **暨阳三塘蒋氏宗谱·卷一** 林法、汝耕、梦松著 K820.9/4430v1 2007

81 **暨阳善溪何氏宗谱** 暨阳善溪何氏宗谱编修委员会编排 K820.9/7178 2009

82 **暨阳石姥章氏宗谱** 诸暨石姥章氏理事会编 K820.9/3471 2016

83 **暨阳外庄黄氏宗谱** 黄氏宗谱义务修撰委员会编 K820.9/4473 2016

84 **暨阳魏氏宗谱** 魏氏宗谱续编委员会编 K820.9/2673 2008

85 **暨阳西青杨氏宗谱** 横里《暨阳西青杨氏宗谱》续修领导小组编 K820.9/4467 2006

86 **暨阳县后张氏大云头支派宗谱** 暨阳县后张氏大云头支派宗谱编委会编 K820.9/7177 2018

87 **暨阳香山张氏宗谱** 暨阳香山张氏宗谱理事会编修 K820.9/7172 2017

88 **暨阳岩畈章氏宗谱** 章高军编撰 K820.9/0003 2013

89 **暨阳应氏宗谱** 暨阳应氏续修理事会编 K820.9/7170 2010

90 **暨阳渔橹孙氏宗谱** 孙家村家谱编纂委员会编 K820.9/1934 2008

91 **暨阳张淮张氏宗谱** 张氏宗祠张淮村家谱续修谱局编修 K820.9/1273 2017

92 **暨阳芝泉上张（溪西）张氏宗谱** 暨阳芝泉上张（溪西）张氏宗谱续谱小组编 K820.9/7174 2017

93 **暨阳周氏宗谱** 周张乔主编 K820.9/7712 2007

94 **暨阳珠村周氏宗谱** 周鲁卿编纂 K820.9/7727 2008

95 **暨阳宗和郭氏宗谱** 《暨阳宗和郭氏宗谱》编委会编 K820.9/7173 2009

96 **暨邑杨氏宗谱** 伟春总纂 K820.9/2550 2007

97 **家谱编纂指南** 郭欢裕主编 K810.2/0773 978-7-5508-0286-5 2011 西泠印社出版社

98 **嘉祥曾氏家族文化研究** 周海生著 K820.9/7732 978-7-101-09849-5 2013 中华书局

99　　**蒋氏宗谱：会稽蒋村观德堂第八次续谱**　K820.9/4473　2007

100　　**金罍范氏宗谱**　上虞金罍范氏宗谱第十二次续修编纂委员会编　K820.9/2128　2003

101　　**九牧林氏家乘**　林光德编纂　K820.9/4492　2011

102　　**菖根徐氏宗谱：十一修**　菖根徐氏宗谱十一届续修理事会编　K820.9/4442　2012

103　　**觉山孔氏宗谱**　本书编委会编　K820.9/9021　2010

104　　**孔氏南宗与浙西南社会变迁研究**　吴锡标、刘小成、张慧霞著　K820.9/6084　978-7-308-07886-3　2010　浙江大学出版社

105　　**会稽（绍兴）坎上董氏宗谱**　董氏宗谱编辑委员会编　k820.9/4473　2017

106　　**会稽板溪刘金氏宗谱**　绍兴板溪刘金氏宗谱编纂委员会编　K820.9/2794　2013

107　　**会稽陈村黄氏家谱**　黄天文主编　K820.9/4410　2015　北京时代弄潮文化发展有限公司

108　　**会稽高车头鲍氏五思堂宗谱**　鲍世济主编　K820.9/2743　2011

109　　**会稽贺氏**　张钧德著　K820.9/1282　7-5034-1838-9　2006　中国文史出版社

110　　**会稽日铸宋氏宗谱：续卷**　K820.9/8026　2017

111　　**会稽陶氏咸欢河支谱**　会稽陶氏族谱编委会编　K820.9/8027　1994

112　　**会稽陶氏族谱**　会稽陶氏族谱编委会编　K820.9/8027　2013

113　　**会稽陶氏族谱**　会稽陶氏族谱编委会编　K820.9/8027　2014

114　　**会邑阮氏宗谱：会稽阮氏宗谱**　阮商书编著　K820.9/7105　2017　中国文史出版社

115　　**兰陵萧氏家族文化研究**　谭洁著　K820.9/3130　978-7-101-09439-8　2013　中华书局

116　　**两晋泰山羊氏家族文化研究**　刘硕伟著　K820.9/0212　978-7-101-09448-0　2013　中华书局

117　　**临朐冯氏家族文化研究**　张秉国著　K820.9/1226　978-7-101-09441-1　2013　中华书局

118　　**刘氏家谱**　《刘氏家谱》编委编　K820.9/0273　2009

119　　**龙梅王氏族谱**　定安县雷鸣镇龙梅王氏修谱委员会编　K820.9/0000　2014　定安县雷鸣镇龙梅王氏修谱委员会

120　　**隆都大巷陈氏族谱**　陈梅湖纂　K820.9/7443　2013

121　　**陆氏世谱：杨名陆巷支（下浦派）**　无锡杨名陆巷支下浦派续修委员会编辑　K820.9/1084　2017

122　　**陆氏宗谱**　陆长源编　K820.9/7543

123　洛阳地区家谱提要　谢琳惠著　K820.9/3415　978-7-5013-3534-3　2010　国家图书馆出版社

124　孟府文化研究　朱松美著　K820.9/2548　978-7-101-09445-9　2013　中华书局

125　孟氏南支简谱　孟迈编　K820.9/1730　2006

126　明代家谱　王强主编　K820.9/1010　978-7-5506-1791-9　2013　凤凰出版社

127　明清安丘曹氏家族文化研究　赵红卫著　K820.9/4421　978-7-101-09442-8　2013　中华书局

128　明清莱阳宋氏家族文化研究　李江峰、韩品玉著　K820.9/4032　978-7-101-09438-1　2013　中华书局

129　明清诸城王氏家族文化研究　王宪明著　K820.9/1036　978-7-101-09446-6　2013　中华书局

130　莫厘王氏人物传：王鏊家族精英选　杨维忠编著　K820.9/4725　978-7-5672-1816-1　2016　苏州大学出版社

131　木本水源　高月英主编　K820.9/0074　978-7-5034-4384-8　2013　中国文史出版社

132　南朝东海徐氏家族文化研究　刘宝春著　K820.9/0235　978-7-101-09435-0　2013　中华书局

133　南门四年派暨阳梅山周氏宗谱　葛焕轩主编　K820.9/4494　2004　诸暨市草塔镇梅山村村志修编领导小组

134　南孟文化　孟南生主编　K820.9/1742　2012　续修暨阳孟氏宗谱委员会

135　南明黄氏宗谱　黄天乔、黄焕汀主修　K820.9/4412　2016

136　南明石氏宗谱　石焕昌、石千秋、石伯良主修　K820.9/1096　2014

137　南周坂周氏宗谱　周忠秀撰编　K820.9/7752　2011

138　欧阳氏族谱：槎江彤公、万公裔　欧阳可明主编　K820.9/7716

139　庞氏族谱　（清）庞越樵纂修　K820.9/0044　978-7-5495-7642-5　2015　广西师范大学出版社

140　彭城张氏族谱　中华彭城张氏修谱理事会编　K820.9/5024　2010

141　平阳榆垟沈氏宗谱　沈步云编撰　K820.9/3421　2010

142　屏山钟氏钟家坞历史　钟越主编　K295.55/8540*　2010

143　屏山钟氏宗谱（公元 2008 年重修版）　钟越主编　K820.9/8540　2010

144　尊塘赵氏宗谱西村：定规　尊塘赵氏宗谱西村编委会编　K820.9/4444　2016

145　尊塘赵氏宗谱西村·行传卷　尊塘赵氏宗谱西村编委会编　K820.9/4444　2016

146　尊塘赵氏宗谱西村·卷末　尊塘赵氏宗谱西村编委会编　K820.9/4444　2016

147　尊塘赵氏宗谱西村·卷首　尊塘赵氏宗谱西村编委会编　K820.9/4444　2016

148　尊塘赵氏宗谱西村·系图卷　尊塘赵氏宗谱西村编委会编　K820.9/4444　2016

149　尊塘赵氏宗谱西村·艺文卷　尊塘赵氏宗谱西村编委会编　K820.9/4444　2016

150　蒲荡夏周氏家乘　周煦友主编　K820.9/7764　2016

151　谱牒、碑文、祭文赏析　陈建平主编　K820.9/7411　978-7-311-03415-3　2009　兰州大学出版社

152　谱牒汇编　傅宏星主编　K820.9/2336　978-7-5622-7155-0　2016　华中师范大学出版社

153　齐州房氏家族文化研究　周尚兵著　K820.9/3002　978-7-101-09444-2　2013　中华书局

154　杞国楼氏宗谱　K820.9/4949　2007

155　千林陈氏宗谱　陈国雄编撰　K820.9/7464　2013

156　迁居沥海阮直后裔　阮志鑫编著　K820.9/7148　2017

157　钱氏宗谱　钱国森编　K820.9/8364　2012

158　钱塘丁氏家谱大系表　丁利年主补编　K820.9/1028　2003

159　桥之自辑家谱　区桥之纂修　K820.9/7143　978-7-5495-7643-2　2015　广西师范大学出版社

160　覃氏族谱　三修族谱编纂委员会编　K820.9/1020　2018

161　清朝皇室命谱　刘跃军著　K820.9/0263　978-7-5169-0738-2　2016　华龄出版社

162　清代德州田氏家族文化研究　黄金元著　K820.9/4481　978-7-101-09434-3　2013　中华书局

163　清代海丰吴氏家族文化研究　孙才顺、韩荣钧著　K820.9/1942　978-7-101-09852-5　2013　中华书局

164　清代济宁孙氏家族文化研究　王洪军著　K820.9/1033　978-7-101-09851-8　2013　中华书局

165　清代聊城杨氏藏书世家研究　丁延峰著　K820.9/1012　978-7-101-09440-4　2013　中华书局

166　清代满族家谱选辑　何晓芳主编　K820.9/2164　978-7-5497-1283-0　2016　辽宁民族

出版社

167 **清代民国名人家谱选刊** 国家图书馆地方志家谱文献中心编 K820.9/6036 7-5402-1731-6 2006 北京燕山出版社

168 **清代民国名人家谱选刊续编** 国家图书馆地方志家谱文献中心编 K820.9/6036 7-5402-1839-8 2006 北京燕山出版社

169 **清代栖霞牟氏家族文化研究** 俞祖华、王海鹏著 K820.9/8032 978-7-101-09443-5 2013 中华书局

170 **清代诸城刘氏家族文化研究** 张其凤著 K820.9/1247 978-7-101-09451-0 2013 中华书局

171 **雀嘴前庄阮氏家谱** 阮同椿、阮志鑫、阮前程编著 K820.9/7174 2015

172 **任氏柳岙裹房孝礼支族谱** 生友谨书 K820.9/2543 2011

173 **任氏族谱：崧厦严巷头任氏文铭公派下** 任氏族谱编委会编 K820.9/2270 2018

174 **汝南郡周氏宗谱·归仁公派总谱** 宁远县周氏宗谱修编委员会编 K820.9/3037 2008

175 **汝南郡周氏宗谱：影像卷·归仁公派总谱** 湖南省宁远周子文史研究会、湖南省宁远县周氏总谱修编委员会编 K820.9/3749 2008

176 **三槐王氏林头支系家谱** 王顾庆主编 K820.9/1070 2012 三槐王氏林头支系家谱编纂委员会

177 **山阴（周冕）北京支谱** K820.9/2277

178 **山阴天乐三泉王氏宗谱** 山阴天乐三泉王氏宗谱续修编会编 K820.9/2271 2012

179 **单氏族谱** 《单氏族谱》编撰委员会编 K820.9/8070 2019

180 **善溪虞氏宗谱** 报本堂藏 K820.9/5759 2016 善溪虞氏报本堂

181 **剡北鹿山屠氏宗谱** 屠福根总编 K820.9/7734 2013

182 **剡北王氏宗谱支系** 王子夫主编 K820.9/1015 2009

183 **剡西白泥墩王氏宗谱：三槐堂** 王友顺、王友赫编纂 K820.9/1042 2012

184 **剡溪碛下周氏宗谱** 周志勋编 k820.9/7746 2003

185 **上海图书馆馆藏家谱提要** 王鹤鸣等主编 Z88:K820.9/1046 7-5325-2702-6 2000 上海古籍出版社

186 **上虞管溪徐氏宗谱** 管溪徐氏宗谱编修委员会 K820.9/8832 2011

187 **上虞贺溪倪氏宗谱** 倪天祥编 K820.9/2713 2012

188 **上虞伦教堂（敕五堂）胡氏宗谱** 胡公洛主编 K820.9/4783 2015 上虞胡氏宗谱编

修组

189 **上虞伦教堂（救五堂）胡氏宗谱裕后集** 上虞胡氏宗谱编修组编 K820.9/2124 2016 上虞胡氏宗谱编修组

190 **上虞前江金氏家乘** 金竹林主编 K820.9/8084 2015 上虞前江金氏家乘续编委员会办公室

191 **上虞西澄王氏宗谱** 上虞西澄西澄王氏宗谱编委会编 K820.9/2121 2016

192 **上虞西山徐氏宗谱** 上虞西山徐氏宗谱委员会编 K820.9/2121

193 **上虞夏溪丁氏宗谱** 丁国林编写 K820.9/1064 2012 瑞松堂

194 **上虞夏溪上宅丁氏宗谱** 上虞夏溪上宅丁氏宗谱续修委员会编纂 K820.9/2121 2017

195 **上虞谢氏宗谱** 上虞谢氏宗谱编纂委员会编 K820.9/2123 2014

196 **上虞雁埠陆氏宗谱新编** 陆树洪主编 k820.9/7543 2014

197 **绍兴安昌前庄王氏宗谱：王羲之后裔·三槐堂** 王洺主笔 K820.9/1030 2015

198 **绍兴后坞胡氏宗谱** 胡茂元主编 K820.9/4741 2011

199 **绍兴家谱总目提要** 绍兴市档案馆、绍兴图书馆、绍兴市家谱协会编 K820.9/2790 978-7-5508-1601-5 2015 西泠印社出版社

200 **绍兴沥海阮氏族谱** 阮志鑫、阮志坤主编 K820.9/7148 978-7-5034-7798-0 2017 中国文史出版社

201 **绍兴南岸冯氏宗谱** 冯华君主编 K820.9/3721 2009

202 **绍兴齐贤镇西徐巷村（下方桥）樊氏家谱** 绍兴镇西徐巷村樊氏家谱编修组编 K820.9/2798 2010

203 **绍兴容山包氏宗谱** 包祖伟主编 K820.9/2732 2010

204 **绍兴容山钱氏宗谱** 十九世海明编纂 K820.9/4044 2013

205 **绍兴赏氏家谱** 绍兴赏氏家族族谱编写组编 k820.9/2799 2015

206 **绍兴市越城区东浦镇冯氏家谱** 冯家椿等修编 K820.9/3734 2009

207 **绍兴水澄刘氏应谋公支派延续信息汇编** 刘克贤主编 K820.9/0242 2013

208 **绍兴图书馆馆藏古籍地方文献书目提要** 赵任飞主编 Z88:K/4421 978-7-80694-476-9 2009 广陵书社

209 **绍兴县岭湖村李氏宗谱：陇西堂** 李马鑫编著 K820.9/4018 978-7-80735-937-1 2010 西泠印社出版社

210 **绍兴县岭湖村李氏宗谱：唐宗室裔牛峰派李氏谱牒** 李马鑫编著 K820.9/4018 978-

7-80735-937-1　2010　西泠印社出版社

211　**绍兴渔后村朱氏宗祠草谱**　朱氏编　K820.9/2570　2018

212　**绍兴周氏渊源考**　沈建中著　K820.9/3415　978-7-213-04257-7　2010　浙江人民出版社

213　**嵊西袁家袁氏族谱**　族谱编修委员会　K820.9/0832　2008

214　**嵊州市谷来镇横路坑马氏家谱·人和堂藏版**　《横路坑马氏家谱》编委会编　K820.9/4464　2017

215　**嵊州竹溪钱氏宗谱**　嵊州竹溪钱氏宗谱重修领导小组续修　K820.9/2238　2013

216　**石头霍氏族谱**　（清）霍绍远、（清）霍熙纂修　K820.9/1023　978-7-5495-6530-6　2015　广西师范大学出版社

217　**史氏宗谱**　史济荣主编　K820.9/5034　2016

218　**始祖郡望堂号**　沈荣金编　K810.2/3448　978-7-5623-4368-4　2015　华南理工大学出版社

219　**思绥草堂藏稀见名人家谱汇刊**　励双杰主编　K820.9/7414　978-7-5495-1334-5　2012　广西师范大学出版社

220　**崧镇何氏宗谱**　何其良等纂修　K820.9/2143　2015

221　**宋代巨野晁氏家族文化研究**　刘焕阳、刘京臣著　K820.9/0297　978-7-101-09432-9　2013　中华书局

222　**苏禄王后裔家族文化研究**　王守栋著　K820.9/1034　978-7-101-09447-3　2013　中华书局

223　**孙家桥孙氏族谱**　孙长耕编纂　K820.9/1945　2010

224　**台湾百家大姓源流**　谢钧祥著　K810.2/3483　978-7-80141-808-1　2011　台海出版社

225　**汤氏族谱**　汤继勋编　K820.9/3726　2008

226　**唐代临淄段氏家族文化研究**　许智银著　K820.9/3888　978-7-101-09449-7　2013　中华书局

227　**塘里任氏家谱**　《塘里任氏家谱》续修委员会编　K820.9/4062　2016

228　**图山后裔菜子湾王氏宗谱**　菜子湾修谱组编　K820.9/4413　2005

229　**无锡庄桥支陆氏世谱**　陆永春主编　K820.9/7535　2006

230　**五峰俞氏东宅萃和祠宗谱·萃和祠珍藏**　俞品全、俞晓春、俞伟新等纂编　K820.955.4/8068　2016　江苏金坛市兰陵印务有限公司

231 **五峰俞氏文化：金字谱**　五峰俞氏文化修撰　K820.955/1028　2014

232 **下市头王氏宗谱**　王行桥主编　K820.9/1024　2008

233 **萧山长巷沈氏宗谱**　沈明奎主编　K820.9/3464　2011　长巷沈氏宗谱续修会

234 **萧山衙前项氏宗谱**　萧山项氏宗谱编纂委员会编　K820.9/4421　2014　杭州启航宗谱

235 **萧山衙前项氏宗谱**　徐木兴主编　K820.9/2849　2014

236 **萧山永思堂叶氏宗谱**　叶仁铨等主编　K820.9/6428　2014　萧山永思堂续修《叶氏宗谱》委员会

237 **萧山越寨张氏宗谱**　徐木兴主编　K820.9/2849　2018

238 **萧山越寨张氏宗谱：重修\简装版**　徐木兴主编　K820.9/2849　2018

239 **谢氏史志·平阳篇**　谢刚主编　K820.9/3470　962-450-746-5　2007　香港天马图书有限公司

240 **新昌丁氏宗谱**　丁复鸣主修　K820.9/1086　2006

241 **新昌丁氏宗谱·卷之二**　丁怀新续写　K820.9/1090　2005

242 **新昌张家车徐氏宗谱**　管溪徐氏十四世孙利成主修　K820.9/8832　2009

243 **姓氏迁徙和分布**　沈荣金编　K810.2/3448　978-7-5623-4428-5　2015　华南理工大学出版社

244 **修谱参考（卷一）**　兰陵印务编纂　K810.2/8077　2015

245 **徐氏家谱**　余庆堂编辑　K820.9/8009　2007

246 **徐氏宗谱·东海堂**　浙江绍兴棲凫东海堂徐氏宗谱委员会编　K820.9/3232　2008

247 **徐氏宗谱：绍兴罗家庄**　徐关寿主编　K820.9/2885　2018

248 **薛氏宗谱**　薛志坤续修　K820.9/4444　2017

249 **严氏家谱：清末浙江绍兴迁山东济南始迁祖严书泰公**　严工编纂　K820.9/1010　2015

250 **颜氏家族文化研究：以魏晋南北朝为中心**　常昭著　K820.9/9060　978-7-101-09433-6　2013　中华书局

251 **砚石埠周氏宗谱：暨阳南门十年派**　周煦友、周谷屏主编　K820.9/7764　2014

252 **羊山韩氏宗谱**　韩妙根主编　K820.9/4544　2014

253 **羊山韩氏宗谱·续修第四集**　韩妙根主编　K820.9/4544　2014

254 **杨村周氏宗谱**　周崇新主编　K820.9/7720　2013

255 **杨氏命脉回溯**　杨年建编著　K820.9/4781　978-7-5325-5510-9　2010　上海古籍出

版社

256　姚北小曹娥周氏宗谱　《姚北小曹娥周氏宗谱》编委编　K820.9/4219　2014

257　驿亭经氏敬修堂家乘　经贞义主纂　K820.9/2724　2016

258　益阳兰溪贺氏五修支谱　贺绍秋总编　K820.9/4622　2016

259　永平府昌黎县迁黑省绥化地区海望界顾氏家谱　顾云杰编著　K820.9/7114　978-7-5034-6012-8　2015　中国文史出版社

260　甬上屠氏　王炳仁、屠惠琴编著　K820.9/1092　978-7-5565-0654-5　2017　杭州出版社

261　余姚四明孙氏宗谱　孙瑞堂、孙家强、孙亚庆主修　K820.9/1919　2015　余姚四明孙氏宗谱续修理事会

262　俞氏宗谱　俞华秀主编　K820.9/8022　2010

263　俞氏宗谱续　K820.9/8073

264　虞东宋氏宗谱　虞东宋氏赋梅堂编修　K820.9/2143　2018

265　虞氏宗谱　虞志根主编　K820.9/2144　1999

266　虞邑潭头李氏宗谱　虞邑潭头李氏宗谱编纂办公室编纂　K820.9/2163　2014

267　庾氏志：赣粤湘桂卷　庾裕良主编　K820.9/0033　1999

268　源溪张氏宗谱　源溪张氏宗谱重修理事会编纂　K820.9/3131　2015

269　越州孟氏宗谱：宜尔堂敦素堂合谱　越州孟氏宗谱编委会编　K820.9/4331　2017

270　越州周氏古今谈　周煦友编著　K810.2/5027　2015　天马出版有限公司

271　运氏统宗世谱　运氏统宗世谱编修委员会编　K820.9/3104　978-7-201-09402-1　2015　天津人民出版社

272　宅埠陈氏宗谱　陈炳荣主编　K820.9/7494　2008

273　张氏宗谱　龙山宗谱续修理事会编修　K820.9/4323　2015

274　张氏宗谱·追远堂·第六届重修　绍兴县王坛镇王坛村大王堂编修　K820.9/2797　2010

275　张义坞杨氏支谱：暨阳南屏派　周煦友、杨光安编　K820.9/7764　2006

276　张义坞周氏支谱：暨阳南门四年派　周煦友、周章校编　K820.9/7764　2004

277　章丘李氏家族文化研究：以李格非、李清照父女为中心　魏青著　K820.9/2650　978-7-101-09853-2　2013　中华书局

278　赵氏玉牒宗谱　赵氏玉牒宗谱编委会编　K820.9/4471　2009

279　**赵族会讯**　赵宋南外宗正司研究会泉州赵族总会编　K820.9/4434　2017

280　**浙东暨阳同山蒋氏宗谱**　浙东暨阳同山族第十三次修谱理事会编　K820.9/3247　2006

281　**浙江慈禧戚氏垂裕堂宗谱**　戚梦朗主编　K820.9/5343　2011

282　**浙江家谱总目提要**　程小澜主编　Z88:K820.9/2693　7-213-03157-0　2005　浙江人民出版社

283　**浙江剡西孝节乡王氏宗谱**　浙江剡西孝节乡王氏宗谱主修理事会编　k820.9/3239　2016

284　**浙江绍兴东浦南村岸陈氏家谱**　陈明钊等修编　K820.9/7468　2009

285　**浙江省姓氏志·水南许氏**　许亦江编著　K810.2/3803　978-7-5039-6211-1　2009　大众文艺出版社

286　**浙江杨氏通谱**　杨慕良主编　K820.9/4743　978-7-5034-8282-3　2017　中国文史出版社

287　**浙江乐清乐东林氏大宗谱**　林其海主编　K820.9/4443　2008

288　**浙江诸暨嵊岬张氏家谱及浙粤逸史**　陈梅湖纂　K820.9/7443　2013

289　**浙南谱牒文献汇编**　郑笑笑、潘猛补主编　K820.9/8788　962-86783-3-7　2003　香港出版社

290　**治学续家风 文质两炳焕：詹安泰家族**　黄河方著　K820.9/4430　978-7-5623-5062-0　2016　华南理工大学出版社

291　**中国家谱的编纂**　林学勤著　K820.9/4494　978-7-202-06188-6　2012　河北人民出版社

292　**中国家谱论丛**　上海图书馆编　K820.9/2136　978-7-5325-5565-9　2010　上海古籍出版社

293　**中国家谱目录**　山西省社会科学院家谱资料研究中心编辑　Z88:K820.9/2219　7-203-02181-5　1992　山西人民出版社

294　**中国家谱堂号溯源**　顾燕著　K820.9/7140　978-7-5325-7522-0　2015　上海古籍出版社

295　**中国家谱通论**　王鹤鸣著　K820.9/1046　978-7-5325-6069-1　2011　上海古籍出版社

296　**中国家谱资料选编·凡例卷**　陈建华、王鹤鸣主编　K820.9/7412　978-7-5325-7091-1　2013　上海古籍出版社

297　**中国家谱资料选编·家规族约卷**　陈建华、王鹤鸣主编　K820.9/7412　978-7-5325-7092-8　2013　上海古籍出版社

298　**中国家谱资料选编·教育卷**　陈建华、王鹤鸣主编　K820.9/7412　978-7-5325-7094-2

2013 上海古籍出版社

299 **中国家谱资料选编·经济卷** 陈建华、王鹤鸣主编 K820.9/7412 978-7-5325-7089-8
2013 上海古籍出版社

300 **中国家谱资料选编·礼仪风俗卷** 陈建华、王鹤鸣主编 K820.9/7412 978-7-5325-
7088-1 2013 上海古籍出版社

301 **中国家谱资料选编·礼仪风俗卷** 陈建华、王鹤鸣主编 K820.9/7412 978-7-5325-
7088-1 2013 上海古籍出版社

302 **中国家谱资料选编·图录卷** 陈建华、王鹤鸣主编 K820.9/7412 978-7-5325-7086-7
2013 上海古籍出版社

303 **中国家谱资料选编·序跋卷** 陈建华、王鹤鸣主编 K820.9/7412 978-7-5325-7087-4
2013 上海古籍出版社

304 **中国家谱资料选编·漳州移民卷** 陈建华、王鹤鸣主编 K820.9/7412 978-7-5325-
7096-6 2013 上海古籍出版社

305 **中国家谱资料选编·传记卷** 陈建华、王鹤鸣主编 K820.9/7412 978-7-5325-7090-4
2013 上海古籍出版社

306 **中国家谱总目** 上海图书馆编 Z88:K820.9/2136 978-7-5325-5073-9 2008 上海古
籍出版社

307 **中华吕氏通谱** 吕龙章主编 K820.9/6040 978-7-101-10278-9 2014 中华书局

308 **中华阮姓故事** 阮志坤编著 K810.2/7144 978-7-5059-8595-7 2014 中国文联出版社

309 **中华邵氏统谱** 邵泽源主修 K820.9/1733 2015 中国华侨出版社

310 **中华夏姓人名大典** 夏明显、夏胜千主编 K82-61/1066 2008

311 **中华夏姓文化** 夏明显、夏胜千主编 K810.2/1066v2 2009

312 **中华姓氏大典** 赵凡禹、孙豆豆编著 K82-61/4472 978-7-5104-1709-2 2011 新
世界出版社

313 **中华姓氏源流大辞典** 徐铁生编著 K810.2-61/2882 978-7-101-09024-6 2014 中
华书局

314 **中华周氏宗谱目录** 中华周氏绍兴市联谊会编 K820.9/5027 2012

315 **中华族谱集成·陈氏谱卷** 中国谱牒学研究会编纂 K820.9/5063 7-80523-694-1
1995 巴蜀书社

316 **中华族谱集成·李氏谱卷** 中国谱牒学研究会编纂 K820.9/5063 7-80523-694-1
1995 巴蜀书社

317 **中华族谱集成·刘氏谱卷** 中国谱牒学研究会编纂 K820.9/5063 7-80523-694-1
1995 巴蜀书社

318 **中华族谱集成·万姓统谱** 中国谱牒学研究会编纂 K820.9/5063 7-80523-694-1
1995 巴蜀书社

319 **中华族谱集成·王氏谱卷** 中国谱牒学研究会编纂 K820.9/5063 7-80523-694-1
1995 巴蜀书社

320 **中华族谱集成·张氏谱卷** 中国谱牒学研究会编纂 K820.9/5063 7-80523-694-1
1995 巴蜀书社

321 **钟氏宗谱：绍兴县陶堰镇南范南钟漤支** 钟苞竹主编 K820.9/8548 2012

322 **周氏族谱叙** 车震亚编撰 K820.9/4011 2009

323 **朱氏宗谱：绍兴王坛腾豪（停岙）** 腾豪朱氏宗谱第七届编纂委员会编 K820.9/7902
2004

324 **诸暨家谱总目** 赵岳阳主编 K820.9/3470 978-7-5340-3782-5 2014 浙江人民美术
出版社

325 **诸暨岭外张氏宗谱** 诸暨岭外张氏续修宗谱委员会编 K820.9/3472 2017

326 **诸暨全堂杨氏家谱：杨赤忱公后裔遍全球** 包永年编撰 K820.9/2738 2007 清白堂

327 **诸暨阮市包氏宗谱** 包永年编撰 K820.9/2738 2003 河清堂

328 **诸暨石家隆石氏宗谱** K820.9/1053 2006

329 **诸暨市庙下畈村黄氏宗祠修缮记** 黄寿波主编 K928.75/4453 2017

330 **诸暨徐氏志** 诸暨徐氏志编纂委员会编 K820.9/2811 978-7-5126-6285-8 2018 团
结出版社

331 **诸暨阳春宗和郭氏宗谱** 郭恒巨主编 K820.9/0797 2016

332 **诸暨张家院张氏宗谱** 张家院张氏宗谱编修委员会编修 K820.9/1237 2016

333 **诸暨章坞章氏宗谱** 章建辉、章祖明主修 K820.9/0019 2009

334 **诸暨钟氏宗谱：月形敦厚堂** 介宁编 K820.9/8030 2003

335 **诸暨周氏溯源** 中华周氏诸暨市联谊会、诸暨市濂溪文化研究会编著 K820.9/5027
978-7-5144-2300-6 2016 方志出版社

336 **祝氏家谱·圣婴公后裔** K820.9/3673 2019 祝氏家谱编纂委员会

337 **祝氏家谱·圣煋公后裔** K820.9/3673 2019 祝氏家谱编纂委员会

338 **祝氏家谱·圣煜公后裔** K820.9/3673 2019 祝氏家谱编纂委员会

339 祝氏家谱：宋明清家谱　K820.9/3673　2019　祝氏家谱编纂委员会

340 祝氏家谱·综合卷　K820.9/3673　2019　祝氏家谱编纂委员会

341 宗祠楹联典故　沈荣金编　I269/3448　978-7-5623-4369-1　2015　华南理工大学出版社

342 邹氏宗谱续谱　续谱编辑委员会编　K820.9/2432　2017　北京时代弄潮文化发展有限公司

04
非遗

1 第一批国家级非物质文化遗产名录图典　周和平主编　K203-62/7721　978-7-5039-3225-0　2007　文化艺术出版社

2 调吊　杨志强主编　G852.9/4741　978-7-5514-0736-6　2014　浙江摄影出版社

3 国家级非物质文化遗产大观　本书编写组编　K203/6032　7-5639-1652-0　2006　北京工业大学出版社

4 口述历史：我与"非遗"的故事：I and the intangible cultural heritage of China　浙江省政协文史资料委员会编　K295.5/1843　978-7-5161-0443-9　2012　中国社会科学出版社

5 口述历史：我与"非遗"的故事 2：I and the intangible cultural heritage of China. II　浙江省政协文史资料委员会编　K295.5/3239　978-7-213-06325-1　2014　浙江人民出版社

6 梁祝传说　杨建新总主编　K295.5/4710　978-7-80686-780-8　2009　浙江摄影出版社

7 上虞市百官街道非物质文化遗产普查汇编本　上虞市文化馆编　G127.555/2120　2008

8 上虞市曹娥街道非物质文化遗产普查汇编本　上虞市文化馆编　G127.555/2120　2008

9 上虞市长塘镇非物质文化遗产普查汇编本　上虞市文化馆编　G127.555/2120　2008

10 上虞市陈溪乡非物质文化遗产普查汇编本　上虞市文化馆编　G127.555/2120　2008

11 上虞市道墟镇非物质文化遗产普查汇编本　上虞市文化馆编　G127.555/2120　2008

12 上虞市东关镇非物质文化遗产普查汇编本　上虞市文化馆编　G127.555/2120　2008

13 上虞市非物质文化遗产集锦　彭尚德主编　G127.554/4292　9789881832580　2009　中国文化出版社

14　上虞市非物质文化遗产普查汇集本：第一册（上）·民族语言、民间文学　上虞市文化馆编　G127.555/2120　2008

15　上虞市非物质文化遗产普查汇集本：第一册（下）·民间文学　上虞市文化馆编　G127.555/2120　2008

16　上虞市非物质文化遗产普查汇集本：第二册·民间音乐、舞蹈、戏曲、曲艺、杂技、美术　上虞市文化馆编　G127.555/2120　2008

17　上虞市非物质文化遗产普查汇集本：第三册·民间手工技艺、生产商贸习俗、消费习俗　上虞市文化馆编　G127.555/2120　2008

18　上虞市非物质文化遗产普查汇集本：第四册·人生礼仪　上虞市文化馆编　G127.555/2120　2008

19　上虞市非物质文化遗产普查汇集本：第五册·岁时节令、民间信仰、民间信仰、民间知识、游艺体育与竞技、其他　上虞市文化馆编　G127.555/2120　2008

20　上虞市非物质文化遗产普查汇集本：第六册·传统医药　上虞市文化馆编　G127.555/2120　2008

21　上虞市丰惠镇非物质文化遗产普查汇编本　上虞市文化馆编　G127.555/2120　2008

22　上虞市盖北镇非物质文化遗产普查汇编本　上虞市文化馆编　G127.555/2120　2008

23　上虞市沥海镇非物质文化遗产普查汇编本　上虞市文化馆编　G127.555/2120　2008

24　上虞市岭南乡、章镇镇非物质文化遗产普查汇编本　上虞市文化馆编　G127.555/2120　2008

25　上虞市上浦镇非物质文化遗产普查汇编本　上虞市文化馆编　G127.555/2120　2008

26　上虞市崧厦镇非物质文化遗产普查汇编本　上虞市文化馆编　G127.555/2120　2008

27　上虞市汤浦镇非物质文化遗产普查汇编本　上虞市文化馆编　G127.555/2120　2008

28　上虞市下管镇非物质文化遗产普查汇编本　上虞市文化馆编　G127.555/2120　2008

29　上虞市小越镇非物质文化遗产普查汇编本　上虞市文化馆编　G127.555/2120　2008

30　上虞市谢塘镇、梁湖镇非物质文化遗产普查汇编本　上虞市文化馆编　G127.555/2120　2008

31　上虞市驿亭镇非物质文化遗产普查汇编本　上虞市文化馆编　G127.555/2120　2008

32　上虞市永和镇、丁宅乡非物质文化遗产普查汇编本　上虞市文化馆编　G127.555/2120　2008

33　绍剧　杨志强主编　J825.55/4741　978-7-5514-0502-7　2014　浙江摄影出版社

34 **绍兴词调** 杨志强主编 J826/4741 978-7-5514-0735-9 2014 浙江摄影出版社

35 **绍兴大禹祭典** 杨建新总主编 K295.5/4710 978-7-80686-789-1 2009 浙江摄影出版社

36 **绍兴莲花落** 杨建新总主编 K295.5/4710 978-7-80686-628-3 2008 浙江摄影出版社

37 **绍兴平湖调** 杨建新总主编 K295.5/4710 978-7-80686-794-5 2009 浙江摄影出版社

38 **绍兴市迪荡街道非物质文化遗产普查·汇编本** 绍兴市迪荡街道编 G127.553/2790 2008

39 **绍兴市非物质文化遗产读本** 李永鑫主编 K295.53/4038 978-7-80735-202-0 2007 西泠印社出版社

40 **绍兴市稽山街道非物质文化遗产普查·汇编本** 绍兴市稽山街道编 G127.553/2790 2008

41 **绍兴市镜湖新区东浦镇非物质文化遗产普查·汇编本** 绍兴市镜湖新区东浦镇编 G127.553/2790 2008

42 **绍兴市民族民间艺术保护工程民族民间艺术资源普查一览表：汇集本** 绍兴市文化广播电视新闻出版局编 G249.275.53/2790 2006

43 **绍兴市袍江新区斗门镇非物质文化遗产普查·汇编本** 斗门镇人民政府编 G127.553/3438 2008

44 **绍兴市袍江新区马山镇非物质文化遗产普查汇编本** 绍兴市群众艺术馆、袍江新区马山镇人民政府编 G127.553/2790 2008

45 **绍兴市申报第一批国家级非物质文化遗产代表作** 绍兴市文化广播电视新闻出版局编 K295.53/2790 2005

46 **绍兴市越城区东湖镇非物质文化遗产普查汇编本** 越城区文教局、东湖镇人民政府编 G127.553/4347 2008

47 **绍兴市越城区非物质文化普查精编本** 绍兴市非物质文化遗产普查工作小组编 G127.553/2790 2008

48 **绍兴市越城区皋埠镇非物质文化遗产普查汇编本** 越城区文教局、皋埠镇人民政府编 G127.553/4347 2008

49 **绍兴市越城区鉴湖镇非物质文化遗产普查汇编本** 绍兴市越城区鉴湖镇人民政府编 G127.553/2790 2008

50 **绍兴市越城区灵芝镇非物质文化遗产普查汇编本** 绍兴市越城区灵芝镇人民政府编

G127.553/2790　2008

51　**绍兴水乡社戏**　杨志强主编　J825.55/4741　978-7-5514-0501-0　2014　浙江摄影出版社

52　**绍兴摊簧**　杨志强等编著　J826.55/4741　978-7-5514-0503-4　2014　浙江摄影出版社

53　**绍兴县非物质文化遗产普查汇编本**　绍兴县文化发展中心编　G127.554/2797　2008

54　**绍兴宣卷**　王彪、冯健主编　J826.55/1020　978-7-80686-974-1　2012　浙江摄影出版社

55　**嵊州吹打**　杨建新总主编　K295.5/4710　978-7-80686-772-3　2009　浙江摄影出版社

56　**嵊州市"非物质文化遗产普查"：汇编**　黄皎昀主编　G127.554/2230　2008

57　**嵊州市北漳镇非物质文化遗产普查汇编**　嵊州市文化遗产保护领导小组编　G127.555/2230　2008

58　**嵊州市长乐镇非物质文化遗产普查汇编**　嵊州市文化遗产保护领导小组编　G127.555/2230　2008

59　**嵊州市崇仁镇非物质文化遗产普查汇编**　嵊州市文化遗产保护领导小组编　G127.555/2230　2008

60　**嵊州市非物质文化遗产大观**　黄皎昀主编　K295.54/4426　978-7-80735-257-0　2007　西泠印社出版社

61　**嵊州市甘霖镇非物质文化遗产普查汇编（上）**　嵊州市文化遗产保护领导小组编　G127.555/2230　2008

62　**嵊州市甘霖镇非物质文化遗产普查汇编（下）**　嵊州市文化遗产保护领导小组编　G127.555/2230　2008

63　**嵊州市谷来镇非物质文化遗产普查汇编**　嵊州市文化遗产保护领导小组编　G127.555/2230　2008

64　**嵊州市贵门乡非物质文化遗产普查汇编**　嵊州市文化遗产保护领导小组编　G127.555/2230　2008

65　**嵊州市金庭镇非物质文化遗产普查汇编**　嵊州市文化遗产保护领导小组编　G127.555/2230　2008

66　**嵊州市里南乡非物质文化遗产普查汇编**　嵊州市文化遗产保护领导小组编　G127.555/2230　2008

67　**嵊州市鹿山街道非物质文化遗产普查汇编**　嵊州市文化遗产保护领导小组编　G127.555/2230　2008

68　**嵊州市浦口街道非物质文化遗产普查汇编**　嵊州市文化遗产保护领导小组编　G127.555/2230　2008

绍兴图书馆馆藏现当代地方文献书目提要

364

69　**嵊州市三江街道非物质文化遗产普查汇编**　嵊州市文化遗产保护领导小组编
G127.555/2230　2008

70　**嵊州市三界黄泽镇非物质文化遗产普查汇编**　嵊州市文化遗产保护领导小组编
G127.555/2230　2008

71　**嵊州市三界石璜镇非物质文化遗产普查汇编**　嵊州市文化遗产保护领导小组编
G127.555/2230　2008

72　**嵊州市三界镇非物质文化遗产普查汇编**　嵊州市文化遗产保护领导小组编
G127.555/2230　2008

73　**嵊州市剡湖街道非物质文化遗产普查汇编**　嵊州市文化遗产保护领导小组编
G127.555/2230　2008

74　**嵊州市通源乡非物质文化遗产普查汇编**　嵊州市文化遗产保护领导小组编
G127.555/2230　2008

75　**嵊州市王院乡非物质文化遗产普查汇编**　嵊州市文化遗产保护领导小组编
G127.555/2230　2008

76　**嵊州市仙岩镇非物质文化遗产普查汇编**　嵊州市文化遗产保护领导小组编
G127.555/2230　2008

77　**嵊州市雅璜乡非物质文化遗产普查汇编**　嵊州市文化遗产保护领导小组编
G127.555/2230　2008

78　**嵊州市优秀非物质文化遗产读本**　本书编写组编　K295.54/2230　2009

79　**嵊州市竹溪乡非物质文化遗产普查汇编**　嵊州市文化遗产保护领导小组编
G127.555/2230　2008

80　**嵊州越剧**　黄士波、俞伟编著　J825.55/4443　978-7-80686-629-0　2008　浙江摄影出版社

81　**嵊州竹编**　杨建新总主编　K295.5/4710　978-7-80686-773-0　2009　浙江摄影出版社

82　**石桥营造艺术**　杨志强等编著　U442.5/4741　978-7-5514-0504-1　2014　浙江摄影出版社

83　**西施传说**　杨建新总主编　I207.7/4710　978-7-80686-631-3　2008　浙江摄影出版社

84　**西施传说**　张尧国主编　I277.3/1256　7-81083-481-9　2006　中国美术学院出版社

85　**西施文化的传承与保护成果汇编**　中国西施文化研究中心编　K828.5=25/1000　2007

86　**新昌调腔**　杨建新总主编　K295.5/4710　978-7-80686-632-0　2008　浙江摄影出版社

87　**新昌县城南乡非物质文化遗产普查汇编本**　新昌县城南乡人民政府编　G127.555/0267

2008

88　**新昌县澄潭镇非物质文化遗产普查汇编本**　新昌县澄潭镇人民政府编　G127.555/0267　2008

89　**新昌县大市聚镇非物质文化遗产普查汇编本**　新昌县大市聚镇人民政府编　G127.555/0267　2008

90　**新昌县东茗乡非物质文化遗产普查汇编本**　新昌县东茗乡人民政府编　G127.555/0267　2008

91　**新昌县非物质文化遗产普查成果选编**　童黎明主编　K295.54/0026　978–988–17226–0–8　2009　中国文化艺术出版社

92　**新昌县非物质文化遗产普查汇编本**　童黎明主编　G127.554/0026　2008

93　**新昌县回山镇非物质文化遗产普查汇编本**　新昌县回山镇人民政府编　G127.555/0267　2008

94　**新昌县镜岭镇非物质文化遗产普查汇编本**　新昌县镜岭镇人民政府编　G127.555/0267　2008

95　**新昌县梅渚镇非物质文化遗产普查汇编本**　新昌县梅渚镇人民政府编　G127.555/0267　2008

96　**新昌县南明街道非物质文化遗产普查汇编本**　新昌县南明街道办事处编　G127.555/0267　2008

97　**新昌县七星街道非物质文化遗产普查汇编本**　新昌县七星街道人民政府编　G127.555/0267　2008

98　**新昌县巧英乡非物质文化遗产普查汇编本**　新昌县巧英乡人民政府编　G127.555/0267　2008

99　**新昌县儒岙镇非物质文化遗产普查汇编本**　新昌县儒岙镇人民政府编　G127.555/0267　2008

100　**新昌县沙溪镇非物质文化遗产普查汇编本**　新昌县沙溪镇人民政府编　G127.555/0267　2008

101　**新昌县首批非物质文化遗产名录**　童黎明主编　G122/0026　2006　新昌县文化广电新闻出版局

102　**新昌县双彩乡非物质文化遗产普查汇编本**　新昌县双彩乡人民政府编　G127.555/0267　2008

103　**新昌县小将镇非物质文化遗产普查汇编本**　新昌县小将镇人民政府编　G127.555/0267　2008

104 新昌县新林乡非物质文化遗产普查汇编本　新昌县新林乡人民政府编　G127.555/0267
2008

105 新昌县羽林街道非物质文化遗产普查汇编本　新昌县羽林街道办事处编　G127.555/0267
2008

106 徐文长故事　李永鑫主编　I207.73/4038　978-7-5514-0108-1　2012　浙江摄影出版社

107 余姚姚剧　寿建立、袁可琴编著　J825.55/5010　978-7-5514-0032-9　2012　浙江摄影
出版社

108 越地非物质文化遗产综论　仲富兰、何华湘著　K295.5/2538　978-7-01-008909-6　2010
人民出版社

109 越风：绍兴县非物质文化遗产名录　绍兴县文化发展中心编　G127.554/2797

110 浙江非遗这十年：2005-2014　金兴盛主编　G127.55/8095　978-7-5514-1120-2　2015
浙江摄影出版社

111 浙江省非物质文化遗产普查成果·绍兴县安昌镇汇编本　绍兴县各级人民政府编
G127.554/2797　2008

112 浙江省非物质文化遗产普查成果·绍兴县福全镇汇编本　绍兴县各级人民政府编
G127.554/2797　2008

113 浙江省非物质文化遗产普查成果·绍兴县富盛镇汇编本　绍兴县各级人民政府编
G127.554/2797　2008

114 浙江省非物质文化遗产普查成果·绍兴县湖塘街道汇编本　绍兴县各级人民政府编
G127.554/2797　2008

115 浙江省非物质文化遗产普查成果·绍兴县华舍街道汇编本　绍兴县各级人民政府编
G127.554/2797　2008

116 浙江省非物质文化遗产普查成果·绍兴县汇编本　绍兴县各级人民政府编
G127.554/2797　2008

117 浙江省非物质文化遗产普查成果·绍兴县稽东镇汇编本　绍兴县各级人民政府编
G127.554/2797　2008

118 浙江省非物质文化遗产普查成果·绍兴县柯桥街道汇编本　绍兴县各级人民政府编
G127.554/2797　2008

119 浙江省非物质文化遗产普查成果·绍兴县柯岩街道汇编本　绍兴县各级人民政府编
G127.554/2797　2008

120 浙江省非物质文化遗产普查成果·绍兴县兰亭镇汇编本　绍兴县各级人民政府编
G127.554/2797　2008

121 浙江省非物质文化遗产普查成果·绍兴县漓渚镇汇编本　绍兴县各级人民政府编
G127.554/2797　2008

122 浙江省非物质文化遗产普查成果·绍兴县马鞍镇汇编本　绍兴县各级人民政府编
G127.554/2797　2008

123 浙江省非物质文化遗产普查成果·绍兴县平水镇汇编本　绍兴县各级人民政府编
G127.554/2797　2008

124 浙江省非物质文化遗产普查成果·绍兴县齐贤镇汇编本　绍兴县各级人民政府编
G127.554/2797　2008

125 浙江省非物质文化遗产普查成果·绍兴县钱清镇汇编本　绍兴县各级人民政府编
G127.554/2797　2008

126 浙江省非物质文化遗产普查成果·绍兴县孙端镇汇编本　绍兴县各级人民政府编
G127.554/2797　2008

127 浙江省非物质文化遗产普查成果·绍兴县陶堰镇汇编本　绍兴县各级人民政府编
G127.554/2797　2008

128 浙江省非物质文化遗产普查成果·绍兴县王坛镇汇编本　绍兴县各级人民政府编
G127.554/2797　2008

129 浙江省非物质文化遗产普查成果·绍兴县夏履镇汇编本　绍兴县各级人民政府编
G127.554/2797　2008

130 浙江省非物质文化遗产普查成果·绍兴县杨汛桥镇汇编本　绍兴县各级人民政府编
G127.554/2797　2008

131 浙江省非物质文化遗产普查成果汇编·绍兴市本级汇编本　绍兴市群众艺术馆编
G127.553/2790　2008

132 浙江省民族民间艺术资源普查工作·培训讲义　王淼主编　J193/1010　2004

133 浙江省申报第一批国家级非物质文化遗产代表作工作会议材料：续编　浙江省民族民间
艺术保护工程办公室编　G112/3239　2005

134 浙里繁花：浙江省非物质文化遗产宣传手册：撷英版·1 故事　K295.5/3239　2015　浙
江省文化厅

135 浙里繁花：浙江省非物质文化遗产宣传手册：撷英版·2 表演　K295.5/3239　2015　浙
江省文化厅

136 浙里繁花：浙江省非物质文化遗产宣传手册：撷英版·3 技艺　K295.5/3239　2015　浙
江省文化厅

137 浙里繁花：浙江省非物质文化遗产宣传手册：撷英版·4 味道　K295.5/3239　2015　浙

江省文化厅

138 **浙里繁花：浙江省非物质文化遗产宣传手册：撷英版·5 养生** K295.5/3239 2015 浙江省文化厅

139 **浙里繁花：浙江省非物质文化遗产宣传手册：撷英版·6 节日** K295.5/3239 2015 浙江省文化厅

140 **中国文化遗产词典** 苏士澍编著 K203-61/4443 978-7-5010-2421-6 2009 文物出版社

141 **中国文化遗产年鉴·2008 书画艺术** 卢禹舜、杨曙光主编 K203-54/2122 978-7-5010-2488-9 2008 文物出版社

142 **诸暨市安华镇非物质文化遗产普查汇编本** 诸暨市文化广电新闻出版局编 G127.553/3470 2008

143 **诸暨市草塔镇非物质文化遗产普查汇编本** 诸暨市文化广电新闻出版局编 G127.553/3470 2008

144 **诸暨市陈宅镇非物质文化遗产普查汇编本** 诸暨市文化广电新闻出版局编 G127.553/3470 2008

145 **诸暨市次坞镇非物质文化遗产普查汇编本** 诸暨市文化广电新闻出版局编 G127.553/3470 2008

146 **诸暨市大唐镇非物质文化遗产普查汇编本** 诸暨市文化广电新闻出版局编 G127.553/3470 2008

147 **诸暨市店口镇非物质文化遗产普查汇编本** 诸暨市文化广电新闻出版局编 G127.553/3470 2008

148 **诸暨市东白湖镇非物质文化遗产普查汇编本** 诸暨市文化广电新闻出版局编 G127.553/3470 2008

149 **诸暨市东和乡非物质文化遗产普查汇编本** 诸暨市文化广电新闻出版局编 G127.553/3470 2008

150 **诸暨市非物质文化遗产普查工作资料汇编** 诸暨市非物质文化遗产普查工作领导小组办公室编 G127.554/3470 2008

151 **诸暨市非物质文化遗产普查汇编本** 诸暨市文化广电新闻出版局编 G127.554/3470 2008

152 **诸暨市非物质文化遗产系列丛书·民间文学（故事）** 孟琼晖主编 I277.3/1716 978-7-80735-776-6 2010 西泠印社出版社

153 **诸暨市非物质文化遗产系列丛书·民间文学（神话／传说）** 孟琼晖主编 I277.3/1716

978-7-80735-776-6　2010　西泠印社出版社

154　**诸暨市枫桥镇非物质文化遗产普查汇编本**　诸暨市文化广电新闻出版局编
G127.553/3470　2008

155　**诸暨市浣东街道非物质文化遗产普查汇编本**　诸暨市文化广电新闻出版局编
G127.553/3470　2008

156　**诸暨市璜山镇非物质文化遗产普查汇编本**　诸暨市文化广电新闻出版局编
G127.553/3470　2008

157　**诸暨市暨阳街道非物质文化遗产普查汇编本**　诸暨市文化广电新闻出版局编
G127.553/3470　2008

158　**诸暨市江藻镇非物质文化遗产普查汇编本**　诸暨市文化广电新闻出版局编
G127.553/3470　2008

159　**诸暨市街亭镇非物质文化遗产普查汇编本**　诸暨市文化广电新闻出版局编
G127.553/3470　2008

160　**诸暨市泄浦镇非物质文化遗产普查汇编本**　诸暨市文化广电新闻出版局编
G127.553/3470　2008

161　**诸暨市岭北镇非物质文化遗产普查汇编本**　诸暨市文化广电新闻出版局编
G127.553/3470　2008

162　**诸暨市马剑镇非物质文化遗产普查汇编本**　诸暨市文化广电新闻出版局编
G127.553/3470　2008

163　**诸暨市牌头镇非物质文化遗产普查汇编本**　诸暨市文化广电新闻出版局编
G127.553/3470　2008

164　**诸暨市阮市镇非物质文化遗产普查汇编本**　诸暨市文化广电新闻出版局编
G127.553/3470　2008

165　**诸暨市山下湖镇非物质文化遗产普查汇编本**　诸暨市文化广电新闻出版局编
G127.553/3470　2008

166　**诸暨市陶朱街道非物质文化遗产普查汇编本**　诸暨市文化广电新闻出版局编
G127.553/3470　2008

167　**诸暨市同山镇非物质文化遗产普查汇编本**　诸暨市文化广电新闻出版局编
G127.553/3470　2008

168　**诸暨市王家井镇非物质文化遗产普查汇编本**　诸暨市文化广电新闻出版局编
G127.553/3470　2008

169　**诸暨市五泄镇非物质文化遗产普查汇编本**　诸暨市文化广电新闻出版局编

G127.553/3470　2008

170　**诸暨市应店街镇非物质文化遗产普查汇编本**　诸暨市文化广电新闻出版局编
G127.553/3470　2008

171　**诸暨市赵家镇非物质文化遗产普查汇编本**　诸暨市文化广电新闻出版局编
G127.553/3470　2008

172　**诸暨市直埠镇非物质文化遗产普查汇编本**　诸暨市文化广电新闻出版局编
G127.553/3470　2008

05
地方戏曲

1　**白蛇传**　傅惜华编　I230.5/2392　1955　上海出版公司

2　**百年昌顺**　周淇渭主编　K820.855/8862　2011

3　**百年越剧 风华正茂：当代中国越剧名家名段演唱会**　2006 年中国越剧艺术节组委会编
J825.55/0085　2006

4　**百年越剧 世纪奇葩：2006 年中国越剧艺术节特刊**　李永鑫主编　J825.55/4038　2006

5　**百年越剧概览**　李永鑫、邵田田主编　J825.55/4038　2006　绍兴雷鸟文化传播有限
公司

6　**百年越剧名家唱腔精选**　项管森主编　J617.555.3/1184　978-7-80751-102-1　2007
上海音乐出版社

7　**北京越剧大舞台：庆祝中华人民共和国建国 60 华诞**　中共浙江省委宣传部等主办
J643.555/5043　2009

8　**不与群芳争绝艳：我的越剧人生**　金艳芳著　K825.78=76/8054*　978-7-5439-5898-2
2013　上海科学技术文献出版社

9　**蚕姑娘：越剧传统说唱**　张继舜整理　I236.557/1222　1958　上海文化出版社

10　**姹紫嫣红：中国越剧名家名段百年盛典**　2006 中国越剧艺术节组委会编　I236.55/0056
2006

11　**此生只为越剧生：袁雪芬**　兰迪著　K825.78=76/4014　978-7-5452-0484-1　2010　上
海锦绣文章出版社

12　**调腔剧本专辑·第四集**　石永彬主编　I236.55/1034　2017　新昌县文化广电新闻出版

局、新昌县调腔保护传承发展中心

13　**调腔乐府·卷二 调腔曲牌**　方荣璋编　J643.555/0041　1982　浙江省新昌调腔剧团

14　**范瑞娟唱腔选集**　连波编著　J643.555/3430　1983　中国戏剧出版社

15　**凤声花影：吴凤花表演艺术**　绍兴小百花艺术中心　J825.552/2799

16　**傅全香越剧唱腔精选**　马良忠编著　J642.415/1735*　978-7-5523-0149-6　2013　上海音乐出版社

17　**感悟越剧：中国越剧艺术节纪念邮册**　2006年中国越剧艺术组委会　G262.2/0085
2006

18　**古越莲花：王诗吟小楷《胡兆海绍兴莲花落作品精选》**　胡兆海著　J292.28/4733　978-7-5190-3048-3　2017　中共文联出版社

19　**花开花落：绍兴莲花落**　王云根著　I239.6/1014　7-5339-0453-2　1992　浙江文艺出版社

20　**滑稽越剧哈哈笑**　黄宪高著　J617.555/4430　2013　浙江文艺音像出版社

21　**画绍兴戏**　张桂铭艺术馆编绘　J222.7/1248　2016

22　**"活八戒"七龄童"南猴王"六龄童**　小七龄童著　K825.78=7/9042　978-7-213-03616-3
2007　浙江人民出版社

23　**纪念志泽东同志为绍剧《孙悟空三打白骨精》题诗50周年**　中共绍兴市委宣传部、绍兴市文化广电新闻出版局、浙江绍剧团编　J825.55-793/5042　2011

24　**鉴水流韵：绍兴戏曲艺术掠影**　水土撰文　J825.55/2790　2004　绍兴市文化体育局

25　**鉴水悠悠·陈伟龙编导作品集**　陈伟龙编　I230/7424　2017　中国戏剧出版社

26　**镜泊宫：八场神话越剧**　王云根著　I230.7/1014　1988

27　**九斤姑娘：草根越剧**　浙江越剧团编　I236.55/3234　浙江越剧团

28　**菊苑留痕——首都图书馆藏北京各京剧院团老戏单：1951-1966**　倪晓建主编　J821/2761
978-7-5077-4057-8　2012　学苑出版社

29　**剧本选辑**　浙江省艺术研究所编　I230.7/3239　浙江省艺术研究所

30　**剧坛泪：八场抒情现代越剧**　王云根编　I230.7/1014　1987

31　**看戏·绍兴：中国戏曲人物画展**　绍兴市艺术研究院主办　J222.7/2790　2014

32　**赖婚记：越剧**　张继舜整理　I236.557/1222　1984　浙江文艺出版社

33　**藜斋残梦：沙耆印象：新编越剧**　中共宁波市鄞州区委等编　J825.55/5043

34　**历代曲话汇编：新编中国古典戏曲论著集成·近代编·第一集**　俞为民、孙蓉蓉著
I207.37/8037v1　978-7-5461-0196-5　2009　黄山书社

35　**历代曲话汇编：新编中国古典戏曲论著集成·近代编·第二集**　俞为民、孙蓉蓉著
I207.37/8037v2　978-7-5461-0197-2　2009　黄山书社

36　**历代曲话汇编：新编中国古典戏曲论著集成·近代编·第三集**　俞为民、孙蓉蓉编
I207.37/8037v3　978-7-5461-0198-9　2009　黄山书社

37　**历代曲话汇编：新编中国古典戏曲论著集成·明代编**　俞为民、孙蓉蓉编　I207.37/8037
978-7-5461-0238-2　2009　黄山书社

38　**莲花落选**　绍兴县文化广播电视局编　I239.67/2797　1984－1988　绍兴县文化广播电
视局

39　**莲花落选·第一辑**　绍兴县文化广播电视局编　I239.6/2797　1984

40　**莲花落选·第二辑**　绍兴县文化广播电视局编　I239.6/2797　1985

41　**梁山伯与祝英台全国巡演**　裘建平出品　J825.55/4311　2011

42　**六小龄童 猴缘**　六小龄童、徐林正著　K825.78=76/0084　7-80600-846-2　2004　京
华出版社

43　**龙凤锁·新编传统剧**　王云根编　I230.7/1014　1988

44　**乱弹越剧**　落木著　J805/4440　978-0-9878767-1-3　2012　加拿大索菲雅出版集团

45　**乱弹杂咏**　严新民著　J825.55/1007　978-7-104-03566-4　2011　中国戏剧出版社

46　**落地唱书：越剧传统说唱**　张继舜搜集整理　I236.557/1222　7-5339-0426-5　1992
浙江文艺出版社

47　**卖画郎·新编七声传奇越剧**　王云根编　I230.7/1014　1987

48　**漫话越剧**　朱玉芬、史纪南编　J825.55/2514　1985　中国广播电视出版社

49　**美猴王：六小龄童**　邓加荣、武勤英著　K825.78=7/0084???　7-5006-0168-9　1988
中国青年出版社

50　**魅力越剧**　嵊州市文化广电新闻出版局、嵊州市文学艺术联合会出品　J825.55/2230
2015

51　**明清戏曲版画**　周亮编著　J227/7700　978-7-5398-2010-1　2010　安徽美术出版社

52　**明清浙籍曲家考**　汪超宏著　K825.6=48/3143　978-7-308-06281-7　2009　浙江大学
出版社

53　**抛砖集**　王云根著　J922/1014　1992　绍兴县文学艺术界联合会、绍兴县电影电视工

作者协会

54　**戚雅仙表演艺术**　傅骏整理　K825.78=76/5312　7-5321-0911-9　2006　上海文艺出版社

55　**人如白玉戏如兰：徐玉兰**　董煜著　K825.78=76/2818　978-7-5452-1381-2　2013　上海锦绣文章出版社

56　**绍剧传统戏考·选集**　陈顺泰、王范整编　I236.55/7425　9789624502404　2012　天马出版有限公司

57　**绍剧发展史**　罗萍著　J825.55/6040　7-104-00753-9　1996　中国戏剧出版社

58　**绍剧剧目选·传统剧**　浙江绍剧团编　J825.55/3232　978-7-104-03566-4　2011　中国戏剧出版社

59　**绍剧剧目选·神话剧、现代剧**　浙江绍剧团编　J825.55/3232　978-7-104-03566-4　2011　中国戏剧出版社

60　**绍剧剧目选·新编剧、移植改编剧**　浙江绍剧团编　J825.55/3232　978-7-104-03566-4　2011　中国戏剧出版社

61　**绍剧脸谱**　十三龄童著　J825.55/4012　978-7-104-03566-4　2011　中国戏剧出版社

62　**绍剧名伶录**　严新民、陈顺泰编著　K825.78/1007　978-7-104-04355-3　2016　中国戏剧出版社

63　**绍剧史话**　黄芳编著　J825.55/4440　978-7-5097-7469-4　2015　社会科学文献出版社

64　**绍剧文论选**　浙江绍剧团编　J825.55/3232　978-7-104-03566-4　2011　中国戏剧出版社

65　**绍兴剧目资料汇编**　潘文德等编　I236.557/3202　1980　绍兴县文化局

66　**绍兴莲花落一百年**　沈祖卫主编　J826.6/3431　978-7-5034-2192-1　2008　中国文史出版社

67　**绍兴莲花落优秀作品选**　季承人、王云根主编　I239.6/2018　978-7-5190-0930-4　2015　中国文联出版社

68　**绍兴乱弹从艺录**　王振芳著　I251/1054　978-7-104-02514-6　2007　中国戏剧出版社

69　**绍兴孟姜女·救母记**　徐宏图编校　I236.55/2836　978-7-5671-2675-6　2017　上海大学出版社

70　**绍兴目连戏**　王东惠著　J825.55/1045　978-7-5059-7677-1　2012　中国文联出版社

71　**绍兴戏曲丛谈**　王慧、王云根编著　J825.55/1050　978-7-5526-0066-7　2012　宁波出版社

72　**绍兴戏曲读本**　孙灿根主编　J825.55/1994　2006

73　**绍兴戏曲史**　罗萍编著　J809.2/6040　7-101-04448-4　2004　中华书局

74　**绍兴戏曲资料汇编**　《绍兴戏曲志》编辑部编　J825.55/2791　1985-1987　绍兴戏曲志编辑部

75　**绍兴影视剧选·第三辑　小戏十二出**　王云根编剧　I230.7/1014v3　1986　绍兴县文化广播电视局

76　**绍兴影视剧选·第五辑　多幕剧十种**　王云根编剧　I230.7/1014v5　1988　绍兴县文化广播电视局

77　**嵊州越剧**　黄士波、俞伟编著　J825.55/4443　978-7-80686-629-0　2008　浙江摄影出版社

78　**十全十美：绍兴市五大剧种五大曲种全部入选国遗名录**　J825.55/2790

79　**双龙会：新编历史故事剧**　王云根编　I230.7/1014　1988

80　**说绍兴话的玉卿嫂**　徐俊编著　J825.55/2820　978-7-80751-412-1　2009　上海音乐出版社

81　**似我非我：一个女演员的艺术珍藏**　周贤珍著　K825.78=76/7721　978-7-104-03255-7　2010　中国戏剧出版社

82　**隋唐五代宋金戏剧史料汇编**　张发颖编　J809.24/1222　978-7-5077-4250-3　2013　学苑出版社

83　**孙悟空三打白骨精：绍剧**　浙江省文化局《孙悟空三打白骨精》整理小组改编　I236.557/7700　1962　浙江人民出版社

84　**晚明越中曲家群体研究**　谭坤著　J809.248/3140　7-5426-2135-1　2005　上海三联书店

85　**王骥德《曲律》研究**　叶长海著　I207.37/6443　1983　中国戏剧出版社

86　**王文娟越剧唱腔精选**　金良编著　J643.555/8030*　978-7-5523-0273-8　2013　上海音乐出版社

87　**我爱越剧**　孙世基著　J825.55/1944　978-7-5526-2930-9　2017　宁波出版社

88　**我唱莲花落**　翁仁康编著　I239.6/8020　7-80612-662-7　2002　大连出版社

89　**我在人世间：越剧皇帝尹桂芳的舞台伴侣李金凤自述**　李金凤著　I247.57/4087　978-7-5671-0181-4　2012　上海大学出版社

90　**乌纱梦·新编传奇剧**　王云根著　I230.7/1014　1987

91　**吴音素影：吴素英表演艺术**　绍兴小百花艺术中心　J825.552/2799

92 戏场馀墨：戏曲舞台美术论文集 谢涌涛著 J813-53/3433 7-80595-803-3 2003 远方出版社

93 戏剧范型：20 世纪戏剧诗学·上 摹仿范式卷 张兰阁著 J809.1/1283v1 978-7-301-14726-9 2009 北京大学出版社

94 戏剧范型：20 世纪戏剧诗学·中 象征范式卷 张兰阁著 J809.1/1283v2 978-7-301-14726-9 2009 北京大学出版社

95 戏剧范型：20 世纪戏剧诗学·下 寓意范式卷 张兰阁著 J809.1/1283v3 978-7-301-14726-9 2009 北京大学出版社

96 戏剧小品集锦选：1989-1991 绍兴市群艺馆、绍兴市环境保护局编 I238.8/2790 1991

97 戏曲创新新探 李尧坤著 I207.3/4054 7-308-01799-0 1996 浙江大学出版社

98 祥林嫂：越剧 鲁迅原著 I236.55/2730 1978 上海文艺出版社

99 新编廉政越剧《一钱太守》汇报材料 中共浙江省委纪律检查委员会编 J825.55/5043* 2009

100 新编越剧戏考 谢中、文凝编 I236.55/3450 7-213-01724-1 1998 浙江人民出版社

101 新编越剧小戏考 赵洁编 I236.55/4430 7-80646-042-X 2003 上海文化出版社

102 新昌目连戏总纲 徐宏图编校 I236.55/2836 978-7-5671-2548-3 2017 上海大学出版社

103 新昌调腔目连戏：杨眉良整理本 杨眉良整理 I236.55/4773 926-8696-99-1 2010 艺术与人文科学出版社

104 新声代变：绍兴戏剧史 J809.2/1022 978-7-5161-9644-1 2018 中国社会科学出版社

105 徐玉兰越剧唱腔精选 顾振遐编著 J642.415/7153* 978-7-5523-0158-8 2013 上海音乐出版社

106 寻寻觅觅：戏海拾贝 李尧坤著 J805.2/4054 7-104-01334-2 2001 中国戏剧出版社

107 演艺的历史 张德玉编著 J809.1/1221 978-7-5601-4985-1 2009 吉林大学出版社

108 映日荷花别样红：吕瑞英的流派艺术 李惠康著 J825.552/4050 962-374-153-7 2005 香港文汇出版社

109 雍姬怨（征求意见稿）：新编历史剧（八场越剧） 张波编剧 J825.55/1232 1981

110 虞舜文化戏曲曲艺集 吴宝炎主编 I236.55/6039 978-7-5034-6685-4 2015 中国文史出版社

111 袁雪芬的艺术道路 章力挥、高义龙著 K825.7/4014 1984 上海文艺出版社

112 **袁雪芬文集** 袁雪芬著 J825.55/4014 7-104-01284-2 2003 中国戏剧出版社

113 **袁雪芬越剧唱腔精选** 李梅云主编 J642.415/4041 978-7-5523-1291-1 2017 上海音乐出版社

114 **袁雪芬越剧唱腔精选：早期** 黄德君主编 J643.555/4421* 978-7-80751-916-4 2012 上海音乐出版社

115 **越剧** 马向东著 J825.55/1724 978-7-5059-5779-4 2008 中国文联出版社

116 **越剧** 黄德君主编 J825.51/4421 978-7-80740-565-8 2010 上海文艺出版社

117 **越剧唱腔教材** 赵桂庆主编 J825.552/4440 978-7-80715-955-1 2012 浙江古籍出版社

118 **越剧唱腔欣赏** 连波编著 J643.555/3430 7-80553-993-6 2005 上海音乐出版社

119 **越剧大家唱：视唱教材** 嵊州市文化馆编 J643.555/2230

120 **越剧大家唱：献给越剧诞生90周年** 《越剧大家唱》编写小组编 J643.555/4374 1996

121 **越剧大展演：第八届"置业房产杯"江浙沪经典越剧大展演** 绍兴市演出有限公司编 J892.49/2790 2015

122 **越剧大展演：第十届《置业房产杯》江浙沪经典越剧大展演：The 10th jiangsu-zhejiang-shanghai classic yue ju opera gala** 绍兴市演出有限公司编 J892.49/2790 2012

123 **越剧道白教材** 郑雪萍主编 J825.552/8714 978-7-80715-955-1 2012 浙江古籍出版社

124 **越剧赋子** 周乃东编著 I236.55/7714 978-7-5041-3094-3 2007 教育科学出版社

125 **越剧经典唱段100首** 连波编著 J642.41/3430 7-5396-2718-2 2006 安徽文艺出版社

126 **越剧名家艺术生涯** 张正、张桂彬编著 K825.78=7/1210 7-81058-853-2 2005 上海大学出版社

127 **越剧曲调** 陈捷等著 J643.555/7450 1982 上海文艺出版社

128 **越剧入门** 周立波著 J825.55/7703 978-7-5399-3939-1 2011 江苏文艺出版社

129 **越剧三大名著主旋律谱：《红楼梦》《玉蜻蜓》《宋弘传奇》全编** 连波编 J643.555/3430 978-7-5396-4300-7 2013 安徽文艺出版社

130 **越剧司鼓打击乐** 朱学富主编 J617.555.4/2593 978-7-308-08700-1 2011 浙江大学出版社

131 **越剧溯源** 嵊县政协文史资料委员会编 J825.55/2271 7-5339-0498-2 1992 浙江文艺出版社

132 **越剧文化论** 蒋中崎编著 J825.55/4452 978-7-308-13387-6 2015 浙江大学出版社

133 **越剧戏考** 浙江人民出版社编 I236.55/3238 1979 浙江人民出版社

134 **越剧音乐史初探** 余乐编著 J643.555/3234 1993 浙江艺术学校

135 **越女陈飞** 绍兴小百花艺术中心 J825.552/2799

136 **越坛竞秀：绍兴小百花越剧团建团二十周年纪念画册** 绍兴小百花越剧团编 J825.55/2799 2006

137 **越王勾践（1－10集）** 绍兴电视台、中国电视剧制作中心制作 I207.352/2795 2005

138 **越王勾践（11－19集）** 绍兴电视台、中国电视剧制作中心制作 I207.352/2795 2005

139 **越音润物：越剧博物馆藏品撷英：selected exhibits of Yueju Opera Museum** 俞伟主编 J825.55-64/8020 978-7-5340-2912-7 2010 浙江人民美术出版社

140 **越中曲派研究** 佘德余著 I207.365.5/8028 7-5059-3071-0 2000 中国文联出版公司

141 **粤剧金曲精选：乐谱对照·第一辑** 黄鹤鸣记谱选编 J642.41/4446v1 7-5363-4019-2 2004 广西民族出版社

142 **早期越剧发展史** 丁一主编 J825.55/1010 978-988-978628-1 2006 炎黄文化出版社

143 **怎样编写越剧唱词** 朱秋枫编著 I207.365.5/2524 1956 浙江人民出版社

144 **张云霞越剧唱腔精选** 唐惠良编著 J643.555/0053* 978-7-5523-0173-1 2013 上海音乐出版社

145 **浙江曲艺·一九八七年第一期** 中国曲艺家协会浙江分会编 I239.07/5065v16 1987 中国曲艺家协会浙江分会

146 **浙江文史资料·第六十七辑 戏苑春晖（浙江戏曲改革纪实）** 浙江省政协文史资料委员会编 K295.5/1843 7-213-02061-7 2000 浙江人民出版社

147 **浙江戏剧** 沈才土、侯玉琪主编 J825.55-64/3444 7-213-02212-1 2001 浙江人民出版社

148 **浙江戏剧丛刊·1980年第4辑** 双戈、陈述编剧 I230.7/3239v4 1980 浙江省文化局艺术研究室

149 **浙江戏剧史** 聂付生著 J809.2/1022 978-7-5647-1917-3 2014 电子科技大学出版社

150 **浙江戏曲传统剧目汇编：绍剧·1 石朱砂·五美图·龙凤锁·** 中国戏剧家协会浙江分会绍兴县绍剧搜集小组编 I236.55/5061 1961 中国戏剧家协会浙江分会绍兴县绍剧搜集小组

151 **浙江戏曲传统剧目汇编：绍剧·2 双合桃·双龙会·斩貂·和番·节孝图·玉麒麟·调**

女吊 中国戏剧家协会浙江分会绍兴县绍剧搜集小组编 I236.55/5061 1961 中国戏剧家协会浙江分会绍兴县绍剧搜集小组

152 **浙江戏曲传统剧目汇编：绍剧·3 打登州·赐皇袍·梳妆楼·长坂坡·贵妃醉酒·香罗带·岳传·嬉凤·芦花记·磨房串戏·虹霓关·八美图** 中国戏剧家协会浙江分会绍剧搜集小组编 I236.55/5061 1961 中国戏剧家协会浙江分会绍兴县绍剧搜集小组

153 **浙江戏曲传统剧目汇编：绍剧·4 龙虎斗·双贵图·千秋鉴·凤凰图·取龙胆·紫金鞭** 中国戏剧家协会浙江分会绍兴县绍剧搜集小组编 I236.55/5061 1961 中国戏剧家协会浙江分会绍兴县绍剧搜集小组

154 **浙江戏曲传统剧目汇编：绍剧·5 玉蝴蝶·潞安洲·视仇若亲** 中国戏剧家协会浙江分会绍兴县绍剧搜集小组编 I236.55/5061 1961 中国戏剧家协会浙江分会绍兴县绍剧搜集小组

155 **浙江戏曲传统剧目汇编：绍剧·6 郑恩打殿·南唐·千忠会·通天箫** 中国戏剧家协会浙江分会绍兴县绍剧搜集小组编 I236.55/5061 1961 中国戏剧家协会浙江分会绍兴县绍剧搜集小组

156 **浙江戏曲传统剧目汇编：绍剧·7 追狄·三奏本·卧龙岗·前朱砂·轩辕镜·雌雄鞭·巧姻缘·要离刺庆忌** 中国戏剧家协会浙江分会绍兴县绍剧搜集小组编 I236.55/5061 1961 中国戏剧家协会浙江分会绍兴县绍剧搜集小组

157 **浙江戏曲传统剧目汇编：绍剧·8 救母记** 中国戏剧家协会浙江分会绍兴县绍剧搜集小组编 I236.55/5061 1961 中国戏剧家协会浙江分会绍兴县绍剧搜集小组

158 **浙江戏曲传统剧目汇编：绍剧·11 鸳鸯带·紫霞杯·瑞香球·孟姜女** 中国戏剧家协会浙江分会绍兴县绍剧搜集小组编 I236.55/5061 1961 中国戏剧家协会浙江分会绍兴县绍剧搜集小组

159 **浙江戏曲史** 徐宏图著 J809.2/2836 978-7-80758-308-0 2010 杭州出版社

160 **中国地方戏曲剧目导读·壹** 杜长胜主编 I236/4447v1 978-7-5077-3479-9 2010 学苑出版社

161 **中国地方戏曲剧目导读·贰** 杜长胜主编 I236/4447v2 978-7-5077-3478-2 2010 学苑出版社

162 **中国民族民间器乐曲集成：浙江卷绍兴分卷** 绍兴市"乐器集成"分卷编委会编 J648/7470 1986 绍兴市"乐器集成"分卷编委会

163 **中国民族民间舞蹈集成·浙江卷** 《中国民族民间舞蹈集成》编辑部编 J722.2/5067 7-80075-014-0 1990 中国舞蹈出版社

164 **中国绍剧音乐** 陈顺泰、陈元麟编著 J617.555/7425 978-7-5444-2716-6 2010 上海教育出版社

165　**中国戏剧家大辞典**　路闻捷、石宏图、贾克勤主编　K825.78/6735　7-104-01603-1　2003　中国戏剧出版社

166　**中国戏曲通史**　张庚、郭汉城主编　J809.22/1200　7-104-01967-7　2006　中国戏剧出版社

167　**中国戏曲文化图典**　刘文峰、江达飞编著　J809.2-64/0202　7-5063-2139-4　2001　作家出版社

168　**中国戏曲研究书目提要**　中国艺术研究院戏曲研究所资料室编著　Z88:I207.3/5064　7-104-00364-9　1992　中国戏剧出版社

169　**中国戏曲音乐集成·浙江卷·绍兴市分卷·八　绍剧卷**　中国戏曲音乐集成浙江卷绍兴市卷编写组编　J643/5067　1989

170　**中国戏曲音乐集成·浙江卷·绍兴市分卷·十　绍剧卷**　中国戏曲音乐集成浙江卷绍兴市卷编写组编　J643/5067　1989

171　**中国戏曲装饰艺术**　徐华铛等编绘　J813/2828　7-5019-1376-5　1993　中国轻工业出版社

172　**中国越剧百年: 100 年纪念专集**　苏唯谦主编　J825.55/4463　978-7-5059-5897-5　2008　中国文联出版社

173　**中国越剧唱腔章法**　金钦夫编　J825.55/8085　7-5339-1100-8　1998　浙江文艺出版社

174　**中国越剧大典**　钱宏主编　J825.55/8330　7-5339-2383-9　2006　浙江文艺出版社

175　**中国越剧发展史**　应志良著　J825.55/0043　7-104-01726-7　2002　中国戏剧出版社

176　**中国越剧小百花唱腔精选一百曲**　陈国良主编　J642.41/7463　978-7-104-02874-1　2008　中国戏剧出版社

177　**中国越剧小百花名剧名段集萃**　顾定青编　I236.55/7135　7-213-01842-6　1999　浙江人民出版社

178　**中华戏曲·越剧**　中国戏剧家协会主编　J809.2/5067　978-7-5097-4750-6　2013　社会科学文献出版社

179　**诸暨市越剧团 60 周年纪念册**　周江伟、楼明迪主编　J825.55/7732

180　**诸暨西路乱弹**　诸暨市文化广电新闻出版局编　J825.55/2124　978-7-5340-3780-1　2014　浙江人民美术出版社

181　**追穷寇: 八声现代传奇剧**　王云根编　I230.7/1014　1988

182　**紫罗带: 九场民间故事剧**　王云根编　I230.7/1014　1987

183　**足迹——绍兴市地方曲艺保护传承: 2012-2016**　吴双涛主编　G122-53/6073　2016

文化艺术出版社

184 醉公主：八场神话越剧 王云根编 I230.7/1014 1987

06
地方革命史

1 1937：屠城——侵华日军南京大屠杀 徐志耕著 K265.606/3239 7-5342-3559-6
2005 浙江少年儿童出版社

2 60年前的战斗风云 金式中主编 K295.54/8045 2008

3 90年90事：中国共产党在浙江1921-2011 舒国增主编 D235.55/8764 978-7-5338-
9088-9 2011 浙江教育出版社

4 碧血丹心：诸暨烈士英名录 诸暨市民政局编 K820.855.4-61/6063 978-7-213-
08391-4 2017 浙江人民出版社

5 不能忘记的历史 杨成刚、杨长岳主编 K250.6/4757 978-7-5115-2046-3 2013 人
民日报出版社

6 不能忘却的历史：抗日战争在浙江 连晓鸣主编 K265.06/3466 7-213-03120-1 2005
浙江人民出版社

7 重振乾坤 陈少铭著 K260.9/7498 978-7-101-06880-1 2010 中华书局

8 大越魂 王文全编 K820.855.3/1008 1992 中共绍兴县委党史办公室

9 党的重建与抗日救亡：1937.7-1942.7 嵊州市新四军研究会编 K265.06/2230v1 2004
浙江嵊州市新四军研究会

10 烽火白沙山：抗日武装显超部队 中共新昌县委党史研究室、新昌县新四军研究会编
I251/5040 2005

11 何文隆的故事 杨长岳主编 I247.8/3470

12 何云烈士传集 邵水荣主编 K827.6/2110 1992 中共上虞县委党史办公室

13 红船扬帆远航：中国共产党在浙江90年纪事 王祖强主编 D235.55/1031 978-7-213-
04534-9 2011 浙江人民出版社

14 红色地标：绍兴党史胜迹 中共绍兴市委党史研究室编著 D239/5042 978-7-5073-
3309-1 2011 中央文献出版社

15 红色记忆——诸暨市革命遗址图志 中共诸暨市委党史研究室编 K878.23/5043 978-

7-5098-2756-7　2014　中共党史出版社

16　**红色会稽：革命故事集**　王克仁主编　I247.8/1042　1991　中共绍兴市委党史办公室

17　**红色会稽：革命故事集·二**　中共绍兴市委党史办公室等编　I247.8/1042v2　1992　中共绍兴市委党史办公室

18　**红色会稽：革命故事集·三**　中共绍兴市委党史办公室等编　I247.8/1042　1993　中共绍兴市委党史办公室

19　**红色会稽：革命故事集·四**　绍兴市新四军研究会等编　I247.8/1042v4　1992　中共绍兴市委党史办公室

20　**红色会稽：革命故事集·五**　绍兴市新四军研究会等编　I247.8/2790v5　1992　中共绍兴市委党史办公室

21　**红色会稽：革命故事集·六**　绍兴市新四军研究会等编　I247.8/1042v6　1992　中共绍兴市委党史办公室

22　**红色会稽：革命故事集·八**　绍兴市新四军历史研究会等编　I247.8/1042v8　1992　中共绍兴市委党史办公室

23　**红色会稽：共产党员的风彩：革命故事集九**　陈一鹗主编　I247.8/1042v9

24　**红色印记：上虞党史回眸（1919年5月–2010年12月）**　王志胜主编　D235.554-64/1047　978-7-213-04604-9　2011　浙江人民出版社

25　**红色印记：绍兴党史要览**　中共绍兴市委党史研究室编著　D239/5042　978-7-5073-3310-7　2011　中央文献出版社

26　**红色征程：绍兴党史画卷**　中共绍兴市委党史研究室编著　D239/5042　978-7-5073-3301-5　2011　中央文献出版社

27　**辉煌二十年：绍兴市历届党代会重要文件选编**　绍兴市档案编　D220/2790　2003

28　**回山会师**　陈刚主编　E297.4/7470　2004　中共新昌县委党史研究室

29　**解放绍兴**　杨伯心主编　K295.53/4723　1989　中共绍兴市委党史资料征集研究委员会

30　**金萧地区抗日战争史长编**　杨长岳主编　K265.06/4742　978-7-80208-912-9　2009　人民日报出版社

31　**金萧支队：抗日战争时期**　毛英主编　K295.5/2040　1994　浙江省新四军研究会金萧分会

32　**开创与发展中国特色社会主义时期绍兴党史大事记略1978-2003**　中共绍兴市委党史研究室编　K827.7/5042　2016　中共绍兴市委党史办公室

33　**抗日战争在萧山：纪念抗日战争胜利60周年**　沈迪云主编　K265.06/3431　7-80199-

266-0 2005 中共党史出版社

34 **抗日战争中的上虞：纪念中国人民抗日战争胜利六十周年** 任建春主编 D225.54/2215
2005

35 **抗战八百英烈** 任宝根编著 K825.2/2234 978-7-5034-1728-5 2007 中国文史出
版社

36 **会稽风雨亲历记：革命回忆录** 安浦劳著 I251/3034 962-450-701-5 2001 天马图
书有限公司

37 **会稽山游击根据地记要：1948.2～1949.5** 张扬编著 K295.53/1250 1999 绍兴县党
史办公室

38 **历史的永恒：浙江革命遗址集锦** 金延锋主编 K878.23/8018 978-7-213-04535-6
2011 浙江人民出版社

39 **梁柏台** 陈刚主编 K827=6/3342 7-80092-329-0 1994 当代中国出版社

40 **梁柏台遗墨** 中共新昌县委党史研究室、新昌县档案局（馆）编 K827=6/3342 2007

41 **两浙烽烟** 中共浙江省委党史研究室、浙江省教育委员会编 I247.8/5043 1993 中国
广播电视出版社

42 **"六·三"饥民请愿运动** 中共嵊县县委党史办公室编 D235.554/5042 1986 中共嵊
县县委党史办公室

43 **路西（金萧）纪事** 骆畸主编 K269.506/1760 2002

44 **民族魂：浙江百年反侵略斗争纪实** 中共浙江省委党史研究室等编 K295.5/5043
7-5043-2735-2 1997 中国广播电视出版社

45 **青松集：纪念杨思一文集** 《青松集》编辑组编 K827=7/4761 1991 上海社会科学院
出版社

46 **群英集：一九八七年度** 中共越城区委、越城区人民政府编 K820.855.3/5044 1988
中共越城区委

47 **人民司法开拓者——梁柏台传** 陈刚著 K827=6/3342 978-7-5098-1580-9 2012
中共党史出版社

48 **人民英雄：100位为新中国成立做出突出贡献的英雄模范：100位新中国成立以来感
动中国人物** 绍兴市关心下一代工作委员会、绍兴市教育局、越城区文化教育局
K825/2790 2010

49 **日寇入侵浙江旧影录** 汪力成主编 K265.606/3145 7-80633-811-X 2005 杭州出
版社

50　三北风云 14　慈溪市新四军研究会等编　K265.06/8030　2006

51　上虞八年抗战　邵水荣主编　K265.06/1714　1995

52　上虞党史要览　中共上虞市委党史研究室编　D235.554/5042　2011

53　上虞革命小故事选　森详主编　I247.8/4030　中共上虞县委党史资料征集研究委员会、上虞县教育委员会

54　上虞抗战风云录（征文选编）：纪念中国人民抗日战争暨世界反法西斯战争胜利 70 周年　王志胜主编　K295.54/1047　2015　中共绍兴市上虞区委党史研究室

55　上虞英烈谱·第一辑　中共上虞县委党史资料征集小组办公室编　K820.855.4/5042v1　1984　上虞县委党史资料征集小组办公室

56　上虞英烈谱·第二辑　上虞县民政局、中共上虞县委党史资料征集小组办公室编　K820.855.4/5042v2　1985　上虞县委党史资料征集小组办公室

57　上虞英烈谱·第三辑　中共上虞县委党史资料征集研究委员会办公室、上虞县民政局编　K820.855.4/5042v3　1989　中共上虞县委党史资料征集研究委员会办公室、上虞县民政局

58　绍兴党史人物传　王文全编　K820.855.3/1008　1989　中共绍兴县委党史办公室

59　绍兴党史文献集　王文全主编　D239/1008　1991

60　绍兴革命大事记：一九一九－一九四九　中共绍兴县委党史资料征集研究委员会编　K295.54/5042　1986　中共绍兴县委党史资料征集研究委员会

61　绍兴革命史迹　绍兴市新四军研究会编　K878.22/2790　978-7-80686-611-5　2008　浙江摄影出版社

62　绍兴革命文化史料汇编：1919-1949　绍兴市文化局、中共绍兴市委党史办公室编　K295.53/5042　7-80061-603-7　1992　团结出版社

63　绍兴军事人物　任宝根编著　K825.2/2034　1998

64　绍兴抗日烽火　绍兴市新四军研究会编　K295.53/2790　978-7-5508-1524-7　2015　西泠印社出版社

65　绍兴抗日烽火：纪念抗日战争胜利 60 周年：图集　中共绍兴市委党史研究室、绍兴市新四军研究会编印　K265.1/5042　2005

66　绍兴抗日人物简介　李月兔著　K820.855.3/4072　1995　绍兴越文化研究所

67　绍兴抗日战事　余一苗编著　K265.9/8014　9789624503517　2015　天马出版有限公司

68　绍兴抗战　中共绍兴市委党史研究室编　K295.53/5042　1995　中共绍兴市委党史研究室

85　**嵊州抗日史**　中共嵊州市委党史研究室、嵊州市社会科学界联合会、嵊州市新四军研究会编　K265.06/8083　978-7-5119-2439-1　2015　中国时代经济出版社

86　**石璜缴枪文集：纪念石璜缴枪胜利 60 周年**　金午江主编　K266/8083　2006

87　**逝去的烽火岁月**　周仲冠著　I251/7723　2004

88　**四明轻骑队：新四军浙东纵队政工队**　金虹主编　I251/6064　1996　《四明轻骑队》编辑委员会

89　**天姥风云：新昌革命故事选**　陈刚主编　I247.5/7470　2001　新昌县关心下一代工作委员会

90　**铁马青松**　浙江省新四军研究会编　K827=7/1750　1992　浙江省新四军研究会等

91　**铁证：侵华日军在浙江暴行纪实**　中国人民政治协商会议浙江省委员会文史资料研究委员会编　K295.5/5068v56　7-213-01264-9　1988　浙江人民出版社

92　**伟大的旗帜　光辉的历程**　浙江省社会科学界联合会编　D220-53/3239　7-213-01873-6　1999　浙江人民出版社

93　**沃州春雷**　新昌县新四军历史研究会编　K295.54/0267　2009

94　**沃州春雷 1**　中共新昌县委党史研究室、新昌县新四军研究会编　K295.54/5040　2001

95　**吾爱精诚：浙江省嵊州市纪念抗日战争纪实图片集**　张亮宗编　K265/1203　9789881406583　2015　中国科学艺术出版社

96　**新北风云：新北区革命斗争史料**　新昌县关心下一代工作委员会等编　K295.54/0267　2007

97　**新昌革命历史文献选编**　中共新昌县委党史研究室编　D235.554/5040　2001　中共新昌县委党史研究室

98　**新昌抗日战争史事**　新昌县关心下一代工作委员会、新昌县史志办公室、新昌县新四军历史研究会编　K265.06/0267　2005

99　**新昌县革命遗址图志**　章月中主编　K928.725.54-64/0075　2011

100　**新昌县社会主义时期党史专题集·第一辑**　张梁主编　D235.554/1230　978-7-80199-612-1　2007　中共党史出版社

101　**新昌英烈谱**　陈刚主编　K820.855.4/7470　1991　中共新昌县委党史资料征集研究委员会、新昌县民政局

102　**新四军苏浙军区战史**　肖洛主编　K269.5/9030　978-7-213-03782-5　2008　浙江人民出版社

103　**新四军浙东游击纵队金萧支队：修订本**　中共诸暨市委党史研究室编　I251/5043　2015

104 薪尽火传：浙江革命故事集　浙江省新四军研究会、浙江教育出版社编　I247.8/3239
7-5338-2907-7　1998　浙江教育出版社

105 邢子陶纪念文集　浙江省新四军研究会、嵊州市新四军研究会编　K828.2=7/1717　2000
浙江省新闻出版局

106 秀柏苍松：俞秀松研究文集　俞克明主编　K827=6/8024　978-7-5098-0585-5　2010
中共党史出版社

107 血洗后堡：绍兴皋北抗日自卫队追忆　《血洗后堡》编委会编　K295.55/2737　2005

108 血与泪的诉说：回忆侵华日军在诸暨的暴行　许林章主编　K265.606/3840　978-7-
5098-0861-0　2010　中共党史出版社

109 寻找幸存的诸暨抗战老兵　周勇、何成永编著　I253.9/7710　9789889835279　2015
中国文化出版社

110 叶天底烈士传集　中共上虞县委党史办公室编　K827=6/6410　1987　中共上虞县委党
史办公室、上虞县民政局

111 荫蔽精干的嵊西与绍嵊根据地的嵊北：1942.7～1945.9　嵊州市新四军研究会编
K265.06/2230v3　2005　浙江嵊州市新四军研究会

112 英烈千古·浙江革命烈士事迹选辑（一）　浙江省民政厅编　K820.855/3239v1　1982
浙江省民政厅

113 英烈千古·浙江革命烈士事迹选辑（二）　浙江省民政厅编　K820.855/3239v2

114 英雄祭：绍兴籍著名抗日英烈事迹录　何云伟主编　K825.2=6/2112　978-7-5034-
9342-3　2017　中国文史出版社

115 映山红：革命故事集1　戈天择主编　I247.8/3239v1

116 游击武装的重组发展与嵊县的解放：1945.9-1949.5　嵊州市新四军研究会编
K265.06/2230v4　2006　浙江嵊州市新四军研究会

117 俞秀松　中共诸暨县委党史资料征集研究委员会办公室编　K827=6/8024　1988　中共
诸暨县党史资料征集研究委员会办公室

118 俞秀松　朱顺佐著　K827=6/8024　7-80612-745-3　2000　大连出版社

119 俞秀松的故事　《俞秀松的故事》编写组编著　I247.8/5043　1994　当代中国出版社

120 俞秀松纪念文集　中共浙江省委党史研究室编纂　K827=6/8024　7-80092-829-2　1999
当代中国出版社

121 虞城烽火　邵水荣主编　D235.554/1714　1990　中共上虞县委党史资料征集研究委
员会

122　**虞城英烈：中共上虞党史人物选编**　任建春主编　K820.855.4/2215　2001

123　**越都风云录**　王文全主编　K295.54/1008　1989　中共绍兴县委党史资料征集研究委员会

124　**越都抗战风云录**　阮坚勇主编　K295.53/7121

125　**张秋人**　中共诸暨市委党史办公室编　K827=6/1228　1990

126　**章镇烽火**　中共上虞市章镇镇委员会、上虞市新四军研究会章镇小组编　K295.55/5042　2004

127　**浙东金萧游击根据地统一战线工作**　浙江省新四军历史研究会金萧分会编　D613/3239　2009

128　**浙东抗日根据地革命文化史料选编·上册**　浙东抗日根据地革命文化史料编纂委员会编　K295.5/3245v1　1992

129　**浙东抗日根据地革命文化史料选编·下册**　浙东抗日根据地革命文化史料编纂委员会编　K295.5/3245v2　1992

130　**浙东抗日根据地史**　杨福茂主编　K269.506/4734　7-80199--260-1　2005　中共党史出版社

131　**浙东游击传奇："三五"支队的战斗故事**　陈瑜著　I251/7410　978-7-5059-8560-5　2014　中国文联出版社

132　**浙东游击根据地**　中共浙江省委党史研究室、中共宁波市委党史研究室编　K295.5/5043　7-80023-855-5　1996　中共党史资料出版社

133　**浙江党史图览：1919-1949**　包晓峰编著　D235.55-64/2762　978-7-5341-4089-1　2011　浙江科学技术出版社

134　**浙江革命史料特辑·四 纪念中国共产党诞生六十周年**　中国人民政治协商会议浙江省委员会文史资料研究委员会编　K295.5/5068　1981　浙江人民出版社

135　**浙江革命史料特辑·浙江革命青年运动专辑**　中国人民政治协商会议浙江省委员会文史资料研究委员会编　K295.5/3230　1979　浙江人民出版社

136　**浙江抗日战争图史：纪念抗日战争胜利70周年**　浙江省新四军历史研究会、浙江省大爱慈善基金会、浙江省写作学会编著　K265.06-64/4734　978-7-5477-1846-9　2015　北京日报出版社

137　**浙江女英烈**　浙江省妇女联合会编　K820.855/3239　1989　浙江人民出版社

138　**浙江省革命（进步）文化大事记：1919-1949**　周其忠主编　K295.5/3130v2　1992

139　**浙江新四军和抗日根据地人物**　浙江省新四军历史研究会编　K825.2=6/3239　2013

140 **浙江战时政治工作队** 中共浙江省委党史研究室编 D235.55/5043 7-80092-850-0 1999 当代中国出版社

141 **中共开元地方史·新民主主义革命时期** 中共嵊州市开元镇委员会编 D235.555/5042 1998 中共嵊州市开元镇委员会

142 **中共上虞地方史** 中共上虞市委党史研究室编 D235.554/5042 7-213-01600-8 1997 浙江人民出版社

143 **中共绍兴党史·第一卷：1923.7～1949.5** 中共绍兴市委党史研究室著 D235.553/5042 7-80136-861-4 2003 中共党史出版社

144 **中共绍兴党史大事记：1919.5-1990.12** 余一苗、董光楚主编 D235.553/8014 7-308-01047-3 1992 浙江大学出版社

145 **中共绍兴党史人物：民主革命时期** 中共绍兴市委党史研究室编 K820.855.3/5042 7-80092-999-X 2001 当代中国出版社

146 **中共绍兴县党史·第一卷：1919～1949** 赵玲华主编 D235.554/4412 7-80136-816-9 2002 中共党史出版社

147 **中共绍兴县历史大事记·第二集：1949.5～1978.12** 金志奇主编 D235.554/8044 7-80136-965-3 2003 中共党史出版社

148 **中共嵊县党史大事记：1919-1949** 周希灿主编 D235.554/7749 1991 中共嵊县县委党史资料征集研究委员会

149 **中共嵊州地方史** 中共嵊州市委党史研究室编写 D235.554/5042 7-81035-522-8 1998 杭州大学出版社

150 **中共新昌地方史·上卷** 陈刚主编 D235.554/7470 7-5043-3085-X 1997 中国广播电视出版社

151 **中共浙江党史大事记：1919-1949** 中共浙江省委党史资料征集研究委员会编 D235.55/5043 1990 浙江人民出版社

152 **中共诸暨历史大事记：1919.5-1949.5** 中共诸暨市委党史研究室编 D235.554/5302 978-7-213-05685-7 2013 浙江人民出版社

153 **中共诸暨历史简明读本：1921-2011** 许林章主编 D235.554/3840 978-7-5073-3290-2 2011 中央文献出版社

154 **中国共产党上虞历史·第二卷：1949-1978** 中共绍兴市上虞区委党史研究室著 D235.553/5042 7-80092-694-X 2016 中国党史出版社

155 **中国共产党上虞市（县）历次代表大会文献汇编** 中共上虞市委党史研究室编 D225.54/5042 2003 中共上虞市委党史研究室

156　**中国共产党绍兴县历次代表大会重要文献选编**　黄锡云主编　D225.54/4481　978-7-5098-1307-2　2011　中共党史出版社

157　**中国共产党嵊州历史・第二卷:1949-1978**　中共嵊州市委党史研究室著　D235.554/5042　978-7-5098-1150-4　2011　中共党史出版社

158　**中国共产党嵊州历史大事记:1949～1997**　中共嵊州市委党史研究室、嵊州市档案馆编写　D235.554/5042　7-81035-553-8　1998　杭州大学出版社

159　**中国共产党嵊州历史图集:1919-1978**　中共嵊州市委党史研究室编　D235.553-64/5042　978-7-5034-3615-4　2012　中国文史出版社

160　**中国共产党嵊州市(县)历次代表大会资料汇编・第一卷**　中共嵊州市委党史研究室编　D235.554/5042　2004

161　**中国共产党新昌历史・第二卷:1949-1978**　中共新昌县委党史研究室著　D235.554/5040　978-7-5098-1541-0　2011　中共党史出版社

162　**中国共产党新昌历史:1921-2006 第二卷资料专辑(一)**　新昌县史志办公室　D235.554/0267　2006

163　**中国共产党新昌历史大事记:1949年5月-2000年7月**　中共新昌县委党史研究室编　D235.554/5040　7-80136-469-4　2000　中共党史出版社

164　**中国共产党新昌县历次代表大会文件选编**　新昌县史志办公室编　D225.54/0267　2003　新昌县史志办公室

165　**中国共产党浙江历史・第一卷:1921-1949**　高三山主编　D235.55/0012　978-7-5098-1126-9　2011　中共党史出版社

166　**中国共产党浙江历史・第二卷:1949-1978**　金延峰主编　D235.55/8012　978-7-5098-1131-3　2011　中共党史出版社

167　**中国共产党浙江历史大事记:1949年5月～1993年12月**　中共浙江省委党史研究室编　D235.55/5043　7-80136-007-9　1996　中共党史出版社

168　**中国共产党浙江省上虞县组织史资料・第一卷:1925.12-1987.12**　中共上虞县委组织部等编　D235.554/5042　7-213-00805-6　1992　浙江人民出版社

169　**中国共产党浙江省上虞市组织史资料・第二卷:1988.1-1993.12**　中共上虞市委组织部编　D235.554/5042　7-80002-716-3　1994　人民日报出版社

170　**中国共产党浙江省上虞市组织史资料・第三卷:1994.1-2000.12**　中共上虞市委组织部编　D235.554/5042　962-450-723-6　2002　人民日报出版社

171　**中国共产党浙江省上虞市组织史资料・第四卷:2001.1-2004.12**　中共上虞市委组织部编　D235.554/5042　978-7-80199-613-8　2007　中共党史出版社

172　**中国共产党浙江省绍兴市越城区组织史资料：第二卷：1988.1–1993.12.**　中共绍兴市越城区委组织部编　D235.553/5042v2　7-80002-717-1　1994　人民日报出版社

173　**中国共产党浙江省绍兴市组织史资料：第一卷：1923.7–1987.12**　中共绍兴市委组织部等编　D235.553/5042　7-308-01090-2　1992　浙江大学出版社

174　**中国共产党浙江省绍兴市组织史资料：第二卷：1988.1–1994.6**　中共绍兴市委组织部编　D235.553/5042v2　7-80002-682-5　1994　人民日报出版社

175　**中国共产党浙江省绍兴市组织史资料：第三卷：1994.6–1999.5**　中共绍兴市委组织部编　D235.553/5042v3　7-80136-700-6　2002　中共党史出版社

176　**中国共产党浙江省绍兴市组织史资料：第四卷：1999.5–2003.10**　中共绍兴市委组织部编　D235.553/5042v4　978-7-80199-613-8　2007　中共党史出版社

177　**中国共产党浙江省绍兴市组织史资料：第五卷：2003.10–2012.4**　中共绍兴市委组织部编　D235.553/8014　978-7-213-07178-2　2016　浙江人民出版社

178　**中国共产党浙江省绍兴县组织史资料：第一卷：1922–1987**　中共绍兴县委组织部等编　D235.554/5042　7-308-00744-8　1991　浙江大学出版社

179　**中国共产党浙江省绍兴县组织史资料：第二卷：1988.1–1993.12**　中共绍兴县委组织部编　D235.554/5042v2　7-80002-702-3　1994　人民日报出版社

180　**中国共产党浙江省嵊县组织史资料：第一卷：1927–1987**　中共嵊县县委组织部、中共嵊县县委党史资料征集研究委员会、嵊县档案馆编　D235.554/5042　7-308-00678-6　1990　浙江大学出版社

181　**中国共产党浙江省嵊州市组织史资料：第三卷：1994.1–2001.12**　中共嵊州市委组织部编　D235.554/5042　7-80136-750-2　2002　中共党史出版社

182　**中国共产党浙江省嵊州市组织史资料：第四卷：2002.1–2006.12**　中共嵊州市委组织部编　D235.554/5042　978-7-80199-613-8　2007　中共党史出版社

183　**中国共产党浙江省嵊州市组织史资料：第五卷：2007.1–2012.2**　中共嵊州市委组织部编　D235.554/5042　978-7-80199-613-8　2015

184　**中国共产党浙江省新昌县组织史资料：第一卷：1926. 秋 –1987.12**　中共新昌县委组织部等编　D235.554/5040　7-308-00994-7　1992　浙江大学出版社

185　**中国共产党浙江省新昌县组织史资料：第三卷：1994.1–2000.12**　中共新昌县委组织部编　D235.554/5040　7-80136-757-X　2002　中共党史出版社

186　**中国共产党浙江省新昌县组织史资料：第四卷：2001.1–2007.2**　中共新昌县委组织部编　D235.554/5040　978-7-80199-613-8　2007　中共党史出版社

187　**中国共产党浙江省新昌县组织史资料：第五卷：2007.2–2012.3**　中共新昌县委组织部编

D235.554/5040　2015　中共新昌县委组织部

188　**中国共产党浙江省诸暨市组织史资料：第二卷：1990.3-1993.12**　中共诸暨市委组织部
编　D235.554/5043　7-80002-761-9　1995　人民日报出版社

189　**中国共产党浙江省诸暨市组织史资料：第三卷：1994.1-2000.12**　中共诸暨市委组织部
编　D235.554/5043　7-101-03595-7　2002　中华书局

190　**中国共产党浙江省诸暨市组织史资料：第四卷：2001.1-2007.3**　中共诸暨市委组织部编
D235.554/5043　978-7-213-04347-5　2010　浙江人民出版社

191　**中国共产党诸暨历史·第一卷**　卢文荣主编　D235.554/5043　978-7-5098-3099-4
2015　中共党史出版社

192　**中国共产党诸暨历史·第二卷：1949·5-1978·12**　许林章主编　D235.554/5043
7-80136-513-5　2001　中共党史出版社

193　**中国共产党诸暨历史大事记：1949年5月-1995年12月**　许林章主编　D235.554/5043
7-5011-3483-9　1997　新华出版社

194　**中国共产党诸暨市（县）历次代表大会文献汇编：1927～2003**　中共诸暨市委党史研
究室著　D235.554/5043　2003

195　**中国抗日战争卅战**　任宝根著　K265.9/2234　7-5034-1664-5　2006　中国文史出版社

196　**诸暨革命故事选·一**　诸暨党史县志编委会办公室编　I247.8/3477　1985　诸暨县党史
县志编委会办公室

197　**诸暨革命历史文献选编**　中共诸暨市委党史研究室编　D235.554/5043　2002

198　**诸暨抗日战争史**　杨长岳主编　K265.06/4747　7-5011-6767-2　2005　新华出版社

199　**诸暨抗战**　许林章主编　K295.54/3840　1995

200　**诸暨抗战时期人口与财产损失资料汇编**　许林章主编　K265.07/3840　978-7-5098-
0859-7　2010　中共党史出版社

201　**诸暨烈士事迹专辑**　中共诸暨县委党史资料征集小组编　K820.855.4/5043　1984　中共
诸暨县委党史资料征集小组

202　**诸暨市文史资料·八　秀松长青：中国共产主义事业前驱俞秀松**　诸暨市政协学习文史
委员会编　K295.54/5068v8　1999

203　**诸暨一县长**　曹连生主编　K827=7/2107　1995　浙江大学出版社

07
茶文化

1　**茶的典故**　姚国坤等编著　TS272–49/4264　7–109–01767–2　1991　农业出版社

2　**茶的历史和文化**　赵孝国主编　TS971.21/4446　2014

3　**茶馆风景**　阮浩耕著　F719.3–092/7135　7–80686–093–2　2003　浙江摄影出版社

4　**茶经**　（唐）陆羽著　S571.1/7510　978–7–80715–660–4　2011　浙江古籍出版社

5　**茶经述评**　吴觉农主编　S571.1/6094　1987　农业出版社

6　**茶人茶话**　陈平原、凌云岚编　I267/7417　978–7–108–02646–0　2007　三联书店

7　**茶人之家（1982 年第 1 期、1983 年第 1–2 期）**　浙江省茶叶学会"茶人之家"筹备处编印　Z62（11）/8200　1982–1983　浙江省茶叶学会"茶人之家"筹备处

8　**茶人之家（1984 年 1–4 期）**　浙江省茶叶学会"茶人之家"筹备处编印　Z62（11）/8400　1984　浙江省茶叶学会"茶人之家"筹备处

9　**茶人之家（1985 年 1–3 期）**　浙江省茶叶学会"茶人之家"筹备处编印　Z62（11）/8500　1985　浙江省茶叶学会"茶人之家"筹备处

10　**茶人之家（1988 年 1–2 期）**　浙江省茶叶学会"茶人之家"筹备处编印　Z62（11）/8800　1988　浙江省茶叶学会"茶人之家"筹备处

11　**茶人之家（1989 年 1–4 期）**　浙江省茶叶学会"茶人之家"筹备处编印　Z62（11）/8800　1988–1990　浙江省茶叶学会"茶人之家"筹备处

12　**茶人之家（1990 年 1–4 期）**　浙江省茶叶学会"茶人之家"筹备处编印　Z62（11）/9000　1990　浙江省茶叶学会"茶人之家"筹备处

13　**茶人之家（1991 年 1–4 期）**　浙江省茶叶学会"茶人之家"筹备处编印　Z62（11）/9100　1991　浙江省茶叶学会"茶人之家"筹备处

14　**茶人之家（1992 年 1–4 期）**　浙江省茶叶学会"茶人之家"筹备处编印　Z62（11）/9200　1992　浙江省茶叶学会"茶人之家"筹备处

15　**茶人之家：茶人之家十周年暨基金会二周年特辑**　《茶人之家》编辑部编辑　Z62（11）/9209　1992　《茶人之家》编辑部

16　**茶人之家：茶事咨询会特刊**　《茶人之家》编辑部编辑　Z62（11）/8312　1983　《茶人之家》编辑部

17　**茶通**　尹桂茂主编　TS272/1744　1989　天津科技翻译出版公司

18　**茶为国饮 科学饮茶：茶文化百科知识**　诸暨市茶文化研究会编　TS971.21/3470　2014

19　**茶馨墨香**　刘祖香著　Z427/0232　7-80612-745-3　2000　大连出版社

20　**茶馨艺文**　沈冬梅、张荷、李涓编著　TS971/3424　978-7-208-08422-3　2009　上海人民出版社

21　**茶叶大全**　潘根生主编　TS272/3242　1995　中国农业出版社

22　**茶叶地图：品茗之完全手册**　吕玫、詹皓编著　TS971/6010　7-80661-492-3　2002　上海远东出版社

23　**茶叶加工与加工机械**　吕增耕编著　TS272/6045　7-110-00915-7　1989　科学普及出版社

24　**茶叶生产讲义**　浙江省绍兴、宁波地区茶叶工作经验交流会编　S571.1/3239　1973

25　**茶叶世界·2009年第12期·大佛龙井特刊**　《茶叶世界》半月刊编辑部门编　S571.1/4464　2009　《茶叶世界》半月刊编辑部

26　**茶叶与健康文化学术研究会论文集**　浙江省茶叶学会等编　R247.1/3239　1983　浙江省茶叶学会

27　**茶者圣：吴觉农传**　王旭烽著　K826.3=74/6094　7-213-02532-5　2003　浙江人民出版社

28　**大佛龙井**　徐跃龙编辑　F326.12/2864　2014

29　**大佛龙井茶生产加工技术规程**　新昌县农业局编　TS272.4/0267　2003　新昌县农业局

30　**改造古老的西南茶区：纪念吕允福教授诞辰九十周年文集**　刘勤晋主编　S571.1/0241　西南农业大学出版社

31　**国人必知的2300个茶道常识**　周晓孟、沈智主编　TS971-49/7761　978-7-5470-0466-1　2009　万卷出版公司

32　**花茶制造技术**　吕增耕编著　TS272/6045　象山县林业特产局

33　**江南名城 绿茶之都**　绍兴市茶文化研究会编　TS971/2790　2009

34　**科学饮茶100问**　陈元良撰稿　TS971.21/7413　2015

35　**吕增耕茶事文集**　吕增耕著　TS272/6045　2006

36　**绿茶初制技术**　吕增耕著　TS272/6045　浙江省茶叶机械销售技术服务部

37　**眉茶精制技术讲义**　吕增耕著　TS272/6045　1981　浙江省茶叶机械销售服务部

38　**名泉名水泡好茶**　詹罗九主编　TS971/2764　7-109-08068-4　2003　中国农业出版社

39　**名山出名茶**　徐永成编著　S571.101.92/2835　7-109-08067-6　2003　中国农业出版社

40　**品茶说茶：生活的艺术·人生的享受**　施奠东等主编　G122:TS971/0884　7-5340-0995-2

1999　浙江人民美术出版社

41　**品出五湖烟月味**　马明博编选　I267.1/1764　7-5306-3570-0　2003　百花文艺出版社

42　**平水日铸茶**　绍兴山地御茶村茶业有限公司编　S571.1/2792

43　**山地平水日铸茶 2011 产品目录**　绍兴山地御茶村茶业有限公司编　TS971.21/2792　2012

44　**绍兴茶文化**　钱茂竹、何信恩主编　TS971/8348　7-5339-1225-X　1999　浙江文艺出版社

45　**绍兴茶文化成人读本**　绍兴市茶文化研究会、绍兴市农业局编　TS971.21/2790

46　**绍兴县春花丰产经验汇编：1959 年 -1960 年**　绍兴县科委、农科所编　S512-33/2797　1960　绍兴县科委

47　**天姥茶话**　石永彬、徐国铨著　I276.3/1034　978-988-28035-6-5　2010　中国文化艺术出版社

48　**天姥茶话：续集**　石永彬、徐国铨著　I276.3/1034　978-988-28035-6-5　2014　中国文化艺术出版社

49　**吴觉农茶学思想研究会首届会议文集**　吴觉农茶学思想研究会筹备会编　K826.3=7/6094　2001　吴觉农茶学思想研究会

50　**吴觉农纪念文集**　陈翰笙、夏衍著　K826.3/6094　7-80067-098-8　1997　中国奥林匹克出版社

51　**吴觉农年谱**　上海市茶叶学会编　K826.3/6094　1997

52　**吴觉农选集**　吴觉农著　S571.1-53/6094　1987　上海科学技术出版社

53　**吴觉农与上虞茶：吴觉农茶学思想研究会十五年回眸**　闻桂珍、夏明尧主编　F326.12/3741　978-7-5116-3010-0　2017　中国农业科学技术出版社

54　**御茶村**　绍兴御茶村茶业有限公司编　TS272.8/2792

55　**越地茶史·第一卷 古代部分**　《越地茶史》编委会编　TS971.21/1014　978-7-5540-1392-2　2018　浙江古籍出版社

56　**越地茶史·第二卷 近现代部分**　《越地茶史》编委会编　TS971.21/1014　978-7-5540-1392-2　2018　浙江古籍出版社

57　**越地茶史·第三卷 当代部分**　《越地茶史》编委会编　TS971.21/1014　978-7-5540-1392-2　2018　浙江古籍出版社

58　**越地茶史·第四卷 茶文化部分**　《越地茶史》编委会编　TS971.21/1014　978-7-5540-1392-2　2018　浙江古籍出版社

59　**越红工夫茶**　杨思班、陈元良编著　TS272.5/4761　978-7-5178-2633-0　2018　浙江

工商大学出版社

60 **浙江名茶** 唐力新著 TS272.5/0040 978-7-5178-1924-0 2017 浙江工商大学出版社

08
酒文化

1 **2008中国绍兴黄酒节资料汇编** 中共绍兴市委节会办公室、绍兴市人民政府节会办公室编 G127.553/5042 2008

2 **沉醉酒乡** 傅建伟著 TS971/2312 978-7-5001-2451-1 2009 中国对外翻译出版公司

3 **沉醉绍兴酒** 傅建伟著 TS971-53/2312 962-8753-88-6 2006 香港新闻出版社

4 **当代中国酒界人物志** 赵爱民主编 K826.16=7/4427 978-7-5019-7128-2 2009 中国轻工业出版社

5 **国粹黄酒** 中国绍兴黄酒集团有限公司编 TS971.22/5062

6 **琥珀色的诱惑** 傅建伟著 TS971-53/2312 978-7-5085-1194-8 2007 五洲传播出版社

7 **黄酒分析与检测实训教程** 魏桃英主编 TS262.4/2644 978-7-308-15577-9 2016 浙江大学出版社

8 **黄酒高级酿酒师** 中国酿酒工业协会、中国轻工酿酒行业职业技能培训和鉴定管理总站编 TS262.4/5061 2009

9 **黄酒工艺技术** 胡普信编著 TS262.4/4782 978-7-5019-9040-5 2014 中国轻工业出版社

10 **黄酒和清酒生产问答** 康明官编著 TS262.4/0063 7-5019-3916-0 2003 中国轻工业出版社

11 **黄酒化学** 莫新良、胡普信编 TS262.4/4403 978-7-5184-0599-2 2015 中国轻工业出版社

12 **黄酒简易酿造法** 殷维松编著 TS262.4/2724 7-80044-032-X 1987 中国食品出版社

13 **黄酒酿造** 轻工业部科学研究设计院、北京轻工业学院编 TS262.4/4713 1960 轻工业出版社

14　**黄酒酿造工艺**　李家寿、陈靖显主编　TS262.4/4035　2009

15　**黄酒酿造技术**　谢广发编著　TS262.4/3402　978-7-5019-7717-8　2010　中国轻工业出版社

16　**黄酒酿造技术**　胡普信主编　TS262.4/4782　978-7-5019-8707-8　2014　中国轻工业出版社

17　**黄酒生产 200 问**　傅祖康、杨国军编著　TS262.4/2330　978-7-122-06963-4　2010　化学工业出版社

18　**黄酒生产分析检验**　赵光鳌、金岭南编著　TS262.4/4495　1987　轻工业出版社

19　**黄酒生产工艺与技术**　何伏娟、林秀芳、童忠东编　TS262.4/2124　978-7-122-22754-6　2015　化学工业出版社

20　**黄酒微生物技术**　葛松涛、胡普信、寿泉洪编　TS262.4/4443　978-7-5184-0606-7　中国轻工业出版社

21　**黄酒与健康**　娄国忠主编　TS262.4/9065　978-7-5352-6329-2　2013　湖北科学技术出版社

22　**黄酒之源会稽山**　杨国军主编　TS971/4763　978-7-80735-397-3　2008　西泠印社出版社

23　**黄种人喝黄酒：天下一绝中国黄酒**　于江山著　TS971.22/1032　978-7-5162-0299-9　2013　中国民主法制出版社

24　**酒：酒诫·酒史·酒人·酒事·酒文**　黄岩柏等著　I267/4424　1991　辽宁人民出版社

25　**酒道：喝酒那些事儿**　陈孟强编著　TS971.22/7411　978-7-5640-5325-3　2012　北京理工大学出版社

26　**酒歌：酒文化情缘：祝酒辞大全**　韩毅峰著　TS971/4502　978-7-5087-0659-7　2007　中国社会出版社

27　**酒牌**　（清）陈洪绶、（清）任熊编等绘　J227/7432　7-80713-161-6　2005　山东画报出版社

28　**酒趣**　朱希祥、王从仁著　TS971/2543　7-80668-488-3　2003　学林出版社

29　**酒趣妙饮**　姜铁军、姜书航编著　TS971-49/8083　978-7-5306-5262-6　2010　百花文艺出版社

30　**酒文化问答**　康明官编著　TS971/0063　7-5025-4058-X　2003　化学工业出版社

31　**酒文化学**　侯红萍主编　TS971.22/2724　978-7-5655-0538-6　2012　中国农业大学出版社

32　酒文化研究文集　李永鑫主编　G122:TS971-53/4038　7-101-02871-3　2001　中华书局

33　酒问：酒类品鉴·购买·收藏指南　袁克西主编　TS262/4041　978-7-5019-7918-9　2011　中国轻工业出版社

34　酒乡绍兴　傅建伟著　TS971/2312　978-7-5001-2449-8　2011　中国对外翻译出版公司

35　酒香人生：中国黄酒泰斗王阿牛回忆录　王阿牛著　K826.16=76/1072　**978-7-5019-9832-6**　2014　中国轻工业出版社

36　酒与酒文化　杨勇、阳淑瑗编著　TS971/4710　978-7-5066-6570-4　2011　中国质检出版社

37　会稽山：中国驰名商标　会稽山绍兴酒有限公司编著　TS971.22/8022　2006

38　醨海遗帧：周叔弢先生藏酒票　周景良整理　J524.4/7763　978-7-5013-5772-7　2017　国家图书馆出版社

39　名酒的历史：23 种世界经典名酒　王恩泽编著　TS971-49/1063　7-80699-838-1　2007　哈尔滨出版社

40　品酒大全　李泉编著　TS971/4020　978-7-80699-759-8　2007　哈尔滨出版社

41　全国黄酒行业"和酒杯"科技与发展论文集　中国酿酒工业协会黄酒分会编印　TS262.4-53/5061　2005

42　绍兴东风酒厂企业管理标准　浙江省绍兴东风酒厂企业管理办公室编　F272.9/3239　1991

43　绍兴黄酒　本书编委会　TS971.22/5052

44　绍兴黄酒丛谈　钱茂竹、杨国军编著　TS971.22/8348　978-7-5526-0067-4　2012　宁波出版社

45　绍兴黄酒酿制技艺　杨国军编著　K295.5/4710　978-7-80686-793-8　2009　浙江摄影出版社

46　绍兴黄酒与养生保健　郭航远、傅建伟编著　TS262.4/0723　978-7-308-05724-0　2007　浙江大学出版社

47　绍兴黄酒知识产权战略研究　绍兴市中级人民法院编　TS262.4/2790　978-7-5508-0419-7　2012　西泠印社出版社

48　绍兴酒典故事　汪志成著　I276.3/3145　978-7-5126-3207-3　2014　团结出版社

49　绍兴酒鉴赏　杨国军主编　TS971/4763　7-80686-488-1　2006　浙江摄影出版社

50　**绍兴酒文化**　绍兴市政协文史资料委员会编　G122:TS971/2790　7-5000-0306-4　1990
中国大百科全书出版社上海分社

51　**绍兴酒文化：[摄影集]**　沈标桐摄影　J421.553/3444　7-80517-764-3　2004　西泠印
社出版社

52　**绍兴酒文化研究文集 1**　傅建伟主编，绍兴市酒文化研究会编　TS971-53/2790v1　2005

53　**绍兴酒文化研究文集 2**　傅建伟主编，绍兴市酒文化研究会编　TS971-53/2790v2　2006

54　**绍兴酒文化研究文集 3**　绍兴市酒文化研究会编　TS971-53/2790v3　2007

55　**绍兴酒文化研究文集 4**　绍兴市酒文化研究会编　TS971-53/2790v4　2008

56　**绍兴酒文化研究文集 5**　绍兴市酒文化研究会编　TS971-53/2790v5　2009

57　**绍兴酒文化研究文集 6**　绍兴市酒文化研究会编　TS971-53/2790v6　2010

58　**绍兴酒文化研究文集 7**　绍兴市酒文化研究会编　TS971-53/2790v7　2011

59　**绍兴酒文化研究文集 8**　绍兴市酒文化研究会编　TS971-53/2790v8　2012

60　**绍兴酒文化研究文集 9**　绍兴市酒文化研究会编　TS971-53/2790v9　2013

61　**绍兴酒文化研究文集 10**　绍兴市酒文化研究会编　TS971-53/2790v10　2014

62　**绍兴酒文化研究文集 11**　绍兴市酒文化研究会编　TS971-53/2790v11　2015

63　**绍兴酒文化研究文集 12**　绍兴市酒文化研究会编　TS971-53/2790v12　2016

64　**绍兴酒文化研究文集 13**　绍兴市酒文化研究会编　TS971-53/2790v13　2017

65　**绍兴酒文化研究文集 14**　绍兴市酒文化研究会编　TS971-53/2790v14　2018

66　**岁月留痕**　傅建伟著　TS971-53/2312　978-7-5085-1057-6　2009　五洲传播出版社

67　**闻香识酒**　柳萌主编　I267/4740　7-5059-4187-9　2003　中国文联出版社

68　**香溢四海：国际名酒新视界**　杨明刚著　TS262/4767　978-7-80740-368-5　2009　上
海文化出版社

69　**一酒一菩提**　傅建伟著　TS971.22/2312　978-7-5508-0963-5　2013　西泠印社出版社

70　**一醉一世界**　傅建伟著　TS971.22/2312　978-7-5341-5201-6　2012　浙江科学技术出
版社

71　**永远的古越龙山：古越龙山酒论文集：2001**　傅建伟主编　TS971-53/2312　7-5019-
2321-3　2002　中国轻工业出版社

72　**越酒文化**　钱茂竹著　TS971.22/8348　978-7-213-05414-3　2013　浙江人民出版社

73　**中国酒典**　张远芬主编　TS261-61/1234　1991　贵州人民出版社

74　**中国酒经**　朱宝镛、章克昌主编　TS262/2538　7-80646-049-7　2000　上海文化出版社

75　**中国酒令**　金小曼编著　G899/8096　7-5308-0959-0　1991　天津科学技术出版社

76　**中国酒文化**　石春燕、尚论聪主编　TS971/1054　978-7-119-06563-2　2010　外文出版社

77　**中国酒文化**　忻忠、陈锦编著　TS971/9250　978-7-5328-6228-3　2009　山东教育出版社

78　**中国酒文化宝典**　徐寒主编　TS971/2830　7-80097-617-3　2003　中国大地出版社

79　**中国酒文化大典**　徐少华、袁仁国主编　TS971/2892　978-7-80173-772-4　2009　国际文化出版公司

80　**中国酒文化概论**　徐兴海主编　TS971/2893　978-7-5019-7502-0　2010　中国轻工业出版社

81　**中国酒文化趣谈**　《中国酒文化趣谈》编写组编写　TS971/5063　978-7-5032-3279-4　2008　中国旅游出版社

82　**中国酒业 20 年：1992-2012**　王延才主编　F426.82/1014　978-7-5019-9151-8　2013　中国轻工业出版社

83　**中国酿酒工业年鉴 2008**　中国酿酒工业协会、中国酿酒工业年鉴编委会编　F426.82-54/5061　978-7-5019-6914-2　2009　中国轻工业出版社

84　**中国酿酒工业年鉴 2009**　王延才主编　F426.82-54/1014　978-7-5019-7879-3　2011　中国轻工业出版社

85　**中国酿酒工业年鉴 2010-2011**　中国酿酒工业协会、中国酿酒工业年鉴编委会编　F426.82-54/5061　978-7-5019-8888-4　2012　中国轻工业出版社

86　**中国酿酒科技发展史**　洪光住编著　TS26-092/3492　7-5019-2973-4　2001　中国轻工业出版社

87　**中国酿酒业大全**　杜子端、贺志华主编　TS261/4410　7-5046-0012-1　1988　中国科学技术出版社

88　**中国酿酒业大全：A directory for dealers and consumers**　杜子端、贺志华主编　TS261/4410　7-5046-0012-1　1988　中国科学技术出版社

89　**中国绍兴黄酒**　马忠主编　TS262.4/1750　7-5005-4260-7　1999　中国财政经济出版社

90　**中国绍兴酒文化**　吴国群等编著　G122:TS971/6061　1990　浙江摄影出版社

91 **中国药酒大全** 陈熠主编 TS262.91/7490 7-5323-2054-5 1991 上海科学技术出版社

92 **中华酒典：全新校勘珍藏版** 徐寒主编 TS971/2830 978-7-80663-809-5 2010 中国书店

93 **中华酒文化大观** 于行前、铁流主编 G122/1028 7-80092-473-4 1997 当代中国出版社

94 **中华名人与酒** 高明毅著 K82/0060 978-7-5034-2252-2 2009 中国文史出版社

95 **中华一壶酒** 路英编著 TS971/6740 978-7-80710-531-2 2008 济南出版社

96 **中华一壶酒：酒的故事：插图本** 晓红编著 TS971/6520 978-7-5038-4913-8 2007 中国林业出版社

97 **醉乡日月：饮酒艺术经典** 吴龙辉编 G122/6049 1993 中国社会科学出版社

09
兰文化

1 **春兰谱：[照片集]** 马性远编著 S682.31/1793 7-80517-327-3 2000 西泠印社出版社

2 **江浙春蕙兰欣赏与鉴别** 叶军然编著 S682.31/6432 7-5335-2817-4 2006 福建科学技术出版社

3 **兰花名品鉴赏与栽培** 刘振龙、沈志坚编著 S682.31/0254 7-5335-1798-9 2001 福建科学技术出版社

4 **兰文化** 周建忠著 G122:S682.31/7715 7-109-06349-6 2001 农业出版社

5 **绍兴兰文化** 阮庆祥主编 G122/2790 7-5000-0416-8 1993 中国大百科全书出版社上海分社

6 **绍兴县第七届兰花节暨绍兴市第二十二届兰花展览会** 绍兴县人民政府主办 S682.31/2797 2006

7 **嵊州兰花·嵊州市科普丛书（四十七）** 韩章土主编 S682.31/4504 2014 《嵊州兰花》编辑委员会

8 **新编江浙兰蕙** 莫磊、金振创、郑黎明编著 S682.31/4410 7-5335-2671-6 2005 福建科学技术出版社

9　**新昌兰蕙**　寿济成主编　S682.31/5035　978-898-17603-3-5　2010　中国文化艺术出版社

10　**养兰入门：让市花走进千家万户**　钟国跃主编　S682.31/8566　978-7-5508-0710-5　2013　西泠印社出版社

11　**越兰新谱：[摄影集]**　绍兴市兰花协会编　S682.31-64/2790　2000　西泠印社出版社

12　**浙江省农业科技创新项目研究进展：2006-2010年**　邱飞章主编　S-125.5/7710　978-7-308-08621-9　2011　浙江大学出版社

13　**中国第二届兰文化博览会会刊**　孙胜利主编　G122/1972　2009

14　**中国寒兰荟萃**　关文昌编著　S682.31/8006　978-7-5038-5474-3　2011　中国林业出版社

15　**中国兰花大观**　关文昌编著　S682.31/8006　978-7-5038-5479-8　2011　中国林业出版社

16　**中国兰花精品珍品图典：特惠版**　刘清涌编著　S682.31/0233　978-7-5335-3796-8　2011　福建科学技术出版社

17　**中国兰文化**　马性远、马扬尘著　S682.31/1793　978-7-5038-5166-7　2008　中国林业出版社

18　**中国首届兰文化博览会会刊**　孙胜利主编　G122/1972　2004

19　**中外兰花**　刘清涌、刘逸平编著　S682.31/0233　7-5361-2690-5　2003　广东高等教育出版社

10
师爷文化

1　**大清一秘：绍兴师爷汪辉祖的官场之道**　穆良城著　K827=49/3193　978-7-214-15026-4　2015　江苏人民出版社

2　**江南·闽南·岭南：吴兴祚幕府文学年表长编**　朱丽霞著　I206.49-62/2511　978-7-5161-2128-3　2013　中国社会科学出版社

3　**幕友师爷秘书**　钟小安著　D691.2/8593　978-7-5046-4500-5　2007　中国科学技术出版社

4　**绍兴安昌古镇师爷馆：文字介绍**　本书编委会编　K295.53/2793　2000

5 **绍兴六百师爷** 裴士雄、娄国忠编著 K820.855.3/4344 978-7-106-03537-2 2012
中国电影出版社

6 **绍兴师爷** 郭建著 K249.07/0710 7-5325-1999-6 1995 上海古籍出版社

7 **绍兴师爷** 项文惠著 D691.4/1105 7-80560-532-7 1991 南京出版社

8 **绍兴师爷的故事** 吴传来、黄蔡龙、鲍世济主编 I277.3/6025 7-80141-276-1 2003
台海出版社

9 **绍兴师爷的故事** 本社编 I277.3/3230 978-7-5339-2744-8 2009 浙江文艺出版社

10 **绍兴师爷书信选·一 秋水轩尺牍** （清）许葭村著 K820.855.3/3844v1 7-80082-989-8
2002 华龄出版社

11 **绍兴师爷书信选·二 广注雪鸿轩尺牍** （清）龚未斋著 K820.855.3/3844v2 7-80082-
989-8 2002 华龄出版社

12 **绍兴师爷汪辉祖研究** 鲍永军著 K827=49/3193 7-01-005614-5 2006 人民出版社

13 **绍兴师爷轶事** 徐哲身编 I277.3/2852 7-60101-309-1 1998 江苏广陵古籍刻印社

14 **绍兴师爷与中国幕府文化** 朱志勇、李永鑫主编 D691.42/2541 978-7-01-006165-8
2007 人民出版社

15 **绍兴县文史资料·第二十一辑 绍兴师爷** 中国人民政治协商会议浙江省绍兴县委员会
文史委员会编 K295.54/5068v21 2009

16 **师爷** 陈志勇编著 D691.42/7441 978-7-5087-2762-2 2009 中国社会出版社

17 **师爷当家：明清官场幕后规则** 郭建著 D691.42/0710 7-80128-588-3 2004 中国言
实出版社

18 **汪辉祖自述年谱二种·病榻梦痕录** （清）汪辉祖著 K827=49/3193 7-5013-1363-6
1997 北京图书馆出版社

19 **越中师爷** 陈德来选编 I277.3/7425 7-80686-079-7 2003 浙江摄影出版社

20 **浙学、秋瑾、绍兴师爷研究** 王建华主编 K295/1012 978-7-01-006900-5 2008 人
民出版社

21 **中国的师爷** 李乔编 K249.07/4020 7-80103-015-X 1995 商务印书馆国际有限
公司

22 **中国师爷小史** 李乔著 D691.42/4020 978-7-80116-991-4 2011 学习出版社

11

辛亥革命

1. **1911震撼中国：辛亥风云重要人物** 高士振编著 K827=6/0045 978-7-80141-888-3 2011 台海出版社

2. **笔墨风云：《辛亥百联》史鉴录** 高洪斌书联 J292.28/0030 978-7-5430-6214-6 2011 武汉出版社

3. **风雨自由魂·秋瑾** 孔菁慧著 H319.4/1245 7-80603-559-1 2001 山东画报出版社

4. **革命逸史** 冯自由著 K257/3725 1981 中华书局

5. **光复会** 郑云山编著 K295.5/8712 1984 浙江人民出版社

6. **光复会** 朱顺佐、李永鑫著 K257.106/2522 7-222-03834-5 2005 云南人民出版社

7. **光复会群体思想研究** 朱顺佐著 K257.1/2522

8. **光复会史稿** 谢一彪著 K257.106/3412 978-7-01-007873-1 2009 人民出版社

9. **纪念辛亥百年戴敦邦绘人物谱** 中国人民政治协商会议上海市委员会编 J222.7/4305 978-7-5473-0400-6 2011 东方出版中心

10. **纪念辛亥革命七十周年青年学术讨论会论文选** 中南地区辛亥革命史研究会、湖南省历史学会编 K257/5044 1983 中华书局

11. **鉴湖长吟悲壮歌：2008"秋瑾颂"网络诗文大赛作品集** 邵田田主编 K827=5/2910 2009

12. **鉴湖情缘：纪念王去病文集** 江涓主编 K828.5=76/1040 2003 中国农工民主党杭州市委员会

13. **解读秋瑾** 郭延礼编著 K827=52/2910 978-7-5328-7769-0 2013 山东教育出版社

14. **巾帼英雄秋瑾** 周芾棠、谢德铣著 I247.8/7740 1982 浙江人民出版社

15. **精卫石之殇：秋氏亲人记秋瑾** 秋经武编著 K827=5/2910 7-80595-803-3 2003 远方出版社

16. **九光剑影：民国暗杀纪实** 程舒伟、刘福祥著 K258.05/2682 1989 团结出版社

17. **会稽之子——陶成章传·上** 谢一彪、陶侃著 K827=52/7750v1 7-5046-3604-5 2006 中国科学技术出版社

18. **会稽之子——陶成章传·下** 谢一彪、陶侃著 K827=52/7750v2 7-5046-3604-5 2006 中国科学技术出版社

19　**耐得寒霜是此枝：秋瑾传**　丁贤勇、李俊洁著　K827=52/2910　978-7-5565-0619-4
2017　杭州出版社

20　**拼将头颅换凯歌：从秋瑾的诗文论秋瑾的革命襟怀**　沈祖安著　K827=5/2910

21　**秋瑾**　郑云山著　K827=5/2910　1980　上海人民出版社

22　**秋瑾**　伍贻业、方积根著　I287.5/2173　1982　中国少年儿童出版社

23　**秋瑾**　平慧善著　K827=5/2910　1984　江苏古籍出版社

24　**秋瑾**　叶文玲著　I247.5/6401　7-5339-0958-5　1996　浙江文艺出版社

25　**秋瑾 徐锡麟**　吴先宁著　K827=52/2910　978-7-5126-0359-2　2011　团结出版社

26　**秋瑾：竞雄女侠传**　（日本）永田圭介著　K827=52/2910　978-7-80080-695-7　2007
群言出版社

27　**秋瑾革命史研究：纪念秋瑾烈士就义 90 周年**　王去病等主编　K827=5/2910　7-80130-
008-4　1997　团结出版社

28　**秋瑾集**　中华书局上海编辑所编辑　I215.2/2910　1960　中华书局

29　**秋瑾年表：细编**　王去病、陈德和主编　K827=5/2910　7-5075-0050-0　1990　华文出
版社

30　**秋瑾年谱**　郭延礼著　K827=5/2910　1983　齐鲁书社

31　**秋瑾年谱及传记资料**　陈象恭编著　K827=5/2910　1983　中华书局

32　**秋瑾女侠遗集**　王灿芝编　I215.22/2910　978-7-5054-4239-9　2018　朝华出版社

33　**秋瑾评集**　王去病、朱馥生主编　K827=5/2910　7-80131-476-X　2000　中国妇女出
版社

34　**秋瑾评传**　穆长青著　K827=5/2910　1982　甘肃教育学院

35　**秋瑾评传**　郑云山编著　K827=5/2910　1986　河南教育出版社

36　**秋瑾评传**　欧阳云梓著　K827=52/2910　978-7-5004-6394-8　2011　中国社会科学出
版社

37　**秋瑾全集笺注**　秋瑾原著　I215.22/2910　7-80702-000-8　2003　吉林文史出版社

38　**秋瑾诗词研究：纪念秋瑾烈士就义 85 周年**　杭州秋瑾研究会编　I207.22/4032　1992
团结出版社

39　**秋瑾诗词注释**　秋瑾著　I222.75/2910　1983　宁夏人民出版社

40　**秋瑾诗文集**　秋瑾著　I215.22/2910　978-7-5540-0010-6　2013　浙江古籍出版社

41 **秋瑾诗文集** 秋瑾著 I214.92/2910 978-7-5540-0997-0 2017 浙江古籍出版社

42 **秋瑾诗文选** 秋瑾著 I215.2/2910 1982 人民文学出版社

43 **秋瑾诗文选注** 郭延礼、郭蓁选注 I215.22/2910 978-7-02-008481-4 2011 人民文学出版社

44 **秋瑾史集: 纪念周恩来同志回故乡绍兴题词五十周年** 王去病、陈德和主编 K827=5/2910 7-5075-0044-6 1989 华文出版社

45 **秋瑾史迹** 中华书局上海编辑所编辑 K827=5/2910 1958 中华书局

46 **秋瑾史料** 周苕棠等辑 K827=5/2910 1981 湖南人民出版社

47 **秋瑾事迹研究** 郭长海、李亚彬编著 K827=5/2910 7-5602-0096-6 1987 东北师范大学出版社

48 **秋瑾文学论稿** 郭延礼著 I206.5/0713 1987 陕西人民出版社

49 **秋瑾选集** 秋瑾著 I215.22/2910 7-02-003038-6 2004 人民文学出版社

50 **秋瑾研究论文选** 李永鑫、秋经武主编 K827=52/2910 978-7-227-03412-4 2007 宁夏人民出版社

51 **秋瑾研究文集** 邵田田编著 K827=52/2910 978-7-5508-0939-0 2014 西泠印社出版社

52 **秋瑾研究资料** 郭延礼编 K827=5/2910 7-5328-0062-8 1987 山东教育出版社

53 **秋瑾研究资料·文献集** 郭长海、秋经武主编 K827=52/2910 978-7-227-03412-4 2007 宁夏人民出版社

54 **秋瑾传** 李芸华著 K827=52/2910 978-7-5699-0267-9 2016 北京时代华文书局

55 **热血共和** 张远恒著 I247.41/1239 978-7-5438-7401-5 2011 湖南人民出版社

56 **人物·事件·记忆: 浙江辛亥革命遗迹图考** 李俊洁著 K878.2/4023 978-7-5540-0110-3 2013 浙江古籍出版社

57 **绍兴军政分府文件辑存: 纪念辛亥革命一百周年** 祝安钧、汪林茂主编 K257.2/3638 978-7-80715-763-2 2009 浙江古籍出版社

58 **绍兴文史资料选辑·第四辑 徐锡麟史料** 中国人民政治协商会议浙江省绍兴县委员会文史资料工作委员会编 K295.54/5068v4 1986 绍兴县政协文史资料工作委员会

59 **绍兴文史资料选辑·第六辑 陶成章史料** 中国人民政治协商会议浙江省绍兴县委员会文史资料工作委员会编 K295.54/5068v6 1987 绍兴县政协文史资料工作委员会

60 **绍兴与辛亥革命** 车炼钢主编 K257.2/2790 978-7-5506-0820-7 2011 凤凰出版社

61　**嵊州辛亥革命史料选辑：纪念辛亥革命一百周年**　中共嵊州市委党史研究室、嵊州市地方志办公室编　K257.06/5042

62　**时代笔录：辛亥革命亲历亲闻**　李广生主编　K257.06/4002　978-7-5306-6013-3　2012　百花文艺出版社

63　**苏报案与辛亥风云：20世纪初的中国愤青**　施原著　K257.107/0870　978-7-80241-452-5　2012　语文出版社

64　**孙中山思想研究**　张磊著　K257/1210　1981　中华书局

65　**孙中山题词遗墨汇编**　孙中山书　D693.0/1952　7-5622-2245-2　2000　华中师范大学出版社

66　**陶成章**　陶成章著　Z426/7750　978-962-450-340-1　2009　天马出版有限公司

67　**陶成章**　胡国枢、钱茂竹著　K827=6/7750　978-7-5126-0398-1　2011　团结出版社

68　**陶成章集**　汤志钧编　Z426/7750　1986　中华书局

69　**陶成章信札**　湖南省哲学社会研究所编注　K827=5/7750　1980　湖南人民出版社

70　**陶成章传**　谢一彪、陶侃著　K827=6/7750　978-7-01-007874-8　2009　人民出版社

71　**天变：辛亥革命纪实**　刘秉荣著　K257.06/0224　978-7-5115-0064-9　2010　人民日报出版社

72　**铁血华年：辛亥革命那一枪**　赫连勃勃大王（梅毅）著　K257.09/4800　978-7-104-02802-4　2008　中国戏剧出版社

73　**皖浙起义暨徐锡麟、秋瑾就义100周年学术讨论会论文集**　绍兴市社会科学界联合会、绍兴市社会科学院编　K827=5/2880　2007

74　**王金发传奇**　童炽昌编著　K295.5/0096　1984　浙江人民出版社

75　**辛亥风云：100个人在1911**　《新京报》编　K827=6/0205　978-7-203-07508-0　2012　山西人民出版社

76　**辛亥风云录**　任光椿著　I247.53/2294　978-7-5407-3807-5　2007　漓江出版社

77　**辛亥革命**　《中国近代史丛书》编写组编　K257/5063　1972　上海人民出版社

78　**辛亥革命**　柴德赓等编　K257/2120　1957　上海人民出版社

79　**辛亥革命百年纪念征文优秀作品集**　吕梅、陈方权主编　H194.5/6040　978-7-218-07123-7　2011　广东人民出版社

80　**辛亥革命百年纪念专刊**　赵任飞主编　K257.06/4421　2011

81　**辛亥革命辞典**　章开沅主编　K257-61/0013　978-7-5430-5281-9　2011　武汉出版社

82 辛亥革命风云录　王雪庵著　I247.53/1010　978-7-5306-5740-9　2011　百花文艺出版社

83 辛亥革命杭州史料辑刊　杭州文史研究会、民国浙江史研究中心、浙江图书馆编　K257.06/1959　978-7-5013-4653-0　2011　国家图书馆出版社

84 辛亥革命回忆录　中国人民政治协商会议全国委员会文史资料研究委员会编　K257/5068　1982　中华书局

85 辛亥革命烈士诗文选　萧平编　I216.1/4410　1962　中华书局

86 辛亥革命名人墨迹　王金昌编　J292.27/1086　978-7-5013-4684-4　2011　国家图书馆出版社

87 辛亥革命七十周年：文史资料纪念专辑　中国人民政治协商会议上海市委员会文史资料工作委员会编　K257/5068　1981　上海人民出版社

88 辛亥革命前后　陈旭麓等主编　K257.63/7444　1979　上海人民出版社

89 辛亥革命人物画传：1911-2011　罗家伦编著　K827=6/6032　978-7-5306-5981-6　2011　百花文艺出版社

90 辛亥革命绍兴史料　绍兴市政协文史资料组编　K295.53/2790　1981　绍兴市政协文史资料组

91 辛亥革命时期的历史人物　李新、任一民编　K257/4000　1983　中国青年出版社

92 辛亥革命时期期刊介绍　丁守和主编　K257.06/5063v3　1983　人民出版社

93 辛亥革命时期浙江之社会变迁　沈航著　K295.5/3420　978-7-308-14370-7　2015　浙江大学出版社

94 辛亥革命实绩史料汇编·组织卷　陈夏红选编　K257.06/7412　978-7-5000-8618-5　2011　中国大百科全书出版社

95 辛亥革命史丛刊　中南地区辛亥我研究会、武昌辛亥革命研究中心编　K257/0004v8　7-101-00791-0　1991　中华书局

96 辛亥革命四烈士年谱　孙元超编　K827=5/1914　1981　书目文献出版社

97 辛亥革命研究论文集　金冲及选编　K257.07/8031　978-7-108-03806-7　2011　三联书店

98 辛亥革命研究文集　钱茂竹著　K257.07/8348　7-101-02871-3　2001　中华书局

99 辛亥革命与20世纪的中国　中国史学会编　K257.07/5065　7-5073-1169-4　2002　中央文献出版社

100 辛亥革命与华侨　洪丝丝等著　K257/3422　1982　人民出版社

101　辛亥革命与绍兴　何信恩主编　K257.2/2126　978-7-5508-0141-7　2011　西泠印社出版社

102　辛亥革命在绍兴　欧阳云梓著　K257.06/7714　978-7-80743-833-5　2011　宁波出版社

103　辛亥革命浙江大事记：1894-1916　浙江省政协文史资料委员会编　K257.05/0222　978-7-5161-0057-8　2011　中国社会科学出版社

104　辛亥革命浙江人物谱　浙江省政协文史资料委员会编　K820.855=52/3239　2011　浙江人民出版社

105　辛亥革命浙江史料汇编　浙江省政协文史资料委员会、杭州师范大学民国浙江史研究中心编　K257.06/3239　978-7-5013-4652-3　2011　国家图书馆出版社

106　辛亥革命浙江史料续辑　浙江省社会科学院历史研究所、浙江图书馆编　K295.5/3239　1987　浙江人民出版社

107　辛亥革命浙江史料选辑　浙江省辛亥革命史研究会、浙江省图书馆编　K257.2/3239　1981　浙江人民出版社

108　辛亥江南　鞠建林、张燕主编　K257.09/4714　978-7-5051-1971-0　2011　红旗出版社

109　辛亥烈士诗文选　戴逸主编　I215.21/4330　978-7-80752-803-6　2011　巴蜀书社

110　辛亥人物碑传集　卞孝萱、唐文权编　K827=6/0044　978-7-5506-0840-5　2011　凤凰出版社

111　辛亥往事　李刚著　K257.06/4070　978-7-5104-1915-7　2011　新世界出版社

112　徐锡麟　徐和雍著　K827=5/2880　1983　安徽教育出版社

113　徐锡麟的故事　阮先羽、陈云德编著　I247.8/7121　2010

114　徐锡麟故居　梁志明、陈云德撰文　K827=5/2880　1997　绍兴县文物保护管理所

115　徐锡麟家世　陆菊仙、陈云德著　K820.9/7542　7-200-05025-3　2005　北京出版社

116　徐锡麟评传　谢一彪著　K827=52/2880　978-7-01-009758-9　2011　人民出版社

117　英国蓝皮书有关辛亥革命资料选译　胡滨译　K257/4730　1984　中华书局

118　章太炎年谱长编：1868-1936 年　汤志钧编　K827=6/0049　1979　中华书局

119　浙江光复会人物研究　谢一彪著　K257.106/3412　978-7-80715-760-1　2011　浙江古籍出版社

120　浙江省纪念辛亥革命100周年理论研讨会论文集　中共浙江省委宣传部、中共绍兴市委编　K257.2/5043　2011

121　**浙江文史资料选辑·第三十辑 浙江辛亥革命回忆录·第三辑**　中国人民政治协商会议浙江省委员会文史资料研究委员会编　K295.5/5068v30　1985　浙江人民出版社

122　**浙江辛亥革命回忆录**　中国人民政治协商会议浙江省委员会文史资料研究委员会编　K257.2/5687　1981　浙江人民出版社

123　**浙江辛亥革命回忆录：续辑**　中国人民政治协商会议浙江省委员会文史资料研究委员会编　K295.5/5068v27　1984　浙江人民出版社

12
越医研究

1　**八阵方**　（明）张景岳著　R289.348/1267　978-7-5067-9493-0　2017　中国医药科技出版社

2　**百岁良方：药膳·药茶·药酒及其他独特疗法**　阮沸翔编著　R289.5/7138　7-5438-0672-X　2003　湖南出版社

3　**本草正**　（明）张景岳著　R281.3/1267　978-7-5067-9494-7　2017　中国医药科技出版社

4　**常青内妇科临证精华**　常青主编　R271.1/9050　978-7-5132-3723-9　2016　中国中医药出版社

5　**常青治癌临证心法**　常青主编　R273/9050　978-7-5132-1552-7　2013　中国中医药出版社

6　**传忠录**　（明）张景岳著　R249.48/1267　978-7-5067-9498-5　2017　中国医药科技出版社

7　**方剂记忆法**　董汉良编著　R289/4433　7-5345-1806-7　1995.2　江苏科学技术出版社

8　**妇人规**　（明）张景岳著　R271.1/1267　978-7-5067-9491-6　2017　中国医药科技出版社

9　**国医巨擘裘吉生**　裘诗路著　K826.2=6/4342　7-80170-333-2　2004　当代中国出版社

10　**景岳学说研究**　陈天祥、茅晓编著　R2/7413v2　1984　浙江省绍兴市科学技术协会、中华全国中医学会浙江省绍兴市分会

11　**脉神章**　（明）张景岳著　R241.1/1267　978-7-5067-9495-4　2017　中国医药科技出版社

12　**勉斋临证医决**　许勉斋编著　R289.4/3820　1985　浙江省新昌县人民政协

13　**潜厂医话**　杨则民著　R249.6/4777　1985　人民卫生出版社

14　**伤寒典**　（明）张景岳著　R254.1/1267　978-7-5067-9497-8　2017　中国医药科技出版社

15　**绍兴伤寒学派与《通俗伤寒论》今释**　沈元良编著　R222.29/3413　978-7-80231-736-9　2009　中国中医药出版社

16　**绍兴中医药·2016 增刊·张景岳研究专辑**　毛小明主编　R2-53/2096　2016

17　**肾病病人菜谱**　董汉良著　R247.1/0823　7-5341-1326-1　1999　浙江科学技术出版社

18　**实用中风防治学**　常青主编　R743.3/9050　978-7-5439-6444-0　2010　中国中医药出版社

19　**外科钤**　（明）张景岳著　R26/1267　978-7-5067-9496-1　2017　中国医药科技出版社

20　**萧山竹林寺女科**　萧山市卫生局编　R271/4420　7-5341-1394-6　1999　浙江科学技术出版社

21　**小儿则**　（明）张景岳著　R272/1267　978-7-5067-9492-3　2017　中国医药科技出版社

22　**新编中医入门**　董汉良编著　R2/4433　7-5082-1108-1　2000　金盾出版社

23　**杏林经验文集**　王明厚、王楚才主编　R249.7/1067　1998

24　**医说周易**　郭航远著　B221.5/0723　978-7-5341-7496-4　2017　浙江科学技术出版社

25　**越医汇讲**　董汉良等编　R249.1/4433　1994　人民卫生出版社

26　**越医文化**　沈钦荣、毛小明、方春阳主编　R2-05/3484　978-7-5478-3258-5　2017　上海科学技术出版社

27　**越医文化：初集**　邵田田主编　R-092/1766　2010

28　**越医文化：第二届景岳堂越医文化高峰论坛资料汇编**　浙江省中医药学会编　R-092/3239　2017

29　**越医文化研究文集**　邵田田主编　R2-05/1766　978-7-5178-1526-6　2018　浙江工商大学出版社

30　**越医薪传**　张居适、沈钦荣主编　R-092/1273　978-7-5132-1650-0　2013　中国中医药出版社

31　**杂证谟**　（明）张景岳著　R25/1267　978-7-5067-9490-9　2017　中国医药科技出版社

32　**张景岳 俞根初医方**　沈钦荣书　R289./3484　2009

33　**浙江医药史**　朱德明著　R-092/2526　7-80020-852-4　1999　人民军医出版社

34　**浙江中草制剂技术**　《浙江中草药制技术》编写组编　R283/3235　1977　浙江人民出版社

35　**浙江中医药名家之路**　俞欣玮、周庚生主编　K826.2=7/8071　978-7-80231-467-2　2008　中国中医药出版社

36　**浙江中医药文化博览**　张平主编　R2-05/1210　978-7-80231-656-0　2009　中国中医药出版社

37　**珍本医书集成·第一册 医经类**　裘吉生编　R2/4342v1　1985　上海科学技术出版社

38　**珍本医书集成·第二册 本草类**　裘吉生编　R2/4342v2　1985　上海科学技术出版社

39　**珍本医书集成·第三册 脉学类**　裘吉生编　R2/4342v3　1985　上海科学技术出版社

40　**珍本医书集成·第四册 伤寒类**　裘吉生编　R2/4342v4　1985　上海科学技术出版社

41　**珍本医书集成·第五册 通治类**　裘吉生编　R2/4342v5　1985　上海科学技术出版社

42　**珍本医书集成·第六册 通治类**　裘吉生编　R2/4342v3　1985　上海科学技术出版社

43　**珍本医书集成·第七册 内科类**　裘吉生编　R2/4342v7　1986　上海科学技术出版社

44　**珍本医书集成·第八册 外科妇科儿科类**　裘吉生编　R2/4342v8　1986　上海科学技术出版社

45　**珍本医书集成·第九册 方书类 甲**　裘吉生编　R2/4342v9　1985　上海科学技术出版社

46　**珍本医书集成·第十册 方书类 乙**　裘吉生编　R2/4342v10　1986　上海科学技术出版社

47　**珍本医书集成·第十一册 方书类 丙**　裘吉生编　R2/4342v11　1986　上海科学技术出版社

48　**珍本医书集成·第十二册 医案类 甲**　裘吉生编　R2/4342v12　1986　上海科学技术出版社

49　**珍本医书集成·第十三册 医案类 乙**　裘吉生编　R2/4342v13　1986　上海科学技术出版社

50　**珍本医书集成·第十四册 杂著类**　裘吉生编　R2/4342v14　1986　上海科学技术出版社

51　**诊余笔医**　季明昌编著　R282.7/2066　978-7-5508-0353-4　2011　西泠印社出版社

52　**中国医学大成**　曹炳章编　R-52/5590　1990（1992重印）上海科学技术出版社

53　**中药记忆法**　董汉良编著　R28/4433　7-5345-1809-1　1986　江苏科学技术出版社

54　**中医痘科皮肤病诊疗**　王大文编著　R272.21/1040　7-80174-468-3　2007　中医古籍出版社

55　**中医麻疹诊疗**　王大文著　R272.2/1040

56　**中医养生酒方**　绍兴市科协、绍兴市中医药学会编　R247.1/2790　2016

57　**中医诊断入门**　董汉良编著　R241/4433　7-5082-0266-X　1996　金盾出版社

58　**祝味菊医学五书评按**　祝味菊著　R2/3664　978-7-80231-337-8　2008　中国中医药出版社

59　**疰夏百问**　董汉良编著　R254/4433　7-5323-5789-9　2001　上海科学技术出版社

13
宗教

1　**曹娥庙**　马志坚编著　K928.75/1742　7-80536-629-2　1999　浙江摄影出版社

2　**陈侯庙**　徐华铠主编　K928.75/2828　2008

3　**大佛寺高僧**　吴锡培编著　B949.92/6084　2006

4　**大佛寺高僧传**　吴锡培、李正西编著　B949.92/6084　978-7-80254-423-9　2011　宗教文化出版社

5　**大佛寺历史文化知识答问: 新昌文史资料**　政协新昌县文史委员会编　K295.54/1840

6　**大佛寺楹联考释**　陈百刚、陈国才、李新春编著　I207.62/7417　978-7-80254-423-9　2011　宗教文化出版社

7　**大舜庙**　上虞市风景旅游管理局编著　K928.75/2120

8　**东晋般若学"六家七宗"综论**　李正西著　B949.2/4011　978-7-80254-423-9　2011　宗教文化出版社

9　**兜率天宫**　绍兴县会稽山佛教协会编　B947.255.3/2797　2010

10　**佛教大辞典**　任继愈主编　B94-61/2228　7-80643-446-1　2002　江苏古籍出版社

11　**佛教志**　方广锠撰　B949.2/0008　7-208-02334-4　1998　上海人民出版社

12　**古刹高僧**　吕立春编　B949.92/6005　1994　香港现代出版社

13　**江南第一庙: 曹娥庙专辑**　阮其龙主编　K928.75/5068　2003

14　**江南名刹——大佛寺传奇**　章云行、俞月英整理　I277.3/0012　1987　浙江少年儿童出版社

15　**良价与曹洞宗**　杨士安编撰　B946.5/4743　2006

16　**炉峰禅寺: [摄影集]**　滕建华主编　K947.255.3/7912　978-9889-9221-1-5　2006　炎

17　**千年古刹五泄禅寺**　诸暨市政协文史资料委员会编　K928.75/3470　978-7-80703-500-8
2006　百家出版社

18　**人伦之光：江南第一庙・曹娥庙：Cao E temple: the best memorial in Jiang nan**　马志坚主编　K928.75/1742　978-7-5340-2701-7　2009　浙江人民美术出版社

19　**绍兴安康寺**　绍兴安康寺　K928.75/2793　[不详]

20　**绍兴寺院**　孟田燦主编　K928.75/1769　978-7-80735-189-4　2007　西泠印社出版社

21　**绍兴宗教：地方宗教文化研究**　朱关甫编著　B928.2/2585　7-80563-639-7　1999　天津社会科学院出版社

22　**嵊州寺庙**　王灿林主编　K928.75/1094　978-7-80735-470-3　2008　西泠印社出版社

23　**舜王庙签诗研究**　俞日霞著　I207.22/8061　962-450-169-6　2006　天马出版有限公司

24　**太平寺风情**　徐华铠主编　K928.75/2828　962-450-797-X　2004　天马图书有限公司

25　**唐代佛教**　范文澜著　B948/4403　1979　人民出版社

26　**唐代名刹三德寺**　诸暨市杭坞山暨三德寺文史资料委员会编印　K928.75/3470　2010

27　**卧龙思净**　陈秋强主编　K928.75/7421　2010

28　**吴越佛教**　光泉主编　B949.2-53/9020　978-7-5108-1451-8　2012　九州出版社

29　**吴越佛教**　杭州佛学院编　B949.2-53/4032　978-7-5108-2188-2　2013　九州出版社

30　**吴越佛教学术研讨会论文集**　杭州佛学院编　B949.2/4032　7-80123-630-0　2004　宗教文化出版社

31　**吴越佛教之发展**　赖建成著　B949.2/5715　1990　私立东吴大学

32　**新昌大佛寺**　潘表球编写　K928.75/3251　1986　浙江人民出版社

33　**新昌大佛寺**　政协新昌县文史委员会编　K295.54/1840v7　1997

34　**新昌大佛寺文化丛书——地域佛缘纵横**　龙建春著　B949.1/4315　978-7-80254-423-9
2011　宗教文化出版社

35　**越乡寺院**　求渭生著　K928.75/4332　2005

36　**浙江禅灯录**　戒忍寂空主编　B946.5/5313　978-7-5461-0788-2　2009　黄山书社

37　**浙江净缘：净土法门在浙江**　黄公元著　B946.8/4481　7-80123-749-8　2006　宗教文化出版社

38　**《浙江省宗教志》资料汇编**　《浙江省宗教志》编辑部编　B929.2/3239　1994

39 浙江文史资料·第五十九辑·东南佛地 盛世重光：浙江近现代佛教史料 浙江省政协文史资料委员会等编 K295.5/1843 7-213-01432-3 1996 浙江人民出版社

40 支遁诗文译释 李正西译释 B948/4011 978-7-80254-423-9 2011 宗教文化出版社

41 中国大佛 吕立春主编 B949.92-64/6005 1993 香港现代出版社

14
古桥街巷

1 民居经典 绍兴市城乡建设委员会、绍兴市房地产业协会、绍兴市社会科学院编 TU241-64/2790

2 桥 王小兰主编 K917/1098 978-7-300-08199-1 2007 中国人民大学出版社

3 桥文化 刘文杰主编 U44-092/0204 978-7-114-07159-1 2008 人民交通出版社

4 上虞曹娥江百桥谱 陈国桢著 U44-12/7464 978-7-305-19403-0 2017 南京大学出版社

5 上虞古桥 陈国桢著 K928.78/7464 7-80168-260-2 2006 研究出版社

6 绍兴古城：[中英文本] 屠剑虹著 K925.53-64/7785 978-7-80735-415-4 2008 西泠印社出版社

7 绍兴古桥·上册 屠剑虹主编 K928.78/7785v1 7-81019-990-0 2001 浙江美术学院出版社

8 绍兴古桥·下册 屠剑虹主编 K928.78/7785v2 7-81019-990-0 2001 浙江美术学院出版社

9 绍兴街巷 屠剑虹著 K925.53/7785 7-80735-028-8 2006 西泠印社出版社

10 绍兴老屋 屠剑虹主编 TU241.5-64/7785 7-80517-431-8 1999 西泠印社出版社

11 绍兴桥文化 绍兴市城乡建设委员会等编 G122:K928.78/2790 7-313-01733-2 1997 上海交通大学出版社

12 绍兴桥乡 陈树尧编著 U448-64/7445 2018 绍兴桂花苑

13 绍兴石桥 陈从周、潘洪萱编著 U44-092/7487 1986 上海科学技术出版社

14 嵊州桥梁图志 袁开达主编 K928.78/4013 962-450-535-7 2004 天马图书出版有限公司

15　**水乡绍兴**　沈福煦文　K295.53/3436　7-108-01484-X　2001　生活·读书·新知三联书店

16　**水乡夕拾：绍兴古桥、老屋**　董建成摄影　J424/4415　7-80536-864-3　2001　浙江摄影出版社

17　**说桥**　王蔚秋编著　U448-49/1042　978-7-5608-4468-8　2011　同济大学出版社

18　**浙江古桥遗韵**　吴齐正著　K928.78/6001　978-7-80758-509-1　2011　杭州出版社

19　**中国古船与吴越古桥**　朱惠勇著　U66-092/2551　7-308-02418-0　2000　浙江大学出版社

20　**中国古代桥梁**　唐寰澄编著　U448/0033　1987　文物出版社

21　**中国桥梁史纲**　项海帆等编著　U44-092/1134　978-7-5608-4125-0　2009　同济大学出版社

22　**中国桥文化**　莫春林编著　U44-092/4454　978-7-81132-324-5　2008　江西高校出版社

23　**中华名桥大观**　罗哲文、柴福善编著　K928.78/6050　978-7-111-25892-6　2009　机械工业出版社

15

古越春秋

1　**霸主的陨落：著名历史学家王卫平正说春秋霸主吴国的兴衰盛亡史**　王卫平著　K225.09/1011　978-7-5407-5901-8　2012　漓江出版社

2　**财神范蠡**　董云卿著　I247.53/4417　7-5317-2064-7　2006　北方文艺出版社

3　**沉鱼赋：杂论西施之美**　周嵘、海飞主编　I217.61/7720　978-7-5011-6798-2　2006　新华出版社

4　**春秋那些事儿·吴越争霸卷**　江湖闲乐生著　K225.09/2560　978-7-5008-4447-1　2009　中国工人出版社

5　**从奇相到商圣：范蠡传**　林葳著　K825.3=25/4420　978-7-5555-1197-7　2018　远方出版社

6　**刀锋上的圣人：范蠡的算盘**　羽氤蝴著　K825.3=25/1785　978-7-5113-3173-1　2013　中国华侨出版社

7　道商范蠡: 陶朱公兴国富家的人生智慧　李海波著　K825.3=25/4420　978-7-122-25513-6　2016　化学工业出版社

8　范蠡　夏廷献著　I247.53/1014　7-5065-5030-X　2006　解放军出版社

9　范蠡　朱顺佐著　I247.53/2522　962-450-799-6　2004　天马图书有限公司

10　范蠡大传: 插图本　陈文德著　I247.53/7402　7-80195-478-5　2006　九州出版社

11　范蠡故里考　袁祖亮、丁宏健著　K825.3=25/4420　978-7-5350-5174-5　2013　海燕出版社

12　范蠡全传　金泽灿著　K827=25/4420　978-7-5521-0185-0　2013　内蒙古文化出版社

13　句践家世　刘亦冰著　K820.9/0203　7-200-05025-3　2004　北京出版社

14　古往今来说西施　陈侃章著　K225.06/7420　978-7-5540-1122-5　2017　浙江古籍出版社

15　阖闾王朝　高仲泰著　I247.53/0025　978-7-5475-0199-3　2011　中西书局

16　浣纱王后　杨佩瑾著　I247.5/4721　7-5006-1880-8　1995　中国青年出版社

17　剑与胆: 春秋末霸越国传奇　俞继抗著　I247.53/8025　978-7-5125-0274-1　2012　国际文化出版公司

18　破解范蠡的智慧　洪波、王坤著　K825.3=25/4420　978-7-81118-449-5　2009　上海大学出版社

19　千年吴越　刘炎平著　I247.53/0291　978-7-5309-5966-4　2010　天津教育出版社

20　千秋商祖范蠡全传　雷蕾编著　I247.53/1040　978-7-5609-6534-5　2010　华中科技大学出版社

21　商圣范蠡　王肇基、张建伟、高丙午著　I247.53/1034　978-7-80128-973-5　2007　中国言实出版社

22　商圣范蠡研究　李显杰等编著　K825.3=25/4420　7-5044-5446-X　2005　中国商业出版社

23　商学之祖范蠡与当代绍兴商人　吴慧主编　K825.3=25/4420　7-5005-3621-6　1998　中国财政经济出版社

24　赏亏月: 范蠡与西施的传奇　徐继胜著　I247.53/2827　978-7-5403-1931-1　2011　崇文书局

25　卧薪尝胆　李森祥著　I235.2/4043　978-7-5006-7205-0　2007　中国青年出版社

26　吴越春秋　李劼著　I247.53/4040　7-5015-3708-9　2003　知识出版社

27 **吴越春秋** 钱笠著 K225.09/8380 978-7-214-07997-8 2012 江苏人民出版社

28 **吴越春秋校注** （东汉）赵晔原著 K225.04/4460 7-80665-732-0 2006 岳麓书社

29 **吴越春秋史话** 萧军著 I247.43/4430 978-7-5080-4623-5 2008 华夏出版社

30 **吴越春秋史话** 萧军著 I247.5/4430 1980 黑龙江人民出版社

31 **吴越春秋选译** 郁默译注 K225.04/4460 978-7-5506-0333-2 2011 凤凰出版社

32 **吴越春秋译注** （东汉）赵晔撰 I242.7/4460 7-80504-180-6 1992 天津古籍出版社

33 **吴越风云** 史莽著 K224.9/5040 1980 浙江人民出版社

34 **吴越歌谣研究** 刘旭青著 I207.72/0245 978-7-5161-1577-0 2012 中国社会科学出版社

35 **西施** 高光著 I247.53/0090 978-7-5461-2688-3 2012 黄山书社

36 **西施** 诸暨县文化局编 I277.3/3477 1982 诸暨县文化局

37 **西施传说** 张尧国主编 I277.3/1256 7-81083-481-9 2006 中国美术学院出版社

38 **西施故里诸暨有话说·第一辑** 诸暨市政协文史委等编 K925.54/3470 2018

39 **西施后传：西施的最后归宿** 田渭法著 I247.53/6033 7-5306-1376-6 1993 百花文艺出版社

40 **西施传** 柳茂盛编著 K828.5=25/1000 978-7-5113-0372-1 2010 中国华侨出版社

41 **寻梦西施故里** 钱汉东著 I267/8334 978-7-208-13098-2 2015 上海人民出版社

42 **越国纪年新编** 陈瑞苗、陈国祥编著 K220.7/7414 7-80602-193-0 1999 宁波出版社

43 **越王勾践** 秦俊著 I247.53/5020 978-7-80765-656-2 2012 河南文艺出版社

44 **越王勾践** 秦俊著 I247.53/5020 978-7-5559-0374-1 2016 河南文艺出版社

45 **越王勾践** 杨小白著 I247.53/4792 978-7-80173-613-0 2007 国际文化出版公司

46 **越王勾践** 杨小白著 I247.53/4792 7-5339-1040-0 1997 浙江文艺出版社

47 **越王勾践** 张敬著 I247.53/1240 7-80623-668-6 2006 河南文艺出版社

48 **越王勾践发迹史** 铁凡宛著 K827=25/2760 978-7-5120-1730-6 2015 线装书局

49 **越王勾践新传** 杨善群著 K827.25/2760 7-208-00167-7 1988 上海人民出版社

16
春晖名师

1 "白马湖文学"研究 王建华、王晓初主编 I206.6/1012 978-7-5426-2472-7 2007 上海三联书店

2 白马湖散文随笔精选 夏弘宁主编 I267/1013 7-5059-3925-4 2001 中国文联出版公司

3 白马湖文集 浙江省上虞市政协文史资料委员会编 I211/3239 1993

4 白马湖寻梦 周飞著 I267/7710 7-80614-097-2 1995 南京出版社

5 白马湖之冬 夏丏尊著 I266/1018 978-7-5455-0922-9 2013 天地出版社

6 白马湖作家群 陈星著 K825.6=7/7460 7-5339-1043-5 1998 浙江文艺出版社

7 背影 朱自清著 I216.2/2523 978-7-5080-5537-4 2010 华夏出版社

8 标准与尺度 朱自清著 I266.1/2523 978-7-108-04194-4 2012 生活·读书·新知三联书店

9 春晖 顾志坤著 G639.285.54/7144 978-7-80702-718-8 2008 吉林文史出版社

10 纯品散文 朱自清等著 I16/2523 978-7-5354-5240-5 2011 长江文艺出版社

11 匆匆:朱自清散文 朱自清著 I266/2523 978-7-5339-3599-3 2014 浙江文艺出版社

12 从白马湖走来 阮志坤著 K826.1=7/7144 978-7-5059-7344-2 2012 中国文联出版公司

13 寸草春晖 春晖中学七十周年校庆筹备委员会编 I211/1034

14 大师铸就的春晖:1920年代的春晖中学 李兴洲著 G639.285.54/4093 978-7-01-007368-2 2008 人民出版社

15 大众经典 朱自清著 I266/2523 978-7-5399-3856-1 2011 江苏文艺出版社

16 第三届丰子恺研究国际学术会议论文集 杭州师范大学弘一大师丰子恺研究中心编 K825.72=73/5019 978-7-5426-5821-0 2017 上海三联书店

17 丰子恺漫画鲁迅小说集 肖振鸣编 I210.6/2730 7-5334-3062-X 2001 福建教育出版社

18 丰子恺散文漫画精选 丰一吟选编 I267/5019 7-5059-3925-4 2001 中国文联出版公司

19 丰子恺文集·1 艺术卷一:1920.4～1930.3 丰子恺著 I217.2/5019v1 7-5339-0227-0

1990　浙江文艺出版社

20　**丰子恺文集·2 艺术卷二：1930.5 ～ 1934.11**　丰子恺著　I217.2/5019v2　7-5339-0228-9
1990　浙江文艺出版社

21　**丰子恺文集·3 艺术卷三：1935.4 ～ 1937.3**　丰子恺著　I217.2/5019v3　7-5339-0229-7
1990　浙江文艺出版社

22　**丰子恺文集·4 艺术卷四：1938.4 ～ 1965.4**　丰子恺著　I217.2/5019v4　7-5339-0230-0
1990　浙江文艺出版社

23　**丰子恺文集·5 文学卷一：1914-1939**　丰子恺著　I217.2/5019v5　7-5339-0375-7
1992　浙江文艺出版社

24　**丰子恺文集·6 文学卷二：1940 ～ 1972**　丰子恺著　I217.2/5019v6　7-5339-0376-5
1992　浙江文艺出版社

25　**丰子恺文集·7 文学卷三：日记、书信、诗词**　丰子恺著　I217.2/5019v7　7-5339-
0377-3　1992　浙江文艺出版社

26　**丰子恺研究史料拾遗补论**　陈星著　K825.72=73/5019　978-7-80214-800-0　2009　团
结出版社

27　**丰子恺传**　丰一吟等著　K825.7/5019　1983　浙江人民出版社

28　**丰子恺自传**　丰子恺著　K825.7/5019　1996　江苏文艺出版社

29　**丰子恺作品新编**　吴福辉编　I216.2/5019　978-7-02-008139-4　2010　人民文学出版社

30　**感悟丰子恺：丰子恺漫画散文赏析**　丁秀娟著　I207.67/1024　7-81038-712-X　2004
东华大学出版社

31　**古道长亭——李叔同传**　吴可为著　B949.92/6013　7-80633-659-1　2004　杭州出
版社

32　**荷塘漫步的赤子**　朱自清著　I266/2523　978-7-5396-3644-3　2011　安徽文艺出版社

33　**荷塘清韵**　朱自清著　I216.2/2523　978-7-301-16435-8　2010　北京大学出版社

34　**荷塘月色**　朱自清著　I266/2523　978-7-5008-4597-3　2010　中国工人出版社

35　**荷塘月色：朱自清专集**　朱自清著　I266/2523　978-7-5346-8369-5　2014　江苏凤凰
少年儿童出版社

36　**弘宁写作集**　夏弘宁著　I267/1013　1997

37　**弘宁写作集续集**　夏弘宁著　I267/1013　2000

38　**弘一大师罗汉长卷**　李叔同绘　J222.7/4027　978-7-5508-1298-7　2015　西泠印社出
版社

39　**弘一大师书信手稿选集**　李叔同著　B949.92/4027　7-80598-737-8　2006　山西古籍出版社

40　**弘一大师遗墨**　夏宗编　J292.27/1214　7-80053-049-3　1987　华夏出版社

41　**弘一大师艺术论:纪念弘一大师诞辰一百二十周年国际学术研讨会论文集:[中英文本]**　曹布拉主编　B949.92/5545　7-80517-197-1　2001　西泠印社出版社

42　**弘一大师影集**　陈星、赵长春编撰　B949.92-64/7460　7-80603-339-4　2000　山东画报出版社

43　**弘一法师书法集**　李叔同书　J292.3/4027　7-80512-772-7　1993　上海书画出版社

44　**弘一法师书信**　弘一著　K825.7/4027　7-108-00248-5　1990　三联书店

45　**护生画集**　丰子恺画　J228.2/5019　978-7-5327-5940-8　2012　上海译文出版社

46　**化俗从雅文学观的建立:朱自清与西方文艺思想关系研究**　李先国著　I206.6/4026　978-7-5004-6206-4　2007　中国社会科学出版社

47　**桨声灯影里的秦淮河:朱自清随笔精选**　朱自清著　I266.1/2523　978-7-5354-5363-1　2012　长江文艺出版社

48　**经典常谈**　朱自清著　Z835/2523　978-7-301-15679-7　2009　北京大学出版社

49　**经亨颐日记**　经亨颐著　K825.4/2707　1984　浙江古籍出版社

50　**经亨颐诗文书画精选**　经纬鹰选编　I216.2/2707　7-5059-3925-4　2001　中国文联出版公司

51　**旧时的盛宴:民国腕儿写民国范儿**　李叔同等著　I266/4027　978-7-5080-7071-1　2012　华夏出版社

52　**旷世凡夫:弘一大传**　柯文辉著　B949.92/4109　978-7-216-05280-1　2007　湖北人民出版社

53　**李叔同:名如何 爱如何 生命该如何**　马文戈著　B949.92/1705　978-7-5171-1570-0　2016　中国言实出版社

54　**李叔同《晚晴集》人生解读**　李叔同原著　B946.5/4027　978-7-80106-785-2　2008　线装书局

55　**李叔同身边的文化名人**　陈星著　B949.92/7460　7-101-04882-X　2005　中华书局

56　**李叔同诗文遗墨精选**　李叔同著　I216.2/4027　7-5059-3925-4　2001　中国文联出版社

57　**论雅俗共赏**　朱自清著　I06/2523　1983　三联书店

58　**漫画大师丰子恺**　郑彭年著　K825.72=7/5019　7-5011-5214-4　2001　新华出版社

59　**你我的文学**　朱自清著　I266.1/2523　978-7-5473-0031-2　2009　东方出版中心

60　**平屋杂文**　夏丏尊著　I266/1018　7-80077-375-2　1992　开明出版社

61　**平屋杂文**　夏丏尊著　I266.1/1018　978-7-303-13893-7　2012　北京师范大学出版社

62　**平屋主人：夏丏尊传**　王利民著　K825.4=6/1018　7-213-03086-8　2005　浙江人民出版社

63　**人话**　朱自清著　I266/2523　978-7-224-10271-0　2012　陕西人民出版社

64　**诗词十六讲**　朱自清、吴梅、闻一多著　I207.22/2523　978-7-5057-2614-7　2009　中国友谊出版公司

65　**诗言志辩**　朱自清著　I207.22/2523　978-7-5438-6235-7　2010　湖南人民出版社

66　**时空中的莲花：佛陀过去生的故事**　夏丏尊编译　I247.81/1018　978-7-5426-4226-4　2013　上海三联书店

67　**说不尽的李叔同**　陈星著　B949.92/7460　7-101-04775-0　2005　中华书局

68　**完美的人格：朱自清的治学和为人**　郭良夫编　K825.6/2523　1987　三联书店

69　**文艺常谈**　朱自清著　I206-53/2523　978-7-101-08718-5　2012　中华书局

70　**我是扬州人**　朱自清著　I266/2523　978-7-5008-5330-5　2013　中国工人出版社

71　**我所见的清华精神：朱自清回忆录**　朱自清著　K825.6=6/2523　978-7-5080-4637-2　2008　华夏出版社

72　**我只愿在清风中明媚：李叔同传**　杨博著　B949.92/4027　978-7-5104-4610-8　2015　新世界出版社

73　**夏丏尊：怀念追思卷**　何家炜、何文杰选编　K820.855.4/1018　2016

74　**夏丏尊：教育研讨卷**　何家炜、何文杰选编　K820.855.4/1018　2016

75　**夏丏尊：人生旅途卷**　何家炜、何文杰选编　K820.855.4/1018　2016

76　**夏丏尊集**　夏丏尊著　I216.2/1018　978-7-5360-6305-1　2012　花城出版社

77　**夏丏尊纪念文集**　夏弘宁主编　K825.6=6/1018

78　**夏丏尊纪念文集续集**　夏弘宁、王浩主编　K825.4=6/1018　2006

79　**夏丏尊精品选**　夏丏尊著　I216.2/1018　978-7-5068-3930-3　2014　中国书籍出版社

80　**夏丏尊旧藏弘一法师墨迹**　弘一书　J292.27/4027　962-7989-62-2　2000　华宝斋书社

81　**夏丏尊论语文教育**　杜草甬编　H1/1018　1987　河南教育出版社

82　**夏丏尊年谱**　葛晓燕、何家炜编著　K825.6=6/1018　978-7-5034-3639-0　2012　中国

文史出版社

83 **夏丏尊评传** 傅红英著 K825.6=6/1018 978-7-5161-1461-2 2012 中国社会科学出版社

84 **夏丏尊散文** 夏丏尊著 I266/1018 978-7-5439-5721-3 2013 上海科学技术文献出版社

85 **夏丏尊散文译文精选** 夏弘宁选编 I266/1013 7-5059-3925-4 2001 中国文联出版公司

86 **夏丏尊文集** 夏丏尊著 I216.2/1018 1983 浙江人民出版社

87 **夏丏尊文集** 夏丏尊著 C52/5340 978-7-80106-971-9 2009 线装书局

88 **夏丏尊与现代语文教育** 程稀著 H19/2620 978-7-5004-8809-5 2010 中国社会科学出版社

89 **夏丏尊传** 夏弘宁著 K825.6=6/1018 7-5006-3766-7 2002 中国青年出版社

90 **夏丏尊自述** 夏丏尊著 K825.6=6/1018 978-7-5396-4810-1 2014 安徽文艺出版社

91 **新诗杂话** 朱自清著 I207.25/2523 978-7-5399-3636-9 2010 江苏文艺出版社

92 **一代师表——经亨颐传** 董郁奎著 K825.46=6/2707 978-7-213-03528-9 2007 浙江人民出版社

93 **艺术的逃难：丰子恺传:a life of Feng Zikai（1898-1975）** （澳大利亚）白杰明（Geremie R. Barme）著 K825.72=73/5019 978-7-213-06914-7 2015 浙江人民出版社

94 **印象弘一大师** 孙叙伦选编 B949.92/1982 978-7-5396-3588-0 2010 安徽文艺出版社

95 **与弘一法师一起抄写《金刚经》** J292.28/4027 978-7-5086-6509-2 2017 中信出版集团股份有限公司

96 **语文杂话** 朱自清著 H19/2523 978-7-108-03992-7 2012 生活·读书·新知三联书店

97 **缘缘堂主：丰子恺传** 陈野著 K825.72=73/5019 7-213-02537-6 2003 浙江人民出版社

98 **远去的背影：清华大学中文系纪念朱自清新文学研究论文集** 蓝棣之、解志熙编 I206.6/4443 7-5004-3538-X 2002 中国社会科学出版社

99 **远去的背影：朱自清及其诗学研究** 李生滨、田燕著 K825.6=6/5023 978-7-5601-6434-2 2010 吉林大学出版社

100 **浙江省春晖中学** 浙江省春晖中学编 G639.285.54/3239 7-107-12832-9 1999 人民

教育出版社

101 **中国书法全集·83 近现代编：李叔同 马一浮卷** 刘正成主编 J292.2/0215v83 7-5003-0512-5 2002 荣宝斋出版社

102 **朱自清** 姜建著 K825.6=6/2523 978-7-214-09010-2 2013 江苏人民出版社

103 **朱自清** 朱乔森编 I216.2/2523 1985 人民文学出版社

104 **朱自清：古诗新义** 朱自清著 I207.22/2523 978-7-5090-1157-7 2017 当代世界出版社

105 **朱自清：国学精典入门** 朱自清著 Z126.27-53/2523 978-7-80220-715-8 2010 中国画报出版社

106 **朱自清的散文艺术** 杨昌江编 I207.65/4763 1983 北京出版社

107 **朱自清回忆录** 朱自清著 K825.6=6/2523 978-7-301-22600-1 2013 北京大学出版社

108 **朱自清讲国学** 朱自清著 Z126.276/2523 978-7-5075-2760-5 2009 华文出版社

109 **朱自清精致小品** 朱自清著 I266/2523 1992 成都出版社

110 **朱自清人生风骨** 朱自清著 I266/2523 7-5078-1693-1 1999 中国国际广播出版社

111 **朱自清散文** 朱自清著 I266/2523 978-7-80094-177-1 2010 大众文艺出版社

112 **朱自清散文集** 朱自清著 I266/2523 978-7-80605-256-3 2008 太白文艺出版社

113 **朱自清散文经典全集** 朱自清著 I266/2523 978-7-200-06750-7 2007 北京出版社

114 **朱自清散文精选** 朱乔森选编 I266/2523 7-5059-3925-4 2001 中国文联出版公司

115 **朱自清散文精选** 朱自清著 I266/2523 978-7-5379-4338-3 2009 希望出版社

116 **朱自清诗言志辩 朱自清新诗杂话** 朱自清著 I207.22/2523 978-7-206-09507-8 2013 吉林人民出版社

117 **朱自清说诗** 朱自清著 I207.22/2523 978-7-5060-2753-3 2007 东方出版社

118 **朱自清研究资料** 朱金顺编 I206.6/2582 1981 北京师范大学出版社

119 **朱自清中国文学批评研究讲义** 朱自清著 I206.09/2523 7-80696-047-3 2004 天津古籍出版社

120 **朱自清传** 陈孝全著 K825.6/2523 7-5302-0193-X 1991 北京十月文艺出版社

121 **朱自清自述：传奇故事** 张明林编著 K825.6=6/2523 978-7-80210-721-2 2011 西苑出版社

122 **朱自清自选集** 朱自清著 I266/2523 978-7-212-05220-1 2012 安徽人民出版社

123　**朱自清作品精选**　庄桂成选编　I216.2/2523　978-7-5354-3747-1　2008　长江文艺出版社

124　**朱自清作品欣赏**　陈孝全、刘泰隆著　I206.6/7448　1981　广西教育出版社

125　**朱自清作品新编**　朱自清著　I216.2/2523　978-7-02-007546-1　2009　人民文学出版社

126　**最完整的人格：朱自清先生哀念集**　俞平伯等著　K825.6/2523　7-200-00350-6　1988　北京出版社

17
禹舜研究

1　**2007 年公祭大禹陵活动资料汇编**　中共绍兴市委节会办公室、绍兴市人民政府节会办公室编　K928.76/5042　2007

2　**2008 海峡两岸大禹文化研讨会论文集**　绍兴市人民政府　K827=22/2000　2008

3　**2009 大禹文化国际学术研讨会论文集**　浙江越秀外国语学院编　K827=22/2000　2009

4　**2009 年公祭大禹陵典礼和第 25 届中国兰亭书法节资料汇编**　中共绍兴市委节会办公室、绍兴市人民政府节会办公室编　K928.76/5042　2009

5　**2016 年公祭大禹陵活动第三十二届兰亭书法节方案汇编**　中共绍兴市委节会办公室编　K928.76/5042　2016

6　**大禹传奇**　曹尧德著　I247.5/5552　1995　华文出版社

7　**大禹传说与会稽山文化演变研究**　张炎兴著　K928.3/1299　978-7-101-13353-0　2018　中华书局

8　**大禹论：95 大禹学术讨论会论文集**　史济烜、陈瑞苗主编　K827=22/2000　7-308-01610-2　1995　浙江大学出版社

9　**大禹三宗谱：姒氏、夏氏、禹氏**　钱茂竹主编　K820.9/8348

10　**大禹史料汇集**　钟利戡、王清贵辑编　K827=22/2000　7-80523-425-6　1991　巴蜀书社

11　**大禹颂**　沈建中编　K827=22/2000　7-213-01263-0　1995　浙江人民出版社

12　**大禹文化**　李德书、谢兴鹏主编　G122/4025

13　**大禹文化学概论**　刘训华主编　K827=22/0232　978-7-307-09625-7　2012　武汉大学

出版社

14 **大禹文化研究** 周幼涛主编 K827=22/2000 2008 浙江越秀外国语学校

15 **大禹研究** 陈瑞苗、周幼涛主编 K827.22/7414 1995 浙江人民出版社

16 **大禹与嵩山** 刘白雪、常松木主编 K827=1/2000 978-7-5348-3244-4 2009 中州古籍出版社

17 **大禹与中国传统文化研究·第一辑** 刘家思主编 K827=1/2000 978-7-5396-6103-2 2017 安徽文艺出版社

18 **大禹与中国传统文化研究·第二辑** 刘家思主编 K827=1/2000 978-7-5396-5453-9 2018 安徽文艺出版社

19 **大禹治水记** 张国太著 I247.59/1264 978-7-5169-1040-5 2017 华龄出版社

20 **登封与大禹文化** 张新斌、王青山主编 K827=1/2000 978-7-5347-8925-0 2016 大象出版社

21 **地域民间信仰与乡民艺术：以绍兴舜王巡会为个案** 袁瑾著 B933/4010 978-7-5161-9605-2 2017 中国社会科学出版社

22 **第二届大禹文化国际学术研讨会论文集** 本书编委会编 K827=1/2000 2013

23 **防风神话研究** 钟伟今主编 B932/8528 7-5396-1180-4 1996 安徽文艺出版社

24 **公祭大禹陵** 沈才土主编 K928.76/3444 7-213-01314-9 1996 浙江人民出版社

25 **公祭大禹陵典礼特刊 2007** 中华人民共和国文化部、浙江省人民政府主办 K928.76-794/5028 2007

26 **弘扬大禹精神 传承大禹文化："大禹与中国传统文化"国际学术研讨会优秀论文集** 绍兴市社会科学界联合会、绍兴市社会科学院编 K827=1/2000 978-7-5034-8311-0 2016 中国文史出版社

27 **华夏人杰：大禹陵** 王清贵编著 K878.2/1035 7-5000-6070-X 1998 中国大百科全书出版社

28 **黄帝、尧、舜和大禹的传说** 黄崇岳著 K21/4427 1983 书目文献出版社

29 **酷说大禹** 江群著 K827=1/2000 978-7-5396-4537-7 2013 安徽文艺出版社

30 **会稽山虞舜陵考** 俞日霞、俞婉君著 K878.84/8061 978-7-213-05627-7 2013 浙江人民出版社

31 **历代诗人咏禹陵** 邹志方、高军编 I222/2740 7-5011-4871-6 2000 新华出版社

32 **历代颂禹祭禹诗词铭联撷英** 中共绍兴市委节会办公室、绍兴市人民政府节会办公室、

绍兴文理学院编　I222/0020　2007

33　**宁阳大禹**　徐金瑞主编　K827=1/2000　978-7-209-05816-2　2011　山东人民出版社

34　**绍兴大禹祭典**　杨建新总主编　K295.5/4710　978-7-80686-789-1　2009　浙江摄影出版社

35　**绍兴大禹陵**　绍兴市政协文史资料委员会编　K928.76/2790　978-7-5034-2913-2　2011　中国文史出版社

36　**虞舜讲堂**　徐彪主编　K295.54/2820　978-7-306-05865-2　2016　中山大学出版社

37　**浙江禹迹图**　邱志荣、张钧德、金小军主编　K827=1/2000　978-7-5205-1044-8　2019　中国文史出版社

18
魏晋文化

1　**东晋南朝谢氏文学集团研究**　丁福林著　I206.35/1034　978-7-5100-8137-8　2014　世界图书出版西安有限公司

2　**东山再起**　顾志坤著　I247.4/7144　1989　大连出版社

3　**东山再起：六朝绍兴谢氏家族史研究**　周淑舫著　K820.9/7732　978-7-308-07166-6　2009　浙江大学出版社

4　**话说东山**　董明大著　K928.3/4464　2010

5　**嵇康**　张波著　B235.35/1230　978-7-5613-7646-1　2017　陕西师范大学出版总社

6　**嵇康**　张冰筱著　I247.53/1238　978-7-5039-6228-8　2017　文化艺术出版社

7　**嵇康评传**　童强著　B235.3/0010　978-7-305-06006-9　2011　南京大学出版社

8　**历代名人咏东山**　徐景荣主编　I22/2864　2009

9　**两晋南朝琅琊王氏家族文化研究**　姚晓菲著　K820.9/4264　978-7-5607-4259-5　2010　山东大学出版社

10　**两晋士族文学研究**　孙明君著　I209.37/1961　978-7-101-07388-1　2010　中华书局

11　**门阀旧事：谢安在他的时代**　倪政兴著　K827=372/3430　978-7-80175-710-4　2007　中国长安出版社

12　**阮籍评传**　高晨阳著　B235.95/0067　7-305-01976-3　1994　南京大学出版社

13　**陶渊明谢灵运鲍照诗文选评**　曹明纲撰　I206.2/5562　978-7-5325-5960-2　2011　上海古籍出版社

14　**魏晋南北朝文学史料述略**　穆克宏著　I209.35/2643　978-7-101-01356-6　2007　中华书局

15　**魏晋清玄**　李春青著　B235.05/4055　978-7-303-10203-7　2009　北京师范大学出版社

16　**谢安家世**　王春灿、陈秋强著　K820.9/1059　7-200-05025-3　2003　北京出版社

17　**谢康乐诗注 鲍参军诗注**　黄节撰　I207.227.391/4440　978-7-101-05763-8　2008　中华书局

18　**谢灵运山居赋诗文考释**　金午江、金向银著　I207.22/8083　978-7-5034-2398-7　2009　中国文史出版社

19　**谢灵运新探与解读**　姜剑云、霍贵高著　I207.227/8081　978-7-101-13591-6　2018　中华书局

20　**真名士，自风流：谢安这个人**　刘雅茹著　K827=372/3430　978-7-5309-5204-7　2008　天津教育出版社

21　**芝兰玉树生庭阶：谢安与谢氏家风**　丛艳姿著　B823.1/8853　978-7-5347-8280-0　2016　大象出版社

22　**中国文学史·魏晋南北朝文学史**　王文生主编　I209/1002　978-7-307-06703-5　2009　武汉大学出版社

19
地方名人

19.01
王充

1　**桓谭 王充评传**　钟肇鹏、周桂钿著　B234.75/8537　7-305-01636-5　1993　南京大学出版社

2　**论衡**　（东汉）王充著　B234.81/1000　1974　上海人民出版社

3　**论衡**　（东汉）王充撰　B234.81/1000　978-7-5538-0325-8　2015　岳麓书社

4　**论衡校释**　黄晖撰　B234.83/4460　7-101-00418-0　1990　中华书局

5　**论衡之人——王充传**　徐斌著　B234.8/2800　7-213-03079-5　2005　浙江人民出版社

6　**王充**　张鸿、张分田著　B234.85/1230　978-7-5415-3672-4　2009　云南教育出版社

7　**王充及其文学思想**　王治理著　B234.85/1000　7-5333-1761-0　2007　齐鲁书社

8　**王充与论衡**　郭庆祥著　B234.85/1000　978-7-5034-3045-9　2011　中国文史出版社

19.02

王羲之

1　**从临摹到创作·兰亭序**　秦金根著　J292.11/5084　7-80725-169-7　2006　上海书画出版社

2　**二王书风探微**　王冬亮、罗海兵著　J292.112.3/1020　978-7-80725-843-8　2009　上海书画出版社

3　**怀仁集王羲之书圣教序**　解小青编著　J292.23/2795　978-7-102-05164-2　2010　人民美术出版社

4　**集王羲之行书对联**　曹靖靖编撰　J292.23/1083　978-7-5010-5103-8　2017　文物出版社

5　**集王羲之圣教序**　陈连琦主编　J292.23/1083　978-7-80663-953-5　2010　中国书店

6　**《集王羲之书圣教序》技法精讲**　傅建林编写　J292.112.3/2314　978-7-80047-970-0　2010　紫禁城出版社

7　**纪念王羲之撰写兰亭集叙一千六百三十周年大会专辑**　中国书法家协会、中国书协浙江分会兰亭书会编　J292.1/5065

8　**晋唐二王书系字典**　李明桓、瞿海浜编　J292.23-61/4064　978-7-5479-0160-1　2010　上海书画出版社

9　**晋王羲之传世墨迹选**　文物出版社编　J292.23/1083　978-7-5010-2933-4　2010　文物出版社

10　**晋王羲之兰亭序**　文物出版社编　J292.23/1083　978-7-5010-2853-5　2010　文物出版社

11　**晋王羲之兰亭序帖**　历代碑帖法书选编辑组编　J292.23/7121　1984　文物出版社

12　**楷书兰亭叙**　（日本）冈村天溪书　J292.33/7741　1991　天溪会

13 **兰亭** 兰亭书会编 J292.1/8005 兰亭书会

14 **兰亭独孤本并跋残字** （元）赵孟頫书 J292.25/4413 7-80672-329-3 2002 上海书画出版社

15 **兰亭考** （宋）桑世昌集 J292.112.3/1746 978-7-5340-3418-3 2013 浙江人民美术出版社

16 **兰亭论辨** 文物出版社编辑 J292.2-3/0022 1977 文物出版社

17 **兰亭墨迹汇编** 《兰亭墨迹汇编》编辑委员会编 J292.23/8006 1985 北京出版社

18 **兰亭文化谈片** 毛万宝著 K295.53/2013 978-7-80024-828-3 2006 中国画报出版公司

19 **兰亭序的千古奇冤** 王开儒著 G256.22/1012 978-7-5305-4256-9 2010 天津人民美术出版社

20 **兰亭序古帖八种** 曾菩编 J292.23/8040 1992 北京广播学院出版社

21 **兰亭序及兰亭修禊图赏析** 吴廷富撰文 J292.23/6013 7-80588-159-6 1996 甘肃人民美术出版社

22 **兰亭序集联** 徐无闻纂集 J292.35/2813 978-7-101-09260-8 2013 中华书局

23 **兰亭序书画雅集：古今名家墨迹** （唐）冯承素等作 J292.2/3715 7-5305-2320-1 2004 天津人民美术出版社

24 **兰亭序五种** 陈连琦主编 J292.25/7431 978-7-80663-947-4 2010 中国书店

25 **历代诗人咏兰亭** 邹志方、车越乔编 I22/2740 7-5011-4871-6 2002 新华出版社

26 **历代诗人咏王羲之** 邹志方、车越乔编 I22/2740 7-5011-4871-6 2002 新华出版社

27 **隶书兰亭叙** （日本）冈村天溪书 J292.32/7741 1991 天溪会

28 **刘炳森书王羲之兰亭集序二种** 刘炳森著 J292.28/0294 978-7-80738-668-1 2011 天津杨柳青画社

29 **论《兰亭》书体** 刘汉屏著 J292.2-3/0237 1982 中州书画社

30 **漫话兰亭** 喻革良、王伟编著 K928.955.3/6843 7-80609-625-6 1998 海南国际新闻出版中心

31 **诠释与重塑：基于社会文化学的王羲之及其书法接受史研究** 方波著 K825.72=38/1083 978-7-5503-1208-1 2016 中国美术学院出版社

32 **日本墨华书道会兰亭书展** 墨华书道会编 J29/6625 1984

33 **绍兴兰亭** 绍兴市政协文史资料委员会编 K928.74/7723 978-7-5034-5746-3 2014 中国文史出版社

34 **书圣故里蕺山西景区及周边地段规划设计方案** 上海古元建筑设计有限公司设计 TU984.255.3/2134 2003

35 **书圣故里历代诗联书画选** 张忠进主编 I211/1253 7-104-00950-7 1999 中国戏剧出版社

36 **书圣神品：王羲之书法集粹：旁注释文** 蔡茂友主编 J292.23/4444 1995 中国书籍出版社

37 **书圣王羲之与嵊州** 张忠进著 K825.72=38/1083 978-7-104-03224-3 2010 中国戏剧出版社

38 **宋人关于《兰亭序》的收藏与研究** 陈一梅著 J292.1/7414 978-7-5503-0064-4 2011 中国美术学院出版社

39 **宋搨淳化阁帖·王羲之** （东晋）王羲之书 J292.23/1083 7-80517-816-X 2004 西泠印社出版社

40 **唐摹王右军家书集** （东晋）王羲之等书 J292.23/1083 7-80672-325-0 2002 上海书画出版社

41 **王羲之** 王玉池著 K825.7/1083 7-80047-105-5 1991 紫禁城出版社

42 **王羲之** 秦永龙主编 J292.112.3/5034 7-5440-3012-1 2006 山西教育出版社

43 **王羲之** 杨成寅编著 J292.112.3/4753 7-300-06743-3 2005 中国人民大学出版社

44 **王羲之 王献之名帖集粹** （东晋）王羲之、（东晋）王献之书 J292.23/1083 7-80715-079-3 2006 浙江古籍出版社

45 **王羲之、王献之书法精选** J292.23/1083 978-7-5480-0607-7 2011 江西美术出版社

46 **王羲之《尺牍》** 魏文源编 J292.23/1083 978-7-5344-3632-1 2011 江苏美术出版社

47 **王羲之《兰亭序》集字楹联** 李放鸣选编 J292.112.3/4006 978-7-5410-4571-4 2011 四川美术出版社

48 **王羲之·十七帖** 文师华编著 J292.23/1083 978-7-5480-0569-8 2011 江西美术出版社

49 **王羲之草书诀** （东晋）王羲之原作 J292.112.3/1083 7-80674-454-1 2004 广西美术出版社

50 **王羲之尺牍** 王建民、王玉池编著 J292.23/1017 978-7-5480-0334-2 2010 江西美

术出版社

51 **王羲之尺牍** 何海林编 J292.23/2134 978-7-5326-3155-1 2010 上海辞书出版社

52 **王羲之传说** 李弘、孟文镛编著 K825.72=38/1083 978-7-5514-1657-3 2016 浙江摄影出版社

53 **王羲之传说故事选** 陈玮君著 I277.3/7411 1983 绍兴市文学艺术工作者联合会、绍兴市民间文艺工作者协会

54 **王羲之的故事** 吴传来、黄蔡龙、鲍世济主编 I277.3/6025 7-80141-276-1 2003 台海出版社

55 **王羲之法帖** （东晋）王羲之书 J292.23/1083 1994 海天出版社

56 **王羲之家世** 王云根著 K820.9/1014 7-200-05025-3 2004 北京出版社

57 **王羲之临钟繇千字文** 孙宝文编 J292.23/1083 978-7-5326-4650-0 2017 上海辞书出版社

58 **王羲之墨迹选** 孙宝文编 J292.23/1083 978-7-5472-0045-2 2009 吉林文化出版社

59 **王羲之圣教序及其笔法** （东晋）王羲之书 J292.23/1083 7-80517-132-7 1994 西泠印社出版社

60 **王羲之十七帖** （东晋）王羲之书 J292.23/1083 978-7-5318-2416-9 2010 黑龙江美术出版社

61 **王羲之十七帖** 魏文源编 J292.23/1083 978-7-5344-3046-6 2010 江苏美术出版社

62 **王羲之十七帖 兴福寺断碑** 陈钝之主编 J292.23/1083 978-7-5149-1579-2 2017 中国书店

63 **王羲之十七帖解析** 曹大民、曹之瞻编著 J292.112.3/5547 7-5325-4271-8 2005 上海古籍出版社

64 **王羲之书法鉴赏** 李元秀编著 J292.112.3/4012 978-7-5402-2261-1 2010 北京燕山出版社

65 **王羲之书法解析：手札 兰亭序 集字圣教序** 白砥著 J292.112.3/2610 7-80517-778-3 2005 西泠印社出版社

66 **王羲之书法精华** （东晋）王羲之书 J292.23/1083 7-200-01892-9 2006 北京出版社

67 **王羲之书法精选** （东晋）王羲之书 J292.23/1083 1993 当代中国出版社

68 **王羲之书法全集** （东晋）王献之书 J292.23/1083 1994 群言出版社

432

69　王羲之书法全集　江吟主编　J292.23/1083　978-7-80735-499-4　2009　西泠印社出版社

70　王羲之书法全集　王林主编　J292.23/1040　978-7-102-04365-4　2008　人民美术出版社

71　王羲之书法全集.楷书卷　（东晋）王羲之书　J292.23/1083　7-80568-899-0　1999　中国书店

72　王羲之书法全集：草书卷　（东晋）王羲之书　J292.23/1083　7-80568-899-0　1999　中国书店

73　王羲之书法全集：行书卷·上　（东晋）王羲之书　J292.23/1083　7-80568-899-0　1999　中国书店

74　王羲之书法全集：行书卷·下　（东晋）王羲之书　J292.23/1083　7-80568-899-0　1999　中国书店

75　王羲之书法字典　（东晋）王羲之书　J292.23-61/1083　7-5006-1138-2　1992　中国青年出版社

76　王羲之王献之全集　（东晋）王羲之、（东晋）王献之书　J292.23/1083　7-80512-867-7　1994　上海书画出版社

77　王羲之王献之书法集成　（东晋）王羲之、（东晋）王献之书　J292.23/1083　7-80504-440-6　1989　天津古籍出版社

78　王羲之小楷字帖　（东晋）王羲之作　J292.23/1083　1983　武汉古籍书店

79　王羲之行书草书汇编：附释文　（东晋）王羲之书　J292.23/1083　7-5300-0038-1　1990　北京古籍出版社

80　王羲之研究论文集　鲍贤伦主编　K825.7/1083　7-81019-269-8　1993　浙江美术学院出版社

81　王羲之研究论文集：纪念《兰亭集序》问世1640周年　鲍贤伦编　K825.7/1083　1993　浙江美术学院出版社

82　王献之尺牍　何海林编　J292.23/2134　978-7-5326-3089-9　2010　上海辞书出版社

83　王献之书法鉴赏　李元秀编著　J292.112.3/4012　978-7-5402-2262-8　2010　北京燕山出版社

84　王献之书法全集　（东晋）王献之书　J292.23/1043　1994　群言出版社

85　王献之书法全集　王林主编　J292.23/1040　978-7-102-04494-1　2008　人民美术出版社

86　**王献之书法艺术**　王玉池编著　J292.112.3/1013　7-81051-715-5　2002　北京体育大学出版社

87　**中国碑帖经典·王羲之传本墨迹**　本社编　J292.21/2135　978-7-80635-862-7　2000　上海书画出版社

88　**中国传统名帖放大本：羲之兰亭叙**　（东晋）王羲之书　J292.23/1083　1991　学苑出版社

89　**中国书法技法解析·王羲之兰亭序技法**　李广利编著　J292.11/4002　978-7-5402-2269-7　2010　北京燕山出版社

90　**中华世纪坛绍兴四名人**　王云根主编　K820.855.3/1014　7-80192-003-1　2003　方志出版社

19.03

陆游

1　**爱在沈园："沈园杯"中国爱情诗词大奖赛获奖作品集**　贺晓敏主编　I227/4668　7-80037-296-0　2004　中国和平出版社

2　**钗头凤与沈园本事考略**　黄世中著　I207.23/4445　7-5633-2534-4　1998　广西师范大学出版社

3　**但悲不见九州同**　（宋）陆游著　I222.744.2/7530　7-80623-339-3　2002　河南文艺出版社

4　**放浪山水：陆游的旅游历程**　郭庆祥著　K825.6=442/7530　978-7-5034-4796-9　2014　中国文史出版社

5　**放翁词**　（宋）陆游撰　I222.844/7530　7-80568-472-3　1997　中国书店

6　**放翁词编年笺注**　（宋）陆游著　I222.844/7530　1981　上海古籍出版社

7　**放翁词编年笺注**　（宋）陆游著　I222.844.2/7530　978-7-5325-6434-7　2012　上海古籍出版社

8　**亘古男儿：陆游传**　高利华著　K825.6=442/7530　978-7-213-03602-6　2007　浙江人民出版社

9　**贵学重德示儿知：陆游与陆氏家风**　苑聪雯著　B823.1/4411　978-7-5347-9600-5　2018　大象出版社

10　**纪念陆游诞辰 880 周年暨越中山水文化国际研讨会论文集**　中国社科院文学所主办　K825.6=442/7530　2005

11　**剑南诗稿校注**　（宋）陆游著　I222.744/7530　1985　上海古籍出版社

12　**老学庵笔记**　（宋）陆游撰　K245.066/7530　7-5077-1263-X　1998　学苑出版社

13　**历代诗人咏陆游**　邹志方、高军编　I222/2740　7-5011-4871-6　2001　新华出版社

14　**两宋望族与文学**　张兴武著　K820.9/1291　978-7-02-008221-6　2010　人民文学出版社

15　**陆放翁全集**　（宋）陆游著　I214.42/7530　7-80568-330-1　1986　中国书店

16　**陆放翁诗词选**　（宋）陆游著　I222.744/7530　1982　浙江人民出版社

17　**陆放翁晚年的生活与思想**　萧果忧著　K825.6=442/7530　978-7-5149-0424-6　2012　中国书店

18　**陆游**　齐治平著　K825.6/7530　1978　上海古籍出版社

19　**陆游**　张敏杰编著　I207.2/1284　7-5085-1019-4　2006　五洲传播出版社

20　**陆游词集**　（宋）陆游著　I222.844.2/7530　978-7-5325-5994-7　2011　上海古籍出版社

21　**陆游的书法故事**　秦金根著　K825.6=442/7530　978-7-5134-0873-8　2019　故宫出版社

22　**陆游读书诗**　杨达明辑注　I222.744.2/4736　978-7-100-10030-4　2013　商务印书馆

23　**陆游集**　中华书局编辑部编　I214.42/7530　1976　中华书局

24　**陆游家世**　邹志方著　K820.9/2740　7-200-05025-3　2004　北京出版社

25　**陆游论集**　吴熊和主编　I206.2/6022　1987　吉林文史出版社

26　**陆游论集**　越州诗社、陆游研究会编　I206.2/4333　7-81035-456-6　1993　杭州大学出版社

27　**陆游名篇赏析**　（宋）陆游著　I206.2/0087　7-5302-0105-0　1989　北京十月文艺出版社

28　**陆游年谱**　欧小牧著　K825.6/7530　1981　人民文学出版社

29　**陆游年谱**　于北山著　K825.6/7530　1961　中华书局

30　**陆游评传**　邱鸣皋著　K825.6=442/7530　7-305-03769-9　2002　南京大学出版社

31　**陆游评传三种**　苏雪林等著　K825.6=442/7530　978-7-5540-1080-8　2017　浙江古籍出版社

32 **陆游全集校注** 钱仲联、马亚中主编 I214.422/7530 978-7-5338-9500-6 2011 浙江教育出版社

33 **陆游诗词导读** 严修著 I207.227.442/1020 978-7-5078-3000-2 2009 中国国际广播出版社

34 **陆游诗词浅释** 邹志方著 I207.2/2740 7-80617-390-0 1997 海南出版社

35 **陆游诗词选** （宋）陆游著 I222.744.2/7530 978-7-80707-696-4 2007 黄山书社

36 **陆游诗词选评** 蔡义江撰 I207.2/4443 7-5325-3306-9 2002 上海古籍出版社

37 **陆游诗词选析** 苏州市教育局教研室编 I222.744/7530 1980 江苏人民出版社

38 **陆游诗词选译** 张永鑫，刘桂秋译注 I222.744.2/7530 978-7-5506-0405-6 2011 凤凰出版社

39 **陆游诗歌传播、阅读研究** 张毅著 I207.227.442/1200 978-7-309-10440-0 2014 复旦大学出版社

40 **陆游诗选** （宋）陆游著 I222.744/7530 1957 人民文学出版社

41 **陆游诗选** （宋）陆游著 I222.744/7530 7-02-002542-0 1997 人民文学出版社

42 **陆游谈艺录** 陈耀东、王小义纂辑 I207.2/7494 978-7-5338-7397-4 2008 浙江教育出版社

43 **陆游文集：图文版** 王新龙编著 I222.744.2/7530 978-7-104-03058-4 2009 中国戏剧出版社

44 **陆游闲适诗研究** 李建英著 I207.227.442/4014 978-7-5656-0892-6 2012 首都师范大学出版社

45 **陆游选集** （宋）陆游著 I214.42/7530 1979 上海古籍出版社

46 **陆游严州诗文笺注** 朱睦卿笺注 I207.227.442/2567 978-7-308-11440-0 2013 浙江大学出版社

47 **陆游研究** 欧明俊著 K825.6=442/7530 978-7-5426-2675-2 2007 上海三联书店

48 **陆游与汉中** 中国陆游研究会、汉中市陆游学会编 K825.6=442/7530 978-7-5325-6713-3 2013 上海古籍出版社

49 **陆游与鉴湖** 中国陆游研究会编 I207.2/5067 978-7-01-010496-6 2011 人民出版社

50 **陆游与南宋社会：纪念陆游诞辰 890 周年国际学术研讨会论文集** 中国陆游研究会、绍兴市陆游研究会主编 K825.6=442/7530 978-7-5161-9628-1 2017 中国社会科学出版社

51 陆游与唐琬的爱情故事 吴传来著 I277.3/6025 978-7-106-03784-0 2013 中国电影出版社

52 陆游与越中山水 中国陆游研究会编 I206.2/5067 7-01-005570-X 2006 人民出版社

53 陆游传 郭光著 K825.6/7530 1982 中州书画社

54 陆游传 朱东润著 K825.6/7530 1979 中华书局

55 陆游传 朱东润著 K825.6=442/7530 7-5306-3720-7 2003 百花文艺出版社

56 陆游传 朱东润著 K825.6=442/7530 978-7-203-10219-9 2018 山西人民出版社

57 陆游传：插图本 朱东润著 K825.6=442/7530 7-80590-558-4 2002 海南出版社

58 陆游传论 齐治平著 I206.2/0031 1984 岳麓书社

59 陆游资料汇编 孔凡礼、齐治平编 I206.2/1273 7-101-03870-0 1962 中华书局

60 陆游自书诗稿 （宋）陆游书 J292.25/7530 7-80672-316-1 2002 上海书画出版社

61 欧阳修陆游诗歌民俗祭典述论 王政、王娟、王维娜著 I207.227.44/1010 978-7-5068-3087-4 2013 中国书籍出版社

62 埤雅 （宋）陆佃著 H131.5/7520 978-7-308-05912-1 2008 浙江大学出版社

63 萍洲可谈 老学庵笔记 （宋）朱彧、（宋）陆游撰 I242.1/2550 978-7-5325-6343-2 2012 上海古籍出版社

64 入蜀记校注 （宋）陆游著 I264.42/7530 7-216-04247-6 2004 湖北人民出版社

65 宋陆游自书诗卷 （宋）陆游书 J292.25/7530 7-80672-480-X 2003 上海书画出版社

66 晚年陆游的日常生活与诗歌创作：几个侧面的研究 王宏芹著 K825.6=442/7530 978-7-5690-1784-7 2018 四川大学出版社

67 侠骨柔情陆放翁：杨雨讲述传奇陆游 杨雨著 K825.6=442/7530 978-7-121-12606-2 2011 电子工业出版社

68 夜阑卧听风吹雨：我的历史偶像陆游 杜智颖著 K825.6=442/7530 978-7-121-13091-5 2011 电子工业出版社

69 只有清香似旧时：陆游诗词情话 吴俣阳著 I247.53/6027 978-7-5609-7799-7 2012 华中科技大学出版社

70 中国碑帖名品·八十一 陆游自书诗卷 （宋）陆游书 J292.21/2135 978-7-5479-0662-0 2013 上海书画出版社

71 **中国书法全集40 宋辽金编·赵构 陆游 朱熹 范成大 张即之卷** 刘正成主编
J292.2/0215v40 7-5003-0479-X 2000 荣宝斋出版社

72 **壮心未与年俱老：陆游诗词** 王新霞、胡永杰编著 I222.744.2/1001 978-7-02-012136-6
2017 人民文学出版社

19.04

阳明心学

1 **百炼成王：向王阳明学企业经营与管理** 邹新华著 F272/1032 978-7-5164-1600-6
2017 企业管理出版社

2 **百世良师：解读一个真实的王阳明** 刘国祥著 B248.25/0263 978-7-5178-1892-2
2017 浙江工商大学出版社

3 **彩绘全注全译全解传习录** （明）王阳明著 B248.24/1032 978-7-5502-3710-0 2014
北京联合出版公司

4 **彩图全解传习录** （明）王阳明著 B248.24/1032 978-7-5113-4241-6 2014 中国华
侨出版社

5 **吃透王阳明** 向愚著 B248.25/2760 978-7-5334-6377-9 2014 福建教育出版社

6 **崇义县志** （明）王廷耀修 K295.64/1019 1987 江西省崇义县志办公室

7 **崇义县志** 黄诗结主编 K295.64/4432 7-80541-578-1 1989 海南人民出版社

8 **崇义县志：1986—2000** 崇义县地方志编纂委员会编 K295.64/2247 7-80192-376-6
2004 方志出版社

9 **滁州市志** 滁州市（县级）地方志编纂委员会编 K295.43/0034 7-80122-271-7
1998 方志出版社

10 **滁州志** （清）熊祖诒、余国（木普）纂修 K295.43/2233 978-7-80707-702-2 2007
黄山书社

11 **传奇王阳明** 董平著 B248.25/4410* 978-7-100-07511-4 2010 商务印书馆

12 **传习录** （明）王阳明著 B248.2/1076 978-7-80769-586-8 2014 北京时代华文书局

13 **传习录** （明）王阳明著 B248.2/1076 978-7-5518-1861-2 2018 三秦出版社

14 **传习录** （明）王阳明著 B248.22/1076 7-80592-366-3 2001 广州出版社

15 **传习录** （明）王阳明著 B248.22/1076 7-80643-139-X 2001 江苏古籍出版社

16 传习录 （明）王阳明著 B248.24/1032 978-7-5502-3751-3 2015 北京联合出版公司

17 传习录 （明）王阳明著 B248.24/1032 978-7-5063-8654-8 2016 作家出版社

18 传习录 （明）王阳明著 B248.24/1032 978-7-5554-0943-4 2018 广陵书社

19 传习录 吴震、孙钦香导读译注 B248.24/6010 978-7-5086-5629-8 2016 中信出版集团

20 《传习录》精读 吴震著 B248.24/6010 978-7-309-07508-3 2011 复旦大学出版社

21 传习录：全译全注 （明）王阳明著 B248.24/1032 978-7-210-07970-5 2016 江西人民出版社

22 传习录：叶圣陶校注版 （明）王阳明著 B248.24/1032 978-7-229-12631-5 2017 重庆出版社

23 传习录：一本书读懂阳明心学：文白对照全译本 （明）王阳明著 B248.25/1032 978-7-5113-4096-2 2013 中国华侨出版社

24 传习录：中国人的处世心经 （明）王阳明著 B248.24/1032 978-7-5502-8727-3 2018 北京联合出版公司

25 传习录集评 （明）王阳明著 B248.2/1032 978-7-5108-3469-1 2015 九州出版社

26 传习录校释 （明）王守仁撰 B248.22/1032 978-7-80761-887-4 2012 岳麓书社

27 传习录全编 蔡践编著 B248.24/4460 978-7-5157-0699-3 2016 海潮出版社

28 传习录全集 （明）王守仁著 B248.24/1032 978-7-201-08828-0 2014 天津人民出版社

29 传习录全鉴 （明）王阳明著 B248.25/1076 978-7-5064-8450-3 2012 中国纺织出版社

30 传习录全译 （明）王阳明著 B248.24/1032 978-7-221-08375-3 2009 贵州人民出版社

31 传习录注疏 （明）王阳明撰 B248.22/1032 978-7-5325-7562-6 2015 上海古籍出版社

32 传习录注疏 （明）王阳明撰 B248.22/1076 978-7-5325-6596-2 2012 上海古籍出版社

33 此心光明：王阳明传 杨东标著 B248.25/4744 978-7-5063-7412-5 2014 作家出版社

34 从王阳明到曹雪芹：阳明心学与明清文艺思潮 潘运告著 I209.48/3232 978-7-5355-3061-5 2008 湖南教育出版社

35　**大明完人王阳明**　何书彬著　B248.25/2154　978-7-5340-6907-9　2018　浙江人民美术出版社

36　**大儒王阳明**　周月亮著　B248.25/7770　978-7-5443-3208-8　2010　海南出版社

37　**大余县志**　江西省大余县志编纂委员会编　K295.64/3119　7-80564-029-7　1990　三环出版社

38　**大余县志：1986-2000**　大余县地方志编纂委员会编著　K295.64/4087　978-7-5461-0819-3　2014　黄山书社

39　**大庾县志：清乾隆一十三年**　江西省大余县地方志办公室重刊编委会编　K295.64/3119　2009　江西省大余县地方志办公室

40　**稻盛哲学与阳明心学**　曹岫云著　B248.25/5521　978-7-5207-0298-0　2018　东方出版社

41　**东亚阳明学**　（韩国）崔在穆著　B248.25/2242　978-7-300-11142-1　2009　中国人民大学出版社

42　**读透王阳明：心学教你内心强大的智慧**　冷湖著　B248.25/3830　978-7-5546-0122-8　2013　古吴轩出版社

43　**赣州府志**　罗中坚、黎上达编纂　K295.63/6052　1986　赣州地区志编纂委员会办公室

44　**赣州市志**　江西省赣州市地方志编纂委员会编　K295.63/3119　7-5034-1016-7　1999　中国文史出版社

45　**跟王阳明学心学**　文德编著　B248.25/0020　978-7-5113-7665-7　2018　中国华侨出版社

46　**跟王阳明学心学**　杨嵘编著　B248.25/4720　978-7-5113-2372-9　2012　中国华侨出版社

47　**跟王阳明一起修心 跟仓央嘉措一起修行：跟王阳明一起修心篇**　杨嵘编著　B825-49/4720　978-7-5113-3953-9　2013　中国华侨出版社

48　**跟着大师读王阳明**　熊十力等著　B248.25/1032　978-7-5680-4848-4　2019　华中科技大学出版社

49　**官讳经**　（明）王阳明原著　D691/1076　978-7-5075-2507-6　2009　华文出版社

50　**光绪吉安府志**　（清）王定祥等主修　K295.64/1033　978-7-101-10624-4　2014　中华书局

51　**鬼谷子的局，王阳明的道**　王琳编著　B228.05/1010　978-7-80766-746-9　2014　广东旅游出版社

52 贵学重德示儿知：陆游与陆氏家风　苑聪雯著　B823.1/4411　978-7-5347-9600-5　2018
大象出版社

53 贵阳 阳明祠·阳明洞碑刻拓片集　孙凤岐主编　K877.424/1972　7-221-05686-2　2002
贵州人民出版社

54 国际阳明学研究·第壹卷　张海晏、熊培军主编　B248.25/1236v1　978-7-5161-0453-8
2011　中国社会科学出版社

55 国际阳明学研究·第贰卷　B248.25/1236v2　978-7-5325-6654-9　2012　上海古籍
出版社

56 国际阳明学研究·第叁卷　B248.25/1236v3　978-7-5325-7000-3　2013　上海古籍
出版社

57 国际阳明学研究·第肆卷　B248.25/1236v4　978-7-5325-7440-7　2014　上海古籍
出版社

58 韩国江华阳明学研究论集　郑仁在、黄俊杰编　B312-53/8724　978-7-5617-5730-7
2008　华东师范大学出版社

59 韩国象山学与阳明学　（韩国）金吉洛著　B244.85/8043　978-7-5097-9044-1　2016
社会科学文献出版社、当代世界出版分社

60 忽然惊起卧龙愁：王阳明励志文选　（明）王阳明著　B248.25/1032　978-7-5158-1421-6
2015　中华工商联合出版社

61 胡直集　（明）胡直撰　Z429.48/4740　978-7-5325-7255-7　2015　上海古籍出版社

62 华杉讲透王阳明《传习录》　华杉著　B248.25/2440　978-7-5115-0144-8　2018　人民
日报出版社

63 黄绾集　（明）黄绾撰　B248.6/4420　978-7-5325-7252-6　2014　上海古籍出版社

64 黄宗羲伦理思想的主题及其展开　黄敦兵著　B249.35/4407　978-7-5161-0813-0　2012
中国社会科学出版社

65 黄宗羲评传　徐定宝著　B249.35/2833　7-305-03746-X　2002　南京大学出版社

66 黄宗羲全集　吴光执行主编　B249.31/4438v1　978-7-80715-983-4　2012　浙江古籍
出版社

67 黄宗羲全集　（清）黄宗羲著　B249.31/4438v1　7-80518-723-1　2005　浙江古籍出版社

68 黄宗羲与清代浙东学派　吴光著　B249.35/6090　978-7-300-11272-5　2009　中国人
民大学出版社

69 黄宗羲与浙东学术　徐定宝著　B249.35/2833　978-7-5027-7821-7　2010　气象出版社

70　**吉安市志**　江西省吉安市地方志编纂委员会编　K295.64/3119　7-80607-337-X　1997　珠海出版社

71　**吉安市志: 1990-2000**　江西省吉安市吉州区地方志编纂委员会编　K295.64/3119　7-210-02508-1　2001　江西人民出版社

72　**蕺山学派与明清学术转型**　张天杰著　B248.99/1214　978-7-5161-4508-1　2014　中国社会科学出版社

73　**纪念王阳明诞辰 545 周年学术研讨会论文集**　中共绍兴市委宣传部、绍兴市社会科学界联合会编　B248.25/1032　2017

74　**江右王门学派研究: 以吉安地区为中心**　李伏明著　B248.25/4026　978-7-210-09937-6　2017　江西人民出版社

75　**江右王学通论**　徐儒宗著　B248.25/2823　978-7-300-11274-9　2009　中国人民大学出版社

76　**江右王学与明中后期江西教育发展**　吴宣德著　B248.25/6032　7-5392-2693-5　1996　江西教育出版社

77　**解读王阳明**　袁仁琼著　B248.25/4021　978-7-80752-311-6　2009　巴蜀书社

78　**解读王阳明和他的传奇心学**　何龙、蔡践著　B248.25/2140　978-7-5044-8220-4　2013　中国商业出版社

79　**经世大儒王阳明**　谢海金著　B248.25/3438　978-7-229-06723-6　2013　重庆出版社

80　**经世致用: 王阳明**　吴新华著　B248.25/6002　978-7-113-22122-5　2016　中国铁道出版社

81　**觉世之道: 王阳明良知说的形成**　杨正显著　B248.25/4716　978-7-303-17389-1　2015　北京师范大学出版社

82　**铿然舍瑟春风里: 王阳明心学语录的天人之境**　青山闲人著　B21/5023　978-7-5126-6691-7　2019　团结出版社

83　**李卓吾·两种阳明学**　（日本）沟口雄三著　B248.25/3764　978-7-108-04733-5　2014　三联书店

84　**历史的家园**　翁丽娟主编　K820/8014　2006　余姚市阳明街道 阳明社区

85　**良知正道王阳明: 心学新说**　皇甫金石著　B248.25/2581　978-7-5392-9697-5　2017　江西教育出版社

86　**良知之道: 王阳明的五百年**　余怀彦著　B248.25/8090　978-7-5057-3679-5　2016　中国友谊出版公司

87　**梁启超讲读王阳明心学**　梁启超著　B248.25/3334　978-7-5090-1353-3　2018　当代世界出版社

88　**灵魂徒步：阳明心学管理智慧**　李安著　B248.25/4030　978-7-301-29512-0　2018　北京大学出版社

89　**刘元卿集**　（明）刘元卿撰　B248.21-53/0217　978-7-5325-7125-3　2014　上海古籍出版社

90　**刘宗周评传**　东方朔著　B248.995/4080　7-305-03191-7　1998　南京大学出版社

91　**刘宗周全集**　吴光主编　B248.991/0237　978-7-80715-891-2　2012　浙江古籍出版社

92　**刘宗周全集**　吴光主编　B248.991/0237　978-7-80518-926-0　2007　浙江古籍出版社

93　**刘宗周全集**　刘宗周著　C52/0237　957-671-443-5　1997　台湾"中央研究院"中国文哲研究所筹备处

94　**刘宗周研究**　黄锡云、傅振照著　B248.995/4481　978-7-101-07251-8　2012　中华书局

95　**刘宗周与蕺山学派**　何俊、尹晓宁著　B248.99/2120　978-7-300-11340-1　2009　中国人民大学出版社

96　**龙溪王先生全集**　（明）王畿撰　B248.2-53/1020　978-7-5013-5283-8　2014　国家图书馆出版社

97　**龙溪心学的传播与《西游记》研究**　薛梅著　I207.414/4440　978-7-5161-8099-0　2016　中国社会科学出版社

98　**庐陵时闻·第一辑**　刘宗彬、彭培述编撰　B248.25/0234　978-7-210-03997-6　2013　江西人民出版社

99　**罗洪先集**　徐儒宗编校整理　Z424.8/6032　978-7-80729-088-9　2007　凤凰出版社

100　**罗汝芳集**　方祖猷、梁一群、李庆龙等编校整理　Z424.8/6034　978-7-80729-089-6　2007　凤凰出版社

101　**蒙以养正泽后世：王阳明与王氏家风**　黄漫远著　B823.1/4433　978-7-5347-9602-9　2018　大象出版社

102　**名家会评传习录**　（明）王阳明著　B248.25/1032　978-7-5150-1670-2　2016　国家行政学院出版社

103　**明朝出了个王阳明**　李根著　B248.25/4040　978-7-5125-0846-0　2016　国际文化出版公司

104　**明朝一哥王阳明**　吕峥著　B248.25/6020　978-7-5438-9082-4　2013　湖南人民出版社

105 明代王学研究　鲍世斌著　B248.25/2740　7-80659-656-9　2004　巴蜀书社

106 明代遗民：顾炎武 王夫之 黄宗羲　孙庆著　B249.15/1900　978-7-5348-5260-2　2015　中州古籍出版社

107 明隆庆六年初刻版《传习录》：全译全注　（明）王阳明撰著　B248.24/1032　978-7-5399-8324-0　2016　江苏凤凰文艺出版社

108 《明夷待访录》注译简评　黄宗羲原著　B249.32/4438　7-221-05304-9　2001　贵州人民出版社

109 南昌市志　南昌市地方志编纂委员会编　K295.61/0221　7-80122-202-4　1997　方志出版社

110 南昌市志：1986-2004　朱敏华等主编　K295.61/2582　978-7-80238-540-5　2009　方志出版社

111 内圣外王王阳明：心外无物，知行合一　赵家三郎著　B248.25/4431　978-7-5139-1495-6　2017　民主与建设出版社有限责任公司

112 聂豹集　（明）聂豹著　Z424.8/1020　978-7-80729-087-2　2007　凤凰出版社

113 欧阳德集　陈永革编校整理　Z424.8/7720　978-7-80729-085-8　2007　凤凰出版社

114 品读王阳明：知行合一的心学智慧　赵清文著　B248.25/4430　978-7-5080-9552-3　2019　华夏出版社

115 七情之理：王阳明道德哲学的现象学诠释　陈清春著　B248.25/7435　978-7-01-016430-4　2016　人民出版社

116 千古大儒——王阳明　周明河著　B248.25/7763　978-7-5057-4212-3　2017　中国友谊出版公司

117 千古一人王阳明　方志远著　B248.25/0043　978-7-210-09911-6　2017　江西人民出版社

118 黔东北地域阳明文化研究　敖以深著　B248.2/5823　978-7-80247-746-9　2009　知识产权出版社

119 青龙仙风 山高水长：大余王阳明活动遗址遗迹线路探访　南安王阳明活动遗址遗迹调研组编　B248.25/1244　9789628735334　2017　华夏文化艺术出版社

120 青年论坛文集：第二届中国阳明心学高峰论坛绍兴闭幕论坛　绍兴文理学院越文化研究院编　G210-53/2790　2018　上海人民出版社

121 青年王阳明：1472-1509：行动中的儒家思想　杜维明著　B248.25/4426　978-7-108-06073-0　2017　生活·读书·新知三联书店

122　**清代陆王学研究**　杨朝亮著　B244.85/4740　978-7-5528-0364-8　2015　天津古籍出版社

123　**清明：听王阳明讲心学智慧**　葛浩文著　B248.2/4430　978-7-80232-643-9　2014　时事出版社

124　**人生第一等事：王阳明及其后学论"致良知"**　（瑞士）耿宁著　B248.25/2160　978-7-100-10561-3　2014　商务印书馆

125　**人文滁州：王阳明研究专辑**　《人文滁州》编辑部编　B248.25/8003　2017　《人文滁州》编辑部

126　**日本的古学及阳明学**　朱谦之编著　B313.3/2533　7-01-003255-6　2000　人民出版社

127　**日本人与阳明学**　（日本）冈田武彦等著　B248.25/7761　978-7-5168-1633-2　2017　台海出版社

128　**日本阳明学的实践精神：山田方谷的生涯与改革路径**　（日本）野岛透著　B313.3/6723　978-7-5325-7179-6　2014　上海古籍出版社

129　**儒学道德论：王阳明心学之道德主体性研究**　陈媛媛著　B248.25/7444　978-7-5115-3632-7　2016　人民日报出版社

130　**儒学的转折：阳明学派教育思想研究**　毕诚著　G40-092.48/2230　978-7-80234-561-4　2010　中国发展出版社

131　**儒学名臣——刘宗周传**　陈永革著　B248.995/7434　7-213-03083-3　2005　浙江人民出版社

132　**绍兴图书馆藏王阳明专题拓片：王阳明先生祠堂记、重修王文成公祠记、王文成公墓碣、名世真才碑、祭徐日仁文**　绍兴图书馆重印　J292.2/2796　2018　绍兴图书馆

133　**绍兴王阳明**　绍兴市政协文史资料委员会编　B248.25/1032　978-7-5034-8799-6　2017　中国文史出版社

134　**神奇圣人王阳明**　雾满拦江著　B248.25/1035　978-7-5404-5529-3　2012　湖南文艺出版社

135　**神奇圣人王阳明**　雾满拦江著　B248.25/2282　978-7-5404-8719-5　2018　湖南文艺出版社

136　**神奇圣人王阳明·2**　王觉仁著　B248.25/1092　978-7-5404-6681-7　2014　湖南文艺出版社

137　**神一样的男人王阳明**　赵蔷著　B248.25/4440　978-7-5463-9384-1　2012　吉林出版集团有限责任公司

138　**圣人的哲学：王阳明**　张晓珉著　B248.25/1261　978-7-5008-5739-6　2014　中国工人出版社

139　**士魂以经世：黄宗羲与传统士人精神的再造**　顾家宁著　B249.3/7133　978-7-5115-5305-8　2018　人民日报出版社

140　**宋明理学概述**　钱穆著　B244.05/8320　978-7-5108-0283-6　2010　九州出版社

141　**宋明儒学论**　陈来著　B244.05/7450　978-7-309-07374-4　2010　复旦大学出版社

142　**塑造日本人心性的阳明学**　（日本）吉田和男著　B248.25/4062　978-7-5060-8846-6　2016　东方出版社

143　**《孙子兵法》新解：王阳明兵学智慧的源头**　（日本）冈田武彦著　E892.25/7761　978-7-229-12726-8　2017　重庆出版社

144　**泰州学派研究**　吴震著　B248.35/6010　978-7-300-11339-5　2009　中国人民大学出版社

145　**天机破：王阳明**　吕峥著　I247.53/6020　978-7-5143-6994-6　2018　现代出版社

146　**天下第一法术：王阳明心法**　弘逸著　B248.2-49/1230　978-7-5615-5062-5　2014　厦门大学出版社

147　**天下为主——黄宗羲传**　吴光著　B249.35/6090　978-7-213-03815-0　2008　浙江人民出版社

148　**图解王阳明全书**　思履主编　B248.25/6070　978-7-5113-3775-7　2013　中国华侨出版社

149　**图解王阳明心学的智慧**　文德编著　B248.25/0020　978-7-5113-7270-3　2018　中国华侨出版社

150　**王畿集**　吴震编校整理　Z424.8/1020　978-7-80729-086-5　2007　凤凰出版社

151　**王畿评传**　方祖猷著　B248.2/0038　7-305-03585-8　2001　南京大学出版社

152　**王时槐集**　（明）王时槐撰　B248.995/1064　978-7-5325-6079-0　2015　上海古籍出版社

153　**王守仁评传**　张祥浩著　B248.25/1233　7-305-03002-3　1997　南京大学出版社

154　**王学编年**　俞樟华撰　B248.25/8042　978-7-5601-5111-3　2010　吉林大学出版社

155　**王学圣地**　魏明禄主编　K927.34/2663　7-5412-1325-X　2005　贵州民族出版社

156　**王学圣地话王学：贵阳王阳明文化**　郭长智著　B248.25/0748　7-221-05046-5　1999　贵州人民出版社

157　**王学通论：从王阳明到熊十力**　杨国荣著　B248.25/4764　978-7-5675-7234-8　2018

446

华东师范大学出版社

158 王学研究·第一辑　赵平略主编　B248.25-53/4416　978-7-5643-2185-7　2013　西南交通大学出版社

159 王学研究·第三辑　赵平略、陆永胜主编　B248.25/4416　978-7-5097-7980-4　2015　社会科学文献出版社

160 王学与中晚明士人心态　左东岭著　B248.25/4042　978-7-100-10465-4　2014　商务印书馆

161 王学之光　王晓昕主编　B248.25/1066　978-7-5643-0891-9　2010　西南交通大学出版社

162 王学之路：中国贵阳99阳明文化节暨王阳明学术讨论会论文集　秦家伦、王晓昕主编　B248.25/5032　7-5412-0942-2　2000　贵州民族出版社

163 王学之旅　白陈新主编　B248.25/2670　978-7-5412-1581-0　2009　贵州民族出版社

164 王学之思：纪念王阳明贵阳"龙场悟道"490周年论文集　秦家伦等主编　B248.25/5032　7-5412-0870-1　1999　贵州民族出版社

165 王学之源　杨德俊主编　B248.25/4722　978-7-81126-930-7　2016　贵州大学出版社

166 王阳明　孙婧、张祥浩著　B248.25/1940　978-7-5613-7660-7　2017　陕西师范大学出版总社

167 王阳明　杨国荣著　B248.25/4764　978-7-305-07326-7　2010　南京大学出版社

168 王阳明　秦家懿著　B248.25/5034　978-7-108-03792-3　2011　生活·读书·新知三联书店

169 王阳明　秦家懿著　B248.25/5034　978-7-108-05692-4　2017　生活·读书·新知三联书店

170 王阳明　思履编著　B248.25/6070　978-7-5480-6288-2　2018　江西美术出版社

171 王阳明　高兴宇著　I247.53/0093　978-7-122-23612-8　2015　化学工业出版社

172 王阳明：典藏版　许葆云著　I247.53/3841　978-7-224-10859-0　2013　陕西人民出版社

173 王阳明：唤醒内心的良知　王允亮著　B248.25/1020　978-7-80234-169-2　2008　中国发展出版社

174 王阳明：人生即修行　鹤阗珊著　B248.25/4731　978-7-5057-3093-9　2012　中国友谊出版公司

175 王阳明：如何找回你强大的内心　王建军著　B248.25/1013　978-7-5484-2477-2　2016　哈尔滨出版社

176 **王阳明：心学的智慧** 张超编著 B248.25/1240 978-7-5021-9511-3 2013 石油工业出版社

177 **王阳明：一颗心的史诗** 安之忠、林锋著 I247.57/3035 978-7-5012-3943-6 2010 世界知识出版社

178 **王阳明：一切心法** 熊逸著 B248.25/1032 978-7-5596-1167-3 2018 北京联合出版公司

179 **王阳明：知行合一，尽心知性** 刘义光著 B248.25/0249 978-7-5093-9325-3 2018 中国法制出版社

180 **王阳明：知行合一的心学大师** 端木自在著 B248.25/3483 978-7-5075-4606-4 2017 华文出版社

181 **王阳明：知行合一的心学智慧** 罗智著 B248.25/6080 978-7-5139-1063-7 2016 民主与建设出版社

182 **王阳明"万物一体"论：从"身－体"的立场看** 陈立胜著 B248.25/7407 978-7-5617-5720-8 2008 华东师范大学出版社

183 **王阳明《传习录》全鉴：精编典藏版** （明）王阳明原著 B248.25/1032 978-7-229-10245-6 2015 重庆出版社

184 **王阳明《传习录》详注集评** 陈荣捷著 B248.22/7445 978-7-5617-6628-6 2009 华东师范大学出版社

185 **王阳明·1508年** 虞潇浩著 B248.25/2133 7-5324-7087-3 2006 少年儿童出版社

186 **王阳明·第壹部 龙场悟道** 许葆云著 I247.43/3841v1 978-7-224-10275-8 2012 陕西人民出版社

187 **王阳明·第贰部 起兵破贼** 许葆云著 I247.43/4031v2 978-7-224-10347-2 2012 陕西人民出版社

188 **王阳明·第叁部 我心光明** 许葆云著 I247.43/4031v3 978-7-224-10336-6 2012 陕西人民出版社

189 **王阳明·心灵导师 知行合一** 李永鑫著 B248.25/4038 978-7-5125-0953-5 2018 国际文化出版公司

190 **王阳明出身靖乱录** （明）冯梦龙著 I242.43/3744 978-7-5540-0651-1 2015 浙江古籍出版社

191 **王阳明传习录** （明）王守仁撰 B248.21/1032 2008

192 **王阳明传习录** （明）王阳明著 B248.22/1032 978-7-5034-4972-7 2014 中国文史出版社

193 王阳明大全集：珍藏本：超值白金版　杨嵘编著　B248.21/4720　978-7-5113-1691-2　2011　中国华侨出版社

194 王阳明大传：知行合一的心学智慧　（日本）冈田武彦著　B248.21/7761　978-7-229-08778-4　2015　重庆出版社

195 王阳明大传：知行合一的心学智慧：精装典藏本　（日本）冈田武彦著　B248.25/7761　978-7-229-09750-9　2015　重庆出版社

196 王阳明的六次突围　许葆云著　B248.25/4031　978-7-5495-5257-3　2015　广西师范大学出版社

197 王阳明的人生智慧：阳明心学百句解读　吴光、张宏敏、金伟东著　B248.25/6090　978-7-5174-0205-3　2016　中国方正出版社

198 王阳明的生活世界　董平著　B248.25/4410　978-7-300-11273-2　2009　中国人民大学出版社

199 王阳明的生活世界：通往圣人之路　董平著　B248.25/4410　978-7-100-15608-0　2018　商务印书馆

200 王阳明的仕途"心经"　铁凡宛著　B248.25/8573　978-7-5120-1747-4　2015　线装书局

201 王阳明的心理策略　郭春光编著　B248.25/0759　978-7-5180-2855-9　2016　中国纺织出版社

202 王阳明的心学智慧　清心著　B248.2-49/3530　978-7-5180-1577-1　2015　中国纺织出版社

203 王阳明法书集　（明）王阳明书　J292.26/1076　7-80517-191-2　1996　西泠印社出版社

204 王阳明和他的对手们　肖公子著　B248.25/9081　978-7-201-13338-6　2018　天津人民出版社

205 王阳明及其学派论考　钱明著　B248.25/8360　978-7-01-007717-8　2009　人民出版社

206 王阳明集　（明）王守仁著　B248.21/1032　978-7-101-11528-4　2016　中华书局

207 王阳明家世　傅振照著　K820.9/2356　7-200-05025-3　2004　北京出版社

208 王阳明家书：王阳明家书家训家规全集　（明）王阳明著　B248.21/1032　978-7-5168-1445-1　2017　台海出版社

209 王阳明家训：一盏千年不灭的心灯　欧阳彦之著　B823.1/7703　978-7-5168-0695-1　2017　台海出版社

210　**王阳明教你读心悟道**　胡卫红著　B248.25/4712　978-7-5108-1104-3　2011　九州出版社

211　**王阳明教你驭心术**　张兵著　B248.25/0020　978-7-5044-7822-1　2012　中国商业出版社

212　**王阳明教育思想研究**　余文武著　G40-092.48/8001　978-7-5643-0054-8　2008　西南交通大学出版社

213　**王阳明廉政思想与行为研究**　中国社会科学院中国廉政研究中心、国际阳明学研究中心编　B248.25/5063　978-7-5161-3335-4　2013　中国社会科学出版社

214　**王阳明龙场遗墨**　杨德俊主编　J292.26/4722　978-7-81126-888-1　2016　贵州大学出版社

215　**王阳明美学思想研究**　陆永胜著　B248.25/7537　978-7-5097-9371-8　2016　社会科学文献出版社

216　**王阳明南赣平匪**　徐影著、阳光明绘　B248.25/2860　9787557010812　2017　广东旅游出版社

217　**王阳明年谱长编**　束景南著　B248.25/5064　978-7-5325-8643-1　2017　上海古籍出版社

218　**王阳明评传**　方志远著　B248.25/0043　978-7-5087-2896-4　2010　中国社会出版社

219　**王阳明评传**　王冠辉著　B248.25/1039　978-7-5609-8390-5　2013　华中科技大学出版社

220　**王阳明全集**　（明）王守仁撰　B248.21/1032　978-7-5325-7147-5　2014　上海古籍出版社

221　**王阳明全集**　（明）王守仁撰　B248.21/1032　978-7-5325-5875-9　2011　上海古籍出版社

222　**王阳明全集**　（明）王阳明著　B248.21/1032　978-7-5149-0877-0　2014　中国书店

223　**王阳明全集**　（明）王阳明著　B248.21/1032v1　978-7-5146-0754-3　2014　中国画报出版社

224　**王阳明全集：简体版**　（明）王守仁撰　B248.21/1032　978-7-5325-5637-3　2012　上海古籍出版社

225　**王阳明全集：简体注释版：年谱·世德纪**　（明）王阳明著　B248.2/1032　978-7-5609-9856-5　2015　华中科技大学出版社

226　**王阳明全集：新编本**　吴光等编校　B248.21/1076　978-7-80715-609-3　2010　浙江古籍出版社

227 **王阳明全集补编** 束景南、查明昊辑编 B248.21/5064 978-7-5325-8389-8 2018 上海古籍出版社

228 **王阳明全书** （明）王阳明著 B248.21/1032 978-7-5034-5081-5 2014 中国文史出版社

229 **王阳明全书** （明）王阳明著 B248.21/1032 978-7-5113-7171-3 2018 中国华侨出版社

230 **王阳明全书** 张卉妍编著 B248.25/1244 978-7-5113-2970-7 2013 中国华侨出版社

231 **王阳明全书** 《家庭书架》编委会编 B248.25/3005 978-7-5442-6807-3 2013 南海出版公司

232 **王阳明全书** 杨嵘一编 B248.25/4721 978-7-5113-3372-8 2013 中国华侨出版社

233 **王阳明人生励心课：幸福只在心中求** 鹤阑珊著 B848.4-49/4731 978-7-5080-7400-9 2013 华夏出版社

234 **王阳明散文选译** 赵平略编著 I207.62/4416 978-7-5643-0071-5 2008 西南交通大学出版社

235 **王阳明绍兴事迹考·亲属编** 绍兴市柯桥区政协文史资料委员会、绍兴市柯桥区史志办公室、天泉山房编著 B248.25/1032 978-7-5540-0912-3 2016 浙江古籍出版社

236 **王阳明神奇的心学** 罗智著 B248.25/6080 978-7-213-08439-3 2018 浙江人民出版社

237 **王阳明生活** 王勉三著 B248.25/1021 978-7-5348-6704-0 2017 中州古籍出版社

238 **王阳明诗歌选译** 张清河著 I207.22/1233 978-7-5643-0130-9 2008 西南交通大学出版社

239 **王阳明诗歌研究** 华建新著 B248.25/2410 978-7-212-03431-3 2008 安徽人民出版社

240 **王阳明诗文选译** 吴格译注 I222.748/1032 978-7-5506-2491-7 2017 凤凰出版社

241 **王阳明书法作品全集** 故宫博物院、绍兴博物馆、王阳明研究院编 J292.26/4834 978-7-5134-1055-7 2017 故宫出版社

242 **王阳明图传** （明）冯梦龙、（明）邹守益原著 B248.25/1032 978-7-5325-8407-9 2017 上海古籍出版社

243 **王阳明万物一体论：从"身－体"的立场看** 陈立胜著 B248.25/7407 978-7-5402-5040-9 2018 北京燕山出版社

244 **王阳明为臣智慧** 王国章著 B248.25/1060 978-7-5484-1463-6 2013 哈尔滨出

版社

245 **王阳明详传：日本天皇老师眼中的中国圣人** （日本）高濑武次郎著 B248.25/0031 978-7-5168-1345-4 2017 台海出版社

246 **王阳明向内心光明致敬** 欧阳彦之著 B248.25/7703 978-7-5168-1032-3 2016 台海出版社

247 **王阳明心学** 王觉仁著 B248.2-49/1032 978-7-5139-0670-8 2015 民主与建设出版社

248 **王阳明心学** 周月亮著 B248.25/7770 978-7-5596-1874-0 2018 北京联合出版公司

249 **王阳明心学：修炼强大内心的神奇智慧** 王觉仁著 B248.25/1092 978-7-5438-9322-1 2013 湖南人民出版社

250 **王阳明心学：一代哲人教你修炼强大内心** 张弛编著 B248.25/1210 978-7-5044-8379-9 2014 中国商业出版社

251 **王阳明心学笔记** 韩博主编 B248.25/4540 978-7-5609-9934-0 2014 华中科技大学出版社

252 **王阳明心学的智慧：全新升级版** 文德编著 B248.25/0020 978-7-5113-5051-0 2015 中国华侨出版社

253 **王阳明心学的智慧：全新升级版** 文德编著 B248.25/1032 978-7-5113-5051-0 2015 中国华侨出版社

254 **王阳明心学课：修炼强大的自己** 章岩著 B248.25/0020 978-7-5158-0742-3 2014 中华工商联合出版社

255 **王阳明心学全书** 罗智著 B248.25/1032 978-7-5164-0809-4 2014 企业管理出版社

256 **王阳明修心课** 赵广娜著 B248.25/4404 978-7-5360-7187-2 2014 花城出版社

257 **王阳明学术思想国际研讨会论文集** B248.25/1076 2007

258 **王阳明巡抚南赣和江西事辑** 朱思维著 B248.25/2562 978-7-210-04357-7 2010 江西人民出版社

259 **王阳明巡抚南赣诗文墨迹题刻** 朱思维著 B248.25/2562 978-7-5034-8103-1 2016 中国文史出版社

260 **王阳明佚文辑考编年** 束景南撰 B248.21/5064 978-7-5325-7585-5 2015 上海古籍出版社

261 **王阳明佚文辑考编年** 束景南撰 B248.21/5064 978-7-5325-7585-5 2015 上海古籍出版社

262 **王阳明与禅学** （日本）忽滑谷快天著 B248.25/2738 978-7-5387-5771-2 2018 时代文艺出版社

263 **王阳明与崇义** 周建华、徐影著 B248.25/7712 978-7-80199-934-4 2009 中共党史出版社

264 **王阳明与崇义诗词文化：纪念王阳明建立崇义倒专刊** 黄俊衍编著 B248.25/4422 2017

265 **王阳明与崇义文化专刊** 何琳主编 B248.25/2110 2017

266 **王阳明与道家道教** 朱晓鹏著 B248.25/2567 978-7-300-11145-2 2009 中国人民大学出版社

267 **王阳明与贵州文化** 余怀彦主编 B248.25/8090 7-80583-756-2 1996 贵州教育出版社

268 **王阳明与明末儒学** （日本）冈田武彦著 B248.25/7761 978-7-229-11614-9 2016 重庆出版社

269 **王阳明与阳明文化** 王晓昕主编 B248.25/1066 978-7-101-08119-0 2011 中华书局

270 **王阳明在江西** 周建华编著 B248.2/7712 978-7-5493-5582-2 2017 江西高校出版社

271 **王阳明在南赣** 龚文瑞著 B248.2/1032 978-7-210-08138-8 2015 江西人民出版社

272 **王阳明哲学** 蔡仁厚著 B248.25/4427 978-7-5108-1296-5 2013 九州出版社

273 **王阳明哲学思想通论** 傅振照著 B248.25/2356 7-5078-0872-6 1993 中国国际广播出版社

274 **王阳明箴言录** （明）王守仁著 B248.21/1032 978-7-5146-0741-3 2013 中国画报出版社

275 **王阳明智慧箴言** 陈金川编著 B248.2/7482 978-7-5064-9956-9 2013 中国纺织出版社

276 **王阳明传** 张杰编著 B248.25/1240 978-7-5068-6545-6 2017 中国书籍出版社

277 **王阳明传** 梁启超等著 B248.25/3334 978-7-5104-5648-0 2016 新世界出版社

278 **王阳明传** 周月亮著 B248.25/7770 978-7-5354-9049-0 2016 长江文艺出版社

279 **王阳明最神奇的心学** （明）王阳明原著 B248.25/1076 978-7-5113-2719-2 2012 中国华侨出版社

280 **唯心有物王阳明正传** 赵家三郎著 B248.25/4431 978-7-214-08698-3 2012 江苏

人民出版社

281 **渭南南氏八百年**　史仙亚编著　K820.9/5021　2018

282 **渭南南氏八百年通略**　史仙亚著　K820.9/5021　978-988-79487-3-5　2019　中华文化出版社

283 **心·学·政：明代黔中王学思想研究**　陆永胜著　B248.25/7537　978-7-101-12030-1　2016　中华书局

284 **心即世界：王阳明传**　梁启超等著　B248.25/3334　978-7-5051-4246-6　2017　红旗出版社

285 **心灵圣域：阳明精神在青原**　李伏明著　B248.25/4026　978-7-210-06353-7　2013　江西人民出版社

286 **心圣王阳明**　许葆云著　B248.25/3841　978-7-5125-0820-0　2015　国际文化出版公司

287 **心学大师和神奇圣人王阳明**　宿奕铭编著　B248.25/3008　978-7-5113-1563-2　2013　中国华侨出版社

288 **心学大师王阳明**　周月亮著　B248.25/7770　978-7-5354-5883-4　2012　长江文艺出版社

289 **心学的力量：我们为什么要读王阳明**　鹤阑珊著　B248.25/4731　978-7-5166-0992-7　2014　新华出版社

290 **心学集大成者王阳明**　陆永胜著　B248.25/7537　978-7-5643-3904-3　2015　西南交通大学出版社

291 **心学圣人：王阳明**　燕山刀客著　B248.25/4421　978-7-5402-3232-0　2013　北京燕山出版社

292 **心学凶猛：最通俗的《传习录》，最易懂的王阳明**　沙滩孤雁著　B248.25/3931　978-7-5047-5499-8　2015　中国财富出版社

293 **[万历]新修南昌府志　三十卷**　（明）范涞修　K295.61/4430　7-5013-0813-6　1992　书目文献出版社

294 **修文县志**　贵州省修文县地方志编纂委员会编　K297.34/5039　7-80122-399-3　1998　方志出版社

295 **徐爱　钱德洪　董沄集**　（明）徐爱、（明）钱德洪、（明）董沄著　Z424.8/2820　978-7-80729-083-4　2007　凤凰出版社

296 **薛侃集**　（明）薛侃撰　B248.25/4420　978-7-5325-7118-5　2014　上海古籍出版社

297 **阳明的故事**　马士力主编　I287.8/7744　2017　浙江古籍出版社

298　阳明的故事·黔浙两地书法联展作品集　周之江主编　J292.28/7733　2017

299　"阳明的故事"系列绘本·金山赋诗　绍兴博物馆、贵阳孔学堂文化传播中心编写
I287.8/2794　978-7-5540-1126-3　2017　浙江古籍出版社

300　"阳明的故事"系列绘本·龙场悟道　绍兴博物馆、贵阳孔学堂文化传播中心编写
I287.8/2794　978-7-5540-1124-9　2017　浙江古籍出版社

301　"阳明的故事"系列绘本·瑞云送子　绍兴博物馆、贵阳孔学堂文化传播中心编写
I287.8/2794　978-7-5540-1127-0　2017　浙江古籍出版社

302　"阳明的故事"系列绘本·少年立志　绍兴博物馆、贵阳孔学堂文化传播中心编写
I287.8/2794　978-7-5540-1136-2　2017　浙江古籍出版社

303　"阳明的故事"系列绘本·阳明洞天　绍兴博物馆、贵阳孔学堂文化传播中心编写
I287.8/2794　978-7-5540-1125-6　2017　浙江古籍出版社

304　"阳明的故事"系列绘本·智擒宁王　绍兴博物馆、贵阳孔学堂文化传播中心编写
I287.8/2794　978-7-5540-1123-2　2017　浙江古籍出版社

305　阳明夫子亲传弟子考　邹建锋著　B248.25/2718　978-7-5161-9669-4　2017　中国社会科学出版社

306　阳明精粹·卷二　原著辑要　于民雄选注　B248.21/1074　978-7-80770-000-5　2014
孔学堂书局

307　阳明精粹·卷三　名家今论　张新民选编　B248.25/1207　978-7-80770-000-5　2014
孔学堂书局

308　阳明如镜修我心：王阳明最神奇的心学应用指南　罗智著　B248.25/6080　978-7-5057-
3726-6　2016　中国友谊出版公司

309　阳明天下：王阳明传　杨帆著　B248.25/4740　978-7-5180-1373-9　2015　中国纺织出
版社

310　阳明文化周活动手册　中共绍兴市委宣传部主办　B248.25/1032　2017

311　阳明文献汇刊　B248.25/1032　978-7-5614-8267-4　2015　四川大学出版社

312　阳明文献汇刊二编　翟奎凤、向辉编　B248.25/1747　978-7-5402-5288-5　2019　北
京燕山出版社

313　阳明先生集要　（明）王守仁原著　B248.21/1032　978-7-101-06047-8　2008　中华书局

314　阳明先生手批武经七书　E892.2/1076　978-7-5506-2176-3　2015　凤凰出版社

315　阳明先生文录：（明）嘉靖二十六年刊　（明）王守仁著　B248.21/1032　978-7-5684-
0828-8　2018　江苏大学出版社

316 **阳明先生行迹** 黄懿编著 B248.21/4440 978-7-5508-1924-5 2018 西泠印社出版社

317 **阳明心学的管理智慧** 白立新著 F272/2600 978-7-111-58591-6 2018 机械工业出版社

318 **阳明心学的力量** 北京知行合一阳明教育研究院编 B248.25/1208 978-7-111-56482-9 2017 机械工业出版社

319 **阳明心学流衍考** 王传龙著 B248.25/1024 978-7-5615-5796-9 2015 厦门大学出版社

320 **阳明心学摭论** 王晓昕著 B248.25/1066 978-7-5643-4487-0 2016 西南交通大学出版社

321 **阳明心学中的正能量** 李雯编著 B248.25/4010 978-7-5158-0743-0 2014 中华工商联合出版社

322 **阳明学的乡里实践：以明中晚期江西吉水、安福两县为例** 张艺曦著 B248.25/1246 978-7-303-15657-3 2013 北京师范大学出版社

323 **阳明学刊·第四辑** 张新民主编 B248.25-55/1207 978-7-80752-483-0 2009 巴蜀书社

324 **阳明学刊·第五辑** 张新民主编 B248.25-55/1207 978-7-80752-757-2 2011 巴蜀书社

325 **阳明学刊·第八辑** 张新民主编 B248.25-55/1207 978-7-81126-867-6 2016 贵州大学出版社

326 **阳明学派：阳明心学进阶读本** 谢无量著 B248.25/1032 978-7-5104-6078-4 2017 新世界出版社

327 **阳明学述要** 钱穆著 B248.25/8320 978-7-5108-0282-9 2010 九州出版社

328 **阳明学文献整理与研究的新进展** 张昭炜主编 B248.25/1269 978-7-5325-9022-3 2018 上海古籍出版社

329 **阳明学研究：创刊号** 郭齐勇主编 B248.25/0701 978-7-101-11158-3 2015 中华书局

330 **阳明学研究·第三辑** 郭齐勇主编 B248.25/0701 978-7-01-019360-1 2018 人民出版社

331 **阳明学与当代新儒学** 刘宗贤、蔡德贵著 B248.25/0232 978-7-300-11143-8 2009 中国人民大学出版社

332 **阳明学与佛道关系研究** 刘聪著 B248.25/0210 978-7-80752-450-2 2009 巴蜀书社

333 **阳明学与近世中国** 吴雁南著 B248.25/6074 7-80583-756-2 1996 贵州教育出版社

334 阳明佚文辑考编年　束景南撰　B248.21/5064　978-7-5325-5900-8　2012　上海古籍出版社

335 阳明语录　（明）王阳明撰　B248.21/1032　978-7-5047-6412-6　2017　中国财富出版社

336 杨国荣讲王阳明　杨国荣著　B248.25/4764　7-301-09238-5　2005　北京大学出版社

337 姚江秘图山王氏家族研究　华建新著　K820.9/2410　978-7-80743-619-5　2010　宁波出版社

338 一颗心的史诗：王阳明大传　安之忠、林锋著　B248.25/3035　978-7-5090-1372-4　2018　当代世界出版社

339 一生伏首拜阳明：明朝心灵导师王阳明"心学"大传　鹤阑珊著　B248.25/4731　978-7-5477-0157-7　2011　同心出版社

340 一生伏首拜阳明：中国人的心灵导师王阳明大传　陈正侠著　B248.25/7412　978-7-5057-3724-2　2016　中国友谊出版公司

341 一体万化：阳明心学的美学智慧　潘立勇著　B248.25/3201　978-7-301-17130-1　2010　北京大学出版社

342 一心平天下：王阳明　唐文立著　B248.25/0000　978-7-5143-6601-3　2018　现代出版社

343 医说阳明心学　郭航远著　B248.25/0723　978-7-5341-7105-5　2016　浙江科学技术出版社

344 咏颂王阳明诗词联文选编　李友学编著　I227/1032　978-7-221-12158-5　2014　贵州人民出版社

345 由凡至圣：阳明心学工夫散论　张卫红著　B248.25/1212　978-7-108-05623-8　2016　生活·读书·新知三联书店

346 有无之境：王阳明哲学的精神　陈来著　B248.25/7450　978-7-108-03263-8　2009　三联书店

347 有无之境：王阳明哲学的精神　陈来著　B248.25/7450　978-7-301-22266-9　2013　北京大学出版社

348 余姚文史资料·第六辑 王阳明诗集　中国人民政治协商会议浙江省余姚市委员会文史资料研究委员会编　K295.54/5068　1989　中国人民政治协商会议浙江省余姚市委员会文史资料研究委员会

349 予梦西湖湖梦予：心学大师王阳明与杭州　黄卓娅著　B248.25/4424　978-7-5565-0597-5　2017　杭州出版社

350 张元忭集　（明）张元忭撰　B248.99/1219　978-7-5325-7410-0　2015　上海古籍出版社

351　**浙东心学史**　潘起造著　B244.85/3243　978-7-308-18220-1　2018　浙江大学出版社

352　**浙东学派溯源**　何炳松著　B244.995/2194　978-7-80761-576-7　2011　岳麓书社

353　**浙中王学研究**　钱明著　B248.25/8360　978-7-300-11275-6　2009　中国人民大学出版社

354　**征服日本的圣人王阳明**　孟琳著　B248.25/1710　978-7-5617-9991-8　2013　华东师范大学出版社

355　**知行合一：王阳明详传**　（日本）高濑武次郎著　B248.25/1032　978-7-5699-2439-8　2019　北京时代华文局

356　**知行合一：王阳明详传：日本天皇老师眼中的中国圣人**　（日本）高濑武次郎著　B248.25/0031　978-7-80769-123-5　2014　北京时代华文局

357　**知行合一：王阳明心学**　圣铎编著　B248.25/7780　978-7-5113-6847-8　2017　中国华侨出版社

358　**知行合一：王阳明传**　梅寒著　B248.25/4830　978-7-5063-8879-5　2016　作家出版社

359　**知行合一王阳明**　王勉三、梁启超、马宗荣著　B248.25/1021　978-7-5051-3699-1　2016　红旗出版社

360　**知行合一王阳明：1472-1529**　度阴山著　B248.2/0072　978-7-5502-3000-2　2014　北京联合出版公司

361　**知行合一王阳明·2 四句话读懂阳明心学**　度阴山著　B248.25/0072　978-7-5699-0318-8　2015　北京时代华文局

362　**知行合一王阳明·3 王阳明家训**　度阴山著　B248.25/0072　978-7-5399-8988-4　2016　江苏凤凰文艺出版社

363　**知易行难王阳明**　富杰著　I25/3040　978-7-5051-3549-9　2015　红旗出版社

364　**致良知：阳明先生经典语录中包含的非凡智慧**　（明）王阳明著　B248.25/1032　978-7-5060-8451-2　2015　东方出版社

365　**致良知论：王阳明去恶思想研究**　胡永中著　B248.25/4735　978-7-80752-056-6　2007　巴蜀书社

366　**中国大儒·国之重器**　大鸟著　B222.05/4020　978-7-221-10884-5　2013　贵州人民出版社

367　**中国人的成功学：王阳明：从知行合一到致良知**　余怀彦著　B248.25/8090　978-7-5456-0377-4　2012　贵州教育出版社

368　**中国圣人王阳明：一代旷世大儒的传奇人生**　沧海月明著　B248.25/3837　978-7-5158-

0895-6 2014 中华工商联合出版社

369 中国最后的大儒：王阳明、张载与关中三李 许葆云著 B248.25/4031 978-7-224-11351-8 2015 陕西人民出版社

370 "种子"与"灵光"：王阳明心学喻象体系通论 鲍永玲著 B248.25/2731 978-7-5458-0616-8 2012 上海书店出版社

371 朱舜水 李甦平著 B249.9/4011 978-7-5415-4010-3 2009 云南教育出版社

372 朱舜水全集 （明）朱之瑜著 I214.92/2531 7-80568-259-3 1991 中国书店

373 朱熹、王守仁教育名著导读 李娟著 G40-092.44/4040 978-7-5472-1779-5 2016 吉林文史出版社

374 朱之瑜评传 李甦平著 B248.995/4011 7-305-03178-X 1998 南京大学出版社

375 邹守益集 董平编校整理 Z429.48/2738 978-7-80729-084-1 2007 凤凰出版社

19.05

徐渭

1 大哉丹青 李世南主编 J222.2/4044 978-7-5508-2169-9 2017 西泠印社出版社

2 道在戏谑：徐渭艺术精神特质论 马宝民著 J052/1737 978-7-5161-4515-9 2014 中国社会科学出版社

3 疯癫苦难一画圣：徐渭传 周时奋著 K825.72=48/2830 978-7-5456-1106-9 2018 贵州教育出版社

4 奇才徐渭 刘超著 K825.72/2830 978-7-5440-8657-8 2016 山西教育出版社

5 青藤白阳：陈淳、徐渭书画艺术 J222.48/4330 978-7-5447-7004-0 2017 译林出版社

6 绍兴大师爷 李永鑫著 K825.72=48/2830 978-7-5125-0995-5 2018 国际文化出版公司

7 徐渭 （明）徐渭绘 J121/2830 7-5340-0132-3 1989 浙江人民美术出版社

8 徐渭 李祥林、李馨编著 J212.052/4034 7-300-06824-3 2005 中国人民大学出版社

9 徐渭 丁家桐著 K825.72=48/2830 978-7-305-07809-5 2010 南京大学出版社

10 徐渭 李福顺主编 K825.72=48/2830 7-5440-3017-2 2006 山西教育出版社

11 徐渭（文长）的故事 吴传来、黄蔡龙、鲍世济主编 I277.3/6025 7-80141-276-1

2003　台海出版社

12　**徐渭：262 幅作品堪比大师作品全集**　紫都，马刚编著　J212.052/2240　7-80109-918-4
2004　中央编译出版社

13　**徐渭草书二种**　（明）徐渭书　J292.34/2830　7-5003-0485-4　2000　荣宝斋出版社

14　**徐渭草书千字文**　（明）徐渭书　J292.34/2830　7-5003-0486-2　2000　荣宝斋出版社

15　**徐渭的选择**　黄永厚著　I267/4437　978-7-5110-1237-1　2013　海豚出版社

16　**徐渭集**　（明）徐渭著　I214.82/2830　1983　中华书局

17　**徐渭精品画集**　（明）徐渭绘　J222.48/2830　7-5305-1139-4　2000　天津人民美术出
版社

18　**徐渭论稿**　张新建著　I206.2/1201　7-5039-0554-9　1990　文化艺术出版社

19　**徐渭三辨**　王长安著　I207.3/1043　1995　中国戏剧出版社

20　**徐渭书画全集·绘画卷**　（明）徐渭著　J222.48/2830　978-7-5305-5784-6　2014　天
津人民美术出版社

21　**徐渭书画全集·书法卷**　（明）徐渭著　J222.48/2830　978-7-5305-5784-6　2014　天
津人民美术出版社

22　**徐渭艺术风格研究**　何平著　J052/2110　978-7-5161-3654-6　2014　中国社会科学出版社

23　**徐渭传**　王家诚著　K825.72=48/2830　978-7-5306-4940-4　2008　百花文艺出版社

24　**徐文长的故事**　谢德铣等著　I277.3/3428　1984　浙江文艺出版社

25　**徐文长评传**　骆玉明、贺圣遂著　K825.6/2804　1987　浙江古籍出版社

26　**英烈全传**　（明）徐渭著　I242.43/2830　978-7-80626-257-3　1998　吉林文史出版社

27　**中国画大师经典系列丛书·徐渭**　（明）徐渭绘　J222/7431　978-7-5149-0034-7　2011
中国书店出版社

28　**中国历代名家书法名帖·徐渭**　许裕长主编　J292.21/3834　978-7-5480-4868-8　2017
江西美术出版社

19.06
张岱

1　**都市文人：张岱传**　佘德余著　K825.6=49/1220　7-213-03435-9　2006　浙江人民出版社

2　**琅嬛文集**　（明）张岱著　I214.8/1220　1985　岳麓书社

3　**前朝梦忆：张岱的浮华与苍凉：memories of a late Ming man**　（美国）史景迁著
K825.6=49/1220　978-7-5633-8539-3　2010　广西师范大学出版社

4　**石匮书后集**　（明）张岱著　K248.42/1220　1959　中华书局

5　**四书遇**　（明）张岱著　B222.15/1220　1985　浙江古籍出版社

6　**陶庵梦忆**　（明）张岱著　I262.48/1220　1982　西湖书社

7　**陶庵梦忆：插图珍藏本**　（明）张岱著　K248.066/1220　7-80713-208-6　2006　山东画报出版社

8　**陶庵梦忆评注**　（明）张岱著　K248.066/1220　978-7-5426-4099-4　2013　上海三联书店

9　**陶庵梦忆注笺校**　（明）张岱著　K248.066/1220　978-7-5193-0292-4　2017　群言出版社

10　**陶庵梦忆佐读**　（明）张岱撰　I264.8/1220　962-450-459-8　2001　天马图书有限公司

11　**西湖梦寻**　（明）张岱撰　I262.48/1220　1984　浙江文艺出版社

12　**西湖梦寻**　（明）张岱撰　I264.8/1220　978-7-101-07807-7　2011　中华书局

13　**西湖梦寻**　（明）张岱著　I264.8/1220　978-7-80715-771-7　2011　浙江古籍出版社

14　**西湖梦寻：经典译评版**　（明）张岱著　I264.8/1220　978-7-5146-1443-5　2017　中国画报出版社

15　**夜航船**　（明）张岱撰　Z224/1220　1987　浙江古籍出版社

16　**夜航船**　刘耀林校注　K248.066/1220　978-7-80715-874-5　2012　浙江古籍出版社

17　**夜航船**　（明）张岱著　K248.066/1220　978-7-5518-1313-6　2016　三秦出版社

18　**夜航船全鉴**　（明）张岱著　K248.066/1220　978-7-5180-5051-2　2018　中国纺织出版社

19　**张岱集**　（明）张岱著　I214.82/1220　978-7-80598-890-0　2008　三晋出版社

20　**张岱家世**　佘德余著　K820.9/8028　7-200-05025-3　2004　北京出版社

21　**张岱评传**　胡益民著　K825.6=48/1220　7-305-03896-2　2002　南京大学出版社

22　**张岱散文选集**　（明）张岱著　I264.8/1220　7-5306-1765-6　2005　百花文艺出版社

23　**张岱研究**　胡益民著　K825.6=48/1220　7-5336-2966-3　2002　安徽教育出版社

19.07

陈洪绶

1 **陈洪绶** 葛焕标、骆焉名、楼长君著 K825.72=48/7432 7-80691-219-3 2005 海潮摄影艺术出版社

2 **陈洪绶·上卷 文字编** 翁万戈编著 J221.8/7432v1 7-5322-1780-7 1997 上海人民美术出版社

3 **陈洪绶·中卷 彩图编** 翁万戈编著 J221.8/7432v2 7-5322-1780-7 1997 上海人民美术出版社

4 **陈洪绶·下卷 黑白图编** 翁万戈编著 J221.8/7432v3 7-5322-1780-7 1997 上海人民美术出版社

5 **陈洪绶版画** （明）陈洪绶绘 J217/7432 978-7-81091-163-4 2007 河南大学出版社

6 **陈洪绶花鸟草虫** （明）陈洪绶绘 J222.48/7432 978-7-5479-0002-4 2009 上海书画出版社

7 **陈洪绶集** （明）陈洪绶著 I214.82/7432 978-7-80715-911-7 2012 浙江古籍出版社

8 **陈洪绶家世** 杨士安著 K820.9/4743 7-200-05025-3 2004 北京出版社

9 **陈洪绶全集** （明）陈洪绶作 J222.48/7432 978-7-5305-4690-1 2012 天津人民美术出版社

10 **楚默文集续集·上 陈老莲研究** 楚默著 C52/4460 978-7-5426-3266-1 2010 上海三联书店

11 **大哉丹青·陈洪绶卷** 李世南主编 J222.2/4044 978-7-5508-2168-2 2017 西泠印社出版社

12 **丹青有神——陈洪绶传** 吴敢、王双阳著 K825.72=48/7432 978-7-213-03801-3 2008 浙江人民出版社

13 **董其昌与陈洪绶绘画艺术读解与鉴赏** 欧阳云编 J212.052/7710 978-7-5368-2431-7 2010 陕西人民美术出版社

14 **朵云·第六十八集 陈洪绶研究** 卢辅圣主编 J212.05-55/2141 978-7-80725-398-3 2008 上海书画出版社

15 **海外藏明清绘画珍品·陈洪绶 华嵒卷** 阮荣春等编 J222.48/7145 978-7-5314-6642-0 2015 辽宁美术出版社

16 **一代画宗陈洪绶：纪念陈洪绶诞辰 400 周年** 叶乃坤主编 K825.72=48/7432 1998

17 中国画大师经典系列丛书·陈洪绶 （明）陈洪绶绘 J222/7432 978-7-5149-0163-4 2011 中国书店

19.08

祁氏家族

---

1 藏书记：图文本 （明）祁承爜等撰 G259.294.8/3710 978-7-80694-605-3 2010 广陵书社

2 澹生堂读书记 澹生堂藏书目 （明）祁承爜撰，郑诚整理 Z842.48/3719 978-7-5325-7427-8 2015 上海古籍出版社

3 澹生堂集 （明）祁承爜著 Z429.48/3719 978-7-5013-4922-7 2012 2012 国家图书馆出版社

4 明末清初山阴祁氏家族女性文学研究 李贵连著 I206.48/4053 978-7-5461-6010-8 2017 黄山书社

5 祁彪佳日记 （明）祁彪佳著 I264.8/3722 978-7-5540-0723-5 2016 浙江古籍出版社

6 祁彪佳文稿 （明）祁彪佳著 Z424.8/3722 7-5018-0860-8 1991 书目文献出版社

7 祁彪佳研究 赵素文著 K825.78=48/3722 978-7-5004-9670-0 2011 中国社会科学出版社

8 祁承爜家世 张能耿著 K820.9/3710 978-7-200-05025-7 2004 北京出版社

9 《寓山注》研究：围绕寓山园林的艺术创造与文人生活 赵海燕著 TU986.62/4434 978-7-5336-8196-8 2016 安徽教育出版社

19.09

章学诚

---

1 纪念章学诚逝世190周年 蒋志浩、唐元明编 K825.8/0093

2 论戴震与章学诚：清代中期学术思想史研究 余英时著 B249.6/8046 978-7-108-04014-5 2012 生活·读书·新知三联书店

3　**史志巨擘：章学诚传**　王作光著　B249.75/1029　978-7-5063-7441-5　2014　作家出版社

4　**文史通义校注**　（清）章学诚著　K092.49/0093　7-101-01186-1　1985　中华书局

5　**文史通义新编**　（清）章学诚著　K092/0093　1993　上海古籍出版社

6　**文史通义新编新注**　（清）章学诚著　K092.49/0093　7-80715-065-3　2005　浙江古籍出版社

7　**章实斋年谱 齐白石年谱**　胡适著　B249.75/4730　7-5336-2483-1　2006　安徽教育出版社

8　**章学诚的生平及其思想**　（美国）倪德卫著　B249.75/2721　978-7-214-04935-3　2008　江苏人民出版社

9　**章学诚的生平与思想：1738-1801**　（美国）倪德卫著　B249.75/2721　7-80122-720-4　2003　方志出版社

10　**章学诚国际学术研讨会论文集**　中国历史文献研究会编　B249.75-53/5067　7-5013-2458-1　2004　北京图书馆出版社

11　**章学诚评传**　仓修良、叶建华著　B249.75/8023　7-305-02837-1　1996　南京大学出版社

12　**章学诚史学哲学研究**　刘延苗著　B249.75/0214　978-7-5161-0949-6　2012　中国社会科学出版社

13　**章学诚文论思想及文学批评研究**　唐爱明著　B249.75/0093　978-7-5325-6963-2　2013　上海古籍出版社

14　**郑樵与章学诚的校雠学研究**　周余姣著　G256.3/7784　978-7-5333-3340-9　2015　齐鲁书社

19.10

赵之谦

1　**大哉丹青·赵之谦卷**　李世南主编　J222.2/4044　978-7-5508-2170-5　2017　西泠印社出版社

2　**浮生印痕：赵之谦传**　张钰霖著　K825.72=52/4433　978-7-213-03605-7　2007　浙江人民出版社

3　经典碑帖导学教程·篆·赵之谦许氏说文叙　庆旭主编　J292.11/0040　978-7-5672-0373-0　2012　苏州大学出版社

4　开创"金石派"的赵之谦　单国强著　K825.72=52/4433　7-80640-809-6　2003　海峡文艺出版社

5　荣宝斋藏名家手札精选·赵之谦 Zhao Zhiqian　J292.21/4433　978-7-5003-1381-6　2012　荣宝斋出版社

6　赵之谦　钱君陶编　J121/8312　1987　浙江人民美术出版社

7　赵之谦（益甫）画集　（清）赵之谦绘　J222.49/4433　7-5305-1713-9　2002　天津人民美术出版社

8　赵之谦北碑书　（清）赵之谦书　J292.26/4433　7-80672-298-X　2002　上海书画出版社

9　赵之谦编年印谱　齐渊编著　J292.42/4433　978-7-80749-405-8　2008　江西美术出版社

10　赵之谦补寰宇访碑录　（清）赵之谦著　K877.423/4433　978-7-5340-5033-6　2016　浙江人民美术出版社

11　赵之谦尺牍　（清）赵之谦撰　J292.26/4433　7-80569-552-0　1992　上海书店出版社

12　赵之谦集　（清）赵之谦著　I214.92/4433　978-7-5540-0517-0　2015　浙江古籍出版社

13　赵之谦家世　胡文炜著　K820.9/4709　7-200-05025-3　2004　北京出版社

14　赵之谦年谱　邹涛编　K825.72=52/4433　7-5003-0694-6　2003　荣宝斋出版社

15　赵之谦书法字典　（清）赵之谦书　J292.26-61/4433　978-7-5394-3919-8　2011　湖北美术出版社

16　赵之谦印风　吴瓯主编　J292.42/4433　978-7-229-03564-8　2011　重庆出版社

17　赵之谦印风：附胡钁　吴瓯主编　J292.42/4433　7-5366-4127-3　1999　重庆出版社

18　赵之谦印谱　（清）赵之谦篆刻　J292.42/4433　7-80512-049-8　1979　上海书画出版社

19　赵之谦著作与研究：赵而昌先生遗文集　赵而昌编著　J212-53/4416　978-7-80735-239-6　2007　西泠印社出版社

20　赵之谦传　王家诚著　K825.72=52/4433　978-7-5306-4618-2　2007　百花文艺出版社

21　赵之谦篆书许氏说文叙 铙歌册　翰墨字帖编委会编　J292.26/4433　978-7-5340-4139-6　2014　浙江人民美术出版社

22　珍藏本原拓赵之谦印谱　戴文主编　J292.42/4433　978-7-5366-9985-4　2008　重庆出版社

23　中国历代法书粹编·赵之谦篆书卷　路振平主编　J292.21/6751　978-7-5340-3100-7

2011　浙江人民美术出版社

24　**中国历代篆刻集粹：8 赵之谦·徐三庚**　J292.42/3234v8　978-7-80715-246-0　2007　浙江古籍出版社

25　**中国书法全集·71 清代编·赵之谦卷**　刘正成主编　J292.2/0215v71　7-5003-0715-2　2004　荣宝斋出版社

26　**中国印谱全书·赵撝叔印谱**　（清）赵之谦编　J292.42/4433　978-7-102-05369-1　2011　人民美术出版社

19.11

李慈铭

1　**李慈铭年谱**　傅振照编著　K825.4=52/4088　978-7-101-09793-1　2016　中华书局

2　**越缦堂读书记**　（清）李慈铭撰　Z429.52/4088　7-101-05238-X　2006　中华书局

3　**越缦堂联话辑注**　邓政阳辑注　I269.6/1717　978-7-213-05620-8　2013　浙江人民出版社

4　**越缦堂日记**　（清）李慈铭著　I265.2/4088　978-7-80694-049-9　2004　广陵书社

5　**越缦堂日记说诗全编**　（清）李慈铭著　Z429.52/4088　978-7-80729-711-6　2010　凤凰出版社

6　**越缦堂诗话；续杜工部诗话**　蒋瑞藻著　I207.22-53/4414　978-7-5540-0238-4　2014　浙江古籍出版社

7　**越缦堂诗文集**　（清）李慈铭著　I215.22/4088　978-7-5325-4969-6　2008　上海古籍出版社

8　**越缦堂书目笺证**　张桂丽笺证　Z842.49/1241　978-7-101-09491-6　2013　中华书局

19.12

任伯年

1　**大哉丹青·任伯年卷**　李志南主编　J222.2/4044　978-7-5508-2171-2　2017　西泠印社出版社

2　　**朵云·第五十五集 任伯年研究**　卢辅圣主编　J212.05-55/2141　7-80672-162-2　2002
上海书画出版社

3　　**任伯年**　（清）任伯年绘　J222.52/2228　7-102-02656-0　2003　人民美术出版社

4　　**任伯年**　（清）任伯年绘　J222.52/2228　7-5305-2172-1　2003　天津人民美术出版社

5　　**任伯年册页**　（清）任伯年绘　J222.52/2228　7-5340-0761-5　1998　浙江人民美术出
版社

6　　**任伯年花鸟画精品集**　J222.52/2228　978-7-5305-5113-4　2013　天津人民美术出版社

7　　**任伯年画集**　（清）任伯年绘　J222.52/2228　7-5340-0270-2　1994　浙江人民美术出
版社

8　　**任伯年评传**　李仲芳著　K825.72=52/2228　978-7-80758-713-2　2013　杭州出版社

9　　**任伯年全集**　龚产兴主编　J222.52/2228　978-7-102-04901-4　2010　人民美术出版社

10　　**任伯年人物画精品集**　（清）任伯年绘　J222.52/2228　978-7-5305-5114-1　2013　天
津人民美术出版社

11　　**任伯年人物画艺术论**　孙淑芹著　J212.052/1934　978-7-5473-0243-9　2010　东方出
版中心

12　　**闲话任伯年**　蒋明君编著　K825.72=52/2228　978-7-5344-7493-4　2015　江苏凤凰美
术出版社

13　　**中国古今书画拍卖精品集成·任伯年**　F724.787-64/2228　7-5305-2942-0　2005　天
津人民美术出版社

19.13

罗振玉

1　　**罗雪堂合集·卷首**　张本义主编　Z426/6051　7-80517-744-9　2005　西泠印社出版社

2　　**罗雪堂合集·第一函 文集**　张本义主编　Z426/6051　7-80517-744-9　2005　西泠印
社出版社

3　　**罗雪堂合集·第二函 文集**　张本义主编　Z426/6051　7-80517-744-9　2005　西泠印
社出版社

4　　**罗雪堂合集·第三函 文集**　张本义主编　Z426/6051　7-80517-744-9　2005　西泠印
社出版社

5　　**罗雪堂合集·第四函 文集**　张本义主编　Z426/6051　7-80517-744-9　2005　西泠印
社出版社

6　　**罗雪堂合集·第五函 文集**　张本义主编　Z426/6051　7-80517-744-9　2005　西泠印
社出版社

7　　**罗雪堂合集·第六函 日记自传家谱书信**　张本义主编　Z426/6051　7-80517-744-9
2005　西泠印社出版社

8　　**罗雪堂合集·第七函 日记自传家谱书信**　张本义主编　Z426/6051　7-80517-744-9
2005　西泠印社出版社

9　　**罗雪堂合集·第八函 日记自传家谱书信**　张本义主编　Z426/6051　7-80517-744-9
2005　西泠印社出版社

10　　**罗雪堂合集·第九函 日记自传家谱书信**　张本义主编　Z426/6051　7-80517-744-9
2005　西泠印社出版社

11　　**罗雪堂合集·第十函 笔记**　张本义主编　Z426/6051　7-80517-744-9　2005　西泠印
社出版社

12　　**罗雪堂合集·第十一函 甲骨学敦煌学简牍学**　张本义主编　Z426/6051　7-80517-744-9
2005　西泠印社出版社

13　　**罗雪堂合集·第十二函 古文字学**　张本义主编　Z426/6051　7-80517-744-9　2005
西泠印社出版社

14　　**罗雪堂合集·第十三函 古文字学**　张本义主编　Z426/6051　7-80517-744-9　2005
西泠印社出版社

15　　**罗雪堂合集·第十四函 古文字学**　张本义主编　Z426/6051　7-80517-744-9　2005
西泠印社出版社

16　　**罗雪堂合集·第十五函 寰宇碑刻冢墓遗文**　张本义主编　Z426/6051　7-80517-744-9
2005　西泠印社出版社

17　　**罗雪堂合集·第十六函 寰宇碑刻冢墓遗文**　张本义主编　Z426/6051　7-80517-744-9
2005　西泠印社出版社

18　　**罗雪堂合集·第十七函 寰宇碑刻冢墓遗文**　张本义主编　Z426/6051　7-80517-744-9
2005　西泠印社出版社

19　　**罗雪堂合集·第十八函 寰宇碑刻冢墓遗文**　张本义主编　Z426/6051　7-80517-744-9
2005　西泠印社出版社

20　　**罗雪堂合集·第十九函 寰宇碑刻冢墓遗文**　张本义主编　Z426/6051　7-80517-744-9
2005　西泠印社出版社

21　**罗雪堂合集·第二十函 寰宇碑刻冢墓遗文**　张本义主编　Z426/6051　7-80517-744-9
2005　西泠印社出版社

22　**罗雪堂合集·第二十一函 寰宇碑刻冢墓遗文**　张本义主编　Z426/6051　7-80517-744-9
2005　西泠印社出版社

23　**罗雪堂合集·第二十二函 寰宇碑刻冢墓遗文**　张本义主编　Z426/6051　7-80517-744-9
2005　西泠印社出版社

24　**罗雪堂合集·第二十三函 寰宇碑刻冢墓遗文**　张本义主编　Z426/6051　7-80517-744-9
2005　西泠印社出版社

25　**罗雪堂合集·第二十四函 寰宇碑刻冢墓遗文**　张本义主编　Z426/6051　7-80517-744-9
2005　西泠印社出版社

26　**罗雪堂合集·第二十五函 熹平石经**　张本义主编　Z426/6051　7-80517-744-9　2005
西泠印社出版社

27　**罗雪堂合集·第二十六函 古器物学**　张本义主编　Z426/6051　7-80517-744-9　2005
西泠印社出版社

28　**罗雪堂合集·第二十七函 历史学**　张本义主编　Z426/6051　7-80517-744-9　2005
西泠印社出版社

29　**罗雪堂合集·第二十八函 历史学**　张本义主编　Z426/6051　7-80517-744-9　2005
西泠印社出版社

30　**罗雪堂合集·第二十九函 历史学**　张本义主编　Z426/6051　7-80517-744-9　2005
西泠印社出版社

31　**罗雪堂合集·第三十函 目录版本学**　张本义主编　Z426/6051　7-80517-744-9　2005
西泠印社出版社

32　**罗雪堂合集·第三十一函 目录版本学**　张本义主编　Z426/6051　7-80517-744-9
2005　西泠印社出版社

33　**罗雪堂合集·第三十二函 目录版本学**　张本义主编　Z426/6051　7-80517-744-9
2005　西泠印社出版社

34　**罗雪堂合集·第三十三函 目录版本学**　张本义主编　Z426/6051　7-80517-744-9
2005　西泠印社出版社

35　**罗雪堂合集·第三十四函 校勘辑佚编选**　张本义主编　Z426/6051　7-80517-744-9
2005　西泠印社出版社

36　**罗雪堂合集·第三十五函 校勘辑佚编选**　张本义主编　Z426/6051　7-80517-744-9
2005　西泠印社出版社

37 **罗雪堂合集·第三十六函 其他** 张本义主编 Z426/6051 7-80517-744-9 2005 西泠印社出版社

38 **罗雪堂合集·第三十七函 附录** 张本义主编 Z426/6051 7-80517-744-9 2005 西泠印社出版社

39 **罗雪堂合集·第三十八函 附录** 张本义主编 Z426/6051 7-80517-744-9 2005 西泠印社出版社

40 **罗振玉文字学研究** 谭飞著 H12/3110 978-7-5161-4121-2 2014 中国社会科学出版社

41 **罗振玉学术论著集** 罗振玉著 C53/6051 978-7-5325-5691-5 2010 上海古籍出版社

42 **罗振玉自述** 罗振玉著 K825.4=6/6051 978-7-5396-4544-5 2013 安徽文艺出版社

43 **三代吉金文存** 罗振玉编 K877.33/6051 978-7-101-00532-5 1983 中华书局

44 **上虞罗雪堂遗墨** 罗怀祖主编 J292.27/6019 2012

45 **中国书法全集·78 近现代编 康有为梁启超罗振玉郑孝胥卷** 刘正成主编 J292.2/0215v78 7-5003-0179-0 1993 荣宝斋

19.14

蔡元培

---

1 **北大校长与中国文化** 中国文化书院编 K825.46/5060 7-108-00157-8 1988 生活·读书·新知三联书店

2 **北大之父蔡元培** 陈军著 I247.5/7430 7-02-003030-0 1999 人民文学出版社

3 **蔡孑民先生手札** 蔡孑民著 G40-09/4417 浙江图书馆

4 **蔡孑民先生言行录** 蔡元培著 C52/4414 978-7-80761-312-1 2010 岳麓书院

5 **蔡元培** 崔志海著 K825.46=6/4414 7-213-01649-0 1998 浙江人民出版社

6 **蔡元培** 张晓唯著 K825.46=6/4414 978-7-5415-3202-3 2008 云南教育出版社

7 **蔡元培** 周伟丽撰稿 K825.46=6/4414 7-5338-5292-3 2004 浙江教育出版社

8 **蔡元培、郭秉文办学思想与实践的比较研究** 王悦芳著 G40-092.6/1094 978-7-5676-0033-1 2012 安徽师范大学出版社

9   **蔡元培: 爱国不忘读书 读书不忘爱国** 蔡元培等著 K825.46=6/4414 978-7-5205-0601-4 2019 中国文史出版社

10   **蔡元培: 讲演文稿** 蔡元培著 C53/4414 978-7-80220-724-0 2010 中国画报出版社

11   **蔡元培: 只手缔造新北大** 施龙著 K825.46=6/4414 978-7-80234-171-5 2008 中国发展出版社

12   **蔡元培: 中国伦理学史** 蔡元培著 B82-092/4414 978-7-80220-740-0 2010 中国画报出版社

13   **蔡元培: 自述与印象** 杨杨编 K825.46/4414 7-5426-1002-3 1997 生活·读书·新知三联书店上海分店

14   **蔡元培大学职能思想探析** 王玉生著 G640/1012 978-7-5161-0616-7 2012 中国社会科学出版社

15   **蔡元培的流金岁月** 邱恒庆著 I247.43/7790 978-7-5705-0384-1 2018 江西教育出版社

16   **蔡元培高等教育管理思想研究** 吴舸著 G40-092.6/6020 978-7-313-08783-6 2012 上海交通大学出版社

17   **蔡元培画传** 金林祥著 K825.46=6/4414 978-7-5408-6161-2 2012 四川教育出版社

18   **蔡元培画传: 1868-1940** 蔡建国编 K825.4/4414 7-5322-0181-3 1988 上海人民美术出版社

19   **蔡元培及其美学思想** 聂振斌著 B83-06/1050 1984 天津人民出版社

20   **蔡元培纪念集** 中国蔡元培研究会编 K825.46=6/4414 7-5338-2961-1 1998 浙江教育出版社

21   **蔡元培讲国学** 蔡元培著 Z126.276/4414 978-7-5075-2757-5 2009 华文出版社

22   **蔡元培讲演集** 蔡元培著 C52/4414 7-202-03544-8 2004 河北人民出版社

23   **蔡元培教育论集** 蔡元培著 G4-53/4414 7-5355-0094-3 1987 湖南教育出版社

24   **蔡元培教育论著选** 蔡元培著 G4-53/4414 7-107-10611-2 1991 人民教育出版社

25   **蔡元培教育名篇** 蔡元培著 G40-092.6/4414 978-7-5041-7938-8 2013 教育科学出版社

26   **蔡元培教育思想论析** 梁柱著 G40-092.6/3340 7-04-020610-2 2006 高等教育出版社

27 **蔡元培教育思想研究** 郑德全著 G40–092.6/8728 7–81107–434–6 2006 中国矿业大学出版社

28 **蔡元培梁启超与中国现代美育：“蔡元培梁启超美育艺术教育思想与当代文化建设”全国学术研讨会论文选集** 金雅、聂振斌主编 G40–014/8070 978–7–5171–0591–6 2014 中国言实出版社

29 **蔡元培伦理思想研究** 陈剑旄著 B82–092/7480 978–7–301–15696–4 2009 北京大学出版社

30 **蔡元培论人生** 王怡心编 B261/4414 978–7–81132–771–7 2010 江西高校出版社

31 **蔡元培美学思想研究** 聂振斌著 B83–092/1050 978–7–100–09573–0 2012 商务印书馆

32 **蔡元培美育论集** 高平叔著 B83–53/4414 7–5355–126–5 1987 湖南教育出版社

33 **蔡元培年谱** 高平叔编著 K825.4/4414 1980 中华书局

34 **蔡元培评传** 胡国枢著 K825.4/4414 1990 河南教育出版社

35 **蔡元培评传** 刘然编著 K825.46=6/4414 978–7–5158–2302–7 2018 中华工商联合出版社有限责任公司

36 **蔡元培普通教育思想论纲** 王玉生著 G40–092.6/1012 978–7–5004–8468–4 2009 中国社会科学出版社

37 **蔡元培全集·第一卷：1883–1910** 蔡元培著 C52/4414v1 7–5338–2404–0 1997 浙江教育出版社

38 **蔡元培全集·第二卷：1911–1916** 蔡元培著 C52/4414v2 7–5338–2423–7 1997 浙江教育出版社

39 **蔡元培全集·第三卷：1917–1919** 蔡元培著 C52/4414v3 7–5338–2755–4 1997 浙江教育出版社

40 **蔡元培全集·第四卷：1920–1922** 蔡元培著 C52/4414v4 7–5338–2740–6 1997 浙江教育出版社

41 **蔡元培全集·第五卷：1923–1926** 蔡元培著 C52/4414v5 7–5338–2744–9 1997 浙江教育出版社

42 **蔡元培全集·第六卷：1927–1930** 蔡元培著 C52/4414v6 7–5338–2775–9 1997 浙江教育出版社

43 **蔡元培全集·第七卷：1931–1934** 蔡元培著 C52/4414v7 7–5338–2745–7 1997 浙江教育出版社

44 **蔡元培全集·第八卷：1935—1940** 蔡元培著 C52/4414v8 7—5338—2823—2 1997 浙江教育出版社

45 **蔡元培全集·第九卷：译著** 蔡元培著 C52/4414v9 7—5338—2751—1 1997 浙江教育出版社

46 **蔡元培全集·第十卷 函电：1894—1919** 蔡元培著 C52/4414v10 7—5338—2829—1 1997 浙江教育出版社

47 **蔡元培全集·第十一卷 函电：1920—1928** 蔡元培著 C52/4414v11 7—5338—2946—8 1997 浙江教育出版社

48 **蔡元培全集·第十二卷 函电：1929—1931** 蔡元培著 C52/4414v12 7—5338—2950—6 1997 浙江教育出版社

49 **蔡元培全集·第十三卷 函电：1932—1934** 蔡元培著 C52/4414v13 7—5338—2960—3 1997 浙江教育出版社

50 **蔡元培全集·第十四卷 函电：1935—1940** 蔡元培著 C52/4414v14 7—5338—2997—2 1997 浙江教育出版社

51 **蔡元培全集·第十五卷 日记：1894—1911** 蔡元培著 C52/4414v15 7—5338—3185—3 1997 浙江教育出版社

52 **蔡元培全集·第十六卷 日记：1913—1936** 蔡元培著 C52/4414v17 7—5338—3052—0 1997 浙江教育出版社

53 **蔡元培全集·第十七卷 日记：1937—1940** 蔡元培著 C52/4414v17 7—5338—3052—0 1997 浙江教育出版社

54 **蔡元培全集·第十八卷 续编** 蔡元培著 C52/4414v18 7—5338—2967—0 1997 浙江教育出版社

55 **蔡元培全集·第二卷：1910—1920** 蔡元培著 C52/4414v2 7—101—00487—3 1988 中华书局

56 **蔡元培全集·第三卷：1917—1920** 蔡元培著 C52/4414v3 7—101—00487—3 1984 中华书局

57 **蔡元培全集·第四卷：1921—1924** 蔡元培著 C52/4414v4 7—101—00487—3 1984 中华书局

58 **蔡元培全集·第五卷：1925—1930** 蔡元培著 C52/4414v5 7—101—00487—3 1988 中华书局

59 **蔡元培全集·第六卷：1931—1935** 蔡元培著 C52/4414v6 7—101—00487—3 1988 中华书局

60 **蔡元培全集·第七卷：1936—1940** 蔡元培著 C52/4414v7 7-101-00487-3 1989 中华书局

61 **蔡元培日记** 王世儒编 K825.46=6/4414 978-7-301-15840-1 2010 北京大学出版社

62 **蔡元培散文** 蔡元培著 I266/4414 978-7-5439-5719-0 2013 上海科学技术文献出版社

63 **蔡元培石头记索隐 王国维《红楼梦》评论 高语罕红楼梦宝藏六讲** I207.411/4414 978-7-206-10125-0 2014 吉林人民出版社

64 **蔡元培书话** 蔡元培著 I266/4414 7-213-01541-9 1998 浙江人民出版社

65 **蔡元培谈教育** 蔡元培著 G40-092.6/4414 978-7-205-08102-7 2015 辽宁人民出版社

66 **蔡元培文集** 蔡元培著 C52/5340 978-7-80106-971-9 2009 线装书局

67 **蔡元培文选：注释本** 蔡元培著 C52/4414 7-5306-4532-3 2006 百花文艺出版社

68 **蔡元培先生纪念集** 蔡建国编 K825.4/4414 1984 中华书局

69 **蔡元培先生手迹** 蔡元培书 K825.4/4414 7-301-00251-3 1988 北京大学出版社

70 **蔡元培选集** 蔡元培著 C52/4414 7-5338-1311-1 1993 浙江教育出版社

71 **蔡元培学术论著** 蔡元培著 B82-092/4414 7-213-01555-9 1998 浙江人民出版社

72 **蔡元培研究集：纪念蔡元培先生诞辰 130 周年国际学术讨论会文集** 丁石孙等著 K825.46=6/4414 7-301-04275-2 1999 北京大学出版社

73 **蔡元培研究文集** 李永鑫主编 K825.46-53/4414 7-101-02871-3 2001 中华书局

74 **蔡元培与北京大学** 梁柱、王世儒编著 K825.46=6/4414 7-5440-0613-1 1995 山西教育出版社

75 **蔡元培与近代中国** 蔡建国著 K825.46=6/4414 7-80618-263-2 1997 上海社会科学院出版社

76 **蔡元培语萃** 蔡元培著 B261/1228 7-5080-0143-5 1993 华夏出版社

77 **蔡元培语言及文学论著** 高平叔编 H0/4414 1985 河北人民出版社

78 **蔡元培哲学论著** 高平叔编 B26/4414 1985 河北人民出版社

79 **蔡元培哲学思想研究** 陶侃著 B261/7720 978-962-8467-32-7 2004 中国科学文化出版社

80 **蔡元培政治论著** 蔡元培著 D-53/4414 1985 河北人民出版社

81　蔡元培传　崔志海著　K825.46＝6/4414　978-7-5051-1755-6　2009　红旗出版社

82　蔡元培传　李克、沈燕著　K825.46＝6/4414　978-7-5699-0520-5　2015　北京时代华文书局

83　蔡元培传　唐振常著　K825.4/4414　1985　上海人民出版社

84　蔡元培传　唐振常著　K825.46＝6/4414　978-7-208-14998-4　2018　上海人民出版社

85　蔡元培传　张晓唯著　K825.46＝6/4414　978-7-5306-5215-2　2009　百花文艺出版社

86　蔡元培传　周天度著　K825.4/4414　1984　人民出版社

87　蔡元培自述　蔡元培著　K825.46＝6/4414　978-7-5171-0829-0　2015　中国言实出版社

88　蔡元培自述 实庵自传　蔡元培、陈独秀著　K825.46＝6/4414　978-7-101-10563-6　2015　中华书局

89　重释蔡元培与北大：记忆史的视角　娄岙菲著　K825.46＝6/4414　978-7-5201-1196-6　2017　社会科学文献出版社

90　从蔡元培到胡适：中研院那些人和事　岳南著　K826.1/7240　978-7-101-07159-7　2010　中华书局

91　大家国学·蔡元培卷　蔡元培著　Z126-53/4414　978-7-201-05814-6　2008　天津人民出版社

92　大师品评红楼梦　蔡元培等著　I207.411-53/1062　978-7-5387-2283-3　2008　时代文艺出版社

93　跟蔡元培学当校长　吴家莹著　G40-092.6/6034　978-7-81119-865-2　2010　首都师范大学出版社

94　红楼四大家　蔡元培等著　I207.411/4414　978-7-5060-6959-5　2014　东方出版社

95　兼容并蓄长者风——蔡元培　K825.46＝6/4414　978-7-5333-3025-5　2013　齐鲁书社

96　简易哲学纲要　蔡元培著　B0/4414　978-7-200-11084-5　2015　北京出版社

97　教育十六讲　蔡元培、陶行知著　G40-092.6/4414　978-7-5057-2652-9　2009　中国友谊出版公司

98　教育之梦：蔡元培传　马征著　K825.46＝6/4414　7-220-02862-8　1995　四川人民出版社

99　近代名人文库精萃·蔡元培　刘东主编　I215.1/0240　978-7-5513-0270-8　2012　太白文艺出版社

100　刘海粟与蔡元培　李安源著　K825.72＝75/0231　978-7-5474-0626-7　2012　山东画报出版社

101　论蔡元培：纪念蔡元培诞辰 120 周年学术讨论会文集　蔡元培研究会编　K825.4/4414
7-5637-0075-7　1989　旅游教育出版社

102　美学的盛宴　蔡元培等著　B83/4414　978-7-5104-6568-0　2018　新世界出版社

103　名家品红楼　蔡元培等著　I207.411-53/4414　978-7-80222-475-9　2008　中国华侨出
版社

104　名人留学记　蔡元培、鲁迅等著　K820.6/4414　978-7-5090-1292-5　2018　当代世界
出版社

105　人世楷模蔡元培　李华兴著　K825.4/4414　7-208-00067-0　1988　上海人民出版社

106　儒雅的泰斗：蔡元培　刘然编著　K825.46=6/4414　978-7-5158-1360-8　2015　中华工
商联合出版社

107　石头记索隐　蔡元培、胡适著　I207.411/4414　7-301-00984-4　1989　北京大学出版社

108　石头记索隐　蔡元培编　I207.411/4414　978-7-5426-4714-6　2014　上海三联书店

109　石头记索隐　蔡元培等原作　I207.411/4414　1987　金枫出版社

110　世范人师：蔡元培传　丁晓平著　K825.46=6/4414　978-7-5063-8196-3　2015　作家出
版社

111　思想自由 兼容并包：北京大学校长蔡元培　金林祥著　K825.46=6/4414　7-5328-4231-2
2004　山东教育出版社

112　晚年蔡元培　程新国著　K825.46=6/4414　978-7-80740-640-2　2011　上海文化出版社

113　王国维 蔡元培 鲁迅点评红楼梦　蔡元培等著　I207.411/1062　7-80130-705-4　2004
团结出版社

114　为了忘却的纪念：北大校长蔡元培　萧夏林编　K825.4/4414　7-80127-471-7　1998
经济日报出版社

115　未能忘却的忆念：《宇宙风·自传之一章》《人间世·名人志》合集　蔡元培著　I266/4414
7-5325-2672-0　1999　上海古籍出版社

116　我的人生观　蔡元培著　K825.46=6/4414　978-7-5008-5327-5　2013　中国工人出版社

117　我们的政治主张　蔡元培著　C52/4414　978-7-5112-3465-0　2013　光明日报出版社

118　辛亥革命前的蔡元培　周佳荣著　K825.46=6/4414　1980　波文书局

119　新人生观：蔡元培随笔　蔡元培著　I266.1/4414　978-7-301-17527-9　2010　北京大
学出版社

120　新中国盛世预言：中国人的强国梦想　陆士谔、梁启超、蔡元培著　D092.5/7543
978-7-5107-0139-9　2010　中国长安出版社

121 **修养: 蔡元培论人生**　蔡元培著　B821/4414　978-7-5309-6906-9　2012　天津教育出版社

122 **学界泰斗·蔡元培**　唐澜波主编　K825.46=6/4414　978-7-307-09996-8　2012　武汉大学出版社

123 **一个时代的路标: 蔡元培·陈独秀·胡适**　石钟扬著　K825.46=6/4414　978-7-224-10471-4　2013　陕西人民出版社

124 **越文化视野下的蔡元培及其美育思想**　马芹芬著　G40-014/7744　978-7-5203-0879-3　2017　中国社会科学出版社

125 **中国近代国立大学校长角色分析**　肖卫兵著　G649.29/9017　978-7-5334-6039-6　2013　福建教育出版社

126 **中国伦理学史**　蔡元培著　B82-092/4414　978-7-301-15680-3　2009　北京大学出版社

127 **中国伦理学史: 外一种**　蔡元培著　B82-092/4414　978-7-100-07469-8　2010　商务印书馆

128 **中国人道德修养读本**　蔡元培著　B825/4414　978-7-5581-1190-7　2016　吉林出版集团股份有限公司

129 **中国人道德修养读本**　蔡元培著　B825/4414　978-7-206-08311-2　2013　吉林人民出版社

130 **中国人的修养**　蔡元培著　B825/4414　978-7-5411-2996-4　2010　四川文艺出版社

131 **中国现代美学名家文丛·蔡元培卷**　金雅文丛主编　C53/8010　978-7-5190-1680-7　2017　中国文联出版社

132 **中华世纪坛绍兴四名人**　王云根主编　K820.855.3/1014　7-80192-003-1　2003　方志出版社

19.15

刘大白

1 **旧诗新话**　刘大白著　I207.22/0242　978-7-5348-6523-7　2016　中州古籍出版社

2 **刘大白**　刘大白著　I216.1/0242　962-450-556-X　2008　天马出版有限公司

3 **刘大白评传**　刘家思著　K825.6=5/0242　978-7-5161-2149-8　2013　中国社会科学出

版社

4　**刘大白诗集**　刘大白著　I226/0242　1983　书目文献出版社

5　**刘大白诗选**　刘大白著　I226/0242　1958　人民文学出版社

6　**刘大白新诗**　刘大白著　I226.1/0242　978-962-450-785-0　2010　天马出版胡限公司

7　**刘大白研究资料**　萧斌如编　I206.6/4404　978-7-80247-758-2　2010　知识产权出版社

8　**刘大白传：中国著名白话诗人**　金溥人编著　K825.6=6/0242　962-450-877-1　2000　天马图书有限公司

9　**亡灵忆旧录：刘大白传**　解思忠著　K825.6=6/0242　7-80042-119-8　1990　中外文化出版公司

19.16

鲁迅专题研究

1　**2002 年鲁迅研究年鉴**　郑欣淼等主编　K825.6=6/2730　7-02-004557-X　2004　人民文学出版社

2　**2010 年鲁迅研究年鉴**　刘增人、姜振昌主编　K825.6=6/2730　978-7-5161-0433-0　2011　中国社会科学出版社

3　**2011-2015：鲁迅研究述评**　崔云伟著　K825.6=6/2730　978-7-5203-1352-0　2017　中国社会科学出版社

4　**20 世纪的两个知识分子：胡适与鲁迅**　邵建著　K825.4=72/4730　978-7-80206-515-4　2008　光明日报出版社

5　**20 世纪中国最忧患的灵魂**　孙郁著　I210.97/1940　7-80080-106-3　1993　群言出版社

6　**21 世纪：鲁迅和我们**　一土编　I210.96/1040　7-02-003357-1　2001　人民文学出版社

7　**暗夜里的过客：一个你所不知道的鲁迅**　吴俊著　K825.6=6/2730　7-80186-410-7　2006　东方出版中心

8　**百草园·社戏·三味书屋：少年鲁迅的故事**　何启治著　K825.6=6/2730　978-7-5016-1206-2　2016　天天出版社

9　**被诬蔑被损害的鲁迅：鲁迅去世后对他的种种非议**　房向东著　K825.6=6/2730　978-7-313-14296-2　2016　上海交通大学出版社

10　**被襄渎的鲁迅**　孙郁编　K825.6=6/2730　978-7-221-08434-7　2009　贵州人民出版社

11　**被虚构的鲁迅：鲁迅回忆录正误**　朱正著　K825.6=6/2730　978-7-5443-4647-4　2013　海南出版社

12　**本色鲁迅**　陈漱渝著　K825.6=6/2730　978-7-5407-7490-5　2015　漓江出版社

13　**比较文化研究中的鲁迅**　张铁荣著　K825.6=6/2730　7-310-01885-0　2003　南开大学出版社

14　**编辑生涯忆鲁迅**　赵家璧等著　K825.6=6/2730　7-5434-4027-X　2000　河北教育出版社

15　**伯父的最后岁月：鲁迅在上海（1927～1936）**　周晔著　K825.6=6/2730　7-5334-3143-X　2001　福建教育出版社

16　**搏击暗夜：鲁迅传**　陈漱渝著　K825.6=6/2730　978-7-5063-8691-3　2016　作家出版社

17　**不是冤家不聚头：鲁迅与胡适**　陶方宣著　K825.6=6/2730　978-7-5047-4870-6　2014　中国财富出版社

18　**吃人与礼教：论鲁迅（一）**　李长之、艾芜等著　K825.6=6/2730　7-5434-4008-3　2000　河北教育出版社

19　**重读鲁迅**　朱正、邵燕祥编著　I210.97/2510　7-5060-2659-7　2006　东方出版社

20　**词语、表达与鲁迅的"思想"**　曹清华著　I210.96/5532　978-7-306-03284-3　2009　中山大学出版社

21　**从百草园到八道湾：鲁迅家的细碎往事**　李伶伶著　K820.9/4022　978-7-5461-6686-5　2018　黄山书社

22　**从周树人到鲁迅**　张永泉著　K825.6=6/2730　7-80186-575-8　2006　东方出版中心

23　**存在主义视野下的鲁迅**　彭小燕著　K825.6=6/2730　978-7-301-12871-8　2007　北京大学出版社

24　**大文豪鲁迅**　薛涛著　K825.6=6/2730　978-7-80702-737-9　2008　吉林文史出版社

25　**大先生：鲁迅**　张竟无编著　K825.6=6/2730　978-7-5008-6173-7　2015　中国工人出版社

26　**当代鲁迅问题评论：陈安湖自选集**　陈安湖著　K825.6=6/2730　978-7-5622-4702-9　2010　华中师范大学出版社

27　**倒向鲁迅的天平**　孙郁主编　K825.6=6/2730　7-5004-4963-1　2004　中国社会科学出版社

28　**灯火：鲁迅与文艺**　上海鲁迅纪念馆编　K825.6=6/2730　978-7-5326-4714-9　2016

上海辞书出版社

29 **颠覆与传承：论鲁迅的当代意义** 陈漱渝等著 K825.6=6/2730 7-5334-4430-2 2006
福建教育出版社

30 **颠覆与生存：德国思想与鲁迅前期的自我观念：1906—1927** 梁展著 I210.96/3370
978-7-80685-872-1 2007 上海锦绣文章出版社

31 **独有"爱"是真的：鲁迅"立人"思想解读** 刘国胜编著 I210.96/0267 978-7-208-
12390-8 2014 上海人民出版社

32 **度尽劫波：周氏三兄弟** 黄乔生著 K825.6/2730 7-5014-1693-1 1998 群众出版社

33 **对话鲁迅** 孙郁著 K825.6=6/2730 978-7-221-08471-2 2009 贵州人民出版社

34 **多维视野中的鲁迅** 冯光廉、刘增人、谭桂林主编 K825.6=6/2730 7-5328-3452-2
2002 山东教育出版社

35 **翻译家鲁迅** 王友贵著 I210.97/1045 7-310-02206-8 2005 南开大学出版社

36 **反抗绝望：鲁迅及其文学世界** 汪晖著 I210.96/3160 7-5434-3586-1 2000 河北教
育出版社

37 **反抗者鲁迅** 林贤治著 K825.6=6/2730 978-7-309-07735-3 2011 复旦大学出版社

38 **非常鲁迅：读懂鲁迅的 24 个侧面** 张国伟著 K825.6=6/2730 978-7-5488-2529-6
2017 济南出版社

39 **冯雪峰忆鲁迅** 冯雪峰著 K825.6=6/2730 7-5434-4034-2 2001 河北教育出版社

40 **改造国民性：走近鲁迅** 闫玉刚著 K825.6=6/2730 7-5087-0250-6 2005 中国社会
出版社

41 **高尔基 鲁迅** 桑秋杰、王巧兰编著 K835.12/0024 978-7-203-07671-1 2012 山西
人民出版社

42 **高鲁冲突：鲁迅与高长虹论争始末** 董大中著 K825.6=6/2730 978-7-5008-3812-8
2007 中国工人出版社

43 **高山仰止：社会名流忆鲁迅** 柳亚子等著 K825.6=6/2730 7-5434-3997-2 2000 河
北教育出版社

44 **高旭东讲鲁迅** 高旭东著 I210.96/0044 978-7-301-13189-3 2008 北京大学出版社

45 **郜元宝讲鲁迅** 郜元宝著 K825.6=6/2730 978-7-5336-5465-8 2010 安徽教育出版社

46 **跟鲁迅学智慧** 李春晚编著 I210.96/4056 978-7-80728-536-6 2007 广东经济出版社

47 **龚自珍鲁迅比较研究** 朱奇志著 I206.2/2544 7-80665-417-8 2004 湖南岳麓书社

48 **沟通与更新：鲁迅与日本文学关系发微** 程麻著 I210.97/2600 7-5004-0652-5 1990 中国社会科学出版社

49 **孤岛过客：鲁迅在厦门的 135 天** 房向东著 K825.6=6/2730 978-7-5403-1407-1 2009 崇文书局

50 **孤独者鲁迅** 梁由之著 K825.6=6/2730 978-7-5426-5671-1 2016 上海三联书店

51 **古国的呐喊：鲁迅传** 范阳阳著 K825.6=6/2730 978-7-5445-5069-7 2018 长春出版社

52 **关于鲁迅的辩护词** 房向东著 I210.97/3024 7-81115-029-8 2007 内蒙古大学出版社

53 **关于鲁迅及其著作** 台静农整理 K825.6=6/2730 978-7-5350-6414-1 2015 海燕出版社

54 **海外回响：国际友人忆鲁迅** （美国）史沫特莱等著 K825.6=6/2730 7-5434-4011-3 2000 河北教育出版社

55 **"横站"：鲁迅与左翼文人** 房向东著 K825.6=6/2730 978-7-5426-4424-4 2014 上海三联书店

56 **红色光环下的鲁迅** 瞿秋白等著 K825.6=6/2730 7-5434-4013-X 2000 河北教育出版社

57 **胡适·鲁迅·莫言：自由思想与新文学传统** 庄森著 I206.6/4730 978-7-5161-5291-1 2015 中国社会科学出版社

58 **胡适还是鲁迅** 谢泳编 B26/3430 7-5008-3140-4 2003 中国工人出版社

59 **胡适与周氏兄弟** 陈漱渝、宋娜著 K825.4=72/4730 978-7-216-05113-2 2007 湖北人民出版社

60 **花边鲁迅** 赵瑜著 K825.6=6/2730 978-7-5559-0736-7 2019 河南文艺出版社

61 **画者鲁迅** 鲁迅绘 J121/2730 7-80740-036-6 2006 上海文化出版社

62 **话说周氏兄弟：北大演讲录** 钱理群著 I210.96/8311 7-80603-352-1 1999 山东画报出版社

63 **荒野中的呼喊者：鲁迅图传** 吴中杰著 K825.6=6/2730 978-7-309-13428-5 2018 复旦大学出版社有限公司

64 **回到你自己：关于鲁迅的对聊** 王乾坤著 I210.96/1044 7-5059-3873-8 2001 中国文联出版社

65 **回归经典：鲁迅与先秦文化的深层关系** 廖诗忠著 I210.96/0035 7-5426-2127-0 2005

66　**回望周作人·周氏兄弟**　孙郁、黄乔生主编　K825.6=72/7728　7-81091-195-3　2004
河南大学出版社

67　**回忆大哥鲁迅**　周建人著　K825.6=6/2730　7-5320-7596-6　2001　上海教育出版社

68　**回忆鲁迅：郁达夫谈鲁迅全编**　郁达夫著　K825.6=6/2730　7-80646-849-8　2006　上
海文化出版社

69　**回忆鲁迅在上海**　上海鲁迅纪念馆编　K825.6=6/2730　978-7-5458-1408-8　2017　上
海书店出版社

70　**活的鲁迅**　房向东编　K825.6=6/2730　7-80622-755-5　2001　上海书店出版社

71　**"活着"的鲁迅：鲁迅文化选择的当代意义：contemporary significance of Lu Xun's
culture choice**　张福贵著　I210.96/1235　978-7-5097-1326-6　2010　社会科学文献
出版社

72　**纪念鲁迅定居上海80周年学术研讨会论文集**　王锡荣主编　K825.6=6/2730　978-7-
80745-482-3　2009　上海社会科学院出版社

73　**纪念新文学革命100周年暨"鲁迅与新文学"国际学术研讨会论文集**　中国鲁迅研究
会主办　K825.6=6/2730　2017

74　**假如鲁迅活到今天：陈漱渝讲鲁迅**　陈漱渝著　K825.6=6/2730　978-7-80186-775-9
2008　东方出版中心

75　**假如鲁迅活着**　陈明远编　K825.6=6/2730　7-80676-390-2　2003　文汇出版社

76　**简明鲁迅词典**　支克坚主编　I210-61/4042　7-5423-0171-3　1998　甘肃教育出版社

77　**渐远渐近：鲁迅"立人"思想启示录**　刘国胜著　I210.96/0267　978-7-5086-4024-2
2013　中信出版社

78　**解读鲁迅经典**　孔庆东主编　I210.97/1204　7-80673-351-5　2004　花山文艺出版社

79　**解读鲁迅经典作品：伟大的二重性格**　孔庆东主编　I210.97/1204　7-80673-664-6　2005
花山文艺出版社

80　**解读鲁迅经典作品：伟大的二重性格**　孔庆东主编　I210.97/2730　7-80673-664-6　2009
花山文艺出版社

81　**"解构"语境下的传承与对话：鲁迅与1990年代后中国文学和文化思潮**　古大勇著
I210.96/4041　978-7-5004-9979-4　2011　中国社会科学出版社

82　**进化、革命与复仇："政治鲁迅"的诞生：Lu Xun's political vision**　钟诚著　D092.6/8530
978-7-301-29502-1　2018　北京大学出版社

83　　**近思鲁迅：七十周年纪·文集**　马骏主编　I210.96/1710　7-80724-045-8　2006　京华出版社

84　　**旧影寻踪：鲁迅在上海**　缪君奇编著　K825.6=6/2730　978-7-80740-609-9　2010　上海文化出版社

85　　**聚焦"鲁迅事件"**　葛涛、谷红梅著　I210.96/4430　7-5334-3197-9　2001　福建教育出版社

86　　**跨文化鲁迅论略**　刘青汉著　I210.96/0253　978-7-01-007149-7　2008　人民出版社

87　　**跨文化视野中的鲁迅**　高旭东著　K825.6=6/2730　978-7-5664-0402-2　2013　安徽大学出版社

88　　**愧对鲁迅**　李新宇著　K825.6=6/2730　978-7-5391-8514-9　2013　二十一世纪出版社

89　　**愧对鲁迅**　李新宇著　I210.96/4003　7-5426-1953-5　2004　上海三联书店

90　　**黎明前的呐喊：鲁迅语录**　张锐、孙永林选编　I210.2/2730　978-7-5399-5751-7　2013　江苏文艺出版社

91　　**李希凡文艺论著选编：一、论鲁迅的五种创作**　李希凡著　I206/4047　7-5069-0064-5　1988　春秋出版社

92　　**恋爱中的鲁迅：鲁迅在厦门的135天**　房向东著　K825.6=6/2730　978-7-313-14297-9　2016　上海交通大学出版社

93　　**林辰文集：壹·鲁迅事迹考 鲁迅传**　林辰著　I217.62/4470　978-7-5328-6246-7　2010　山东教育出版社

94　　**"林中路"上的精神相遇：鲁迅与克尔凯郭尔比较研究**　魏韶华著　K825.6=6/2730　7-5004-4964-X　2004　中国社会科学出版社

95　　**鲁海求索集**　谷兴云著　I210.97/2730　978-7-5306-7337-9　2017　百花文艺出版社

96　　**鲁迅**　宏遂编写　K825.6/2730　7-5011-0796-3　1990　新华出版社

97　　**鲁迅**　黄乔生著　K825.6=6/2730　978-7-5010-5169-4　2017　文物出版社

98　　**鲁迅**　鲁波、侯久萱著　K825.6=6/2730　7-5007-6367-0　2003　中国少年儿童出版社

99　　**鲁迅**　路琳琳编写　I287.5/4080　978-7-80240-095-5　2008　大众文艺出版社

100　**鲁迅**　绍兴鲁迅纪念馆编　K825.6=6/2730　978-7-5338-4060-0　2001　浙江教育出版社

101　**鲁迅**　万有图书编绘　K825.6=6/2730　978-7-5455-1349-3　2015　天地出版社

102　**鲁迅**　谢华良编著　K825.6-49/2730　978-7-5385-4587-6　2010　北方妇女儿童出

版社

103 鲁迅、胡适、郭沫若连环比较评传 朱文华著 I206.6/2502 7-5321-0801-5 1991 上海文艺出版社

104 鲁迅／梁实秋论战实录 鲁迅、梁实秋著 I210.4/2730 7-80082-810-7 1997 华龄出版社

105 鲁迅：1881～1936 黄小初著 K825.6=6/2730 7-5399-1322-3 2005 江苏文艺出版社

106 鲁迅：长篇小说 陈平著 I247.53/7410 7-5399-1220-0 1998 江苏文艺出版社

107 鲁迅：从复古走向启蒙 袁盛勇著 I210.96/4051 7-5426-2288-9 2006 上海三联书店

108 鲁迅：跨文化对话：纪念鲁迅逝世七十周年国际学术讨论会论文集 绍兴文理学院等编 K825.6=6/2730 7-5347-4442-3 2006 大象出版社

109 鲁迅：生存与表意的策略 戈双剑、杨晶著 K825.6=6/2730 978-7-5406-9552-1 2012 广东教育出版社

110 鲁迅：无意识的存在主义 （日本）山田敬三著 K825.6=6/2730 978-7-301-20808-3 2012 北京大学出版社

111 鲁迅：幽暗意识与光明追求 齐宏伟著 I210.96/0032 978-7-210-04605-9 2010 江西人民出版社

112 鲁迅：域外的接近与接受 张杰著 K825.6=6/2730 7-5334-3260-6 2001 福建教育出版社

113 鲁迅：在呐喊中彷徨 程振兴著 K825.6=6/2730 978-7-80234-147-0 2008 中国发展出版社

114 鲁迅：中国"温和"的尼采 （澳大利亚）张钊贻著 I210.96/1287 978-7-301-16674-1 2011 北京大学出版社

115 鲁迅·周作人·胡适浅论 张菊香著 K825.6=6/2730 978-7-310-04932-5 2015 南开大学出版社

116 鲁迅爱过的人 蔡登山著 K825.6=6/2730 978-7-80741-324-0 2008 文汇出版社

117 鲁迅百图 朱正著 K825.6=6/2730 978-7-5356-8424-0 2018 湖南美术出版社

118 鲁迅报告：关于鲁迅和他的演讲 江力编 I210.2/2730 7-80187-151-0 2004 新世界出版社

119 鲁迅笔名索解 李允经著 K825.6=6/2730 7-5334-4548-1 2006 福建教育出版社

141 **鲁迅的生命哲学** 王乾坤著 I210.96/1044 978-7-02-007937-7 1999 人民文学出版社

142 **鲁迅的世界 世界的鲁迅：纪念鲁迅诞辰 120 周年学术讨论会论文集** 李永鑫、陈华建、周幼涛编 I210.96/4038 7-80595-803-3 2002 远方出版社

143 **鲁迅的书法艺术** 萧振鸣著 J292.112.7/2730 978-7-5407-7074-7 2014 漓江出版社

144 **鲁迅的晚年情怀** 王彬彬著 K825.6=6/2730 978-7-5068-4306-5 2015 中国书籍出版社

145 **鲁迅的文化视野** 阎晶明著 K825.6=6/2730 7-80040-587-7 2001 昆仑出版社

146 **鲁迅的写作和生活：许广平忆鲁迅精编** 许广平著 K825.6=6/2730 7-80646-921-4 2006 上海文化出版社

147 **鲁迅的选择** 李新宇著 I210.96/4003 7-215-05347-4 2003 河南人民出版社

148 **鲁迅的一世纪：朱正谈鲁迅** 朱正著 K825.6=6/2730 978-7-216-05360-0 2007 湖北人民出版社

149 **鲁迅的艺术世界** 罗中杰著 I210.97/6054 7-309-05076-2 2006 复旦大学出版社

150 **鲁迅的智慧** 王吉鹏、王竹丽著 K825.6=6/2730 7-215-05438-1 2004 河南人民出版社

151 **鲁迅的最后 10 年** 林贤治著 K825.6=6/2730 7-5004-3828-1 2003 中国社会科学出版社

152 **鲁迅的最后十年** 林贤治著 K825.6=6/2730 7-80186-411-5 2006 东方出版中心

153 **鲁迅的最后十年** 林贤治著 K825.6=6/2730 978-7-309-07730-8 2011 复旦大学出版社

154 **鲁迅的最后一年** 史莽著 K825.6=6/2730 7-213-01722-5 1998 浙江人民出版社

155 **鲁迅地图** 李伶伶著 K825.6=6/2730 978-7-5153-2141-7 2014 中国青年出版社

156 **鲁迅读书记** 何锡章著 K825.6=6/2730 7-5354-2786-3 2004 长江文艺出版社

157 **鲁迅翻译思想研究** 冯玉文著 I210.96/3710 978-7-5161-5218-8 2015 中国社会科学出版社

158 **鲁迅翻译研究** 顾钧著 I210.93/7180 978-7-5334-5191-2 2009 福建教育出版社

159 **鲁迅风波** 陈漱渝编 I210.96/7433 7-80094-129-9 2001 大众文艺出版社

160 **鲁迅根脉** 宋志坚著 K825.6=6/2730 978-7-5334-5113-4 2008 福建教育出版社

161 **鲁迅古籍藏书漫谈** 韦力著 I210.97/5040 7-5334-4542-2 2006 福建教育出版社

162 **鲁迅故家的败落** 周建人口述 K820.9/7718 978-7-5334-7452-2 2017 福建教育出版社

163 **鲁迅故家的败落** 周建人口述 K820.9/7718 7-5334-3138-3 2001 福建教育出版社

164 **鲁迅故家的败落** 周建人口述 K825.6/7718 1984 湖南人民出版社

165 **鲁迅故居——绍兴鲁迅纪念馆：中国大文豪** 黄珏萍编撰 K878.234/2730 7-80517-530-6 2001 西泠印社出版社

166 **鲁迅故里** 绍兴市文物管理局编 K878.23/2790 7-5339-2152-6 2005 浙江文艺出版社

167 **鲁迅故里：[中英文本]** 高军主编 K878.23-64/0030 7-80681-624-0 2005 上海社会科学院出版社

168 **鲁迅故里：中国著名人文景区** 单建华撰稿 K878.23/8012 978-7-7987-0080-0 2010 浙江文艺音像出版社

169 **鲁迅和国学** 陈斌、徐东波主编 I210.96/7400 978-7-5508-0891-1 2013 西泠印社出版社

170 **鲁迅和他的同时代人·上** 彭定安、马蹄疾编著 K825.6/1760v1 1985 春风文艺出版社

171 **鲁迅和他的同时代人·下** 马蹄疾编著 K825.6/1760v2 1985 春风文艺出版社

172 **鲁迅画传** 李文儒著 K825.6=6/2730 978-7-5455-2713-1 2017 天地出版社

173 **鲁迅画传** 上海鲁迅纪念馆编 K825.6=6/2730 7-80622-756-3 2001 上海书店出版社

174 **鲁迅画传** 王锡荣撰文 K825.6=6/2730 7-5326-0811-5 2001 上海辞书出版社

175 **鲁迅画传** 吴中杰著 K825.6=6/2730 7-309-04341-3 2005 复旦大学出版社

176 **鲁迅画传** 余连祥著 K825.6=6/2730 978-7-210-04182-5 2009 江西人民出版社

177 **鲁迅画传：[英文本]** 北京鲁迅博物馆编 K825.6-64/2730 978-7-80765-218-2 2010 河南文艺出版社

178 **鲁迅画传：反抗者及其影子** 林贤治著 K825.6=6/2730 7-80130-778-X 2004 团结出版社

179 **鲁迅回想录** 周楠本编注 K825.6=6/2730 7-5334-4545-7 2006 福建教育出版社

180 **鲁迅回忆录：手稿本** 许广平著 K825.6=6/2730 978-7-5354-4237-6 2010 长江文艺出版社

181 **鲁迅回忆录·散篇 上** 鲁迅博物馆等选编 K825.6/2730v1 7-200-03253-0 1999 北

京出版社

182　**鲁迅回忆录·散篇 中**　鲁迅博物馆等选编　K825.6/2730v2　7-200-03253-0　1999　北京出版社

183　**鲁迅回忆录·散篇 下**　鲁迅博物馆等选编　K825.6/2730v3　7-200-03253-0　1999　北京出版社

184　**鲁迅回忆录·专著 上**　鲁迅博物馆等编　K825.6/2730v1　7-200-03251-4　1999　北京出版社

185　**鲁迅回忆录·专著 中**　鲁迅博物馆等编　K825.6/2730v2　7-200-03251-4　1999　北京出版社

186　**鲁迅回忆录·专著 下**　鲁迅博物馆等编　K825.6/2730v3　7-200-03251-4　1999　北京出版社

187　**鲁迅回忆录正误**　朱正著　K825.6/2730　1986　人民文学出版社

188　**鲁迅回忆录正误**　朱正著　K825.6=6/2730　7-213-01807-8　1999　浙江人民出版社

189　**鲁迅婚姻的四个问题**　孙可为　K825.6=6/2730　978-7-104-03563-3　2011　中国戏剧出版社

190　**鲁迅活着**　朱竞编　I210.96/2500　7-5039-2776-3　2005　文化艺术出版社

191　**鲁迅纪念研究：1936-1949**　程振兴著　K825.6=6/2730　978-7-5004-9310-5　2011　中国社会科学出版社

192　**鲁迅家世**　段国超著　K825.6/2730　7-5041-0538-4　1998　教育科学出版社

193　**鲁迅家世**　张能耿、张款著　K820.9/1221　7-80098-342-0　2000　党建读物出版社

194　**鲁迅家庭大相簿**　周海婴撰文　K820.9/2730　7-80716-140-X　2005　同心出版社

195　**鲁迅家庭家族和当年绍兴民俗：鲁迅堂叔周冠五回忆鲁迅全编**　周冠五著　K820.9/7731　7-80646-859-5　2006　上海文化出版社

196　**鲁迅教我**　王得后著　I210.96/1027　7-5334-4539-2　2006　福建教育出版社

197　**鲁迅教育思想概论**　侯甫知著　G40-092.6/2758　978-7-5647-3855-6　2017　电子科技大学出版社

198　**鲁迅经典语录**　李新宇编选　I210.2/4003　978-7-201-07077-3　2011　天津人民出版社

199　**鲁迅九讲**　钱理群著　I210.96/8311　978-7-5334-4623-9　2007　福建教育出版社

200　**鲁迅梁实秋论战实录**　黎照编　I210.4/2730　7-80082-810-7　1997　华龄出版社

201　**鲁迅零距离**　周令飞主编　K825.6=6/2730　978-7-02-008904-8　2012　人民文学出版社

202　**鲁迅六讲**　郜元宝著　I210.97/2713　7-5426-1380-4　2000　上海三联书店

203　**鲁迅六讲**　郜元宝著　I210.97/2713　978-7-301-11506-0　2007　北京大学出版社

204　**鲁迅论教育**　中央教育科学研究所编　I210.3/5054　1986　教育科学出版社

205　**鲁迅美术年谱**　王心棋编著　K825.6/2730　1986　岭南美术出版社

206　**鲁迅美术年谱**　萧振鸣著　K825.6=6/2730　978-7-5013-4375-1　2010　国家图书馆出版社

207　**鲁迅木刻活动年谱**　李允经、马蹄疾编著　K825.6/2730　1986　上海人民美术出版社

208　**鲁迅年谱: 校注本**　曹聚仁著　K825.6=6/2730　978-7-108-03546-2　2011　生活·读书·新知三联书店

209　**鲁迅年谱·第一卷**　李何林主编　K825.6=6/2730v1　7-02-003043-2　2000　人民文学出版社

210　**鲁迅年谱·第三卷**　李何林主编　K825.6=6/2730v3　7-02-003043-2　2000　人民文学出版社

211　**鲁迅年谱·第四卷**　李何林主编　K825.6=6/2730v4　7-02-003043-2　2000　人民文学出版社

212　**鲁迅批判**　李长之著　K825.6=6/2730　978-7-80761-349-7　2010　岳麓书院

213　**鲁迅评说八十年**　子通主编　K825.6=6/2730　7-80120-879-X　2005　中国华侨出版社

214　**鲁迅评传**　曹聚仁著　K825.6=6/2730　7-309-04828-8　2006　复旦大学出版社

215　**鲁迅评传**　曹聚仁著　K825.6=6/2730　978-7-108-03544-8　2011　三联书店

216　**鲁迅评传**　曹聚仁著　K825.6=6/2730　7-80627-415-4　2006　东方出版中心

217　**鲁迅评传**　陈漱渝著　K825.6=6/2730　7-5087-1102-5　2006　中国社会出版社

218　**鲁迅评传**　吴俊著　K825.6=6/2730　978-7-80579-222-4　2010　百花洲文艺出版社

219　**鲁迅评传: 1881-1926**　史莽著　K825.6=6/2730

220　**鲁迅其人**　张杰、杨燕丽选编　K825.6=6/2730　7-80149-555-1　2002　社会科学文献出版社

221　**鲁迅前期文本中的"个人"观念**　汪卫东著　I210.96/3114　7-02-005368-8　2006　人民文学出版社

222　**鲁迅亲友寻访录**　张能耿著　K825.6=6/2730　7-80098-676-4　2005　党建读物出版社

223　**鲁迅青少年时代的故事**　郭同文编著　K825.6/2730　1980　山东人民出版社

224　**鲁迅全传**　胡高普、王小川著　K825.6=6/2730　978-7-5609-9127-6　2013　华中科技

大学出版社

225　**鲁迅全传·苦魂三部曲之怀霜夜**　张梦阳著　K825.6=6/2730　978-7-5075-4552-4
2016　华文出版社

226　**鲁迅全传·苦魂三部曲之会稽耻**　张梦阳著　K825.6=6/2730　978-7-5075-4550-0
2016　华文出版社

227　**鲁迅全传·苦魂三部曲之野草梦**　张梦阳著　K825.6=6/2730　978-7-5075-4551-7
2016　华文出版社

228　**鲁迅日历**　贝为任编著　I210.2/7732　978-7-5194-2018-5　2016　光明日报出版社

229　**鲁迅三兄弟**　黄野著　K825.6=6/2730　978-7-80688-592-5　2010　天津社会科学院出
版社

230　**鲁迅三兄弟**　朱正著　K825.6=6/2510　978-7-309-06680-7　2010　作家出版社

231　**鲁迅社会影响调查报告**　周令飞主编　K825.6=6/2730　978-7-5115-0641-2　2011　人
民日报出版社

232　**鲁迅身后事**　朱正著　K825.6=6/2730　7-5334-4541-4　2006　福建教育出版社

233　**鲁迅生活中的女性**　马蹄疾著　K825.6=6/2730　978-7-310-05301-8　2017　南开大学
出版社

234　**鲁迅生平疑案**　王锡荣撰　K825.6=6/2730　978-7-208-14055-4　2016　上海人民出
版社

235　**鲁迅生平疑案**　王锡荣撰　K825.6=6/2730　7-5326-1033-0　2002　上海辞书出版社

236　**鲁迅生平与文稿考证**　葛涛著　K825.6=6/2730　978-7-5664-1381-9　2017　安徽大学
出版社

237　**鲁迅诗集**　鲁迅著　I210.5/2730　1986　湖南人民出版社

238　**鲁迅史料考证**　朱正、陈漱渝等著　K825.6=6/2730　7-5434-3999-9　2000　河北教育
出版社

239　**鲁迅是非**　房向东著　K825.6=6/2730　978-7-80186-774-2　2008　东方出版中心

240　**鲁迅是谁?**　周海婴、周令飞著　K825.6=6/2730　978-7-80251-957-2　2011　金城出
版社

241　**鲁迅书话**　杭州文艺编辑部编　I210.97/4030　1976　杭州文艺编辑部

242　**鲁迅思想录**　林贤治编注　K825.6=6/2730　978-7-309-07732-2　2011　复旦大学出
版社

243　**鲁迅思想系统研究**　周令飞主编　I210.96/7781　978-7-5115-3290-9　2016　人民日报

出版社

244 **鲁迅谈话辑录** 武德运编 I210.2/2730 7-5013-1465-9 1998 北京图书馆出版社

245 **鲁迅铜像落成纪念** 绍兴市鲁迅铜像筹建委员会编辑 K825.6/6/2730 1991 绍兴市鲁迅铜像筹建委员会

246 **鲁迅图传** 黄乔生著 K825.6/6/2730 978-7-5117-0493-1 2012 中央编译出版社

247 **鲁迅图传** 朱正著文 K825.6/6/2730 7-5406-5433-3 2004 广东教育出版社

248 **鲁迅晚年情怀** 王彬彬著 K825.6/6/2730 978-7-208-13163-7 2015 上海人民出版社

249 **鲁迅文化史** 葛涛著 K825.6/6/2730 978-7-5060-2746-5 2007 东方出版社

250 **鲁迅文化思想探索** 金宏达著 I210.97/8033 1986 北京师范大学出版社

251 **鲁迅文艺思想概述** 闵开德、吴同瑞编 I210.97/3712 1986 北京大学出版社

252 **鲁迅先生二三事** 孙伏园著 I825.6/1926 1980 湖南人民出版社

253 **鲁迅先生二三事：前期弟子忆鲁迅** 孙伏园、许钦文等著 K825.6/6/2730 7-5434-4000-8 2000 河北教育出版社

254 **鲁迅先生纪念集** 刘运峰编 K825.6/6/2730 978-7-201-05525-1 2007 天津人民出版社

255 **鲁迅先生趣事** 谢德铣编著 K825.6/3428 7-5342-0692-8 1990 浙江少年儿童出版社

256 **鲁迅向左 新月向右** 李伶伶著 K825.6/6/2730 978-7-5399-4800-3 2012 江苏文艺出版社

257 **鲁迅肖像** 郝永勃著 K825.6/6/2730 978-7-5087-3115-5 2010 中国社会出版社

258 **鲁迅小说新论** 范伯群、曾华鹏著 I210.97/4421 1986 人民文学出版社

259 **鲁迅学：在中国 在东亚** 张梦阳著 K825.6/6/2730 978-7-5406-6591-3 2007 广东教育出版社

260 **鲁迅学文献类型研究** 徐鹏绪著 I210.97/2872 7-5004-4971-2 2004 中国社会科学出版社

261 **鲁迅研究** 朱晓进、杨洪承、唐纪如编 K825.6/6/2730 978-7-101-07539-7 2011 中华书局

262 **鲁迅研究：1979～1993：复印报刊资料全文资料光盘** 中国人民大学书报资料中心出品 I210.97-794/5068 中国人民大学书报资料中心

263 **鲁迅研究·12"鲁迅与中外文化"** 中国鲁迅研究学会《鲁迅研究》编辑部编

I210.97/2731v12　7-5004-0011-X　1988　中国社会科学出版社

264 **鲁迅研究·13**　中国鲁迅研究学会《鲁迅研究》编辑部编　I210.97/2731v13　7-5004-0132-9　1988　中国社会科学出版社

265 **鲁迅研究·14**　中国鲁迅研究学会《鲁迅研究》编辑部编　I210.97/2731v14　7-5004-0565-0　1989　中国社会科学出版社

266 **鲁迅研究·上**　林志浩著　I210.97/4443v1　1986　中国人民大学出版社

267 **鲁迅研究·下**　林志浩著　I210.97/4443v2　7-300-00287-0　1988　中国人民大学出版社

268 **鲁迅研究大纲**　雷世文著　K825.6/6/2730　978-7-302-21675-9　2010　清华大学出版社

269 **鲁迅研究的历史批判：论鲁迅**　汪晖、钱理群等著　K825.6=6/2730　7-5434-4007-5　2000　河北教育出版社

270 **鲁迅研究书录**　纪维周等编　Z88:I210.97/2727　1987　书目文献出版社

271 **鲁迅研究述评：2001-2010**　崔云伟、刘增人著　K825.6=6/2730　978-7-5161-5417-5　2014　中国社会科学出版社

272 **鲁迅研究月刊**　鲁迅博物馆主办　I20/2731　1990至今　北京鲁迅博物馆

273 **鲁迅研究资料索引·续编**　中国社会科学院文学研究所资料室编　Z89:I210.97/5063　1986　人民文学出版社

274 **鲁迅遗风录**　孙郁著　K825.6/6/2730　978-7-5399-9480-2　2016　江苏凤凰文艺出版社

275 **鲁迅影集：1881-1936**　黄乔生编著　K825.6/6/2730　978-7-02-012234-9　2018　人民文学出版社

276 **鲁迅影像故事**　周令飞主编　K825.6/6/2730　978-7-02-008641-2　2011　人民文学出版社

277 **鲁迅与"左联"**　王宏志著　I210/1034　7-80225-038-2　2006　新星出版社

278 **鲁迅与"左联"：中国鲁迅研究会理事会2010年年会论文集**　谭桂林、吴康主编　K825.6/6/2730　978-7-5648-0542-5　2011　湖南师范大学出版社

279 **鲁迅与《新青年》**　上海鲁迅纪念馆编　K825.6/6/2730　978-7-5326-4715-6　2016　上海辞书出版社

280 **鲁迅与北京风土**　邓云乡著　K825.6/6/2730　7-5434-5326-6　2004　河北教育出版社

281 **鲁迅与陈独秀**　孙郁著　K825.6/6/2730　978-7-221-08414-9　2009　贵州人民出版社

282 鲁迅与陈独秀　孙郁著　K825.6=6/2730　978-7-5143-1241-6　2013　现代出版社

283 鲁迅与城市文化：2015 国际学术研讨会论文集　李露儿编　K825.6=6/2730　978-7-5190-2229-7　2016　中国文联出版社

284 鲁迅与电影：鲁迅观影资料简编：1927.10.7－1936.10.10　李浩、丁佳园编著　K825.6=6/2730　978-7-5458-1791-1　2019　上海书店出版社

285 鲁迅与方志敏　黄中海著　K825.6=6/2730　7-101-02871-3　2001　中华书局

286 鲁迅与顾颉刚　王富仁著　K825.6=6/2730　978-7-100-16069-8　2018　商务印书馆

287 鲁迅与胡风　黄乔生著　K825.6=6/2730　7-202-02853-0　2003　河北人民出版社

288 鲁迅与胡适　孙郁著　K825.6=6/2730　978-7-5143-1240-9　2013　现代出版社

289 鲁迅与胡适："立人"与"立宪"　房向东著　K825.6=6/2730　978-7-313-14298-6　2016　上海交通大学出版社

290 鲁迅与胡适："立人"与"立宪"　房向东著　K825.6=6/2730　978-7-202-05917-3　2011　河北人民出版社

291 鲁迅与胡适：影响 20 世纪中国文化的两位智者　孙郁著　K825.6=6/2730　7-205-04692-0　2000　辽宁人民出版社

292 鲁迅与孔子　王得后著　K825.6=6/2730　978-7-02-007763-2　2010　人民文学出版社

293 鲁迅与林语堂　董大中著　K825.6=6/2730　7-202-02851-4　2003　河北人民出版社

294 鲁迅与鲁门弟子　耿传明著　K825.6=6/2730　978-7-5347-6025-9　2011　大象出版社

295 鲁迅与茅盾　李继凯著　K825.6=6/2730　7-202-02852-2　2003　河北人民出版社

296 鲁迅与明清小说关系研究　吴金梅著　K825.6=6/2730　978-7-5203-0539-6　2017　中国社会科学出版社

297 鲁迅与日本人：亚洲的近代与"个"的思想　（日本）伊藤虎丸著　I210.96/2742　7-5434-4014-8　2000　河北教育出版社

298 鲁迅与日本友人　王锡荣主编　K825.6=6/2730　978-7-5520-0272-0　2013　上海社会科学院出版社

299 鲁迅与日本友人　周国伟著　K825.6=6/2730　7-80678-578-7　2006　上海书店出版社

300 鲁迅与绍兴历代名贤　宋志坚著　I210.97/2730　7-5615-0326-1　1991　厦门大学出版社

301 鲁迅与世界　宣传中、朱振国主编　I210.96/3025　7-5063-2154-8　2004　作家出版社

302 鲁迅与他"骂"过的人　房向东编著　K825.6=6/2730　7-80622-165-4　1996　上海书

店出版社

303 **鲁迅与他的北京** 萧振鸣著 K825.6=6/2730 978-7-5402-3513-0 2015 北京燕山出版社

304 **鲁迅与他的论敌** 房向东著 K825.6=6/2730 978-7-80678-749-6 2007 上海书店出版社

305 **鲁迅与我七十年** 周海婴著 K825.6=6/2730 7-80741-027-2 2006 文汇出版社

306 **鲁迅与我七十年** 周海婴著 K825.6=6/2730 7-5442-1956-9 2001 南海出版公司

307 **鲁迅与五四新文化精神** 广东鲁迅研究学会编 I210.96/0042 7-218-03582-5 2001 广东人民出版社

308 **鲁迅与现代文学丛书：1925-1936** 张泽贤著 K825.6/2730 978-7-5476-1172-2 2016 上海世纪出版股份有限公司远东出版社

309 **鲁迅与萧红** 叶君编著 K825.6=6/2730 978-7-5317-3655-4 2016 北方文艺出版社

310 **鲁迅与新时期文学** 常立霓著 I210.97/9001 978-7-80681-960-9 2007 上海社会科学院出版社

311 **鲁迅与许广平** 倪墨炎、陈九英著 K825.6=6/2730 978-7-545890100-2 2009 上海书店出版社

312 **鲁迅与许广平** 张恩和著 K825.6=6/2730 978-7-216-05309-9 2008 湖北人民出版社

313 **鲁迅与郁达夫之间** 丁仕原著 K825.6=6/2730 978-7-5034-2848-7 2011 中国文史出版社

314 **鲁迅与越风** 那秋生著 K825.6=6/2730 978-7-104-03563-3 2011 中国戏剧出版社

315 **鲁迅与越文化：2013 全国学术研讨会论文集** 李露儿编 K825.6=6/2730 978-7-5190-2229-7 2016 中国文联出版社

316 **鲁迅与中国传统文化：接受 偏离 回归** 李城希著 I210.96/4044 7-222-04893-6 2006 云南人民出版社

317 **鲁迅与中国士人传统** 田刚著 K825.6=6/2730 7-5004-4839-2 2005 中国社会科学出版社

318 **鲁迅与中国现代女作家：匕首与玫瑰** 陈漱渝、唐正杰等著 K825.6=6/2730 978-7-202-05530-4 2011 河北人民出版社

319 **鲁迅与中国现代史：纪念鲁迅诞辰 110 周年：1881-1991** 李安葆著 K825.6/2730 7-207-01549-6 1991 黑龙江人民出版社

320 **鲁迅与中国现代文场** 孙赛茵著 K825.6=6/2730 978-7-302-38494-6 2014 清华大学出版社

321 **鲁迅与中国新文学的精神** 姜振昌主编 I210.97/8056 7-5004-4970-4 2004 中国社会科学出版社

322 **鲁迅与中外美术** 李允经著 K825.6=6/2730 7-80550-667-1 2005 书海出版社

323 **鲁迅与周作人** 孙郁著 K825.6=6/2730 978-7-205-06148-7 2007 辽宁人民出版社

324 **鲁迅与宗教文化** 郑欣淼著 K825.6=6/2730 7-5004-4968-2 2004 中国社会科学出版社

325 **鲁迅语录** 江河、袁元编 I210.2/3130 7-5387-2008-1 2005 时代文艺出版社

326 **鲁迅语录：20世纪中国文学旗手** 张晓星编 I210.2/2730 7-80600-874-8 2004 京华出版社

327 **鲁迅语录新编** 林贤治编注 I210.2/2730 7-5360-4638-3 2006 花城出版社

328 **鲁迅语言修改艺术** 刘刚、但国干著 I210.97/0270 7-81001-266-5 1993 中央民族学院出版社

329 **鲁迅粤港时期史实考述** 李伟江著 K825.6=6/2730 978-7-80665-864-2 2007 岳麓书社

330 **鲁迅杂考** 张杰著 K825.6=6/2730 7-5334-4543-0 2006 福建教育出版社

331 **鲁迅杂文辞典** 薛绥之主编 I210.4-61/4423 1986 山东教育出版社

332 **鲁迅杂文诗学研究** 沈金耀著 I210.97/3489 7-5334-4565-1 2006 福建教育出版社

333 **鲁迅杂文与科学史** 余凤高编 I210.97/8070 1986 浙江文艺出版社

334 **鲁迅在上海的居住与饮食** 施晓燕著 K825.6=6/2730 978-7-5458-1792-8 2019 上海书店出版社

335 **鲁迅在绍兴** 朱忞等编著 K825.6/2730 7-5339-0827-9 1997 浙江文艺出版社

336 **鲁迅在西安** 单演义著 K825.6=6/2730 978-7-5604-2655-6 2009 西北大学出版社

337 **"鲁迅"在延安** 潘磊著 I210.96/3210 978-7-5633-7648-3 2008 广西师范大学出版社

338 **鲁迅这座山：关于鲁迅的随想与杂感** 房向东著 K825.6=6/2730 978-7-313-14301-3 2016 上海交通大学出版社

339 **鲁迅箴言：[中日对照]** 《鲁迅箴言》编辑组编 H369.4:I/2738 978-7-108-03686-5 2011 生活·读书·新知三联书店

340　**鲁迅箴言新编**　阎晶明选编　I210.2/2730　978-7-80768-165-6　2017　生活书店出版有限公司

341　**鲁迅正传**　陈漱渝著　K825.6=6/2730　978-7-5399-3124-1　2010　江苏文艺出版社

342　**鲁迅著译编年全集：一八九八年～一九三六年**　王世家、止庵编　I210.1/2730　978-7-01-007437-5　2009　人民出版社

343　**鲁迅传**　高旭东、葛涛著　K825.6=6/2730　978-7-01-012082-9　2013　人民出版社

344　**鲁迅传**　林辰著　K825.6=6/2730　7-211-04695-3　2004　福建人民出版社

345　**鲁迅传**　林非、刘再复著　K825.6=6/2730　978-7-5334-5294-0　2010　福建教育出版社

346　**鲁迅传**　林志浩著　K825.6/2730　7-5302-0207-3　1991　北京十月文艺出版社

347　**鲁迅传**　刘金平著　K825.6=6/2730　978-7-5699-0258-7　2016　北京时代华文书局

348　**鲁迅传**　刘再复著　K825.6=6/2730　978-7-5115-0017-5　2010　人民日报出版社

349　**鲁迅传**　许寿裳著　K825.6=6/2730　978-7-5581-1777-0　2017　吉林出版集团股份有限公司

350　**鲁迅传**　许寿裳著　K825.6=6/2730　978-7-5705-0181-6　2018　江西教育出版社

351　**鲁迅传**　许寿裳著　K825.6=6/2730　978-7-5060-3394-7　2009　东方出版社

352　**鲁迅传**　许寿裳著　K825.6=6/2730　978-7-206-09999-1　2014　吉林人民出版社

353　**鲁迅传**　许寿裳著　K825.6/3859　978-7-5108-5296-1　2017　九州出版社

354　**鲁迅传**　许寿裳著　K825.6=6/2730　978-7-5470-4185-7　2016　万卷出版公司

355　**鲁迅传**　许寿裳著　K825.6=6/2730　978-7-5060-8243-3　2019　东方出版社

356　**鲁迅传**　朱正著　K825.6=6/2730　978-7-02-009246-8　2013　人民文学出版社

357　**鲁迅传：全本典藏版**　许寿裳著　K825.6=6/2730　978-7-5125-0079-2　2010　国际文化出版公司

358　**鲁迅纵横观**　（苏联）谢曼诺夫（Семанов、В.И.）著　K825.6/2730　7-5339-0045-6　1988　浙江文艺出版社

359　**鲁迅——最后的告别**　孔海珠著　K825.6=6/2730　978-7-02-008395-4　2011　人民文学出版社

360　**鲁迅最后十二年与美术**　杨永德、杨宁编著　K825.6=6/2730　978-7-5039-3185-7　2007　文化艺术出版社

361　**鲁迅作品赏析大辞典**　张效民主编　I210-61/1207　7-80543-222-8　1992　四川辞书出版社

362 **论鲁迅的杂文创作** 吴中杰著 I210.97/6054 7-5399-0114-4 1988 江苏文艺出版社

363 **"骂"人与被"骂"：鲁迅生前身后事** 房向东著 K825.6=6/2730 7-5436-3972-6 2007 青岛出版社

364 **蒙树宏文集：第一卷 鲁迅年谱稿** I206/4443 978-7-5482-1834-0 2016 云南大学出版社

365 **民国那些人：鲁迅同时代人** 陈漱渝、姜异新主编 K825.6=6/2730 978-7-5407-5863-9 2012 漓江出版社

366 **民国那些事：鲁迅同时代人** 陈漱渝、姜异新主编 K825.6=6/2730 978-7-5407-5958-2 2012 漓江出版社

367 **民俗学视域下的鲁迅与传统文化研究** 闫宁著 I210.96/2730 978-7-5203-0080-3 2017 中国社会科学出版社

368 **民族魂：鲁迅传** 陈漱渝著 K825.6=6/2730 978-7-5317-4104-6 2018 北方文艺出版社

369 **民族魂：鲁迅传** 陈漱渝著 K825.6=6/2730 978-7-5407-5789-2 2012 漓江出版社

370 **民族魂——鲁迅** 赵国华制作 K825.6/4462 7-89993-658-6 2006 浙江音像出版社

371 **民族新魂——鲁迅** 张俊著 K825.6=6/2730 978-7-5336-6924-9 2012 安徽教育出版社

372 **难兄难弟：周氏兄弟识小录** 黄恽著 K825.6=6/2730 978-7-5207-0327-7 2018 东方出版社

373 **平凡人鲁迅** 喻名乐著 K825.6=6/2730 978-7-5075-2153-5 2008 华文出版社

374 **求知·养气·战斗：鲁迅的读书生活** 高杰著 K825.6=6/2730 978-7-5470-5050-7 2018 万卷出版公司

375 **瞿秋白与鲁迅** 许京生著 K825.6=6/2730 978-7-5075-3716-1 2012 华文出版社

376 **人间鲁迅** 林贤治著 K825.6=6/2730 978-7-02-007899-8 2010 人民文学出版社

377 **人间鲁迅** 林贤治著 K825.6=6/2730 7-5336-3484-5 2004 安徽教育出版社

378 **人间鲁迅·第一部 探索者** 林贤治著 I247.5/4423v1 1986 花城出版社

379 **人之子——鲁迅传** 项义华著 K825.6=6/2730 7-213-02535-X 2003 浙江人民出版社

380 **如果现在他还活着：后期弟子忆鲁迅** 胡风、萧军等著 K825.6=6/2730 7-5434-4001-6 2000 河北教育出版社

381 **三人行：鲁迅与许广平、朱安** 曾智中著 I247.5/8085 7-5006-0647-8 1990 中国

青年出版社

382 **上海鲁迅纪念馆: 鲁迅的故事** 吴美华编著 K825.6=6/2730 978-7-5533-0476-2 2014 南京出版社

383 **上海鲁迅研究·二零零七年秋** 王莲芬、王锡荣主编 K825.6=6/2730 978-7-80745-102-0 2007 上海社会科学院出版社

384 **上海鲁迅研究·二零零七年冬** 上海鲁迅纪念馆编 K825.6=6/2730 978-7-80745-139-6 2007 上海社会科学出版社

385 **上海鲁迅研究·二零零八年春** 上海鲁迅纪念馆编 K825.6=6/2730 978-7-80745-159-4 2008 上海社会科学院出版社

386 **上海鲁迅研究·二零零八年夏** 王莲芬、王锡荣主编 K825.6=6/2730 978-7-80745-202-7 2008 上海社会科学院出版社

387 **上海鲁迅研究·二零零八年秋** 王莲芬、王锡荣主编 K825.6=6/2730 978-7-80745-355-0 2008 上海社会科学院出版社

388 **上海鲁迅研究·二零零八年冬** 王锡荣主编 K825.6=6/2730 978-7-80745-354-3 2009 上海社会科学院出版社

389 **上海鲁迅研究·二零零九年春** 王锡荣主编 K825.6=6/2730 978-7-80745-497-7 2009 上海社会科学院出版社

390 **上海鲁迅研究·二零零九年夏** 王锡荣主编 K825.6=6/2730 978-7-80745-358-1 2009 上海社会科学院出版社

391 **上海鲁迅研究·二零零九年秋** 王锡荣主编 K825.6=6/2730 978-7-80745-373-4 2009 上海社会科学院出版社

392 **上海鲁迅研究·二零零九年冬** 王锡荣主编 K825.6=6/2730 978-7-80745-374-1 2009 上海社会科学院出版社

393 **上海鲁迅研究·二零一零年春** 王锡荣主编 K825.6=6/2730 978-7-80745-464-9 2010 上海社会科学院出版社

394 **上海鲁迅研究·二零一零年夏** 王锡荣主编 K825.6=6/2730 978-7-80745-708-4 2010 上海社会科学院出版社

395 **上海鲁迅研究·二零一零年秋** 王锡荣主编 K825.6=6/2730 978-7-80745-760-2 2010 上海社会科学院出版社

396 **上海鲁迅研究·二零一零年冬** 王锡荣主编 K825.6=6/2730 978-7-80745-769-5 2010 上海社会科学院出版社

397 **上海鲁迅研究·二零一一年春** 王锡荣主编 K825.6=6/2730 978-7-80745-690-2

2010　上海社会科学院出版社

398　**上海鲁迅研究·二零一一年秋**　上海鲁迅纪念馆编　K825.6=6/2730　978-7-80745-908-8　2011　上海社会科学院出版社

399　**上海鲁迅研究 12**　上海鲁迅纪念馆编　K825.6=6/2730　7-80656-473-X　2001　百家出版社

400　**少不读鲁迅 老不读胡适**　韩石山著　K825.6=6/2730　7-5057-2119-4　2005　中国友谊出版公司

401　**少不读鲁迅 老不读胡适**　韩石山著　K825.6=6/2730　978-7-224-10034-1　2012　陕西人民出版社

402　**绍兴鲁迅纪念馆馆藏文物精品集**　绍兴鲁迅纪念馆编　K825.6 = 6/2730　978-7-5508-0213-1　2011　西泠印社出版社

403　**绍兴鲁迅研究·2006**　绍兴鲁迅纪念馆、绍兴市鲁迅研究中心编　K825.6=6/2730　7-5321-3100-9　2006　上海文艺出版社

404　**绍兴鲁迅研究·2007**　绍兴鲁迅纪念馆、绍兴市鲁迅研究中心编　K825.6=6/2730　978-7-5321-3254-6　2007　上海文艺出版社

405　**绍兴鲁迅研究·2009**　绍兴鲁迅纪念馆、绍兴市鲁迅研究中心编　K825.6=6/2730　978-7-5321-3645-2　2009　上海文艺出版社

406　**绍兴鲁迅研究·2010**　绍兴鲁迅纪念馆、绍兴市鲁迅研究中心编　K825.6=6/2730　978-7-5321-3988-0　2010　上海文艺出版社

407　**绍兴鲁迅研究·2011**　绍兴鲁迅纪念馆、绍兴市鲁迅研究中心编　K825.6=6/2730　978-7-5321-4212-5　2011　上海文艺出版社

408　**绍兴鲁迅研究·2012**　绍兴鲁迅纪念馆、绍兴市鲁迅研究中心编　K825.6=6/2792　978-7-5321-4607-9　2012　上海文艺出版社

409　**绍兴鲁迅研究·2014**　绍兴鲁迅纪念馆、绍兴市鲁迅研究中心编　K825.6=6/2730　978-7-5321-5436-4　2014　上海文艺出版社

410　**绍兴鲁迅研究·2015**　绍兴鲁迅纪念馆、绍兴市鲁迅研究中心编　K825.6=6/2730　978-7-308-14973-0　2015　浙江大学出版社

411　**绍兴鲁迅研究·2016**　绍兴鲁迅纪念馆、绍兴市鲁迅研究中心编　K825.6=6/2730　978-7-5520-1502-7　2016　上海社会科学院出版社

412　**绍兴鲁迅研究·2017**　绍兴鲁迅纪念馆、绍兴市鲁迅研究中心编　K825.6=6/2730　978-7-5520-2083-0　2017　上海社会科学院出版社

413　**绍兴鲁迅研究·2018**　绍兴鲁迅纪念馆、绍兴市鲁迅研究中心编　K825.6=6/2730

978-7-5520-2432-6　2018　上海社会科学院出版社

414　**绍兴鲁迅研究专刊·第 15 期**　绍兴市鲁迅研究学会编　I210.97/2792　1994　绍兴师专鲁迅研究室

415　**绍兴鲁迅研究专刊·第 16 期**　绍兴市鲁迅研究学会编　I210.97/2792　1995　绍兴鲁迅研究会

416　**绍兴鲁迅研究专刊·第 19 期**　绍兴市鲁迅研究学会编　I210.97/2792　1998　绍兴师专鲁迅研究室

417　**绍兴鲁迅研究专刊·第 20 期**　绍兴市鲁迅研究学会编　I210.97/2792　1998　绍兴鲁迅研究会

418　**神圣的解构：鲁迅研究的四维审视**　张佐邦等著　K825.6=6/2730　978-7-5614-4240-1　2008　四川大学出版社

419　**生存，并不是苟活：鲁迅传**　许寿裳著　K825.6=6/2730　978-7-5133-2777-0　2017　新星出版社

420　**失败的偶像：重读鲁迅**　敬文东著　I210.97/4804　7-5360-4018-0　2003　花城出版社

421　**师生情缘：鲁迅与许广平**　崔冬靖著　K825.6=6/2730　978-7-5378-4366-9　2015　北岳文艺出版社

422　**十年携手共艰危：许广平忆鲁迅**　许广平著　K825.6=6/2730　7-5434-4012-1　2000　河北教育出版社

423　**时为公务员的鲁迅**　吴海勇著　K825.6=6/2730　7-5633-5496-4　2005　广西师范大学出版社

424　**书里人生：兄弟忆鲁迅（二）**　周作人、周建人著　K825.6=6/2730　7-5434-4009-1　2000　河北教育出版社

425　**谁踢的一脚：鲁迅与右翼文人**　房向东著　K825.6=6/2730　978-7-5436-9836-9　2014　青岛出版社

426　**谁挑战鲁迅：新时期关于鲁迅的论争**　陈濑渝主编　K825.6=6/2730　7-5411-2088-X　2002　四川文艺出版社

427　**速读中国现当代文学大师与名家丛书·鲁迅卷**　景戎华主编　I206.6/6052　7-80158-352-3　2004　蓝天出版社

428　**孙氏兄弟谈鲁迅**　孙伏园、孙福熙著　K825.6=6/2730　7-80148-991-8　2006　新星出版社

429　**太阳下的鲁迅：鲁迅与左翼文人**　房向东著　K825.6=6/2730　978-7-313-14302-0　2016

上海交通大学出版社

430 **痛别鲁迅** 孔海珠著 K825.6=6/2730 7-80681-462-0 2004 上海社会科学院出版社

431 **突破盲点：世纪末社会思潮与鲁迅** 王富仁、赵卓著 I210.96/1032 7-5059-3922-X 2001 中国文联出版社

432 **图本鲁迅传** 高旭东、葛涛著 K825.6=6/2730 978-7-5445-1247-3 2011 长春出版社

433 **图本鲁迅传** 高旭东、葛涛著 K825.6=6/2730 978-7-5445-3567-0 2015 长春出版社

434 **外国友人忆鲁迅** 武德运编 K825.6/2730 7-5013-1463-2 1998 北京图书馆出版社

435 **晚清思想文化与鲁迅：兼论其小说杂家的文化个性** 李生滨著 K825.6=6/2730 978-7-5161-2741-4 2013 中国社会科学出版社

436 **亡友鲁迅印象记** 许寿裳著 K825.6=6/2730 978-7-80761-577-4 2011 岳麓书社

437 **亡友鲁迅印象记** 许寿裳著 K825.6=6/2730 978-7-5090-1009-9 2015 当代世界出版社

438 **亡友鲁迅印象记** 许寿裳著 K825.6=6/2730 978-7-5633-9999-4 2010 广西师范大学出版社

439 **亡友鲁迅印象记：许寿裳回忆鲁迅全编** 许寿裳著 K825.6=6/2730 7-80646-826-9 2006 上海文化出版社

440 **网络鲁迅** 葛涛编选 K825.6=6/2730 7-02-003538-8 2001 人民文学出版社

441 **微说鲁迅** 裘士雄、娄国忠著 I210.96/2730 9789624507751 2016 天马出版有限公司

442 **为了现代的人生：鲁迅阅读笔记** 李怡著 K825.6=6/2730 7-5320-9445-6 2004 上海教育出版社

443 **围剿集** 梁实秋等著 I210.96/3332 7-5434-4002-4 2000 河北教育出版社

444 **"文化创新与城市发展"鲁迅文化论坛会议手册："鲁迅与新文学"国际学术研讨会** 鲁迅文化基金会绍兴分会编 K825.6=6/2730 2017

445 **文化观与翻译观：鲁迅、林语堂文化翻译对比研究：a contrastive study of cultural translation of Lu Xun and Lin Yutang** 陶丽霞著 I210.93/7711 978-7-5068-3067-6 2013 中国书籍出版社

446 **文化经典和精神象征："鲁迅与 20 世纪中国"国际学术研讨会论文集** 谭桂林、朱晓进、杨洪承主编 K825.6=6/2730 978-7-5651-1590-5 2013 南京师范大学出版社

447　**文学的怀旧**　刘麟著　I210.93/0200　978-7-80769-061-0　2013　北京时代华文书局

448　**我的朋友鲁迅**　（日本）内山完造著　K825.6=6/2730　978-7-5502-0830-8　2012　北京联合出版公司

449　**"我跟鲁迅的心是相通的"：毛泽东与鲁迅**　秋石著　A755/2910　978-7-208-14738-6　2017　上海人民出版社

450　**我记忆中的鲁迅先生：女性笔下的鲁迅**　萧红、俞芳等著　K825.6=6/2730　7-5434-4003-2　2000　河北教育出版社

451　**我听鲁迅讲文学**　程帆主编　K825.6=6/2730　7-80179-051-0　2002　中国致公出版社

452　**我注鲁迅**　周楠本著　I210.96/7745　7-5334-4544-9　2006　福建教育出版社

453　**无限沧桑怀遗简**　孙伏园等著　K825.6=6/2730　7-5434-4004-0　2000　河北教育出版社

454　**惜别**　（日本）太宰治著　I313.45/4033　978-7-5133-0019-3　2010　新星出版社

455　**先驱者的痛苦：鲁迅精神论析**　张鲁高著　I210.96/1220　7-5336-3414-4　2003　安徽教育出版社

456　**先生鲁迅：无法告别的灵魂**　肖同庆编著　I235.2/9070　978-7-5496-0337-4　2012　文汇出版社

457　**现代人的呐喊：鲁迅的人生探求**　邱存平著　I210.96/7741　7-5065-3776-1　2000　解放军出版社

458　**现代语文视野下的鲁迅研究**　何英著　I210.96/2140　978-7-5426-4558-6　2014　上海三联书店

459　**枭声或曰花开花落两由之：鲁迅的生命哲学与决绝态度**　吴海勇著　K825.6=6/2730　7-5360-4800-9　2006　花城出版社

460　**萧红与鲁迅**　叶君编著　K825.6=6/4420　978-7-5317-4272-2　2018　北方文艺出版社

461　**小手术：解剖鲁迅与许广平的精神世界**　端木赐香著　K825.6/2730　978-7-5177-0259-7　2015　中国发展出版社

462　**小闲事：恋爱中的鲁迅**　赵瑜著　K825.6=6/2730　978-7-5153-1090-9　2012　中国青年出版社

463　**小闲事：笑谈大先生的爱情史**　赵瑜著　K825.6=6/2730　978-7-5430-4407-4　2011　武汉出版社

464　**笑谈大先生：七讲鲁迅**　陈丹青著　I267/7475　978-7-5495-0013-0　2011　广西师范大学出版社

465　**心灵的探索**　钱理群著　I210.97/8311　7-301-04255-8　1999　北京大学出版社

466　**新文学天穹两巨星：鲁迅与胡适**　易竹贤著　I210.97/6082　7-307-04497-8　2005　武汉大学出版社

467　**寻访鲁迅在上海的足迹**　周国伟、柳尚彭著　K825.6=6/2730　7-80678-002-5　2003　上海书店出版社

468　**寻找鲁迅**　王志艳编著　K825.6-49/2730　978-7-5634-5909-4　2013　延边大学出版社

469　**寻找鲁迅：从百草园到且介亭**　吴十洲编著　K825.6=6/2730　978-7-5115-0170-7　2010　人民日报出版社

470　**寻找鲁迅·鲁迅印象**　钟敬文著/译　K825.6=6/2730　7-200-04451-2　2002　北京出版社

471　**仰望星空**　沈春松、史秋红主编　K825.6=6/2730　978-7-213-03721-4　2008　浙江人民出版社

472　**一代文豪鲁迅和他的家人**　吴传来主编　K825.6=6/2730　978-7-5526-2089-4　2015　宁波出版社

473　**一代文宗 刹那锦云：也是鲁迅，也是胡适**　姜异新著　K825.6=6/2730　978-7-5334-6927-6　2016　福建教育出版社

474　**一个人的爱与死**　林贤治著　K825.6=6/2730　978-7-309-07733-9　2011　复旦大学出版社

475　**一个人的呐喊：鲁迅 1881-1936**　朱正著　K825.6=6/2730　978-7-5302-0908-0　2007　北京十月文艺出版社

476　**一九二八至一九三六年的鲁迅：冯雪峰回忆鲁迅全编**　冯雪峰著　K825.6=6/2730　978-7-80740-365-4　2009　上海文化出版社

477　**以沫相濡亦可哀：鲁迅与许广平的爱情世界**　龙吕黄、刘世洋编　K825.6=6/2730　978-7-5060-3058-8　2008　东方出版社

478　**殷鉴与路标：鲁迅编辑思想研究**　李金龙著　G232/4084　978-7-104-04697-4　2019　中国戏剧出版社

479　**应该有新的生活：鲁迅"立人"思想今读**　刘国胜著　G40-092.6/0267　978-7-208-14025-7　2016　上海人民出版社

480　**永在的温情：文化名人忆鲁迅**　钟敬文、林语堂等著　K825.6=6/2730　7-5434-3998-0　2000　河北教育出版社

481　**与鲁迅面对面**　钱理群著　I210.96/8311　978-7-218-09925-5　2015　广东人民出版社

482　与鲁迅相遇：北大演讲录·二　钱理群著　K825.6=6/8311　7-108-01881-0　2003　生活·读书·新知三联书店

483　与周氏兄弟相遇　钱理群著　K825.6=6/2730　978-7-309-07387-4　2010　复旦大学出版社

484　越文化视野中的鲁迅　陈越主编　K825.6=6/2730　7-80647-746-2　2004　百花洲文艺出版社

485　再读鲁迅：鲁迅私下谈话录　吴作桥、吴东范、吴虹贤编　I210.2/6024　7-5387-1938-5　2005　时代文艺出版社

486　在绝望与希望之间挣扎：我眼中的鲁迅　王余著　K825.6=6/2730　978-7-5643-0387-7　2009　西南交通大学出版社

487　在老虎尾巴的鲁迅先生：许钦文忆鲁迅全编　许钦文著　I267/3880　978-7-80740-054-7　2007　上海文化出版社

488　在历史的转折点上：从周树人到鲁迅　张永泉著　I210.96/1232　7-5039-1998-1　2001　文化艺术出版社

489　在民国遇见鲁迅　萧无寄主编　K825.6=6/2730　978-7-80691-899-9　2014　海峡书局

490　张爱玲·鲁迅·沈从文：中国现代三作家论集　刘志荣著　I206.7-53/0244　978-7-309-09663-7　2013　复旦大学出版社

491　真假鲁迅辨　倪墨炎著　K825.6=6/2730　978-7-208-09496-3　2010　上海人民出版社

492　正说鲁迅　孔庆东著　K825.6=6/2730　978-7-80165-385-7　2007　中国海关出版社

493　正说鲁迅　孔庆东著　K825.6=6/2730　978-7-229-00231-2　2008　重庆出版社

494　正说鲁迅　孔庆东著　K825.6=6/2730　978-7-5059-7347-3　2012　中国文联出版社

495　知识与道德的纠葛：鲁迅与现代中国文学者的选择　符杰祥著　I209.6/8843　978-7-80186-967-8　2009　东方出版中心

496　挚友的怀念：许寿裳忆鲁迅　许寿裳著　K825.6=6/2730　7-5434-4005-9　2000　河北教育出版社

497　智慧之光：鲁迅的世界观和方法论　郭庆祥著　I210.96/0703　978-7-80206-863-6　2010　光明日报出版社

498　智者的思考：鲁迅的思维方法　邱存平著　I210.97/7741　7-5065-2600-X　1995　解放军出版社

499　中国鲁迅学通史：二十世纪中国一种精神文化现象的宏观描述、微观透视与理性反思·上卷　张梦阳著　K825.6=6/2730　7-5406-4649-7　2001　广东教育出版社

500　**中国鲁迅学通史：二十世纪中国一种精神文化现象的宏观描述、微观透视与理性反思·索引卷**　张梦阳编　K825.6=6/2730　7-5406-5182-2　2003　广东教育出版社

501　**中国鲁迅学通史：二十世纪中国一种精神文化现象的宏观描述、微观透视与理性反思·下卷**　张梦阳著　K825.6=6/2730　7-5406-5126-1　2001　广东教育出版社

502　**中国鲁迅研究的历史与现状**　王富仁著　K825.6=6/2730　7-5334-4540-6　2006　福建教育出版社

503　**中国文化的守夜人：鲁迅**　王富仁著　K825.6=6/2730　7-02-003569-8　2002　人民文学出版社

504　**中国需要鲁迅**　王富仁著　K825.6=6/2730　978-7-5664-0388-9　2013　安徽大学出版社

505　**周家后院：鲁迅三兄弟家事**　李伶伶著　K825.6=6/2730　978-7-5382-9137-7　2011　辽宁教育出版社

506　**周氏三兄弟：三兄弟的三种价值取向**　朱正著　K825.6=6/2730　7-5060-1671-0　2003　东方出版社

507　**周氏三兄弟：周树人 周作人 周建人合传**　黄乔生著　K825.6=6/2730　978-7-213-03681-1　2008　浙江人民出版社

508　**周氏兄弟与浙东文化**　顾琅川著　K825.6=6/2730　978-7-01-006866-4　2008　人民出版社

509　**著名作家的胡言乱语：韩石山的鲁迅论批判**　房向东著　K825.6=6/2730　978-7-5458-0277-1　2011　上海书店出版社

510　**追寻历史的真相：毛泽东与鲁迅**　秋石著　A755/2034　978-7-208-09850-3　2011　上海人民出版社

511　**追寻历史的真相：毛泽东与鲁迅**　秋石著　A755/2034　978-7-208-13417-1　2015　上海人民出版社

512　**自树树人：鲁迅美学探寻**　张永辉著　B83-092/1239　978-7-5161-3679-9　2013　中国社会科学出版社

513　**走读鲁迅**　陈光中著　K825.6=6/2730　978-7-5154-0826-2　2018　当代中国出版社

514　**走读鲁迅**　陈光中著　K825.6=6/2730　978-7-5034-2956-9　2011　中国文史出版社

515　**走读鲁迅：一代文学巨匠的十一个生命印记**　陈光中著　K825.6=6/2730　978-7-5034-6394-5　2015　中国文史出版社

516　**走进当代的鲁迅**　钱理群著　I210.97/8311　7-301-04254-X　1999　北京大学出版社

517　**走近鲁迅世界**　王祚庆著　I210.97/1030　978-7-5362-4165-7　2009　岭南美术出版社

518　**走近真实的鲁迅：鲁迅思想与五四文化论集**　孙玉石著　K825.6=6/2730　978-7-301-18002-0　2010　北京大学出版社

519　**走向二十一世纪的鲁迅**　高旭东著　I210.96/0044　7-5059-3872-X　2001　中国文联出版社

19.17

鲁迅著述

1　**阿 Q 正传**　鲁迅原著　I210.6/2730　978-7-201-04678-5　2007　天津人民出版社

2　**阿 Q 正传**　鲁迅著　I210.6/2730　978-7-5360-7523-8　2015　花城出版社

3　**阿 Q 正传**　鲁迅著　I210.6/2730　7-80622-285-5　1999　上海书店出版社

4　**阿 Q 正传**　鲁迅著　I216.1/4460v2　7-80141-041-6　1999　台海出版社

5　**阿 Q 正传**　鲁迅著　I210.6/2730　978-7-5113-6289-6　2016　中国华侨出版社

6　**阿 Q 正传**　鲁迅著　I210.2/2730　978-7-5080-5537-4　2010　华夏出版社

7　**阿 Q 正传**　鲁迅著　I210.6/2730　1972　陕西人民出版社

8　**阿 Q 正传**　鲁迅著　J228.4/4418　1980　上海人民美术出版社

9　**阿 Q 正传**　鲁迅著　I210.6/2730　978-7-5113-3260-8　2013　中国华侨出版社

10　**阿 Q 正传：汉英对照**　鲁迅著　H319.4/2730　7-119-02693-3　2001　外文出版社

11　**阿 Q 正传：赵延年木刻插图本**　鲁迅著　I210.6/2730　7-02-003747-X　2002　人民文学出版社

12　**阿 Q 正传 祝福：彩色插图本**　鲁迅著　I210.6/2730　7-213-02164-8　2001　浙江人民出版社

13　**阿 Q 正传·铸剑**　鲁迅著　I210.6/2730　7-309-04200-X　2004　复旦大学出版社

14　**阿 Q 正传六十图**　鲁迅原著　J228.4/2730　978-7-102-04932-8　2010　人民美术出版社

15　**阿 Q 正传一零八图**　鲁迅原著　J228.4/2730　1963　上海人民美术出版社

16　**阿长与《山海经》**　鲁迅著　I210.4/2730　978-7-5340-5096-1　2016　浙江人民美术出版社

17　**爱情定则：现代中国第一次爱情大讨论**　张竞生、鲁迅等著　D669.1/1202　978-7-108-03569-1　2011　三联书店

18　**八年级同步必读**　鲁迅、（法国）法布尔等著　G634.333/4230　978-7-5702-0446-5　2018　长江文艺出版社

19　**白光**　贺友直绘画　J228.4/4644　7-5322-4531-4　2005　上海人民美术出版社

20　**白光·鲁迅小说连环画**　鲁迅著　J228.4/4644　1980　上海人民美术出版社

21　**伴读鲁迅·故事新编**　鲁迅著　I210.2/2730　978-7-5486-1113-4　2017　上海世纪出版股份有限公司学林出版社

22　**伴读鲁迅·呐喊**　鲁迅著　I210.2/2730　978-7-5486-1194-3　2017　上海世纪出版股份有限公司学林出版社

23　**伴读鲁迅·彷徨**　鲁迅著　I210.2/2730　978-7-5486-1195-0　2017　上海世纪出版股份有限公司学林出版社

24　**伴读鲁迅·野草**　鲁迅著　I210.2/2730　978-7-5486-1133-2　2017　上海世纪出版股份有限公司学林出版社

25　**伴读鲁迅·朝花夕拾**　鲁迅著　I210.2/2730　978-7-5486-1088-5　2017　上海世纪出版股份有限公司学林出版社

26　**背着因袭的重担，肩住黑暗的闸门**　鲁迅著　I210.4/2730　978-7-5112-4897-8　2013　光明日报出版社

27　**北平笺谱**　鲁迅、郑振铎编　J227/2730　978-7-5149-0976-0　2014　中国书店

28　**北平笺谱·花卉笺**　鲁迅、郑振铎编　J227/2730　978-7-5508-1777-7　2016　西泠印社出版社

29　**北人与南人**　鲁迅等著　I266/2730　978-7-80189-888-3　2009　中国人事出版社

30　**鼻子**　（苏联）果戈理著　I512.44/6051　1952　人民文学出版社

31　**编年体鲁迅著作全集·壹 1898～1922：插图本**　鲁迅著　I210.1/2730v1　7-5334-3654-7　2006　福建教育出版社

32　**编年体鲁迅著作全集·贰 1923～1925：插图本**　鲁迅著　I210.1/2730v2　7-5334-3654-7　2006　福建教育出版社

33　**编年体鲁迅著作全集·叁 1926～1927：插图本**　鲁迅著　I210.1/2730v3　7-5334-3654-7　2006　福建教育出版社

34　**编年体鲁迅著作全集·肆 1928～1932：插图本**　鲁迅著　I210.1/2730v4　7-5334-3654-7　2006　福建教育出版社

35　**编年体鲁迅著作全集·伍 1933：插图本**　鲁迅著　I210.1/2730v5　7-5334-3654-7　2006
福建教育出版社

36　**编年体鲁迅著作全集·陆 1934：插图本**　鲁迅著　I210.1/2730v6　7-5334-3654-7　2006
福建教育出版社

37　**编年体鲁迅著作全集·柒 1935～1936：插图本**　鲁迅著　I210.1/2730v7　7-5334-3654-7
2006　福建教育出版社

38　**编年体鲁迅著作全集·捌 中国小说史略 汉文学史纲要：插图本**　鲁迅著　I210.1/2730v8
7-5334-3654-7　2006　福建教育出版社

39　**不曾苟活：民国大师的风骨和底气**　鲁迅、胡适等著　I267/2730　978-7-5456-0415-3
2013　贵州教育出版社

40　**创作要怎样才会好**　鲁迅著　I210.3/2730　1983　湖南人民出版社

41　**从百草园到三味书屋**　鲁迅文　I287.8/2730　978-7-5056-2224-1　2012　连环画出版社

42　**从百草园到三味书屋**　鲁迅著　I210.4/2730　978-7-5385-9604-5　2016　北方妇女儿
童出版社

43　**从百草园到三味书屋**　鲁迅著　I287.8/2730　978-7-5304-9643-5　2018　北京科学技
术出版社

44　**从百草园到三味书屋**　鲁迅著　I210.4/2730　978-7-5455-2164-1　2017　天地出版社

45　**从百草园到三味书屋**　鲁迅文　I287.8/2730　978-7-5390-3468-3　2010　江西科学技
术出版社

46　**从百草园到三味书屋 公园**　鲁迅、朱自清等著　I266/2730　978-7-02-012778-8　2017
人民文学出版社

47　**从来如此，便对么：鲁迅锦言录**　鲁迅著　I210.2/2730　978-7-5699-2360-5　2018
北京时代华文书局

48　**大家国学·鲁迅卷**　鲁迅著　Z126-53/2730　978-7-201-05827-6　2008　天津人民出
版社

49　**大师笔端的天使·鲁迅 / 巴金卷**　唐人主编　I286/0080　978-7-5371-8048-1　2010
新疆青少年出版社

50　**俄罗斯的童话**　（苏联）高尔基等著，鲁迅译　I512.88/0024　978-7-5090-0987-1
2014　当代世界出版社

51　**而已集**　鲁迅著　I210.4/2730　1973　人民文学出版社

52　**而已集**　鲁迅著　I210.4/2730　1958　人民文学出版社

53　**而已集**　鲁迅著　I210.4/2730　7-02-001575-1　1980　人民文学出版社

54　**二心集**　鲁迅著　I210.4/2730　978-7-5470-3871-0　2015　万卷出版公司

55　**二心集**　鲁迅著　I210.4/2730　1973　人民文学出版社

56　**二心集**　鲁迅著　I210.4/2730　1958　人民文学出版社

57　**二心集**　鲁迅著　I210.4/2730　7-5321-0884-8　1991　上海文艺出版社

58　**二心集: 杂文集**　鲁迅著　I210.4/2730　1973　人民文学出版社

59　**范曾插图鲁迅小说集**　鲁迅著　I210.6/2730　978-7-301-28029-4　2017　北京大学出版社

60　**坟**　鲁迅著　I210.4/2730　978-7-5470-3866-6　2015　万卷出版公司

61　**坟**　鲁迅著　I210.3/2730　1973　人民文学出版社

62　**坟**　鲁迅著　I210.4/2730　1949　鲁迅全集出版社

63　**丰子恺插图鲁迅小说全集**　I210.6/2730　978-7-5313-4350-9　2013　春风文艺出版社

64　**风弹琵琶，凋零了半城烟沙**　鲁迅著　I266/2730　978-7-5640-6952-0　2013　北京理工大学出版社

65　**风筝**　鲁迅文　I287.8/2730　978-7-5390-3945-9　2010　江西科学技术出版社

66　**风筝**　鲁迅著　I210.4/2730　978-7-5354-9498-6　2017　长江文艺出版社

67　**父父子子**　鲁迅、周作人、丰子恺等著　I266/2730　978-7-5699-2341-4　2018　北京时代华文书局

68　**跟大师读懂古典小说**　郑振铎、鲁迅等著　I207.41/8758　978-7-5032-3988-5　2010　中国旅游出版社

69　**狗·猫·鼠: 鲁迅专集**　I210.4/2730　978-7-5346-8371-8　2014　江苏凤凰少年儿童出版社

70　**古小说钩沉**　鲁迅校录　I242.7/2730　7-5333-0608-2　1997　齐鲁书社

71　**古小说钩沉**　鲁迅校录　I242.7/2730　1951　人民文学出版社

72　**古小说钩沉**　鲁迅著　I242.7/2730　1951　人民文学出版社

73　**故事新编**　鲁迅著　I210.6/2730　1973　人民文学出版社

74　**故事新编**　鲁迅著　I210.6/2730　1956　人民文学出版社

75　**故事新编**　鲁迅著　I210.6/2730　978-7-5470-3903-8　2015　万卷出版公司

76　**故事新编**　鲁迅著　I2/2730　7-5002-2375-7　2006　中国盲文出版社

77　**故事新编**　鲁迅著　I210.6/2730　978-7-5594-0127-4　2017　江苏凤凰文艺出版社

78　**故事新编**　鲁迅著　H339.4:I210.6/2730　7-119-02976-2　2002　外文出版社

79　**故事新编**　鲁迅著　I210.6/2730　978-7-201-08956-0　2015　天津人民出版社

80　**故事新编**　鲁迅原著　J228.2/8711　7-5011-5553-4　2002　新华出版社

81　**故事新编：插图本**　鲁迅著　I210.6/2730　7-02-005474-9　1979　人民文学出版社

82　**故事新编：汉英对照**　鲁迅著　H319.4/2730　7-119-02699-2　2000　外文出版社

83　**故事新编：赵延年木刻插图本**　鲁迅著　I210.6/2730　7-02-004399-2　2003　人民文学出版社

84　**故乡**　鲁迅文　I287.8/2730　978-7-5390-3703-5　2010　江西科学技术出版社

85　**故乡**　鲁迅著　I210.6/2730　978-7-5534-2774-4　2013　吉林出版集团有限责任公司

86　**故乡**　鲁迅著　I210.6/2730　1953　人民文学出版社

87　**故乡**　鲁迅著　I210.6/2730　978-7-5575-0546-2　2016　吉林美术出版社

88　**故乡**　鲁迅著　I210.6/2730　978-7-5470-4214-4　2016　万卷出版公司

89　**故乡**　鲁迅著　I210.2/2730　978-7-5470-1895-8　2012　万卷出版公司

90　**故乡**　鲁迅著　I210.6/2730　978-7-5354-9488-7　2017　长江文艺出版社

91　**故乡**　鲁迅著　I210.4/2730　978-7-5498-0923-3　2012　吉林摄影出版社

92　**故乡**　鲁迅著　J228.4/4521　1979　上海人民美术出版社

93　**故乡：经典彩绘本**　鲁迅著　I210.6/2730　978-7-80716-910-9　2015　同心出版社

94　**国学三家谈**　章太炎、梁启超、鲁迅著　Z126.27/0090　978-7-80179-714-8　2008　中国致公出版社

95　**过客**　鲁迅著　I210.4/2730　978-7-5034-7239-8　2016　中国文史出版社

96　**海上文学百家文库 021-022：鲁迅卷**　徐俊西主编　I211/2821　978-7-5321-3794-7　2010　上海文艺出版社

97　**河南**　鲁迅著　G04/2730　978-7-5117-2098-6　2014　中央编译出版社

98　**很多的梦，趁黄昏起哄：鲁迅诗文精选**　鲁迅著　I210.2/2730　978-7-5034-7973-1　2017　中国文史出版社

99　**红星佚史**　（英国）哈葛德、（英国）安度阑著，鲁迅译　I561.44/6842　7-80148-995-0　2006　新星出版社

100　**花边文学**　鲁迅著，鲁迅先生纪念委员会编　I210.4/2730　1951　人民文学出版社

101 **花边文学** 鲁迅著 I210.4/2730 1973 人民文学出版社

102 **花边文学** 鲁迅著 I210.4/2730 978-7-5470-3901-4 2015 万卷出版公司

103 **花边文学** 鲁迅著 I210.4/2730 7-02-001567-0 1980 人民文学出版社

104 **花边文学 伪自由书** 鲁迅著 I210.4/2730 978-7-5090-1016-7 2015 当代世界出版社

105 **华盖集** 鲁迅著 I210.4/2730 1973 人民文学出版社

106 **华盖集续编** 鲁迅著 I210.4/2730 1973 人民文学出版社

107 **华盖集续编** 鲁迅著 I210.4/2730 978-7-5470-3869-7 2015 万卷出版公司

108 **华盖集续编** 鲁迅著 I210.4/2730 1958 人民文学出版社

109 **华盖集续编** 鲁迅著 I210.4/2730 7-02-001574-3 1980 人民文学出版社

110 **画者鲁迅** 鲁迅绘 J121/2730 7-80740-036-6 2006 上海文化出版社

111 **话亦有道** 鲁迅等著 I266.1/2730 978-7-205-06804-2 2011 辽宁人民出版社

112 **坏孩子和别的奇闻** （俄罗斯）契诃夫著，鲁迅译 I512.44/5735 1953 人民文学出版社

113 **回忆鲁迅资料辑录** 鲁迅著 K825.6/2730 1980 上海教育出版社

114 **毁灭** （苏联）法捷耶夫著，鲁迅译 I512.45/3451 1957 人民文学出版社

115 **嵇康集** 鲁迅辑校 I213.612/2730 978-7-5054-4220-7 2018 朝华出版社

116 **集外集** 鲁迅著 I210.2/2730 978-7-5470-3878-9 2015 万卷出版公司

117 **集外集** 鲁迅著 I210.4/2730 1952 人民文学出版社

118 **集外集** 鲁迅著 I210.4/2730 1959 人民文学出版社

119 **集外集拾遗** 鲁迅著 I210.4/2730 978-7-5470-3879-6 2015 万卷出版公司

120 **集外集拾遗** 鲁迅著 I210.4/2730 7-02-001605-7 1993 人民文学出版社

121 **集外集拾遗** 鲁迅著 I210.4/2730 1973 人民文学出版社

122 **寄意寒星：鲁迅精选集** I210.2/2730 978-7-5403-2615-9 2013 崇文书局

123 **教我如何不想她：民国经典情诗选** 鲁迅、徐志摩、戴望舒等著 I226.2/2730 978-7-211-06491-5 2012 福建人民出版社

124 **解读鲁迅经典作品：伟大的二重性格** 鲁迅著 I210.97/2730 7-80673-664-6 2009 花山文艺出版社

125 **芥川龙之介中短篇小说集** （日本）芥川龙之介著，鲁迅译 I313.45/4424 978-7-

5360-6983-1　2014　花城出版社

126 **近代名人文库精萃·鲁迅**　刘东主编　I215.1/0240　978-7-5513-0258-6　2012　太白文艺出版社

127 **精读鲁迅**　乐齐主编　I210.2/2730　7-5078-1597-8　1998　中国国际广播出版社

128 **绝笔：芥川龙之介短篇小说集**　（日本）芥川龙之介著，鲁迅译　I313.45/4424　978-7-5455-3309-5　2018　天地出版社

129 **苦闷的象征**　（日本）厨川白村著，鲁迅译　I313.065/7122　978-7-5399-2960-6　2008　江苏文艺出版社

130 **苦闷的象征 出了象牙之塔**　（日本）厨川白村著，鲁迅译　I0/7122　1988　人民出版社

131 **狂人日记**　黄本蕊绘图　I18/3114　7-5434-4968-4　2003　河北教育出版社

132 **狂人日记**　鲁迅著　I210.6/2730　978-7-220-10139-7　2017　四川人民出版社

133 **狂人日记：赵延年木刻插图本**　鲁迅著　I210.6/2730　7-02-003942-1　2002　人民文学出版社

134 **冷眼柔肠的巨人**　鲁迅著　I210.4/2730　978-7-5396-3841-6　2011　安徽文艺出版社

135 **黎明前的呐喊：鲁迅语录**　张锐、孙永林选编　I210.2/2730　978-7-5399-5751-7　2013　江苏文艺出版社

136 **历代岭南笔记八种**　鲁迅，杨伟群点校　K296.5/2730　978-7-218-07054-4　2011　广东人民出版社

137 **良药醒世笔为旗：鲁迅励志文选**　鲁迅著　I210.4/2730　978-7-5158-1079-9　2014　中华工商联合出版社

138 **两地书**　鲁迅著　I210.7/2730　1959　人民文学出版社

139 **两地书·原信：鲁迅与许广平往来书信集**　鲁迅、景宋著　I210.7/2730　7-5006-6023-5　2005　中国青年出版社

140 **两地书全编**　鲁迅、景宋著　I210.7/2730　7-5339-1020-6　1998　浙江文艺出版社

141 **两地书真迹：手稿**　鲁迅、许广平著　I210.8/2730　7-5325-2003-X　1996　上海古籍出版社

142 **两地书真迹：原信**　鲁迅、许广平著　I210.8/2730　7-5325-2003-X　1996　上海古籍出版社

143 **鲁迅**　鲁迅著　I210.2/2730　7-80531-810-7　2001　文汇出版社

144 **鲁迅**　鲁迅著　I210.2/2730v2　7-5080-2165-7　2000　华夏出版社

145 **鲁迅 胡适等解读《金瓶梅》** 鲁迅等著 I207.419/2730 978-7-80669-349-0 2010
辽海出版社

146 **鲁迅 自剖小说** 王晓明编 I210.6/2730 978-7-5321-6794-4 2018 上海文艺出版社

147 **鲁迅 / 梁实秋论战实录** 鲁迅、梁实秋著 I210.4/2730 7-80082-810-7 1997 华龄
出版社

148 **鲁迅：插图本** 鲁迅著述 K825.6=6/2730 7-5004-4026-X 2003 中国社会科学出
版社

149 **鲁迅：刀边书话** 鲁迅著 I210.2/2730 978-7-5360-4916-1 2007 花城出版社

150 **鲁迅：国学杂谈** 鲁迅著 Z126.27/2730 978-7-5090-1155-3 2017 当代世界出版社

151 **鲁迅：经典赏读本** 鲁迅著 I210.97/2730 978-7-5301-2684-4 2011 北京少年儿童
出版社

152 **鲁迅·绍兴** 鲁迅等著 K925.53/2730 7-5386-1596-2 2004 吉林美术出版社

153 **鲁迅·徐志摩·朱自清文学经典大全集** 鲁迅、徐志摩、朱自清著 I216.1/2730 978-
7-04-031126-6 2010 高等教育出版社

154 **鲁迅报告：关于鲁迅和他的演讲** 鲁迅著 I210.2/2730 7-80187-151-0 2004 新世
界出版社

155 **鲁迅笔下的鲁镇：绣像绘图** 鲁迅著 I210.6/2730 7-80517-864-X 2005 西泠印社

156 **鲁迅编印美术书刊辑存十三种** J237/2730 978-7-5117-1869-3 2014 中央编译出
版社

157 **鲁迅大全集** 李新宇、周海婴主编 I210.1/2730v10 978-7-5354-4404-2 2011 长江
文艺出版社

158 **鲁迅代表作·上 阿 Q 正传** 鲁迅著 I210.2/2730v1 978-7-5080-1091-5 2008 华夏
出版社

159 **鲁迅代表作·下 随感录** 鲁迅著 I210.2/2730v2 978-7-5080-1091-5 2008 华夏出
版社

160 **鲁迅的"微博"** 朱晓编 I210.2/2730 978-7-5443-4546-0 2013 海南出版社

161 **鲁迅的绍兴** 鲁迅著 I210.6/2730 978-7-80768-013-0 2014 生活书店出版有限
公司

162 **鲁迅的绍兴** 鲁迅著 I210.4/2730 7-80170-305-7 2004 当代中国出版社

163 **鲁迅的绍兴** 鲁迅著 I210.2/2730 978-7-80768-157-1 2016 生活书店出版有限
公司

164 鲁迅读本　鲁迅著　I210.2/2730　7-80139-193-4　1998　中国人事出版社

165 鲁迅读本　鲁迅著　I210.2/2730　7-80077-089-3　1991　开明出版社

166 鲁迅儿童文学选集·散文杂文卷：美绘版　鲁迅著　I210.2/2730　978-7-5007-8308-4　2006　中国少年儿童出版社

167 鲁迅儿童文学选集·小说卷：美绘版　鲁迅著　I210.2/2730　978-7-5007-8307-7　2006　中国少年儿童出版社

168 鲁迅关于《水浒》的论述　鲁迅著　I210.3/2730　1975　人民文学出版社

169 鲁迅和他的绍兴　鲁迅著　I210.2/2730　7-80740-052-8　2007　上海文化出版社

170 鲁迅集　鲁迅著　I210.97/2730　978-7-5378-4827-5　2016　北岳文艺出版社

171 鲁迅集　鲁迅著　I210.2/2730　978-7-5360-5570-4　2009　花城出版社

172 鲁迅集·杂文卷：插图本　鲁迅著　I210.4/2730　7-5360-3324-9　2001　花城出版社

173 鲁迅辑录古籍丛编　鲁迅辑录　Z121.6/2730　7-02-002387-8　1999　人民文学出版社

174 鲁迅家书　陈漱渝注释　I210.7/2730　978-7-02-007477-8　2010　人民文学出版社

175 鲁迅嘉言录　曾彦修编　I210.4/2730　978-7-02-009703-6　2013　人民文学出版社

176 鲁迅简约文集·散文卷　鲁迅著　I210.2/2730　7-105-04718-6　2002　民族出版社

177 鲁迅简约文集·小说卷　鲁迅著　I210.2/2730　7-105-04718-6　2002　民族出版社

178 鲁迅讲国学　鲁迅著　Z126.27/2730　978-7-206-05897-4　2009　吉林人民出版社

179 鲁迅讲小说史　鲁迅著　I207.409/2730　978-7-80729-632-4　2010　凤凰出版社

180 鲁迅杰作选　鲁迅著　I210.2/2730　978-7-5439-6192-0　2014　上海科学技术文献出版社

181 鲁迅经典　鲁迅著　I210.6/2730　978-7-5090-1072-3　2016　当代世界出版社

182 鲁迅经典　鲁迅著　I210.2/2730　978-7-5113-3978-2　2013　中国华侨出版社

183 鲁迅经典　鲁迅著　I210.2/2730　978-7-5113-5356-6　2015　中国华侨出版社

184 鲁迅经典：经典珍藏版　鲁迅著，文思主编　I210.1/2730　978-7-5502-4721-5　2015　北京联合出版公司

185 鲁迅经典大讲堂　鲁迅著　I210.2/2730　978-7-5113-6516-3　2017　中国华侨出版社

186 鲁迅经典大全集　鲁迅著　I210.2/2730　978-7-04-031119-8　2010　高等教育出版社

187 鲁迅经典大全集　鲁迅著　I210.2/2730　978-7-119-07595-2　2012　外文出版社

188 鲁迅经典全集　鲁迅著　I210.1/2730　978-7-5075-2848-0　2009　华文出版社

189　**鲁迅经典全集**　I210.1/2730　978-7-5561-1012-4　2015　湖南人民出版社

190　**鲁迅经典小说：狂人日记**　鲁迅著　I210.6/2730　978-7-80724-064-8　2011　京华出版社

191　**鲁迅经典文集**　鲁迅著　I210.2/2730　978-7-5463-4381-5　2012　吉林出版集团有限责任公司

192　**鲁迅经典文集**　鲁迅著　I210.2/2730　978-7-04-031828-9　2011　高等教育出版社

193　**鲁迅经典杂文集**　鲁迅著　I210.4/2730　978-7-5463-3489-9　2010　吉林出版集团有限责任公司

194　**鲁迅经典作品**　鲁迅著　I210.2/2730　7-80115-501-7　2002　当代世界出版社

195　**鲁迅经典作品集**　鲁迅著　I210/2730　7-311-01346-1　1999　兰州大学出版社

196　**鲁迅经典作品全集**　鲁迅著　I210.2/2730　978-7-5442-6262-0　2013　南海出版公司

197　**鲁迅经典作品选**　I210.2/2730　978-7-5090-0909-3　2013　当代世界出版社

198　**鲁迅精品集**　本丛书编委会编　I210.2/2730　978-7-5100-0601-2　2009　广东世界图书出版公司

199　**鲁迅精品文集**　鲁迅著　I210.2/2730　978-7-80220-761-5　2010　中国画报出版社

200　**鲁迅精选集**　鲁迅著　I210.2/2730　7-5402-0250-5　2006　北京燕山出版社

201　**鲁迅精选集**　鲁迅著　I210.2/2730　978-7-5402-0250-7　2009　北京燕山出版社

202　**鲁迅旧诗集解**　鲁迅著　I210.97/1262　1981　天津人民出版社

203　**鲁迅科学论著集**　鲁迅著　P624/2730　978-7-02-009348-9　2014　人民文学出版社

204　**鲁迅论创作**　鲁迅著　I210.3/2730　1983　上海文艺出版社

205　**鲁迅论女人**　鲁迅著　I210.4/2730　978-7-5559-0322-2　2017　河南文艺出版社

206　**鲁迅论人生**　鲁迅著　K825.6=6/2730　978-7-02-009333-5　2013　人民文学出版社

207　**鲁迅论文·杂文160图**　鲁迅著　I210.4/2730　7-80603-353-X　1999　山东画报出版社

208　**鲁迅论文学**　鲁迅著　I210.3/2730　1959　人民文学出版社

209　**鲁迅论文学艺术遗产**　鲁迅、天津师范学院中文系著　I210.3/2730　1974　陕西人民出版社

210　**鲁迅论文学艺术遗产**　鲁迅著　I210.91/2730　1972　天津师院中文系

211　**鲁迅论文学艺术遗产：征求意见稿**　鲁迅、天津师范学院中文系著　I210.3/2730　1972　陕西人民出版社

212 **鲁迅论文字改革** 鲁迅著 H125/0031 1974 文字改革出版社

213 **鲁迅论写作** 鲁迅、内蒙古大学中文系著 I210.2/2730 1972 内蒙古自治区人民出版社

214 **鲁迅论中国语文改革** 鲁迅著 I210.3/2730 1949 新华书店山东总分店

215 **鲁迅骂语** 鲁迅著 I210.4/2730 7-5355-5031-2 2006 湖南教育出版社

216 **鲁迅名篇赏读：小学生版** 鲁迅著 G624.233/2730 978-7-5180-0302-0 2014 中国纺织出版社

217 **鲁迅名言录** 鲁迅著 I210.2/2730 7-02-004574-X 2004 人民文学出版社

218 **鲁迅墨迹精选** 鲁迅书 I210.8/2730 7-80517-609-4 2003 华宝斋书社

219 **鲁迅批孔反儒文辑** 鲁迅著 B222.2/8070 1974 人民出版社

220 **鲁迅评点古今人物** 鲁迅著 I210.3/2730 7-5334-4546-5 2006 福建教育出版社

221 **鲁迅评点中国作家** 鲁迅著 I210.3/2730 978-7-80665-858-1 2007 岳麓书社

222 **鲁迅评点中外名著** 鲁迅著 I210.3/2730 7-5334-4547-3 2006 福建教育出版社

223 **鲁迅全集** 鲁迅著 I210.1/2730 7-223-00951-9 1999 西藏人民出版社

224 **鲁迅全集** 鲁迅著 I210.1/2730 1956 人民文学出版社

225 **鲁迅全集** 鲁迅著 I210.1/2730 1957 人民文学出版社

226 **鲁迅全集** 鲁迅著 I210.1/2730 1981 人民文学出版社

227 **鲁迅全集** 鲁迅著 I210.1/2730 1973 人民文学出版社

228 **鲁迅全集** 鲁迅著 I210.1/2730 978-7-5477-1110-1 2014 同心出版社

229 **鲁迅全集** 鲁迅著 I210.1/2730 1973 人民文学出版社

230 **鲁迅全集** 鲁迅著 I210.1/2730v8 7-02-005033-6 2005 人民文学出版社

231 **鲁迅全集** 鲁迅著 I210.1/2730 978-7-5439-6984-1 2016 上海科学技术文献出版社

232 **鲁迅全集** 鲁迅著 I210.1/2730 978-7-5059-8330-4 2013 中国文联出版社

233 **鲁迅全集** 《鲁迅全集》编委会编 I210.1/2730v2 978-7-5112-3294-6 2012 光明日报出版社

234 **鲁迅全集** 鲁迅著 I210.1/2730 978-7-02-009590-2 2014 人民文学出版社

235 **鲁迅全集补遗** 刘运峰编 I210.1/2730 978-7-201-13256-3 2018 天津人民出版社

236 **鲁迅全集补遗** 鲁迅著 I210.1/2730 1949 上海出版公司

237　**鲁迅全集补遗续编**　鲁迅著　I210.1/2730　1953　上海出版公司

238　**鲁迅人生笔记**　鲁迅著　I210.2/2730　7-5387-1994-6　2006　时代文艺出版社

239　**鲁迅人生感悟**　鲁迅著　I210.2/2730　978-7-5153-2083-0　2014　中国青年出版社

240　**鲁迅人生精论**　鲁迅著　I210.4/2730　7-5078-1692-3　1999　中国国际广播出版社

241　**鲁迅人生箴言**　鲁迅著　I210.2/2730　978-7-5430-5591-9　2011　武汉出版社

242　**鲁迅日记**　鲁迅著　I210.7/2730v2　1951　上海出版公司

243　**鲁迅日记**　鲁迅著　I210.7/2730　1959　人民文学出版社

244　**鲁迅日记**　鲁迅著　I210.7/2730　1976　人民文学出版社

245　**鲁迅散文**　鲁迅著　I210.4/2730　978-7-213-04818-0　2012　浙江人民出版社

246　**鲁迅散文**　鲁迅著　I210.2/2730　978-7-80106-918-4　2009　线装书局

247　**鲁迅散文**　鲁迅著　I210.4/2730　7-5339-1205-5　1999　浙江文艺出版社

248　**鲁迅散文、散文诗选读**　鲁迅著　I210.4/2730　1982　黑龙江人民出版社

249　**鲁迅散文：鉴赏版**　鲁迅著　I210.4/2730　978-7-5513-0331-6　2012　太白文艺出版社

250　**鲁迅散文·杂文**　鲁迅著　I210.4/2730　7-80702-418-6　2006　吉林文史出版社

251　**鲁迅散文·杂文**　鲁迅著　I210.4/2730　7-80675-142-4　2003　内蒙古文化出版社

252　**鲁迅散文·杂文**　鲁迅著　I210.4/2730　978-7-80702-418-7　2012　吉林文史出版社

253　**鲁迅散文合集**　张秀枫编选　I210.4/2730　978-7-5391-5242-4　2010　二十一世纪出版社

254　**鲁迅散文集**　鲁迅著　I210.4/2730　7-207-06798-4　2005　黑龙江人民出版社

255　**鲁迅散文集**　鲁迅著　I210.4/2730　978-7-80605-105-4　2008　太白文艺出版社

256　**鲁迅散文集**　鲁迅著　I210.4/2730　978-7-5317-4092-6　2018　北方文艺出版社

257　**鲁迅散文集**　鲁迅著　I210.4/2730　978-7-5470-2510-9　2013　万卷出版公司

258　**鲁迅散文集**　鲁迅著　I210.4/2730　1993　人民文学出版社

259　**鲁迅散文经典**　鲁迅著　I210.4/2730　978-7-5568-2234-8　2016　二十一世纪出版社

260　**鲁迅散文精品选**　鲁迅著　I210.4/2730　7-80608-910-1　2004　甘肃文化出版社

261　**鲁迅散文精选**　鲁迅著　I210.4/2730　978-7-5063-8666-1　2016　作家出版社

262　**鲁迅散文精选**　鲁迅著　I210.4/2730　978-7-5354-6741-6　2013　长江文艺出版社

263 **鲁迅散文精选** 张秀枫主编 I210.4/2730 978-7-5639-3498-0 2013 北京工业大学出版社

264 **鲁迅散文名篇** 鲁迅著 I210.4/2730 978-7-5146-0029-2 2011 中国画报出版社

265 **鲁迅散文全编** 鲁迅著 I210.4/2730 7-5639-1506-0 2005 北京工业大学出版社

266 **鲁迅散文全编** 鲁迅著 I210.6/2730 7-5339-0406-0 1991 浙江文艺出版社

267 **鲁迅散文全编：插图典藏本** 鲁迅著 I210.4/2730 7-5613-3476-1 2006 陕西师范大学出版社

268 **鲁迅散文全集** 鲁迅著 I210.4/2730 7-5354-3136-4 2005 长江文艺出版社

269 **鲁迅散文全集** 鲁迅著 I210.4/2730 978-7-5484-1219-9 2013 哈尔滨出版社

270 **鲁迅散文诗歌集** 鲁迅著 I210.4/2730 978-7-5348-5693-8 2015 中州古籍出版社

271 **鲁迅散文诗歌全编** 鲁迅著 I210.4/2730 7-02-005492-7 2006 人民文学出版社

272 **鲁迅散文诗歌全集** 鲁迅著 I210.4/2730 978-7-5171-0797-2 2014 中国言实出版社

273 **鲁迅神话新编** 鲁迅原著 I287.7/2730 978-7-5342-5592-2 2009 浙江少年儿童出版社

274 **鲁迅诗编年笺证** 鲁迅著 I210.97/2730 978-7-01-009508-0 2011 人民出版社

275 **鲁迅诗稿** 鲁迅著，上海鲁迅纪念馆编 I210.5/2730 1976 文物出版社

276 **鲁迅诗稿** 鲁迅著 I210.5/2730 1962 文物出版社

277 **鲁迅诗歌赏析** 鲁迅著 I210.97/1029 1981 福建人民出版社

278 **鲁迅诗歌注** 鲁迅著 I210.5/2730 7-5343-7066-3 2006 江苏教育出版社

279 **鲁迅诗集** 鲁迅著 I210.5/2730 1986.8 湖南人民出版社

280 **鲁迅诗手迹新编** 秦越编 I210.5/2730 978-7-5407-7302-1 2014 漓江出版社

281 **鲁迅诗选** 鲁迅著 H319.4:I/2730 978-7-119-09769-5 2016 外文出版社

282 **鲁迅诗选** 鲁迅著 H319.4/2730 7-119-02700-X 2001 外文出版社

283 **鲁迅手稿全集：日记 第八册** 鲁迅著，鲁迅手稿全集编辑委员会编 I210.8/2730v8 1983 文物出版社

284 **鲁迅手稿全集：书信** 鲁迅著，鲁迅手稿全集编辑委员会编 I210.8/2730 1978-1979 文物出版社

285 **鲁迅手稿全集：书信 第七册** 鲁迅著，鲁迅手稿全集编辑委员会编 I210.8/2730 1980 文物出版社

286　**鲁迅手稿选集**　鲁迅著，鲁迅手稿全集编辑委员会编　I210.8/2730　1961　文物出版社

287　**鲁迅手稿选集三编**　鲁迅著，鲁迅手稿全集编辑委员会编　I210.8/2730　1972　文物出版社

288　**鲁迅手记珍品展图录**　陈勤主编　I210.8/2730　978-7-80735-388-1　2008　西泠印社出版社

289　**鲁迅书话**　鲁迅著　I210.4/2730　978-7-5355-5187-0　2007　湖南教育出版社

290　**鲁迅书话**　鲁迅著　I210.4/2730　7-80645-142-0　1998　海南出版社

291　**鲁迅书话**　鲁迅著　I210.4/2730　7-200-03057-0　1996　北京出版社

292　**鲁迅书简**　鲁迅著　I210.7/2730　1952　人民文学出版社

293　**鲁迅书简：致曹靖华**　鲁迅著　I210.7/2730　1976　上海人民文学出版社

294　**鲁迅书简：致日本友人增涉**　鲁迅著　I210.7/2730　1973　陕西人民出版社

295　**鲁迅书信**　鲁迅著　I210.7/2730　1977　湖北省武汉鲁迅研究小组

296　**鲁迅书信集**　鲁迅著　I210.7/2730　1976　人民文学出版社

297　**鲁迅说丑陋的中国人**　鲁迅著　I210.4/2730　978-7-229-03785-7　2011　重庆出版社

298　**鲁迅谈创作**　鲁迅，中国青年出版社著　I210.2/2730　1955　中国青年出版社

299　**鲁迅谈风月**　鲁迅著　I210.4/2730　7-5355-5032-0　2006　湖南教育出版社

300　**鲁迅谈说部**　鲁迅著　I207.41/2730　978-7-5622-4541-4　2010　华中师范大学出版社

301　**鲁迅谈文学改革**　鲁迅著　I210.3/2730　1956　人民文学出版社

302　**鲁迅谈中国世故**　鲁迅著　I210.4/2730　7-80741-056-6　2006　文汇出版社

303　**鲁迅文萃**　鲁迅著　I210.6/2730　7-5039-2138-2　2004　文化艺术出版社

304　**鲁迅文萃**　鲁迅著　I210.6/2730　7-5039-2138-2　2002　文化艺术出版社

305　**鲁迅文萃**　鲁迅著　I210.2/2730v2　7-80656-231-1　2001　百家出版社

306　**鲁迅文萃·杂文卷**　鲁迅著　I210.2/2730　7-5039-2366-0　2003　文化艺术出版社

307　**鲁迅文集**　鲁迅著　I210.2/2730　7-80146-399-4　2000　中国社会出版社

308　**鲁迅文集**　鲁迅著　I210.2/2730　978-7-80724-355-7　2007　京华出版社

309　**鲁迅文集**　鲁迅著　I210.2/2730　978-7-5117-0345-3　2010　中央编译出版社

310　**鲁迅文集**　鲁迅著　I210.2/2730　978-7-80240-183-9　2009　大众文艺出版社

311　**鲁迅文集**　鲁迅著　I210.2/2730　978-7-5388-6814-2　2012　黑龙江科学技术出版社

312　**鲁迅文集**　鲁迅著　I210.2/2730　7-5090-0072-6　2006　当代世界出版社

313　**鲁迅文集**　鲁迅著　I210.2/2730　7-80114-257-8　2006　九州出版社

314　**鲁迅文集：无障碍阅读版**　鲁迅著　I210.2/2730　978-7-5443-3298-9　2011　海南出版社

315　**鲁迅文集精读本·小说美文散文诗**　鲁迅著　I210.2/2730　7-80120-332-1　2004　中国华侨出版社

316　**鲁迅文集精读本·杂文**　鲁迅著　I210.2/2730　7-80120-332-1　2004　中国华侨出版社

317　**鲁迅文论选**　鲁迅著　I210.2/6020　1985　广西人民出版社

318　**鲁迅文选**　林文光选编　I210.2/2730　978-7-5411-2773-1　2009　四川文艺出版社

319　**鲁迅文学精品选**　鲁迅著　I210.2/2730　978-7-5143-6069-1　2017　现代出版社

320　**鲁迅文学精选**　鲁迅著　I210.2/2730　978-7-80769-414-4　2014　北京时代华文书局

321　**鲁迅文学书简**　周楠本编注　I210.7/2730　7-201-05265-9　2006　天津人民出版社

322　**鲁迅先生纪念集**　鲁迅著　K825.6/2730　1979　上海书店

323　**鲁迅小说**　鲁迅著　I210.6/2730　978-7-80702-417-0　2012　吉林文史出版社

324　**鲁迅小说**　鲁迅著　I210.6/2730　7-80702-417-8　2006　吉林文史出版社

325　**鲁迅小说**　鲁迅著　I210.6/2730　7-80626-748-4　2002　吉林文史出版社

326　**鲁迅小说**　鲁迅著　I210.6/2730　978-7-213-04816-6　2012　浙江人民出版社

327　**鲁迅小说**　鲁迅著　I210.2/2730　978-7-80106-918-4　2009　线装书局

328　**鲁迅小说、散文、杂文精选：无障碍阅读学生版**　程帆主编　I210.6/2730　978-7-5355-7842-6　2011　湖南教育出版社

329　**鲁迅小说插图集**　鲁迅著　J228.5/4480　2002　线装书局

330　**鲁迅小说合集**　鲁迅著　I210.6/2730　7-80576-670-3　1998　百家出版社

331　**鲁迅小说集**　鲁迅原著　I210.6/2730　978-7-5342-4981-5　2008　浙江少年儿童出版社

332　**鲁迅小说集**　鲁迅著　I210.6/2730　978-7-5348-5694-5　2015　中州古籍出版社

333　**鲁迅小说集**　鲁迅著　I210.6/2730　1990　人民文学出版社

334　**鲁迅小说集**　鲁迅著　I210.6/2730　1952.9　人民文学出版社

335　**鲁迅小说经典：彩图珍藏版**　鲁迅原著　I210.6/2730　7-5034-1477-4　2004　中国文史出版社

336 **鲁迅小说精选：狂人日记** 鲁迅著 I210.6/2730 978-7-5146-0308-8 2012 中国画报出版社

337 **鲁迅小说精选：狂人日记** 鲁迅著 I210.6/2730 978-7-80724-355-7 2007 京华出版社

338 **鲁迅小说精选集** 鲁迅著 I210.6/2730 978-7-222-10299-6 2013 云南人民出版社

339 **鲁迅小说全编** 鲁迅著 I210.6/2730 7-5639-1507-9 2005 北京工业大学出版社

340 **鲁迅小说全编** 鲁迅著 I210.6/2730 7-5339-0404-4 1991 浙江文艺出版社

341 **鲁迅小说全编** 鲁迅著 I210.6/2730 7-02-005487-0 2006 人民文学出版社

342 **鲁迅小说全编** 鲁迅著 I210.6/8311 7-5339-0441-9（精） 1991 浙江文艺出版社

343 **鲁迅小说全编：插图本** 鲁迅著 I210.6/2730 7-5407-1927-3 2005 漓江出版社

344 **鲁迅小说全编：插图本** 金隐铭校勘 I210.6/2730 978-7-5407-1927-2 2010 漓江出版社

345 **鲁迅小说全编：插图典藏本** 鲁迅著 I210.6/2730 7-5613-3475-3 2006 陕西师范大学出版社

346 **鲁迅小说全集** 鲁迅著 I210.6/2730 978-7-5354-4146-1 2009 长江文艺出版社

347 **鲁迅小说全集** 鲁迅著 I210.6/2730 978-7-5057-3847-8 2016 中国友谊出版公司

348 **鲁迅小说全集** 鲁迅著 I210.6/2730 978-7-5057-3118-9 2013 中国友谊出版公司

349 **鲁迅小说全集** 鲁迅著 I210.6/2730 978-7-5430-5382-3 2010 武汉出版社

350 **鲁迅小说全集** 鲁迅著 I210.6/2730 978-7-5484-1028-7 2013 哈尔滨出版社

351 **鲁迅小说全集** 鲁迅著 I210.6/2730 7-5354-2931-9 2005 长江文艺出版社

352 **鲁迅小说全集** 张秀枫编选 I210.6/2730 978-7-5391-8877-5 2013 二十一世纪出版社

353 **鲁迅小说全集：狂人日记** 鲁迅著 I210.6/2730 978-7-5171-0756-9 2015 中国言实出版社

354 **鲁迅小说选** 鲁迅著 H319.4/2730 7-119-02698-4 2001 外文出版社

355 **鲁迅小说选读** 王富仁编选 I210.6/2730 7-02-004640-1 2005 人民文学出版社

356 **鲁迅小说杂文散文全集** 鲁迅著 I210.1/2730 978-7-80568-893-0 1998 中国书店

357 **鲁迅序跋集** 鲁迅著 I210.4/2730 7-80603-799-3 2004 山东画报出版社

358 **鲁迅选集** 鲁迅著 I210.2/2730 7-5059-1535-5 1991 中国文联出版公司

359　**鲁迅选集**　鲁迅著，新文学选集编辑委员会编　I210.2/2730　1952　开明书店

360　**鲁迅选集**　鲁迅著　I210.2/2730　1959　人民文学出版社

361　**鲁迅选集**　鲁迅著　I210.2/2730v2　7-02-004550-2　2004　人民文学出版社

362　**鲁迅选集·1 小说卷：插图本**　鲁迅著　I210.2/2730v1　7-5404-3304-3　2004　湖南文艺出版社

363　**鲁迅选集·2 插图本，杂感卷**　鲁迅著　I210.2/2730v2　7-5404-3316-7　2004　湖南文艺出版社

364　**鲁迅选集·3 评论卷：插图本**　鲁迅著　I210.2/2730v3　7-5404-3317-5　2004　湖南文艺出版社

365　**鲁迅选集·4 散文·散文诗·诗卷：插图本**　鲁迅著　I210.2/2730v4　7-5404-3318-3　2004　湖南文艺出版社

366　**鲁迅选集·5 序跋·书信卷：插图本**　鲁迅著　I210.2/2730v5　7-5404-3319-1　2004　湖南文艺出版社

367　**鲁迅选集·杂感 II**　林贤治评注　I210.2/2730　978-7-5598-0452-5　2018　广西师范大学出版社

368　**鲁 迅 选 集（1881-1936）**　鲁迅著　I210.2/2730　7-02-001164-0　1983（1995 重印）人民文学出版社

369　**鲁迅学术论著**　鲁迅著　I210.91/2730　7-213-01556-7　1998　浙江人民出版社

370　**鲁迅言论选辑**　鲁迅著　I210.2/2730　1976　人民文学出版社

371　**鲁迅演讲集**　鲁迅著　I210.4/2730　7-5407-2753-5　2001　漓江出版社

372　**鲁迅演讲全集**　鲁迅著　I210.4/2730　978-7-5354-3469-2　2007　长江文艺出版社

373　**鲁迅佚文全集**　鲁迅著　I210.1/2730v1　7-80080-297-3　2001　群言出版社

374　**鲁迅译文集**　鲁迅著　I210.93/2730　1958　人民文学出版社

375　**鲁迅译文全集**　鲁迅译　I210.93/2730　978-7-5334-4966-7　2008　福建教育出版社

376　**鲁迅译文选集·短篇小说卷**　鲁迅译　I11/2730　978-7-5426-2327-0　2007　上海三联书店

377　**鲁迅译文选集·儿童文学卷**　鲁迅译　I18/2730　978-7-5426-2327-0　2007　上海三联书店

378　**鲁迅译作初版精选集**　北京鲁迅博物馆编　I210.93/2730　978-7-5117-1870-9　2014　中央编译出版社

379　**鲁迅译作初版精选集·1 月界旅行**　北京鲁迅博物馆编　I210.93/2730　978-7-5117-1870-9　2014　中央编译出版社

380　**鲁迅译作初版精选集·2 地底旅行**　北京鲁迅博物馆编　I210.93/2730　978-7-5117-1870-9　2014　中央编译出版社

381　**鲁迅译作初版精选集·3-4 域外小说集**　北京鲁迅博物馆编　I210.93/2730　978-7-5117-1870-9　2014　中央编译出版社

382　**鲁迅译作初版精选集·5 工人绥惠略夫**　北京鲁迅博物馆编　I210.93/2730　978-7-5117-1870-9　2014　中央编译出版社

383　**鲁迅译作初版精选集·6 一个青年的梦**　北京鲁迅博物馆编　I210.93/2730　978-7-5117-1870-9　2014　中央编译出版社

384　**鲁迅译作初版精选集·7 爱罗先珂童话集**　北京鲁迅博物馆编　I210.93/2730　978-7-5117-1870-9　2014　中央编译出版社

385　**鲁迅译作初版精选集·8 桃色的云**　北京鲁迅博物馆编　I210.93/2730　978-7-5117-1870-9　2014　中央编译出版社

386　**鲁迅译作初版精选集·9 苦闷的象征**　北京鲁迅博物馆编　I210.93/2730　978-7-5117-1870-9　2014　中央编译出版社

387　**鲁迅译作初版精选集·10 出了象牙之塔**　北京鲁迅博物馆编　I210.93/2730　978-7-5117-1870-9　2014　中央编译出版社

388　**鲁迅译作初版精选集·11 小约翰**　北京鲁迅博物馆编　I210.93/2730　978-7-5117-1870-9　2014　中央编译出版社

389　**鲁迅译作初版精选集·12 思想·山水·人物**　北京鲁迅博物馆编　I210.93/2730　978-7-5117-1870-9　2014　中央编译出版社

390　**鲁迅译作初版精选集·13 近代美术思潮论**　北京鲁迅博物馆编　I210.93/2730　978-7-5117-1870-9　2014　中央编译出版社

391　**鲁迅译作初版精选集·14 现代新兴文学的诸多问题**　北京鲁迅博物馆编　I210.93/2730　978-7-5117-1870-9　2014　中央编译出版社

392　**鲁迅译作初版精选集·15 壁下译丛**　北京鲁迅博物馆编　I210.93/2730　978-7-5117-1870-9　2014　中央编译出版社

393　**鲁迅译作初版精选集·16 奇剑及其他**　北京鲁迅博物馆编　I210.93/2730　978-7-5117-1870-9　2014　中央编译出版社

394　**鲁迅译作初版精选集·17 艺术论**　北京鲁迅博物馆编　I210.93/2730　978-7-5117-1870-9　2014　中央编译出版社

395 **鲁迅译作初版精选集·18 在沙漠上及其他** 北京鲁迅博物馆编 I210.93/2730 978-7-5117-1870-9 2014 中央编译出版社

396 **鲁迅译作初版精选集·19 文艺与批评** 北京鲁迅博物馆编 I210.93/2730 978-7-5117-1870-9 2014 中央编译出版社

397 **鲁迅译作初版精选集·20 文艺与政策** 北京鲁迅博物馆编 I210.93/2730 978-7-5117-1870-9 2014 中央编译出版社

398 **鲁迅译作初版精选集·21 文艺论** 北京鲁迅博物馆编 I210.93/2730 978-7-5117-1870-9 2014 中央编译出版社

399 **鲁迅译作初版精选集·22 毁灭** 北京鲁迅博物馆编 I210.93/2730 978-7-5117-1870-9 2014 中央编译出版社

400 **鲁迅译作初版精选集·23 竖琴** 北京鲁迅博物馆编 I210.93/2730 978-7-5117-1870-9 2014 中央编译出版社

401 **鲁迅译作初版精选集·24 十月** 北京鲁迅博物馆编 I210.93/2730 978-7-5117-1870-9 2014 中央编译出版社

402 **鲁迅译作初版精选集·25 一天的工作** 北京鲁迅博物馆编 I210.93/2730 978-7-5117-1870-9 2014 中央编译出版社

403 **鲁迅译作初版精选集·26 表** 北京鲁迅博物馆编 I210.93/2730 978-7-5117-1870-9 2014 中央编译出版社

404 **鲁迅译作初版精选集·27 俄罗斯的童话** 北京鲁迅博物馆编 I210.93/2730 978-7-5117-1870-9 2014 中央编译出版社

405 **鲁迅译作初版精选集·28 死魂灵** 北京鲁迅博物馆编 I210.93/2730 978-7-5117-1870-9 2014 中央编译出版社

406 **鲁迅译作初版精选集·29 坏孩子和别的奇闻** 北京鲁迅博物馆编 I210.93/2730 978-7-5117-1870-9 2014 中央编译出版社

407 **鲁迅译作初版精选集·30 药用植物及其他** 北京鲁迅博物馆编 I210.93/2730 978-7-5117-1870-9 2014 中央编译出版社

408 **鲁迅与《闰土》** 鲁迅原著 G624.23/5540 978-7-5339-2647-2 2008 浙江文艺出版社

409 **鲁迅与《朝花夕拾》：名家经典插图本** 鲁迅著 G634.33/2730 978-7-5339-3018-9 2010 浙江文艺出版社

410 **鲁迅语典** 鲁迅著 I210.2/2730 978-7-5073-3951-2 2014 中央文献出版社

411 **鲁迅语录新编** 林贤治编注 I210.2/2730 7-5360-4638-3 2006 花城出版社

412 **鲁迅杂感选集** 鲁迅著 I210.4/2730 7-5317-1956-8 2006 北方文艺出版社

413 **鲁迅杂感选集** 鲁迅著 I210.4/2730 7-5033-1266-1 2000 解放军文艺出版社

414 **鲁迅杂文** 鲁迅著 I210.4/2730 978-7-5339-0611-5 2007 浙江文艺出版社

415 **鲁迅杂文** 鲁迅著 I210.4/2730 978-7-213-04817-3 2012 浙江人民出版社

416 **鲁迅杂文** 鲁迅著 I210.2/2730 978-7-80106-918-4 2009 线装书局

417 **鲁迅杂文·而已集** 鲁迅著 I210.4/2730 7-5407-2744-6 2001 漓江出版社

418 **鲁迅杂文·华盖集** 鲁迅著 I210.4/2730 7-5407-2743-8 2001 漓江出版社

419 **鲁迅杂文·华盖集续编** 鲁迅著 I210.4/2730 7-5407-2745-4 2001 漓江出版社

420 **鲁迅杂文·热风** 鲁迅著 I210.4/2730 7-5407-2747-0 2001 漓江出版社

421 **鲁迅杂文经典全集** 鲁迅著 I210.4/2730 978-7-5484-1220-5 2013 哈尔滨出版社

422 **鲁迅杂文精编** 鲁迅著 I210.4/2730 7-5639-1508-7 2005 北京工业大学出版社

423 **鲁迅杂文精选** 鲁迅著 I210.4/2730 7-5339-1809-6 2003 浙江文艺出版社

424 **鲁迅杂文精选** 鲁迅著 I210.4/2730 978-7-5379-4342-0 2009 希望出版社

425 **鲁迅杂文精选** 鲁迅原著 I210.4/2730 978-7-5322-7274-7 2011 上海人民美术出版社

426 **鲁迅杂文精选** 鲁迅原著 I210.4/2730 978-7-5322-5325-8 2008 上海人民美术出版社

427 **鲁迅杂文精选** 鲁迅著 I210.4/2730 978-7-5330-4514-2 2014 山东美术出版社

428 **鲁迅杂文精选** 鲁迅著 I210.4/2730 978-7-5601-9965-8 2013 吉林大学出版社

429 **鲁迅杂文精选** 鲁迅著 I210.4/2730 978-7-201-07666-9 2012 天津人民出版社

430 **鲁迅杂文精选** 鲁迅著 I210.4/2730 978-7-5560-0237-5 2014 长江少年儿童出版社

431 **鲁迅杂文精选** 鲁迅著 I210.4/2730 978-7-5339-1809-5 2003 浙江文艺出版社

432 **鲁迅杂文精选** 鲁迅著 I210.4/2730 978-7-5339-1809-5 2007 浙江文艺出版社

433 **鲁迅杂文精选** 鲁迅著 I210.4/2730 978-7-5190-1319-6 2016 中国文联出版社

434 **鲁迅杂文精选** 鲁迅著 I210.4/2730 7-02-004155-8 2003 人民文学出版社

435 **鲁迅杂文精选:青少年彩绘版** 鲁迅著 I210.4/2730 978-7-214-20411-0 2017 江苏人民出版社

436 **鲁迅杂文精选:权威名家名著典藏版** 鲁迅著 I210.4/2730 978-7-5104-5546-9 2016 新世界出版社

437 **鲁迅杂文精选集** 鲁迅著 I210.4/2730 978-7-222-10298-9 2013 云南人民出版社

438 **鲁迅杂文全编** 鲁迅著 I210.4/2730 7-5613-3477-X 2006 陕西师范大学出版社

439 **鲁迅杂文全编** 鲁迅著 I210.4/2730 7-02-005486-2 2006 人民文学出版社

440 **鲁迅杂文全编** 鲁迅著 I210.4/2730 7-5339-0611-X 1993 浙江文艺出版社

441 **鲁迅杂文全集** 鲁迅著 I210.4/2730 978-7-80256-743-6 2016 群言出版社

442 **鲁迅杂文书信选** 鲁迅著 I210.4/2730 1971 浙江人民出版社

443 **鲁迅杂文选** 鲁迅著 I210.4/2730 7-80678-111-0 2003 世纪出版集团

444 **鲁迅杂文选** 鲁迅著 I210.4/2730 978-7-5126-2894-6 2015 团结出版社

445 **鲁迅杂文选** 鲁迅著 I210.4/2730 7-5354-2981-5 2005 长江文艺出版社

446 **鲁迅杂文选** 鲁迅著 I210.4/2730 978-7-209-08187-0 2014 山东人民出版社

447 **鲁迅杂文选：[汉英对照]** 鲁迅著 H319.4:I210.4/2730 7-119-04259-9 2006 外文出版社

448 **鲁迅杂文选：插图本** 鲁迅著 I210.4/2730 7-5402-1582-8 2004 北京燕山出版社

449 **鲁迅杂文选：读练考精编版** 鲁迅著 I210.4/2730 978-7-5104-1928-7 2011 新世界出版社

450 **鲁迅杂文选：一九一八-一九三二** 鲁迅著 I210.4/2730 1973 上海人民出版社

451 **鲁迅杂文选读** 钱理群编选 I210.4/2730 7-02-004612-6 2005 人民文学出版社

452 **鲁迅杂文选集** 鲁迅著 I210.4/2730 7-02-001720-7 1993 人民文学出版社

453 **鲁迅杂文选讲** 鲁迅著 I210.97/2730 1973 高等教育出版社

454 **鲁迅在日本** 鲁迅著 K825.6/2730 1977

455 **鲁迅哲理小品** 鲁迅著 I210.4/2730 978-7-5339-4340-0 2016 浙江文艺出版社

456 **鲁迅哲思美文精选** 梁艳萍主编 I210.4/2730 978-7-5403-1929-8 2011 崇文书局

457 **鲁迅箴言** 《鲁迅箴言》编辑组编 I210.2/2730 978-7-108-04926-1 2014 生活·读书·新知三联书店

458 **鲁迅箴言** 鲁迅著 I210.2/2730 978-7-108-03440-3 2010 三联书店

459 **鲁迅箴言：珍藏版** 鲁迅著 I210.2/2730 978-7-5475-0114-6 2010 上海世界书局

460 **鲁迅箴言全编** 鲁迅著 I210.2/2730 978-7-5387-0686-4 1993 时代文艺出版社

461 **鲁迅箴言新编** 阎晶明选编 I210.2/2730 978-7-80768-165-6 2017 生活书店出版有限公司

462 **鲁迅箴语** 鲁迅著 I210.4/2730 7-80520-694-5 1995 岳麓书社

463 **鲁迅致黄源书信手迹** 鲁迅书 I210.7/2730 7-213-02202-4 2001 浙江人民出版社

464 **鲁迅中国小说史略 鲁迅汉文学史纲要** 鲁迅著 I210.91/2730 978-7-206-08275-7 2013 吉林人民出版社

465 **鲁迅主页** 鲁迅著 I210.6/2730 7-5339-1749-9 2003 浙江文艺出版社

466 **鲁迅著译编年全集：一八九八年～一九三六年** 王世家、止庵编 I210.1/2730 978-7-01-007437-5 2009 人民出版社

467 **鲁迅著作初版精选集** 鲁迅著 I210.2/2730 978-7-5117-1447-3 2012 中央编译出版社

468 **鲁迅著作手稿全集** 鲁迅著 I210.8/2730 7-5334-2887-0 1999 福建教育出版社

469 **鲁迅专集：风筝：经典彩绘本** 鲁迅著 I210.2/2730 978-7-5477-0004-4 2010 同心出版社

470 **鲁迅专集：故乡：经典彩绘本** 鲁迅著 I210.4/2730 978-7-80716-910-9 2010 同心出版社

471 **鲁迅自剖小说** 王晓明编 I210.6/2730 978-7-5321-4336-8 2012 上海文艺出版社

472 **鲁迅自书诗十首** 鲁迅著 I210.5/2730 1971 人民美术出版社

473 **鲁迅自述** 鲁迅著 K825.6=6/2730 7-215-05933-2 2006 河南人民出版社

474 **鲁迅自述** 鲁迅著 K825.6=6/2730 7-80724-100-4 2005 京华出版社

475 **鲁迅自选集** 鲁迅著 I210.2/2730 978-7-212-05244-7 2012 安徽人民出版社

476 **鲁迅自选集：插图本：野草·呐喊·彷徨·故事新编·朝花夕拾** 鲁迅著 I210.2/2730 7-5039-2398-9 2004 文化艺术出版社

477 **鲁迅自传** 鲁迅著 K825.6=6/2730 978-7-5399-4455-5 2012 江苏文艺出版社

478 **鲁迅最传世散文** 鲁迅著 I210.4/2730 978-7-5317-3597-7 2016 北方文艺出版社

479 **鲁迅最传世小说** 鲁迅著 I210.6/2730 978-7-5317-3598-4 2016 北方文艺出版社

480 **鲁迅作品集·散文卷** 鲁迅著 I210.2/2730 978-7-5143-4285-7 2016 现代出版社

481 **鲁迅作品集·小说卷** 鲁迅著 I210.2/2730 978-7-5143-4287-1 2016 现代出版社

482 **鲁迅作品集·杂文卷** 鲁迅著 I210.2/2730 978-7-5143-4286-4 2016 现代出版社

483 **鲁迅作品精华：选评本 第一卷：小说集** 鲁迅著 I210.2/2730 978-7-80768-002-4 2014 生活书店出版有限公司

484　**鲁迅作品精华：选评本　第二卷：散文诗·散文·旧体诗·书信集**　鲁迅著　I210.2/2730　978-7-80768-003-1　2014　生活书店出版有限公司

485　**鲁迅作品精华：选评本　第三卷：杂文编年选集**　鲁迅著　I210.2/2730　978-7-80768-004-8　2014　生活书店出版有限公司

486　**鲁迅作品精选**　鲁迅著　I210.2/2730　7-5354-2470-8　2003　长江文艺出版社

487　**鲁迅作品精选**　童秉国选编　I210.2/2730　978-7-5354-3748-8　2008　长江文艺出版社

488　**鲁迅作品全编**　鲁迅、景宋著　I210.1/2730　7-5339-1066-4　1998　浙江文艺出版社

489　**鲁迅作品选**　鲁迅著　I210.2/2730　1959　中国少年儿童出版社

490　**鲁迅作品选**　鲁迅著，吉林大学中文系《鲁迅作品选》编写组编　I210.2/2730　1975　吉林大学中文系《鲁迅作品选》编写组

491　**鲁迅作品选：论文·杂文集**　鲁迅著　I210.2/2730　7-80593-454-1　2000　同心出版社

492　**论战中的鲁迅**　鲁迅等著　I210.4/2730　7-80724-171-3　2006　京华出版社

493　**论战中的鲁迅**　傅光明主编　I210.4/2730　978-7-80724-171-3　2010　京华出版社

494　**漫画鲁迅小说：故事新编**　鲁迅原著　J228.2/4480　7-202-01925-6　1996　河北人民出版社

495　**漫画鲁迅小说：彷徨**　鲁迅原著　J228.2/1020　7-202-01899-3　1996　河北人民出版社

496　**毛泽东鲁迅评《红楼梦》**　毛泽东、鲁迅评　A469.1/2034　7-80504-640-9　1998　天津古籍出版社

497　**毛泽东鲁迅评《三国演义》**　毛泽东、鲁迅评　A469.1/2034　7-80504-640-9　1998　天津古籍出版社

498　**毛泽东鲁迅评《西游记》**　毛泽东、鲁迅评　A469.1/2034　7-80504-640-9　1998　天津古籍出版社

499　**每天都冒一点险**　鲁迅、孙犁、萧红等著　I266/2730　978-7-5180-4775-8　2018　中国纺织出版社

500　**门外文谈**　鲁迅著　I210.4/2730　978-7-200-12169-8　2016　北京出版社

501　**民国散文**　鲁迅等著　I266/2730　978-7-5484-2820-6　2018　哈尔滨出版社

502　**名家经典美文大全集**　鲁迅等著　I16/2730　978-7-5442-5547-9　2011　南海出版公司

503　**名家美文系列·鲁迅**　鲁迅著　I266/2730　978-7-5514-1894-2　2018　浙江摄影出版社

504 **名家眼中的金瓶梅** 鲁迅、郑振铎等著 I207.419/2730 7-5039-3059-4 2006 文化艺术出版社

505 **名人留学记** 蔡元培、鲁迅等著 K820.6/4414 978-7-5090-1292-5 2018 当代世界出版社

506 **母亲大人膝下："鲁迅致母亲信"·一九三二－一九三六** 鲁迅著 I210.7/2730 978-7-5153-5082-0 2019 中国青年出版社

507 **拿来主义** 鲁迅著 I210.4/2730 978-7-220-10083-3 2017 四川人民出版社

508 **那人：文化名人笔下的那人那情** 鲁迅、朱自清等著 I266/2730 978-7-80222-801-6 2009 中国华侨出版社

509 **那事：文化名人笔下的那时那事** 鲁迅等著 I266/2730 978-7-80222-794-1 2009 中国华侨出版社

510 **呐喊** 鲁迅著 I210.6/2730 978-7-5354-5472-0 2012 长江文艺出版社

511 **呐喊** 鲁迅原著 I210.6/2730 978-7-5322-5327-2 2007 上海人民美术出版社

512 **呐喊** 鲁迅著 I210.6/2730 7-5633-6115-4 2006 广西师范大学出版社

513 **呐喊** 鲁迅著 I210.6/2730 978-7-5339-5378-2 2018 浙江文艺出版社

514 **呐喊** 鲁迅著 I210.6/2730 978-7-80094-205-1 2010 大众文艺出版社

515 **呐喊** 鲁迅著 I210.6/2730 978-7-5560-0239-9 2014 长江少年儿童出版社

516 **呐喊** 鲁迅著 I210.6/2730 978-7-5339-1418-9 2007 浙江文艺出版社

517 **呐喊** 鲁迅著 I210.6/2730 7-02-003183-8 1979 人民文学出版社

518 **呐喊** 鲁迅著 I210.6/2730 978-7-5339-2985-5 2010 浙江文艺出版社

519 **呐喊** 鲁迅著 I210.6/2730 978-7-210-10374-5 2018 江西人民出版社

520 **呐喊** 鲁迅著 I210.6/2730 1956 人民文学出版社

521 **呐喊** 鲁迅著 I210.6/2730 978-7-5322-7262-4 2012 上海人民美术出版社

522 **呐喊** 鲁迅著 I210.6/2730 978-7-5146-1234-9 2016 中国画报出版社

523 **呐喊** 鲁迅著 I210.6/2730 978-7-5305-8156-8 2017 天津人民美术出版社

524 **呐喊** 鲁迅著 I210.6/2730 978-7-5470-3881-9 2015 万卷出版公司

525 **呐喊** 鲁迅著 I210.6/2730 7-5342-3977-X 2006 浙江少年儿童出版社

526 **呐喊** 鲁迅著 I210.6/2730 978-7-5386-9435-2 2015 吉林美术出版社

527 **呐喊** 鲁迅著 I210.6/2730 1976 人民文学出版社

528 **呐喊** 鲁迅著 I210.6/2730 978-7-5613-9968-2 2018 陕西师范大学出版总社

529 **呐喊** 鲁迅著 I210.6/2730 978-7-5340-4875-3 2016 浙江人民美术出版社

530 **呐喊** 鲁迅著 I210.6/2730 978-7-5613-4600-6 2009 陕西师范大学出版社

531 **呐喊** 鲁迅著 H339.4:I210.6/2730 7-119-02973-8 2002 外文出版社

532 **呐喊 彷徨 故事新编：丁聪插图本** I210.6/2730 978-7-02-009752-4 2013 人民文学出版社

533 **呐喊 朝花夕拾** 鲁迅著 I210.6/2730 978-7-5063-8387-5 2015 作家出版社

534 **呐喊：插图本** 鲁迅著 I210.6/2730 7-02-005475-7 2006 人民文学出版社

535 **呐喊：插图本** 鲁迅著 I210.6/2730 978-7-5339-4741-5 2017 浙江文艺出版社

536 **呐喊：典藏对照本** 鲁迅原著 I210.6/2730 978-7-101-09602-6 2013 中华书局

537 **呐喊：汉英对照** 鲁迅著 H319.4/2730 7-119-02695-X 2000 外文出版社

538 **呐喊：精解速读** 鲁迅著 I210.6/2730 978-7-5078-4045-2 2017 中国国际广播出版社

539 **呐喊：名师全解版** 鲁迅著 I210.6/2730 978-7-206-10097-0 2014 吉林人民出版社

540 **呐喊：配图珍藏本** 鲁迅著 I210.6/2633 7-5406-4974-7 2003 广东教育出版社

541 **呐喊：青少年彩绘版** 鲁迅著 I210.6/2730 978-7-214-20416-5 2017 江苏人民出版社

542 **呐喊：权威全译插图典藏版** 鲁迅著 I210.6/2730 978-7-5404-4992-6 2015 湖南文艺出版社

543 **呐喊：新编绘图注本** 鲁迅著 I210.6/2730 978-7-5495-3603-0 2013 广西师范大学出版社

544 **呐喊·彷徨** 鲁迅著 I210.6/2730 978-7-5399-8954-9 2016 江苏凤凰文艺出版社

545 **呐喊·彷徨** 鲁迅著 I210.6/2730 978-7-5536-5085-2 2017 浙江教育出版社

546 **呐喊者** 鲁迅著 I210.4/2730 978-7-5034-8561-9 2017 中国文史出版社

547 **男男女女** 鲁迅、梁实秋、聂绀弩等著 I266/2730 978-7-5699-2343-8 2018 北京时代华文书局

548 **南腔北调集** 鲁迅著 I210.4/2730 1973 人民文学出版社

549 **南腔北调集** 鲁迅著 I210.4/2730 978-7-5470-3872-7 2015 万卷出版公司

550　**南腔北调集**　鲁迅著　I210.4/2730　1958　人民文学出版社

551　**南腔北调集**　鲁迅著　I210.4/2730　7-02-001566-2　1980　人民文学出版社

552　**彷徨**　鲁迅著　I210.6/2730　1976　人民文学出版社

553　**彷徨**　鲁迅著　I210.6/2730　978-7-80094-205-1　2010　大众文艺出版社

554　**彷徨**　鲁迅著　I210.6/2730　7-02-003279-6　2000　人民文学出版社

555　**彷徨**　鲁迅著　I210.6/2730　1956　人民文学出版社

556　**彷徨**　鲁迅著　I210.6/2730　1973　人民文学出版社

557　**彷徨**　鲁迅著　I210.6/2730　978-7-5470-3867-3　2015　万卷出版公司

558　**彷徨**　鲁迅著　I210.6/2730　978-7-108-05525-5　2015　生活·读书·新知三联书店

559　**彷徨**　鲁迅著　I210.6/2730　978-7-201-09721-3　2016　天津人民出版社

560　**彷徨**　鲁迅著　I210.6/2730　978-7-5534-2776-8　2013　吉林出版集团有限责任公司

561　**彷徨**　鲁迅著　I210.6/2730　978-7-5594-0128-1　2017　江苏凤凰文艺出版社

562　**彷徨**　鲁迅著　I210.6/2730　978-7-5340-4873-9　2016　浙江人民美术出版社

563　**彷徨**　鲁迅著　I210.6/2730　978-7-5146-1106-9　2015　中国画报出版社

564　**彷徨**　鲁迅著　H319.4/2730　7-119-02696-8　2001　外文出版社

565　**彷徨：插图本**　鲁迅著　I210.6/2730　978-7-02-011022-3　1979　人民文学出版社

566　**彷徨：插图本**　鲁迅著　I210.6/2730　7-02-005476-5　2006　人民文学出版社

567　**彷徨：插图珍藏本**　鲁迅著　I210.6/2730　978-7-5404-6181-2　2013　湖南文艺出版社

568　**彷徨：德汉对照读物**　鲁迅著　H339.4:I210.6/2730　7-119-02975-4　2002　外文出版社

569　**飘零**　鲁迅著　I246.8/2730　978-7-5411-3300-8　2012　四川文艺出版社

570　**且介亭杂文**　鲁迅著　I210.4/2730　1973　人民文学出版社

571　**且介亭杂文**　鲁迅著　I210.4/2730　978-7-5470-3875-8　2015　万卷出版公司

572　**且介亭杂文**　鲁迅著　I210.4/2730　1958　人民文学出版社

573　**且介亭杂文二集**　鲁迅著　I210.4/2730　978-7-5470-3876-5　2015　万卷出版公司

574　**且介亭杂文二集**　鲁迅著　I210.4/2730　1973　人民文学出版社

575　**且介亭杂文二集**　鲁迅著　I210.4/2730　1958　人民文学出版社

576　且介亭杂文末编　鲁迅著　I210.4/2730　1973　人民文学出版社

577　且介亭杂文末编　鲁迅著　I210.4/2730　978-7-5470-3877-2　2015　万卷出版公司

578　且介亭杂文末编　鲁迅著　I210.4/2730　1958　人民文学出版社

579　且介亭杂文末编　鲁迅著　I210.4/2730　1952　人民文学出版社

580　倾听鲁迅　鲁迅著　I210.4/2730　7-5043-3812-5　2002　中国广播电视出版社

581　秋夜　鲁迅著　I210.4/2730　978-7-5337-7296-3　2018　安徽科学技术出版社

582　秋夜 故都的秋　鲁迅、郁达夫等著　I266/2730　978-7-02-012602-6　2007　人民文学出版社

583　秋夜：鲁迅散文集　鲁迅著　I210.4/2730　7-228-06678-2　2001　新疆人民出版社

584　秋夜·两地书：一个呐喊者的爱情　鲁迅著　I210.4/2730　978-7-80203-418-1　2007　中国妇女出版社

585　热风　鲁迅著　I210.4/2730　1973　人民文学出版社

586　热风　鲁迅著　I210.4/2730　1956　人民文学出版社

587　热风·而已集　鲁迅著　I210.4/2730　978-7-5470-3904-5　2015　万卷出版公司

588　人生小说：孤独者　鲁迅著　I210.6/2730　7-5059-2900-3　1998　中国文联出版公司

589　人一生要读的60篇杂文　鲁迅、柏杨等著　I266.1/2730　7-104-01648-1　2005　中国戏剧出版社

590　人一生要读的经典　黎娜主编　Z835/2740　978-7-5113-0881-8　2011　中国华侨出版社

591　三闲集　鲁迅著　I210.4/2730　1973　人民文学出版社

592　三闲集　鲁迅著　I210.4/2730　978-7-5470-3870-3　2015　万卷出版公司

593　三闲集　鲁迅著　I210.4/2730　1950　人民文学出版社

594　山民牧唱　（西班牙）巴罗哈著，鲁迅译　I551.15/7766　1953　人民文学出版社

595　伤逝　鲁迅著　I210.6/2730　978-7-5008-4593-5　2010　中国工人出版社

596　伤逝　鲁迅著　I210.6/2730　978-7-5008-6979-5　2018　中国工人出版社

597　绍兴印象　鲁迅著　I210.4/2730　978-7-5622-4267-3　2010　华中师范大学出版社

598　社戏　鲁迅文　I287.8/2730　978-7-5390-3468-3　2010　江西科学技术出版社

599　社戏　鲁迅著　I210.6/2730　978-7-305-16117-9　2016　南京大学出版社

600　社戏　鲁迅著　I210.2/2730　978-7-5365-5473-3　2011　四川少年儿童出版社

601　**社戏**　鲁迅著　I287.8/2730　978-7-5304-9138-6　2018　北京科学技术出版社

602　**社戏**　鲁迅著　I210.6/2730　1959　作家出版社

603　**神神鬼鬼**　鲁迅、胡适、老舍等著　I266/2730　978-7-5699-2348-3　2018　北京时代华文书局

604　**生命的路　谈生命**　鲁迅、冰心等著　I210.4/2730　978-7-02-012627-9　2007　人民文学出版社

605　**生命的路：鲁迅散杂文精选**　鲁迅著　I210.4/2730　978-7-5594-1412-0　2017　江苏凤凰文艺出版社

606　**生生死死**　周作人、鲁迅、梁实秋等著　I266/7728　978-7-5699-2344-5　2018　北京时代华文书局

607　**生之爱**　（法国）加谬等著，鲁迅译　I16/4620　978-7-5515-4316-3　2014　新疆青少年出版社

608　**十月**　（苏联）A·雅各武莱夫著，鲁迅译　I512.45/1021　1952　人民文学出版社

609　**世故人情**　鲁迅、老舍、周作人等著　I266/2730　978-7-5699-2345-2　2018　北京时代华文书局

610　**世界上最具影响力的演讲词·精华卷**　斗南、耿文茹主编　I16/3440　978-7-5158-2009-5　2017　中华工商联合出版社

611　**世界上最伟大的演讲词**　鲁迅、（美国）林肯等著　I16/2730　978-7-5113-5340-5　2015　中国华侨出版社

612　**守夜者说：鲁迅美文选读**　鲁迅著　I210.4/2730　978-7-5404-3850-0　2006　湖南文艺出版社

613　**竖琴**　鲁迅编译　I512.45/2730　978-7-5078-3525-0　2013　中国国际广播出版社

614　**竖琴**　鲁迅编译　I512.45/1630　1953　人民文学出版社

615　**说东道西**　鲁迅、周作人、林语堂等著　I266/2730　978-7-5699-2346-9　2018　北京时代华文书局

616　**思想·山水·人物**　（日本）鹤见祐辅著，鲁迅译　I313.65/4773　7-5302-0774-1　2005　北京十月文艺出版社

617　**死魂灵**　（俄国）尼古拉·果戈里（Nikolai Gogol）著，鲁迅译　I512.44/6051　978-7-5360-6995-4　2014　花城出版社

618　**死魂灵：一百图**　阿庚画　J238.5/7100　1950　上海出版公司

619　**搜神记；唐宋传奇集**　（晋）干宝撰　I242.1/1030　7-5325-2448-5　1998　上海古籍出

版社

620 随感录　鲁迅著　I210.4/2730　978-7-5080-5537-4　2010　华夏出版社

621 唐宋传奇集　鲁迅校录　I242.1/2730　7-5333-0538-8　1997　齐鲁书社

622 唐宋传奇集　鲁迅校录　I242.1/2730　978-7-5054-4218-4　2018　朝华出版社

623 唐宋传奇集　鲁迅校录　I242.1/2730　1956　文学古籍刊行社

624 唐宋传奇集　鲁迅校录　I242.1/2730　978-7-5339-3616-7　2013　浙江文艺出版社

625 藤野先生 沈从文先生在西南联大　鲁迅、汪曾祺等著　I266/2730　978-7-02-012597-5　2011　人民文学出版社

626 玩笑只当它玩笑：鲁迅幽默讽刺经典作品选　鲁迅著　I210.2/2730　978-7-5149-1798-7　2018　中国书店

627 王国维 蔡元培 鲁迅点评红楼梦　王国维等著　I207.411/1062　7-80130-705-4　2004　团结出版社

628 为野草歌唱：鲁迅小品　鲁迅著　I210.4/2730　7-5307-3483-0　2005　新蕾出版社

629 伪自由书　鲁迅著　I210.4/2730　1973　人民文学出版社

630 伪自由书　鲁迅著　I210.4/2730　978-7-5470-3873-4　2015　万卷出版公司

631 伪自由书　鲁迅著　I210.4/2730　1958　人民文学出版社

632 伪自由书：[法汉对照]　鲁迅著　I210.4/2730　978-7-119-04530-6　2010　外文出版社

633 魏晋风度及其他　鲁迅撰　I210.2/2730　978-7-5325-5551-2　2010　上海古籍出版社

634 文学精读·鲁迅　鲁迅著　I210.2/2730　978-7-213-08766-0　2018　浙江人民出版社

635 文学与出汗　鲁迅著　I210.4/2730　978-7-220-10128-1　2017　四川人民出版社

636 我的第一个师父：鲁迅散文中学生读本　鲁迅著　I210.4/2730　978-7-5477-1279-5　2014　同心出版社

637 我的精神家园：文化名家谈读书　鲁迅等著　I266/2730　978-7-5554-0841-3　2018　广陵书社

638 我的日本印象　鲁迅、郭沫若、巴金等著　I266/2730　7-309-04441-X　2005　复旦大学出版社

639 我的祖母之死 死后　徐志摩、鲁迅等著　I266/2840　978-7-02-012587-6　2007　人民文学出版社

640 我们现在怎样做父亲 背影　鲁迅、朱自清等著　I266/2730　978-7-02-012600-2　2011　人民文学出版社

641　我们要批评家：鲁迅杂文精选集　鲁迅著　I210.4/2730　978-7-5171-0758-3　2015
中国言实出版社

642　无花的蔷薇：鲁迅杂文　鲁迅著　I210.4/2730　7-5339-2210-7　2006　浙江文艺出
版社

643　无声的中国：鲁迅杂文精选：考题版　鲁迅著　I210.4/2730　978-7-5387-3116-3　2011
时代文艺出版社

644　吴中杰评点鲁迅书信　鲁迅著　I210.97/6054　7-309-03218-7　2002　复旦大学出版社

645　五讲三嘘集　鲁迅著　I210.4/2730　978-7-5559-0425-0　2017　河南文艺出版社

646　夏三虫 夏天的昆虫　鲁迅、汪曾祺等著　I266/2730　978-7-02-012593-7　2012　人民
文学出版社

647　现代儿童文学选（1902-1949）：a selection of the modern children＇s literature（1902-
1949）：从百草园到三味书屋　鲁迅等著　I286/2730　978-7-5560-4336-1　2016　长江
少年儿童出版社

648　现代儿童文学选（1902-1949）：a selection of the modern children＇s literature（1902-
1950）：从百草园到三味书屋　鲁迅等著　I286/2730　978-7-5353-3710-8　2007　湖北
少年儿童出版社

649　乡风市声　鲁迅、丰子恺、叶圣陶等著　I266/2730　978-7-5699-2349-0　2018　北京
时代华文书局

650　祥林嫂：越剧　（1881-1936）鲁迅原著　I236.55/2730　1978　上海文艺出版社

651　小彼得　（匈牙利）妙伦、（苏联）班台莱耶夫著，鲁迅译　I521.88/3729　978-7-305-
16118-6　2016　南京大学出版社

652　小说旧闻钞　鲁迅校录　I210.91/2730　7-5333-0609-0　1997　齐鲁书社

653　小说旧闻钞　鲁迅校录　I210.91/2730　978-7-5054-4219-1　2018　朝华出版社

654　小约翰　（荷）F.望·蔼覃，鲁迅译　I563.84/1010　978-7-5385-5456-4　2011　北方
妇女儿童出版社

655　小约翰　（荷）F.望·蔼覃，鲁迅译　I563.88/4410　1957　人民文学出版社

656　小约翰：影响人的一生，使灵魂触动的童话　（荷）F.望·蔼覃，鲁迅译　I563.88/1010
7-5075-1681-4　2004　华文出版社

657　写在生活边上　梁启超、鲁迅等著　I266/3334　978-7-80713-480-0　2007　山东画报
出版社

658　心美好时　泰戈尔、王尔德、鲁迅等著　I116/5052　978-7-5699-0926-5　2016　北京

659　**新版鲁迅杂文集·集外文集**　鲁迅著　I210.4/2730　7-213-02240-7　2002　浙江人民出版社

660　**学生时代**　鲁迅、茅盾等著　I216.1/2730　978-7-5153-4968-8　2018　中国青年出版社

661　**雪 雪夜**　鲁迅、郁达夫等著　I266/2730　978-7-02-012582-1　2007　人民文学出版社

662　**药：鲁迅小说连环画**　鲁迅著　J228.4/7431　1979　上海人民美术出版社

663　**野草**　鲁迅著　H319.4/2730　7-119-02694-1　2001　外文出版社

664　**野草**　鲁迅著　I210.5/2730　978-7-201-09719-0　2016　天津人民出版社

665　**野草**　鲁迅著　I210.5/2730　978-7-201-07078-0　2011　天津人民出版社

666　**野草**　鲁迅著　I210.5/2730　978-7-5594-0125-0　2017　江苏凤凰文艺出版社

667　**野草**　鲁迅著　I210.5/2730　978-7-5463-1383-2　2009　吉林出版集团有限责任公司

668　**野草**　鲁迅著　I210.4/2730　1956　人民文学出版社

669　**野草**　鲁迅著　I210.4/2730　1973　人民文学出版社

670　**野草**　鲁迅著　I210.4/2730　7-02-003272-9　2000　人民文学出版社

671　**野草**　鲁迅著　I210.5/2730　7-02-005528-1　2006　人民文学出版社

672　**野草：插图本**　鲁迅著　I210.5/2730　7-02-005473-0　1979　人民文学出版社

673　**野草：权威修订典藏版**　鲁迅著　I210.5/2730　978-7-5404-4998-8　2011　湖南文艺出版社

674　**野草 故事新编：赵延年插图本**　鲁迅著　I210.4/2730　978-7-02-009834-7　2014　人民文学出版社

675　**野草·朝花夕拾**　鲁迅著　I210.5/2730　978-7-5470-3902-1　2015　万卷出版公司

676　**野草集**　鲁迅著　I210.5/2730　978-7-80094-205-1　2010　大众文艺出版社

677　**一个都不宽恕：鲁迅和他的论敌**　鲁迅著　I210.97/7433　7-5059-2540-7　1996　中国文联出版公司

678　**一生太平凡：鲁迅自述**　鲁迅著　I210.2/2730　978-7-5317-3634-9　2016　北方文艺出版社

679　**一天的工作**　鲁迅编译　I512.45/2730　978-7-5078-3535-9　2013　中国国际广播出版社

680　**艺术论**　（苏联）蒲力汗诺夫著，鲁迅译　J0/4443　1957　人民文学出版社

681　萤灯　鲁迅等著　I246.8/2730　978-7-220-08969-5　2014　四川人民出版社

682　永在的温情：文人笔下的文人　郑振铎、鲁迅等著　I266/8758　978-7-5034-5404-2　2015　中国文史出版社

683　与鲁迅看社戏　鲁迅原著　I210.6/2730　7-5339-1871-1　2004　浙江文艺出版社

684　语丝　鲁迅主编　I-55/3123　1982　上海文艺出版社

685　域外小说集　（Poe, E. A.）坡著，鲁迅、周作人译　I210.93/4400　978-7-5117-1983-6　2014　中央编译出版社

686　域外小说集　止庵主编　I14/2100　7-80148-997-7　2006　新星出版社

687　月界旅行　地底旅行　（法国）儒勒·凡尔纳著，鲁迅译　I565.44/7722　978-7-5484-1531-2　2015　哈尔滨出版社

688　月亮的寒光：鲁迅国民性批判文选　鲁迅著　I210.2/2730　978-7-309-07402-4　2011　复旦大学出版社

689　在酒楼上；伤逝；阿金　鲁迅著　I210.2/2730　7-201-05129-6　2005　天津人民出版社

690　长夜青灯　自在独行：鲁迅作品精选集　鲁迅著　I210.2/2730　978-7-5594-2532-4　2018　江苏凤凰文艺出版社

691　朝花夕拾　鲁迅著，人民文学出版社编　I210.4/2730　1956　人民文学出版社

692　朝花夕拾　鲁迅著　I210.4/2730　978-7-5322-9310-0　2015　上海人民美术出版社

693　朝花夕拾　鲁迅原著　I210.4/2730　978-7-5322-5326-5　2012　上海人民美术出版社

694　朝花夕拾　鲁迅原著　I210.4/2730　978-7-5322-7261-7　2012　上海人民美术出版社

695　朝花夕拾　鲁迅原著　I210.4/2730　978-7-5342-6693-5　2012　浙江少年儿童出版社

696　朝花夕拾　鲁迅原著　I210.4/2730　978-7-5342-4412-4　2007　浙江少年儿童出版社

697　朝花夕拾　鲁迅原著　I210.4/2730　978-7-5342-8521-9　2015　浙江少年儿童出版社

698　朝花夕拾　鲁迅原著　I210.4/2730　978-7-5552-3943-7　2016　青岛出版社

699　朝花夕拾　鲁迅著　I210.4/2730　978-7-5353-9756-0　2014　长江少年儿童出版社

700　朝花夕拾　鲁迅著　I210.4/2730　978-7-5560-0238-2　2014　长江少年儿童出版社

701　朝花夕拾　鲁迅著　I210.4/2730　978-7-02-005678-1　1979　人民文学出版社

702　朝花夕拾　鲁迅著　I210.6/2730　7-02-003182-X　2000　人民文学出版社

703　朝花夕拾　鲁迅著　I210.4/2730　978-7-5330-6483-9　2017　山东美术出版社

704　朝花夕拾　鲁迅著　I210.4/2730　978-7-5339-5348-5　2018　浙江文艺出版社

705	朝花夕拾	鲁迅著	I210.4/2730	978-7-5342-3961-8	2006	浙江少年儿童出版社
706	朝花夕拾	鲁迅著	I210.4/2730	978-7-5342-5354-6	2009	浙江少年儿童出版社
707	朝花夕拾	鲁迅著	I210.4/2730	978-7-5354-6545-0	2013	长江文艺出版社
708	朝花夕拾	鲁迅著	I210.4/2730	978-7-5354-9477-1	2017	长江文艺出版社
709	朝花夕拾	鲁迅著	I210.4/2730	978-7-5146-1198-4	2015	中国画报出版社
710	朝花夕拾	鲁迅著	I210.4/2730	978-7-220-10133-5	2017	四川人民出版社
711	朝花夕拾	鲁迅著	I210.4/2730	978-7-5190-1331-8	2016	中国文联出版社
712	朝花夕拾	鲁迅著	I210.4/2730	978-7-5110-1292-0	2013	海豚出版社
713	朝花夕拾	鲁迅著	I210.4/2730	978-7-5100-4187-7	2012	世界图书出版公司
714	朝花夕拾	鲁迅著	I210.4/2730	978-7-5142-1637-0	2017	文化发展出版社
715	朝花夕拾	鲁迅著	I210.4/2730	978-7-5110-0996-8	2012	海豚出版社
716	朝花夕拾	鲁迅著	I210.4/2730	978-7-5354-9720-8	2017	长江文艺出版社
717	朝花夕拾	鲁迅著	I210.4/2730	978-7-5113-6743-3	2017	中国华侨出版社
718	朝花夕拾	鲁迅著	I210.6/2730	978-7-5448-3033-1	2013	接力出版社
719	朝花夕拾	鲁迅著	I210.4/2730	978-7-5391-9436-3	2014	二十一世纪出版社
720	朝花夕拾	鲁迅著	I210.4/2730	978-7-5399-7019-6	2015	江苏凤凰文艺出版社
721	朝花夕拾	鲁迅著	I210.4/2730	978-7-5613-9970-5	2018	陕西师范大学出版总社
722	朝花夕拾	鲁迅著	I210.4/2730	978-7-5515-7662-8	2016	新疆青少年出版社
723	朝花夕拾	鲁迅著	I210.4/2730	978-7-5113-6656-6	2017	中国华侨出版社
724	朝花夕拾	鲁迅著	H319.4/2730	7-119-02697-6	2001	外文出版社
725	朝花夕拾	鲁迅著	I210.4/2730	978-7-5404-8477-4	2018	湖南文艺出版社
726	朝花夕拾	鲁迅著	I210.4/2730	978-7-5399-9204-4	2016	江苏凤凰文艺出版社
727	朝花夕拾	鲁迅著	I210.4/2730	978-7-5411-3987-1	2015	四川文艺出版社
728	朝花夕拾	鲁迅著	I210.4/2730	978-7-201-08914-0	2015	天津人民出版社
729	朝花夕拾	鲁迅著	I210.4/2730	978-7-5536-4426-4	2016	浙江教育出版社
730	朝花夕拾	鲁迅著	I210.4/2730	978-7-5354-8164-1	2015	长江文艺出版社
731	朝花夕拾	鲁迅著	I210.2/2730	978-7-5113-2240-1	2012	中国华侨出版社
732	朝花夕拾	鲁迅著	I210.4/2730	978-7-5447-2904-8	2014	译林出版社

733 **朝花夕拾** 鲁迅著 I210.6/2730 1973 人民文学出版社

734 **朝花夕拾** 鲁迅著 I210.4/2730 978-7-5651-3037-3 2017 南京师范大学出版社

735 **朝花夕拾** 鲁迅著 I210.4/2730 978-7-5340-6710-5 2018 浙江人民美术出版社

736 **朝花夕拾：彩图珍藏本** 鲁迅著 I210.4/2730 978-7-5404-7105-7 2016 湖南文艺出版社

737 **朝花夕拾：插图本** 鲁迅著 I210.4/2730 7-02-004439-5 1979 人民文学出版社

738 **朝花夕拾：插图本** 鲁迅著 I210.4/2730 978-7-5339-3746-1 2017 浙江文艺出版社

739 **朝花夕拾：德汉对照读物** 鲁迅著 H339.4:I210.4/2730 7-119-02974-6 2002 外文出版社

740 **朝花夕拾：经典彩绘本** 鲁迅著 I210.4/2730 978-7-5477-0063-1 2015 同心出版社

741 **朝花夕拾：精批版** 鲁迅著 I210.4/2730 978-7-210-10375-2 2018 江西人民出版社

742 **朝花夕拾：鲁迅散文精读** 鲁迅原著 I210.4/2730 978-7-80186-629-5 2007 东方出版中心

743 **朝花夕拾：配图珍藏本** 鲁迅著 I210.4/2730 7-5406-4968-2 2003 广东教育出版社

744 **朝花夕拾：青少年彩绘版** 鲁迅著 I210.4/2730 978-7-214-20428-8 2017 江苏人民出版社

745 **朝花夕拾：权威插图典藏版** 鲁迅著 I210.4/2730 978-7-5404-4810-3 2011 湖南文艺出版社

746 **朝花夕拾：英汉双语对照** 鲁迅著 H319.4:I/2730 978-7-5447-1669-7 2011 译林出版社

747 **朝花夕拾 呐喊** 鲁迅原著 I210.2/2730 978-7-5455-1314-1 2015 天地出版社

748 **朝花夕拾 呐喊** 鲁迅著 I210.6/2730 978-7-5506-0989-1 2012 凤凰出版社

749 **朝花夕拾 呐喊** 鲁迅著 I210.4/2730 978-7-5671-2016-7 2016 上海大学出版社

750 **朝花夕拾 呐喊** 鲁迅著 I210.4/2730 978-7-5306-7106-1 2016 百花文艺出版社

751 **朝花夕拾 呐喊** 鲁迅著 I210.4/2730 978-7-5080-6983-8 2013 华夏出版社

752 **朝花夕拾 呐喊** 鲁迅著 I210.4/2730 978-7-5339-3946-5 2014 浙江文艺出版社

753 **朝花夕拾 呐喊** 鲁迅著 I210.4/2730 978-7-209-08186-3 2014 山东人民出版社

754 **朝花夕拾 呐喊** 鲁迅著 I210.4/2730 978-7-5442-6729-8 2013 南海出版公司

755 **朝花夕拾 呐喊** 鲁迅著 I210.2/2730 978-7-5463-0831-9 2009 吉林出版集团有限

责任公司

756 **朝花夕拾 呐喊** 鲁迅著 I210.4/2730 978-7-5364-8513-6 2018 四川科学技术出版社

757 **朝花夕拾 呐喊** 鲁迅著 I210.4/2730 978-7-5385-7894-2 2014 北方妇女儿童出版社

758 **朝花夕拾 呐喊** 鲁迅著 I210.4/2730 978-7-5472-3364-1 2017 吉林文史出版社

759 **朝花夕拾 呐喊** 鲁迅著 I210.4/2730 978-7-100-09222-7 2012 商务印书馆

760 **朝花夕拾 呐喊** 鲁迅著 I210.4/2730 978-7-115-30394-3 2013 人民邮电出版社

761 **朝花夕拾 呐喊** 鲁迅著 I210.2/2730 978-7-5463-1031-2 2010 吉林出版集团有限责任公司

762 **朝花夕拾 呐喊：美绘青少版** 鲁迅著 I210.4/2730 978-7-5521-0025-9 2012 内蒙古文化出版社

763 **朝花夕拾 野草** 鲁迅著 I210.4/2730 7-5339-1419-8 2006 浙江文艺出版社

764 **朝花夕拾 野草** 鲁迅著 I210.4/2730 978-7-5339-2752-3 2010 浙江文艺出版社

765 **赵延年插图鲁迅经典六种** 鲁迅著 I210.2/2730 978-7-5340-6986-4 2018 浙江人民美术出版社

766 **这也是生活：鲁迅回忆录** 鲁迅著 K825.6=6/2730 978-7-5080-4668-6 2008 华夏出版社

767 **浙江潮** 鲁迅等著 C55/2730 978-7-5117-2156-3 2014 中央编译出版社

768 **直言不讳** 鲁迅著 I210.2/2730 978-7-80094-421-5 2010 大众文艺出版社

769 **中国萌芽木刻集：鲁迅评析中国现代木刻典藏** 鲁迅著 J217/2730 7-5334-2868-4 1999 福建教育出版社

770 **中国人的脸：鲁迅随笔精选** 鲁迅著 I210.4/2730 978-7-5354-5414-0 2012 长江文艺出版社

771 **中国现代文学珍藏大系·鲁迅卷** 鲁迅著 I210.2/2730 7-80158-288-8 2003 蓝天出版社

772 **中国现代文学珍藏大系·鲁迅卷** 许建辉主编 I216.1/3819 978-7-80158-288-1 2009 蓝天出版社

773 **中国小说史略** 鲁迅著 I210.91/2730 978-7-100-08618-9 2011 商务印书馆

774 **中国小说史略** 鲁迅著 I210.91/2730 978-7-80223-579-3 2010 中国三峡出版社

775 中国小说史略 鲁迅著 I210.91/2730 978-7-301-15844-9 2009 北京大学出版社

776 中国小说史略 鲁迅著 I207.409/2730 978-7-5090-0877-5 2013 当代世界出版社

777 中国小说史略 鲁迅著 I210.91/2730 978-7-5139-1338-6 2016 民主与建设出版社

778 中国小说史略 鲁迅著 I210.91/2730 7-80130-964-2 2005 团结出版社

779 中国小说史略 鲁迅著 I210.91/2730 978-7-5054-4056-2 2017 朝华出版社

780 中国小说史略 鲁迅著 I210.91/2730 1973 人民文学出版社

781 中国小说史略 鲁迅著 I210.91/2730 7-5333-0539-6 1997 齐鲁书社

782 中国小说史略 鲁迅著 I210.91/2730 978-7-119-05750-7 2009 外文出版社

783 中国小说史略 鲁迅撰 I210.91/2730 978-7-5325-6138-4 2011 上海古籍出版社

784 《中国小说史略》汇编释评 鲁迅著 I210.91/2730 978-7-5458-0987-9 2015 上海书店出版社

785 中国著名短篇小说·世界著名短篇小说：合订本 鲁迅著 I24/2730 978-7-5463-4489-8 2011 吉林出版集团有限责任公司

786 中国最好的短篇小说·世界最好的短篇小说大全集 鲁迅、（美国）欧·亨利等著 I14/1706 978-7-5075-2235-8 2009 华文出版社

787 中国最美的历史散文 鲁迅、吴晗、张承志等著 I266/2730 978-7-5438-9455-6 2013 湖南人民出版社

788 "中小学书法教育指导纲要"编选：鲁迅卷 J292.28/2730 978-7-102-07709-3 2017 人民美术出版社

789 中学生鲁迅读本 鲁迅著 I210.2/2730 7-5343-5254-1 2004 江苏教育出版社

790 祝福 鲁迅著 I210.2/2730 978-7-5477-0473-8 2013 同心出版社

791 祝福 鲁迅著 I210.96/2830 1981 人民美术出版社

792 祝福：丰子恺绘鲁迅小说九篇 鲁迅著 I210.6/2730 978-7-80713-478-7 2007 山东画报出版社

793 祝福：鲁迅小说连环画 鲁迅著 J228.4/4443 1979 上海人民美术出版社

794 准风月谈 鲁迅，鲁迅先生纪念委员会著 I210.4/2730 1951 人民文学出版社

795 准风月谈 鲁迅著 I210.4/2730 1973 人民文学出版社

796 准风月谈 鲁迅著 I210.4/2730 978-7-5470-3874-1 2015 万卷出版公司

797 准风月谈 鲁迅著 I210.4/2730 978-7-5447-7295-2 2018 译林出版社

798 **最好的短篇小说**　鲁迅等著　I14/2730　978-7-5113-4219-5　2014　中国华侨出版社

799 **最好的短篇小说：超值白金版**　鲁迅、（美国）欧·亨利等著　I14/2730　978-7-5113-0521-3　2010　中国华侨出版社

800 **最好的小说**　鲁迅等著　I14/2730　978-7-5113-3617-0　2013　中国华侨出版社

801 **最好的杂文**　鲁迅等著　I266/2730　978-7-5113-0537-4　2010　中国华侨出版社

802 **最好的杂文大全集**　鲁迅等著　I266.1/2740　978-7-5075-3002-5　2010　华文出版社

803 **最美的散文**　鲁迅等著　I266/2730　978-7-5104-0621-8　2009　新世界出版社

19.18

马寅初

---

1 **财政学与中国财政：理论与现实**　马寅初著　F12/1733　7-100-02813-2　2001　商务印书馆

2 **大型现代越剧《马寅初》**　姜朝皋编剧　J825.55/8042　2013

3 **风骨劲节：马寅初廉政故事集**　钱杭瑛主编　K825.31=74/1733　978-7-80216-628-8　2010　中国方正出版社

4 **马寅初**　嵊州市人民政府编　K825.31=7/1733　7-213-01968-6　1999　浙江人民出版社

5 **马寅初的最后33年**　彭华著　K825.31=74/1733　7-5034-1642-4　2005　中国文史出版社

6 **马寅初经济论文选集**　马寅初著　F12-53/1733　7-301-00796-5　1990　北京大学出版社

7 **马寅初年谱长编**　徐斌、马大成编著　K825.31=74/1733　978-7-100-08925-8　2012　商务印书馆

8 **马寅初抨官僚资本**　马寅初著　F129.6/7734　1983　重庆出版社

9 **马寅初全集**　马寅初著　C52/1733v8　7-213-01618-0　1999　浙江人民出版社

10 **马寅初全集补编**　孙大权、马大成编注　F0-52/1733　978-7-5426-2637-0　2007　上海三联书店

11 **马寅初人口文集**　马寅初著　C92-53/1733　7-213-01619-9　1997　浙江人民出版社

12 **马寅初题字墨迹**　马寅初纪念馆编　J292.28/1733　978-7-308-09922-6　2012　浙江大学出版社

13 **马寅初演讲集**　马寅初著　F812.96-53/1733　978-7-203-08862-2　2014　山西人民出

版社

14　**马寅初演讲与论文集：马寅初文集**　马寅初著　C53/1733　7-301-09754-9　2005　北京大学出版社

15　**马寅初与中国经济学社**　马大成编注　K825.31=74/1733　978-7-5540-1151-5　2017　浙江古籍出版社

16　**马寅初传**　杨勋等著　K825.3/1733　1986　北京出版社

17　**马寅初传**　杨建业著　K825.3/1733　1986　中国青年出版社

18　**马寅初传**　邓加荣著　K825.31=74/1733　7-5321-0970-4　1986　上海文艺出版社

19　**马寅初传**　杨建业著　I253.4/4713　978-7-5095-5038-0　2016　中国财政经济出版社

20　**马寅初的故事**　马玉淳编著　K825.31=74/1733　7-80715-169-2　2006　浙江古籍出版社

21　**民族瑰宝马寅初**　李正宏、黄团元著　I253.3/4013　7-216-04579-3　2006　湖北长江出版集团

22　**天地良知——马寅初传**　徐斌著　K825.31=74/1733　978-7-213-03805-1　2008　浙江人民出版社

23　**通货新论**　马寅初著　F820/1733　978-7-100-07438-4　2010　商务印书馆

24　**我的经济理论哲学思想和政治立场**　马寅初著　F120.2/1733　978-7-5095-6875-0　2016　中国财政经济出版社

25　**我国经济学泰斗**　邓加荣著　K825.31=74/1733　7-5049-3903-X　2006　中国金融出版社

19.19

马一浮

1　**从孔子到马一浮**　刘炜著　K203/0290　978-7-5161-4094-9　2014　中国社会科学出版社

2　**尔雅台答问**　马一浮著　B222.05/1713　7-5343-6887-1　2005　江苏教育出版社

3　**复性书院讲录**　马一浮著　B222.05/1713　978-7-80715-846-2　2012　浙江古籍出版社

4　**六艺与诗：马一浮思想论衡**　刘炜著　Z126.27/0290　978-7-5004-9172-9　2010　中国社会科学出版社

5　**马一浮：隐士儒宗**　陈星著　B262/7460　7-80603-053-0　1996　山东画报出版社

6　**马一浮集·第一册**　马一浮著　C52/1713v1　7-80518-231-0　1996　浙江古籍出版社

7　**马一浮集·第二册**　马一浮著　C52/1713v2　7–80518–232–9　1996　浙江古籍出版社

8　**马一浮集·第三册**　马一浮著　C52/1713v3　7–80518–233–7　1996　浙江古籍出版社

9　**马一浮交往录**　丁敬涵编著　B261.5/7713　978–7–308–11320–5　2013　浙江大学出版社

10　**马一浮六艺论新诠**　刘乐恒著　Z126.27/1713　978–7–5325–7866–5　2015　上海古籍出版社

11　**马一浮评传**　马镜泉、赵士华著　B261.5/1782　978–7–80579–360–3　2010　百花洲文艺出版社

12　**马一浮全集·第一册 语录**　虞万里、徐儒宗点校　C52/1713v1　978–7–80715–878–3　2013　浙江古籍出版社

13　**马一浮全集·第二册 文集**　朱晓鹏、邓新文编校　C52/1713v2　978–7–80715–878–3　2013　浙江古籍出版社

14　**马一浮全集·第三册 诗集**　徐儒宗、董平编校　C52/1713v3　978–7–80715–878–3　2013　浙江古籍出版社

15　**马一浮全集·第四册 杂著**　尚佐文编校　C52/1713v4　978–7–80715–878–3　2013　浙江古籍出版社

16　**马一浮全集·第五册 日记、辑佚**　王翼奇等点校　C52/1713v5　978–7–80715–878–3　2013　浙江古籍出版社

17　**马一浮全集·第六册 附录**　丁敬涵、王宇、袁新国编录　C52/1713v6　978–7–80715–878–3　2013　浙江古籍出版社

18　**马一浮儒学思想研究**　陈锐著　B261.5/7480　978–7–5325–5508–6　2010　上海古籍出版社

19　**马一浮诗学思想研究**　高迎刚著　I207.227.72/0037　7–5333–1715–7　2006　齐鲁书社

20　**马一浮书法集**　梁平波主编　J292.28/1713　978–7–80715–867–7　2012　浙江古籍出版社

21　**马一浮书论类编**　丁敬涵纂辑　J292.11/1713　978–7–308–16641–6　2017　浙江大学出版社

22　**马一浮思想新探：纪念马一浮先生诞辰 125 周年暨国际学术研讨会论文集**　吴光主编　B261.5–53/6090　978–7–5325–5564–2　2010　上海古籍出版社

23　**马一浮思想研究**　滕复著　B261.5/7980　7–101–03113–7　2001　中华书局

24　**马一浮思想研究**　李国红著　B261.5/4062　978–7–5531–0193–4　2012　巴蜀书社

25　**马一浮先生逝世二十周年纪念特刊**　中国书法家协会浙江分会编　K825.7/1713　1987　中国书法家协会浙江分会

26　**马一浮先生学赞**　乌以风编述　B261.5/2727　1987

27　**马一浮遗墨**　马一浮书　J292.28/1713　7–80053–949–0　1991　华夏出版社

28　**马一浮与国学**　刘梦溪著　B261.5/0243　978–7–108–05231–5　2015　生活·读书·新知三联书店

29　**马一浮篆刻**　马一浮篆刻　J292.41/1713　7–80053–950–4　1990　华夏出版社

30　**一代儒宗——马一浮传**　滕复著　B261/7980　7–80633–660–5　2004　杭州出版社

31　**中国书法家全集·马一浮**　马一浮书　J292.28/1713　7–5434–4934–X　2004　河北教育出版社

19.20
许寿裳

1　**鲁迅传**　许寿裳著　K825.6=6/2730　978–7–206–09999–1　2014　吉林人民出版社

2　**鲁迅传：全本典藏版**　许寿裳著　K825.6=6/2730　978–7–5125–0079–2　2010　国际文化出版公司

3　**绍兴文史资料·第七辑 许寿裳纪念集**　绍兴市政协文史资料研究委员会编　K295.53/2790v7　7–213–00903–6　1991　浙江人民出版社

4　**亡友鲁迅印象记**　许寿裳著　I210.96/3859　1953　人民文学出版社

5　**亡友鲁迅印象记**　许寿裳著　K825.6=6/2730　978–7–5633–9999–4　2010　广西师范大学出版社

6　**我所认识的鲁迅**　许寿裳著　K825.6/2730　1953　人民文学出版社

7　**现代贤儒：鲁迅的挚友许寿裳**　陈漱渝主编　K825.6=6/3859　7–80141–034–3　1998　台海出版社

8　**许寿裳**　娄国忠编　I216.1/3859　962–450–556–X　2008　天马出版有限公司

9　**许寿裳家藏书信集**　上海鲁迅纪念馆编　K825.46=6/3859　978–7–5334–7084–5　2016　福建教育出版社

10　**许寿裳评传**　钟小安著　K825.46=6/3859　978–7–5161–0936–6　2012　中国社会科学出版社

11　**许寿裳日记：1940–1948**　黄英哲等编校整理　K825.4=6/3859　978–7–5334–4970–4　2008

福建教育出版社

12 **许寿裳诗集** 刘丽华等编注 I226/3859 962-7493-39-2 1993 香港未来中国出版社

13 **许寿裳书信选** 绍兴鲁迅纪念馆编注 K825.6/3859 7-5339-1113-X 1999 浙江文艺出版社

14 **许寿裳文集** 许寿裳著 C52/3859 7-80656-567-1 2003 百家出版社

15 **许寿裳遗稿** 黄英哲、陈漱渝、王锡荣主编 C52/3859 978-7-5334-5599-6 2011 福建教育出版社

16 **章炳麟传** 许寿裳著 B259.25/3859 978-7-206-09998-4 2013 吉林人民出版社

17 **章炳麟传：国学大师与革命元勋** 许寿裳著 B259.25/3859 7-80130-809-3 2004 团结出版社

18 **章太炎传** 许寿裳著 B259.25/3859 7-5306-3873-4 2004 百花文艺出版社

19 **中国名人传** 许寿裳编 K820/3859 1978 香港汇通书店

19.21

陶行知

1 **当代中国陶行知教育思想实验研究** 金林祥、胡国枢、屠棠主编 G40-092.6/8043 978-7-81140-031-1 2008 浙江工商大学出版社

2 **二十世纪陶行知研究** 金林祥主编 G40-092.6/8043 7-5320-9884-2 2005 上海教育出版社

3 **弘扬行知思想，深化教育改革：95 全国陶行知研讨会文集** 王荣华、张民生主编 G40/5067 1996 中国陶行知研究会

4 **民主之魂：陶行知的最后 100 天** 中国陶行知研究会、上海市陶行知研究协会编 K825.46=6/7728 7-5320-8654-2 2003 上海教育出版社

5 **南有百侯：陶行知教育思想教师读本** 罗维猛编著 G40-092.6/6024 978-7-5170-0575-9 2013 中国水利水电出版社

6 **平凡的神圣——陶行知** 章开沅、唐文权著 K825.46=6/7728 978-7-5622-6105-6 2013 华中师范大学出版社

7 **师陶斋文存** 刘尧庭著 G40-53/0250 7-104-02282-1 2007 中国戏剧出版社

8　陶行知　许宗元著　K825.4/7728　7-01-000383-1　1988　人民出版社

9　陶行知创造教育思想研究　许炳松主编　G63-53/3894　7-5073-0901-0　2001　中央文献出版社

10　陶行知词典　金林祥、胡国枢主编　K825.46=6/7728　978-7-80703-517-6　2009　上海百家出版社

11　陶行知的故事　叶良骏著　I247.8/6431　7-107-10834-4　1991　人民教育出版社

12　陶行知的生平及其学说　戴伯韬著　K825.4=6/7728　1983　人民教育出版社

13　陶行知纪念文集　四川省纪念陶行知先生诞生九十周年大会筹备组编　K825.4/7728　1982　四川人民出版社

14　陶行知教育论著选　董宝良主编　G40-092.6/7728　978-7-107-29023-7　2015　人民教育出版社

15　陶行知教育名篇　方明编　G40-53/0060　7-5041-3054-0　2005　教育科学出版社

16　陶行知教育思想　陶行知著　G40-53/7728　1997

17　陶行知教育思想研究文集　中国陶行知研究会编　G42-53/5067　1985　人民教育出版社

18　陶行知教育思想与教育现代化：江苏省陶行知研究会十五周年论文集　江苏省陶行知研究会秘书处编　G40-0926/3449　1995

19　陶行知教育思想与实践　吴昕春、孙德玉主编　G40-092.6/6065　978-7-5676-2467-2　2017　安徽师范大学出版社

20　陶行知教育文选　陈波编注　G40-092.6/7430　978-7-308-13044-8　2014　浙江大学出版社

21　陶行知教育箴言　陶行知著　G40-092.6/7728*　978-7-5484-0575-7　2011　哈尔滨出版社

22　陶行知名篇精选：教师版　方明编　G40-092.6/7728　7-5041-3429-5　2006　教育科学出版社

23　陶行知年谱长编　王文岭撰　K825.46=6/7728　978-7-5408-5900-8　2012　四川教育出版社

24　陶行知年谱稿　中央教育科学研究所教育理论研究室《陶行知年谱稿》编写组编　K825.4/7728　1983　教育科学出版社

25　陶行知全集　陶行知著　G4-52/7728v4　7-5408-1513-2　2005　四川教育出版社

26　陶行知生活教育导读：教师读本　周洪宇著　G40-092.6/7733　978-7-5334-6222-2　2013　福建教育出版社

27　**陶行知师德理论及其当代价值**　吕德雄等著　G40-092.6/6024　978-7-01-008687-3　2010　人民出版社

28　**陶行知谈教育**　陶行知著　G40-092.6/7728　978-7-205-08103-4　2015　辽宁人民出版社

29　**陶行知文集**　陶行知等著　I217.2/7728　1981　江苏人民出版社

30　**陶行知选集：三卷本**　顾明远、边守正主编　G40-092.6/7728　978-7-5041-6040-9　2011　教育科学出版社

31　**陶行知－一位基督徒教育家的再发现**　何荣汉著　K825.46=6/2143　978-7-5336-6231-8　2011　安徽教育出版社

32　**陶行知幼儿教育名篇选读**　喻琴、喻本伐选编/校注/点评　G610-53/7728　978-7-5560-0474-4　2014　长江少年儿童出版社

33　**陶行知与现代名人**　徐明聪著　K825.46=6/7728　7-81093-410-4　2006　合肥工业大学出版社

34　**陶行知箴言**　叶良骏编撰　K825.46=6/7728　978-7-5444-3616-8　2011　上海教育出版社

35　**陶行知传**　周毅、向明著　K825.46=6/7728　978-7-5408-5317-4　2010　四川教育出版社

36　**万世师表：陶行知**　重庆市合川区文化委员会、重庆市陶行知研究会编　G40-092.6/2000　978-7-5621-7976-4　2016　西南师范大学出版社

37　**行知书信集**　陶行知著　K825.4/7728　1981　安徽人民出版社

38　**永远的陶行知：101个快乐与成功的故事**　叶良骏著　K825.46=6/7728　978-7-5444-4599-3　2013　上海教育出版社

19.22

胡愈之

1　**大道之行——胡愈之传**　陈荣力著　K827=74/4783　7-213-03159-7　2005　浙江人民出版社

2　**胡愈之**　朱顺佐著　K825.42=7/4783　7-80611-744-X　1999　花山文艺出版社

3　**胡愈之·上卷**　何家炜、何文杰选编　K820.855.4/4783　2016

4　**胡愈之·中卷**　何家炜、何文杰选编　K820.855.4/4783　2016

5　**胡愈之·下卷**　何家炜、何文杰选编　K820.855.4/4783　2016

6　**胡愈之评传**　朱文斌著　K825.42/4783　978-7-5161-3722-2　2013　中国社会科学出版社

7　**胡愈之文化思想研究会论文集: 纪念胡愈之诞辰一百一十周年**　上虞市政协文史资料委员会、上虞市文学艺术界联合会　K825.42=74/4783　2007

8　**胡愈之印象记**　费孝通等著　K825.4/4783　7-5057-0129-0　1989　中国友谊出版公司

9　**胡愈之传**　于友著　K825.4/4783　1983　新华出版社

10　**胡愈之传**　朱顺佐、金普森编著　K825.4/4783　7-81035-195-8　1991　杭州大学出版社

11　**上虞文史资料·第六辑 纪念胡愈之专辑**　中国人民政治协商会议浙江省上虞县委员会文史资料委员会编　K295.54/5068v6　1991　中国人民政治协商会议浙江省上虞县委员会文史资料委员会

12　**我的回忆**　胡愈之著　K825.4/4783　1990　江苏人民出版社

19.23

周恩来

1　**八一枪声**　《八一枪声》编写组编写　I287.5/8014　1978　少年儿童出版社

2　**把信送给周恩来**　傅长盛著　B822.9/2345　978-7-5035-4808-6　2012　中共中央党校出版社

3　**百将之夜: 南昌暴动纪实**　尹家民著　I253.2/1737　7-5033-0855-9　1997　解放军文艺出版社

4　**百年恩来**　邓在军、周尔均主编　K827=73/7765　7-5399-1207-3　1998　江苏文艺出版社

5　**百年恩来: 再现世纪伟人·上卷**　舒以、曹英主编　K827.7/7765v1　7-5017-4198-0　1998　中国经济出版社

6　**百年恩来: 再现世纪伟人·下卷**　舒以、曹英主编　K827.7/7765v2　7-5017-4198-0　1998　中国经济出版社

7　**百人访谈周恩来**　周尔均、周秉德主编　K827=73/7765　7-5399-1212-X　1998　江苏文艺出版社

8　　**不尽的思念**　中央文献出版社编辑　K827=7/7765　7-5073-0014-5　1987　中央文献出版社

9　　**草书周恩来诗选**　蔡华林书　J292.28/4424　7-5401-0702-2　1998　河南美术出版社

10　　**陈云与马寅初**　诸天寅著　K827=75/7410　978-7-5075-3746-8　2012　华文出版社

11　　**重返1976：我所经历的"总理遗言"案**　袁敏著　I253.1/4080　978-7-02-007357-3　2010　人民文学出版社

12　　**春蚕到死丝方尽：周恩来工作和生活的故事**　余音编著　I247.8/1022v10　7-80023-604-8　1994　中共党史出版社

13　　**从西柏坡到中南海：长篇纪实文学**　舒云著　I253.1/8710　7-80015-356-8　1996　长征出版社

14　　**大地沧桑：中南海人物沉浮内幕**　汉子编著　I253.1/3710　7-80097-033-7　1995　中国大地出版社

15　　**大地的儿子：周恩来的故事**　苏叔阳著　I287.5/4427　1984　中国少年儿童出版社

16　　**大地之子周恩来：周铁男收藏周恩来照片集**　周铁男主编　K827=73/7765　7-5010-1038-2　1998　文物出版社

17　　**大庆红旗凝聚着周总理的心血**　石油化学工业出版社石油编辑组汇编　K827=73/7765　1977　石油化学工业出版社

18　　**大外交家周恩来·上**　王俊彦著　K827.7/7765v1　7-80127-432-6　1998　经济日报出版社

19　　**大外交家周恩来·下**　王俊彦著　K827.7/7765v2　7-80127-432-6　1998　经济日报出版社

20　　**大智大勇：周恩来在1946**　肖振才著　K827=73/7765　7-5073-2011-1　2006　中央文献出版社

21　　**大智周恩来**　胡长明著　K827=73/7765　978-7-80199-957-3　2008　中共党史出版社

22　　**邓颖超书信选集**　中共中央文献研究室第二编研部编　K827=7/1724　7-5073-0895-2　2000　中央文献出版社

23　　**邓颖超传**　金凤著　K827=75/1724　7-01-001550-3　1993　人民出版社

24　　**邓颖超自述**　中央文献研究室第二编研部、周恩来思想生平研究会编著　K827=75/1724　978-7-5065-6728-2　2014　解放军出版社

25　　**砥柱中流周恩来1966-1976：周恩来生平**　南山、南哲编著　K827=7/7765　978-7-203-10359-2　2018　山西人民出版社

45　光辉的榜样：纪念敬爱的周恩来总理逝世一周年　天津人民出版社编辑　K827=7/7765
1977　天津人民出版社

46　光辉的历史文献：《周恩来选集》下卷学习讲话　该书编写组编　D2-0/9092　1984　解
放军出版社

47　光辉照千秋：敬爱的周总理永远活在我们心中　福建师大福州市总工会编　K827=7/7765
1977　福建师大福州市总工会

48　广交朋友的周恩来　郑毅涛主编　K827.7/7765　7-80068-194-7　1996　红旗出版社

49　归根：李宗仁与毛泽东周恩来握手　陈敦德著　I253.1/7402　7-5033-0256-9　1997　解放军
文艺出版社

50　国共谈判中的周恩来　陈雪著　K827=7/7765　7-5035-2334-4　2001　中共中央党校
出版社

51　海巢书屋诗稿　周笑岩著　I222.749/7782　1997

52　海内存知己：周恩来在外交工作中的故事　梁刚编著　I247.8/1022v8　7-80023-604-8
1994　中共党史出版社

53　好总理呵，人民怀念你：诗集　农村版图书编选小组选编　I227/4042　1977　农村读物
出版社

54　合作还是对抗？中美峰会解读·上　弘文编著　D822.371.2/1200v1　7-80084-175-8
1998　金城出版社

55　红镜头·上：中南海摄影师眼中的国事风云　顾保孜撰文　K827.7/7121v1　7-205-
04102-3　1998　辽宁人民出版社

56　红镜头中的周恩来　顾保孜著　K827=73/7765　978-7-221-09599-2　2011　贵州人民
出版社

57　红军总政委周恩来　潘星海著　K827=73/7765　978-7-216-05121-7　2007　湖北人民
出版社

58　红墙里的瞬间　顾保孜著　I253.1/7121　7-5033-0604-1　1997　解放军文艺出版社

59　红墙真相：共和国重大历史事件始末　王凡、张树德、肖思科著　K270.5/1070　978-
7-5006-8428-2　2009　中国青年出版社

60　红色"宰相"周恩来　李东朗、任贵祥主编　K827=7/7765　7-215-04244-8　1999　中
国档案出版社

61　红色风波中的交锋与较量　曾繁正主编　D23/8081　7-5051-0294-X　1998　红旗出版社

62　红色书笺背后的周恩来　余玮著　K827=73/7765　978-7-5151-0170-5　2012　西苑出

版社

63　**华夏丰碑：中宣部确定的百个爱国主义教育示范基地巡礼**　何黄彪主编　K878.2/2142
7-81036-246-1　1997　广东汕头出版社

64　**话说周恩来：知情者访谈录**　中央文献研究室第二编研部编　K827=7/7765　7-5073-
0798-0　2000　中央文献出版社

65　**怀念敬爱的周总理**　《人民文学》编辑部、人民文学出版社编　K827=7/7765　1977　人
民文学出版社

66　**怀念敬爱的周总理**　辽宁人民出版社编辑　K827=7/7765　1977　辽宁人民出版社

67　**怀念敬爱的周总理**　中共郑州市委宣传部编　K827=7/7765　1977　中共郑州市委宣传部

68　**怀念敬爱的周总理：歌曲选**　J642.1/3238　1978　浙江人民出版社

69　**怀念敬爱的周总理：诗选**　I227/3238　1977　浙江人民出版社

70　**怀念敬爱的周总理：诗选**　赛福鼎等著　I227/3238　1977　浙江人民出版社

71　**怀念敬爱的周总理诗选**　郭沫若等著　I227/0734　1977　黑龙江人民出版社

72　**怀念您啊敬爱的周总理**　甘肃人民出版社编辑　K827=7/7765　1977　甘肃人民出版社

73　**怀念周恩来**　《怀念周恩来》编辑小组编　K827=7/7765　1986　人民出版社

74　**怀念周总理**　魏国禄等著　K827=7/7765　1977　云南省图书馆

75　**淮安周恩来纪念地研究文集·第一辑**　张谨主编　K878.23-53/1230v1　978-7-5010-
3124-5　2010　文物出版社

76　**回忆周总理谈文艺**　王余辑录　I0/1080　1977　四川人民出版社

77　**纪念敬爱的周恩来总理逝世一周年**　陕西省图书馆编辑　K827=7/7765　1977　陕西省
图书馆

78　**纪念周恩来**　中国革命博物馆编　K827.7/7765　1989　文物出版社

79　**纪念周恩来总理**　中国历史博物馆编　K827.7/7765　1978　文物出版社

80　**纪念周恩来总理文物选编**　中国历史博物馆编　G262/5067　1977　文物出版社

81　**艰苦卓绝周恩来：1898-1949**　南山、南哲编著　K827=7/7765　978-7-203-10360-8　2018
山西人民出版社

82　**见证周恩来邓颖超夫妇与山东**　王东溟主编　K827=73/7765　978-7-209-04394-6　2008
山东人民出版社

83　**江淮情深：周恩来和江苏**　江苏省周恩来研究会、淮安周恩来故居管理处、淮安周恩来
童年读书处编写　K827=73/7765　978-7-5073-3868-3　2013　中央文献出版社

84 **江淮之子：周恩来与江苏** 中共江苏省委党史工作办公室编 K827=7/7765 7-5073-0392-6 1998 中央文献出版社

85 **教学参考资料·总第49-50期：《隆重纪念敬爱的周总理逝世一周年》专辑** 浙江省绍兴地区师范学校资料组编 K827=7/7765 1977 浙江省绍兴地区师范学校资料组

86 **杰出楷模：和乡亲一起读周恩来** 秦九凤著 K827=73/7765 978-7-5594-1782-4 2018 江苏凤凰文艺出版社

87 **解读周恩来** 刘济生著 K827=73/7765 978-7-5073-4441-7 2017 中央文献出版社

88 **金镜头：共和国领袖家庭生活大特写·上** 邵华等著 K827.7/1720v1 7-80015-444-0 1998 长征出版社

89 **金镜头：共和国领袖家庭生活大特写·下** 邵华等著 K827.7/1720v2 7-80015-444-0 1998 长征出版社

90 **敬爱的周恩来总理永远活在云南各族人民的心中** 云南人民出版社编辑 K827=7/7765 1978 云南人民出版社

91 **敬爱的周总理 我们永远怀念您** K827=73/7765 1977 人民出版社

92 **敬爱的周总理我们永远怀念您** 南京军区政治部宣传部编 K827=73/7765 1977 南京军区政治部宣传部

93 **敬爱的周总理我们永远怀念您** 广西教育学院政工组宣传小组编 K827=7/7765 1977 广西教育学院政工组宣传小组

94 **敬爱的周总理我们永远怀念您** 吉林省图书馆、《吉林文艺》编辑部编 I227/4449 1977 《吉林文艺》编辑部

95 **敬爱的周总理我们永远怀念您** 江西日报社编 K827=7/7765 1977 江西日报社

96 **敬爱的周总理永远活在我们心中** K827=7/7765 安徽大学

97 **敬爱的周总理永远活在我们心中·1898-1949** 中共杭州市委党校资料室编 K827=7/7765 1977 中共杭州市委党校资料室

98 **敬爱的周总理在古城西安** 八路军西安办事处纪念馆编 K827=7/7765 八路军西安办事处纪念馆

99 **敬爱的周总理在绍兴** 绍兴师范专科学校编 K827=7/7765 1979 绍兴师范专科学校

100 **镜头里的领袖风采：一个新闻摄影记者的采访杂记** 吕相友摄影/撰文 K827=7/6044 7-5313-2688-4 2004 春风文艺出版社

101 **鞠躬尽瘁：周恩来领导国家建设的故事** 熊华源、陈扬勇编著 I247.8/1022v9 7-80023-604-8 1994 中共党史出版社

102　**鞠躬尽瘁为人民：周总理革命实践片断**　农村版图书编选小组选编　K827=73/7765　1977　上海人民出版社

103　**举世悼念周恩来总理**　新华通讯社编译　K827=7/7765　1978　人民出版社

104　**举世景仰的伟人周恩来**　裴之倬著　K827.7/7765　5-03-5-0591-5　1992　中共中央党校出版社

105　**巨星闪耀：毛泽东 周恩来 朱德在一起的日子**　郭宏军著　K827=7/0733　7-5073-1809-5　2006　中央文献出版社

106　**开国前奏：周恩来在一九四九年和谈中**　朱苇、力平著　K827=73/7765　978-7-218-02617-6　2009　广东人民出版社

107　**开国总理：恩来百年情**　中共南京市委宣传部等编辑　K827=7/7765　7-5073-0590-2　1999　中央文献出版社

108　**开国总理周恩来**　力平著　K827.7/7765　1994　中共中央党校出版社

109　**开国总理周恩来**　熊华源、廖心文著　K827=73/7765　7-5087-0175-5　2004　中国社会出版社

110　**开国总理周恩来：1949-1965**　南山、南哲编著　K827=7/7765　978-7-203-10361-5　2018　山西人民出版社

111　**开国总理周恩来与山东**　王东溟主编　K827=73/7765　978-7-209-04394-6　2009　山东人民出版社

112　**苦撑危局：周恩来在1967**　陈扬勇著　K827=73/7765　978-7-5366-9467-5　2008　重庆出版社

113　**老外交官回忆周恩来**　田曾佩、王泰平主编　K827.7/7765　7-5012-0942-1　1998　世界知识出版社

114　**李知凡太太**　胡杏芬著　K827=75/1724　7-80016-771-2　1992　中国妇女出版社

115　**理性与艺术外交大师：周恩来**　李宏著　K827=7/7765　7-01-003197-5　2000　人民出版社

116　**历史巨变中的周恩来**　穆欣著　K827=73/7765　978-7-5153-1896-7　2013　中国青年出版社

117　**历史漩涡中的周恩来与蒋介石**　尹家民著　I25/1737　978-7-80647-541-6　2010　百花洲文艺出版社

118　**历史选择：长征中的红军领袖**　张琦著　I253.1/1210　7-213-01408-0　1996　浙江人民出版社

119 **领袖·同志·良师·益友：广交朋友的周恩来** 郑毅涛主编 K827=73/7765 7-80068-194-7 1996 红旗出版社

120 **领袖泪** 权延赤编著 I25/4714 7-80033-158-X 1989 求实出版社

121 **领袖之间** 杨宗丽编著 K827=7/4731 7-205-03704-2 1997 辽宁人民出版社

122 **留学日本时期的周恩来** （日本）王永祥、（日本）高桥强主编 K827=7/7765 7-5073-0972-X 2001 中央文献出版社

123 **迈步在1955：周恩来飞往万隆** 陈敦德著 I253.1/7402 7-5033-1884-8 2007 解放军文艺出版社

124 **毛泽东 周恩来与台湾问题** 宋继和、张正玉著 D618/3022 978-7-5126-0991-4 2012 团结出版社

125 **毛泽东、周恩来、刘少奇、朱德、邓小平、陈云格言** 中共中央文献研究室编 D2-0/5045 7-208-02519-3 1997 中央文献出版社

126 **毛泽东、周恩来、刘少奇、朱德、邓小平、陈云哲学思想概要** 龙平平、张宁主编 B27/4311 7-04-003112-4 1997 高等教育出版社

127 **毛泽东与周恩来的合作生涯** 孙琦编著 A752/1910 7-206-02563-3 1996 吉林人民出版社

128 **毛泽东周恩来与溥仪** 王庆祥著 K827.52/3320 7-01-001260-1 1993 人民出版社

129 **毛泽东周恩来与长征** 王朝柱著 I25/1044 7-5006-2763-7 1998 中国青年出版社

130 **魅力口才周恩来** 良石编著 K827=73/7765 978-7-80141-984-2 2012 台海出版社

131 **魅力周恩来** 余玮著 K827=73/7765 978-7-5115-3752-2 2016 人民日报出版社

132 **秘密专机上的领袖们** 李克菲、彭东海著 I253.1/4044 7-5035-1342-X 1997 中共中央党校出版社

133 **面壁十年图破壁：周恩来在土地革命时期的故事** 荣维木编著 I247.8/1022v3 7-80023-604-8 1994 中共党史出版社

134 **名人的故事** 文娟编 I287.5/0040 7-228-06637-2 2002 新疆人民出版社

135 **磨难中的周恩来** 王永钦著 K827=7/7765 7-218-03792-5 2002 广东人民出版社

136 **南昌起义** 魏宏运编著 K263.1/2633 1977 上海人民出版社

137 **难酬蹈海亦英雄：周恩来在大革命时期的故事** 廖心文、李静编著 I247.8/1022v2 7-80023-604-8 1994 中共党史出版社

138 **难忘的八年：周恩来秘书回忆录** 纪东著 K827=73/7765 978-7-5073-2327-6 2007 中央文献出版社

139 您是这样的人：我心中的周恩来总理：视频书　邓在军主编　K827=73/7765　978-7-01-019037-2　2018　人民出版社

140 陪伴病中周恩来的日日夜夜：周恩来卫士、中央警卫局原副局长高振普将军深情讲述　高振普著　K827=73/7765　978-7-5153-4042-5　2016　中国青年出版社

141 评周恩来说　建东等编著　K827=7/7765　7-5438-2159-1　2000　湖南人民出版社

142 浦江魂：白色恐怖下的周恩来　王光远著　K827=7/7765　7-5073-0587-2　1999　中央文献出版社

143 亲情西花厅：我们心中的伯父伯母　周秉德等著　K827=73/7765　978-7-5051-1580-4　2008　红旗出版社

144 青少年时期的周恩来同志　胡华著　I287.5/4720　1977　中国青年出版社

145 情归周恩来　阮柳红等著　K827=73/7765　978-7-101-06537-4　2009　中华书局

146 情系桑梓　李林达著　K827=7/7765　7-5073-0410-8　1998　中央文献出版社

147 情谊与事业：在周恩来心中　廖心文、李静编　K827.7/7765　7-5073-0075-7　1991　中央文献出版社

148 秋来一凤向南飞：周恩来在潮汕　蔡超主编　K827=73/7765　7-5073-0423-X　1998　中央文献出版社

149 全国人民代表大会常务委员会关于调整一九五九年国民经济计划主要指标和开展增产节约运动的决议、关于调整一九五九年国民经济计划主要指标和进一步开展增产节约运动的报告　周恩来著　F123/7765　1959　人民出版社

150 人民大会堂见闻录·上　金圣基编著　D6/8014v1　7-80136-224-1　1998　中共党史出版社

151 人民大会堂见闻录·中　金圣基编著　D6/8014v2　7-80136-224-1　1998　中共党史出版社

152 人民大会堂见闻录·下　金圣基编著　D6/8014v3　7-80136-224-1　1998　中共党史出版社

153 人民的悼念　《人民的悼念》联合编辑组编　K827=7/7765　1979　北京出版社

154 人民的好总理　江西人民出版社编　K827=7/7765v1　1977　江西人民出版社

155 人民的好总理：纪念敬爱的周恩来同志　人民出版社资料组编　K827=7/7765　人民出版社资料组

156 人民的好总理：周恩来同志永远活在我们心中：续编　上海人民出版社编辑　K827=7/7765　1977　上海人民出版社

157 **人民的好总理：周恩来同志永远活在我们心中：续编三** 上海人民出版社编辑 K827=7/7765 1979 上海人民出版社

158 **人民的总理** 杜修贤编 K827.7/7765 1985 三联书店香港分店

159 **人民公仆：周恩来爱人民的故事** 范林林、郝韩山编著 I247.8/1022v6 7-80023-604-8 1994 中共党史出版社

160 **人民公仆周恩来** 马永顺编 K827=7/7765 7-5065-1766-3 1991 解放军出版社

161 **人生楷模周恩来** 裴默农编著 K827=7/7765 7-5035-2065-5 1999 中共中央党校出版社

162 **山河百战归民主：周恩来在解放战争时期的故事** 宋宗林编著 I247.8/1022v5 7-80023-604-8 1994 中共党史出版社

163 **少年周恩来** 马晓峰著 I287.5/1762 7-5007-3464-6 1997 中国少年儿童出版社

164 **绍兴党史通讯：周恩来在绍足迹** 中共绍兴市委党史资料征集研究委员会编 K827.7/7765 1992 中共绍兴市委党史资料征集研究委员会

165 **绍兴文史资料·第十一辑：血脉情深忆总理** 绍兴市政协文史和学习委员会编 K295.53/2790v11 1997 绍兴市政协文史和学习委员会

166 **深切怀念敬爱的周总理** 福州军区政治部组织部编 K827=73/7765 1977 福州军区政治部组织部

167 **深切怀念敬爱的周总理** 浙江人民出版社编辑 K827=7/7765 1977 浙江人民出版社

168 **深切怀念周总理：文章选辑·上** 西北大学图书馆编 K827=7/7765v1

169 **实话实说西花厅** 李静主编 K827=7/7765 7-5006-3848-5 2000 中国青年出版社

170 **是非曲直：长征中的政治斗争** 文显堂著 I253.1/0069 7-213-01414-5 1996 浙江人民出版社

171 **随周恩来副主席长征** 魏国禄著 I247.8/2663 1976 中国青年出版社

172 **谈判大师周恩来** 温乐群等著 I25/3671 1996 河北人民出版社

173 **探路之行：周恩来飞往非洲** 陈敦德著 K827=7/7765 7-5012-1096-9 1999 世界知识出版社

174 **天安门广场历史档案** 树军编著 K928.8/4430 7-5035-1686-0 1998 中共中央党校出版社

175 **天安门诗抄** 童怀周编 I227/0097 1978 人民文学出版社

176 **天津南开中学志** 《天津南开中学志》编修委员会编 G639.282.1/1768 978-7-5309-

7720-0　2014　天津教育出版社

177　**同舟风雨路：周恩来邓颖超爱情书简解读**　费虹寰等著　K827=7/7765　7-5073-0953-3　2001　中央文献出版社

178　**童年周恩来**　马晓峰著　I287.5/1762　7-5007-3463-8　1997　中国少年儿童出版社

179　**外国人眼中的中共群星**　武原、曹爽编　I25/1370　7-220-01334-5　1991　四川人民出版社

180　**外交才子乔冠华**　吴妙发著　K827.7/2032　7-80615-738-7　1998　海天出版社

181　**"文化大革命"中的周恩来**　《文化大革命中的周恩来》编写组编　K827.7/7765　1997　中共中央党校出版社

182　**"文化大革命"中的周恩来**　中共中央党校出版社编　K827.7/7765　1991　中央党校出版社

183　**微行：杨成武在1967**　权延赤著　I25/4714　7-80521-756-4　1997　广东旅游出版社

184　**为了中华之崛起：周恩来青年时期的生活与斗争**　王永祥、刘品青著　K827=7/7765　1980　天津人民出版社

185　**为了中华之崛起：周恩来青少年时代的故事**　蔡开松、京柱编著　I247.8/1022v1　7-80023-604-8　1994　中共党史出版社

186　**伟大的军事家周恩来**　贾启玉主编　K827.7/7765　7-80137-069-4　1997　军事科学出版社

187　**伟人名人的情爱世界**　胡家模著　K820.7/4734　7-215-04022-4　1997　河南人民出版社

188　**伟人之初：邓颖超**　金凤著　I25/5543　1997　浙江人民出版社

189　**伟人周恩来：长篇叙事诗·第二部**　周而复著　I227/7718v2　7-5073-0386-1　1998　中央文献出版社

190　**伟人周恩来：长篇叙事诗·第三部**　周而复著　I227/7718v3　7-5073-0468-X　1999　中央文献出版社

191　**伟人周恩来：长篇叙事诗·第四部**　周而复著　I227/7718v4　7-5073-0716-6　1999　中央文献出版社

192　**伟人周恩来：长篇叙事诗·第一部**　周而复著　I227/7718v1　7-5073-0381-0　1997　中央文献出版社

193　**伟人周恩来：一个中国人的故事**　宋家玲等编　K827.7/7765　1996　中共中央党校出版社

194 **我的伯父伯母周恩来邓颖超**　周秉德著　K827=73/7765　978-7-5155-1593-9　2018　金城出版社

195 **我的伯父周恩来**　周秉德著　K827=7/7765　7-205-03874-X　2000　辽宁人民出版社

196 **我的伯父周恩来**　周秉德著　K827=73/7765　7-205-05086-3　2001　辽宁人民出版社

197 **我的伯父周恩来**　周秉德著　K827=73/7765　978-7-205-06363-4　2008　辽宁人民出版社

198 **我的伯父周恩来**　周秉德著　K827=73/7765　978-7-01-008183-0　2009　人民出版社

199 **我的父辈：开国元勋、开国将帅、开国功臣后代深情回忆**　张黎明主编　K827=72/1226　978-7-208-08763-7　2009　上海人民出版社

200 **我的七爸周恩来**　周尔鎏著　K827=73/7765　978-7-5073-4298-7　2015　中央文献出版社

201 **我观周恩来**　石仲泉著　K827=73/7765　978-7-80199-928-3　2008　中共党史出版社

202 **我们的周总理**　《我们的周总理》编辑组编　K827.7/7765　7-5073-0040-4　1990　中央文献出版社

203 **我演周恩来**　王铁成著　I25/1085　7-5063-1228-X　1997　作家出版社

204 **雾都明灯**　何蜀著　K827=7/7765　7-5073-0421-3　1998　中央文献出版社

205 **西安事变和周恩来同志**　罗瑞卿等著　K827.7/7765　1978　人民出版社

206 **西北高原帅旗飘**　龙飞虎著　I251/4312　1978　解放军文艺出版社

207 **西花厅岁月：我在周恩来邓颖超身边三十七年**　赵炜著　K827=73/7765　978-7-5097-0864-4　2009　社会科学文献出版社

208 **细说周恩来**　李东朗、任贵祥主编　K827=7/7765　7-215-04244-8　1998　河南人民出版社

209 **向周恩来学沟通艺术**　吴珏著　K827=73/7765　978-7-5154-0273-4　2013　当代中国出版社

210 **学习周恩来精神读本**　朱同广主编　K827=7/7765　978-7-305-09978-6　2012　南京大学出版社

211 **研究周恩来：外交思想与实践**　裴坚章主编　K827.7/7765　7-5012-0271-0　1989　世界知识出版社

212 **一代伟人周恩来**　侯树栋主编　K827.7/7765　7-5006-2810-2　1998　中国青年出版社

213 **一轮红日已东升：周恩来在抗日战争时期的故事**　刘银冬、廖心文编著　I247.8/1022v4

7-80023-604-8　1994　中共党史出版社

214　**忆邓大姐**　《忆邓大姐》编辑组编　K827.7/1724　7-5073-0201-6　1994　中央文献出版社

215　**隐蔽战线统帅周恩来**　穆欣著　K827=73/7765　978-7-5153-1217-0　2013　中国青年出版社

216　**永恒的纪念：周总理的文物**　钟庆著　K827=7/7765　1978　中国少年儿童出版社

217　**永恒的魅力：周恩来的领导艺术**　曾长秋主编　K827=73/7765　7-5051-0113-7　1997　红旗出版社

218　**永远的怀念：一位首都记者对周恩来总理的追思**　刘霆昭编著　K827=73/7765　978-7-5140-1499-0　2018　北京工艺美术出版社

219　**永远怀念人民的好总理**　人民教育出版社　K827=7/7765　1977　人民教育出版社

220　**与周恩来一起走过历史**　程美东主编　K827=73/7765　7-216-04443-6　2006　湖北人民出版社

221　**在国统区的周恩来**　吕荣斌著　K827.7/7765　7-5035-1395-0　1996　中共中央党校出版社

222　**在周恩来身边的日子：西花厅工作人员的回忆**　李琦主编　K827=7/7765　7-5073-0430-2　1998　中央文献出版社

223　**在周恩来身边四十年**　童小鹏著　K827=73/7765　7-5075-1959-7　2006　华文出版社

224　**在最高统帅部当参谋：雷英夫将军回忆录**　雷英夫口述　I251/1045　7-80579-899-0　1997　百花洲文艺出版社

225　**早年周恩来·上卷**　庞瑞垠著　I25/0014v1　7-5343-2570-6　1995　江苏教育出版社

226　**早年周恩来·下卷**　庞瑞垠著　I25/0014v2　7-5343-2570-6　1995　江苏教育出版社

227　**折冲樽俎：周恩来与国共谈判**　王静著　K827=73/7765　7-5366-3885-X　1998　重庆出版社

228　**征服世界的魅力：周恩来的100个故事**　张念宏、刘子刚编　K827.7/7765　1992　中国国际广播出版社

229　**正常化：1945年以来美中外交关系**　（美国）约翰.H.霍尔德里奇著　D829.712/1022　7-5327-1960-X　1997　上海译文出版

230　**政府工作报告**　周恩来著　D622/0104　1957　人民出版社

231　**知青心中的周恩来**　侯隽主编　K827=73/7765　978-7-80208-613-5　2008　人民日报出版社

232 **中共党史教学参考资料：周恩来同志光辉一生专辑** 杭州大学历史系中国现代史教研组编 K827=7/7765 1976 杭州大学历史系中国现代史教研组

233 **中国的总管家周恩来** 曹应旺著 K827=73/7765 7-208-05964-0 2006 上海人民出版社

234 **中国人民解放军演义** 张涛之著 I247.42/1233 7-5063-1168-2 1997 作家出版社

235 **中国外交第一人周恩来** 曹应旺著 K827=73/7765 7-208-05965-9 2006 上海人民出版社

236 **中国一代政界要人** 王霄鹏主编 K827=7/1017 7-80023-716-8 1993 中共党史出版社

237 **中华人民共和国演义** 张涛之著 I247.42/1233 7-5063-0933-5 1995 作家出版社

238 **中流砥柱各有千秋：周恩来与邓小平** （美国）张大卫著 K827=7/7765 7-5043-0135-3 1988 中国广播电视出版社

239 **中南海历史档案** 树军编著 K928.73/4430 7-5035-1685-2 1997 中共中央党校出版社

240 **中南海人物春秋** 顾保孜著 K827=7/7121 978-7-5098-0323-3 2009 中共党史出版社

241 **中外学者再论周恩来：第二届周恩来国际学术讨论会论文集** 南开大学周恩来研究中心编著 K827=7/7765 7-5073-0506-6 1999 中央文献出版社

242 **重大历史事件中的周恩来** 吴超著 K827=73/7765 978-7-5108-1746-5 2013 九州出版社

243 **重拳出击：周恩来在"九一三"事件之后** 陈扬勇著 K827=73/7765 7-5366-7611-5 2006 重庆出版社

244 **周恩来** （英国）迪克·威尔逊（Dick Wilson）著 K827=73/7765 7-5073-1321-2 2003 中央文献出版社

245 **周恩来** （英国）迪克·威尔逊著 K827=73/7765 978-7-5073-0822-8 2008 中央文献出版社

246 **周恩来** 孙钢著 K827=73/7765 7-213-01396-3 1996 浙江人民出版社

247 **周恩来** 杨明伟著 K827=7/7765 7-5073-0527-9 1999 中央文献出版社

248 **周恩来** 中共中央文献研究室、新华通讯社编著 K827=73/7765 7-5073-0112-5 1993 中央文献出版社

249 **周恩来 刘少奇 朱德 邓小平 陈云著作选读** 周恩来等著 D2-1/7765 1987 人民出版社

250 **周恩来、池田大作与中日友好** 孔繁丰、纪亚光著 D829.313/1285 7-5073-2149-5 2006 中央文献出版社

251 **周恩来、邓颖超与池田大作** 孔繁丰、纪亚光著 D829.313/1285 978-7-310-03665-3 2011 南开大学出版社

252 **周恩来：大型电视文献纪录片** 中共中央文献研究室、中央电视台编 I235.27/5045 7-224-04633-7 1998 陕西人民出版社

253 **周恩来：坚持党性的楷模** 甄小英编著 K827.7/7765 7-5035-0254-1 1989 中共中央党校出版社

254 **周恩来：永远的榜样** 李洪峰著 K827=73/7765 978-7-01-018842-3 2018 人民出版社

255 **周恩来：智慧·勇气·忠诚的化身** 李海文等编 K827.7/7765 7-5035-0556-7 1992 中共中央党校出版社

256 **周恩来百周年纪念：全国周恩来生平和思想研讨会论文集·上册** 周恩来生平和思想研讨会组织委员会编 K827=7/7765v1 7-5073-0520-1 1999 中央文献出版社

257 **周恩来百周年纪念：全国周恩来生平和思想研讨会论文集·下册** 周恩来生平和思想研讨会组织委员会编 K827=7/7765v2 7-5073-0520-1 1999 中央文献出版社

258 **周恩来超群智慧** 薛学共、黄小用编著 K827=73/7765 978-7-5051-1724-2 2009 红旗出版社

259 **周恩来大事本末** 闻岩主编 K827=73/7765 7-5343-3178-1 1998 江苏教育出版社

260 **周恩来的大外交：图文珍藏版** （加拿大）罗纳德 C. 基思（Ronald C. Keith）著 K827=73/7765 978-7-5125-0519-3 2013 国际文化出版公司

261 **周恩来的非常之路** 力平著 K827=73/7765 7-01-003412-5 2001 人民出版社

262 **周恩来的风格** 袁守芳、胡家模编著 K827=73/7765 978-7-5073-0303-2 2011 中央文献出版社

263 **周恩来的革命春秋** 刘武生著 K827=73/7765 978-7-01-010579-6 2012 人民出版社

264 **周恩来的公共关系艺术** 艺侠编著 K827=73/7765 7-5321-2999-3 2006 上海文艺出版社

265 **周恩来的故事** 李琦、梁平波主编 I247.8/4010 1994 浙江人民美术出版社

266 **周恩来的故事** 李静、易飞先编著 I247.8/4430 7-5391-1044-9 1997 21世纪出版社

267 **周恩来的故事** 石仲泉、陈登才主编 K827=73/1022 978-7-5051-2024-2 2011 红旗出版社

268　**周恩来的历程：一个伟人和他的毕生事业**　江明武主编　K827.7/7765v1　7-5033-0743-9　1996　解放军文艺出版社

269　**周恩来的青年时代**　周恩来同志青年时代在津革命活动纪念馆编　K827=7/7765　7-5010-0080-8　1988　文物出版社

270　**周恩来的青少年时代**　康之国编著　K827=73/7765　978-7-205-07590-3　2013　辽宁人民出版社

271　**周恩来的人格风范**　吕志、范英著　K827.7/7765　7-81029-614-0　1997　暨南大学出版社

272　**周恩来的人际世界**　吴珏、周维强编著　K827.7/7765　7-5006-2835-8　1998　中国青年出版社

273　**周恩来的思想及理论贡献**　胡华等著　K827=7/7765　1982　广东人民出版社

274　**周恩来的外交**　（加拿大）柯让著　K827=7/7765　7-5060-0266-3　1992　东方出版社

275　**周恩来的外交生涯**　（加拿大）罗纳德 C. 基思（Ronald C. Keith）著　K827.7/7765　7-5035-0502-8　1992　中共中央党校出版社

276　**周恩来的晚年岁月**　刘武生著　K827=73/7765　7-01-005338-3　2006　人民出版社

277　**周恩来的文艺情怀**　曹晋杰编著　K827=73/7765　978-7-5034-5822-4　2015　中国文史出版社

278　**周恩来的行政哲学**　周毅之著　D63/7703　7-208-01215-6　1991　上海人民出版社

279　**周恩来的艺术世界**　张伟等主编　K827.7/7765　7-5607-1121-9　1998　山东大学出版社

280　**周恩来的智慧**　曹应旺主编　K827.7/7765　1994　中共中央党校出版社

281　**周恩来的卓越奉献**　石仲泉著　K827.7/7765　7-5035-0717-9　1993　中共中央党校出版社

282　**周恩来的最后十年：一位保健医生的回忆**　张佐良著　K827.7/7765　7-208-02752-8　1997　上海人民出版社

283　**周恩来的最后岁月：1966-1976**　安建设编　I25/3013　7-5073-0294-6　1995　中央文献出版社

284　**周恩来邓颖超通信选集**　中共中央文献研究室编　K827=7/7765　978-7-5073-4034-1　2014　中央文献出版社

285　**周恩来邓颖超通信选集**　周恩来、邓颖超著　K827=7/7765　7-5073-0402-7　1998　中央文献出版社

286　**周恩来邓颖超珍藏书画选**　高振普、廖心文主编　J121/0058　7-5073-0662-3　1999

中央文献出版社

287 **周恩来读古书实录** 黄丽镛、黄晨编 K827=73/7765 978-7-01-011143-8 2012 人民出版社

288 **周恩来对马克思主义文艺理论的贡献** 余飘著 I200/8010 1988 华夏出版社

289 **周恩来二十六年总理风云** 杨宗丽、明伟著 K827=73/7765 978-7-205-06146-3 2007 辽宁人民出版社

290 **周恩来飞往万隆** 陈敦德著 K827=7/7765 7-5006-2336-4 1998 中国青年出版社

291 **周恩来风采** 中央文献研究室编著 K827.7/7765 7-5073-0439-6 1998 中央文献出版社

292 **周恩来风范词典** 刘学琦、王习耕主编 K827.7/7765 7-5008-0770-8 1991 中国工人出版社

293 **周恩来烽火东南行** 龙彼德著 I25/4322 7-5035-1477-9 1996 中共中央党校出版社

294 **周恩来故乡淮阴** 楚梓著 D619.53/4440 7-5050-0313-5 1988 中国展望出版社

295 **周恩来和党外朋友们** 赵长盛编 K827.7/7765 7-80130-136-6 1998 团结出版社

296 **周恩来和邓颖超** 李虹、刘俊瑞编写 K827.7/7765 7-5035-1020-X 1994 中共中央党校出版社

297 **周恩来和邓颖超** 中共中央文献研究室编辑 K827=7/7765 7-5073-0419-1 1998 中央文献出版社

298 **周恩来和他的孩子们** 顾保孜著 I253.1/7121 978-7-214-06994-8 2012 江苏人民出版社

299 **周恩来和他的老师** 尹高朝著 K827=73/7765 978-7-5073-3056-4 2011 中央文献出版社

300 **周恩来和他的事业：研究选萃** 吕星斗、白云涛主编 K827.7/7765 7-80023-152-6 1990 中共党史出版社

301 **周恩来和他的卫士们** 邹研编 K827=7/7765 7-5073-0971-1 2001 中央文献出版社

302 **周恩来画卷：连环画** 于瀛波文字 K827.7/7765 7-5007-3499-9 1998 中国少年儿童出版社

303 **周恩来画传：1898～1976** 廖心文主编 K827=73/7765 7-220-07014-4 2005 四川人民出版社

304 **周恩来画传：1898～1976** 中共中央文献研究室周恩来研究组编著 K827=73/7765 7-220-07013-6 2006 四川人民出版社

305 **周恩来纪事：1898-1976** 李新芝、刘晴主编　K827=73/7765　978-7-5073-3357-2　2011 中央文献出版社

306 **周恩来佳话三百篇** 刘学琦主编　K827.7/7765　7-5013-0992-2　1993　书目文献出版社

307 **周恩来家世** 李海文主编　K820.9/7765　7-80098-229-7　1998　党建读物出版社、中国青年出版社

308 **周恩来交往纪实** 于俊道主编　K827=73/7765　978-7-5161-1863-4　2013　中国社会科学出版社

309 **周恩来交友录** 李静、廖心文编　K827.7/7765　7-5035-1098-6　1995　中共中央党校出版社

310 **周恩来教育文选** 周恩来著　G40-092.73/7765　1984　教育科学出版社

311 **周恩来经济文选** 中共中央文献研究室编　F12/7765　7-5073-0137-0　1993　中央文献出版社

312 **周恩来经历记述** 曹应旺编著　K827=7/7765　7-218-02537-4　1998　广东人民出版社

313 **周恩来精神风范** 甄小英编著　K827=73/7765　978-7-5035-3852-0　2008　中共中央党校出版社

314 **周恩来军事活动纪事：1918-1975 上卷** 周恩来军事活动纪事编写组编　K827=7/7765v1　7-5073-0734-4　2000　中央文献出版社

315 **周恩来军事活动纪事：1918-1975 下卷** 周恩来军事活动纪事编写组编　K827=7/7765v2　7-5073-0734-4　2000　中央文献出版社

316 **周恩来军事生涯** 力平、彭红著　K827.7/7765　7-5065-3472-X　1997　解放军出版社

317 **周恩来抗日前哨行** K827=7/7765　7-213-00337-2　1989　浙江人民出版社

318 **周恩来历险纪实** 成元功主编　K827.7/7765　7-5073-0204-0　1994　中央文献出版社

319 **周恩来论文艺** 周恩来著　I0/0020　1979　人民文学出版社

320 **周恩来旅日日记** 周恩来书　K827=7/7765　7-5073-0414-0　1998　中央文献出版社

321 **周恩来谋略大全** 胡长明著　K827.7/7765　1996　青海人民出版社

322 **周恩来南开校中作文：[手迹]** 周恩来作　K827=7/7765　7-5073-0422-1　1998　中央文献出版社

323 **周恩来南开中学岁月** 天津南开中学编著　K827=73/7765　978-7-5073-4558-2　2017 中央文献出版社

324 **周恩来年谱：1898 ~ 1949** K827.7/7765　7-5073-0031-5　1989　中央文献出版社

325 **周恩来年谱: 1898 ~ 1949** 中共中央文献研究室编 K827=73/7765 978-7-5073-2402-0 2007 中央文献出版社

326 **周恩来年谱: 一九四九 ~ 一九七六** 力平、马芷荪主编 K827=7/7765 7-5073-0373-X 1998 中央文献出版社

327 **周恩来青年时代诗选** 周恩来著 I226/7765 1978 人民文学出版社

328 **周恩来人生纪实** 中央文献研究室科研部图书馆编 K827=73/7765 978-7-5506-0555-8 2011 凤凰出版社

329 **周恩来生平** 南山、南哲主编 K827=73/7765 7-206-02682-6 1997 吉林人民出版社

330 **周恩来生平全记录** 江明武主编 K827=73/7765 7-5073-1517-7 2004 中央文献出版社

331 **周恩来生平全记录** 江明武主编 K827=73/7765 7-5073-1517-7 2004 中央文献出版社

332 **周恩来生平全纪录** 江明武主编 K827=73/7765 978-7-5073-1517-2 2009 中央文献出版社

333 **周恩来生平全纪录** 江明武主编 K827=73/7765 978-7-5073-3469-2 2012 中央文献出版社

334 **周恩来生平研究资料** 徐晓红主编 K827=73/7765 978-7-5073-3776-1 2013 中央文献出版社

335 **周恩来诗歌注析** 葛新著 I207.25/4400 962-7888-8-8 1998 作家出版社

336 **周恩来诗联集笺注** 周恩来著 I227/7765 7-5399-1210-3 1998 江苏文艺出版社

337 **周恩来实录** 于俊道主编 K827=73/7765 978-7-5008-5126-4 2012 中国工人出版社

338 **周恩来世纪行** 中共中央党史研究室科研管理部编 K827.7/7765 7-80136-160-1 1998 党史出版社

339 **周恩来手迹选** 中共中央文献研究室、中共档案局编 K827=7/7765 1988 文物出版社

340 **周恩来手迹选·1 题词题字卷** 周恩来著 K827.7/7765v1 7-200-03361-8 1998 北京出版社

341 **周恩来手迹选·2 书信卷·上** 周恩来著 K827.7/7765v2 7-200-03361-8 1998 北京出版社

342 **周恩来手迹选·3 书信卷·下** 周恩来著 K827.7/7765v3 7-200-03361-8 1998 北京出版社

343 **周恩来手迹选·4 文电·批示卷·上** 周恩来著 K827.7/7765v4 7-200-03361-8 1998

北京出版社

344 **周恩来手迹选·5 文电·批示卷·下** 周恩来著 K827.7/7765v5 7–200–03361–8 1998 北京出版社

345 **周恩来手迹选·6 提纲卷** 周恩来著 K827.7/7765v6 7–200–03361–8 1998 北京出版社

346 **周恩来书信选集** 周恩来著 K827=7/7765 1988 中央文献出版社

347 **周恩来思想研究资料** 徐晓红主编 K827=73/7765 978–7–5073–3777–8 2013 中央文献出版社

348 **周恩来思想政治教育理论与实践研究** 赵国付著 K827=73/7765 978–7–5641–3962–9 2013 东南大学出版社

349 **周恩来谈辩艺术** 王捷、蔡华同编著 H119/1050 7–201–01687–3 1993 天津人民出版社

350 **周恩来谈人生** 周恩来著 B821/7765 7–5006–1825–5 1995 中国青年出版社

351 **周恩来题词集解** 中共中央文献研究室第二编研部编 K827=73/7765 978–7–5073–3547–7 2012 中央文献出版社

352 **周恩来同志青少年时代** 王镜如著 K827=7/7765 1980 河南人民出版社

353 **周恩来同志为共产主义事业光辉战斗的一生** K827=7/7765 1977 广州日报社

354 **周恩来同志为共产主义事业光辉战斗的一生** 《中国摄影》编辑部编 K827=7/7765 1977 人民美术出版社、中国摄影出版社

355 **周恩来统一战线思想与实践** 朱晓明、甄小英主编 D613/2566 7–5075–1913–9 2006 华北出版社

356 **周恩来统一战线文选** 周恩来等著 D613/7765 1984 人民出版社

357 **周恩来外交风云** 傅红星编著 K827=73/7765 7–80676–328–7 2003 文汇出版社

358 **周恩来外交风云** 杨明伟、陈扬勇著 I25/4762 7–5033–0690–4 1995 解放军文艺出版社

359 **周恩来外交活动大事记: 1949–1975** 中华人民共和国外交部外交史研究室编 D822/5028 7–5012–0529–9 1993 世界知识出版社

360 **周恩来外交文选** 周恩来著 D820–53/7765 7–5073–0048–X 1990 中央文献出版社

361 **周恩来外交学** 裴默农著 D80/1164 7–5035–1581–3 1997 中共中央党校出版社

362 **周恩来万隆历险记: 纪实文学** 宋家玲、唐灏著 I253.1/3031 978–7–5073–2410–5 2008 中央文献出版社

363 **周恩来万隆之行** 熊华源著 K827=73/7765 7-5073-1177-5 2002 中央文献出版社

364 **周恩来卫士回忆录** 高振普著 K827=73/7765 978-7-208-07156-8 2008 上海人民出版社

365 **周恩来文化文选** 赵春生主编 G120/4452 7-5073-0412-4 1998 中央文献出版社

366 **周恩来选集·上卷** 周恩来著 D2-1/7765 1980 人民出版社

367 **周恩来选集·下卷** 周恩来著 D2-1/7765v2 1984 人民出版社

368 **周恩来研究成果评介** 张红安、徐有力等著 K827=73/7765 978-7-5073-4614-5 2018 中央文献出版社

369 **周恩来研究概论** 汪浩等著 K827=73/7765 978-7-5073-4615-2 2018 中央文献出版社

370 **周恩来研究论稿** 陈答才著 K827=7/7765 7-5004-3318-2 2001 中国社会科学出版社

371 **周恩来研究述评** 李海文主编 K827.7/7765 7-5073-0354-3 1997 中央文献出版社

372 **周恩来研究文集** 刘焱著 K827=73/7765 978-7-310-05459-6 2017 南开大学出版社

373 **周恩来研究文集** 绍兴市社会科学界联合会、绍兴市周恩来研究会编 K827=73/7765 1998

374 **周恩来研究学术讨论会论文集** 《周恩来研究学术讨论会论文集》编辑组编 D2-1/7765 7-5073-0025-0 1988 中央文献出版社

375 **周恩来研究专题述论** 傅红冬等著 K827=73/7765 978-7-5073-4613-8 2018 中央文献出版社

376 **周恩来研究资料目录索引** 施振宏、孙国权编 Z89:K/0853 978-7-5073-4612-1 2018 中央文献出版社

377 **周恩来一生** 力平著 K827=7/7765 7-5073-0944-4 2001 中央文献出版社

378 **周恩来一生** 南新宙著 K827=7/7765 7-5006-0005-4 1987 中国青年出版社

379 **周恩来印象** 丁晓平、方健康编选 / 校注 K827=73/7765 7-5073-1744-7 2005 中央文献出版社

380 **周恩来与"首都工作组":一个工作组成员的亲身经历** 张民著 K827=73/7765 978-7-5073-2744-1 2009 中央文献出版社

381 **周恩来与北京** 中国人民政治协商会议北京市委员会文史资料委员会编 K827=7/7765 7-5073-0405-1 1998 中央文献出版社

382 **周恩来与陈诚** 李建力、鹿彦华著 K827=73/7765 978-7-5075-3711-6 2012 华文出版社

383 **周恩来与池田大作** 王永祥主编 K827=7/7765 7-5073-0973-8 2001 中央文献出版社

384 **周恩来与邓颖超** 张颖著 K827=73/7765 7-5060-2190-0 2005 东方出版社

385 **周恩来与邓颖超画传：精编版** 黄祖坤主编 K827=73/7765 978-7-5146-1589-0 2018 中国画报出版社

386 **周恩来与电影** 陈荒煤、陈播主编 K827=73/7765 7-5073-0304-7 1995 中央文献出版社

387 **周恩来与共和国将军** 李智舜著 K827.7/7765 7-5033-0865-6 1997 解放军文艺出版社

388 **周恩来与共和国元帅** 李智舜著 K827.7/7765 7-5033-0866-4 1997 解放军文艺出版社

389 **周恩来与共和国重大历史事件** 刘武生著 K827=73/7765 7-01-004711-1 2005 人民出版社

390 **周恩来与故乡绍兴** 杜世嘉、朱顺佐著 K827=7/7765 7-213-01319-X 1997 浙江人民出版社

391 **周恩来与国民党高级将领** 江天著 I25/3110 7-5033-0947-4 1998 解放军文艺出版社

392 **周恩来与黄埔军校** 程舒伟、郑瑞峰著 K827=73/7765 978-7-5073-3985-7 2014 中央文献出版社

393 **周恩来与将帅** 胡家模、镡德山著 K827=7/7765 7-5073-0406-X 1998 中央文献出版社

394 **周恩来与蒋介石** 袁小伦著 I25/4092 7-80091-592-1 1994 光明日报出版社

395 **周恩来与南开** 薛进文主编 K827=73/7765 978-7-310-03686-8 2011 南开大学出版社

396 **周恩来与日本朋友们** 李德安等译 K827.7/7765 7-5073-0104-4 1992 中央文献出版社

397 **周恩来与日内瓦会议** 钱江著 K827=73/7765 7-80199-189-3 2005 中共党史出版社

398 **周恩来与邵力子** 舒风著 K827=7/7765 7-5075-1067-0 2001 华文出版社

399 **周恩来与他的世纪：1898-1998** （英国）韩素音著 K827.7/7765 7-5073-0107-9 1992

中央文献出版社

400 **周恩来与外国首脑及政要会谈录** 周恩来与外国首脑及政要会谈录编辑部编 D829/7765 978-7-80141-928-6 2012 台海出版社

401 **周恩来与外交部长们** 张植荣主编 K827=7/7765 7-5035-2055-8 1999 中共中央党校出版社

402 **周恩来与西湖** 叶建新主编 K827=73/7765 7-80633-909-4 2006 杭州出版社

403 **周恩来与西藏的和平解放** 降边嘉措著 K827=73/7765 978-7-5097-2153-7 2011 社会科学文献出版社

404 **周恩来与艺术家们** 陈荒煤编 K827.7/7765 7-5073-0110-9 1992 中央文献出版社

405 **周恩来与张治中** 舒风著 K827=73/7765 978-7-5075-3747-5 2012 华文出版社

406 **周恩来与浙江** 浙江省毛泽东思想研究中心、中共浙江省委党史研究室编 K827.7/7765 1992 中共党史出版社

407 **周恩来与治水** 曹应旺著 K827.7/7765 7-5073-0086-2 1991 中央文献出版社

408 **周恩来与中共党史重大事件** 费虹寰主编 K827=7/7765 7-5073-1052-3 2001 中央文献出版社

409 **周恩来与中国传统文化** 刘济生著 K827=73/7765 978-7-5073-3941-3 2013 中央文献出版社

410 **周恩来与中国现代化的奠基** 徐行编著 K827=73/7765 978-7-201-05926-6 2008 天津人民出版社

411 **周恩来遇险实录** 武立金著 I253.1/1308 978-7-5034-2792-3 2011 中国文史出版社

412 **周恩来在"文化大革命"中: 回忆周总理同林彪、江青反革命集团的斗争** 吴庆彤著 K827=73/7765 7-80136-176-8 1998 中共党史出版社

413 **周恩来在"文化大革命"中: 回忆周总理同林彪、江青两个反革命集团的斗争** 吴庆彤著 K827=73/7765 7-80136-693-X 2002 中共党史出版社

414 **周恩来在 1927 年至 1935 年** 黄少群著 K827=73/7765 7-5073-2085-5 2006 中央文献出版社

415 **周恩来在 50 年代** 熊华源、廖心文著 K827=73/7765 978-7-205-07817-1 2014 辽宁人民出版社

416 **周恩来在重庆** 王朝柱著 I235.2/1044 978-7-5366-9406-4 2008 重庆出版社

417 **周恩来在国统区** 吕荣斌著 K827=7/7765 7-5035-1395-0 1996 中共中央党校出版社

418　**周恩来在建设年代: 1949-1965 年**　刘武生著　K827=73/7765　978-7-01-006799-5　2008　人民出版社

419　**周恩来在上海**　王朝柱著　K827=73/7765　978-7-5006-8074-1　2008　中国青年出版社

420　**周恩来在上海**　张文清主编　K827=73/7765　7-208-02683-1　1998　上海人民出版社

421　**周恩来在上海画传**　中共一大会址纪念馆、中共代表团驻沪办事处纪念馆编　K827=73/7765　978-7-80199-902-3　2008　中共党史出版社

422　**周恩来在万隆**　姚力、枫亚著　I247.53/4240　978-7-80685-834-9　2007　上海锦绣文章出版社

423　**周恩来早期文集: 1912.10-1924.6 上卷**　周恩来著　D2-0/7765v1　7-5073-0427-2　1998　中央文献出版社

424　**周恩来早期文集: 1912.10-1924.6 下卷**　周恩来著　D2-0/7765v2　7-5073-0427-2　1998　中央文献出版社

425　**周恩来之路: 人民总理的真实故事**　李海文主编　K827.7/7765　7-200-03428-2　1998　北京出版社

426　**周恩来之谜**　明军主编　K827.7/7765　7-80068-465-2　1992　红旗出版社

427　**周恩来传**　（英国）迪克·威尔逊著　K827=73/7765　7-5065-0992-X　1990　解放军出版社

428　**周恩来传**　金冲及主编　K827=73/7765　7-5073-0404-3　1998　中央文献出版社

429　**周恩来传**　金冲及主编　K827=73/7765　978-7-5073-3189-9　2011　中央文献出版社

430　**周恩来传: 1898-1976**　（英国）迪克·威尔逊著　K827=7/7765　7-5035-0163-4　1989　中共中央党校出版社

431　**周恩来传略**　方钜成、姜桂依著　K827=7/7765　1986　人民出版社、外文出版社

432　**周恩来自述**　周恩来著　K827=7/7765　7-5033-1507-5　2002　解放军文艺出版社

433　**周恩来自述**　中共中央文献研究室第二编研部编著　K827=7/7765　978-7-80173-916-2　2009　国际文化出版公司

434　**周恩来自述: 同外国人士谈话录**　中共中央文献研究室第二编研部编　K827=73/7765　7-01-005639-0　2006　人民出版社

435　**周恩来自述评传**　曹应旺著　K827=73/7765　978-7-5001-4768-8　2016　中译出版社

436　**周恩来总理八十诞辰纪念诗文选**　人民出版社编辑　K827=7/7765　1978　人民出版社

437　**周恩来总理生涯**　熊华源、廖心文著　K827=7/7765　7-01-002544-4　1997　人民出

版社

438 **周恩来总理卫士长回忆录**　成元功著　K827=73/7765　978-7-5073-2713-7　2009　中央文献出版社

439 **周恩来总理与杭州灵隐寺**　滕建明、杨鉴非著　K827=73/7765　978-7-5508-0065-6　2011　西泠印社出版社

440 **周恩来组建与管理政府实录**　马永顺著　D63/1732　7-5073-0282-2　1995　中央文献出版社

441 **周恩来最后600天**　顾保孜著　K827=73/7765　978-7-5153-2931-4　2016　中国青年出版社

442 **周副主席在武汉**　梁立真、魏晓云著　I287.5/3304　1983　湖北人民出版社

443 **周总理，你在哪里？**　柯岩著　I227/4120　1979　四川人民出版社

444 **周总理的故事**　邵年豹编写　I287.5/1782　1977　中国少年儿童出版社

445 **周总理和青年在一起**　中国青年出版社编辑　K827=7/7765　1977　中国青年出版社

446 **周总理青少年时代诗文：书信集·上卷**　周恩来著　D2-1/7765　1979　四川人民出版社

447 **周总理青少年时代诗文：书信集·下卷**　周恩来著　D2-1/7765v2　1980　四川人民出版社

448 **周总理诗十七首：1898-1978**　周恩来著　I226/7765　1978　昆明市《工农兵演唱》编辑组

449 **周总理永远和我们在一起**　人民文学出版社编　I227/8070　1977　人民文学出版社

450 **周总理与诗歌**　周红兴、李如鸾著　I207.22/7729　1978　四川人民出版社

451 **追随周恩来的岁月**　陈乃昌著　K827.7/7765　7-5035-1255-5　1995　中共中央党校出版社

452 **纵横捭阖驭风云：周恩来的谈判艺术**　陆建洪著　C912.3/7513　7-5073-0319-5　1996　中央文献出版社

453 **走出国门的周恩来**　廖心文等著　K827=7/7765　7-202-02710-0　2001　河北人民出版社

454 **走出困境：周恩来在1960-1965**　杨明伟著　K827=7/7765　7-5073-0682-8　2000　中央文献出版社

455 **走出西花厅：周恩来视察全国纪实**　陈扬勇著　K827=73/7765　978-7-5073-2827-1　2009　中央文献出版社

456　**走进周恩来：贴身卫士眼中的共和国总理**　权延赤著　I253.1/4714　978-7-220-09688-4　2016　四川人民出版社

457　**走近周恩来**　权延赤著　I253.1/4714　978-7-5115-0125-7　2010　人民日报出版社

458　**走下圣坛的周恩来**　权延赤著　I253.1/4714　7-80145-849-4　2004　光明日报出版社

19.24

金近

1　**爱听童话的仙鹤**　金近著　I287.7/8030　1984　人民文学出版社

2　**春风吹来的童话**　金近著　I287.7/8030　7-02-000817-8　1979　人民文学出版社

3　**刁狐狸和傻狐狸**　金近著　I287.7/8030　7-80611-524-2　1997　花山文艺出版社

4　**金近故乡的童话**　何夏寿主编　I287.7/2115　7-80612-745-3　2000　大连出版社

5　**金近评传**　郁青著　K825.6=7/8030　7-5379-2856-8　2001　希望出版社

6　**金近童话**　金近著　I287.7/8030　7-02-003175-7　2000　人民文学出版社

7　**金近童话集**　金近著　I287.7/8030　1984　山东少年儿童出版社

8　**金近文集**　金近著　I287/8030v3　2004　少年儿童出版社

9　**童话创作及其它**　金近著　I058/8030　1987　少年儿童出版社

10　**小鲤鱼跳龙门**　金近著　I287.7/8030　978-7-5455-2120-7　2016　天地出版社

11　**最后一本童话**　金近著　I287.7/8030　7-02-001100-4　1991　人民文学出版社

19.25

谢晋

1　**大师谢晋**　顾志坤著　K825.78=76/3410　978-7-229-00396-8　2008　重庆出版社

2　**回望纯真年代：中国著名电影导演访谈录：1981-1993**　罗雪莹著　J911/6014　978-7-5077-3056-2　2008　学苑出版社

3　**家里家外话谢晋**　宋小滨著　K825.78=76/3410　978-7-5087-4577-0　2013　中国社会

出版社

4　　**论谢晋电影：续篇**　中国电影家协会编　J911/5065　7-106-01775-2　2002　中国电影出版社

5　　**谢晋电影选集·反思卷**　金冠军、谢衍、石川主编　J922/8033　978-7-81118-040-4　2007　上海大学出版社

6　　**谢晋电影选集·关爱卷**　金冠军、谢衍、石川主编　J922/8033　978-7-81118-042-8　2007　上海大学出版社

7　　**谢晋电影选集·历史卷**　金冠军、谢衍、石川主编　J922/8033　978-7-81118-039-8　2007　上海大学出版社

8　　**谢晋电影选集·女性卷**　金冠军、谢衍、石川主编　J922/8033　978-7-81118-041-1　2007　上海大学出版社

9　　**谢晋电影选集·体育卷**　金冠军、谢衍、石川主编　J922/8033　978-7-81118-043-5　2007　上海大学出版社

10　　**谢晋电影选集·战争卷**　金冠军、谢衍、石川主编　J922/8033　978-7-81118-038-1　2007　上海大学出版社

11　　**谢晋画传：纪念珍藏版**　上海谢晋影视科技有限公司、上海大学谢晋电影博物馆主编　K825.78=76/3410　978-7-309-06353-0　2008　复旦大学出版社

12　　**谢晋传：影坛骄子**　陶丽、来斓著　K825.78=76/3410　978-7-214-06019-8　2010　江苏人民出版社

13　　**一代名导谢晋故乡行**　章宝土编　K825.7/3410　1994　上虞市人民政府、上虞市文化新闻发展总公司

14　　**永远的回忆：我心中的谢晋**　熊颖俐、宣霞金主编　K825.78=76/3410　978-7-106-03564-8　2012　中国电影出版社

15　　**永远的谢晋**　王均寅主编　K825.78=76/3410　2008

19.26

徐志耕

1　　**1937年，南京记忆**　徐志耕著　I253.2/2845　978-7-5346-7401-3　2017　江苏凤凰少年儿童出版社

2　**莽昆仑**　徐志耕著　I25/2845　1991　解放军文艺出版社

3　**南京大屠杀**　徐志耕著　I25/2845　1989　时报文化出版企业有限公司

4　**南京大屠杀**　徐志耕著　I25/2845　1994　中国文学出版社

5　**南京大屠杀**　徐志耕著　I25/2845　1987　绿洲出版公司

6　**南京大屠杀**　徐志耕著　I25/2845　1987　昆仑出版社

7　**南京大屠杀**　徐志耕著　I253.2/2845　7-5033-0842-7　1997　解放军文艺出版社

8　**南京大屠杀：法文**　徐志耕著　I25/2845　1995　中国文学出版社

9　**南京大屠杀：日文**　徐志耕著　I25/2845　1994　外文出版社

10　**情海望不断**　徐志耕著　I25/2845　1992　解放军文艺出版社

11　**我是一个兵**　徐志耕著　I25/2845　1996　解放军出版社

12　**血祭：侵华日军南京大屠杀实录**　徐志耕主编　I25/2845　7-80076-603-9　1994　中国人事出版社

13　**忧乐万家**　徐志耕著　I25/2845　1994　江苏文艺出版社

14　**浴血淞沪："八·一三"大上海保卫战**　徐志耕著　I25/2845　1995　解放军文艺出版社

15　**这方阵线**　徐志耕等著　I25/2845　1991　解放军文艺出版社

19.27

绍兴籍院士

─────────────

1　**播春者：核物理学家钱三强**　任欣发著　K826.1/8311　7-110-01046-5　1989　科学普及出版社

2　**倡言求是　培育英才：浙江大学校长竺可桢**　张彬著　K826.14=73/8814　7-5328-3659-2　2004　山东教育出版社

3　**陈建功先生纪念册**　绍兴市建功中学陈建功纪念室编　K826.11=73/7411　2003

4　**春梦秋云录：浮生散记**　潘家铮著　I251/0238　1991　水利电力出版社

5　**萃取化学原理**　徐光宪等著　O658.2/2893　1984　上海科学技术出版社

6　**地震应可预测**　许绍燮著　P315.7-53/3829　978-7-5028-3959-8　2011　地震出版社

7　**动物生物学**　吴常信主编　Q95/6092　978-7-109-18013-0　2016　中国农业出版社

8　范文澜历史论文选集　范文澜著　K207/4403　1979　中国社会科学出版社

9　范文澜全集·第一卷：群经概论　范文澜著　Z427.2/4403　7-5434-4973-0　2002　河北教育出版社

10　范文澜全集·第二卷：正史考略　诸子略义　范文澜著　Z427.2/4403　7-5434-4973-0　2002　河北教育出版社

11　范文澜全集·第三卷：文心雕龙讲疏　范文澜著　Z427.2/4403　7-5434-4973-0　2002　河北教育出版社

12　范文澜全集·第四～五卷：文心雕龙注　范文澜著　Z427.2/4403　7-5434-4973-0　2002　河北教育出版社

13　范文澜全集·第六卷：水经注写景文钞　大丈夫　游击战术　太平天国革命运动　范文澜著　Z427.2/4403　7-5434-4973-0　2002　河北教育出版社

14　范文澜全集·第七～八卷：中国通史简编　范文澜著　Z427.2/4403　7-5434-4973-0　2002　河北教育出版社

15　范文澜全集·第九卷：中国近代史　上册　范文澜著　Z427.2/4403　7-5434-4973-0　2002　河北教育出版社

16　范文澜全集·第十卷：文集　范文澜著　Z427.2/4403　7-5434-4973-0　2002　河北教育出版社

17　范文澜学术思想评传　陈其泰著　K825.81=72/4403　978-7-5080-9368-0　2018　华夏出版社

18　工业过程控制技术·方法篇　孙优贤、褚健编著　TB114.2/1922　7-5025-7485-9　2006　化学工业出版社

19　核物理先驱：赵忠尧传　段治文、钟学敏著　K826.11=75/4455　978-7-213-03606-4　2007　浙江人民出版社

20　化学大师　徐光宪　朱晶著　K826.13=76/2893　978-7-5046-5947-7　2012　中国科学技术出版社

21　纪念科学家竺可桢论文集　《纪念科学家竺可桢论文集》编辑小组编　K826.1/8814　1982　科学普及出版社

22　纪念竺可桢先生诞辰120周年文集　秦大河主编　K826.14=73/8814　978-7-5029-5065-1　2010　气象出版社

23　技术经济学　徐寿波著　F062.4/2853　1988　江苏人民出版社

24　技术经济学　徐寿波著　F062.4/2853　978-7-5141-0908-5　2012　经济科学出版社

25 **蒋梦麟评传** 陈雪编著 K825.46=72/4440 978-7-5158-2306-5 2018 中华工商联合出版社有限责任公司

26 **金善宝** 孟美怡著 K826.3=75/8083 978-7-80251-036-4 2008 金城出版社

27 **金善宝文选** 王连铮主编 S-53/8083 1994 中国农业出版社

28 **举重若重：徐光宪传** 叶青、黄艳红、朱晶著 K826.13=76/2893 978-7-5046-6279-8 2013 中国科学技术出版社

29 **看风云舒卷** 竺可桢著 P4-53/8814 978-7-5306-5090-5 2009 百花文艺出版社

30 **宽电子束聚焦与成像：周立伟电子光学学术论文选** 周立伟著 O463-53/7702 7-81013-991-6 1994 北京理工大学出版社

31 **宽束电子光学** 周立伟著 O463/7702 7-81013-614-3 1993 北京理工大学出版社

32 **娄成后论文选集：高等植物的感应性与整体性——细胞间与器官间的物质运输与信息传递** 娄成后等著 Q945-53/9057

33 **吕志涛——从小山村走出来的院士** 吴刚、张星主编 C53/6070 978-7-5641-4559-0 2013 东南大学出版社

34 **能源发展的战略抉择：关于中国能源发展战略问题的报告** 徐寿波等著 F124.5/2853 1989 江苏人民出版社

35 **能源技术** 徐寿波、彭敏华著 TK01/2853 1988 江苏人民出版社

36 **能源经济** 徐寿波著 F-61/4764 1994 人民出版社

37 **捻军** 范文澜等编 K254.41/4403 1953 神州国光社

38 **钱三强年谱** 葛能全编著 K826.11=7/8311 7-80642-547-0 2002 山东友谊出版社

39 **钱学森** 胡士弘著 K826.1=7/8394 7-5006-2580-4 1997 中国青年出版社

40 **裴怿楠石油开发地质文集** 裴怿楠著 P618.130.2-53/4394 7-5021-2214-1 1997 石油工业出版社

41 **润物细无声：徐光宪教授八秩华诞志庆集** 王学欣、唐晋主编 K826.13=76/2893 7-5023-0993-4 2001 科学技术文献出版社

42 **三角级数论** 陈建功著 O174.21/7411 1964 上海科学技术出版社

43 **绍兴籍院士** 朱元桂主编 K826.1=76/2514 978-962-450-061-5 2007 天马出版有限公司

44 **绍兴籍院士风采** 本书编审委员会编 K820.855.3/2798 7-213-02482-5 2002 浙江人民出版社

45　**绍兴籍院士风采录**　谢牧人主编　K820.855.3/3428　978-7-80208-685-2　2008　人民日报出版社

46　**实函数论**　陈建功著　O174.1/7411　1958　科学出版社

47　**数值传热学**　陶文铨编著　TK124/7708　7-5605-0183-4　1988　西安交通大学出版社

48　**天道与人文**　竺可桢著　Z427/8814　7-200-05831-9　2005　北京出版社

49　**偷脑的贼**　潘家铮著　I247.5/3238　7-5355-2953-4　1999　湖南教育出版社

50　**物候学**　竺可桢、宛敏渭著　Q142.2/8814　1963　科学普及出版社

51　**物质结构**　徐光宪著　O552.5/2893　1959　人民教育出版社

52　**西南武陵山地区动物资源和评价:中国科学院生物资源调查与评价系列专著**　宋大祥主编　Q958.527/3043　1994　科学出版社

53　**徐寿波传:勇做拓荒牛**　胡晓菁著　K826.16=76/2853　978-7-03-050012-0　2016　科学出版社

54　**序海抬珍:潘家铮院士序文选**　李永立主编　I267/4030　978-7-5170-0215-4　2012　中国水利水电出版社

55　**岩溶环境学**　袁道先、蔡桂鸿著　P642.25/4032　1988　重庆出版社

56　**一代宗师——钝叟陈建功**　骆祖英著　K826.11=73/7411　978-7-03-019415-2　2007　科学出版社

57　**一个指导教师的札记**　周立伟著　G643.2-53/7702　7-81045-480-3　1998　北京理工大学出版社

58　**一千年前的谋杀案**　潘家铮著　I247.5/3238　7-5304-1453-4　1993　北京科学技术出版社

59　**一清如水:徐光宪传**　郭建荣编著　K826.13=76/2893　978-7-5046-6447-1　2013　中国科学技术出版社

60　**永远的潘家铮**　中国水利发电工程学会、中国水利水电出版社编　K826.16=76/3238　978-7-5170-0940-5　2013　中国水利水电出版社

61　**俞大绂论文集**　俞大绂著　S432.1-53/8042　1990　北京农业大学出版社

62　**俞大光院士八十华诞纪念文集**　《中国工程物理研究院科技年报》编辑部编选　K826.1=76/8049　7-5364-4623-3　2000　四川科学技术出版社

63　**宇宙的光荣**　潘家铮、凌晨主编　V4-091/3238　7-5027-5990-5　2003　海洋出版社

64　**院士随想录·第一辑**　白春礼主编　K826.1=7/2653　978-7-03-031513-7　2011　科学

出版社

65　**赵忠尧论文选集**　叶铭汉主编　O4-53/4455　1992　科学出版社

66　**中国近代史**　范文澜著　K25/4403　1955　人民出版社

67　**中国陆相油气储集层**　裴恽楠、薛叔浩、应凤祥著　P618.130.2/4394　7-5021-1957-4　1997　石油工业出版社

68　**中国农区蜘蛛**　宋大祥编著　Q959.226/3043　1987　农业出版社

69　**中国通史**　范文澜等著　K20/4403　7-01-002029-9　2006　人民出版社

70　**中国通史简编：三编**　范文澜著　K20/4403　1964　人民出版社

71　**中国岩溶学**　袁道先等著　P642.25/4032　1994　地质出版社

72　**竺可桢**　白夜、柏生著　K826.1/8814　1981　浙江人民出版社

73　**竺可桢诞辰百周年纪念文集**　浙江大学校友总会、浙江大学电教新闻中心编　K826.14=73/8814　7-308-00458-9　1990　浙江大学出版社

74　**竺可桢年谱简编**　李玉海编　K826.14=73/8814　978-7-5029-4943-3　2010　气象出版社

75　**竺可桢全集**　竺可桢著　Z427/8814v10　7-5428-4083-5　2006　上海科技教育出版社

76　**竺可桢日记 1966～1974**　竺可桢著　K826.1/8814v5　7-03-001636-X　1990　科学出版社

77　**竺可桢逝世十周年纪念会论文报告集**　竺可桢逝世十周年纪念会筹备组编　K826.14=73/8814　1985　科学出版社

78　**竺可桢文录**　竺可桢著　N53/2148　7-5339-1137-7　1999　浙江文艺出版社

79　**竺可桢传**　《竺可桢传》编辑组著　K826.1/8814　7-03-001738-2　1990　科学出版社

80　**资深院士回忆录**　韩存志主编　K826.1=7/4544v1　7-5428-3140-2　2003　上海科技教育出版社

81　**综合能源工程学**　徐寿波著　TK01/2853　7-214-00197-7　1997　江苏人民出版社

书名索引

七画

八画

十六画

十七画

二十一画

后　记

　　绍兴是全国首批历史文化名城，文化底蕴深厚，文化名人辈出，地方文献资源丰厚。绍兴图书馆地方文献馆藏资源已形成较为完整的体系，资源品种丰富，门类基本齐全。乡贤稿本遗著、明清及民国初期绍兴雕版印刷书籍、历代方志、地方族谱等地方文献近 1000 种 5000 余册；地方碑拓 500 多种。目前有现当代地方文献 1 万余种 2 万余册。我馆已设立了单独的历史文献馆，专门收集和保存地方文献和古籍。

　　2009 年，《绍兴图书馆馆藏古籍地方文献书目提要》一书正式出版，成为读者查阅和研究我馆馆藏古籍地方文献的一部实用方便的工具书。时隔十年，编撰馆藏现当代地方文献书目一事提上工作议程，2019 年初在我馆副馆长廖晓飞的牵头下成立了编撰小组。丁瑛、倪海青、韩如凤三人负责 1919 年至 1949 年之间现代地方文献提要的撰写，夏飞凤、戴晓红、张玲琳、赵伟达、许武智、吴春宏六人负责 1949 年以后当代部分提要的撰写，全书的统稿和纠谬补缺工作由夏飞凤和丁瑛两位同志负责，书稿最后的校稿审核工作由主编廖晓飞同志负责。

　　尽管本书的每一位编撰者对提要文字的提炼、著者信息的查考等工作都尽了自己的最大努力，但由于编撰者经验和水平有限，加之本书编写和出版时间紧迫，书中难免存在着一些不足，甚至谬误，诚请方家不吝指正。

编　者

2019 年 10 月 15 日